WALTER BENJAMIN

Carlos Eduardo Jordão Machado
Rubens Machado Jr.
Miguel Vedda
(Orgs.)

# WALTER BENJAMIN

## Experiência histórica e imagens dialéticas

Tradutores
Do alemão: Marlene Holzhausen e Carlos Eduardo J. Machado
Do espanhol: Artur S. Bez, Fábio R. Uchôa e Rafael M. Zanatto

editora unesp

Direitos de publicação reservados à:
Fundação Editora da Unesp (FEU)
Praça da Sé, 108
01001-900 – São Paulo – SP
Tel.: (0xx11) 3242-7171
Fax: (0xx11) 3242-7172
www.editoraunesp.com.br
www.livrariaunesp.com.br
feu@editora.unesp.br

CIP-Brasil. Catalogação na publicação
Sindicato Nacional dos Editores de Livros, RJ

W192

Walter Benjamin: experiência histórica e imagens dialéticas / organização Carlos Eduardo Jordão Machado, Rubens Machado Jr., Miguel Vedda. 1.ed. – São Paulo: Editora Unesp, 2015.

ISBN 978-85-393-0567-4

1. Benjamin, Walter, 1892-1940 – História e crítica. 2. Artes – Século XX. 3. Estética. Arte – História. 4. Filosofia. I. Machado, Carlos Eduardo Jordão. II. Machado Jr., Rubens. III. Vedda, Miguel.

15-21065 CDD: 709.81
CDU: 7.038.6(81)

Esta publicação contou com apoio da
Fundação de Amparo à Pesquisa do
Estado de São Paulo (Fapesp).

Editora afiliada:

Asociación de Editoriales Universitarias
de América Latina y el Caribe

Associação Brasileira de
Editoras Universitárias

# – SUMÁRIO –

## II. PASSAGENS, TEORIA DA HISTÓRIA E REVOLUÇÃO



## III. LITERATURA, MÚSICA E SURREALISMO

# – APRESENTAÇÃO –

Da geração de intelectuais à qual pertence Walter Benjamin, é ele que atualmente mais tem despertado atenção nas várias áreas das ciências humanas ou dos leitores em geral. A rica e multifacetada produção intelectual benjaminiana só começou a atingir um público mais amplo *a posteriori*, a partir de meados dos anos 1950, quando, sob a coordenação do amigo Adorno, se deu início à publicação dos *Schriften*. A divulgação da obra de Benjamin tomou impulso qualitativo em 1982, com a publicação, aos cuidados de Rolf Tiedemann, das *Passagens* [*Passagen-Werk*] e de sua vasta correspondência. Na América Latina, a recepção de Benjamin não foi diferente e se mostra hoje cada vez mais intensa.

A presente coletânea é oportuna por vários motivos. Em primeiro lugar, pelo fato de reunir pesquisadores do Brasil e do exterior, especialmente da Argentina, sedimentando nossos intercâmbios entre os programas de Pós-Graduação – incluindo docentes e discentes da Universidade Estadual Paulista (Unesp), da Universidade de São Paulo (USP), da Universidade Estadual de Campinas (Unicamp), da Pontifícia Universidade Católica de São Paulo (PUC-SP), da Universidade Federal do ABC (UFABC) e, da Argentina, sobretudo, da Universidade de Buenos Aires. O volume ainda conta com preciosa contribuição vinda da Europa: do Centre national de la recherche scientifique (CNRS) de Paris, do Benjamin-Archiv de Berlim e da Universidade de Constança (Alemanha) e da Universidade de Budapeste (Hungria). Em segundo lugar, trata-se também de um registro histórico. A maioria dos textos é resultado das apresentações feitas no colóquio "Walter Benjamin e a questão da memória", realizado pelo Centro Haroldo Conti, em Buenos Aires, no final de outubro de 2010, de enorme importância política e cultural – registro que não consiste em mero relatório das comunicações realizadas nesse evento. Em terceiro lugar, por articular, utilizando uma expressão cara a Benjamin, uma ampla "constelação" de problemas: a questão da memória e da experiência histórica, da mercantilização da cultura; da forma alegórica e do fetiche das mercadorias; das formas de escrita e de linguagem; da teoria da história e da revolução; da literatura e da música e também da psicanálise e da filosofia; para não citar as formas de reprodutibilidade técnica da arte, como o cinema, e de suas inseparáveis relações com a vida das metrópoles. Em suma, trata-se da experiência histórica, da memória e das imagens dialéticas.

Os artigos têm um foco central: Benjamin como crítico da cultura da modernidade incomum – daí sua atualidade; em diálogo (crítico) com seus interlocutores contemporâneos, com seus objetos e contextos sócio-históricos; a vida material e suas manifestações (fantasmagóricas) na cultura, mostrando em seu conjunto um universo dotado de dialética peculiar; uma concatenação entre micro e macro-história e o momento de ruptura, a revolução; entre memória e esquecimento; entre proto-história (*Urgeschichte*) e *atualidade* – outro conceito-chave. Um ponto de vista que capta o todo no minúsculo.

Os artigos estão organizados em cinco partes. A primeira, "Das imagens da memória ao fetiche e suas fantasmagorias", começa com a intervenção politicamente corajosa de uma pesquisadora pioneira nos estudos de Walter Benjamin no Brasil, Jeanne Marie Gagnebin (Unicamp e PUC-SP): "Walter Benjamin – 'Esquecer o passado?'", intervenção de encerramento no colóquio sobre a memória em Buenos Aires. A indagação de Gagnebin é desafiadora: a quem interessa o esquecimento dos assassinatos, torturas e desaparecimentos ocorridos durante a ditadura militar no Brasil? Na sequência, apresentamos o texto do atual diretor do Arquivo Walter Benjamin e do Arquivo Bertolt Brecht, em Berlim, Erdmut Wizisla, "Construído com astúcia. Um modelo para o modo de escrever de Walter Benjamin", que tenta determinar a forma da construção das composições em Benjamin e a dialética do pensador. O terceiro texto traz uma contribuição significativa do professor de germanística da Universidade de Constança (Alemanha) e um dos organizadores das Obras [*Werke*] de Siegfried Kracauer, Bernd Stiegler, "Walter Benjamin e a fotografia", em que se demonstra a importância das reflexões de Benjamin sobre a fotografia como expressão mesma da arte na época de sua reprodutibilidade técnica. Francisco Alambert (História-USP), em "Arte como mercadoria: crítica materialista desde Benjamin", atualiza a importância das reflexões de Benjamin sobre a mercantilização da cultura nos trabalhos de Kracauer e Adorno, seus contemporâneos, bem como na tradição crítica posterior, como em Guy Debord, Frederic Jameson, Raymond Willians, entre outros. Jorge Grespan (História-USP), em "Fetiche e alegoria", traça um paralelo instigante entre as reflexões de Karl Marx sobre o fetichismo da mercadoria e a interpretação sobre a alegoria de Benjamin desenvolvida em *Origens do drama barroco alemão*. E, na conclusão dessa primeira parte, há o artigo do jovem Wellington Durães Dias, cuja bolsa de mestrado foi financiada pela Fapesp, "As exposições universais e suas fantasmagorias".

A segunda parte, "Passagens, teoria da história e revolução", abre com a notável contribuição de Michael Löwy, do CNRS de Paris, especialista não somente na obra de Walter Benjamin, mas também na de Georg Lukács e Ernst Bloch. Certamente não poderia faltar o artigo do organizador da edição brasileira das *Passagens*, Willi Bolle, que marca sua presença com "A metrópole como hipertexto: a ensaística constelacional no Projeto das *Passagens*, de Walter Benjamin"; e de sua colaboradora e estudiosa de Benjamin, Olgária Matos, cujo artigo recebe o título "Pórticos e passagens: Walter Benjamin – contratempo e história". Na sequência, destaca-se a intervenção de um especialista na obra de Ernst Bloch e docente da Universidade de Girona (Espanha), Jörg Zimmer, com a reflexão intitulada "Progresso e recordação em Ernst Bloch e Walter Benjamin". Carlos Eduardo Jordão Machado (Unesp, câmpus de Assis) debruça-se sobre a história, apresentando-nos "Walter Benjamin: 'montagem literária', crítica à ideia do progresso, história e tempo messiânico", em que mostra a importância da crítica de Benjamin ao conceito de progresso para seus interlocutores mais próximos, a exemplo de Bloch, Adorno e Kracauer. Como Benjamin leu o célebre livro de Georg Lukács? Essa questão polêmica é abordada por Francisco García Chicote (UBA, doutorando e bolsista do Conicet), em "Walter Benjamin e *História e consciência de classe*". Fechando a segunda parte, vem o texto de Marilia Mello Pisani (UFABC), "Sobre o conceito de revolução em Walter Benjamin e Herbert Marcuse", em que ela demonstra de que modo Marcuse, em seus textos da maturidade, se apropria de Benjamin para pensar a ideia de revolução.

A terceira parte, "Literatura, música e surrealismo", é iniciada com o artigo do húngaro Gábor Gángó: "O conto de fadas como esclarecimento, cultura e violência". Miguel Vedda (UBA-Conicet), em "Emancipação humana e 'felicidade não disciplinada'. Walter Benjamin e a poética do conto de fadas", discute a importância do conto de fadas na poética de Benjamin, gênero tão caro ao jovem Lukács, bem como a Bloch e Kracauer. Martín Koval (UBA-Conicet, doutorando), no artigo "Walter Benjamin e sua concepção do romance de formação no contexto da recepção de *Teoria do romance*, de György Lukács", ressalta a originalidade da recepção de Benjamin do famoso livro do jovem Lukács, em que este elaborou a interpretação do romance de formação. Certamente, não poderia faltar Kafka, contemplado pelo trabalho em parceria de Emiliano Orlante e Martín Salinas, "Notas sobre a significação da obra de Kafka no desenvolvimento do pensamento estético de Walter Benjamin". O texto de Manoel Dourado Bastos (Universidade Estadual de Londrina, ex-bolsista da Fapesp), "Eisler e Benjamin, uma chave política:

apontamentos conceituais e históricos para uma audição de Hanns Eisler como 'músico operativo'", discute a relação de Benjamin com a música e particularmente com o parceiro de Brecht, Hanns Eisler. Finalizando a terceira parte, trazemos a contribuição da parceria de dois jovens pesquisadores, Daniel Alves Azevedo e Rafael Eduardo Franco (ambos bolsistas da Fapesp), com o artigo "Walter Benjamin e o surrealismo".

A quarta parte, "Melancolia, brinquedo, Freud e leituras", inicia-se com o ensaio de Toni Tholen, da Universidade de Hildesheim (Alemanha), "Crítica melancólica – Benjamin e Adorno". Em seguida, apresentamos o artigo da psicanalista Maria Rita Kehl, membro da Comissão da Verdade – de importância política vital contra o esquecimento –, "A melancolia em Walter Benjamin e em Freud", uma abordagem original da obra do criador da psicanálise e das reflexões sobre estética e história em Benjamin. Na sequência, vêm os instigantes artigos de Gustavo Henrique Dionisio (Unesp, câmpus de Assis), "O analista-olho: (im)pertinências do inconsciente ótico"; de María Castel (UBA), "Notas sobre a recepção da obra de Sigmund Freud na filosofia da história benjaminiana"; de María E. Belforte (UBA/Conicet), "Iluminação profana ou fantasmagoria? Sobre a erótica benjaminiana"; e de Max Alexandre Gonçalves (doutorando em História, Unesp, câmpus de Assis), "Relampejos em Walter Benjamin: ideias e reminiscências sobre o brinquedo". E, ainda, o tema provocativo de Leandro Candido de Souza (Unesp, pós-doutorando bolsista pela Fapesp), que aborda Benjamin e as traduções, "Transbenjamin: 'Die Aufgabe des Übersetzers' por Haroldo de Campos". A quarta parte se encerra com o tema da leitura, no artigo produzido em conjunto por Raquel Lazzari L. Barbosa (Unesp), Denice B. Catani (USP) e Dislane Z. Moraes (USP): "Para Benjamin, segundo Benjamin, como disse Benjamin. Apropriações da obra do autor no campo educacional brasileiro (1980-2013)".

Abre-se a quinta e última parte, "Cinema, alegorias e imagens urbanas", com o excelente artigo de Ismail Xavier (ECA-USP) sobre o conceito benjaminiano de alegoria no cinema de Fritz Lang. Na sequência, Rubens Machado Jr. (ECA-USP) faz uma reflexão que parte de Benjamin para interpretar os "anos de chumbo" e suas consequências na produção cinematográfica do período, traçando um paralelo com as [monstruosas] transformações no cenário urbano no Brasil, em "Cidade & cinema, duas histórias a contrapelo nos anos 1970". O documentário é o tema do artigo de Artur Sinaque Bez (doutorando em História, Unesp, câmpus de Assis) em "Documentário e periferia do capital: imagens dialéticas". Fábio R. Uchôa (pós-doutorando/Capes, UFSCar) constrói um diálogo vital para a compreensão da especificidade da atuação do ator no cinema, em "A questão do ator no cinema: diálogos entre Benjamin,

Arnheim e Kracauer". Rafael M. Zanatto (doutorando em História, Unesp, câmpus de Assis, bolsista Fapesp), em "O Brasil ao convés de *Potemkin*: Paulo Emílio, Benjamin, Kracauer e a cultura cinematográfica soviética", com base nos estudos de Paulo Emílio, traça um paralelo entre o cineasta soviético e a concepção da montagem em Benjamin. Os dois últimos artigos usam as reflexões de Benjamin para analisar o cinema-ensaio: "Marker e Benjamin: a montagem como engenharia do posicionamento", de autoria de Nicolau Bruno de Almeida Leonel (doutor – ECA/USP), e "Imagem, montagem e memória – alguns nexos benjaminianos em *Histoire(s) du cinéma* (Jean-Luc Godard, 1988-1998)", assinado por Ana Amélia da Silva (PUC-SP).

A presente coletânea não seria possível sem o apoio da Editora Unesp, o Auxílio à Publicação da Fapesp e o apoio da Pró-Reitoria da Unesp para financiar as traduções.

*Carlos Eduardo J. Machado* (Unesp),
*Rubens Machado Jr.* (USP) e *Miguel Vedda* (UBA)

# I

# DAS IMAGENS DA MEMÓRIA AO FETICHE E SUAS FANTASMAGORIAS

– 1 –

# WALTER BENJAMIN – "ESQUECER O PASSADO?"[1]

*Jeanne Marie Gagnebin*[2]

Não é fácil tomar a palavra no fim desse colóquio, mais uma vez. Primeiro, porque este lugar é carregado de lembranças, de lembranças dolorosas; e, também, porque já escutamos muitas falas a respeito da necessidade do lembrar. Minha proposta será precisa: gostaria de ressaltar a *exceção* que constituí a política de memória do governo brasileiro – ou melhor, suas estratégias extremas de esquecimento maciço em relação à ditadura militar de 1964 a 1985; e fazer isso para distinguir o contexto brasileiro daquele de um país como a Argentina, por exemplo. A partir dessa análise, vou retomar alguns conceitos da filosofia da história de Benjamin que podem nos ajudar a pensar como lutar *hoje* contra essa política de esquecimento.

Como nasci na Europa, e num país profundamente tradicional como o é a Suíça, gostaria de insistir, em primeiro lugar, na diferença existente entre certas discussões sobre o famoso "dever de memória", uma expressão,

1 Palestra apresentada em francês no colóquio "Walter Benjamin e a questão da memória", Centro Haroldo Conti, Buenos Aires, outubro de 2010 e, em português, na "Semana contra a anistia aos torturadores", USP, Departamento de Psicologia, outubro de 2011; texto publicado no volume *Psicologia, violência e direitos humanos*, editado pelo Conselho Regional de Psicologia de São Paulo, 2012. Recentemente republicado no livro da autora *Limiar, aura e rememoração. Ensaios sobre Walter Benjamin* (São Paulo, Editora 34, 2014).

2 Docente (Unicamp – PUC-SP)

aliás, muito discutível, na Alemanha ou na França, e as diversas formas de relação com o passado num país da América Latina marcado pela colonização, pela escravidão e pela ditadura como o Brasil. Enquanto na Europa surge certa lassidão, em particular depois de um longo trabalho de "*Aufarbeitung der Vergangenheit*", retomando uma expressão de Adorno que, por sua vez, retoma uma expressão de Freud (*Durcharbeitung*, trabalho de perlaboração), trabalho cumprido notadamente a respeito da Segunda Guerra, em particular da Shoah, não porque tratar-se-ia de esquecer, mas porque trata-se de passar à questão do presente – a questão da memória, da memória dita nacional particularmente, não se coloca nestes termos, pelo menos no Brasil. Uma certa imagem positiva de país do futuro, no qual tudo é possível e no qual restam vastos horizontes a descobrir, país da juventude e da inventividade, acompanha uma outra imagem, mais capciosa, de um país no qual as estruturas de poder quase não mudam desde a colonização até as alianças do governo Lula, país de uma "elite" corrupta, de um povo resignado e submisso, misto de alegria e ignorância, de diversos truques (o famoso jeitinho) e de expedientes sempre no limite da legalidade. Essa ideologia da *cordialidade* e do *favor*, tão bem analisada por Sérgio Buarque de Holanda e Roberto Schwarz, sustenta outra convicção, a saber, que não é necessário se lembrar, porque de fato nada muda realmente, e também porque se deve olhar para frente. Por isso, os filhos ou os amigos dos desaparecidos durante a ditadura, eles que insistem em saber onde estão os corpos dos mortos e quem os matou, atrapalham: eles são rapidamente taxados de vingativos ou de ressentidos, notadamente pelos representantes das Forças Armadas que não parecem, no entanto, ter lido Nietzsche.

Quando a grande crítica argentina Beatriz Sarlo afirma num dos seus últimos livros que "quando acabaram as ditaduras do sul da América Latina, lembrar foi uma atividade de restauração dos laços sociais e comunitários perdidos no exílio ou destruídos pela violência do Estado. Tomaram a palavra as vítimas e seus representantes [...]" (Sarlo, 2005, p.45), deve-se dizer que o Brasil não pertence a este Sul da América Latina. No Brasil, as vítimas não tomaram a palavra, primeiro pela simples razão de que não existe nenhum estatuto de vítima, de que nenhum texto oficial, de lei ou de história, use essa palavra que acarreta, em geral, uma questão complementar: quem foram os carrascos? Como o ressalta Glenda Mezzaroba, a palavra "vítima" não faz parte do vocabulário da legislação brasileira sobre os desaparecidos e os direitos de seus descendentes. Os "desaparecidos", isto é, na maioria as vítimas da tortura e do assassinato durante a ditadura, são sempre designados como aqueles que foram "atingidos", ou aqueles que são considerados oficialmente falecidos ou até, quando se trata de pessoas ainda em vida, mas cuja carreira foi prejudicada pela ditadura, como aqueles que foram "anistiados" (Mezzaroba, 2010, p.115-6).

Essas sutilezas linguísticas remetem ao eixo principal da política de "reconciliação nacional" promovida pelos militares e defendida com obstinação até hoje pelas instâncias políticas e jurídicas dos diversos governos civis – como o demonstrou recentemente a votação a esse respeito do Supremo Tribunal Federal, em abril de 2010: a saber, a promulgação, em agosto de 1979, isto é, cinco anos antes de passar o poder aos cíveis, da Lei de anistia,[3] que "excluía os 'condenados por crimes de terrorismo, assalto, sequestro e atentado pessoal', porém incluía os acusados de tortura, assassinato e desaparecimento durante o regime militar" (Buff, 2010, p.182); uma lei, portanto, que mantinha o encarceramento de vários militantes de esquerda, por exemplo, aqueles que assaltaram banco à mão armada, mas incluía, portanto anistiava, os militares ou policiais que torturaram, mataram e fizeram desaparecer os presos do regime, porque essas execuções são classificadas como "crimes conexos" a crimes políticos. Essa lei de anistia, eixo do desígnio de reconciliação da "família brasileira", como gostam de dizer seus partidários de ontem e de hoje, nunca foi nem revista nem abolida,[4] pelo contrário, sua validade acaba de ser novamente ratificada pelo STF. Podemos observar que a lei sobre os "desaparecidos" (1995) e as leis sobre as formas de reparação aos perseguidos pelo regime militar (2002), mesmo que reconheçam oficialmente a morte dos desaparecidos, não acarretam nem a devolução dos restos mortais, nem a pesquisa a respeito das circunstâncias de sua morte, em particular a abertura dos arquivos militares secretos.

Isso significa que, embora o Brasil tivesse assinado vários tratados internacionais contra a tortura,[5] a jurisdição internacional é simplesmente ignorada quando se trata dos torturadores e dos assassinos da ditadura, sob o pretexto de reconciliação; isso significa também que o Brasil é o único país da América do Sul no qual "torturadores nunca foram julgados" (nem denunciados como tais), "onde não houve justiça de transição, onde o Exército não fez um *mea culpa* de seus pendores golpistas" (Teles; Safatle, 2010b, p.10). Isso significa ainda que a prática de tortura, mesmo se ela for hoje oficialmente condenada, continua de fato a ser tolerada. Como ninguém foi condenado

3 Lei n. 6.683, de 28 de agosto de 1979.

4 Sua aplicação foi ampliada pela "emenda constitucional" 26/85, de 27 de novembro de 1985 (portanto, depois do restabelecimento da democracia e no contexto da preparação de uma assembleia constituinte), em benefício das pessoas punidas por atos cometidos entre 2 de setembro de 1961 e 15 de agosto de 1979, datas sobre as quais legifera a Lei de anistia.

5 Em 1992, o Brasil ratificou a Convenção Americana dos Direitos Humanos de 1969, que considera os crimes de tortura como imprescritíveis. Cf. Buff (2010, p.238).

em razão dessas práticas durante o governo militar, a impunidade é pressuposta e está na base da prática dos interrogatórios policiais. Assim, como o denunciam todas as pesquisas sobre direitos humanos, há hoje mais casos de tortura e de assassinato perpetrados nas prisões e nas dependências da polícia brasileiras que durante a ditadura.[6] Crimes cometidos, em sua imensa maioria, contra homens jovens, pobres, negros ou "pardos", desempregados ou sem emprego fixo, rapidamente acusados de serem traficantes ou bandidos potenciais, crimes que não provocam nenhuma indignação séria, até causam certo alívio por parte dos privilegiados que se sentem, *et pour cause*, ameaçados.

Conclusão: a ditadura brasileira, tantas vezes celebrada como ditadura suave (ver o jogo de palavras infame entre "ditadura" e "ditabranda"), porque não assassinou um número tão grande de vítimas como seus ilustres vizinhos, é uma ditadura que não somente é objeto de uma violenta coerção ao esquecimento, mas também é uma ditadura que se perpetua, que dura e *contamina* o presente. Trata-se não só de um caso de recalque social e político violento, mas também da "naturalização da violência como grave sintoma social no Brasil", como o afirma a psicanalista Maria Rita Kehl (2010, p.124); trata-se, então, na luta pela revisão da Lei de anistia, pela abertura dos arquivos secretos e pela restituição dos restos mortais dos desaparecidos; não só de uma luta pelo esclarecimento do passado, mas, sobretudo, de uma luta pela transformação do presente.

Não é inútil repetir que o reconhecimento oficial e social da tortura durante um regime ditatorial, reconhecimento estabelecido por instituições governamentais, jurídicas e objeto de discussão e de debate no seio da sociedade civil, permite ao corpo social na sua integridade realizar um processo de elaboração do trauma histórico comparável a um luto coletivo. Repetir igualmente que esse processo é essencial para que a vida em comum no presente seja possível. A situação de muitos filhos de desaparecidos brasileiros pode ser comparada à situação dos descendentes das vítimas do genocídio armênio, durante tanto tempo negado pela maioria das nações: não tinham direito nem mesmo ao estatuto oficial de órfãos porque ninguém ousava afirmar o assassinato ou a morte de seus pais. Os filhos dos desaparecidos são certamente reconhecidos como órfãos, mas não sabem nem onde ficam os restos mortais de seus pais nem quem os matou; os desaparecidos são ditos oficialmente falecidos, sem que se possa saber em que circunstâncias ocorreu essa morte. Assim, a questão do passado, em vez de se tornar uma herança dolorosa, mas comum a todos brasileiros, uma questão a ser

6 Cf Teles e Safatle (2010). Em especial, os ensaios de Flávia Piovesan (2010) e de Maria Rita Kehl (2010).

elaborada em conjunto por todo o corpo social, é reduzida, graças a leis de "reparação", a uma regulamentação de indenizações individuais; é como se essas mortes e essas violências fossem meros acontecimentos singulares, acidentes ou incidentes de percurso, o que torna uma elaboração coletiva da violência passada e presente impossível, ao reduzir a memória da ditadura a histórias individuais, pessoais, "casos" excepcionais que deveriam ser resolvidos rapidamente para melhor poderem ser esquecidos, recusando portanto a possibilidade de uma memória social e coletiva compartilhada por todos.

O impedimento desse processo de luto é duplo: primeiro porque os corpos não são efetivamente procurados pelas autoridades competentes para poder ser enterrados; tampouco os arquivos são abertos para saber, em particular nos casos em que nenhum resto físico pode ser encontrado, como morreu a pessoa. Remeto aqui à longa luta, iniciada em 1982 e levada até hoje em vão, dos familiares dos guerrilheiros do Araguaia (cf. teles, J., 2010, p.284 et seq.). Em segundo lugar, porque o trabalho do historiador no Brasil é prejudicado por essas estratégias oficiais de esquecimento, impedindo uma relação da nação brasileira em seu conjunto com seu passado, passado este que deveria ser objeto de pesquisas, de estudos, de discussões. Assim, fica bloqueada uma relação de liberdade diante do presente. Parto aqui da bela definição da escrita da história, da historiografia, como sendo um "ritual de sepultamento", assim que o definiu Michel de Certeau (1982, p.107):

> Por um lado, no sentido etnológico e quase religioso do termo, a escrita representa o papel de *um rito de sepultamento* [*un rite d'enterrement*]; ela exorciza a morte introduzindo-a no discurso. Por outro lado, tem uma função *simbolizadora;* permite a uma sociedade situar-se, dando-lhe, na linguagem, um passado, e abrindo assim um espaço próprio para o presente: "marcar" um passado, isso significa também dar um lugar ao morto, mas também redistribuir o espaço dos possíveis, determinar negativamente o que está *por fazer* e, por conseguinte, utilizar a narratividade, que enterra os mortos, como um meio de estabelecer um lugar para os vivos.[7]

Pelo intermédio de Michel de Certeau reencontramos Walter Benjamin, de quem no fundo nunca nos afastamos. Com efeito, no último texto que ele

7 "D'une part, au sens ethnologique et quasi religieux du terme, l'écriture [de l'historien] joue le rôle d'un rite d'enterrement; *elle exorcise la mort, en l'introduisant dans le discours. D'autre part, elle a une fonction* symbolisatrice; *elle permet à une société de se situer en se donnant dans le langage un passé et elle ouvre ainsi au présent un espace propre: 'marquer' un passé, c'est faire une place au mort, mais aussi redistribuer l'espace des possibles, déterminer négativement ce qui est* à faire, *et par conséquent utiliser la narrativité qui enterre les morts comme moyen de fixer une place aux vivants.*" (Certeau, 1975, p.118).

escreveu, as famosas teses "Sobre o conceito de história", Benjamin coloca algumas balizas para uma historiografia verdadeiramente "militante"; não porque militaria em favor de um partido ou de uma tendência, mas porque milita por uma memória do passado que permite não só salvar a memória dos vencidos, mas também liberar outras possibilidades de luta e de ação no presente do historiador – no seu caso, um presente paralisado pelo fascismo e pelos dogmatismos tanto da historiografia burguesa quanto do marxismo ortodoxo e stalinista. Essa enunciação no presente é uma exigência fundamental e acarreta a consequência de história "a contrapelo" ("*gegen den Strich*", tese VII) do passado e reflexão crítica sobre o presente coincidirem (tomo a liberdade de justificar assim "benjaminiamente" minhas reflexões iniciais sobre o presente brasileiro, presente no qual estou inscrita!). Ora, a questão dos mortos e do destino que lhes reserva a historiografia dominante é absolutamente crucial nas teses, ela é o trunfo de uma luta no presente que a tese VI torna mais precisa:

> *Chaque époque devra, de nouveau s'attaquer à cette rude tâche: libérer du conformisme une tradition en passe d'être violée par lui. Rappelons-nous que le messie ne vient pas seulement comme rédempteur mais comme le vainqueur de l'Antéchrist. Seul un historien, pénétré [de la conviction] qu'un ennemi victorieux ne va même pas s'arrêter devant les morts – seul cet historien-là saura attirer [peut-être Benjamin veut-il plutôt dire "attiser"] au coeur-même des événements révolus l'étincelle d'un espoir. En attendant, et à l'heure qu'il est, l'ennemi n'a pas encore fini de triompher.* (GS I-3, 1974, p.1262)[8]

Citei a tradução do francês do próprio Benjamin; ela talvez não seja muito elegante, mas ela tem o mérito de muitas vezes tornar seu pensamento mais preciso. Assim, onde o texto alemão diz: "*auch die Toten werden vor dem Feind, wenn er siegt, nicht sicher sein*" (literalmente: "os mortos, eles também, não estarão a salvo diante do inimigo, se ele vencer"), Benjamin realça, na versão francesa, a atividade de profanação do inimigo, "que não se deterá nem diante dos mortos". Essa tendência à profanação (que Benjamin já notava na ação das personagens das *Afinidades eletivas* de Goethe que não hesitam em deslocar túmulos para transformar um cemitério num jardim!) marca de maneira precisa o limite onde o poder político se converte em violência

8 Tradução livre: "Cada época deverá novamente enfrentar essa rude tarefa: libertar do conformismo uma tradição que está sendo por ele violada. Lembremos que o Messias não vem somente como redentor, mas como o vencedor do Anticristo. Somente um historiador convencido que um inimigo vitorioso não vai se deter, nem diante dos mortos – somente esse historiador saberá insuflar no coração mesmo dos acontecimentos a centelha de uma esperança. Até agora, e nesse momento, o inimigo ainda não cessou de vencer."

(ver a palavra "*violée*" na tradução francesa), violência mítica diria Benjamin, fora do espaço de uma sociabilidade comum. Espaço de violência, o sabemos desde os relatos dos sobreviventes, pelo menos tais quais os analisa Giorgio Agamben, que parece surgir como o *nomos* implícito do Estado moderno enquanto estado de exceção instituído (Agamben, 1995). A insistência de Benjamin no perigo que correm os mortos de serem, por assim dizer, mortos mais uma vez, lança uma luz paradoxal sobre a resistência do poder ditatorial, depois democrático, a procurar e identificar os desaparecidos. Tratar-se-ia não só de não querer confessar os crimes cometidos. Tratar-se-ia mais ainda de afirmar que cabe ao poder político decidir o destino dos mortos e que as "leis não escritas" dos sobreviventes, que desejam ainda respeitar a prática humana (e sagrada) do funeral e da inumação,[9] não têm força de lei.

Outro conceito de W. Benjamin pode ser precioso nesse contexto de elaboração coletiva do passado. Mesmo que o vocabulário referente à memória e à atividade do lembrar não seja sempre muito rigoroso em seus escritos, o conceito de *Eingedenken* [rememoração, recordação] tem um peso específico. Certos comentadores, como Ursula Link-Herr,[10] propõem a hipótese de um "golpe semântico" por parte de Benjamin, reservando de preferência a palavra *Eingedenken* à memória de um único destino (*Ein-gedenken*). Tomo a liberdade de discordar dessa interpretação e ressalto mais o caráter de ritual coletivo, religioso *e* político do conceito. Assim Lutero traduz o famoso versículo de *Deuteronômio* 5:15 – "Recorda [*Du sollst gedenken*] que foste escravo na terra do Egito, e que Iahweh teu Deus te fez sair de lá com mão forte e braço estendido".[11] Devemos observar que a rememoração é coletiva e política, mesmo que tenha suas fontes numa teologia do lembrar. Não confirma, portanto, a "guinada subjetiva", denunciada por Beatriz Sarlo (2005), como sendo o risco que espreita os relatos singulares, muitas vezes autobiográficos, de testemunhos da violência passada, e mais ainda, que ameaça sua leitura complacente a qual, mais uma vez, reduz esses relatos a exemplos certamente terríveis, mas singulares e circunscritos a lamentáveis exceções, que usa, portanto, essas "memórias" para não proceder a uma análise política do passado.

Agora, se a "rememoração" (*Eingedenken*) é coletiva e política, ela não é de jeito nenhum uma "comemoração" oficial, organizada com bandeiras, desfiles ou fanfarras para comemorar uma vitória, ou, então, pedir perdão,

---

9 Essa alusão à *Antígone* de Sófocles me foi sugerida pelo belo artigo de Vladimir Safatle (2010) em *O que resta da ditadura*.

10 No seu verbete consagrado ao ensaio de Benjamin sobre Marcel Proust, no *Benjamin-Handbuch* (Lindner, 2009).

11 Tradução da *Bíblia de Jerusalém*.

como parece ter se tornado um prática governamental, aliás muito honorável, em certos países. Pelo contrário, Benjamin a associa à memória *involuntária* de Proust, traduzindo muitas vezes *"mémoire involontaire"* [memória involuntária] por *"ungewolltes Eingedenken"* [rememoração involuntária], em particular nos primeiros parágrafos de seu ensaio sobre o autor da *Recherche*, consagrados à dinâmica do esquecer e do lembrar (GS II-1, 1977, p.311). Aliás, essa combinação entre dimensão coletiva, e mesmo política, e dimensão involuntária, portanto inassimilável ao resultado de uma preparação estratégica por parte de um partido ou de um comitê central, constitui uma das características e igualmente uma das dificuldades maiores da concepção de decisão revolucionária nas teses. Benjamin parece tentar pensar uma atenção ao *kairos* da ação política que não se resume nem à confiança na espontaneidade das massas (espontaneidade às vezes desastrosa), nem aos cálculos conjunturais de uma pseudo *avant-garde*. Não acho que se possa resolver de maneira definitiva essas ambiguidades da definição de "sujeito histórico" no texto das teses, aliás, não tenho certeza que isso seja desejável. No entanto, algumas balizas teóricas, que Benjamin mesmo indica, podem ajudar a traçar essa noção de atenção ao presente histórico e ao "momento do perigo" (tese VI): a teoria da memória involuntária em Proust, aquela da atenção flutuante (*schwebende Aufmerksamkeit*) em Freud, enfim, a rememoração num contexto teológico. Três modelos de disponibilidade ao acontecimento muito mais que de soberania da consciência coletiva.

Respondendo a uma carta de Horkheimer que argumentava que o passado não pode verdadeiramente ser dito "aberto" (*unabgeschlossen*), suscetível de transformações posteriores, que, nesse sentido, as injustiças e os sofrimentos do passado são irremediáveis, Benjamin anota no livro das *Passagens*:

> O corretivo desta linha de pensamento pode ser encontrado na consideração de que a história não é apenas uma ciência, mas igualmente uma forma de rememoração. O que a ciência "estabeleceu", pode ser modificado pela rememoração. Esta pode transformar o inacabado (a felicidade) em algo acabado, e o acabado (o sofrimento) em algo inacabado. Isto é teologia; na rememoração, porém, fazemos uma experiência que nos proíbe de conceber a história como fundamentalmente ateológica, embora tampouco nos seja permitido tentar escrevê-la com conceitos imediatamente teológicos. (Benjamin, 2007, p.513)[12]

12 No original: *"Das Korrektiv dieser Gedankengänge liegt in der Überlegung, dass die Geschichte nicht allein eine Wissenschaft sondern nicht minder eine Form des Eingedenkens ist. Was die Wissenschaft 'festgestellt' hat, kann das Eingedenken modifizieren. Das Engedenken kann das Unabgeschlossene (das Glück) zu einem Abgeschlossenen und das Abgeschlossene (das Leid) zu einem Unabgeschlossenen machen. Das ist Theologie; aber im Eingedenken machen wir eine Erfahrung, die uns verbietet, die*

Talvez esse fragmento torne o pensamento de Benjamin mais obscuro ainda quando minha intenção era clarificá-lo! No mínimo, ele ressalta uma dimensão da história como sendo uma narração aberta que permite não encerrar a imagem do passado numa única "constatação", mas modificar essa imagem, e assim também a apreensão do passado pelo presente. Com efeito, se o passado é bem findo (*vergangen*) e nesse sentido imutável, continua, porém, a ter sido (*gewesen*), a passar, a perdurar no presente. Esse estatuto "enigmático" (Ricoeur) do passado presente se transforma com o presente, quando os sujeitos históricos do presente dão ao passado outra interpretação, o transmitem (*überliefern*) contra o "conformismo da tradição" (*Tradition*), como o diz Benjamin na tese VI, portanto agem no presente de tal maneira que a continuação da história não mais se inscreve no esquema narrativo (e prático) ditado por essa tradição dominante. A ruptura deste enredo é, em Benjamin, uma ruptura teológica e política, não no sentido de uma intervenção divina segundo um modelo religioso, mas no sentido de uma dimensão irredutível ao dado, ao "amontoado de ruínas" (tese IX).

Gostaria de concluir essa comunicação com uma advertência: não façamos de Benjamin o rapsodo incondicional de memória e da conservação, como se se tratasse de nada esquecer e de tudo guardar. Leitor crítico, mas assíduo de Nietzsche (mais do que de Hegel!), Benjamin cita várias vezes a *Segunda consideração intempestiva*, em particular no início da tese XII. Com efeito, Nietzsche é o primeiro pensador que condenou os excessos daquilo que Benjamin chama de historicismo, essa ciência burguesa da história, caracterizada por seu ideal de exaustividade e objetividade.

Nietzsche também é o pensador de uma noção positiva de esquecimento, na linhagem do pensamento grego, do êxtase dionisíaco e erótico, das figuras do "desligar", o *luein*, que se traduz em alemão por *lösen*, verbo associado ao campo semântico da dissolução e da solução (*Lösung*) e, igualmente, da redenção (*Erlösung*), um conceito que eu gostaria de distinguir do de salvação (*Retttung*), na reflexão de Benjamin. Essas figuras de um esquecimento feliz surgem, em particular, na evocação de uma experiência paradigmática da infância: a criança doente se acalma pouco a pouco graças às mãos que acariciam e à voz que conta uma história, traçando assim ao rio da dor um leito que a levará até o "mar do esquecimento feliz".[13] Essas imagens evocam uma narração sempre recomeçada, sempre retomada e enriquecida. Esse esquecimento feliz é, portanto, exatamente o contrário de um esquecimento

*Geschichte grundsätzlich atheologisch zu begreifen, so wenig wir sie in unmittelbar theologischen Begriffen zu schreiben versuchen dürfen*" (GS V-1, 1982, p.589).

13 "*ins Meer glücklicher Vergessenheit*", escreve Benjamin nos *Denkbilder* (GS IV-1, 1972a, p.430). Passagem paralela em *Berliner Kindheit* (GS IV-1, 1972b, p.270).

imposto, ou de uma "memória impedida", como Paul Ricoeur definiu muito acertadamente o conceito de anistia (Ricoeur, 2000, p.576). Isso também significa que todas as políticas de esquecimento imposto, porque são o contrário de um processo de elaboração do passado, não vão ajudar a esquecer um passado doloroso, mesmo que, num primeiro momento, o façam calar-se. Essas políticas preparam muito mais o retorno do passado recalcado, a repetição e a permanência da violência, uma forma de memória pervertida que, na verdade, nos impede de nos *livrar*, de nos desligar do passado para poder, enfim, viver melhor no presente.

***

**Observação:** este texto foi escrito como conferência em francês para o colóquio sobre Walter Benjamin e a questão da memória no centro Haroldo Conti, Buenos Aires, realizado entre 26 e 30 de outubro de 2010. Aproveitei a "Semana contra a anistia aos torturadores", na USP, em início de outubro, para traduzi-lo para o português.

– 2 –

# CONSTRUÍDO COM ASTÚCIA. UM MODELO PARA O MODO DE ESCREVER DE WALTER BENJAMIN[1]

*Erdmut Wizisla*[2]

Hoje volta a se falar sobre Walter Benjamin. Os combates de trincheira ideológicos dos anos 1960 e 1970 (marxismo *versus* messianismo) foram substituídos, entretanto, por discussões interdisciplinares, especializadas sobre sua obra. Teorias culturais, estéticas dos meios de comunicação e ciência da imagem dirigem-se aos textos de Benjamin e, como disciplinas, recebem estímulos de suas figuras de pensamento. Nos últimos tempos, o fragmento de Benjamin (2013) *O capitalismo como religião* tem sido invocado nas investigações sobre o processo de secularização. Simplesmente impactante é a presença deste pensador nas artes: nos filmes, instalações, projetos arquitetônicos, poemas, obras de teatro e inclusive várias óperas. A própria investigação sobre Benjamin mostra-se estimulada por descobertas em arquivos e por estudos filológicos. O Arquivo Walter Benjamin, criado graças à *Hamburger Stiftung zur Förderung von Wissenschaft und Kultur* [Fun-

1 Originalmente publicado como: Mit List gebaut. Ein Modell von Walter Benjamins Schreibweise. *Zeitschrift für Ideengeschichte*, IV, 3, p.93-102, 2010. Tradução de Carlos Eduardo Jordão Machado.

2 Diretor do Arquivo Walter Benjamin, Berlim, Alemanha. Em 2013, foi publicado do autor, no Brasil, *Benjamin/Brecht. História de uma amizade* (Edusp). Destaca-se também a publicação na Argentina de Erdmut Wizisla e Michael Opitz (orgs.) *Benjamins Begriffe*. (Berlin: Suhrkamp, 2000): *Conceptos de Walter Benjamin*. Buenos Aires: Las Cuarentas, 2014. Trad. M. Vedda e M. Belforte.

dação de Hamburgo para o fomento da ciência e cultura] na Academia de Artes de Berlim, desfruta de uma animada concorrência. Sob o título *Werke und Nachlass* [Obras e escritos póstumos] aparece na editora Suhrkamp uma edição crítica das obras completas, sob a direção de Christoph Gödde e Henri Lonitz, que permitirá reconstruir o processo de escrita de Benjamin.

Uma influência tão considerável não pode ser reduzida a um conceito único. Isso, aliás, entraria em contradição com o pensamento assistemático de Benjamin. Sua epígrafe para a estreia de Bertolt Brecht, nos anos 1920, pode ser aplicada proveitosamente ao ateliê de Benjamin: "Laboratório multiplicidade". Benjamin se alegrava na experimentação; parece não ter conhecido fronteiras no plano temático; transgredia os limites das disciplinas, e dominava todo o repertório das formas, gêneros e meios. Este autor atuava como "estrategista no combate literário" (GS IV-1, 1972b, p.108). É de um caso semelhante do que se trata aqui.

Num legado de matérias benjaminianas que o historiador Reinhard Muller descobriu em 2004 no assim chamado "Arquivo Especial" de Moscou, foram encontradas mais de quarenta páginas de esboços e versões do artigo "Ein deutsches Institut freier Forschung" [Um Instituto alemão de livre pesquisa] (Cf. Müller; Wizisla, 2005). O texto de Benjamin sobre o Instituto de Pesquisa Social na emigração apareceu em maio de 1938, no número 5, do primeiro ano da revista de exílio suíça *Mass und Wert* [Medida e valor]. A descoberta de Reinhard Müller nos dá a oportunidade de considerar com mais detalhes o ensaio sobre o Instituto. Conduz-nos às remições pertinentes a seu significado programático,[3] tal artigo segue tendo uma existência espectral, que é derivada da história de sua publicação. Ferdinand Lion, redator de *Mass und Wert*, havia abreviado o texto e o remetera à seção de críticas. Nos *Gesammelte Schriften* de Benjamin (GS III, p.518-26) foi infelizmente incluído no volume III, correspondente a críticas e resenhas.[4]

O texto que Benjamin enviou a Lion se encontra conservado no Arquivo Walter Benjamin em duas cópias tipografadas.[5] Ambas começam com uma nota preliminar. Esta permite reconhecer um princípio construtivo que ultrapassa a ocasião. O artigo sobre o Instituto é um modelo para o modo de escrever de Benjamin. O que se torna perceptível quando se tem em vista – ao tomar em consideração o manuscrito de Moscou – a gênese e a redação do texto.

3 Conferir, antes de tudo, Hartung (1992, p.15 et seq.), Schöttker (1999, p.86) e Lindner (2005, p.20-8).

4 Na nova edição de Benjamin (*Werke und Nachlass*), o artigo aparecerá no tomo 2 ("Philosophische und ästhetische Schriften").

5 Akademie der Kunst (Berlin): Walter Benjamin Archiv (Tomos 1481-1493 e 1494-1506). Daqui em diante, WBA. O texto manuscrito é a cópia mais defeituosa. Benjamin a qualificou de exemplar manual. Não fica claro o porquê desse exemplar manual não ter sido selecionado como base para a edição nos GS.

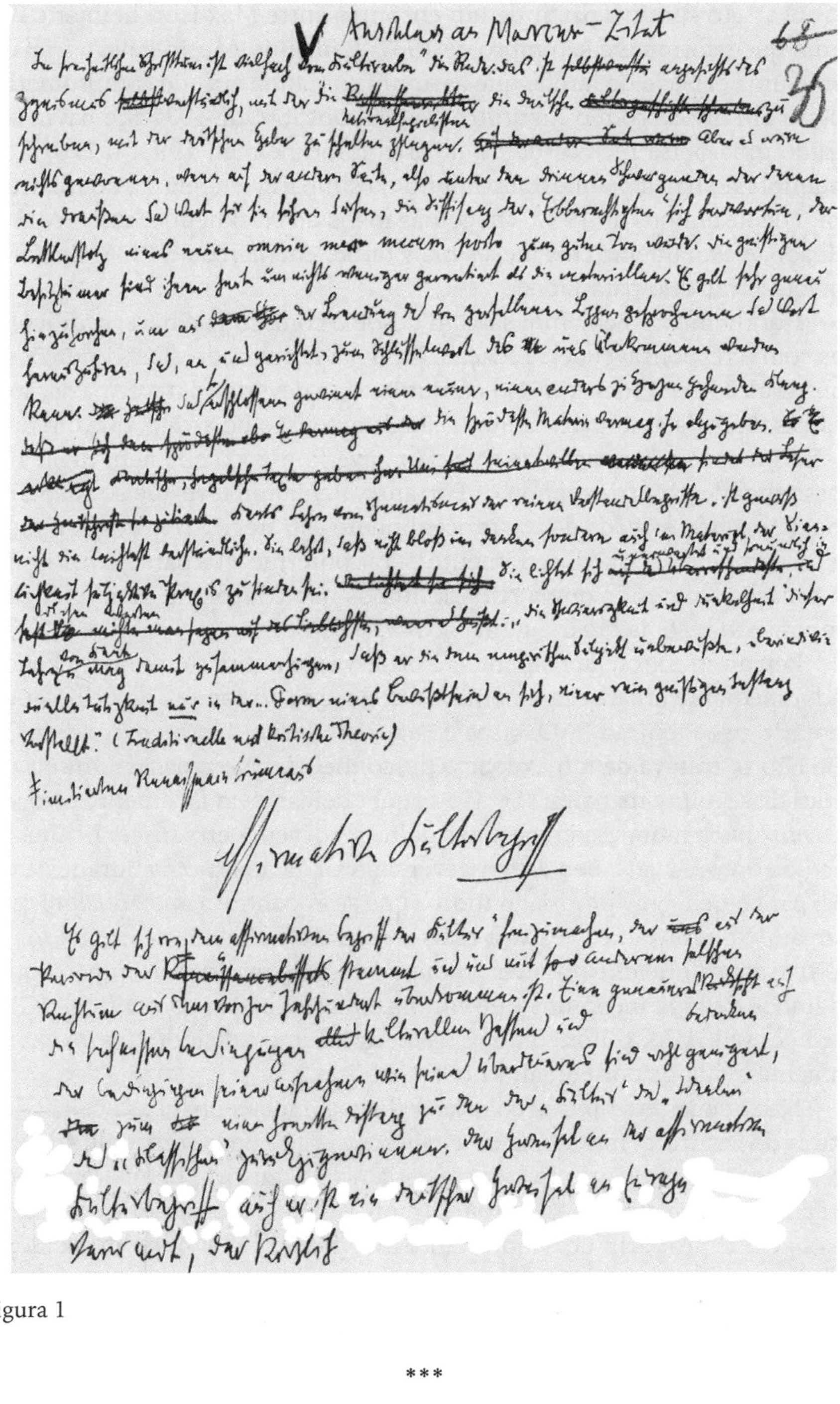

Figura 1

***

O artigo surgiu a partir de um encontro entre Max Horkheimer e Benjamin que ocorreu em setembro de 1937. Benjamin considerava o trabalho como uma espécie de tarefa, que assumiu com uma atitude comprometida. Estava em dívida com o Instituto, que em outubro de 1937 lhe havia concedido uma bolsa mensal de 80 dólares (Horkheimer, 1995, p.270) e, no entanto, não havia manifestado nenhuma simpatia em relação ao Instituto. Em 6 de dezembro de 1937, chegou às mãos de Horkheimer um *exposé* detalhado, e exatamente três meses mais tarde, em março de 1938, Benjamin enviou o trabalho para Lion.

Horkheimer e Benjamin sabiam desde o começo que haveria dificuldades com o responsável pela redação. Lion havia colocado duas condições. A contribuição "*não* [deveria ser] comunista", e deveria aparecer na seção de críticas da revista: uma clara limitação da extensão do artigo, que o redator disfarçou com a indicação de que não haveria espaço ali "nem lugar nem possibilidade para se expandir".[6] Portanto, Benjamin teve que se adaptar de imediato à necessidade de um procedimento estratégico. No *exposé* pode-se ler: "O primeiro cuidado, certamente, será contermo-nos para que os limites de espaço e conteúdo que a redação impôs não conspirem para que, entre ambos, não reste já lugar algum" (GB V, p.619 et seq.).

Benjamin tratou de responder à observação política do redator conservador mediante um mascaramento. Para ele, que no começo do exílio queria adotar o pseudônimo E. O. (isto é, *lateo*; em latim: "estou escondido"); o que não se tratava de um exercício desconhecido. No *exposé* se anuncia tal tática da seguinte maneira: "Se não se quer deixar levar facilmente pelo jogo de censura de Lion, as perspectivas políticas devem permanecer ocultas, na medida do possível". Seu artigo deveria atrair "a atenção da burguesia culta"; para o qual era apropriado tudo o que se encontrava apoiado em Freud. Benjamin queria dar um espaço mais amplo aos trabalhos de Erich Fromm, porque a partir deles é possível "indicar talvez do modo mais imperceptível as linhas de fuga incomuns que conduzem em direção ao político" (GB V, p.617 et seq.). Conceitos como os de materialismo e dialética foram expressamente evitados por Benjamin (Cf. GB VI, p.37).

Não apenas era preciso colocar de forma imperceptível as posições políticas do Instituto, mas também as diferenças que Benjamin mantinha com ele. O redator também sabia que existiam tais tensões. Lion, ao receber a proposta de Benjamin, perguntou: "Trata-se daquela revista que aparece em Aron, e que produziu no senhor tanta indignação e mal humor quando lhe

6 Ferdinand Lion a Benjamin, (s.d.), citado na carta de Benjamin a Horkheimer de 6/12/1937. Benjamin (*Gesammelte Briefe V*, 1994-2000, p.617). Referência às Cartas Reunidas (*Gesammelte Briefe*), em 6 volume, de Benjamin. Doravante, (GB).

recusaram uma contribuição?" (WBA, p.153/3) A *Zeitschrift für Sozialforschung* [Revista de Pesquisa Social] aparecia pela editora Alcan; Aron, ao contrário, era o tradutor da versão francesa do ensaio sobre "A obra de arte na época da sua reprodutibilidade técnica", cujo texto o Instituto modificou de modo tão considerável que não pode aplicar totalmente a palavra "recusar", produzindo uma tal colisão. Benjamin não deu atenção à pergunta. Escreveu a Lion, em março de 1938, dizendo que se tratava "de amigos [...] aos quais me une uma perspectiva afim" (GB VI, p.35). No texto, Benjamin deixou transparecer com cautela os limites das afinidades. Burkhardt Lindner denominou o procedimento de Benjamin "uma estratégia consistente em passar criticamente de contrabando a própria posição, com o gesto da exposição leal" (Lindner, 2006, p.457). Uma anotação nos manuscritos de Moscou diz: "Trata-se de se livrar do conceito afirmativo de cultura".[7] Benjamin perseguiu este fim, apesar de citar o artigo de Herbert Marcuse, "Sobre o caráter afirmativo da cultura", do primeiro fascículo da *Zeitschrift für Sozialforschung*, certamente sem atacar Marcuse. Assinalava também algumas distâncias em relação às linhas de pesquisa do Instituto numa frase entre parêntesis, na qual Benjamin se remete ao artigo sobre "A obra de arte...", mas sem declarar seu autor.

***

Os manuscritos de Moscou contêm extratos comentados de trabalhos pertencentes aos integrantes do Instituto, que documentam o enorme volume de estudos que realizou Benjamin para elaborar seu quadro geral sobre o trabalho do Instituto; também comportam variações textuais e uma seção até agora totalmente desconhecida, que soa como o editorial para uma revista científica do exílio. Notáveis são as anotações sobre as próprias perspectivas teóricas, os esquemas para uma sistematização do artigo, uma espécie de "inventário da percepção crítica" (Müller; Wizisla, 2005, p.72). São elementos arquitetônicos, que se relacionam com o artigo concluído como a estrutura com o edifício: os sustentam, são inevitáveis em termos construtivos, mas permanecem totalmente ocultos. Benjamin reúne um catálogo das críticas e as assim chamadas requisitórias (a palavra "requisitórias"- protesto, objeção, procedimento [do fiscal]; traduzindo: elementos intelectuais – aparece apenas nas anotações, e em nenhum outro lugar da obra de Benjamin) contra a intelectualidade livre, contra o pragmatismo, contra o conceito de sistema. No *exposé* escrito para Horkheimer, Benjamin havia explicado que a "crítica do conceito de sistema" se encontrava "entre os pilares básicos de nosso trabalho" (GB V, p.619). Uma passagem citada contém uma variante para o "fim" do artigo: "Citação sobre as necessidades e

7 Sonderarchiv Moskau. Documento 595k-1-48.

o livre desenvolvimento das capacidades; ciência livre no duplo sentido: livre desenvolvimento das capacidades científicas. Ciência a serviço da liberdade".[8]

***

À segunda indicação de Lion – a limitação do espaço, vinculada com o confinamento à seção de críticas – Benjamin respondeu igualmente com astúcia. Escolheu uma forma de construção variável. O redator deve ter se sentido bastante surpreso quando recebeu a carta de Benjamin de 6 de março de 1938. Nela pode se ler: "Envio-lhe no mesmo correio, não *um* manuscrito, mas vários. De tal maneira, ao qualificar de mero lastro uma peça depois da outra de minha bagagem de ideias, espero ter facilitado seu trabalho como redator" (GB VI, p.36).

Como página 1 do texto datilografado, Lion encontrou a já mencionada observação preliminar:

> O marco do manuscrito formam as páginas 1, 2, 3 e 11. As páginas 8, 9, 10 formam um bloco que pode ser inserido neste marco como um todo fechado, ou melhor isolado, ou ainda junto com outras páginas. As páginas restantes, 4/5, 6, 7 podem ser incluídas de forma individual, ou melhor, em conjunto; teria aqui de levar em conta tão somente que a página 6 não pode figurar sem as páginas 4/5 (ou melhor, ao contrário). A extensão mínima do manuscrito ascende, pois, a menos de três páginas; a máxima, a umas oito páginas completas (Figura 2). (GS III, p.685; cf. WBA, t1. 1482 e 1495)

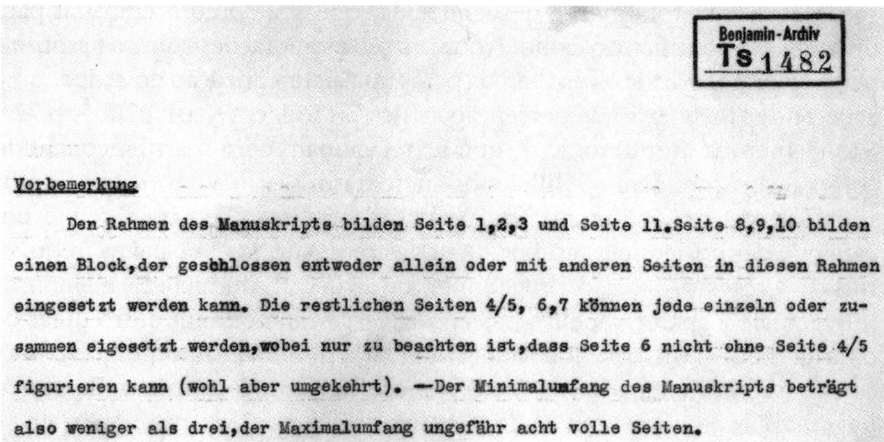


Vorbemerkung

Den Rahmen des Manuskripts bilden Seite 1,2,3 und Seite 11.Seite 8,9,10 bilden einen Block,der geschlossen entweder allein oder mit anderen Seiten in diesen Rahmen eingesetzt werden kann. Die restlichen Seiten 4/5, 6,7 können jede einzeln oder zusammen eigesetzt werden,wobei nur zu beachten ist,dass Seite 6 nicht ohne Seite 4/5 figurieren kann (wohl aber umgekehrt). —Der Minimalumfang des Manuskripts beträgt also weniger als drei,der Maximalumfang ungefähr acht volle Seiten.

Figura 2

8 Sonderarchiv Moskau. Documento 595k-1-48.

A observação preliminar lembra a queda benjaminiana pelos enigmas, pelas adivinhações e pelas mensagens cifradas. Dora e Walter Benjamin mandavam os escritos enigmáticos, que consideravam inofensivos para os não iniciados; por exemplo, cartas nas quais apenas uma de cada três palavras tinha sentido; "as outras são apenas recheio, mas estão dispostas de modo que o conjunto parece ter um sentido" (Scholem, 1975, p.56). A observação preliminar parece idiossincrática; mas, na verdade, descreve de um modo totalmente lógico a refinada construção do artigo.

Lion respeitou apenas em parte a observação preliminar, que, além disso, era uma indicação para ele enquanto redator. Imprimiu as páginas 1, 2 e 3, mas não a página 11; destruiu, deste modo, esse marco que possuía importância para Benjamin. O redator acatou a proposta de Benjamin de incluir o bloco 8, 9 e 10, e também incorporou as páginas 4 e 5, conectadas com tal bloco. A exclusão da página 11 é um gesto de desprezo que corresponde com a supressão do título e o deslocamento do artigo para a seção de críticas. A partir da descrição que faz Benjamin da localização – descrição que desloca questões de método e problematiza a situação de uma orientação de pensamento no exílio –, na resenha de uma revista, o esboço de uma "teoria do conhecimento científico" aparecia como uma espécie de anúncio.[9]

A supressão da página 11 do manuscrito datilografado é, portanto, especialmente pérfida, já que é nesta seção onde melhor se adverte até que ponto incluiu perspectivas próprias no texto. Perseguia com isto desenvolver uma práxis exercida de várias formas, e à que havia se referido em sua carta ao redator de 13 de maio de 1938: "Constitui em mim uma velha inclinação, talvez infeliz, animar meus próprios pensamentos, de vez em quando, por meio da perseguição de pensamentos alheios" (GS VI, p.79). Isso equivale a pedir a palavra na discussão, atual na ocasião, sobre a herança cultural – o artigo de Benjamin ainda não havia sido valorizado como contribuição neste debate; além disso, há aqui indícios das teses "Sobre o conceito de história" e algumas questões de método (Figura 3).

O balanço das intervenções da redação contém um resultado ambivalente. Lion enfiou a mão violentamente no manuscrito. Mas as sagazes instruções de Benjamin para a impressão impediram algo pior. Horkheimer apreciou a aparição do artigo como "uma clara vitória sobre a 'tática do silêncio' de algumas sombras de emigrados" (Horkheimer, 1995, p.411).

***

9 Cf. GS III (1972a, p.521) – "Theorie der Wissenschaflichen Erkenntnis" – e GB VI (p.68) – "Gestalt einer Anzeige". Algo comparável com isso ocorreu com Benjamin, três anos antes, quando a *Zeitschift für Sozialforschung* apresentou como resenha conjunta o artigo "Probleme der Sprachsoziologie" (Cf. Schöttker, 1999, p.77).

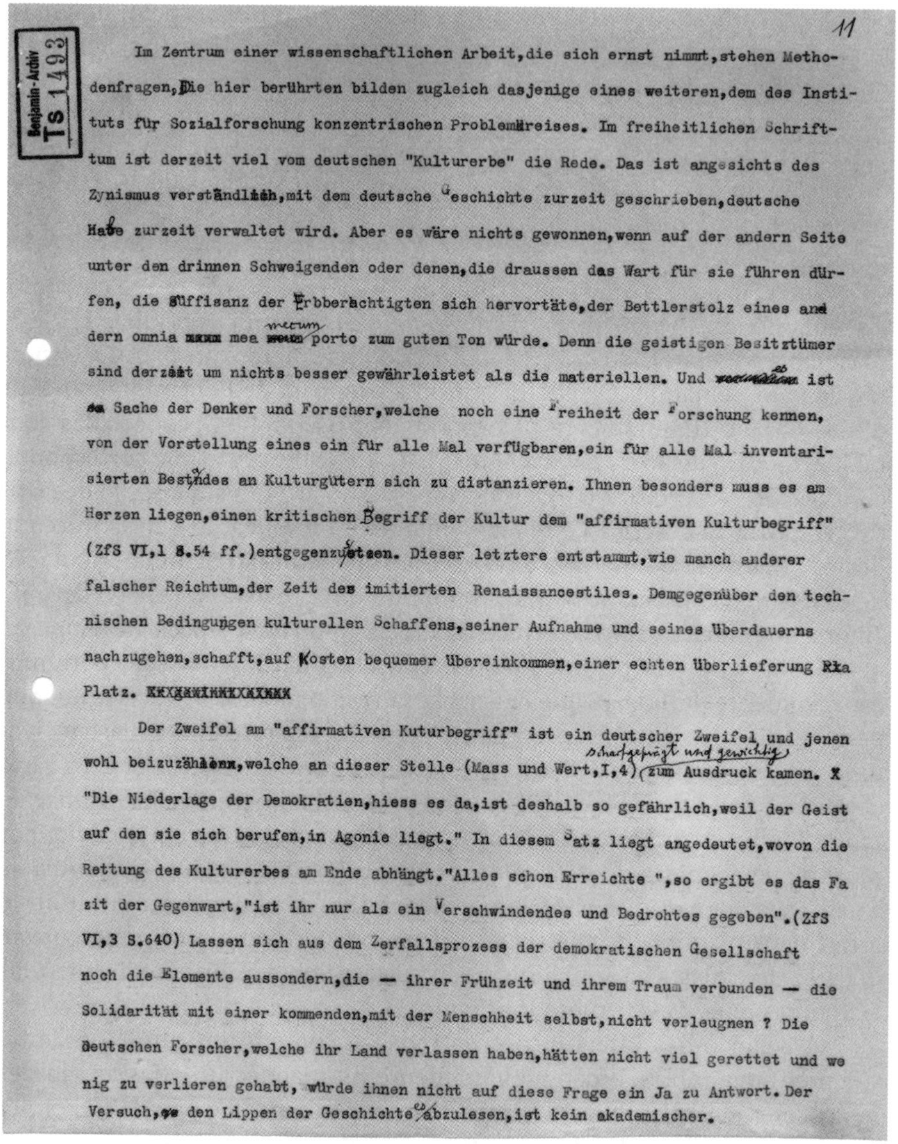



11

Im Zentrum einer wissenschaftlichen Arbeit,die sich ernst nimmt,stehen Methodenfragen,Die hier berührten bilden zugleich dasjenige eines weiteren,dem des Instituts für Sozialforschung konzentrischen Problemkreises. Im freiheitlichen Schrifttum ist derzeit viel vom deutschen "Kulturerbe" die Rede. Das ist angesichts des Zynismus verständlich,mit dem deutsche Geschichte zurzeit geschrieben,deutsche Habe zurzeit verwaltet wird. Aber es wäre nichts gewonnen,wenn auf der andern Seite unter den drinnen Schweigenden oder denen,die draussen das Wort für sie führen dürfen, die Süffisanz der Erbberechtigten sich hervortäte,der Bettlerstolz eines andern omnia mea mecum porto zum guten Ton würde. Denn die geistigen Besitztümer sind derzeit um nichts besser gewährleistet als die materiellen. Und es ist Sache der Denker und Forscher,welche noch eine Freiheit der Forschung kennen, von der Vorstellung eines ein für alle Mal verfügbaren,ein für alle Mal inventarisierten Bestandes an Kulturgütern sich zu distanzieren. Ihnen besonders muss es am Herzen liegen,einen kritischen Begriff der Kultur dem "affirmativen Kulturbegriff" (ZfS VI,1 S.54 ff.)entgegenzusetzen. Dieser letztere entstammt,wie manch anderer falscher Reichtum,der Zeit des imitierten Renaissancestiles. Demgegenüber den technischen Bedingungen kulturellen Schaffens,seiner Aufnahme und seines Überdauerns nachzugehen,schafft,auf Kosten bequemer Übereinkommen,einer echten Überlieferung Platz.

Der Zweifel am "affirmativen Kuturbegriff" ist ein deutscher Zweifel und jenen wohl beizuzählen,welche an dieser Stelle (Mass und Wert,I,4) scharfgeprägt und gewichtig zum Ausdruck kamen. "Die Niederlage der Demokratien,hiess es da,ist deshalb so gefährlich,weil der Geist auf den sie sich berufen,in Agonie liegt." In diesem Satz liegt angedeutet,wovon die Rettung des Kulturerbes am Ende abhängt."Alles schon Erreichte ",so ergibt es das Fazit der Gegenwart,"ist ihr nur als ein Verschwindendes und Bedrohtes gegeben".(ZfS VI,3 S.640) Lassen sich aus dem Zerfallsprozess der demokratischen Gesellschaft noch die Elemente aussondern,die — ihrer Frühzeit und ihrem Traum verbunden — die Solidarität mit einer kommenden,mit der Menschheit selbst,nicht verleugnen ? Die deutschen Forscher,welche ihr Land verlassen haben,hätten nicht viel gerettet und wenig zu verlieren gehabt, würde ihnen nicht auf diese Frage ein Ja zu Antwort. Der Versuch,es den Lippen der Geschichte abzulesen,ist kein akademischer.

Figura 3

A formulação de Benjamin de que ele teria "facilitado seu trabalho como redator" (GB VI, p.38) representava uma maldade sutil. De fato, Benjamin escamoteou deste modo a tentativa para "escamotear os presumíveis propósitos de sabotagem de Lion", para "deter de antemão" as "más intenções" do redator, como explicou a Horkheimer em carta de 7 de março de 1938:

"Isto determinou a construção do artigo. / Resultou ser o mais apropriado para lhe dar o caráter de um quebra-cabeças que talvez oculte o desejo de prazer de Lion realizar intervenções por meio do recurso de lhe oferecer complacentemente a ocasião de fazê-las" (GB VI, p.37).

A construção do artigo se mostra, no texto datilografado, mais claramente do que nas versões impressas no *Mass und Wert* e nos *Gesammelten Schriften*. O artigo de Benjamin consiste em oito partes independentes, dotadas de foco temático claro, que uma impressão deve tratar como tais.[10] O próprio Benjamin numerou *a posteriori*, à mão, as páginas do texto datilografado. Ao mesmo tempo, o autor deve ter experimentado o processo de paginação como uma contradição: aqui se estabelecia uma constelação, se fixava – voluntária ou involuntariamente – algo móvel, de tal maneira que emergia uma espécie de "dialética em suspensão".

A observação preliminar oferecia a Lion pelo menos onze possibilidades diversas de combinar os oito elementos. O redator escolheu uma décima segunda, não autorizada, que violava as intenções do autor.

Por trás da astuta construção de Benjamin se oculta um princípio recorrente. A forma de construção do artigo sobre o Instituto se deve à intenção de minar o obstrucionismo de um subordinado. Mas ao mesmo tempo possui um caráter modelar como escrita e pensamento. A situação das publicações exigia de Benjamin uma construção intrincada, mas esta construção correspondia a ele mesmo também.

Para caracterizar essa construção, no entanto, o conceito de quebra-cabeças me parece muito pouco adequado. Benjamim, o jogador, estava familiarizado com os quebra-cabeças. Empregou várias vezes o termo, sobretudo nas anotações sobre as passagens de Paris. Para a recordação do meditador, se diz no trecho J, dedicado a Baudelaire, "o saber humano é despedaçado em um sentido particularmente significativo: ou seja, como a quantidade de peças arbitrariamente recortadas que a partir das quais se monta um puzzle"; e continua afirmando: "Uma época avessa à meditação conservou seu comportamento no puzzle. Este gesto é, sobretudo, o do alegorista" (Benjamin, 2007).

A construção do artigo sobre o Instituto, a que aqui se atribuiu o caráter de modelo, diferencia-se daquela de um quebra-cabeça (*puzzle*), cada parte tem o seu lugar definido, que é preciso encontrar. Para as partes das construções de Benjamin há, em contrapartida, diversas possibilidades. O

10 O melhor seria que, na impressão, se recorresse a linhas em branco para estabelecer uma distinção entre as cesuras entre os segmentos individuais, e os saltos de parágrafo comuns, também presentes.

modo de produção de Benjamin respondia a um princípio de módulos segundo o qual partes individuais do texto, fechadas sobre si mesmas, podiam ser montadas novamente. O que torna sua construção flexível, variável, ao mesmo tempo, citável e vedada contra abusos.

O modo de construção de Benjamin significa um adeus à linearidade e hierarquia. Há – nem sempre, mas frequentemente – um princípio e um final. E, no entanto, os elementos dessa escrita e desse pensamento são, em princípio, equivalentes. Basta lembrar o adiamento das teses "Sobre o conceito de história" por meio da modificação e decifração – que se pode reconstruir belamente no exemplar de Hannah Arendt – a montagem virtuosa por meio das manobras de *copy and paste* no ensaio sobre Kafka ou na forma aberta das "recordações da infância", que, tal como destacou seu autor, "de nenhum modo narram como uma crônica, senão que expõem expedições individuais na profundidade da recordação".[11] Numa versão anterior do segmento "Jogo de letras", de *Infância em Berlim*, Benjamin compara o prazer de misturar peças de pensamento com o prazer infantil pelos jogos com pequenas letras. Burhardt Lindner descobriu neles um "modelo para o modo de escrever político de Benjamin" (Lindner, 2009, p.78).

Benjamin se deteve, como autor, na construção do trabalho das passagens, tal como está formulado numa anotação do trecho N: "A primeira etapa deste caminho será aplicar à história o princípio da montagem. Isto é, erguer as grandes construções a partir de elementos minúsculos, recortados com clareza e precisão" (Benjamin, 2007, N2, 6).

Essa concepção de pensamento se corresponde com o furor construtivo-experimental do ensaio sobre o Instituto. Nele pode-se ler: "O rigor metodológico em que a ciência busca sua honra, [mereceria] seu nome apenas [...] se fosse introduzido em seu horizonte, não apenas o experimento gerado no ambiente fechado do laboratório, mas também o que teve lugar no ambiente livre da história" (GS III, 1972a, p.519). O ensaio "Um Instituto alemão de pesquisa livre" foi um experimento no espaço livre da história, que se introduziu no espaço livre do pensamento.

11 O exemplar de Arendt das teses aparece reproduzido em Schöttker e Wizisla (2006, p.112). Exemplos dos manuscritos sobre Kafka aparecem reproduzidos em Walter Benjamin Archiv (2006, p.170-7). E a declaração sobre *Infância em Berlim* encontra-se em GB IV (p.135).

– 3 –

# WALTER BENJAMIN E A FOTOGRAFIA[1]

*Bernd Stiegler*[2]

*A fotografia como arte [...] é um campo muito perigoso.*[3]
*A crise da reprodução artística [...] se apresenta como parte integrante de uma crise da própria percepção.* (GS I, 1974c, p.645)

A "Pequena história da fotografia" de Walter Benjamin, publicada pela primeira vez em setembro e outubro de 1931 em *Die Literarische Welt* [O mundo literário], constitui uma das primeiras discussões históricas com esse meio técnico. Ela pode ser lida como uma sondagem tanto teórica quanto histórica de uma situação de mudança radical, cujas ambivalências selam,

1 Traduzido do alemão por Marlene Holzhausen. Para os trechos citados dos ensaios "Kleine Geschichte der Photographie" [Pequena história da fotografia]; "Franz Kafka. Zur zehnten Wiederkehr seines Todestages" [Franz Kafka. A propósito do décimo aniversário de sua morte]; e "Der Autor als Produzent" [O autor como produtor] utilizou-se como tradução de referência a edição brasileira de Benjamin, *Obras escolhidas* [OE] (v.1, 1987, p.91-107), traduzida por Sérgio Paulo Rouanet.

2 Universidade de Constança, Alemanha. Publicou no Brasil: O álbum de fotografias de Walter Benjamin. (*Revista da Cinemateca Brasileira*, n.2, São Paulo, 2013); O poder da imagem de Sergei Eisenstein. In: MENDES, A. I. (Org.). *Eisenstein/Brasil/2014*. (São Paulo: Azougue/MIS, 2014).

3 Sasha Stone apud Walter Benjamin (GS II, 1977b, p.383/OE, p.105). A citação – em uma forma um pouco modificada – provém de Sasha Stone (1928, p.86), republicado em Eckhardt Köhn (1990, p.94-96; cf. também p.19).

de uma maneira geral, a argumentação de Benjamin com a mídia fotografia e cujas observações não só se estendem para além da fotografia, como também tiveram na teoria da fotografia uma ressonância considerável. Assim, a seguir, procurarei fazer uma leitura da obra "Pequena história da fotografia", de Walter Benjamin, como um texto, para o qual a contemplação teórico-filosófica da fotografia só pode ser apreendida como história da teoria.

Do ponto de vista da história da teoria, a "Pequena história da fotografia" de Walter Benjamin apresenta uma interseção de diferentes teorias estéticas, históricas e teóricas, que, de modo complexo, são ligadas entre si. Benjamin não só toma a teoria da fotografia do novo olhar, mas também faz dela uma leitura como fim e ponto de partida de uma história da fotografia, que só poderia ser escrita de modo adequado com a inclusão de uma série de perspectivas: perguntas sociais e estéticas; linhas gerais de uma teoria de reprodução; uma análise dos diferentes campos de aplicação da fotografia e, por fim, uma teoria da percepção, que historicamente sonda a historicidade da percepção, devem ser igualmente consideradas.

Se na obra "A pequena história da fotografia" de Benjamin busca-se uma história da fotografia como história de sucesso de grandes fotógrafos, de avanços técnicos significativos ou fotografias famosas, os problemas já se iniciam com o próprio título, pois a perspectiva histórica aqui anunciada não é de modo algum óbvia: quando, no início do texto, Benjamin escreve "que as questões históricas ou, filosóficas, se se quiser, suscitadas pela ascensão e declínio da fotografia, deixaram durante muitas décadas de ser consideradas" (GS II, 1977b, p.368 / OE, p.91), isso significa ao mesmo tempo que, depois de decorridos mais de noventa anos da descoberta da fotografia, elas não são só merecedoras de atenção, mas, antes de tudo, tornaram-se passíveis de observação. O duplo olhar, que passa das questões históricas à filosófica, aponta precisamente para esta constelação teórico-histórica, que contempla do mesmo modo a história como o presente. Escrever uma história da fotografia serve à arqueologia da situação histórica mesma. Com isto, a fotografia marca dois níveis: ela pertence tanto àquele período, que Benjamin caracteriza pela "aura", como também à "era da reprodutibilidade técnica". Esta dualidade singular, que a fotografia não compartilha com nenhum outro *médium* técnico, a predestina especialmente a atentar para as mudanças culturais como também sociais ou aquelas da percepção, da recepção e produção da arte e do seu significado coletivo.

Numa época em que pela primeira vez – e não apenas por Walter Benjamin – ocorre um debate histórico com a fotografia,[4] quando Benjamin, ao

4 "Iniciou-se há oito ou dez anos atrás", escreve ele em sua resenha sobre as obras de Gisèle Freund "La photographie en France au dixneuvième siècle" e "Die Geschichte der Photo-

olhar o passado se volta para o futuro, então o presente surge em muitos aspectos como uma situação limite,[5] na qual restará muito pouco, possivelmente até mesmo nada, da ascensão histórica da fotografia. Não obstante, é exatamente por isso que o ponto de vista histórico faz sentido. Ele importa, na medida em que sonda a cesura histórica, sobretudo entre os inícios da fotografia e a fotografia da vanguarda, da determinação da própria situação de mudança histórica radical, na qual a percepção, a concepção de arte, a importância cultural da arte e a situação do indivíduo se modificaram radicalmente ou estão em processo de modificação. E é exatamente nesse sentido que as questões sugeridas pela história da fotografia são filosóficas. Na interpretação de Benjamin da história da fotografia, a história da mídia passa a história cultural da percepção, que levanta questões filosóficas da mídia no fio condutor da história, busca compreendê-las conceitualmente e, ao mesmo tempo, delinear como questões filosófico-históricas.

Assim, não é de se admirar que o esboço histórico-filosófico da história da fotografia de Benjamin encontra, tanto explícita como implicitamente, eco em uma série de outros textos que, de modo algum, são dedicados à fotografia, e que ali, às vezes, reaparecem até mesmo fragmentos inteiros de textos, em forma levemente modificada. Várias descrições trazem também ali o duplo índice de uma perspectiva simultaneamente histórica como também voltada para o presente. Assim, na primeira versão da "Berliner Kindheit" [Infância em Berlim], que ainda traz o título "Berliner Chronik"

---

graphie zu erforschen" [Para pesquisar a história da fotografia] (GS III, p.500; p.542-4). Num primeiro plano, o texto de Benjamim é uma espécie de antologia de resenhas dessas primeiras publicações sobre fotografia. Nas fontes de Benjamin, trata-se, sobretudo, dos seguintes títulos: Helmuth Th. Bossert e Heinrich Guttmann (1930), *Aus der Frühzeit der Photographie*. 1840-1870 [Dos primórdios da fotografia. 1840-1870]; Heinrich Schwarz (1931), *David Octavius Hill, der Meister der Photographie* [David Octavius Hill, o mestre da fotografia]; Karl Blossfeldt (1928), *Urformen der Kunst* [Formas primitivas da arte] (em relação a essa obra, o próprio Benjamin fez uma resenha: Neues von Blumen [Novidades sobre flores], GS III, 1972e, p.151-3); Albert Renger-Patzsch, *Die Welt ist schön* [O mundo é belo]; a edição de Camille Recht (1930) das fotos de Atget: *Eugène Atget. Lichtbilder* [Eugène Atget. Fotografias]; Camille Recht (1931), *Die alte Photographie* [A velha fotografia]; Laszlo Moholy-Nagy (1927), *Malerei, Fotografie, Film* [Pintura, fotografia, filme]; August Sander (1929), *Antlitz der Zeit* [O rosto da época]; Josef Maria Eder, *Geschichte der Photographie* [História da fotografia], cuja 3. ed. surgiu em 1932 em Halle/Saale. Assim como um grande número de fontes históricas de Baudelaire passando por A. Wiertz até F. Arago e Nadar. Na lista das obras lidas, sob os números 1188 e 1587, encontram-se apenas dois livros sobre fotografia – Fritz Matthies-Masuren, *Künstlerische Photographie* [Fotografia artística] e Gisèle Freund, *La photographie en France au XIXe siècle* (GS VII, 1989a, p.464, 472). Sobre a historiografia da fotografia no início do século XX, cf. a apresentação de Timm Starl (1997).

5 Em um estudo, Winfried Menninghaus inseriu o conceito de limite no centro do trabalho de Benjamin em *A obra das Passagens*. Cf. Schwellenkunde (1986).

[Crônica de Berlim] (GS VI, 1985b), aparece uma caracterização da memória no fio condutor de um metaforismo fotográfico, ou então o ensaio sobre Kafka (GS II, 1977d, p.416 et seq.) recorre a uma descrição de uma imagem fotográfica de criança. Do mesmo modo, no ensaio sobre Baudelaire a fotografia desempenha um papel importante no contexto da teoria da memória, do choque e da percepção (GS I, 1974c; sobre fotografia, cf. especialmente p.529, 550, 630, 644-7). O mesmo vale para a *Passagen-Werk* [Obra das passagens], na qual o convoluto "Y" está dedicado às notas da fotografia (GS V, 1982, p.824-46), bem como para os ensaios "A obra de arte" (GS I, 1974d; sobre fotografia, cf. p.474-80, 485-7), "Der Autor als Produzent" [O autor como produtor] (GS II, 1977e; sobre fotografia, cf. especialmente p.692 et seq.), e alguns trabalhos menos extensos como, por exemplo, "Erfahrung und Armut" [Experiência e pobreza], a segunda "Pariser Brief" [Carta de Paris],[6] resenhas (GS III, 1972d, 1972e) e até mesmo uma tradução antiga de um texto de Tristan Tzara (GS I, 1974f).

Tomando sempre como ponto de partida a "Pequena história da fotografia", na próxima seção procurarei detectar algumas dessas leituras filosóficas de Benjamin, para, então, paulatinamente poder desembaraçar a complexa rede de conceitos que ele desenvolve[7] – pois, a cada leitura de Benjamin, corre-se o perigo de se perder nas densas descrições, nas quais várias perspectivas entram praticamente todo o tempo.

Uma primeira abordagem irá se concentrar na interpretação de Benjamin da história da fotografia. Uma segunda centrará a atenção na história da fotografia como história da percepção para então, finalmente, analisar na narrativa a associação entre história e percepção no exemplo de um trecho da "Infância em Berlim".

## A HISTÓRIA DA FOTOGRAFIA

O esboço da história da fotografia de Benjamin, que Rolf H. Krauss de modo claro – mas também problemático – caracterizou abreviadamente como "*Vorstellung von frühem Höhepunkt, Verfallszeit und neuem Aufstieg*" [Apresen-

6 GS III (1972f; sobre fotografia, cf. p.499-506). Cf. também a complementação em: GS VII (1989c, p.815-23).

7 "Der eigentümliche Gebrauch und der diffizile Bedeutungswandel der Benjaminschen Begriffe" [O emprego singular e a difícil alteração de sentido dos conceitos de Benjamin] encontrava-se no início da publicação. *Benjamins Begriffe* [Conceitos de Benjamin] organizada por Opitz e Wizisla (2000), em dois volumes, que através da escolha de alguns conceitos busca reconstruir aquilo que aqui procuro fazer no exemplo da fotografia.

tação do auge no início, do período de declínio e nova ascensão],[8] recorre em sua escansão histórica aos topoi, que se encontram em uma série de publicações de sua época. Quando no prefácio do volume *"foto-auge"* [foto--olho], de 1929, Franz Roh observa dois períodos de apogeu da fotografia, o período inicial e o presente, admitindo dentre eles uma "fase problemática", determinada pela imitação da pintura e do desenho gráfico e que, deste modo, se desvia da verdadeira tarefa da fotografia, então essa periodização também corresponde, *grosso modo*, ao esquema de Benjamin – e de resto também ao de Heinrich Schwarz, Camille Recht, Carl Georg Heise ou Emil Orlik e Karel Teige (Cf. Roh, 1929; Teige, 1931, p.56) Em Roh, além disso, encontramos um grande número de documentos, que também reaparecem posteriormente em Benjamin: a indicação da obra "Die Welt ist schön" [O mundo é belo], de Renger Patzsch; o significado da imprensa ilustrada e, por fim, o teorema de Moholy-Nagy, que, nas palavras de Franz Roh, "em breve pessoas sem domínio da câmera vão atuar como analfabetos" (Roh, 1929, p.8). Esta frase marca a tarefa de determinar e, por vezes, redefinir as regras de uma leitura das novas imagens técnicas.[9] Isso vale tanto para a fotografia publicitária e a nova tipografia, na qual a fotografia desempenha um papel central, como também para a definição da teoria da fotografia do novo olhar. A fotografia defende – pode-se formular assim para todos os teóricos desta época ao lado de todas as suas diferenças – uma nova perceptibilidade e visibilidade da realidade. A fotografia, ao menos em sua obviedade radical, encontra-se separada da tradição, provoca decididamente a ruptura com ela e, por esta razão, passa a ser esteticamente enobrecida. Diante disso, a legibilidade da fotografia em Benjamin depende de um index histórico, sem o qual as imagens permanecem mudas, vazias e incompreensíveis. Assim, não causa estranheza que ao teorema de Moholy-Nagy, reproduzido textualmente no final da "Pequena história", Benjamin passe de imediato para uma interpretação histórica, uma perspectiva histórica:

---

8 Krauss (1988, p.21). Encontra-se aí também uma vasta bibliografia de trabalhos sobre teoria da fotografia, que se refere a Benjamin, assim como uma sinopse e uma cronologia da história da recepção. Conferir, igualmente, Krauss (1988, p.81-117, 120-7). Comparar também o caderno especial "Benjamin" da revista *História da Fotografia*, ano 9, caderno 32, 1989. A divisão histórica de Benjamin não é de modo algum tão clara em sua avaliação como a recepção e também o contexto contemporâneo querem convencer. Com sua divisão em etapas, Benjamin não tem em mente, de maneira nenhuma, uma avaliação de determinados períodos. Em última análise, ele tem, além disso – ao lado do citado "gosto duvidoso" – poucos argumentos para criticar o suposto período de declínio na segunda metade do século e, sem dúvida, trata-se de uma conquista histórica, exatamente desta fase, ter contribuído para a divulgação da arte, sem a qual a teoria de uma politização da arte seria totalmente impensável.

9 Laszlo Moholy-Nagy, *fotografie: die objektive sehform unserer zeit* [fotografia: forma objetiva de ver nossa época].

> Já se disse que o analfabeto do futuro não será o iletrado, senão aquele que não souber ler as fotografias. Porém não será praticamente um analfabeto o fotógrafo incapaz de ler suas próprias fotografias? Não se tornará a legenda parte essencial da fotografia? Estas são questões nas quais a distância de noventa anos, que separa os homens atuais do daguerreótipo, se descarrega de suas tensões históricas. É à luz destas centelhas que as primeiras fotografias, tão belas e inacessíveis, se destacam da escuridão dos dias em que viveram nossos avós. (GS II, 1977b, p.385 / OE, p.107)[10]

O olhar de Benjamin sobre as primeiras fotografias é um olhar voltado para frente, que acentua igualmente a distância histórica irrescindível assim como a "relação subterrânea" que elas mantêm "com o abalo da indústria capitalista" (GS II, 1977b, p.368). Em razão da cesura histórica que se constata entre os primórdios da fotografia e o presente, a decifração das primeiras fotografias mira uma análise e caracterização da situação atual, não no sentido de uma genealogia, mas antes na forma de arqueologia de uma constelação histórica. Nessa arqueologia as primeiras fotografias juntamente com sua recepção adquirem seus contornos só no momento de uma crise radical – uma crise da percepção, do conceito de arte, da industrialização e da mudança da recepção enquanto distribuição de obras de arte como fotografias – como pergunta filosófica, que reformula a questão da história dos meios de comunicação naquela dos meios de comunicação da história. O teorema de Moholy-Nagy marca para Benjamin a perspectiva sobre a história da fotografia, cuja legibilidade enquanto tal é questionada: Como podem fotografias se tornarem legíveis? E quais são os pressupostos desta legibilidade? Em que medida a história está vinculada aos meios de comunicação técnicos? E já que os fotógrafos podem ser analfabetos no âmbito da fotografia, o que deve então ser observado? O que devemos aprender para conseguir ler fotografias?

A "Pequena história da fotografia" de Benjamin é uma espécie de cartilha filosófica da fotografia, uma escola de leitura histórico-filosófica da fotografia. Neste caso é válido abrir caminhos através da história da fotografia, quando perguntas tradicionais são selecionadas e relações históricas, culturais e sociais são, de um lado, descritas de um modo tão preciso quanto possível e, de outro, aplicadas como material para o desenvolvimento de conceitos e colocações de problemas que tornem legível o conteúdo tanto histórico quanto filosófico da fotografia. Em nenhum dos casos – e eu afirmo isto a respeito da aceitação como de costume largamente difundida de

10 Sobre Benjamin e Moholy-Nagy, cf. Passuth (1980, p.398-409).

outras partes da pesquisa – trata-se de caracterizar a história da fotografia como história da decadência e lamentar a já quase proverbial perda da aura.[11]

Dois aspectos parecem-me decisivos para o ponto de vista de Benjamin sobre a história da fotografia: de um lado ele reconhece a questão da técnica como questão central da fotografia, pois "o decisivo na fotografia continua sendo a relação entre o fotógrafo e sua técnica" (GS II, 1977b, p.377).[12] O vínculo com a técnica define ao mesmo tempo o *status* do conceito de arte, a recepção das fotografias e a relação com o objeto. Por outro lado, é o posicionamento social da fotografia, sua função social, que continua a lançar uma linha diretriz de suas reflexões. Para ambos os campos é decisivo o index histórico.

Ao constatar que naquele momento – portanto, em 1930 no meio do apogeu da fotografia de vanguarda, que justamente proclama o a-historicismo e a ruptura com a história – a história da fotografia é focalizada, Benjamin fixa isso então naquele fenômeno em que naquele decênio o apogeu da fotografia está assentado, que se localiza antes da industrialização da fotografia. Em uma retrospectiva histórica surge desse modo, exatamente naquela forma de arte determinada decisivamente pela técnica, uma relação "não simulada" com a técnica, que, por sua vez, nos abre em geral uma outra perspectiva sobre a relação entre a arte e a técnica. Em contrapartida, para a vanguarda e a fotografia do período entreguerras isso tem um significado enorme, pois agora a fotografia não só começa a penetrar na imprensa, como no contexto de uma abertura da arte para a técnica (pensa-se aqui, por exemplo, na Bauhaus, na Federação Alemã do Trabalho ou na Escola Superior de Arte Burg Giebichenstein) lhe são atribuídas novas tarefas, que apontam para uma referência direta para a técnica e mecanização.

Na história da fotografia e também na sua discussão teórica, segundo o primeiro diagnóstico de Benjamin, torna-se reconhecível um conceito de arte, que é concebido radicalmente contrário à técnica e que erra a especificidade da fotografia. O conceito metafísico da criação artística, que a arte compara com a criação de Deus e, por isso, desqualifica a cópia tecnicamente precisa por razões teológicas ou então compreende a arte como criação individual, que para além do mundo das meras aparências deve representar ideias gerais ou arquétipos, é característica para a discussão tradicional com a fotografia e é desmascarada por Benjamin como "conceito ignorante da 'arte'"

11 Assim também já em Theodor W. Adorno, que deduz o conceito de aura da "Pequena história" a partir do ensaio da "Obra de arte". Conferir Adorno (1973, p.89 et seq.).

12 Conferir, também, GS V (1982, p.832): "O que torna as primeiras fotografias tão incomparáveis talvez seja isto: elas representam a primeira imagem do encontro entre o homem e a máquina".

antitécnica, fetichista, que tem impossibilitado um rendimento teórico e conceitual. A resposta – completamente surpreendente – de Benjamin em relação à metafísica da arte é a diferença entre técnica e magia como variável histórica.[13] "A técnica mais exata", segundo Benjamin, "pode dar às suas criações um valor mágico, que um quadro nunca mais terá para nós" (GS II, 1977b, p.371 / OE, p.94). Este é o trecho histórico e teórico de utilização da noção de aura, que no ensaio "A obra de arte" se tornaria um dos conceitos de efeitos mais poderosos de Benjamin, que no entanto aqui – e isto em relação explícita com a questão da técnica – será desenvolvido pela primeira vez.[14] A aura das primeiras fotografias se deve, por um lado, à técnica e, por outro, à transferência para a fotografia de fenômenos até então conferidos à pintura. A fotografia mantém o seu caráter aurático sobretudo mediante o fato de que este é simultaneamente subtraído da pintura. A aura da fotografia é um fenômeno-limite que dirige o olhar para uma constelação histórica, na qual se mostra a relação equivalente entre arte e técnica e, ao mesmo tempo, em uma forma completamente diferente de equivalência, encontra a sua correspondência no presente, na qual desapareceu a aura, mas não a magia.

A aura não é apenas "uma figura singular, composta de elementos espaciais e temporais" (GS II, 1977b, p.378 / OE, p.101), mas também uma teia peculiar entre técnica, magia e arte (e também entre produção e recepção), e que é determinante exatamente para a primeira década da fotografia antes do início da industrialização e, a seguir, desaparece com ela, uma vez que ao lado do surgimento de outros parâmetros socioculturais, altera-se também a relação do fotógrafo com a técnica. A aura da fotografia surge em uma fase de transição, na qual a técnica já se torna constitutiva para o *media*, mas a mecanização e a industrialização ainda não haviam chegado. "Nos primeiros tempos da fotografia, a convergência entre o objeto e a técnica era tão precisa quanto foi a sua dissociação no período de declínio subsequente" (GS II, 1977b, p.376 / OE, p.99). E exatamente essa correspondência pode também conduzir para que a aura seja possível – e isto como efeito triplo: de um lado, o surgimento da aura se deveu *tecnica-*

13 Sobre a interpretação benjaminiana da magia haveria muito a ser acrescentado aqui, vez que ela se estende dos primeiros textos sobre a filosofia da linguagem até os esboços tardios e representa uma das constantes teóricas de sua obra. Sobre o significado da magia para os modernos, cf. Stockhammer (2000, p.208-13).

14 Sobre o conceito de aura de Benjamin foram escritas bibliotecas inteiras. Em razão disso, não posso aprofundar aqui essa questão. Para uma orientação, conferir Fürnkäs (2000, p.95-146), Ali encontra-se também uma seleção bibliográfica minuciosa. Para a ordenação temporal na obra de Benjamin é válido acrescentar que o conceito de aura surge pela primeira vez nos protocolos de drogas (cf. GS VI, 1985a, p.558, p.588), mas a "Pequena história da fotografia" é o primeiro texto teórico-cultural no qual é desenvolvido.

*mente* ao fato de que "um fotógrafo, por volta de 1850, estava à altura do seu instrumento" (GS II, 1977b, p.374 / OE, p.96),[15] as formas específicas da tomada fotográfica conduziram a um "*continuum* absoluto da luz mais clara à sombra mais escura" (GS II, 1977b, p.376 / OE p.98) e, em razão da longa exposição à luz, os representados viviam praticamente "não ao sabor do instante, mas dentro dele" (GS II, 1977b, p.374 / OE, p.96). Essa tese de uma correspondência entre o homem e a técnica, de compreensão absolutamente difícil, do meu ponto de vista não visa ao domínio ou refinamento da técnica que, sem questionamento – e mesmo Benjamin também não quis discuti-lo – cresceu nas décadas que se seguiram ao daguerreótipo e assumiu formas diferenciadas discrepantes, mas sim à questão da "sincronia" entre percepção e técnica, produção artística e meio cultural. De modo uníssono os teóricos de fotografia da vanguarda destacam o "atraso" da percepção dos homens em face das mudanças culturais – e o mesmo vale para Benjamin, que por sua vez procura sondar os parâmetros da mudança de percepção no presente e, no início do século XIX, constata uma contemporaneidade, na qual no entanto já se reconhecem sérias cesuras.

Por outro lado, a aura também se tornou *histórica* e *socialmente* possível pelo fato de que também a representação passa a ter caráter permanente. Os retratados, assim anota Benjamin, pertenciam sobretudo "a uma classe em ascensão, dotada de uma aura que se aninhava até nas dobras da sobrecasaca ou da gravata *lavallière*" (GS II, 1977b, p.376 / OE, p.99), e que, de um lado, desejavam ser fotografados para assegurar a sua sobrevida na fotografia e, por outro, em sua postura, feição e imagem correspondem àquilo que, em retrospectiva histórica, Benjamin descreve como aura. Por fim, a aura é o fenômeno de uma *recepção*, que exatamente na "escuridão inacessível dos dias em que viveram nossos avós" (GS II, p.385 / OE, p.107) obriga o observador a procurar "a pequena centelha do acaso, do aqui e agora, com a qual a realidade chamuscou a imagem, de procurar o lugar imperceptível em que o futuro se aninha ainda hoje em minutos únicos, há muito extintos, e com tanta eloquência que podemos descobri-lo, olhando para trás (GS II, 1977b, p.371 / OE, p.94). Posteriormente, Roland Barthes vai sondar do ponto de vista teórico a convergência entre contingência e presença real tecnicamente afiançada do passado em seu livro *A câmara clara* e apreender com o conceito de *punctum*, por sua vez, estabelece a relação (tanto afetiva quanto material) entre passado e presente.[16] Em Benjamin, porém, a aura é

15 Benjamin cita aqui Bernard von Bretano.
16 Conferir, também: Weigel (s.d.).

expressão do index histórico das primeiras fotografias, que visa à duração, e que sem esta ela perderia o seu conteúdo histórico e social.

A aura é por conseguinte consequência de realidades técnicas, efeito de uma distância histórica radical *e* de seu equilíbrio constelativo. Ela é o resultado do fato de que a fotografia em seu início "não quer extinguir-se totalmente na 'arte'" (GS II, 1977b, p.370 / OE, p.93) e ao mesmo tempo ainda não é responsável pela mecanização do mundo quotidiano; é resultado de uma situação social na qual são conferidos à fotografia exatamente aqueles atributos que Benjamin, mais tarde no ensaio "A obra de arte" ou em "Experiência e pobreza", irá deduzir historicamente da época da reprodutibilidade técnica. A fotografia situa-se – isso marca o seu lugar peculiar – em ambos os lados dessa cesura histórico-cultural.

Essa constelação se altera radicalmente com o advento da industrialização, que para a fotografia também apresenta consequências substanciais. Na "Pequena história da fotografia" as consequências técnicas desta passagem são descritas de dois modos: de um lado, por volta da virada do século, os fotógrafos tentam com a ajuda de artifícios de retocar os negativos e do processo em goma bricomatada ou processo bromoil [*Edeldruckverfahren*] – "uma brusca decadência do gosto" (GS II, 1977b, p.374 / OE, p.97), observa Benjamin – deixar de lado as verdadeiras conquistas técnicas da fotografia e criar para as imagens fotográficas a forma de um quadro. De outro, desenvolvem procedimentos para poder utilizar a fotografia no sentido de uma indústria fotográfica. A fotografia oscila entre arte e indústria e transforma arte em indústria, mas não indústria em arte. Benjamin cita o exemplo paradigmático de Disderi sobre o "uso de uma nova técnica para necessidades econômicas, que se alteraram, e do uso de uma nova forma de ver para necessidades estéticas, que se transformaram".[17] Disderi havia desenvolvido um procedimento econômico oposto à daguerreotipia e mesmo aos *portrait*, por meio do qual poderia confeccionar vários *portrait* ao mesmo tempo sobre uma placa fotográfica, como também explorou novos motivos para o mercado da fotografia, para o "processo de circulação"[18] de mercadorias ao assegurar antecipadamente os direitos de divulgação dos motivos das obras de arte do Louvre e comercializá-los em grandes tiragens. Juntamente com o tempo de exposição à luz, cada vez mais curto, ambos momentos levam a fotografia a se integrar sem dificuldades na administração de mercadorias [*Warenwirts-*

17 GS VII (1989c, p.821). Cf. também p.819: "Se a contemplação da fotografia ensina algo, então é que as imagens afora o uso que tenham ocupado em épocas passadas, podem corresponder a alguns fins que, ao serem determinados pelas necessidades de uma sociedade produtora de mercadorias, não existiram antes".

18 GS VII (1989c, p.819); sobre Disderi, cf. também GS III (1972a, p.502 et seq.).

*chaft*], a apresentar "qualidades de produtos em imagem" [*Warenqualitäten im Bild*] e o momento de unicidade e de duração, constitutivo para a aura, cede àquele da fugacidade e reprodução mecânica. A imagem (reproduzida) é então uma mercadoria dentre outras, mas encerra simultaneamente também o campo da arte para o universo de produtos e, com isso, apresenta consequências consideráveis para a nova organização do campo cultural em geral. Com este procedimento, segundo Benjamin, modificou-se principalmente "a concepção das grandes obras".

> Não podemos mais vê-las agora como criações individuais; elas se transformaram em criações coletivas tão poderosas que, para assimilá-las, fica-se subordinado à condição de diminuí-las. Em última instância, os métodos de reprodução mecânica constituem uma técnica de miniaturização e ajudam o homem a assegurar sobre as obras um grau de domínio sem o qual elas não mais poderiam ser utilizadas. (GS II, 1977b, p.382 / OE, p.104)

A fotografia conduziu a uma nova forma de divulgação de obras de arte, que de modo geral modificou radicalmente a relação com a arte.

Na segunda metade do século XIX, Disderi e a fotografia ficaram circunscritos à divulgação de obras de arte e fotografias, que se mantém, de modo geral, relativamente próxima à estética do início. Por volta do final do século XIX e início do século XX, essa situação se altera, na medida em que a fotografia mais uma vez com interesse decididamente científico beneficia conquistas técnicas do novo meio e conquista assim novos campos de atuação. Além disso, o advento da imprensa ilustrada conduz àquilo que Benjamin define como "legenda" ou "literalização de todas as relações da vida" (GS II, 1977b, p.385 / OE, p.104).[19] Cada fotografia carrega pois um index histórico, que remete à atualidade, ao momento e às circunstâncias da tomada fotográfica. Os novos procedimentos fotográficos – a montagem, as tomadas instantâneas, o grande plano –, assim como também o "interesse científico, político e fisionômico" (GS II, 1977b, p.383 / OE, p.105), com os quais a fotografia é praticada, são reações à situação, na qual a fotografia "mais uma vez, como há oitenta anos, está substituindo a pintura" (GS II, 1977b, p.382 / OE, p.102). A fotografia é uma arte que não se fecha à técnica e à indústria, quer dizer, ela concebe-as como momento abalizador tanto de sua produção como também de seus objetos. Fotografia é arte *enquanto*

19 Cf também a referência de Eckhardt Köhn (1990, p.20) sobre uma formulação semelhante de Sasha Stone, em um texto do ano 1929. Conferir, ainda, o empenho mordaz da legenda no livro de Ray (1937). A esse respeito, cf. Molderings (1986, p.35).

técnica e este vínculo, na interpretação de Benjamin já desde o início, encerra seu significado para o presente, na medida em que a técnica é acoplada à dimensão temporal: "devido a sua natureza técnica", lê-se nas anotações das *Passagens*, "a fotografia, diferentemente da pintura, pode e necessita estar relacionada a um espaço de tempo (duração de exposição à luz) determinado e contínuo. Nesta precisibilidade cronológica, o seu significado político, em resumo, já está decidido" (GS V, 1982, p.844). Enquanto as primeiras fotografias em seus modos de recepção assim como em sua produção técnica são determinadas de modo decisivo pela duração, no presente a pontualidade e a fugacidade do momento determinam o seu significado. A duração é substituída pelo instante exato historicamente localizável, que perfaz então o index histórico e o teor da fotografia.

Os exemplos de Benjamin para essa mudança radical da temporalidade e da "sustentabilidade histórica" [*Geschichtshaltigkeit*] da fotografia, que é simultaneamente expressão de uma relação modificada com a história em geral, são totalmente surpreendentes: Atget, Blossfeldt e Sander – portanto, três dos protagonistas da vanguarda fotográfica. Um quarto, Albert Renger--Patzsch, receberá o veredito elucidativo de que sua "fotografia criativa" não passa de uma "consagração à moda", "anúncio" ou "associação", na qual o index historicamente atual é extinto em favor de um procedimento associativo, pelo qual os objetos se tornam "alegorias da vida" e "ela não pode mais fotografar cortiços ou montes de lixo, sem transfigurá-los" (GS II, 1977e, p.693 / OE, p.128-9).[20] Renger-Patzsch é, portanto, exemplar para uma fotografia que não só se dedica à técnica, mas coloca-a em cena como fenômeno supostamente natural e, por conseguinte, duradouro.[21]

Tanto Blossfeldt como também Atget – na galeria fisionômica de Sander o aspecto sociocrítico e científico de sua *Oeuvres* já é mais evidente, ao menos no que diz respeito à avaliação contemporânea de sua obra (hoje teria de inserir aqui uma crítica ainda pendente) – experimentam, por outro lado, uma interpretação extremamente positiva. O que interessa, ou melhor, tanto fascina Benjamin nesses fotógrafos, de modo que a obra *Urformen der Natur* [Arte das formas naturais] de um deles, na verdade de Blossfeldt,

20 Esta interpretação de Renger-Patzsch pode ser seguida no contexto da discussão de Benjamin com a Nova Objetividade (cf. GS VII, 1989a, p.179). E o texto programático "Erfahrung und Armut" [Experiência e pobreza] (GS II, 1977c, p.213-9); assim como a interpretação minuciosa em Lethen (1994).

21 Benjamin encontra-se de resto aqui com o tenor da recepção contemporânea. Conferir: Peter Panter [= Kurt Tucholsky], *Neues Licht* [Nova luz]; Erwin Quedenfeld, *Photographie und Lichtbildkunst* [Fotografia e arte fotográfica]; Thomas Mann, *Die Welt ist schön* [O mundo é belo].

experimente uma resenha à parte (GS III, 1972e)[22] e Atget também seja discutido em detalhes e em lugar de destaque no ensaio "Obra de arte"? (GS I, 1974e, p.485).

Em suas fotografias, segundo Benjamin, Atget "em um modo incomparável de abrir-se às coisas, aliado ao máximo de precisão" (GS II, 1977b, p.377 / OE, p.100), executa em uma forma de todo modo referencial a "alienação saudável entre o homem e o meio ambiente" (GS II, 1977b, p.379 / OE, p.102) e instaura com isso "o início da libertação do objeto de sua aura" (GS II, 1977b, p.378 / OE, p.101). Decisivo é aqui o significado do detalhe, o sentido para o semelhante e o index histórico que, na interpretação de Benjamin, seus quadros apresentam. A escolha de motivos de Atget, determinada através de uma recusa dos objetos de resto habitualmente pitorescos (por exemplo, os cartões-postais de Sacre Coeur ou do Louvre até as "paisagens urbanas envoltas numa noite azulada, com uma lua retocada") (GS II, 1977b, p.377 / OE, p.100), evidencia uma nova relação com a realidade de uma maneira geral.[23]

Enquanto nas daguerreotipias – como também na fotografia de vanguarda – técnica e arte correspondiam entre si, e não eram apenas imagem única, mas que, além disso, também aspiravam à singularidade e duração, sob o olhar do fotógrafo Atget mesmo o único, o singular torna-se serial. Sob seu olhar o objeto único, singular se transforma: Atget percebe – segundo a interpretação de Benjamin – sobretudo aquelas coisas que mostram semelhanças com outras ou que, de antemão, foram produzidas em série como, por exemplo, sapatos, porta-botas ou manequins. A técnica também define cada vez mais a fotografia como arte.

A "destruição da aura", segundo a formulação de Benjamin no exemplo de Atget, é "a característica de uma forma de percepção cuja capacidade de captar o semelhante no mundo é tão aguda que, graças à reprodução, ela consegue captá-lo até no fenômeno único" (GS II, 1977b, p.379 / OE, p.101). Esse aspecto de uma relação modificada com o mundo dos objetos implica em um novo index histórico das fotografias. No lugar de uma "inserção sem legenda no espaço da imagem", que ainda era constitutivo para os primórdios da fotografia, surge então uma rotulação necessária, que fornece uma data histórica para cada registro e, deste modo, situa temporariamente

22 Sobre Blossfeldt, conferir a excelente monografia, que, com uma apresentação instrutiva de Gert Mattenklott, reúne toda a obra de Blossfeldt publicada no período em que ainda estava vivo: Blossfeldt. (1994).

23 Sobre Atget, há uma série de monografias. Na época de Benjamin estava apenas disponível a interpretação de Camille Recht. Conferir Adam (2000). Encontra-se aí também uma bibliografia extensa.

a singularidade no sentido de uma qualidade documental e uma atualidade da imagem. A história de agora em diante não é obviamente dada, mas antes precisa ser reconstruída. No final da "Pequena história", onde retoma mais uma vez Atget e antes de citar o teorema de Moholy-Nagy, Benjamin apresenta essa interpretação peculiar na metáfora do local do crime, para quem o caráter cientificamente preciso da documentação fotográfica é tão constitutivo quanto o reconhecimento, a relevância do detalhe, a definição temporal e, por fim, a dimensão da culpa. A legibilidade da fotografia é impossível sem aquilo que Benjamin descreve como "literalização de todas as relações de vida". Esta exige do observador a decifração de um index histórico, que não só deve ser reconhecido nas fotografias, mas sobretudo também na realidade social: "não é por acaso", consta na "Pequena história", que "as fotos de Atget foram comparadas ao local de um crime. Mas existe em nossas cidades um só recanto que não seja o local de um crime? Não é cada passante um criminoso? Não deve o fotógrafo, sucessor dos áugures e arúspices, descobrir a culpa em suas imagens e denunciar o culpado?" (GS II, 1977b, p.385 / OE, p.107). E no ensaio "A obra de arte" – com o recurso simultâneo da metáfora do local do crime – Benjamin acrescentará: "Com Atget, os registros fotográficos transformam-se em auto no processo da história. Nisso está a sua significação política latente" (GS I, 1974a, p.485). A legibilidade das fotografias é dependente da história latente em sua superfície, da percepção do index histórico que a marca. Na sua interpretação sobre Blossfeldt, Benjamin também parte de observações semelhantes, no entanto situa-as em outro contexto, que tem origem na ciência, como mostram os exemplos por ele citados – a "característica estrutural" das coisas ou os "tecidos celulares". Em Blossfeldt, Benjamin sente-se fascinado pelo surgimento repentino de novos mundos de imagens que irrompem como um "gêiser" (GS III, 1972e, p.152), permitem uma "viagem de descobrimento em um novo mundo de formas e estrutura" (GS III, 1972f, p.503) e, simultaneamente, revelam um mundo de imagens "habitando as coisas mais minúsculas, suficientemente ocultas e significativas para encontrarem um refúgio nos sonhos diurnos, e que agora, tornando-se grandes e formuláveis, mostram que a diferença entre a técnica e a magia é uma variável totalmente histórica" (GS II, 1977b, p.371 / OE, p.94-5). Diferentemente de Renger-Patzsch, a arte da fotografia em Blossfeldt não transfigura a técnica como natureza, mas, ao contrário, a natureza torna-se reconhecível como arte por meio da técnica. A interpretação de Blossfeldt, realizada por Benjamin, sugere ao mesmo tempo uma segunda leitura da "Pequena história da fotografia", que toma como seu ponto de partida a pergunta da percepção.

## A HISTÓRIA DA PERCEPÇÃO

Na resenha de Benjamin sobre Blossfeldt "Novidades sobre flores", que também foi publicada em 1928 em *Die Literarische Welt*, encontra-se pela primeira vez o teorema de Moholy-Nagy, já citado várias vezes:

> Naquela grande revisão do inventário de percepção, que ainda irá alterar indefinidamente a nossa visão de mundo, ele [Blossfeldt, B.S.] realizou a sua. Provou o quanto Moholy-Nagy, o pioneiro da nova fotografia, tem razão quando diz: "Os limites da fotografia não podem ser previstos. Aqui tudo é ainda tão novo, que mesmo a busca já conduz a resultados criativos. A técnica é o introdutor óbvio disso. O analfabeto do futuro não será quem não sabe escrever, e sim quem não sabe fotografar" (GS III, 1972e, p.151).

Decisiva para isto é a técnica da ampliação, que "na existência das plantas abre um tesouro inesperado de analogias e formas" (GS III, 1972e, p.152). Enquanto no final da "Pequena história" o teorema de Moholy-Nagy é citado no contexto do local do crime, da culpa e da temporalidade, trata-se na verdade do espaço, da ampliação e do detalhe. Na "Pequena história da fotografia" a tese de Benjamin da diferença entre técnica e magia como variável histórica é desenvolvida entre uma interpretação de uma imagem de Dauthendey e aquelas das tomadas de Blossfeldt. Para ambas interpretações, o momento do detalhe desempenha um papel fundamental. De um lado, ele é um detalhe da fotografia – o olhar da mulher de Dauthendey – que (por meio da "técnica mais exata") confere à imagem o seu valor mágico, "aquele lugar imperceptível em que o futuro se aninha hoje em minutos únicos, há muito extintos, e com tanta eloquência que podemos descobri-lo, olhando para trás" (GS II, 1977b, p.371 / OE, p.94). Por outro, são os detalhes das coisas retratadas que, tal como mostra a citação da interpretação de Benjamin sobre Blossfeldt, através da fotografia não só se tornaram visíveis, mas também "grandes e formuláveis". Eles se tornaram reconhecíveis e passíveis de interpretação, parte da consciência, dos "sonhos diurnos". Pelo menos é nesse sentido que aponta a interpretação de Benjamin, que entre essas duas interpretações apresenta sua tese, já inúmeras vezes citada, de uma transformação radical da natureza da percepção e da percepção da natureza: "A natureza", segundo Benjamin, "que fala à câmera não é a mesma que fala ao olhar; é outra, especialmente porque substitui a um espaço trabalhado conscientemente pelo homem, um espaço que ele percorre inconscientemente. Percebemos, em geral, o movimento de um homem que caminha, ainda que em grandes traços, mas nada percebemos de sua atitude na exata fração de segundo em que ele dá um passo. A fotografia nos mostra essa atitude, através dos seus recursos auxiliares: câmera lenta, ampliação. Só a fotografia revela esse inconsciente ótico, como só a psicanálise revela o inconsciente pulsional" (GS II, 1977b, p.371 / OE, p.94).

Fotografia e psicanálise são para Benjamin – em um campo de validade completamente diverso – etapas decisivas na história da percepção. Por meio delas o visível é novamente estabelecido, tornado acessível pelos meios de comunicação e, ao mesmo tempo, analisado. Ambas desempenham um papel decisivo no fato de que aquilo que, até então, fora apenas parte do inconsciente e do não perceptível, torne-se agra perceptível e analisável. Para a psicanálise e a fotografia (e em especial também mais tarde para o filme) é válido que a percepção e a história – tanto individual quanto coletiva – sejam associadas entre si e ambas se tornem teórica e sensorialmente reconhecíveis de um modo sempre específico. Para ambas o detalhe desempenha um papel decisivo e exatamente um detalhe, que até então permanecera sob o limiar da percepção. Essa situação limite constatada por Benjamin tem também a ver decididamente com a redução de um limiar de percepção. Por fim se tornam reconhecíveis coisas e detalhes, que até então passaram despercebidos, mas que a partir de agora se tornam momentos decisivos de um processo de reconhecimento. Graças à intermediação através do meio fotografia, que, tal como Sigrid Weigel (s.d., p.10) aponta com razão, precisaria ser definida como "constelação triádica entre câmera, imagem e observador", a realidade do mundo quotidiano torna-se analisável em imagem, mas sem que o observador dela se distancie – ao contrário: ele a aproxima de si. A realidade "salta" ao observador em detalhes, mas este simultaneamente implica a perda do todo.

Aqui porém vale também a distinção que Benjamin havia assumido antes nas categorias do tempo: à duração na categoria do tempo nas primeiras fotografias ("tudo nestas primeiras imagens era organizado para durar") corresponde a distância na categoria de espaço, tal como realça a definição da aura: "a aparição única de uma coisa distante, por mais próxima que ela esteja" (GS II, 1977b, p.378 / OE, p.101). E inversamente, o equivalente do choque, da atualidade e do index histórico, são a proximidade e o detalhe. A fotografia do presente se distingue pela necessidade de "fazer as coisas 'aproximarem' de nós, ou antes, das massas [...] de possuir o objeto tão de perto quanto possível, na imagem, ou melhor, na sua reprodução" (GS II, 1977b, p.379 / OE, p.101). Essa forma específica de apropriação que, à primeira vista, deve ser reduzida ao fenômeno de uma distribuição abrangente das imagens e, deste modo, corresponde inteiramente à habilidade comercial de um Disderi, encontra o seu equivalente em uma forma específica da composição [*Bildgestaltung*] na modernidade, na qual o detalhe assume um papel decisivo. O detalhe, cujo significado Benjamin destaca tanto em Blossfeldt como em Atget e também na "moderna escola fotográfica", é a articulação que une entre si as categorias de tempo e de espaço. A "saudável alienação do homem com relação ao seu mundo ambiente" liga Atget à fotografia surrealista e "liberta para o olhar politicamente educado o espaço em que toda intimidade cede lugar à iluminação dos pormenores" (GS II, 1977b, p.379 / OE, p.101). A legibilidade da fotografia é definida nas categorias do tempo através do instante e nas do espaço através da proximidade, da ampliação e do detalhe. Em uma perspectiva histórica, a percepção precisa ser sempre redefinida.

A fotografia e o filme, segundo Benjamin, "isolaram coisas e, simultaneamente, tornaram analisáveis coisas que, anteriormente, fluíam na ampla corrente da percepção" (GS I, 1974d, p.498). Isto conduziu a um "aprofundamento da apercepção" (GS I, 1974d, p.498) e torna visível aquilo que a teoria freudiana teoricamente ilumina na "psicopatologia da vida cotidiana". A fotografia, assim Benjamin em associação direta da fotografia com a psicanálise, "enriqueceu o nosso horizonte de percepção com métodos que podem ser ilustrados pela teoria freudiana" (Ibidem). Da sua parte, Benjamin ilustra isto detalhadamente no exemplo de Baudelaire. Em sua interpretação de Baudelaire, ele volta sempre a falar sobre a psicanálise como também sobre a fotografia; só depois de várias tentativas ambas serão indiretamente associadas entre si através da teoria do choque e no contexto de uma teoria da memória. Enquanto Baudelaire representa para ele o arquétipo de um artista, para quem "a experiência do choque se tornou norma" (Benjamin, 1974b, p.110), e cujas obras precisam deixar consequentemente "esperar um alto nível de conscientização", a fotografia, que Baudelaire abominava na época de sua vida, na definição de Benjamin é o meio que, por assim dizer, confere "ao instante um choque póstumo"[24] e, tal como o filme mais tarde, uma técnica que submete o sistema sensorial a um "treinamento de natureza complexa".[25] Benjamin retoma aqui um teorema da teoria de fotografia da vanguarda, para a qual a fotografia no campo da arte deveria aproximar a percepção do homem ao nível de sua época, atrás da qual ela

24 Benjamin (1974b, p.126; cf. também p.127). Nas anotações, encontra-se além disso o conceito explícito de "Laboratorium", que privilegia a fotografia. Cf. GS VII (1989a, p.820).

25 Sobre fotografia, cf. Benjamin (1974b, p.46, 126, 140-2).

já manquitolava por quase um século.[26] Para Benjamin, assim como para os teóricos de fotografia da vanguarda trata-se do descobrimento da realidade, com a finalidade de – como formula Benjamin – "rasgar o véu, que nossa letargia lançou sobre ela" (GS III, 1972e, p.152), ou "arrancar o véu dos olhos, que é 'nomeado a partir do umbigo'" (p.159).

Mesmo que a "realidade" aqui pudesse ser considerada como invariável, que mereceria ser exposta "atrás" da história ou tradição, tanto para Benjamin quanto para Rodtschenko é igualmente decisivo que da sua parte a percepção seja entendida como variável histórica e, assim, de acordo com a situação histórica, precisa ser sempre definida de novo. A realidade só é dada no *modus* da história, e exatamente isto a fotografia mostra. A legibilidade e o reconhecimento da história da fotografia no momento de uma situação histórica de ruptura, que Benjamin constata, encontra sua continuação na tese de uma historicidade da percepção como tal, que se torna nítida no exemplo e na leitura histórica da fotografia. A história da fotografia possui para Benjamin uma participação decisiva em uma história da percepção. A interpretação de Benjamin da história da mídia como história da percepção traça um paradigma que – de Schivelbusch (1977, p.42 et seq.) até Crary (1996, p.30-2) e Busch (1989) – somente mais tarde deveria ser explicitado teoricamente de um modo mais claro.[27] No ensaio "A obra de Arte" de Benjamin, isto se encontra em lugar de destaque para esclarecer o *a priori* histórico da percepção e, ao mesmo tempo, sondar as consequências políticas e históricas de uma percepção modificada para a arte e sua recepção: "No interior de grandes períodos históricos", consta ali, "a forma da percepção da coletividade humana se transforma ao mesmo tempo que seu modo e a maneira da percepção sensorial" (GS I, 1974d, p.478).

Aquilo que teoricamente é concebido na "Pequena história da fotografia" ou também no ensaio "A obra de arte" experimenta sua transposição narrativa na "Infância em Berlim". Esta pode com razão ser vista como experimento narrativo para captar em *imagens* a experiência da história ou, mais precisamente, desenvolver imagens para a experiência da história, que, tal como Benjamin formula na "Introdução" da assim chamada "Última versão" [*Fassung letzter Hand*], "talvez estejam capacitadas para preformar em seu interior vivências históricas posteriores" (GS VII, 1989b, p.385).

26 Conferir Moholy-Nagy (1927, p.32): "A maioria das pessoas da nossa época possuem a visão de mundo do período da mais primitiva locomotiva a vapor".

27 Ver, a esse respeito, Tholen (2002, p.62). Tholen coloca a tese de Benjamin no início de uma reconstrução de uma análise teórico-midiática da percepção.

## A ASSOCIAÇÃO ENTRE HISTÓRIA E PERCEPÇÃO NA NARRATIVA

Não surpreende que Benjamin descreva a construção dessas imagens com uma metáfora explicitamente fotográfica *e* como arqueologia.[28] Assim como a "Pequena história da fotografia" tenta delinear uma escola de leitura da imagem fotográfica como arqueologia, a "Infância em Berlim" intenta desenhar as imagens e torná-las legíveis, "nas quais se evidencia a experiência da cidade grande por uma criança da classe burguesa" (GS VI, 1989b, p.486). Também isto, por outro lado, ocorre em uma situação limite: o exílio iminente. E ocorre outra vez em uma perspectiva decididamente histórico-midiática e teórica: a "Infância em Berlim" pode ser lida como literatura sobre mídia, pois as diversas novas mídias técnicas – da fotografia ao filme, passando pelo telefone – são todas assuntos da narrativa. Na "Crônica de Berlim", Benjamin descreve a memória como "placa de recordações" (GS VI, 1989b, p.516) e compara o tempo de vida com a duração de exposição à luz. As imagens da memória assemelham-se a fotografias, que foram fixadas pela "placa de recordações". Benjamin descreve o emergir súbito das imagens da memória em analogia direta com a descrição das fotografias na resenha de Blossfeldt como "casos em que o lusco-fusco do hábito nega à chapa a luz necessária, durante anos seguidos, até que um dia essa luz jorre de fontes alheias como de um pó de magnésio incendiado, flagrando o espaço da chapa, num instantâneo" (GS VI, 1989b, p.516). "As fotografias da memória assim como as fotografias da modernidade se opõem ao hábito, rompem-no e tornam acessíveis todo um tesouro imprevisto de analogias e formas" (GS III, 1972e, p.152).

Enquanto a "Pequena história da fotografia" se concentra na legibilidade das imagens, o sujeito perceptivo desempenha um papel importante. Ele será introduzido aqui no contexto de uma experiência de choque em analogia ao ensaio "Baudelaire" e em metáfora fotográfica explícita: "Mas no ponto central destas imagens raras estamos sempre nós mesmos. E isto não é tão enigmático, pois tais momentos de iluminação repentina são simultaneamente momentos do estar-fora-de-si e enquanto nosso eu desperto, habitual, equitativo se mescla atuante ou padecedor nos acontecimentos, nosso eu mais profundo repousa em outro lugar e é atingido por

28 "A memória", escreve Benjamin na "Crônica de Berlim", "não é um instrumento para a exploração do passado, mas antes o seu cenário. É o meio do vivido, assim como o solo é o meio no qual as cidades mortas estão soterradas. Aquele que pretende se aproximar do próprio passado soterrado deve agir como um homem que escava" (GS VI, 1985b, p.486). A esse respeito, conferir Stiegler (2003).

um choque tal como o pequeno monte de pó de magnésio pela chama do fósforo" (GS III, 1972e, p.152).

Em um dos trechos da "Infância em Berlim", a fotografia emerge não apenas como metáfora mas também como objeto da própria narrativa. Na seção intitulada "Die Mummerehlen"[29] não se trata de uma fotografia qualquer, mas de uma foto de infância de Walter Benjamin, que ele próprio descreve. Ela "provém de um daqueles ateliês, que com seus banquinhos e tripés, tapeçarias e cavaletes, têm alguma coisa de *boudoir* e de câmara de torturas. Estou em pé com a cabeça descoberta; na minha mão esquerda, um sombreiro enorme, que deixo pendente com uma graça estudada. A direita está ocupada com uma bengala, cujo castão inclinado se vê no primeiro plano, enquanto a sua ponta se esconde atrás de um tufo de penas de avestruz, que se derrama de uma jardineira. Bem à parte, ao lado do reposteiro, encontra-se minha mãe, toda rígida, em um vestido justo. Como uma manequim, ela olha para o meu terno de veludo que, por sua vez, sobrecarregado de franjas, parece ter saído de uma revista de moda. Eu porém estou deformado pela semelhança com tudo que está aqui à minha volta. No século XIX, eu vivia como um molusco em sua concha, que se encontra agora oca diante de mim como uma concha vazia. Levo-a ao ouvido".[30]

Nessa "descrição densa" surge uma série de motivos, que já encontramos vinculados com a interpretação de Benjamin da história da fotografia. O retrato originou-se naquela fase por volta do final do século XIX, que se situa entre o apogeu do início e a fotografia do presente. O momento decisivo é aquele da desfiguração por meio da semelhança com as coisas. A desorientação "quando solicitada semelhança comigo mesmo" (GS IV, 1972g, p.261), como expõe a "Infância em Berlim", é a contrapartida para a semelhança cintilante na língua, que indica "os caminhos, que conduziam para o interior [do mundo]" (GS IV, 1972g, p.261). Neste capítulo da "Infância em Berlim", a descrição da fotografia será verificada explicitamente com a experiência da língua. A "Infância em Berlim" coloca à prova a tese

29 O termo "Mummerehlen", que intitula uma das passagens de Benjamin, apresenta uma tradução particularmente indefinida e retoma versos que na sua infância eram entoados por pessoas adultas. Observa-se que na passagem, o termo ora aparece grafado com *m* (Mummerehlen), ora com *h* (Muhmerehlen). Os estudiosos ao desdobrarem o termo (Mumme+rehlen), costumam considerar *Rehlen* um nome próprio. Muhme (com *h*), por sua vez, significa em alemão *tia*. Poder-se-ia dizer então *Tia Rehlen*. Contudo, Mumme (com *m*) remete à palavra máscara, também muito usada pelas crianças, de modo que se poderia falar de uma *Rehlen mascarada*. (N.T.)

30 GS IV (1972g, p.261). Cf. também a versão mais antiga da Descrição da Fotografia, que portava o título "Die Lampe" [A lâmpada].

da legenda; certamente ela pode ser considerada como o triunfo da legenda sobre a imagem.

Com o mal-entendido da canção infantil e *Muhme* Rählen [Tia Rählen] tornar-se assombração, que se transfigura na *Mummerehlen* [Rehlen mascarada], presente em todos os lugares, tornam-se perceptíveis para a criança sob a superfície significativa da língua as semelhanças que repousam entre as coisas. A *Muhme* [tia] torna-se *Mumme*, máscara ou disfarce, na qual o contemplado pode *mummeln* [esconder-se]. A *Mumme*, por seu lado, torna-se em *murmeln* [murmurar], que, por sua vez, autoriza o *Mummeln* [o esconder--se, mascarar] como algo que se aderisse. A *Mummerehlen*, enquanto assombração, pode sempre assumir novas imagens, "no macaco, que nadava no prato fundo em meio aos vapores da sopa de cevada ou de tapioca" (GS IV, 1972g, p.262) ou aparecer no lago Mummel,[31] ou ao menos ser pressuposta.

Enquanto no registro fotográfico a semelhança com a imagem é desfigurada por meio daquela com os objetos circundantes, a desfiguração da língua resulta em semelhanças e naquele "tesouro de analogias e formas", que Benjamin mais tarde irá admirar em Blossfeldt. Em ambos os casos, porém, trata-se de uma distorção do sujeito, que aparece e desaparece nos objetos e na língua. Esse espaço em branco do sujeito, que será preenchido pelos objetos ou pela língua, é a condição de possibilidade de prefigurar imagens de vivência histórica. Assim como na "Pequena história da fotografia" todas as fotografias do presente escolhidas por Benjamin evidenciam que são imagens desertas ou – como no caso dos retratos de August Sander ou do filme revolucionário russo – "imagens sem nome" (GS II, 1977b, p.379 / OE, p.101) ou então parte de uma "galeria fisionômica" (GS II, 1977b, p.380 / OE, p.103), do mesmo modo na "Infância em Berlim" Benjamin traça um procedimento narrativo de deixar o sujeito desaparecer na imagem, torná-lo um meio, que só as imagens então revelam. O desaparecer na imagem, que em "Die Mummerehlen" é apresentado de modo paradigmático no exemplo do pintor chinês, que desaparece no quadro que acabara de pintar, é o procedimento específico da "Infância em Berlim" e da linguagem do seu meio.[32] A legibilidade da fotografia, que esteve no centro da "Pequena história da fotografia", corresponde aqui à pergunta da legibilidade de narrativas que se tornam imagens. Também estas possuem um index histórico e são formas

31 Lago lendário da Floresta Negra. (N.T.)

32 Na "*Fassung letzter Hand*" [Última versão], tanto o capítulo sobre a fotografia quanto o do pintor chinês são omitidos (Conferir GS VII, 1989b, p.417 et seq.). Na "*Gießener Fassung*" [Versão de Giessner], por sua vez, ambos ainda estão inseridos, além de "Die Mummerehlen", no início da obra, quase como uma espécie de orientação de leitura. Cf. Benjamin (2000, p.7-10).

de experiência histórica, que devem se tornar legíveis como imagem. Isso finalmente mostra o procedimento da montagem,[33] constitutivo para muitos textos de Benjamin, mas que assume aqui um rumo inesperado e, ao mesmo tempo, radical. A descrição do retrato infantil de Walter Benjamin na "Infância em Berlim" aflora não apenas na "Pequena história da fotografia", como também novamente – mas então na forma de um retrato infantil de Kafka – no ensaio sobre Kafka:[34]

> Há um retrato infantil de Kafka, em que raramente a "breve e pobre infância" se tornou imagem mais enternecedora. Certamente ela se origina em um daqueles ateliês do século XIX, que com seus cortinados e palmeiras, tapeçarias e cavaletes, eram uma mescla ambígua de câmaras de tortura e sala de trono. [A versão da "Pequena história da fotografia" acrescenta ainda: "entre execução e representação" (GSII, 1977b, p.375 / OE, p.98)]

O menino de cerca de seis anos é representado numa espécie de paisagem de jardim de inverno, vestido com uma roupa de criança, muito apertada, quase humilhante, sobrecarregada com rendas. No fundo, erguem-se palmeiras imóveis. E, como para tornar este acolchoado ambiente tropical ainda mais abafado e sufocante, o modelo segura na mão esquerda um chapéu extraordinariamente grande, com largas abas, do tipo usado pelos espanhóis. O menino teria desaparecido do quadro se seus olhos incomensuravelmente tristes não dominassem essa paisagem feita sob medida para eles, e a concha de uma grande orelha escuta tudo que se diz (GS II, 1977d, p.416 / OE, p.144).

A legibilidade da fotografia, tal como a compreende Benjamin, significa também ler Benjamin como Kafka e Kafka como Benjamin e ambos como imagem e texto – como index histórico e parte de um "tesouro impensado de analogias e formas" (GS III, p.152).

---

33 Conferir Adorno (1973, p.232 et seq.).

34 Theodor W. Adorno, sem ter conhecimento da dupla exposição à luz da imagem, em uma carta de dezembro de 1934, que Benjamin copiou em suas anotações para a revisão do ensaio sobre Kafka, observou que "não por acaso que das anedotas uma, a saber, a fotografia de Kafka criança, fique sem interpretação. Sua interpretação seria, porém, equivalente a uma neutralização da idade da terra no flash" (Benjamin, 1981, p.103). O texto "Infância em Berlim" tenta essa neutralização no flash da memória.

– 4 –

# ARTE COMO MERCADORIA: CRÍTICA MATERIALISTA DESDE BENJAMIN

*Francisco Alambert*[1]

Na Antiguidade, a arte ensinava, por meio de sua função mimética, a compreender o que significava o "ideal", o "real" ou "racional" (em Platão), ou, por meio de suas funções poéticas, a se chegar a sentimentos catárticos (Aristóteles). Em geral, o sentido romano do termo *ars* designava não apenas a produção consciente de obras e formas que objetivavam concretizar o "ideal" de harmonia e beleza, mas também se referia a tudo o que dizia respeito às capacidades de criação humanas. Mercadoria, por sua vez, deriva do latim *mercatus* (referente a tudo o que se comercializa). Por volta dos séculos XIII e XIV (no início do capitalismo) passou a designar todo e qualquer gênero de produto passível de ser comprado ou vendido com lucro (mesmo aqueles que não eram criados para esse fim).

A arte como mercadoria é parte das relações econômicas e sociais da modernidade capitalista que se constituíram ao individualizar o sujeito produtivo e o sujeito que lucra ao explorar o sujeito que produz, colocando a produção de mercadorias no centro deste sistema. Não é por outro motivo que os historiadores da arte sempre lembram que o "artista" surgiu quando, no Renascimento, os quadros começaram a ser assinados, a ter "autor" ou

1 Professor de História Social da Arte e História Contemporânea na Universidade de São Paulo (USP).

"autoria", que, como ensina Raymond Williams, deriva de "autoridade". Neste momento, o artista passou a ser o autor de sua produção, mesmo que ela fosse encomendada por um *Committente* (aquele que encomenda uma obra) ou adquirida por um *Mecenas* (aquele que compra a obra), ou seja, por um "capitalista" que podia ter o dinheiro mas não a "autoria". Ainda assim, para o mecenato dos Médicis, em Florença, a atividade teve o papel de ratificar sua autoridade política que de fato ainda não existia.

A arte moderna, desde o Renascimento, assume a missão de estar diante de um modelo e imitar diretamente a realidade, através daquilo que Panofsky chamou de "semelhança com a natureza" e no qual Walter Benjamin viu uma parte daquilo que ele denominou "doutrina das semelhanças". Mas, posteriormente, no capitalismo industrial ou no capitalismo tardio, a "realidade", a natureza das coisas, é cada vez mais semelhante às coisas entendidas como mercadoria. Benjamin, em seu célebre ensaio "A obra de arte na época de sua reprodutibilidade técnica", notou, seguindo Marx, que o antigo "valor de culto" (o equivalente do "valor de uso" de Marx) da obra de arte foi substituído, com o avanço da técnica moderna, pelo "valor de exposição". Pouco antes, de maneira alegórica e propositalmente obscura, o filósofo alemão observava, em seu ensaio "A doutrina das semelhanças", que os sujeitos "dos nossos dias", ou seja, da época do capitalismo industrial, percebem cotidianamente "uma pequena fração dos inúmeros casos em que a semelhança os determina, sem que eles tenham disso consciência".

Com a criação da fotografia, pela primeira vez na história a arte é liberada do uso da mão. A partir da mudança na estrutura física da arte surge um novo problema de autenticidade e novas relações de propriedade. Do mesmo modo que no mundo da mercadoria, no mundo da arte aquilo que pode ser mais exposto e reproduzido adquire um sobrevalor, que independe da tradição. A obra de arte é "desvalorizada" ao perder seu "aqui e agora" e a segurança de sua "capacidade mimética". A "aura" da arte (seu caráter de presença e de unicidade) desaparece e sua semelhança com a mercadoria reprodutível é completada. Sem aura, tudo pode ser "possuído" e massificado (ou seja, as coisas passam a ser sempre semelhantes a si mesmas), inclusive a política pode ser ritualizada. Do mesmo modo que o ator no cinema seria um "tipo ideal", vazio de subjetividade, o político da era da mídia também age assim perante a massa.

Como disse Adorno, as forças produtivas na obra de arte são idênticas às das forças sociais. A arte obedece de uma maneira "imanente" às leis sociais. Quando ela se torna mercadoria, no sentido moderno, ela reduz a subjetividade à função de mero objeto. Voltando a Benjamin, trata-se do momento em que a semelhança determina plenamente os sujeitos "sem que eles tenham disso consciência".

Na sociedade contemporânea, a arte (autônoma e sem "aura") deixou de ser apenas uma mercadoria tradicional, de compra e venda, e se tornou ela mesma uma força produtiva para a reprodução do capital – tecnicamente administrada para esse fim. É esta intenção administrada que Adorno e Horkheimer chamaram de "indústria cultural". Agora não se trata mais, como na época inicial do capitalismo, de se produzir obras artísticas para depois transformá-las em mercadoria: trata-se de pensar *desde o início* aquilo que seria "arte" como uma mercadoria. Se no início do capitalismo a arte-mercadoria era obra de um sujeito patrocinado por um mecenas, na era da indústria cultural e do capitalismo total, o novo mecenato *instrui e organiza* a arte para promover a si mesmo e seus outros produtos. Isto transformaria até mesmo a antiga função mimética da arte (a ideia de que ela "imita", elabora ou reproduz a "realidade"). Adorno explicou em *Minima Moralia*, retomando as intuições benjaminianas contidas na "Doutrina das semelhanças", que "a indústria cultural modela-se pela regressão mimética, pela manipulação dos impulsos de imitação recalcados. Para isso ela se serve do método de antecipar a imitação dela mesma pelo expectador e de fazer aparecer como já subsistente o assentimento que ela pretende suscitar".

Se o fazer artístico se definia, segundo a estética idealista, pela ausência de uma determinação objetiva (o que embasava a ideia da arte como um território de liberdade), na era da arte-mercadoria-industrial todo um sistema (que inclui a publicidade, a crítica, as pesquisas sociológicas de mercado, os meios de comunicação de massa etc.) forma e conforma o "objeto" (a obra) e o "sujeito" (o artista) às finalidades funcionais do mercado, do lucro rápido e constante e da existência efêmera (o caráter daquilo que deve desaparecer logo para que outra mercadoria entre em seu lugar sem emperrar a cadeia de investimentos e lucratividade).

A arte como mercadoria e produto da indústria cultural seria o último estágio do domínio da forma-mercadoria. O pensador e ativista francês Guy Debord denominou esse novo momento de *sociedade do espetáculo*, um novo complexo social em que se "domina os homens vivos quando a economia já os dominou totalmente. Ele nada mais é do que a economia desenvolvendo-se por si mesma". E aqui reside o segredo da doutrina das semelhanças na cultura do capitalismo tardio.

Nesse sentido concordando com Benjamin e Adorno, Debord nota que a forma mercadoria se sobrepõe à ideia da arte como um valor em si, transformando integralmente a cultura em mercadoria – na verdade, a "mercadoria vedete da sociedade espetacular" –, o que fará com que, no mundo contemporâneo, ela assuma "o papel motor do desenvolvimento da economia, equivalente ao do automóvel na primeira metade e ao das ferrovias na segunda metade do século XIX". Mais recentemente, o crítico cultural marxista norte-americano Fredric Jameson definiu os tempos "pós-modernos" como uma lógica eminentemente "cultural", na qual economia e cultura não se diferenciam.

Arte como mercadoria, quer dizer, seu jogo de semelhanças, é, portanto, um conceito-chave para se entender a cultura contemporânea, ou do capitalismo tardio, como se queira. Aprofundar a discussão do conceito de modo a aplicá-lo ao conhecimento crítico da contemporaneidade é uma tarefa para a qual só o historiador ou crítico materialista da cultura, no sentido compreendido desde Benjamin ou Kracauer, está capacitado. Na verdade, é sua tarefa principal.

Todo e qualquer fenômeno da cultura burguesa hegemônica, mesmo o mais "superficial", é artifício e é documento. E aqui, a compreensão de Walter Benjamin é decisiva. Segundo ele, o artifício burguês se dá através de sua "vida de sonho" durante seu prolongado sono no universo da mercadoria (tema, como se sabe, de seus estudos sobre as "passagens" parisienses). Mas antes de Benjamin, essa intuição crítica já estava plenamente formulada em Siegfried Kracauer, resumida em uma conhecida máxima escrita em seu ensaio de 1927, "O ornamento da massa": "o conteúdo fundamental de uma época e os seus impulsos desprezados se iluminam reciprocamente". Estava dada a chave dialética, com um acento freudiano, que moveria o melhor da crítica cultural materialista do século XX.

Em resumo: pensando dessa maneira, conceitos como "pós-modernismo", "sociedade pós-industrial", "indeterminação", "vacância de significados" e outros de mesmo tipo, de fato deixam de ter sentido explicativo (ou no mínimo precisam ser seriamente repensados): apresentam-se apenas como sintomas (reais) da exacerbação das condições que a crítica (ou a "paixão") de Kracauer "desmascarou", para usar a imagem engajada composta por Benjamin. Pensando com esses autores, vemos que tanto seu método quanto seus objetos encontram-se vivos e funcionando dentro da ordem sociocultural contemporânea.

De fato, as transformações do capitalismo e de sua cultura, pelo menos desde a segunda metade do século XX, deram sobrevida e renovada atualidade à critica materialista do cotidiano e das formas expressivas da cultura. As manifestações da cultura burguesa hegemônica, transformada pelo efeito da maquinização das relações sociais (e de sua crise), não apenas permanecem como se configuram agora ainda mais hegemônicas e totais que antes – ainda que a impressão de fragmentação exista e persista (e por isso mesmo). A cultura burguesa mudou desde o século XIX, e sua configuração da intimidade (assim como seu "impulso mimético") deslocou-se para a esfera da massificação de tal maneira que apenas o raciocínio dialético pode encontrar os fios que unem os fenômenos e lhes dão sentido, compreensão, racionalidade e, talvez, orientem sua transformação.

# – 5 –

# FETICHE E ALEGORIA

*Jorge Grespan*[1]

Dentre os temas estudados na preparação do *Trabalho das Passagens* figura o da Bolsa de Valores, pelo qual Benjamin já se interessava desde a chamada "primeira fase" dessa preparação, de 1928 a 1935, e que continuou investigando na "fase final". Por isso, ele já comparece no *Exposé* de 1935, relacionado à especulação financeira e imobiliária das transformações urbanas promovidas por Haussmann na "Paris do Segundo Império". Ali, o dinheiro investido é associado diretamente à fraude e ao jogo: "Paris vive o auge da especulação. O jogo da Bolsa substitui as formas de jogo de azar herdadas da sociedade feudal. [...] As expropriações feitas por Haussmann fazem surgir uma especulação fraudulenta" (Benjamin, 1983, p.56-7). E nos manuscritos preparatórios do *Trabalho das Passagens*, o arquivo dedicado ao estudo da "Bolsa de valores e da história econômica" se estende na descrição de como eram comprados os votos dos políticos na Assembleia Nacional com "concessões de grandes empreendimentos", de como o governo "com suas companhias do Crédit Mobilier e outras, que propiciaram o desenvolvimento da Bolsa, desviou durante dez anos os capitais da indústria e da agricultura"; e de como a Bolsa estava aberta até para os grupos sociais mais baixos, de

1 Professor da Universidade de São Paulo.

quem levava o dinheiro com a promessa de ganhos fáceis (Benjamin, 1983, p.940, 942-3).

No desdobramento da argumentação, porém, Benjamin deve ter percebido a necessidade de estudos mais detalhados e é então que começa o arquivo dos manuscritos preparatórios dedicado a Marx. Passando pelo papel da técnica na indústria moderna e pela origem da falsa consciência, o interesse inicial do arquivo é claramente o conceito de "autoalienação" do operário. Em seguida, porém, ele passa ao de "fetiche", visto como "forma derivada" da alienação, conforme um texto citado de Korsch. E é através desse autor, muito referido ao final do arquivo, que Benjamin define vários outros conceitos difíceis da teoria de Marx, como o de "valor", "valor da força de trabalho" e de "mais-valia". Mas tudo isso para ele gira em torno da compreensão do fetiche da mercadoria e do dinheiro. Em última análise, e voltando ao problema da especulação financeira e imobiliária da Paris de Haussmann, trata-se de explicar por que Marx descreve o mundo moderno como aquele no qual "o conselho do banqueiro [é...] mais importante que o do sacerdote" (Benjamin, 1983, p.803). Seria porque na organização da vida burguesa o plano econômico se tornara mais importante que o espiritual? Ou será, melhor dizendo, que uma forma econômica específica, o dinheiro, começou a exercer uma função correlata à desempenhada pela religião? Nesse caso, a pergunta passa a ser como se define essa forma específica, para se revestir de tamanho poder social?

Mais uma vez, Benjamin recorre a Marx, percebendo que este "se opõe à noção de que ouro e prata seriam valores imaginários"; e faz uma longa citação do Livro I de *O capital*, na edição de Korsch, que vale a pena reproduzir aqui integralmente:

> [...] como o dinheiro, em determinadas funções, pode ser substituído por meros signos dele mesmo, surgiu o engano de que ele seria um mero signo. Por outro lado, havia aí o pressentimento de que a forma de dinheiro de uma coisa seria externa a ela e mera forma de aparecimento de relações humanas ocultas por trás dela. Nesse sentido, toda a mercadoria seria um signo, pois, enquanto valor, ela é apenas o invólucro material do trabalho despendido nela. Mas na medida em que se tomam por meros signos os [...] caracteres materiais que as determinações sociais do trabalho recebem com base num determinado modo de produção, passa-se a explicá-los como produtos arbitrários do pensamento dos homens (Benjamin, 1983, p.805).

Neste texto, aparecem algumas ideias decisivas para a elaboração da crítica benjaminiana da modernidade, que devem ser por isso examinadas.

Em primeiro lugar, o fetiche da própria mercadoria, ao qual outros trechos do arquivo Marx são dedicados, para explicar como o processo de trabalho desaparece no produto mercantil e, daí, as qualidades por ele criadas passam a ser atribuídas à mercadoria mesma. Já por isso o texto anterior diz que "toda a mercadoria seria um signo". Mas com a repetição e a generalização das trocas a forma de mercadoria se desenvolve na de dinheiro e o fetiche da mercadoria tem o que Benjamin chama de um "clímax", quando se desdobra "nas formas mais concretas", isto é, a forma de dinheiro, em suas múltiplas funções sociais (Benjamin, 1983, p.806). É no exercício dessas funções que o dinheiro "pode ser substituído por meros signos dele mesmo" e assim produzir "o engano de que ele seria um mero signo". Antes de tudo, portanto, o dinheiro não é mero signo, pois mesmo quando aparece dessa forma, ele é resultado do movimento das *mercadorias*, e seu fetiche é apenas o "clímax" do fetiche da mercadoria, resultado também de que processos sociais específicos se escondem por trás dessas formas, atribuindo-lhes poder. O dinheiro de modo algum é "mero signo" inventado pelo "arbitrário pensamento dos homens".

Em segundo lugar, porém, o texto citado reconhece que há neste "engano" um elemento real, quando diz que "por outro lado, havia aí o pressentimento de que a forma de dinheiro de uma coisa seria externa a ela e mera forma de aparecimento de relações humanas ocultas por trás dela". Por isso é que o texto continua dizendo que "nesse sentido, toda a mercadoria seria um signo", não apenas o dinheiro. Ou seja, ambos são algo colocado no lugar de algo, signo, representação de uma certa forma social do trabalho. Mas é preciso acrescentar, no sentido do que tanto Marx quanto Benjamin querem dizer, que no dinheiro o caráter de signo está mais "desenvolvido" e numa forma mais adequada, pois é equivalente a qualquer mercadoria, pode comprar tudo o que se tenha revestido desta forma de mercadoria e dar acesso ao seu possuidor a todo o mundo do trabalho social; inclusive à terra ou aos terrenos urbanos, que em si não são produto de trabalho humano, não têm valor, mas têm preço.

Dessa maneira se liga a forma mais radical do fetiche do dinheiro – o capital especulativo, em que dinheiro parece brotar do dinheiro – à compra e venda dos lotes urbanos, à consequente valorização artificial de bairros inteiros que enriqueceu os "empreendedores" nas reformas de Haussmann estudadas pelo *Trabalho das Passagens*. O dinheiro está à vontade nesses casos todos, pois aparece como signo de um poder social que se autonomiza, como forma pura, de sua origem real no mundo do trabalho. Ele mobiliza agora mercadorias que também não são produto de trabalho – lembremos que Marx além dos terrenos urbanos (no seu caso os de Londres na década de

1860), cita como exemplos desse tipo de mercadoria a consciência (*Gewissen*) e a honra,[2] justamente os artigos vendidos pelos políticos e capitalistas corruptos estudados por Benjamin na "Paris do Segundo Império".

Nesse sentido é que Benjamin também se refere ao famoso texto em que Marx compara o valor a um "hieróglifo social", cujo "mistério" a ser "decifrado" (Benjamin, 1983, p.807) é muito mais complexo no caso do dinheiro. E na sequência do arquivo, na discussão do conceito crucial de "trabalho abstrato", Benjamin (1983, p.808) cita outro texto do Livro I de *O capital*, onde, por um exemplo, Marx critica o idealismo: "Se eu digo: o Direito romano e o alemão são ambos Direitos, isso é óbvio. Se eu digo, ao contrário: *o* Direito, este conceito abstrato, *se efetiva* em Direito romano e em Direito alemão, estes Direitos concretos, então a conexão se torna mística". Atentemos, porém, que aqui não é o idealismo como filosofia o objeto da crítica de Marx. Este "conceito abstrato" que cria as realidades particulares ao se "efetivar" – operação fundamental do idealismo hegeliano – é o capital, que assume as diversas formas estudadas por Marx no Livro II de sua obra máxima justamente por ter se tornado um "sujeito formal". A forma social específica aqui é a da propriedade privada que, como aparece em muitos textos citados por Benjamin no seu arquivo Marx, exclui e assim domina a substância social do valor – o trabalho. Enquanto o conceito hegeliano de "sujeito" é o da "substância" que consegue controlar o seu processo de determinação e as suas formas de aparecimento, o conceito em Marx é o de um "sujeito" puramente formal, que se apodera de uma substância alheia e a *impede* de controlar sua existência e de se elevar a verdadeiro sujeito.

A "conexão mística" é real na sociedade capitalista, e está associada ao poder conferido pelo dinheiro de se apropriar do trabalho dos outros, seja pela compra de seus produtos, seja pela compra do trabalho ele mesmo, quando o dinheiro se apresenta como capital-dinheiro nas mãos de um capitalista, isto é, de um proprietário privado dos meios de produção. Por isso "o conselho do banqueiro [é...] mais importante que o do sacerdote"; por isso a religião tradicional pode até desaparecer, mas o capital coloca no lugar dela os seus próprios "signos", "hieróglifos" e "conexões místicas". Por isso é impressionante o acerto de Benjamin ao levar a sério as metáforas religiosas de Marx, que mais do que metáforas no sentido literário, são chaves de compreensão do capitalismo.

É porque detém a propriedade exclusiva dos meios de produção que o capitalista cria uma estrutura jurídica que lhe assegura esta exclusão e, por

2 Sobre os terrenos de Londres a referência é MEW 24, p.73; e sobre a consciência e a honra como mercadoria, MEW 23, p.117.

outro lado, também a possibilidade de contratar trabalhadores assalariados, de incluí-los assim como empregados, submetidos ao capital pelo contrato na forma da lei. Este mundo da forma, do qual as representações jurídicas são uma mera expressão, é o mundo unificado pelo capital dentro da sua lógica estrita de autovalorização. É onde se divide o trabalho, onde são criadas novas necessidades e desejos de consumo, onde se dá e tira o emprego dos trabalhadores, onde o capital financeiro amplia as possibilidades de produção e troca mediante o crédito, onde o mercado se torna mercado mundial, onde predomina a chamada globalização, com suas forças homogeneizantes e, por outro lado, diferenciadoras.

A totalidade e a organicidade desse mundo são reais, e seus signos ao mesmo tempo as garantem e são por elas garantidos. O dinheiro em particular, como meio de compra, meio de pagamento e instrumento do crédito e da especulação em escala mundial, constitui o signo máximo. Como representação eficiente do poder organizador do capitalismo, o dinheiro sintetiza a própria conexão social, aparecendo no lugar do símbolo religioso; e o seu guardião, o banqueiro, "dá conselhos" e talvez até ouça confissões.

É nesse sentido que se pode aproximar essa crítica ao capitalismo do estudo do Barroco Alemão realizado por Benjamin. Só que no século XVII, como procura mostrar o autor, a religião havia perdido o poder vinculante devido à fratura protestante e às guerras de religião. Os símbolos religiosos significavam coisas diferentes para cada uma das partes em conflito, não havia mais totalidade que eles pudessem organizar nem à qual eles pudessem se referir. De acordo com Benjamin, o drama barroco em geral procura escapar desta armadilha por meio de uma outra forma de representação, a alegoria. Enquanto o símbolo tem uma referência única, possível pela unidade do mundo, no caso, o religioso, a alegoria multiplica suas referências, de modo que nela "cada pessoa, cada coisa, cada relação podia significar qualquer outra" (Benjamin, 1993, p.152).

Voltando ao capitalismo, que Benjamin nunca perdeu de vista ao estudar algo aparentemente tão afastado como o Barroco, percebe-se o quanto a totalidade e a organicidade dependem de um poder apenas "formal", isto é, não de uma substância que se põe como sujeito de sua história, mas o de uma força alheia e alienante, que se limita a explorar a substância-trabalho. Esta torção, esta inversão, compromete de maneira definitiva as pretensões do capital. Quando a oposição entre a substância e o sujeito se manifesta efetivamente, aquele poder do capital se esfuma, a autovalorização se converte em desvalorização e o mundo que ele pretendia organizar perde o eixo, revelando os fragmentos de que ele é feito – trata-se da crise.

Evidentemente, mesmo numa crise o capital conserva suas "manhas teológicas", na expressão famosa de Marx citada pelo *Exposé* benjaminiano de 1935. Admite-se o caráter fragmentário das formas sociais e a alegoria é posta a serviço da nova situação. A efemeridade dos produtos é realçada e acelerada pela moda, que "prescreve o ritual, pelo qual o fetiche mercadoria quer ser venerado", nas palavras do *Exposé*. Do fetiche do dinheiro, recua-se ao da mercadoria, onde as relações sociais também estão escondidas, só que em objetos de consumo, já por natureza perecíveis, e cujo perecimento é apressado pela moda, que os tira de circulação antes de eles se desgastarem de fato. Continuando o texto imediatamente anterior, Benjamin define a "natureza" do fetiche da mercadoria como o "conflito com o orgânico. Ela acopla o corpo vivo ao mundo inorgânico. No vivo, percebe os direitos do cadáver. O fetichismo, que subjaz ao *sex appeal* do inorgânico, é o seu nervo vital" (Benjamin, 1983, p.51). A relação do inorgânico com o orgânico – das coisas que tomam o lugar das pessoas no mercado; do capital como trabalho morto nos meios de produção que "suga" o trabalho vivo do assalariado – é o domínio do mundo humano por uma segunda natureza que dele se destaca. E a relação do morto com o vivo, também aí presente, consiste nos "direitos do cadáver", do que deve perecer para ser substituído pela novidade trazida pela moda; daí "o *sex appeal* do inorgânico", numa quase necrofilia. Daí, inclusive, mais um retorno da alegoria barroca, que "acunha numa cara – não, numa caveira" o tempo natural como o da morte, e não o da "transfiguração" numa outra vida (Benjamin, 1993, p.145).

No trecho final do arquivo Marx, Benjamin conclui com suas próprias palavras: "A qualidade atribuída à mercadoria como seu caráter fetichista é inerente à própria sociedade produtora de mercadorias, não de fato como ela é, mas como ela sempre se representa (*vorstellt*) e acredita se entender, quando abstrai do fato de que produz mesmo mercadorias. A imagem que ela assim produz de si e que costuma designar como sua cultura corresponde ao conceito de *fantasmagoria*" (Benjamin, 1983, p.822, grifo meu). Ainda mais na crise, a "representação" que faz de si a sociedade capitalista é a de que existe para produzir meros produtos e atender necessidades, e não para valorizar o valor, não para produzir lucros, não para criar as necessidades que depois afirma só atender. Toda essa "cultura" não passa de "fantasmagoria", a mesma que as "fantasmagorias do espaço, a que se abandona o *flâneur*" e que "correspondem as fantasmagorias do tempo, a que se rende o jogador" (Benjamin, 1983, p.57), conforme o *Exposé* de 1935. Ou seja, o elemento morto do espaço da nova Paris reurbanizada por Haussmann levava o *flâneur* sempre para um novo lugar, na busca de uma verdadeira experiência, agora impossível; assim como o elemento morto do tempo, em que o jogador – o jogador da Bolsa de Valores – vive o seu presente na pura expectativa de ganhos em um futuro incerto.

Estes temas, contudo, são os temas da poesia de Baudelaire. E nela a alegoria tem outro caráter, conforme a interpretação de Benjamin. Desnudando os esquemas da alegoria mercantil, diz ele, "a alegoria de Baudelaire comporta rastros da violência necessária para demolir a fachada harmoniosa do mundo que o cercava", pois "aquilo que a intenção alegórica encontra é excluído do nexo da vida". Por outro lado, Benjamin admite a ambivalência desta crítica. Na sequência do texto, ele reconhece que "o impulso destrutivo de Baudelaire em parte alguma está interessado no aniquilamento daquilo sobre o que ele recai" (Benjamin, 1983, p.414-5). A complexidade da questão, porém, é enorme. Seria de fato possível uma alegoria crítica e revolucionária? Trata-se aqui de assunto para outra reflexão.

– 6 –

# AS EXPOSIÇÕES UNIVERSAIS E SUAS FANTASMAGORIAS

*Wellington Durães Dias*[1]

Planejadas e executadas por empresários, cientistas e políticos como um local de exibição de produtos, técnicas e novas ciências, as Exposições Universais foram fenômenos urbanos que se manifestaram periodicamente a partir da segunda metade do século XIX.[2] Segundo Walter Benjamin, elas nasceram do desejo de divertir as classes laboriosas, com o objetivo de tornar-se para estas uma festa de emancipação (Benjamin, 2007a, p.57). Estas feiras comemorativas dos poderes criativos do trabalho demonstravam aos operários as possibilidades redentoras da técnica, lançando a promessa de um fim eminente aos rigores das atividades produtivas a que estavam submetidos, base para o estabelecimento de uma nova ordem social, por meio dos avanços do progresso material. As Exposições Universais também serviam ao propósito de ostentar imensas coleções de mercadorias, advindas de todos os cantos do globo. Por este motivo acumulavam o que Karl Marx

1 Graduado em História pela Unesp-FCL/Assis e bolsista treinamento técnico nível três pela Fapesp.

2 As maiores e mais relevantes Exposições Universais ocorreram nas cidades de Londres (1851, 1862), Paris (1855, 1867, 1878, 1889, 1900, 1925 e 1937), Viena (1873), Filadélfia (1876), Chicago (1893, 1933), Saint-Loius (1904), San Francisco (1915), Bruxelas (1935), Barcelona (1929) e Nova York (1939).

(2004, p.57), em *O capital,* definia por "a riqueza das sociedades em que rege o modo de produção capitalista", da mesma forma que atualmente o fazem as lojas de departamento, shoppings centers e supermercados.

Desta forma, esses eventos foram resultado imediato da expansão a nível global do sistema capitalista durante o século XIX – o motor dinâmico que engendrou as intensas transformações sociais, econômicas e culturais que se operaram naquele período. As aparições das Exposições Universais coincidem diretamente com o crescimento das metrópoles e a ascensão das massas, com a progressiva industrialização e a massiva proletarização do trabalhador, com os avanços científicos e tecnológicos, com a ampliação vertiginosa da velocidade de deslocamento e comunicação – materializada nas locomotivas, navegação a vapor e redes telegráficas. Essas verdadeiras festas do trabalho e do progresso eram produtos de um mundo industrial em formação, apoiado sobre o tripé do carvão, do vapor e das estradas de ferro. Em suma, eram mais uma expressão da modernidade, onde "*tudo o que é sólido e estável se volatiza,* como antecipam Marx e Engels no *Manifesto Comunista* de 1848, que pode ser lido nesse sentido como o primeiro manifesto modernista" (Hardman, 1988, p.26).

Diversas nações participavam destes eventos, confiando aos seus expositores representantes os produtos para os seus estandes, como artefatos, maquinarias, matérias-primas e obras de arte, segundo uma lógica cada vez mais estratificada de divisão internacional do trabalho. Para Benjamin (2007a, p.44), "as exposições universais constroem o universo das mercadorias", projetando mundialmente o sistema capitalista como fator de organização das atividades produtivas dos povos. Pois reuniam, num mesmo espaço, representações tanto das regiões em expansão econômica, como os países europeus e os Estados Unidos, quanto das regiões em pleno regime colonial e imperialista, além da periferia do capitalismo, como a América Latina.

As multidões que visitavam os pavilhões erigidos nestes eventos queriam divertir-se e encantar-se com as mercadorias expostas nos estandes e vitrines. Os produtos eram ordenados de maneira obsessivamente enciclopédica e não menos eurocêntrica, de acordo com as últimas novidades originadas do gênio e do labor humano. Diante da contemplação desta verdadeira consubstanciação de "riqueza das nações", os visitantes comungavam das utopias modernistas e compartilhavam da crença em um mundo unificado sob a égide do capitalismo, o qual estabeleceria a concórdia entre os povos. Francisco Foot Hardman (1988, p.50) em *Trem fantasma: a modernidade na selva* dedicou um capítulo para analisar historicamente estes espetáculos da modernidade:

Tais exibições significaram também uma das primeiras amostras bem-sucedidas de cultura de massas, com a montagem de espetáculos populares em que se alternavam fascinantemente o mistério de territórios exóticos, a magia das artes mecânicas – de suas criaturas que se põem em movimento – os símbolos do orgulho nacional e a da adoração à pátria, o simples desejo de entretenimento e, sobretudo, o transe lúdico do fetiche-mercadoria.

As Exposições Universais perderam muito de sua importância, conforme o capitalismo internacional que as engendrou assumiu novas configurações ao longo do século XX, as convertendo em produtos obsoletos de um passado recente. Seu prestígio foi minado, na medida em que decaíram os rituais da diplomacia clássica e dissipou-se o otimismo positivo na evolução humana que permeou toda a *Belle Époque*, processo que ficou explícito após a Primeira Guerra Mundial. Suas utilidades e funções para a economia, cultura e sociedade foram contestadas na mesma proporção em que a modernidade que representavam passou a ser duramente criticada por muitos. Mas, de certa forma, as Exposições Universais foram apenas substituídas por novas formas de exibição mundial da civilização burguesa, as quais prosseguiram com o processo de mercantilização da vida que iniciaram, com sua venda de ideias e imagens. Atualmente assumem uma roupagem que nos parece mais familiar, enquanto Olimpíadas, Copas do Mundo, Jogos de Inverno...

Porém, quando observamos o significado fantástico que as Exposições Universais assumiam para seus participantes, percebemos que o ícone da literatura francesa Gustave Flaubert (1820-1880) não errou ao afirmar, na sua obra *Dictionnaire des idées reçues*, que "as exposições eram sujeitos do delírio do século XIX" (Flaubert apud Pesavento, 1997, p.44). Nesses palcos teatrais de exibição dos produtos do trabalho e de curiosidades nacionais existia um encanto alucinatório. Era como se uma luz fantasmagórica envolvesse esses eventos, impossibilitando a apreensão de sentido do engodo, da sedução, do jogo das aparências e do ocultamento que possuíam. Tal brilho era constituído por ilusões elaboradas, por vertiginosos calidoscópios arquitetônicos e por toda sorte de malabarismos no campo dos fenômenos e das aparências.

Walter Benjamin, crítico da modernidade preocupado com o destino tomado pela cultura durante a era do capitalismo triunfante, perseguiu nas *Passagens* os misteriosos rastros luminosos destas "imagens mágicas do século" (Tiedemann, 2007, p.24), chamadas por ele de fantasmagorias. Era delas que emanava "o brilho com o qual se envolve a sociedade produtora de mercadorias" (Tiedemann, 2007, p.24). Benjamin também foi um dos principais estudiosos a pesquisar e interpretar o fenômeno histórico das Exposições Universais, atribuindo a elas o poder de manifestar fantasmagorias diante de seus visitantes. Para compreender a crítica benjaminiana às Exposições Universais, devemos nos deter em três conceitos chave: além da já referida fantasmagoria, também o fetichismo da mercadoria e a reificação – noções das quais a fantasmagoria tanto é complementar quanto interdependente. A relação entre esses conceitos e as Exposições Universais ocupa lugar de destaque nas análises apresentadas por Benjamin em seus dois *exposés*: *Paris, a capital do século XIX* (Paris, die Hauptstadt des XIX. Jahrhunderts), de 1935, e *Paris, capital do século XIX* (Paris, capitale du XIXe siècle), de 1939. A respeito destes *exposés*, observou Olgária Matos, em sua obra *Benjaminianas: cultura capitalista e fetichismo contemporâneo*, que a "*Paris, capital do século XIX* não é um lugar nem uma data, mas uma época, a da emergência do capitalismo moderno e da universalização do fenômeno do fetichismo" (Matos, 2010, p.67).

O *fetichismo*, de acordo com Karl Marx em *O capital*, estava atrelado aos produtos do trabalho, quando estes eram gerados como mercadorias, transformando-os em "algo muito estranho, cheio de sutilezas metafísicas e argúcias teológicas" (Marx, 2004, p.92). A mercadoria é por excelência permutável, dotada de valor de troca, que tornam iguais trabalhos humanos distintos e objetos de valores de uso diversos. Consequentemente, a mercadoria acaba sempre por sobrepor seu valor de uso pelo valor de troca. O que encobre também as características sociais do trabalho humano que as engendrou, apresentando-as como características materiais e propriedades sociais inerentes aos produtos do trabalho. Portanto, de acordo com Marx (2004, p.94), no capitalismo "as relações entre os produtores, nas quais se afirma o caráter social de seus trabalhos, assumem a forma de relação social entre produtos do trabalho". A esse processo Marx chamava de fetichismo da mercadoria.

Benjamin orientou-se no marxismo, inicialmente, por meio do livro *História e consciência de classe* de György Lukács, de maneira semelhante a muitos intelectuais de esquerda em sua geração. Foi por meio dessa obra que Benjamin teve contato com o fetichismo da mercadoria. Ela serviu de base para que o crítico alemão pudesse concluir que as "Exposições Universais são centros de peregrinação ao fetiche mercadoria" (Benjamin, 2007a, p.57), pois quando as multidões afluem até esses eventos para contemplar toda a sorte de novidades, a forma com que os objetos são expostos leva os presentes a idealizar o seu valor de troca. Portanto, as Exposições criam um quadro no qual o valor de uso das mercadorias passa para segundo plano (Benjamin, 2007a, p.57). Sandra Jatahy Pesavento, em *Exposições Universais: espetáculos da modernidade do século XIX*, levou mais longe a crítica de Benjamin ao caráter fetichista desses eventos:

> Como evento de exibição de produtos e máquinas, a exposição reproduz, em escala maior que a fábrica, o processo de ocultamento/demonstração próprio do fetichismo aludido por Marx. Se as mercadorias ocultam as relações sociais que as produziram, a exposição, por sua vez, opera no mesmo sentido, revelando o que interessa revelar e ocultando o que deve ser ocultado. (Pesavento, 1997, p.44)

Foi também por meio da leitura de *História e consciência de classe* que Benjamin teve contato com a categoria da reificação – conceito criado e desenvolvido por Lukács para expressar um determinado processo histórico que tem lugar nas sociedades capitalistas, cuja característica principal é a submissão e identificação das atividades produtivas, das relações sociais e da própria subjetividade humana ao caráter inanimado, quantitativo e automático dos objetos e mercadorias. As consequências da reificação mostram-se desastrosas para os indivíduos no interior do sistema capitalista, levando-os a perda crescente de sua autonomia e autoconsciência, além de insuflar passividade em suas ações. Ao aplicar a categoria da reificação às Exposições Universais, Benjamin (2007a, p.57) observou que esses eventos "constituíram uma escola onde as multidões, forçosamente afastadas do consumo, se imbuíram do valor de troca das mercadorias a ponto de identificarem-se com ele". Se, desde a Exposição Universal de 1855 em Paris, "as mercadorias puderam pela primeira vez exibir etiquetas com preço" (Benjamin, 2007b, p.224; G 8a, 5), por conseguinte, também surgiram regras que orientavam a exposição dessas mercadorias, sempre prescrevendo que fossem colocadas em um piso elevado da via comum ou pedestal, ao ar livre ou cobertas por vitrines, mas nunca ao alcance da mão (Benjamin, 2007b, p.230; G 13, 1), "pois era proibido tocar nos objetos expostos" (Benjamin, 2007a, p.57).

Ou seja, as Exposições utilizavam seu quadro de festa popular permeado de diversões e distrações com rigor pedagógico. Instruía as multidões de visitantes a reificarem-se. O resultado deste espetáculo beirava aos efeitos de sortilégios da magia negra: os homens comportavam-se cada vez mais como coisas, ao passo que os objetos animavam-se. É o que podemos perceber a partir da descrição de A. S. Doncourt da feira ocorrida em Paris no ano de 1855, em seu livro *Les Exposition Universelles*:

> Quatro locomotivas guardavam a entrada do anexo das máquinas, semelhantes àqueles grandes touros de Nínive ou às esfinges na entrada dos templos egípcios. O anexo era a terra do ferro, do fogo e da água; os ouvidos ficavam surdos, os olhos ofuscados... tudo estava em movimento; via-se fiar a lã, torcer o pano, cortar o fio, bater o grão, extrair o carvão, fabricar o chocolate etc. O

> movimento e o vapor chegavam a todos indistintamente. (Benjamin, 2007b, p.223; G 8a, 2)

Podemos concluir a partir da interpretação desse fragmento que, se um mero expectador julgava-se desprovido momentaneamente de seus sentidos diante do espetáculo das máquinas, melhor sorte não teria o proletário que as manipularia. Esses operários desapareceriam entre os mecanismos das quimeras de metal pelas quais seriam responsáveis durante sua jornada de trabalho. Sua força de trabalho seria convertida, pela duração de seu dispêndio, em substância anímica que daria vida às máquinas, que as faria moverem-se "sozinhas". Em suma, os operários eram reificados e esse processo era convertido em espetáculo lúdico e pedagógico pelas Exposições Universais.

Porém, a interpretação de Benjamin sobre as expressões culturais do século XIX como as Exposições Universais ia além do conteúdo ideológico demonstrado pela crítica da ideologia contida em conceitos como o fetichismo da mercadoria ou a categoria da reificação. O que interessava a Benjamin na cultura era principalmente sua superfície, seu lado externo, sua expressão mimética, que continha ao mesmo tempo ilusão e promessa, sonho e desejo. Porém, é inegável que o aparato teórico metodológico mobilizado pela crítica da cultura de Benjamin não tenha se beneficiado tanto do fetichismo quanto da reificação. De acordo com Rolf Tiedemann (2007, p.23) na introdução das *Passagens*:

> Lukács traduzira em linguagem filosófica o fato econômico do fetichismo da mercadoria e aplicara a categoria da reificação às antinomias do pensamento burguês, da mesma forma Benjamin queria proceder em relação à cultura na era do auge do capitalismo. Na "concepção reificada de cultura", igualmente dominante na época, Benjamin reconheceu a consciência ideológica apontada por Marx nas abstrações da produção capitalista relativas ao valor, consciência para a qual os caracteres sociais do trabalho se refletem como caracteres objetivados, reificados, dos produtos do trabalho.

Para Benjamin, nessa concepção de cultura omite-se o fato de que "as criações do espírito humano devem não somente sua existência, mas também sua transmissão, a um trabalho social constante" (Benjamin, GS V, p.1255 apud Tiedemann, 2007, p.23). De acordo com Tiedemann (2007, p.23), "o destino da cultura durante o século XIX nada mais era do que, precisamente seu caráter de mercadoria que, segundo Benjamin, se manifestava nos 'bens-culturais' como *fantasmagoria*". Benjamin partiu dessa premissa para estender as afirmações sobre os poderes fantasmagóricos da mercadoria sob todo o domínio dos produtos culturais parisienses daquele período, incluindo as Exposições Universais.

A fantasmagoria empregada por Benjamin derivou do uso empreendido por Marx do termo em *O capital*. Benjamin citou nas *Passagens* um trecho da obra *Karl Marx: His Life and Works*, do marxista alemão Otto Rühle (1874-1943), o qual faz referência aos impactos sociais do fetichismo da mercadoria, onde o termo figura nesta relação:

> Marx fala do caráter fetiche da mercadoria. "Esse caráter fetiche do mundo das mercadorias provém do caráter social específico do trabalho que produz mercadorias... É apenas a relação social determinada dos homens que assume para eles aqui a forma *fantasmagórica* de uma relação de coisas". (Benjamin, 2007b, p.217; G 5, 1; grifos nossos)

Marx afirmava em *O capital* que o fac-símile desta relação *fantasmagórica* entre coisas, cuja existência apresenta-se aos trabalhadores como existindo à parte de suas próprias relações de trabalho e estranha a eles, poderia ser encontrado na "região nebulosa da crença". "Aí, os produtos do cérebro humano parecem dotados de vida própria, figuras autônomas que mantêm relações entre si e com os seres humanos. É o que ocorre com os produtos da mão humana, no mundo das mercadorias" (Marx, 2004, p.94). Efeito mecânico e reflexivo da infraestrutura sobre a superestrutura, causada objetivamente pelo fetichismo da mercadoria, a fantasmagoria expressava para Marx a falsa consciência ideológica da economia burguesa, cujo caráter de necessidade não a tornava menos falso. De acordo com Rolf Tiedemann (2007, p.23), "a própria mercadoria é fantasmagoria, ilusão, engano, nela o valor de troca ou a forma-valor oculta o valor de uso".

Benjamin, porém, acreditava que a relação entre infraestrutura e superestrutura demonstrada por Marx por meio da fantasmagoria não era mecânica e reflexiva. Mas, sim, mimética e expressiva. O crítico alemão apontou que esse tipo de descrição não fazia justiça à complexidade da relação que Marx mesmo apontou:

> À primeira vista, parece que Marx pretendia somente estabelecer uma relação causal entre superestrutura e infraestrutura. Mas a observação de que as ideologias da superestrutura refletem as condições de maneira falsa e deformada já vai além. A questão é, de fato, a seguinte: se a infraestrutura determina de certa forma a superestrutura no material do pensamento e da experiência, mas se esta determinação não se reduz a simples reflexo, como ela deve então

ser caracterizada, independentemente da questão da causa de seu surgimento? Como sua expressão. A superestrutura é a expressão da infraestrutura (Benjamin, 2007b, p.217; K 2, 5).

A fantasmagoria de Benjamin tinha como objetivo expandir a concepção de ideologia marxista. Ela não era apenas um reflexo falso e invertido da realidade, mas a representação, a expressão mimética da economia em sua cultura, cuja análise poderia revelar aspectos esclarecedores inerentes à relação social entre os seres humanos no interior do sistema capitalista. Olgária Matos, em seu artigo "Aufklärung na metrópole: Paris e a Via Láctea", afirmou:

> A importância das fantasmagorias na obra das *Passagens* deve-se à maneira como Benjamin reflete sobre as questões de ideologia, associando à visão de Marx e Baudelaire a de Freud. Fantasmagorias dizem respeito à atividade psíquica não racional, em afinidade com os conteúdos inconscientes. (Matos, 2007, p.1129)

Podemos concluir que a fantasmagoria possuía uma função metodológica chave no interior do projeto das *Passagens* – livrar a análise marxista de sua valorização esmagadora das formas racionais de representação. É o que bem expressou Jacques Leehardt, em sua obra *Les passages comme forme de expérience: Benjamin face a Aragon*, com a conceituação da noção de fantasmagoria para Benjamin:

> Portanto, as *fantasmagorias*, categorias benjaminianas que se equivalem ao fetiche da mercadoria de Marx, como imagens produzidas socialmente, funcionam como imagens de desejo coletivo. Este inconsciente coletivo corresponderia a um correlato, na ordem da imaginação, da reificação no sistema de mercadorias. (Leenhardt apud Pesavento, 1997, p.36)

Benjamin definia as fantasmagorias como mistificações que assumiam a aparência das "imagens de desejo com as quais o coletivo procurava tanto superar quanto transfigurar as imperfeições do produto social bem como as deficiências da ordem social de produção" (Benjamin, 2007a, p.41). Elas eram fruto da interação entre o moderno e o antigo, entre o novo e o sempre igual acumulado pela experiência destas sociedades em seu inconsciente coletivo – "resultado das ambiguidades próprias das relações sociais e dos produtos dessa época" (Benjamin, 2007a, p.48). A fantasmagoria expressa uma repetição cíclica, o eterno retorno do mesmo, mascarados ilusoriamente como novidade reapresentada infatigavelmente pela moda, sua agente infatigável. A procura pelo novo surge a partir da aversão que a sociedade moderna tem de tudo aquilo que se tornou antiquado, de tudo aquilo que lembra o passado recente. É claramente a expressão cultural da economia capitalista, na qual tem lugar um vertiginoso processo de avanço dos meios de produção, cuja consequência é a obsolescência crescente dos produtos criados no interior deste sistema econômico.

É por meio destas fantasmagorias que a burguesia não apenas saboreia sua falsa consciência como também a impõem ao resto da sociedade. O resultado é um mundo dominado pelas fantasmagorias da modernidade, regido pela temporalidade capitalista da repetição infernal, cuja pesaroso passar acumula-se, com toda sua monotonia melancólica, no trabalho e no consumo dos indivíduos. De acordo com Benjamin (2007a, p.54), "tudo o que poderá esperar de novo revelar-se-á como uma realidade desde sempre presente; e este novo será tão pouco capaz de lhe proporcionar uma solução libertadora, quanto uma nova moda é capaz de renovar a sociedade".

Para Benjamin (2007a, p.53), as novas formas de vida e novas criações de base técnica e econômica surgidas durante o século XIX entraram no universo de uma fantasmagoria não apenas por uma transposição ideológica, mas também na imediatez da presença sensível. Ou seja, a mercantilização capitalista produziu a assimilação destas fantasmagorias à própria vivência dos indivíduos, que não apenas sentem e sonham as fantasmagorias como realidade, mas as convertem na própria realidade. Este foi o papel das Exposições Universais ao longo do século XIX e XX – transfigurar por meio das fantasmagorias o inferno da exploração do homem pelo homem em redenção apoteótica da humanidade pelo trabalho.

Em *Paris, capital do século XIX*, Benjamin denuncia as Exposições Universais como locais não apenas de culto ao fetiche mercadoria, mas também como portais para o mundo fantasmagórico da modernidade:

> Elas dão acesso a uma fantasmagoria onde o homem entra para se distrair. No interior das diversões, às quais o indivíduo se entrega, no quadro da indústria do entretenimento, resta constantemente um elemento que compõe uma massa compacta. Essa massa se deleita nos parques de diversões com montanhas russas, os "cavalos mecânicos", os "bichos-da-seda", numa atitude claramente reacionária. (Benjamin, 2007a, p.57)

Nas Exposições, a própria diversão tornava-se mercadoria, inaugurando uma fantasmagoria a cuja manipulação as multidões abandonavam-se para desfrutar de sua própria alienação. Preferiam a transfiguração da realidade que a fantasmagoria empreendia, ao aceitar as ideias e imagens que sugeria - a solidariedade entre as nações e a harmonia entre as classes, a crença no progresso ilimitado e a confiança nas potencialidades do homem no controle da natureza, a mecanização da produção enquanto redenção do trabalhador. Aceitavam reacionariamente o ocultamento que as fantasmagorias realizavam sobre as características do modo de produção capitalista, onde o indivíduo torna-se apartado da comunidade, a riqueza é simultânea à pobreza esmagadora, as leis econômicas triunfam sobre as éticas, a produção – não o homem – é o objetivo da economia, as mercadorias governam seus criadores, compreendendo essas situações contraditórias como superadas ou às vésperas de serem superadas.

Com as Exposições Universais e suas fantasmagorias, temos a impressão que o "universo se repete sem fim e patina no mesmo lugar. A eternidade apresenta imperturbavelmente no infinito o mesmo espetáculo" (Blanqui apud Benjamin, 2007a, p.67). As sete Exposition Universelle de Paris, realizadas todas no mesmo lugar, exibindo um retorno sempre-igual de "novidades diferentes", nos lembra do poema de Charles Baudelaire, "Os sete velhos". Benjamin afirmava que o poema tratava do aparecimento sete vezes reiterado de um velho de aspecto repugnante. Esse velho, representado em sua multiplicação como sempre o mesmo, testemunha a angústia do cidadão que, mesmo reparando na expressão singular de cada um dos idosos que a ele se apresentam, observa não mais poder romper com o círculo mágico estabelecido. Baudelaire classifica esta procissão dos velhos como infernal (Benjamin, 2007a, p.62). Nós também temos dificuldades tanto em romper este círculo das exposições, posto que o novo que elas ofereceram não passava de uma fantasmagoria do sempre-igual. Também testemunhamos, com as Exposições parisienses, uma procissão infernal. Nenhum desses eventos nos soube responder, por meio das novas técnicas, produtos e ciências que exibiam, com uma nova ordem social. Mas não podemos nos esquecer de que as exposições foram apenas uma face dentre diversas outras para a exibição universal da civilização burguesa – face esta que ao tornar-se antiquada é substituída por uma nova. Ou seja, a história dos espectadores das Exposições Universais do século XIX e XX também fala de nós no tempo presente, pois, como Benjamin afirmou, a humanidade estará condenada a sofrer de uma angústia mítica enquanto a fantasmagoria ocupar um lugar nela (Benjamin, 2007a, p.54).

# II

# PASSAGENS, TEORIA DA HISTÓRIA E REVOLUÇÃO

– 7 –

# A CIDADE, LUGAR ESTRATÉGICO DO ENFRENTAMENTO DAS CLASSES. INSURREIÇÕES, BARRICADAS E HAUSSMANNIZAÇÃO DE PARIS NAS *PASSAGENS*, DE WALTER BENJAMIN[1]

*Michael Löwy*[2]

## INTRODUÇÃO

O espaço urbano como lugar do combate entre as classes: eis aqui um aspecto muitas vezes negligenciado pelos trabalhos eruditos sobre o tema da cidade nas *Passagens*. No entanto, aquele ocupa um lugar privilegiado nesse projeto inconcluso.

O tratamento do tema por Walter Benjamin é inseparável de seu método historiográfico, que poderíamos tentar definir, provisoriamente, como uma variante herética do materialismo histórico, fundada sobre dois eixos essenciais (entre outros): a) uma atenção sistemática e preocupada com o enfrentamento das classes a partir do ponto de vista dos vencidos – em detrimento de outros *topoi* clássicos do marxismo, como a contradição entre forças e relações de produção, ou a determinação da superestrutura

1 "La ville, lieu strategique de l'affrontement des classes. Insurrections, barricades et Haussmannisation de Paris dans le *Passagenwerk* de Walter Benjamin". Trad. Artur S. Bez. Traduzido e publicado por gentil autorização do autor.

2 Diretor de investigação no CNRS; professor na EHESS. Suas obras foram publicadas em 24 idiomas; entre elas se encontram *Redenção e utopia* (1998), *Walter Benjamin: alarme de incêndio. Uma leitura das teses "Sobre o conceito de história"* (2001) e *A teoria da revolução no jovem Marx* (ed. castellana em preparação nas Edições Herramienta). Membro do conselho--acessor da revista *Herramienta*.

pela infraestrutura econômica; b) a crítica radical da ideologia do progresso sob sua forma burguesa, mas também em seus prolongamentos na cultura política da esquerda.

A cidade mencionada nas *Passagens* é, como sabemos, "a capital do século XIX". É preciso acrescentar que também se trata da capital revolucionária do século XIX. É, em outras palavras, aquilo que havia escrito Friedrich Engels num artigo de 1889 citado por Benjamin, que sem dúvida compartilha desta opinião: "Somente a França tem Paris, uma cidade onde [...] convergem todas as fibras nervosas da história europeia e de onde partem a intervalos regulares os impulsos elétricos que fazem tremer o mundo todo [...]" (GS V, p.860).

Seguirei neste ensaio uma ordem cronológica: 1) insurreições e combates de barricadas (1830-1848); 2) a haussmannização de Paris como "embelezamento estratégico" (1860-1870); e 3) a Comuna de Paris (1871). Trata-se de um material tomado de três capítulos da *Passagenwerk*: "Movimento social", "Haussmannização, combate de barricadas" e "A Comuna".

Como sabemos, as *Passagens* têm um estatuto que permanece ainda enigmático: trata-se de um conjunto de materiais classificados visando a redação de uma obra? Ou de um *collage* de citações como novo método de exposição? A menos que se trate de uma mescla de ambos... Em todo caso, lida com documentos de natureza muito heterogênea. É possível distinguir as seguintes categorias:

- comentários de Walter Benjamin (sem dúvida, a fonte mais importante para captar o movimento de seu pensamento);
- citações precedidas ou seguidas de um comentário que as ilumina;
- citações de autores marxistas ou socialistas, cujas opiniões pode-se supor que Benjamin compartilha (ainda que...)
- citações de trabalhos de historiadores, que servem para pôr em evidência um aspecto em particular dos acontecimentos;
- citações de autores reacionários, que ilustram a atitude das camadas dominantes; seu uso por Benjamin é frequentemente tingido de ironia.

Nem sempre é fácil compreender por que o autor desta enorme compilação escolheu tal ou qual citação. A localização de certos documentos em sua argumentação é misteriosa, certos detalhes parecem desinteressantes e se é obrigado a livrar-se de conjecturas, sem poder, em todos os casos, decidir-se por alguma. No entanto, no conjunto, as peças do quebra-cabeça adquirem seu lugar, e é possível reconstituir, nesses três capítulos, o discurso de Benjamin e seu objeto: a cidade (Paris) como lugar estratégico do conflito entre as classes; no século XIX, mas com ecos, muitas vezes implícitos, na conjuntura da Europa dos anos 1930.

## INSURREIÇÃO E COMBATES DE BARRICADAS (1830-1848)

O material que aqui será tratado provém de dois capítulos do livro: "Movimento social" e "Haussmannização e combates de barricadas".

O primeiro aspecto que surpreende é o interesse, inclusive a fascinação de Benjamin pelas barricadas. Elas aparecem, no decurso das citações e dos comentários, como a expressão material e visível, no espaço urbano, da revolta dos oprimidos no século XIX, da luta de classes a partir da perspectiva das camadas subalternas. A barricada é sinônimo de levante popular, muitas vezes derrotado, e de interrupção revolucionária do curso ordinário das coisas, inscrita na memória popular, na história da cidade, de suas ruas e vielas. A barricada ilustra a utilização, pelos dominados, da geografia urbana na sua materialidade: a estreiteza das ruas, a altura das casas, o paralelepípedo das vias. É também, para os insurgentes, um momento encantado, uma iluminação profana que apresenta ao opressor a cara de Medusa da revolta "em meio a relâmpagos vermelhos" e que brilha, de acordo com um poema do blanquista Tridon, "no relâmpago e na insurreição" (GS V, p.866, 879). Por último, é uma espécie de lugar utópico que antecipa as relações sociais do futuro: assim, de acordo com uma formulação de Fourier citada por Benjamin, a construção de uma barricada é um exemplo de "trabalho apaixonado" (GS V, p.202).

A curiosidade de Benjamin pelos detalhes da construção das barricadas é ilimitada. Toma nota do número de paralelepípedos – 8.125.000 para erigir as 4.054 barricadas das "Troix Glorieuses" de 1830 (GS V, p.199) –, da utilização de ônibus (carruagens puxadas por cavalos) tombados para fortalecê-las (GS V, p.184, 191), do nome dos construtores – Napoleão Gaillard planificou a poderosa barricada rua Royale em 1871 (GS V, p.205) –, de sua altura – em 1848 muitas alcançavam a altura de um primeiro andar (GS V, p.166) –, da aparição da bandeira vermelha em 1832 (GS II, p.870) etc. Registra assim mesmo os métodos pouco ortodoxos do combate popular ao redor das barricadas: por exemplo, o lançamento pelas janelas, sobre a cabeça dos militares, de móveis ou de paralelepípedos (GS V, p.199). Diria-se que se tentava, através destes detalhes, produzir uma imagem, a mais precisa possível, da barricada como lugar material, espaço urbano construído e símbolo poderoso de Paris como capital revolucionária do século XIX.

E, sobretudo, se interessa pelo papel das mulheres nos combates de barricadas: as vê derramar óleo fervente ou água abrasadora sobre os soldados; as "sulfatosas" os encharcavam com ácido sulfúrico, enquanto outras fabricavam pólvora (GS V, p.856-7). Em julho de 1830, uma jovem se vestiu com roupas masculinas para lutar ao lado dos homens: será transportada triunfalmente pelos artilheiros insurgentes (GS V, p.869). Fala-se, mesmo assim, dos Batalhões de Mulheres, de Eugénie Niboyet e das "Vesuvianas". Dada a falta de comentários, só se pode supor que Benjamin registra a transgressão, por parte das mulheres insurgentes, do papel social que lhes é imposto pelo patriarcado.

Resta ainda a questão da eficácia insurrecional da barricada. Benjamin cita a opinião de um historiador sobre a sublevação vitoriosa de julho de 1830: "As ruas Saint-Denis e Saint Martin são... a benção dos amotinados [...] Um punhado de insurgentes atrás de uma barricada mantinha um regimento à distância" (GS V, p.191-2).[3]

A opinião de Friedrich Engels – autor de uma peça em um ato que representava um combate de rua com barricadas em um pequeno Estado alemão, coroado pelo triunfo dos republicanos (GS V, p.202) – é, contudo, mais sóbrio: o efeito das barricadas é mais moral que material; elas são, sobretudo, um meio para abalar a firmeza dos soldados (GS V, p.182).

As duas opiniões não são contraditórias e, à falta de um comentário explícito de Benjamin, poder-se-ia supor que ele as considera complementares. Deve-se acrescentar que a barricada não era o único meio de luta insurrecional. Blanqui – um personagem que aparece com frequência nas notas de Benjamin– e seus camaradas da "Sociedade das Estações", preferiam formas de combate de rua mais ofensivas, mais próximas à "manobra" revolucionária. Desta forma, em 12 de maio de 1839, havia concentrado mil homens entre a rua Saint-Denis e a rua Saint-Martin, pensando "aproveitar-se do conhecimento insuficiente do traçado das ruas de Paris por parte das novas tropas" (GS V, p.203).[4]

A atenção de Benjamin não se fixa unicamente nos insurgentes, mas também no comportamento do adversário no enfrentamento implacável das classes – os poderosos, os governantes. Depois dos levantes de 1830, 1831 e 1832, o poder – Luis Felipe, a Monarquia de Julho – planeja construir fortes nos bairros "sensíveis". O republicano Arago denuncia, em 1833, este "embastilhamento de Paris": "todos os fortes projetados teriam efeito sobre os bairros mais populares da capital... Dois dos fortes, os de Italie e de Passy, bastariam para incendiar inteiramente a margem esquerda do Sena" (GS V, p.202). O mesmo Blanqui denuncia também, em 1850, estas primeiras tentativas de militarização urbana de Paris, expostas por um certo M. de Havrincourt: de acordo com esta teoria estratégica da guerra civil, não

3 Citação de Dubech D'Espezel, *Histoire de Paris*, 1926.
4 Trata-se de uma passagem da biografia de Blanqui por G. Geffroy, uma fonte frequentemente citada por Benjamin.

se deveria deixar que as tropas permanecessem nos focos de insurreição, mas construir fortes e manter os soldados em guarnição, ao resguardo do contágio popular (GS V, p.205).

Polícia e exército cooperam na repressão de levantes populares: como recorda Hugo em *Os miseráveis*, em junho de 1832, os agentes da primeira, sob as ordens do prefeito Gisquet, vasculharam as redes de esgoto em busca dos últimos vencidos da insurreição republicana, enquanto as tropas do general Bugeaud conferiam a Paris pública (GS V, p.874). Benjamin também ressalta a utilização, pela primeira vez na repressão da insurreição de junho de 1848, da artilharia no combate de rua (GS V, p.202).

Os excertos e comentários de Benjamin para este primeiro período oferecem um quadro de Paris como lugar de motim, de efervescência popular, de sublevações frequentes, às vezes vitoriosas (julho de 1830, fevereiro de 1848); porém, cujas vitórias são confiscadas pela burguesia, com a consequência de que se suscitam novas insurreições (junho de 1832, junho de 1848), esmagadas com sangue. Cada classe tenta utilizar, e modificar, o espaço urbano para seu proveito. Vê-se esboçar, em filigrana, uma tradição dos oprimidos, da qual a barricada é a expressão material visível.

## HAUSSMANNIZAÇÃO: A RESPOSTA DOS PODEROSOS (1860-1870)

A haussmannização de Paris – isto é, os trabalhos de edificação de grandes bulevares "estratégicos" no centro urbano e a destruição dos "bairros habituais de motim", levados a cabo pelo barão Haussmann, prefeito de Paris à época de Napoleão III – constitui a resposta das classes dominantes à repetição insuportável das insurreições populares e a seu método de luta preferido, a barricada.

Apresentada como uma operação de embelezamento, renovação e modernização da cidade, ela é, aos olhos de Benjamin, um exemplo paradigmático do caráter perfeitamente mistificador da ideologia burguesa do progresso. O mesmo se aplica a outro argumento utilizado para justificar os trabalhos: a higiene, a demolição dos bairros "insalubres", "a ventilação" do centro de Paris. Em alguns de seus apologistas, citados por Georges Laronze, biógrafo do barão Haussmann (1932), o argumento higiênico e o estratégico estão estreitamente associados: as novas artérias participariam "no combate empreendido contra a miséria e a revolução; seriam vias estratégicas, que perfuram os focos de epidemia e permitem, com a vinda de um ar vivificador, a chegada da força armada, conectando [...] os quartéis aos subúrbios" (GS V, p.188).

A obra modernizadora de Haussmann suscitava admiradores ainda no século XX, como o autor de um trabalho sobre Paris surgido em Berlim em 1929, um certo Fritz Stahl, que Benjamin cita com alguma ironia: o prefeito de Paris, segundo este apelo entusiasta, foi "o único urbanista genial da época moderna, que também criou indiretamente todas as grandes cidades americanas [...] Somente através disso podem suas ruas cumprir essa função de converter a cidade numa unidade manifesta. Não, ele não destruiu Paris, mas a completou" (GS V, p.210).

Convencido do contrário, o autor das *Passagens* coleciona citações que denunciam, em todos os tons, o caráter profundamente destruidor dos trabalhos empreendidos por Haussmann – que, por sua vez, não hesitava em se autoproclamar, com grande satisfação, um "artista-demolidor" (GS V, p.188). Os comentários de Benjamin com relação a esse aspecto são totalmente explícitos: o barão Haussmann "atacou a cidade de sonho que Paris ainda era em 1860" (GS V, p.187); cita extensamente a obra *Paris nouveau et Paris futur* [Paris nova e Paris futura], de um certo Victor Fournel, que dá "uma ideia da amplitude das destruições provocadas por Haussmann"; ao arrasar com os edifícios antigos, dir-se-ia que o "artista-demolidor" buscava apagar a memória histórica da cidade: de acordo com Fournel, "a Paris moderna é um arrivista que não quer encontrar mais que a si mesmo, e que arrasa com os velhos palácios e as velhas igrejas para edificar, em seu lugar, belas casas brancas, com ornamentos em estuque e estátuas em papel machê" (GS V, p.207-8). No que Benjamin designa como "sua notável exposição dos crimes de Haussmann", Fournel descreve a Paris antiga como um conjunto de pequenas cidades, cada uma com sua singularidade: "É isto o que está em processo de eliminação... ao traçar por toda parte a mesma rua geométrica e retilínea, que prolonga, em uma perspectiva de uma légua, suas fileiras de casas, sempre as mesmas" (GS V, p.207). O mesmo parecer é compartilhado por outro autor bastante citado nesse contexto, Dubech D'Espezel: "Paris deixou para sempre de ser um conglomerado de pequenas cidades com sua fisionomia, sua vida, onde se nascia, se morria, onde se amava viver [...]" (GS V, p.189).

Dir-se-ia que Benjamin retoma, a propósito da haussmannização de Paris, uma de suas críticas fundamentais à Modernidade capitalista: seu caráter homogeneizador, sua repetição infinita do mesmo sob a aparência da "novidade", sua aniquilação da experiência coletiva e da memória do passado. Esse é o sentido desta outra citação de Dubech D'Espezel: o primeiro traço que impressiona na obra do prefeito de Paris é "o desprezo pela experiência histórica... Haussmann desenha uma cidade artificial, como no Canadá ou no Far West..."; as vias que construiu "são aberturas surpreendentes, que partem de não importa onde para não desembocar em parte alguma, derrubando tudo em seu caminho" (GS V, p.193). Sob o ponto de vista humano, a principal consequência desta modernização imperial é – de acordo com vários comentadores, entre eles, o urbanista Le Corbusier (GS V, p.184) – a desertificação de Paris, transformada numa cidade "desolada e monótona" onde "a solidão, a antiga deusa dos desertos" virá se instalar (GS V, p.190).[5]

Não obstante, a obra do "artista-demolidor" não produziu somente infelizes: para um punhado de privilegiados foi, graças à especulação imobiliária, um negócio excelente. É o aspecto financeiro, mercantil e certamente capitalista da haussmannização o que Benjamin documenta mediante uma multiplicidade de referências. Entre os beneficiados, o entorno do prefeito: uma lenda, citada por D'Espezel, atribui a mme. Haussmann esta reflexão ingênua: "é curioso, cada vez que compramos um imóvel, passa por aí um boulevard" (GS V, p.192).

Admito não compreender, em todos os casos, a função de tal ou qual citação. Por exemplo, que interesse apresenta a desgraçada tentativa de um humilde carvoeiro de obter uma grande indenização por seu barraco, através de um contrato falsificado, retroativo em vários anos? (GS V, p.201). Qual é o sentido, para Benjamin, do seguinte comentário de Victor Fournel: "Les Halles, de acordo com a opinião universal, constituem o edifício mais incontestável construído nos últimos doze anos... Há ali uma dessas harmonias lógicas que satisfazem o espírito pela evidência de sua significação"? (GS V, p.208). Ao comentar o livro *Urbanisme* [Urbanismo] de Le Corbusier, Benjamin define como "muito importante" o capítulo que descreve "os diferentes tipos de pás, picaretas, carrinhos de mão etc.", utilizados pelo prefeito de Paris (GS V, p.184). Por que isto seria tão importante?

Questões desse tipo são inevitáveis no estudo de um projeto inacabado como as *Passagens*; prestam-se a um número infinito de hipóteses e interpretações. Porém, a problemática fundamental destas três seções não é menos claramente legível.

Um de seus aspectos mais importantes concerne à natureza política da obra do barão Haussmann, como expressão – *Ausdruck*: um dos termos favoritos de Benjamin – do caráter autoritário e arbitrário do poder; isto é, do Segundo Império de Luis Napoleão Bonaparte. Nos trabalhos do prefeito imperial "cada pedra leva o signo do poder despótico" (Julius Meyer, 1869, apud GS V, p.185): eles são, conforme afirma J. J. Honegger numa obra de 1874, "a representação perfeitamente adequada dos princípios de governo do império absolutista", e de seu "ódio fundamental a todas as individualidades"

5 Segundo uma obra anônima, *Paris désert. Lamentations d'un Jérémie haussmannisé*, 1868.

(GS V, p.181). É a mesma opinião de quem encarna, aos olhos de Benjamin, a oposição mais radical a Napoleão III, August Blanqui: a haussmannização de Paris – "um dos grandes flagelos do Segundo Império"– é o produto das "fantasias assassinas do absolutismo"; por sua "grandeza homicida", recorda os trabalhos dos faraós do Egito (as "cem pirâmides de Keops") ou dos imperadores romanos da decadência (GS V, p.205).[6]

Esta dimensão política da urbanização imperial é tão importante para Benjamin quanto o Segundo Império, por seu autoritarismo ilimitado, sua personificação bonapartista do poder, sua manipulação das massas, a opulência grandiloquente de seus rituais e de sua arquitetura e seus laços íntimos com "tudo que é relacionado com a fraude e o engano"[7] (GS V, p.196); não faltam afinidades com o "Terceiro Império" hitleriano; certamente, não com os campos de extermínio da Segunda Guerra Mundial, mas com os primeiros anos do regime (1933-1936), tal como são descritos – e denunciados – por Bertolt Brecht em suas peças *Terror e miséria do Terceiro Reich* e *A resistível ascensão de Artur Ui*.

Em um dos comentários mais impactantes desse capítulo, Walter Benjamin parece resumir sua opinião, não somente sobre Haussmann e Napoleão III, mas sobre o poder das classes dominantes em geral: "Os poderosos querem manter sua posição através do sangue (a polícia), da astúcia (a moda), da magia (a opulência)" (GS V, p.194). Antes de abordar o capítulo concernente ao "sangue", algumas palavras sobre a opulência, que se expressa não somente na teatralidade monumental das perspectivas haussmannianas, mas também nas cerimônias espetaculares organizadas pelo prefeito em homenagem a seu imperador. Isso vai desde a impressionante decoração dos Campos Elíseos – cento e vinte arcos vazados que repousam sobre uma fila dupla de colunas – para o aniversário de Louis Bonaparte (GS V, p.189), aos dois mil arcos do triunfo, flanqueados por cinquenta colossos à sua imagem, que recebem o imperador quando entra "ao galope dos cinquenta cavalos de sua carruagem" em Paris – fachada monumental que ilustra, de acordo com Arsène Houssaye em 1856, "a idolatria dos súditos pelo soberano" (GS V, p.199). A opulência imperial é também evocada em uma passagem surpreendente de Heinrich Mann (retirada de um ensaio de 1931) que consegue, em poucas palavras, descrever a quintessência do regime imperial e sua natureza de classe: "a especulação, a função vital mais importante deste

---

6 Não é possível, para mim, discutir, no âmbito deste artigo, as relações complexas do pensamento de Benjamin com a figura de Blanqui: sugiro a leitura do notável ensaio de Abensour (1986).

7 Segundo um artigo de Th. Schulte sobre Daumier, que apareceu na *Neue Zeit*, a revista dos socialistas alemães.

Império, o enriquecimento desenfreado, o disfrutar gigantesco, essas três coisas teatralmente glorificadas em exposições e festas que pouco a pouco recordaram a Babilônia; e ao lado destas deslumbrantes massas da apoteose, por trás delas... massas obscuras, que despertavam" (GS V, p.195-6).

Como neutralizar essas "massas obscuras, que despertavam"?

Se o objetivo primordial de Napoleão III, sua vocação política por excelência era, de acordo com Gisèle Freund,[8] "assegurar a 'ordem burguesa'" (GS V, p.191), esta questão era essencial: como quebrar a tradição rebelde do povo parisiense, como impedir-lhe de utilizar sua arma favorita, a barricada? A elegante solução encontrada foi, nas palavras do próprio prefeito de Paris, "penetrar esse bairro habitual das insurreições" (GS V, p.180). Um autor reacionário, Paul-Ernest de Rattier – para quem "nada é mais inútil e mais imoral que uma insurreição" – já evocava, em 1857, a imagem ideal de uma Paris modernizada, onde um sistema de vias de comunicação "enlaça geometricamente e paralelamente todas as artérias da falsa Paris a um único coração, o coração das Tulherias", constituindo assim "um admirável método de defesa e de manutenção da ordem" (GS II, p.198).

Nesse ponto, toca-se no aspecto mais importante da haussmannização: seu caráter de "embelezamento estratégico" (a expressão data dos anos 1860). O "fato estratégico" orienta, constata D'Espezel, "a estripação da antiga capital" (GS V, p.157). Contudo, é Friedrich Engels quem melhor resume a aposta político-militar dos trabalhos de Haussmann: se trata, escreve, da "maneira especificamente bonapartista do parisiense Haussmann de abrir ruas compridas, retas e largas, através dos bairros operários de ruas estreitas", com o objetivo estratégico de tornar "mais difíceis... os combates de barricadas" (GS V, p.167-8). Os bulevares retilíneos tinham, entre outras, a grande vantagem de permitir a utilização do canhão contra eventuais insurgentes; uma situação profeticamente evocada em uma frase de Pierre Dupont em 1849, colocada por Benjamin como epígrafe do capítulo sobre a haussmannização: "as capitais palpitantes se abrem a tiros de canhões" (GS V, p.179).

Em resumo, os "embelezamentos estratégicos" do barão Haussmann eram um método racionalmente planificado de sufocar, antes que pudessem se desenvolver, toda tentativa de revolta; e – se esta acontecia apesar de tudo – de esmagá-la eficazmente fazendo uso do último recurso dos poderosos, segundo Benjamin: o sangue... Como escreveu o próprio Benjamin em "Paris, capital do século XIX" (1935), que se pode considerar uma espécie de introdução às *Passagens*:

8 Fotógrafa e historiadora marxista da fotografia, amiga próxima de Walter Benjamin.

> A eficácia de Haussmann se encaixava no imperialismo napoleônico. Este favorece o capital financeiro. [...] A verdadeira finalidade dos trabalhos haussmannianos era assegurar a cidade contra a guerra civil. Queria impossibilitar em qualquer futuro o levantamento de barricadas em Paris. [...] A largura das ruas fará impossível sua edificação e ruas novas estabelecerão o caminho mais curto entre os quartéis e os bairros operários. (Benjamin, 1998, p.187-8)

As referências à atualidade dos anos 1930 são raras nas *Passagens*. Eis aqui uma das mais impactantes: "A obra de Haussmann está hoje realizada, como mostra a guerra na Espanha, com meios totalmente diferentes" (GS V, p.208). Benjamin se refere sem dúvida à aniquilação, sob as bombas da Luftwaffe, da cidade basca de Guernica, assim como de outros bairros populares de Madri. Os bombardeios aéreos seriam uma forma moderna do "embelezamento estratégico" inventado pelo prefeito de Paris? Há, evidentemente, uma espécie de amarga ironia na observação de Benjamin. A analogia que ele esboça se refere, provavelmente, a dois aspectos essenciais da haussmannização: a destruição de bairros inteiros e a aniquilação preventiva dos "focos de insurreição".

Contudo, não penso que o autor das *Passagens* tenha almejado estabelecer uma identidade entre esses dois acontecimentos de natureza radicalmente diferente, e menos ainda uma genealogia histórica. Sua pequena observação esboça, sobretudo, um tipo de constelação única entre duas modalidades, plenamente distintas, de "demolição estratégica" pelas classes dominantes, de destruição urbana como meio de manutenção da ordem e de neutralização das classes populares. Sua ironia também aponta, sem dúvida, contra a ideologia conformista do progresso: desde Haussmann, os poderosos "progrediram" consideravelmente no que diz respeito a seus meios de destruição e seus instrumentos técnicos a serviço da guerra civil. Quem pode negar a superioridade dos bombardeiros da Luftwaffe hitleriana sobre as humildes picaretas e pás do prefeito de Napoleão III?

Como responderam os revolucionários parisienses dos anos 1860 – antes da Comuna de Paris – ao desafio da haussmannização? Que resposta encontraram à modernização imperial da cidade? De fato, pouquíssimas tentativas de levantes tiveram lugar durante o Segundo Império. Benjamin menciona uma só, a organizada por Auguste Blanqui em 1870: "Para o golpe de agosto de 1870, Blanqui havia posto 300 revólveres e 400 punhais à disposição dos trabalhadores. É característico das formas de combate de rua nesta época que aqueles prefiram os punhais aos revólveres" (GS V, p.204). Como interpretar esse comentário enigmático? Pode se supor que Benjamin se limita a constatar a preferência dos insurgentes blanquistas por métodos de combate "corpo a corpo", próximos ao uso cotidiano da faca como instrumento de trabalho ou meio de defesa. Porém é mais provável que sua observação tenha uma conotação crítica, ao pôr em evidência o "atraso técnico" dos revolucionários, e a desproporção flagrante entre seu instrumento de combate favorito, o punhal, e aqueles dos quais dispunham as forças da ordem: os fuzis e os canhões...

## A COMUNA DE PARIS (1871)

Este capítulo das *Passagens* é muito mais breve que os dois anteriores: 6 páginas somente (contra 25 e 26). É marcado com o selo de certa ambivalência do autor para com a Comuna de 1871.

Tomemos a questão capital da relação entre a Comuna e a Revolução Francesa. Benjamin observa que "a Comuna tinha absolutamente o sentimento de ser a herdeira de 1793" (GS V, p.950); isso se traduz inclusive na geografia urbana dos combates, impregnada de memória histórica, posto que "um dos últimos centros de resistência da Comuna" foi "a praça da Bastilha" (GS V, p.952). O autor das *Passagens* poderia ter tratado desta relação intensa do povo insurgente de Paris em sua tradição revolucionária como um exemplo impressionante do "salto de tigre ao passado", no momento de perigo, que caracteriza as revoluções, de acordo com as *Teses sobre o conceito de história* (1940). A Comuna poderia ter sido, a partir desse ponto de vista, um caso de figura muito mais atrativa que a Revolução de 1789, que buscava sua inspiração – equivocadamente, de acordo com Marx – na República romana (exemplo citado por Benjamin, sob uma luz favorável, nas *Teses* de 1940). No entanto, os diversos comentários sobre a Comuna citados por Benjamin sugerem mais uma distância crítica, confirmada por seus próprios comentários. Por exemplo, quando afirma que "Ibsen enxerga mais longe que os chefes da Comuna na França", ao escrever para seu amigo Brandes em 20 de dezembro de 1870: "Aquilo que vivemos hoje não são mais que migalhas da mesa da Revolução do século anterior [...]" (GS V, p.954).

Mais explícita e mais severa ainda é a opinião do marxista alemão – e biógrafo de Marx – Franz Mehring, em seu artigo "À memória da Comuna de París", publicado no *Die Neue Zeit* em 1896: "As últimas tradições da velha lenda revolucionária se afundaram para sempre com a caída da Comuna [...] Na história da Comuna os gérmens desta revolução [a proletária] são todavia sufocados pelas plantas trepadeiras que, tendo partido da revolução burguesa do século XVIII, invadiram o movimento operário revolucionário do século XIX" (GS V, p.949). Como Benjamin não comenta esse texto, não é possível saber se partilha efetivamente esse julgamento, mas sua observação a respeito da clarividência de Ibsen caminha no mesmo sentido.[9]

O que menos se pode dizer é que a opinião de Mehring é totalmente contraditória com o que Marx escreveu em seu célebre texto de 1871, *A guerra civil na França*, sobre a Comuna, apresentada mais como a anunciadora das revoluções futuras. No entanto, Benjamin não só não cita uma única vez esse documento "clássico" do marxismo – sumamente valorizado por Lênin –, como prefere se referir a uma observação tardia de Engels em uma conversa com Bernstein em 1884, na qual, sem criticar explicitamente o documento de Marx, o apresenta como um exagero "legítimo e necessário", "dadas as circunstâncias". Até o final, Engels insiste sobre o predomínio dos blanquistas e proudhonianos entre os atores da insurreição, não sendo estes últimos "nem partidários da revolução social", nem "a fortiori, marxistas" (GS V, p.954) – um juízo que, seja dito entre parênteses, é, em sua primeira parte, injusto (por acaso o proudhoniano Varlin não era um "partidário da revolução social"?) e, na segunda, anacrônico (não havia marxistas em 1871!).

Em todo caso, Benjamin parece compartilhar da opinião negativa de Engels sobre Proudhon e seus discípulos: "as ilusões das quais a Comuna era ainda vítima encontram uma expressão impactante na fórmula de Proudhon, seu chamado à burguesia: 'Salvem o povo, salvem-se vocês mesmos, como o faziam seus pais, através da Revolução'" (GS V, p.952). E em outro comentário, observa: "Foi o proudhoniano Beslay que, como delegado da Comuna, se deixou convencer [...] de não tocar nos dois mil [do Banco da França] [...] Ele conseguiu impor seu ponto de vista graças à ajuda dos proudhonianos do Conselho" (GS V, p.955). A não expropriação do Banco foi, como se sabe, uma das principais reservas expressadas por Marx na relação com a prática dos comunardos. Contudo, as críticas de Benjamin são ao menos discutíveis: o chamado de Proudhon à burguesia ("Salvem o povo") pode ser verdadeiramente considerado como representativo das ideias da Comuna?

Essa questão é também evocada no ensaio de 1935, *Paris, capital do século XIX*:

> Assim como o *Manifesto Comunista* termina com a época dos conspiradores profissionais, a Comuna acaba com a fantasmagoria que domina o período incial do proletariado. Graças a ela se dissipa a aparência de que a revolução proletária

9 Benjamin cita também um comentário dos historiadores A. Malet y P. Grillet que reforça essa leitura crítica: a maioria dos eleitos da Comuna eram "democratas jacobinos da tradição de 1793" (GS V, p.951).

> tenha como tarefa consumar de mãos dadas com a burguesia a obra de 1789. Esta ilusão domina o tempo que vai desde 1831 a 1871, desde o levante de Lyon até a Comuna. A burguesia jamais participou deste erro. (Benjamin, 1998, p.188-9)

A formulação é ambígua e poderia, com rigor, ser lida como um elogio à Comuna, comparável, por seu papel desmitificador, com o *Manifesto* de Marx e Engels. Porém, a passagem pode também ser interpretada como uma condenação, não sendo a Comuna senão o último episódio dessa "fantasmagoria". As citações das *Passagens* reforçariam melhor essa segunda leitura.

Como explicar esta distância, esta ambivalência de Benjamin a respeito da Comuna e suas críticas insistentes à herança de 1793? Poder-se-ia tentar situar sua atitude em um determinado contexto histórico: a conjuntura política da França de meados da década de 1930. As duas citações mais extensas do capítulo sobre a Comuna datam de abril de 1935 e de maio de 1936: podemos, então, supor que uma parte – ou inclusive a maior parte – dos materiais foram reunidos no decorrer dos anos 1935-1936, os anos da Frente Popular. Então, a estratégia do Partido Comunista Francês consistia, desde 1935, em constituir uma coalizão com a burguesia democrática – supostamente representada pelo Partido Radical – em nome de certos valores comuns: a Filosofia das Luzes, a República, os Princípios da Grande Revolução (1789-1793). Sabemos, por sua correspondência, que Benjamin alentava sérias reservas para com essa orientação da esquerda francesa.

É possível, pois, que as críticas de Benjamin às ilusões da Comuna – representadas, segundo ele, pelo chamado de Proudhon à burguesia, em nome da Revolução Francesa – constituam de fato um questionamento, certamente implícito e indireto, da política do PCF nessa época.

Não é mais que uma hipótese, é claro, mas que corresponde adequadamente à ideia que Benjamin faz de uma historiografia crítica, formulada a partir do ponto de vista do presente; um caminho frutífero, mas que não carece de problemas nem riscos de deformação.

Certamente existem também aspectos da Comuna que são apresentados, nesse breve capítulo, sob uma luz favorável. É o caso, particularmente, de uma passagem de Aragón – retirado de um artigo publicado no periódico *Commune* em abril de 1935 – que celebra, citando Rimbaud, as "Jeanne-Marie de los suburbios", cujas mãos

> Empalideceram, maravilhosas,
> ao grande sol, de amor carregado,
> sobre o bronze das mulheres com metralhadoras
> através da Paris insurgente... (GS V, p.950)

A participação feminina na Comuna é também evocada em outro parágrafo do mesmo texto de Aragón, que constata a presença, nas Assembleias da Comuna, frequentadas por poetas, escritores, pintores e cientistas, das "operárias de Paris" (GS V, p.951). Como se viu a propósito dos levantes populares dos anos 1830-1848, o papel revolucionário das mulheres é um dos aspectos importantes, para Benjamin, da "tradição dos oprimidos" em Paris. Para documentar este papel, não hesita em recorrer a documentos reacionários, como uma gravura que representa a Comuna como uma mulher que cavalga sobre uma hiena, deixando com seu rastro as chamas negras das casas que ardem (GS V, p.951).

Curiosamente, a questão das barricadas já não é mais abordada nessas notas sobre a Comuna. Em todo caso, para além dos silêncios e das ambiguidades, não há dúvida de que a guerra civil de 1871 representa também, aos olhos de Benjamin, um exemplo notável da cidade – Paris – como lugar do enfrentamento implacável entre as classes.

# – 8 –

# A METRÓPOLE COMO HIPERTEXTO: A ENSAÍSTICA CONSTELACIONAL NO PROJETO DAS *PASSAGENS*, DE WALTER BENJAMIN[1]

*Willi Bolle*[2]

A metáfora da "cidade-rede", central na peça *Mahagonny* (1929) de Bertolt Brecht, será empregada aqui para explicar o estilo de composição do Projeto das *Passagens* (1927-1940) de Walter Benjamin, que pode ser definido como uma ensaística reticular ou constelacional. Essa transferência metodológica não se fundamenta num ponto de vista genético-causal (no sentido de que o estilo de Benjamin teria sido influenciado por Brecht), mas numa afinidade eletiva estética. De fato, a ensaística desenvolvida por Benjamin para representar a metrópole pode ser caracterizada de modo adequado com a metáfora de uma escrita reticular (cf. *a world wide web*) ou constelacional (cf. as configurações inspiradas no espaço sideral).

1 Traduzido do alemão por Marlene Holzhausen. Uma primeira versão deste texto saiu em alemão na revista *German Politics and Society* (v.23, n.1, 2005, p.88-101), com o título "Die Metropole als Hypertext: Zur netzhaften Essayistik in Walter Benjamins 'Passagen--Projekt'", com base numa palestra apresentada no Simpósio Internacional "mahagonny.com", na Humboldt-Universität de Berlim, em junho de 2003. As observações e reflexões deste texto foram retomadas e ampliadas em meu posfácio à edição brasileira das *Passagens* (Bolle, 2006). A maioria das citações de Benjamin foram retiradas da edição *Gesammelte Schriften* [GS]. Para as *Gesammelte Briefe,* [GB], utilizou-se como tradução de referência para alguns textos a edição brasileira de Benjamin, *Obras escolhidas* v. II [OE II]: Rua de mão única (1994), traduzida por Rubens R. Torres Filho e José Carlos M. Barbosa. Há interpolações da tradutora nessa tradução de referência.

2 Professor titular de literatura da Universidade de São Paulo.

Os meios tradicionais de representação literária foram questionados radicalmente pelo fenômeno da metrópole moderna, como Benjamin mostrou em seu livro *Rua de mão única* (*Einbahnstraße*, 1928). Artistas e intelectuais de vanguarda dos anos 1920 e 1930 viam-se movidos a descobrir novas formas da escrita. Delas faz parte também o conceito benjaminiano de "uma escrita de trânsito e de transformação internacional" (*eine internationale Wandelschrift*), acompanhado de experimentos práticos como as "imagens de pensamento" (*Denkbilder*) e, como uma forma ainda mais radical, no campo intermediário entre escrita e imagem, de um sistema de siglas em cores, inventado pelo autor no final dos anos 1930.

Nas notas de Benjamin para a *Crônica berlinense* (*Berliner Chronik*, 1932) encontra-se um fragmento que pode ser considerado como texto fundador de sua ideia de retratar a metrópole moderna por meio de um sistema de siglas em cores:

> Quando eu estiver velho, gostaria de ter no meu corredor da minha casa
> Um mapa de Berlim
> Com uma legenda
> Pontos azuis designariam as ruas onde morei
> Pontos amarelos, os lugares onde moravam minhas namoradas
> Triângulos marrons, os túmulos
> Nos cemitérios de Berlim onde jazem os que me foram próximos
> E linhas pretas redesenhariam os caminhos
> No Zoológico ou no Tiergarten
> Que percorri conversando com as garotas
> E setas de todas as cores apontariam os lugares nos arredores
> Onde deliberava sobre as semanas berlinenses
> E muitos quadrados vermelhos marcariam os aposentos
> Do amor da mais baixa espécie ou do amor mais abrigado do vento. (GS VII, 2, 1989, p.714)[3]

O autor expressa aqui o desejo de produzir um mapa emocional da sua cidade natal. As formas e as cores que constituem esse mapa são descritas verbalmente. Alguns anos mais tarde, em 1938, ao planejar o seu livro-modelo das "Passagens parisienses", Benjamin retoma a ideia de um mapa semelhante, mas desta vez as cores e as formas são efetivamente desenhadas em vez de apenas nomeadas.

3 *"Wenn ich alt bin so soll im Flur bei mir/ Ein Pharusplan von Berlin hängen/ Mit einer Zeichenerklärung drunter/ Blaue Punkte die Strassen in denen ich wohnte/ Gelbe die Stellen wo meine Freundinnen wohnten/ Braune Dreiecke die die Gräber bezeichnen/ Wie auf den Berliner Friedhöfen die liegen die mir nah waren/ Und schwarze Linien die die Wege/ Im Zoo nachzeichnen oder im Tiergarten / Welche ich in Gesprächen mit Mädchen machte/ Und Pfeiler in allen Farben nach den Orten der Mark/ Wo über viel Berliner Wochen dann die Entscheidung fiel/ Und rote Quadrate zahlreiche die die Quartiere/ Der Liebe niedrigster Art bezeichnen oder der windstillsten Liebe."*

Os três mais importantes pressupostos teóricos da práxis benjaminiana de uma nova escrita da história serão aqui esquematizados de modo sucinto. Eles encontram-se formulados nas imagens de pensamento de *Rua de mão única*, um gênero literário que vive da tensão entre uma imagem ou *pictura* ilustrativa e uma legenda ou *scriptura* reflexiva.

1) Como alternativa para as "pretensões de poder das atividades caóticas na ciência e na economia", Benjamin desenvolve a visão de futuro de uma "escrita de trânsito e transformação internacional", que provoca uma "mudança de quantidade em qualidade". Criada por poetas, quer dizer por especialistas em escrita, trata-se de uma "escrita imagética" (*Bilderschrift*), com uma "figuralidade excêntrica", que anseia por "conteúdos objetivos adequados" e se orienta pelos elementos construtivos do "diagrama técnico e estatístico" (GS IV-1, 1972c, p.103 et seq. / OE II, p.27-9).
2) Numa situação em que a publicidade exibe sua poderosa superioridade sobre todas as demais formas de escrita, e particularmente em relação à crítica, "cuja hora há muito tempo já passou" (GS IV-1, 1972a, p.131 / OE II, p.44), Benjamin vê todavia uma possibilidade de discussão com essa "escrita da cidade"[4] onipresente e aparentemente todo-poderosa: a saber, por meio de uma "criação da crítica enquanto gênero",[5] como tentativa de uma reflexão que leve em conta as novas características dessa escrita.
3) Com a imagem de pensamento do obelisco na Place de la Concorde (GS IV-1, 1972b, p.112 / OE II, p.36), Benjamin retoma as reflexões de Georg Simmel sobre a "vida espiritual" das cidades grandes modernas (cf. Simmel, 1903). Em comparação com o faraó, o qual – enquanto representante de uma cultura que inventou a escrita – regula o "trânsito espiritual" na metrópole, os habitantes modernos da cidade grande aparecem no papel de iletrados. Como podem eles vencer "os enxames de gafanhotos de escrita, que já hoje em dia [lhes] obscurecem o sol do pretenso espírito?" Obviamente só através do "rigoroso aprendizado de [uma] nova forma" de escrita, da qual Benjamin se considerava um precursor, tanto com suas declarações teóricas quanto com suas iniciativas práticas.

Um experimento de escrita efetivamente "excêntrico" é o sistema de siglas em cores concebido por Benjamin no contexto de seu Projeto das

4 Sobre o conflito escritor *versus* "escrita da cidade", ver Bolle (1994, p.274-7).
5 "*Créer [la critique] comme genre*": assim descreve Benjamin a sua proposta em uma carta para Gershom Scholem em 20 de janeiro de 1930 (GB III, 1997, p.505).

*Passagens*. Em 1937, ao receber de Max Horkheimer a incumbência de escrever um "artigo materialista sobre Baudelaire,"[6] ele formulou, primeiro em segredo, um plano muito mais ambicioso, que era compor um "modelo muito exato do Trabalho das Passagens" na forma de um livro intitulado *Charles Baudelaire – um poeta lírico no auge do capitalismo* (*Charles Baudelaire – ein Lyriker im Zeitalter des Hochkapitalismus*).[7] Ora, devido ao fato de Horkheimer e Theodor Adorno terem recusado[8] a publicação da parte central do livro redigida por Benjamin, a obra permaneceu inacabada. Existe, contudo, a planta completa de construção deste livro, que foi redescoberta em 1981 na Bibliothèque Nationale, em Paris. Nessa planta,[9] composta ao todo por 86 páginas manuscritas e que representa o estágio mais avançado do Projeto das *Passagens*, Benjamin organiza a história social da cidade de Paris por ele planejada por meio de 30 *categorias construtivas* como, por exemplo, "Fisiognomia do inferno", "Antiguidade parisiense", "Mercado literário", "Novidade" etc. Estas categorias assumem uma função mais ativa do que a coletânea de *Notas e Materiais*, com seus 36 cadernos temáticos (*Konvolute*) como, por exemplo, "Passagens", "Moda", "Exposições", "História literária", "História econômica" etc. Aqui trata se do "fichário" (*Zettelkasten*) com mais de 4.000 fragmentos, que constitui a parte central da publicação organizada em 1982 por Rolf Tiedemann sob o título apócrifo "A obra das Passagens".[10]

As siglas em cores, que se encontram, por um lado, à margem de numerosos fragmentos da coletânea de materiais e anotações e, por outro, nas folhas da planta de construção, são em princípio signos de transferência (GS VII-2, 1989, p.736). Quer dizer, Benjamin examinou cuidadosamente os 4.234 fragmentos do seu fichário, todos localizáveis alfanumericamente, e selecionou 1.745 deles, ou seja, cerca de 41%, para o seu livro-modelo, indicando à margem destes fragmentos com uma sigla colorida a categoria construtiva na qual cada um deles deveria ser usado. A título de exemplificação reproduz-se aqui tal sigla (originalmente com uma faixa lilás vertical), a da categoria construtiva "melancolia" que, assim como as demais siglas, é constituída de uma imagem e de uma legenda:

6 Carta de Max Horkheimer para Walter Benjamin de 13 de abril de 1937 (GS V-2, 1972a, p.1158 et. seq.).

7 Cf. Carta de Benjamin para Scholem de 8 de julho de 1938 (GS V-2, 1982a, p.1165); e carta de Benjamin a Friedrich Pollock de 28 de agosto de 1938 (GS I-3, 1974, p.1086).

8 Carta de Theodor W. Adorno para Benjamin de 10 de novembro de 1938 (GS I-3, 1974, p.1093-100).

9 Para a descrição desse plano de construção, conferir Bolle (2000, p.416 et seq.).

10 Cf. GS V, 1982b. Para a designação "Passagen-Werk" [Obra das Passagens], não se encontra em Benjamin nenhum documento. Em 2006, foi publicada a versão brasileira, com o título *Passagens* (org. W. Bolle, Belo Horizonte: Editora UFMG, e São Paulo: Imprensa Oficial). Conferir, nessa edição, "Notas e Materiais" (2006b), e os "Materiais para o livro-modelo das *Passagens* (o *Baudelaire*), (2006c).

# Melancolia

Em razão da sua qualidade estética, as siglas em cores levantam a pergunta se para além de sua função classificatória – que é óbvia e unanimemente reconhecida – não cumprem ainda outras funções. Uma pergunta assim é natural em um autor como Benjamin, que em muitos dos seus escritos ocupou-se explicitamente com a relação entre escrita e imagem. Nas siglas em cores trata-se de uma forma de anotação por assim dizer lúdica, não destinada a publicação,[11] mas que cumpre tarefas fundamentais para a organização da obra. Em todo caso, trata-se muito mais do que de um código restrito ao uso privado, uma vez que atrás das cores e formas utilizadas por Benjamin é possível identificar tradições bem definidas do construtivismo – de Dürer passando por Goethe até Klee e Kandinsky.[12] Nesse contexto pode-se apresentar a hipótese perfeitamente plausível de que Benjamin, paralelamente às suas diferenciadas formulações verbais, trabalhou com uma forma alternativa da escrita, que lhe permitiu pensar a história social da cidade de Paris de modo abreviado, como um esboço e uma montagem, com elementos do diagrama e de uma escrita pictórica semelhante a hieróglifos. Neste caso, as siglas em cores representariam uma nova forma de escrita da história com funções semânticas e sintáticas próprias.

Façamos, pois, um teste dessa hipótese. De antemão eu gostaria ainda de acrescentar que a presente investigação se apoia em um estudo de oito meses, desenvolvido em 1995 e 1996 na Bibliothèque Nationale, incluindo-se o deciframento dos manuscritos originais de Benjamin, dos quais até o momento somente uma pequena parte foi publicada. Diferentemente das minhas publicações anteriores sobre as siglas em cores (cf. Bolle, 1996;

11 Também o citado mapa de Berlim de Benjamin (cf. nota 3) e sobretudo o seu imenso fichário de "Notas e Materiais" em princípio não estavam destinados para publicação.

12 Uma primeira descrição detalhada das siglas em cores levando-se em conta toda essa tradição construtivista encontra-se em Bolle (1996).

1999; 2000, n.16 e 12) considera-se desta vez em primeiro plano o seu aspecto sintático. Para revelar melhor o caráter inovador da escrita em siglas, emprega-se aqui o conceito de *hipertexto*, tal como o definiu em 1965 o programador e designer Theodor Holm Nelson – no contexto do mais novo desenvolvimento da escrita, cunhado pelos meios eletrônicos. Eis um resumo das principais características do hipertexto (cf. Nelson, 1987, p.1/14-1/17):

1) A escrita não precisa e não deve ser sequencial. Exemplo de hipertexto: o Talmud.
2) A estrutura das ideias jamais é sequencial.
3) Do papel à tela é necessário descobrirmos e inventarmos formas novas, não sequenciais.
4) Hipertexto = escrita não sequencial: a primeira página do jornal, a revista, determinados livros didáticos. Forma básica de hipertexto: *chunk style hypertext*.
5) O leitor ativo salta, movimenta-se de um lado a outro, exige materiais complementares.
6) Criar caminhos para a leitura ativa: opções para viagens no texto, cartografia das ideias, um labirinto a ser desvendado.
7) O hipertexto complexo: *windowing* ou *compound hypertext*. Diálogo com outros textos. As conexões ou *links* são partes da escrita.

Elucidemos sucintamente estas diversas características. A marca fundamental do hipertexto eletrônico é a escrita não linear, não sequencial. Precursores disso encontram-se, tal como Theodor Nelson aponta, já na Antiguidade, em especial no Talmud, a coletânea de leis e tradições religiosas do judaísmo. Entre a organização da escrita e a estrutura do pensamento existe uma estreita relação. Assim como Vannevar Bush, citado por Nelson, expõe em seu artigo "As We May Think" (1945), os processos intelectuais se operam com o auxílio de associações de ideias, na forma da construção de uma "rede de fios", onde se mostra o caráter transitório do trabalho da memória (Bush apud Nelson, 1987, p.1/39-1/54). São particularmente importantes para o desenvolvimento da escrita os suportes materiais: papel, painéis, tela etc. Estes, por sua vez, estão intimamente ligados com o desenvolvimento de determinados formatos como, por exemplo, a invenção da página como formato básico da escrita. Pelo seu *layout*, o jornal, as revistas (ilustradas) assim como livros didáticos especialmente diagramados são estruturados como hipertextos. A sua forma básica é o *chunk style hypertext*, cujos diversos blocos textuais podem ser lidos em qualquer sequência.

Na utilização de hipertextos é especialmente importante a interação entre autor e leitor, isto é, a leitura ativa de um texto por meio da desconstrução e montagem, assim como a elaboração simultânea de trechos que distam muito uns dos outros. Com as suas estratégias de composição, o autor de hipertextos deve ir ao encontro das necessidades do leitor colaborador e pesquisador. O hipertexto complexo é montado a partir de outros textos. As *Passagens* parisienses são um exemplo desse tipo de texto, construído segundo o procedimento da montagem por Walter Benjamin ao longo de vários anos de trabalho a partir dos excertos de centenas de escritos sobre Paris.

A planta de construção do livro-modelo *Passagens*, de 1938, com suas 30 categorias construtivas, pode ser apresentada em duas formas totalmente distintas. Em primeiro lugar por meio desta tabela, que é um texto ainda relativamente sequencial:

| CHARLES BAUDELAIRE, um POETA no AUGE do CAPITALISMO | | |
|---|---|---|
| **I. Baudelaire como autor alegórico** | **II. A Paris do Segundo Império em Baudelaire** | **III. A mercadoria como tema poético** |
| Recepção | Rebelde e alcaguete | a Mercadoria |
| Recepção em geral | Reações políticas | a Prostituta |
| Gautier/ l'art pour l'art | Mercado literário | Novidade |
| Dante/ Fisionomia do Inferno | o Flaneur e a Massa | Eterno retorno |
| Disposição sensitiva | Tédio | Spleen |
| Paixão estética | o Herói | Perda da aura |
| Alegoria | Elementos fisionômicos | Progresso |
| Banimento do orgânico | O dandy | Jugendstil |
| Melancolia | Lesbos | Tradição |
| | Antiguidade parisiense | Salvação |

Temos aqui um esquema do livro, que mostra as 30 categorias em *uma* das diversas organizações sequenciais possíveis. Apenas com relação à parte II pode se afirmar que esta é efetivamente a sequência dos elementos de construção, pois apenas esta parte foi redigida. Quanto às partes I e III, que não chegaram a ser escritas, Benjamin experimentou até o final qual seria a melhor "sequência" (*Reihenfolge*)[13] das categorias construtivas.

Uma visão completamente diferente do Projeto das *Passagens* se apresenta se, em vez de nós nos fixarmos numa sequência linear das categorias, o consideramos como um hipertexto. Precisamente no sentido da concepção de Benjamin da história como um tecido. O objeto histórico, escreve ele, "[é] formado por um grupo de fios contados, que representam a inserção de um passado na textura do presente" (GS II-2, 1977, p.479). Vejamos

13 Ver as anotações de Benjamin sobre a "*Reihenfolge*" das categoriais em GS VII-2 (1989, p.762 et seq.) O editor alemão decifrou erradamente esta palavra do manuscrito em alemão gótico, substituindo-a por "*Bucherfolge*" [sucesso de livros], o que não faz sentido nesse contexto.

agora a apresentação alternativa da planta de construção das *Passagens*: o conjunto das categorias construtivas projetadas em uma única página em forma de siglas em cores (como aqui uma apresentação cromática não foi possível, as cores, dispostas em ordem vertical, são mencionadas na linha horizontal acima do quadro):

rosa vermelho laranja amarelo verde azul lilás marrom preto

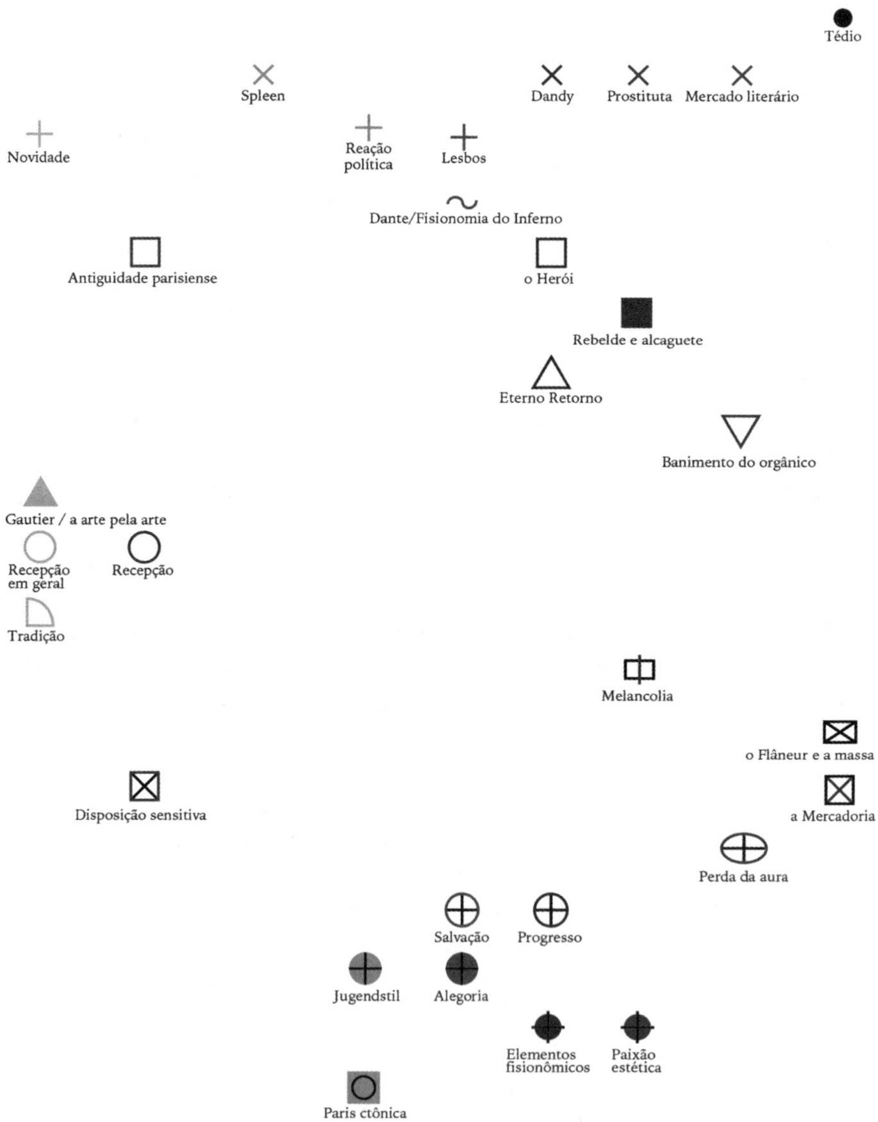

Uma apresentação alternativa da planta de construção das *Passagens* seria o conjunto das categorias construtivas projetadas em uma única página, em forma de siglas em cores. Quanto ao método dessa apresentação, a reprodução gráfica de cada sigla ocorreria em consonância com o manuscrito original. Também a ideia de organizar todas as siglas em uma única página se deve a Benjamin.[14] Até aqui iria a reconstrução filológica. O rearranjo posterior das siglas depende da iniciativa de cada leitor e já implica uma interpretação. Como orientação serve também aqui a ideia de Benjamin de "uma escrita constelacional da história", com a qual as aporias de uma organização sequencial podem ser transpostas. No meu rearranjo das siglas, me ative a dois mestres do construtivismo, com os quais Benjamin se ocupou a fundo. No eixo horizontal a composição das cores corresponde ao espectro do arco-íris descrito por Paul Klee (1970, p.469, 511), completando-se aqui as extremidades com as cores rosa, marrom e preto. No eixo vertical as formas são organizadas das mais simples até as mais complexas, de acordo com a obra *Punkt und Linie zu Fläche* (Ponto e linha em relação ao plano, 1926) de Vassily Kandinsky. Com esta disposição espacial das siglas em cores, pretendo realçar a sua capacidade específica de expressão como sistema de escrita, como uma forma *sui generis* de escrita da história. Como se observa, este arranjo constelacional das categorias construtivas com sua estética pictográfica e topográfica sugere uma leitura do Projeto das *Passagens*, que se diferencia radicalmente da lógica da sintaxe sequencial.

A metrópole ("cidade-mãe") é evocada em forma de uma constelação ou rede – como uma "cidade-rede", se adotamos aqui a metáfora utilizada por Bertolt Brecht (1993a, p.347) na sua peça *Ascensão e queda da cidade de Mahagonny* (*Aufstieg und Fall der Stadt Mahagonny*, 1929). Ou então, usando uma metáfora da era eletrônica, semelhante em termos de sentido, trata-se de um *motherboard*, um dispositivo eletrônico, um super-chip formado com hieróglifos do século XX. A ideia de Theodor Nelson de que o autor e o leitor de um hipertexto estão libertos das contingências da ordem sequencial-linear e, daqui em diante, podem criar ligações ou *links* para outros textos segundo seus interesses de pesquisa, é uma ideia que provavelmente também teria sido apoiada por Walter Benjamin.

Para verificar o potencial teórico-cognitivo da escrita das siglas em cores de Benjamin, subdividi a constelação total de 30 categorias em sete subconstelações. (Intérpretes com outras perspectivas de pesquisa têm naturalmente a liberdade de explorar o sistema de siglas por meio de outros arranjos semântico-sintáticos). Em todo caso, os *links* entre os elementos de

14 Conferir a folha de Benjamin com todas as siglas em cores, que se encontra apenas na edição italiana das *Passagens*, organizada por Agamben (1986, p.xix).

uma constelação ou entre constelações diferentes se dão por afinidades ou contrastes entre cor e forma, por combinações entre ambos ou também por elementos semânticos comuns. Assim, por exemplo, a "minha" subconstelação 1 (que eu chamo "Oficina de historiografia") baseia-se na afinidade semântica entre "Melancolia", "Tédio" e "Spleen". A subconstelação 2 ("Escrita fisiognômica da história") reúne elementos da cor azul: "Elementos fisionômicos", "O dândi" e "O herói". A subconstelação 3 ("Espacialidade do tempo") é composta por uma série em amarelo – "Jugendstil", "Reações políticas" e "Paris ctônica" – e de uma série em rosa e vermelho: "Recepção", "Recepção geral" e "Tradição".

Por enquanto deixo de lado a subconstelação 4, que será comentada detalhadamente no final, para esquematizar brevemente as restantes. Na subconstelação 5 ("Escrita da história sob o signo da mercadoria") estão reunidos todos os elementos de construção munidos com o "sinal de cruzamento" "X" (diferente da cruz "+"): "A mercadoria", "A prostituta", "O *flâneur* e a massa", "Mercado literário" e "Disposição sensitiva", assim como os elementos já citados anteriormente "Spleen" e "O dandy". (A indexação múltipla de uma e mesma categoria ainda irei comentar). A subconstelação 6 ("Escrita alegórica da história"), centrada na "Alegoria", unifica todas as categorias marcadas com o sinal da cruz "+": "Paixão estética", "Lesbos", "Novidade", "Perda da aura", "Progresso", "Dante/fisionomia do Inferno" e "Salvação" – além de "Elementos fisionômicos", "Jugendstil" e "Reações políticas", que já foram utilizados em outras subconstelações. Por fim, a subconstelação 7 ("Escrita da história como radiografia da própria época") será formada por uma tríade de triângulos: "Eterno retorno", "Banimento do orgânico" e "Gautier/l'art pour l'art".

O exemplo mais expressivo para ilustrar o funcionamento do Projeto das *Passagens* como hipertexto é a subconstelação 4: "Escrita da história como cartografia". Trata-se de uma configuração de todas as siglas em forma retangular: "Melancolia", "O herói", "Paris ctônica", "Antiguidade parisiense", "Rebelde e alcaguete", "O flâneur e a massa", "A mercadoria" e "Disposição sensitiva". O seu conjunto sugere uma espécie de mapa da cidade. É nesta subconstelação cartográfica que a escrita da apresentação abreviada das *Passagens* se aproxima mais da imagem. A combinação das siglas corresponde a um desenho polissemiótico, a um *mapping* mental da cidade, tal como foi realizado nas artes plásticas particularmente por Piet Mondrian, no período entre 1938 e 1943, em composições como "Place de la Concorde", "Trafalgar Square" ou "Broodway Boogie Woogie".[15]

15 Conferir *Piet Mondrian* (Catálogo de exposição). Gemeentemuseum, Den Haag, organizado por Yve-Alain Bois et al. Berna: Benteli, 1995, p.281, 283, 292.

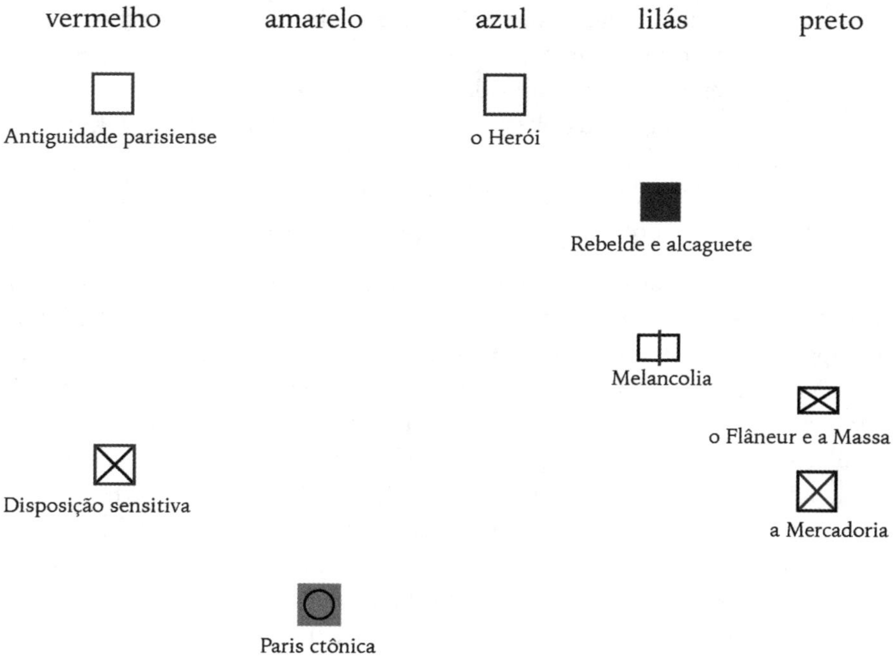


Obs.: A sigla "Disposição sensitiva" consta de um cruzamento preto dentro de um quadrado vermelho; a sigla "a Mercadoria", de um cruzamento vermelho dentro de um quadrado preto.

No que se refere aos elementos de construção que fazem parte de várias subconstelações – como "Melancolia", "O herói", "Paris ctônica", "O flâneur e a massa", "A mercadoria" – eles assumem no hipertexto uma função completamente diferente do que em um texto sequencial. Enquanto em um texto assim deveriam ser preferencialmente evitados como repetições indesejáveis, na rede do hipertexto apresentam ao contrário componentes especialmente importantes: são pontos de concentração de energia, tanto sintática quanto semanticamente, tal como as estações de baldeação em uma rede de metrô e trem suburbano.

Para concluir este percurso de introdução às formas inovadoras de escrita da história por parte de Benjamin, sintetizemos agora num quadro resumido as qualidades expressivas de sua escrita de siglas em cores, ou seja, as características mais importantes de sua ensaística constelacional:

1) Inter-relação entre escrita (*scriptura*) e imagem (*pictura*)
2) Sinopse em forma de diagramas: percepção holística do texto

3) Compactação das informações: dúzias de fragmentos resumidos em um único ideograma
4) Inúmeras possibilidades da arte combinatória
5) Alternância rápida entre as diferentes partes do texto (cf. os *links* no hipertexto)
6) Caráter espacial, cartográfico e constelacional da escrita
7) Ênfase no potencial de mudança e no caráter construtivo do texto.

A escrita benjaminiana de siglas situa-se na tradição das tensas relações entre escrita e imagem, que se estende desde o princípio antigo de composição *Ut pictura poiesis*, passando pelo ensaio de Lessing, *Laocoonte ou sobre as fronteiras entre pintura e poesia* (*Laokoon oder Über die Grenzen der Malerei und der Poesie*, 1766), até os vanguardistas da Modernidade, como Mallarmé, que "empregou pela primeira vez [...] as tensões gráficas do reclame na configuração da escrita" (GS IV-1, 1972c, p.102 / OE II, p.27). No que se refere à percepção holística da planta de construção do livro das *Passagens*, Walter Benjamin escreveu em agosto de 1938 para Gretel e Theodor Adorno: "De qualquer modo, eu queria visualizar claramente o amplo conjunto em todas as suas partes, antes que me dedicasse a escrever uma linha. Por meio de uma grande série de anotações [...] eu alcancei este objetivo".[16] Isso quer dizer, portanto, que Benjamin, por meio da escrita em siglas, que sem dúvida é muito mais rápida do que o sistema tradicional de escrita, chegou a ter efetivamente uma visão completa da sua obra. Assim, a imagem estereotipada do autor melancólico, que não pôde concluir o que planejara, precisa ser revisada. Quanto à capacidade das siglas de compactarem informações, vale registrar que um único ideograma resume em média aproximadamente sessenta fragmentos de texto.[17]

Como vimos, graças às correspondências sintáticas de cores e formas, ligadas com afinidades semânticas, é possível estabelecer as mais diversas possibilidades de ligação entre as siglas. Elas podem ser aplicadas tanto para a construção de subconstelações como também para viagens de descobrimento de todo tipo na labiríntica enciclopédia da metrópole desenvolvida por Benjamin. Ao lado de sua afinidade com artistas de vanguarda como Mondrian ou Döblin, o autor das *Passagens* é – em razão da concepção espacial, cartográfica e constelacional de sua escrita da história – juntamente com

16 Carta de Benjamin para Gretel e Theodor Adorno de 28 de agosto de 1938 (GS I-3, 1974, p.1087).

17 Eis a base do cálculo: se Benjamin, dos 4.234 fragmentos de sua coletânea de materiais, selecionou 1.745 para a construção do livro, distribuindo estas em 30 categorias construtivas, cada categoria abrange, em média, quase 60 fragmentos.

Fernand Braudel (*La Mediterranée,* 1949) e Euclides da Cunha (*Os sertões,* 1902) um dos principais representantes do *topographical turn* na historiografia do século XX.[18]

Finalmente, no que diz respeito ao potencial de transformação da escrita experimental de Benjamin – sendo que a palavra "passagem" tem também a conotação do transitório, mutável, modificável –, é preciso deixar claro que não nos encontramos diante da *obra* das Passagens (*Passagen-Werk*), e sim, na *oficina* das Passagens (*Passagen-Werkstatt*). Com os seus manuscritos, com o imenso fichário ou "*working lexicon*" (Buck-Morss, 1989, p.207) de materiais, notas, *exposés* e a planta de construção, Benjamin não deixou uma "obra" acabada, mas um *dispositivo* ou *programa* para o estudo da metrópole moderna, que foi descrito aqui com os conceitos heurísticos do hipertexto, da escrita constelacional e da cidade-rede. Para a escrita da história de Benjamin por meio das siglas em cores aplica-se aquilo que Hartmut Böhme observa sobre as "redes" e o *network* como metáforas-guia culturais e epistemológicas: "Constroem-se redes, para observar e identificar outras redes" (Böhme, 2003, p.597-9). O sistema das siglas em cores é uma constelação de hieróglifos ou rede de grande malhagem para melhor exploração do conhecimento sociológico e histórico organizado na rede verbal de pequena malhagem dos milhares de fragmentos das *Passagens,* com a qual se tenta "capturar" e identificar as estruturas da metrópole moderna. O caráter de canteiro de obras desta construção pode ser descrito com estes versos de Bertolt Brecht (1993b, p.34):

> Quanto tempo
> Duram as obras? Tanto quanto
> Ainda não estiverem concluídas.
> Enquanto demandam esforço
> Elas não entram em decadência.[19]

---

18 Sobre os novos desenvolvimentos nesse campo, conferir: Weigel (2002; 2009).

19 "*Wie lange/ dauern die Werke? So lange/ Als bis sie fertig sind./ Solange sie nämlich Mühe machen/ Verfallen sie nicht.*"

– 9 –

# PÓRTICOS E PASSAGENS: WALTER BENJAMIN – CONTRATEMPO E HISTÓRIA

*Olgária Matos*[1]

O século XIX se inicia por um traumatismo, com o choque do desaparecimento da aura e da perda do Ideal, tudo se tornando transitório, passageiro e contingente. Não se trata apenas de um período de transição, mas de uma época em que se manifestam a precariedade e a "desterritorialização", pelo eclipsamento de pertencimentos, origens e orientação. Tempo da aceleração capitalista e das inovações tecnológicas, nele a mercadoria se apresenta como uma *Ersatz* de aura, para enganar o consumidor da monotonia da produção em série, a fim de que as massas em estado de perpétua excitação não se entreguem à abulia. Assim desestruturadas, sempre em busca de algum ópio, as massas têm nas novidades trazidas pela mudança incessante uma fuga imaginária da angústia pela perda do sentido do passado, compensada por estímulos nervosos permanentes, cuja intensidade deve sempre crescer para enfrentar o tédio: "no *spleen*, o tempo se coisifica, os minutos engolem o homem como flocos de neve. Este tempo está fora da História, como o da memória involuntária. Mas no *spleen*, a percepção do tempo é aguçada de modo sobrenatural; cada um de seus segundos encontra a consciência em guarda a fim de amortizar o seu golpe que [essa percepção] provoca nela" (Benjamin, 1975, p.56, trad. modificada). Para se proteger da

1 Professora titular do Departamento de Filosofia da FFLCH – USP.

mudança incessante da cidade, do desaparecimento de sua "memória objetiva", a consciência busca reencontrar os objetos perdidos, por um mundo compensatório, o dos interiores da moradia do século XIX e início do XX, que são "carapaças de proteção": "a forma primeva de todo habitar", observa Benjamin, "é a existência não numa casa, mas num casulo. Este traz a marca de seu morador. A moradia transforma-se, no caso mais extremo, em casulo. O século XIX, como nenhum outro, tinha uma fixação pela moradia. Entendia a moradia como o estojo do homem, e o encaixava tão profundamente nela com todos os seus acessórios, que se poderia pensar no interior de um estojo de compasso, onde o instrumento se encontra depositado com todas as suas peças em profundas cavidades de veludo, geralmente de cor violeta. Não existia um só objeto para o qual o século XIX não tenha inventado um estojo. Para relógios de bolso, chinelos, porta-ovos, termômetros, baralhos – e, na falta de estojos: capas protetoras, passadeiras, cobertas e guarda-pós. O século XX, com sua porosidade e transparência, seu gosto pela vida em plena luz e ao ar-livre, pôs um fim à maneira antiga de habitar [...] O *Jugendstil* [o *art nouveau*] abalou profundamente a mentalidade do casulo" (Benjamin, 2006a, p.255; I 4,4). O interior é uma cápsula defensiva, domínio do conforto burguês, onde reinam a calma, a segurança e a intimidade, um lugar de sonolência e torpor. Este mundo em estado "vegetativo" é tão seguro de si que se transforma em exterior, nas passagens, essas construções em ferro e vidro que são como que o espelho dos interiores.

Com efeito, as leituras benjaminianas sobre os novos materiais de construção no século XIX mostram-lhe que estes são a base do Palácio de Cristal, uma estufa que é a "casa das plantas". Sua caricatura foi representada pelo gravurista e escritor Grandville, em quem a natureza se transformava "em apocalipse", por sua grande aptidão em ingressar, com seus desenhos, nos labirintos das analogias e das metamorfoses. Razão pela qual a "Ponte dos Planetas" de Grandville é, nas *Passagens*, seu emblema. Em especulações gráficas, Grandville expressou a ideologia do conforto burguês e sua dominação sobre o universo inteiro, com as grandes pontes de ferro trabalhado que ligavam todo o sistema solar, realizando o projeto de expansão planetária do capitalismo globalizador, do colonialismo e do imperialismo.[2]

2 Com o fim da expansão marítima e da globalização iniciada no século XV e XVI, o capital, em aliança com a ciência e a técnica, ampliará seus domínios para o espaço sideral. As pontes interplanetárias de Grandville retornam no programa espacial dos EUA e ex-URSS, concorrentes na conquista da Lua e demais planetas, universo que não é mais o cosmos protetor grego ou o céu cristão, como o atesta a concorrência imperialista entre a ex-URSS e os EUA na ida à Lua em 1969, "um simples passo para o homem, um imenso para a humanidade"(Armstrong). E, com o desmoronamento da URSS, os EUA lançaram o programa "Guerra nas Estrelas".

Capitalismo e revoluções tecnológicas se associam em uma atmosfera alucinatória, pois construções em vidro, ferro e iluminação artificial – a gás ou elétrica – produzem efeitos de irrealidade, em que dominam hibridizações das coisas naturais ou técnicas, em que poderia se ver uma tartaruga com cabeça de um cachorro perseguindo um leão a cavalo sobre um besouro, e ao longe se vislumbra um paquiderme com cabeça de serpente. Tais mestiçagens também ocorrem com o homem, em uma cadeia composta de diferentes figuras, cada uma se metamorfoseando na seguinte, um vaso de fores que se transforma em uma figura feminina para revelar o acoplamento entre o homem e a máquina, um ioiô se tornando, em seus rodopios velozes, em uma dançarina de ballet. Benjamin anota: "No início do século XIX foram realizadas as primeiras tentativas de construção com ferro [...] Em vez de apresentar uma evolução histórica desse processo, queremos associar algumas observações dispersas a uma pequena vinheta de meados do século [...] e que indica [...] possibilidades ilimitadas que entrevemos na construção com ferro. A imagem provém de uma obra de 1844 – *Um outro mundo* de Grandville – que narra as aventuras de um pequeno duende fantástico, o qual procura orientar-se no universo: 'Uma ponte, cujas duas extremidades não conseguimos abarcar de uma só vez com a vista e cujos pilares apoiam-se em planetas, conduzia de um mundo a outro por um asfalto maravilhosamente liso. O pilar de número trezentos e trinta e três mil ficava em Saturno. Então nosso duende viu que o anel desse planeta nada mais era do que um sacada circular onde, à noite, os habitantes de Saturno vêm tomar ar fresco'" (Benjamin, 2006h, p.965). Construção surrealista, a visão onírica de Grandville é como a de Scheebart, pois aproximam o que habitualmente está separado: a fantasia de um cosmos habitado e a realidade do capitalismo fetichista, os vitrais das catedrais góticas e as translúcidas construções de vidro da modernidade tecnológica.

Criando colagens temporais, Scheebart utiliza o vidro, impensável sem a herança do gótico e a função religiosa dos vitrais multicoloridos das catedrais da Idade Média: "o respeitável leitor poderia ter o sentimento de que a arquitetura de vidro seja um pouco fria. Mas na estação quente, o frescor é, de fato, muito agradável. Em todo caso, eu gostaria de enfatizar que as cores do vidro podem, também, aquecer. Elas irradiam uma espécie de 'novo' calor" (Scheebart, 1994, p.469). As construções imaginárias de Scheebart inspiram-se, também, na lenda do palácio de cristal construído pelo rei Salomão para a Rainha de Sabá. Em seu romance de literatura fantástica e efeitos sobrenaturais *Lesabendio,* Scheebart narra a construção de uma torre gigantesca em Pallas para unir o planeta a um astro imaginário que seria seu guia, "o mais perfeito dos mundos". Segundo Benjamin, as fantásticas imaginações de Grandville e Scheebart seriam "histórias de fantasmas para os adultos despertos" (Warburg, s.d., p.3).

Porque as passagens são arquitetura de ferro e vidro e "moradas de sonho", elas foram, com suas lojas luxuosas, cafés, jardins de inverno, o onírico do coletivo, as "primeiras festas de nosso tempo", "as primeiras festas populares do capitalismo": "as passagens resplandeciam na Paris do Segundo Império como grutas habitadas por fadas. Quem adentrava a Passage des Panoramas em 1817 ouvia, de um lado, o canto das sereias da iluminação a gás e, em frente, era seduzido pelas odaliscas das lâmpadas a óleo. Com o acender das luzes elétricas, apagou-se o brilho irretorquível desses corredores que, subitamente, tornaram-se mais difíceis de encontrar, que praticavam uma magia negra com as portas e contemplavam seu próprio interior por janelas cegas" (Benjamin, 2006l, p.607). Portas e janelas cegas, corredores e passagens, desorientam a consciência moderna, evocando uma outra racionalidade histórica, diversa da factual, positivista, romântica ou historicista.

Benjamin analisa os acontecimentos históricos com categorias anteriores às antíteses contemporâneas, como reação e revolução, progresso e decadência, modernidade e antiguidade: "nunca houve uma época que não se sentisse 'moderna' no sentido excêntrico, e que não tivesse o sentimento de se encontrar à beira de um abismo. A consciência desesperadamente lúcida de estar em meio a uma crise decisiva é crônica na história da humanidade. Cada época se sente irremediavelmente nova. O 'moderno', porém, é tão variado como variados aspectos de um mesmo caleidocópio" (Benjamin, 2006d., p.587; S 1ª, 4). Benjamin interroga o contemporâneo a partir de suas tradições ocultas; em vez das grandes teleologias conceituais ele prefere a "ciência do particular", a vitalidade dos períodos ditos de decadência, pois há "um encontro marcado", secreto, entre o arcaico e o moderno que são suas fantasmagorias. As fantasmagorias do século XIX provêm da coabitação das alegorias antigas e do choque vivido pelo homem nas grandes cidades – a multidão, a rua, a prostituição, a mercadoria tornada fetiche. Há também choque metodológico entre uma imagem espacial – Paris – e uma imagem temporal – o século XIX. Com sua arqueologia, Benjamin escava o subsolo dessa época, seu inconsciente.

O moderno principia se inaugura com a "passagem das passagens", que se desertificam e remanescem como fantasmas de um evento recente Com o "abalo da economia de mercado", anota Benjamin, "começamos a reconhecer os monumentos da burguesia como ruínas antes mesmo de seu desmoronamento" (Benjamin, 2006b, p.51). Assim, o Jugendstil é o " estilo da juventude" que desaparece sem ter tido o tempo de envelhecer. Razão pela qual Benjamin observa: "ao tentar acompanhar o Jugendstil até seus efeitos sobre o *Jugendbewegung* [movimento da juventude] talvez devêssemos conduzir este estudo até o limiar da guerra" (Benjamin, 2006j, p.594).[3]

Analisando as passagens de Paris, Benjamin identificava a ordem burguesa e a economia de mercado como a verdadeira anarquia e desgoverno da modernidade. Como o capital – que se encontra sempre em estágio de acumulação primitiva e em revolução permanente de suas técnicas para poder se reproduzir e manter o mercado em funcionamento –, as passagens envelhecem e se sucedem – como as mercadorias – em um amontoado de ruínas: "Não há um declínio das passagens, mas sua súbita reviravolta. De uma hora para outra elas se converteram na forma que moldou a imagem da modernidade. Aqui o século refletiu com satisfação seu passado mais recente" (Benjamin, 2006a, p.588; S 1ª, 6).

O mesmo mecanismo econômico dessas construções para a exposição das mercadorias de luxo – erguidas sobre a devastação de quarteirões inteiros de casas cujos proprietários "se solidarizaram para este tipo de especulação" – suprime a novidade, criando o sempre-novo que é logo sempre velho, E para tratar das *Passagens* de Paris e seu precoce declínio, Benjamin justapõe a demolição de uma e o surgimento de outra, processo que expõe a lógica do capital, que, na substituição incessante de objetos desaparecidos multiplica seus espectros: "Na Avenue des Champs Elysées, inauguraram-se, recentemente, arcadas, em meio a novos hotéis com nomes anglo-saxões, nascendo a mais nova passagem parisiense. Para a inauguração, uma orquestra-monstro, todos em uniforme, diante de canteiros de flores e chafarizes. Aos gemidos, passando por cima de limiares de arenito, uma multidão aglomerava-se ao longo de vidros espelhados, olhava a chuva artificial caindo nas entranhas de cobre dos mais novos automóveis, como prova da qualidade do material, via rodas girando no óleo, lia em plaquinhas negras com algarismos de *strass* o preço de artigos de couro, de discos de gramofone e quimonos bordados. Sob a luz difusa vinda de cima, deslizava-se

---

3 Trata-se das relações entre a modernidade e asa guerras do capital. Em *Rua de mão única*, Benjamin empreende a arqueologia do moderno a partir de Berlim e da República de Weimar, tributária do século XIX e da tardia unificação alemão, realizada na Guerra Franco-Prussiana em 1871. Essa guerra vitimou 140 mil franceses e 44.780 prussianos, para não falar das perdas anteriores durante as campanhas napoleônicas. O culto dos heróis germânicos, a mitologia ligada à floresta ou a contos de terror infantis recolhidos pelos irmãos Grimm não estão ausentes do ideário da Primeira e da Segunda Guerra Mundial. Com uma identidade nacional recente, a Alemanha vê o espírito alemão (*Geist*)- profundo, apolítico, "amante da contemplação" – ameaçado pela Alma "francesa" (*Seele*), superficial e frívola com sua cultura "mundana" – na oposição "cultura"(alemã) e "civilização" (francesa).

sobre lajotas. Enquanto se oferecia aqui à elegante Paris um novo corredor de acesso, desaparecia uma das mais antigas passagens da cidade, a Passage de l'Opéra, tragada pela abertura do Boulevard Hausmann" (Benjamin, 2006a, p.901). Haussmann transforma a antiga Paris com novas arcadas que se erguem em diversos lugares da cidade, em que galerias da última moda se aliam a elementos da indústria de entretenimento nascente. O luxo das lojas sobrecarregadas de mercadorias multicoloridas e cintilantes coteja o vazio, a vitrine de cujo inventário só restou uma tabuleta oferecendo a compra de uma dentadura em ouro, cera ou até mesmo quebradas, como uma caveira: "Aqui, no recanto mais silencioso do corredor lateral e [...] sobre o papel de parede de cor esmaecida, cheio de quadros e bustos de bronze, recai a luz de uma lâmpada a gás. Junto dela uma velha senhora a ler. Está sozinha, dir-se-ia há anos. [Agora] estou do lado de fora, ao ar livre. De fronte, mais uma vez há algo como uma passagem, arcos, e lá uma rua sem saída até um Hotel de Boulogne ou Bourgogne, com uma só janela. Contudo não mais preciso entrar ali, caminho rua acima até o arco- do triunfo, construído cinzento e glorioso para Luís, o Grande. Na base das pirâmides esculpidas em seus pilares, repousam leões e encontram-se armas, couraças e troféus crepusculares" (Benjamin, 2006d, p.902). Esses elementos antigos esculpidos nas construções recentes são a fabricação de " rastros" do passado, pois já não têm nenhum significado no moderno que perde a capacidade da experiência. Porque o historicismo não tem uma memória compartilhada, ele enriquece artificialmente o passado pobre de experiência, um passado reificado, travestido em "espírito objetivo". O passado, na perspectiva do historicismo, só permanece como vestígio, mas em sentido específico – são rastros produzidos para evocar uma história e não reminiscências deixadas pela história.

O nacional-socialismo, com sua arquitetura neoclássica fantasmática e que se pretendia "grega" transforma as massas urbanas em descendentes de um passado imemorial que precederia seu surgimento atual. Estas massas, cuja origem se encontra ligada à produção industrial e ao mercado, convertem-se em "povo alemão" que atribui aos outros povos, também fantasmados, a causa das dificuldades sociais resultantes das crises da economia de mercado. Porque se deve legitimar a Alemanha unificada no século XIX por Bismarck, artistas voltam-se para a heroicização da Nação e aos primeiros anos do século I. Com a expansão Romana sob Júlio César, o Império chegava ao Reno, até que o chefe da tribo germânica Arminius (Hermann) venceu o general romano Varius na floresta de Teutoburger. Seu herdeiro moderno é o nacionalismo e seu "horror ao contato" com o estrangeiro: "Na aversão pelos animais a sensação dominante é o medo de, no contato, ser reconhecido por eles. O que assusta profundamente é a consciência obscura de que, nele, permanece em vida algo de tão pouco alheio ao animal provocador de aversão, que possa ser reconhecido por este. Toda a aversão é originariamente aversão pelo contato" (Benjamin, 1994c, p.16). A heroicização da nação alemã, do guerreiro e do mito do combate dissimula a realidade da violência e a legitimam: "a memória da guerra foi [...] remodelada como uma experiência sagrada provedora de uma nova religião que colocava à disposição um catálogo de santos e mártires, lugares de culto, uma herança a ser preservada [...]. O culto do soldado morto no campo de batalha tornou-se o núcleo da religião do nacionalismo que surgiu depois da Guerra [...]. A guerra foi sacralizada ao mesmo tempo que banalizada no teatro popular e no turismo nos campos de batalha" (cf. Mosse, 1999). Benjamin estabelece uma analogia entre a transfiguração das massas urbanas em povo mítico e a arte em arte historicista. O arqueólogo se demora na penumbra das passagens abandonadas e descobre, nos objetos antiquados e fora do comércio, os espectros do que foi recalcado pelo processo econômico, que faz do presente um presente que já é passado, e do futuro somente inércia.

Nas *Passagens,* a história se associa ao tempo mítico que é o do "eterno retorno": "a essência do acontecimento mítico é o retorno. Nele está inscrita, como figura secreta, a inutilidade gravada na testa de alguns heróis dos infernos (Tântalo, Sísifo ou as Danaides [...]). [Ela é] a eternidade das penas infernais [...], o [eterno retorno] de um ciclo sideral". O trabalho esvaziado de sentido é vazio porque sem experiência e irrecuperável para a memória histórica, o que converte acontecimentos em mito é a volta do sempre igual. Ausência de experiência e mito se reúnem na noção de empatia, a resignação melancólica diante do horror dominante que conduz ao desespero.

Para romper com a fatalidade do *continuum* histórico e "transformar a ameaça do futuro em um agora preenchido"[4] – o "momento decisivo" da felicidade individual ou redenção histórica – é preciso encontrar intervalos na ordem das razões, desvios que incorporam o "acaso objetivo" do surrealismo

4 Aproxima-se do barroco e de Gracián, do *ingenium* e do *ingenio.* O *ingenium* é polimorfo porque diz respeito à singularidade de cada um, e o engenho é "criativo", é captura do instante decisivo. Esta é a maneira benjaminiana de compreender as relações entre "fortuna e providência" no barroco, devir e instante decisivo na Paris do século XIX, sem pretender uma sincronia entre teoria e práxis, pois o que permite essa conjunção é a experiência, não o conceito. Por isso, Benjamin contrapõe Verdade, por um lado, Saber, saber e posse, por um lado, verdade e experiência de outro. O conhecimento histórico não dispõe de leis gerais, é "ciência do particular", quer dizer, a experiência da verdade é única e aurática, tanto na história coletiva como na vida de cada um: "[ela é] vislumbre [que] não é posse mas experiência fugaz". Trata-se de quebrar o unidade temporal, conferindo uma nova chance ao que parece ter sido perdido sem remissão.

e as derivas que resultam do caminho na contramão da história e do método.[5] Esse instante de perigo são experiências de limiar entre consciente e inconsciente, origem e reminiscência, intencionalidade e contemplação: "Número 125: o labirinto de Castan. Os que viajam o mundo e os artistas a princípio sentem-se transportados para dentro da imponente floresta de colunas da magnífica mesquita-catedral de Córdoba, na Espanha. Tanto aqui como lá, os arcos se sucedem uns aos outros, as colunas se sobrepõem em perspectiva, oferecendo panoramas fabulosos e alamedas que parecem não ter fim, que ninguém conseguiria percorrer completamente. Subitamente, percebemos uma imagem que nos transporta ao coração do famoso Alhambra de Granada. Vemos o desenho de sua tapeçaria com a inscrição 'Alá é Alá' (Deus é grande), e já nos encontramos em um jardim, no pátio de laranjeiras do Alhambra. Mas antes de o visitante chegar a esse pátio, deve perambular muito tempo por caminhos labirínticos" (Benjamin, 2006g, p.453). Se o labirinto é a pátria de quem hesita, é por ele multiplicar as perspectivas e as experiências, o contrário do historicismo que já é detentor do sentido dos acontecimentos e do desfecho histórico. Benjamin aproxima o tempo privado de qualidades e acontecimentos – próprio a uma vida pobre em experiências – e a história natural em que natureza e passado se identificam; da mesma forma, há analogias entre as mercadorias – que comportam trabalho vivo e trabalho morto – e as personagens do drama barroco alemão do século XVII, apresentadas, simultaneamente como vivas e como espírito de um morto. O passado recalcado, do qual não se fez o luto, retorna em espectros, menos assustadores do que tristes. Por isso, o tempo da modernidade não é trágico, mas mítico, dominado por forças fatais: "o capitalismo foi um fenômeno natural com o qual um novo sono, repleto de sonhos, recaiu sobre a Europa e, com ele, uma reativação das forças míticas" (Benjamin, 2006f, p.436). No âmbito das passagens e do consumo, mito significa a realização alucinatória de um desejo, no sentido em que a espera do futuro reativa arquétipos na tentativa de integrá-los ao presente. As passagens são lugares modernos do mito, nos quais o passado não passa e o futuro não chega, onde se permanece, em vigília, prisioneiro do sonho. E na consciência coletiva o tempo é apreendido como devaneio. Nas passagens, o eterno retorno do sempre igual

5 A montagem, a colagem, a constelação, o tratado medieval, o mosaico, a "catedral em obras", não dizem respeito somente à contiguidade, justaposição ou semelhança entre as peças ou entre épocas históricas. Em vez da dedução ou do encadeamento de causas ou razões, Benjamin prefere o limiar da consciência e do inconsciente. Diferentemente de significar um fascínio pelo que é irracional nos fenômenos sociais, Benjamin reconhece as insuficiências da razão segura de si mesma: "da mesma forma que o corporal, o pensamento pode ser também local de corrupção e do erro".

e o *déjà vu* constituem uma compensação à acelerada e incessante mudança e aos choques tão intoleráveis quanto frequentes.

Já Marx, ao referir-se à imprensa diária e ao telégrafo, escrevera que eles produzem hoje "em um único dia mais mitos do que os que poderiam ser fabricados em um século".[6] São mitos construídos pelo sistema de produção de mercadorias que, espetacularizadas, transfiguram-se em fantasmagorias, pois são criações cuja base –diversamente do capitalismo industrial – é, ao mesmo tempo, econômica e tecnológica. Sua superestrutura são as fantasmagorias que ocupam o lugar da experiência perdida. Na Paris de Luís Felipe e do Segundo Império de Napoleão III, as fantasmagorias são "mistério sem mistério, pois, em lugar da indústria, mais terra a terra, domina agora o capital financeiro, que proliferava sobre o vazio". "Enriqueci-vos" era o chamado do rei burguês. Jogo de azar, a especulação financeira, além de elevar ou destruir homens e fortunas, provoca o sentimento do provisório, mais ameaçador quanto mais se manifesta o panorama social e internacional dominante. Benjamin observa que, com Napoleão III e a imperatriz Eugênia, se instalam nas Tulherias e em Compiègne a corte dos *parvenus* em seus efeitos mais visíveis, o consumo e a moda. Mas em vez de se ater a esses acontecimentos banais, Benjamin dirige a atenção ao subsolo da metrópole como o oposto especular da superfície, considerando a passagem entre eles. Passagem é "rito de passagem",[7] é arqueologia dos limiares (*Schwelle*).

As *Passagens* desenvolvem uma "ciência das passagens" (cf. Menninghaus, 1986) em um sentido preciso, pois as passagens não têm apenas limiares – entre o interior e o exterior, entre o espaço público e o privado, elas mesmas são limiares. Como espaço entre a rua e as galerias em que se instalam as lojas, as passagens contêm toda a história social, cultural e econômica do capitalismo moderno:

> [...] a ideia de eterno retorno transforma o próprio evento histórico em artigo de massa. Mas essa concepção mostra também, em um outro sentido [...], o rastro das circunstâncias econômicas às quais deve sua súbita atualidade. Esta se anunciou no momento em que as condições de vida se tornaram acentuada-

---

6 Marx, Carta a Kugelmann, 27 de julho de 1871.

7 Nas *Passagens*, a ideia de mito se afasta tanto de sua reabilitação no romantismo alemão que busca neles ídolos fundadores da nacionalidade, quanto da crítica ao mito empreendida pelo Iluminismo filosófico e científico, já que Benjamin questiona as noções de progresso e de razão que deveriam vencer o mito, a superstição e as "trevas do obscurantismo". A referência ao mito em Benjamin, pelo menos em uma de suas caracterizações, importa para estabelecer a polaridade entre natureza e liberdade. Conferir Pezzella (1986); Opitz e Wizisla (2000).

> mente instáveis devido à acelerada sucessão de crises. A ideia do eterno retorno derivava seu esplendor de já não se poder contar, em todas as circunstâncias, com o retorno da estabilidade em prazos mais curtos que os oferecidos pela eternidade. (Benjamin, 1991, p.156-7).

A passagem é o limiar onde se encontram os extremos da segurança e do medo. Para analisá-los, Benjamin considera os contos de E. A. Poe e o advento do romance policial na grande metrópole: "o olho segue os passos desse homem que caminha na sociedade atravessando as leis, as ciladas, as traições de seus cúmplices, como um selvagem do novo mundo entre os répteis, os animais ferozes e as tribos inimigas" (Benjamin, 1991, p.216). Inquietante e familiar, o limiar é o que tem a capacidade de metamorfosear, como nas fábulas, aquele que passa através dele.

Benjamin é o cronista dos fantasmas que habitam as portas das casas e os pórticos das cidades. As primeiras são limiares mágicos que se tornam esconderijos para os jogos infantis em que a criança se esquiva do sortilégio de ser transformado em estátua:

> Conhecia todos os esconderijos do piso e voltava a eles como a uma casa na qual se tem certeza de encontrar tudo sempre do mesmo jeito. Meu coração disparava, eu prendia a respiração. Aqui ficava encerrado num mundo material que ia se tornando fantasticamente nítido, que se aproxima em silêncio. Só assim é que se deve perceber o que é a corda e a madeira para aquele que vai ser enforcado. A criança que se esconde atrás do reposteiro se transforma em algo flutuante e branco, em um fantasma [...] Atrás de uma porta a criança é a própria porta; é como se a tivesse vestido com um disfarce pesado e, como um feiticeiro, vai enfeitiçar todos os que entrarem desavisadamente. [...] [Mas] quem me descobrisse era capaz de me petrificar como um ídolo [...], de me encantar por toda a vida como uma pesada porta. Por isso expulsava com um grito forte o demônio que assim me transformava, quando me agarrava àquele que me estava procurando. (Benjamin, 1991, p.91)

Como as passagens, os pórticos das cidades e arcos do triunfo são o espaço intermediário da entrada e da saída, da casa e da rua. Passar em baixo deles é um "rito de passagem", análogo a um renascimento, mas que, melhor dizendo, é um novo nascimento, pois os erros eventuais do general vencedor permanecem do lado de fora, em seu exterior. A passagem é também um limiar entre o mundo superior e o mundo inferior, o mais elevado e os subterrâneos Nas *Passagens,* Benjamin refere-se à Grécia Antiga onde se mostravam:

> [...] lugares pelos quais se descia ao reino dos mortos. Também nossa existência desperta é uma terra em que se desce ao reino dos mortos, cheia de lugares aparentemente insignificantes, onde desembocam os sonhos. Passamos por eles todos os dias sem nada suspeitar [...] Um outro sistema de galerias se estende nos subterrâneos de Paris: o metrô onde à noite as luzes se acendem rubras, indicando o caminho ao Hades dos nomes. Combat-Elysée-Georges V-Etienne Marcel-Solferino-Invalides-Vaugirard – [...] tornaram-se fadas das catacumbas. Esse labirinto abriga em seu interior não um, e sim dúzias de touros cegos, enfurecidos, em cuja goela é preciso lançar não uma virgem tebana por ano, e sim, a cada manhã, milhares de jovens operárias anêmicas e caixeiros sonados. [...] [Aqui em baixo] cada um mora solitário, o inferno é sua corte; Amer, Picon, Dubonnet (nomes de bebidas alcoólicas que aparecem em cartazes por toda a cidade) são os guardiães do limiar. (Benjamin, 2006c, p.123)

Benjamin relaciona os ritos de passagem com portas e pórticos para exorcizar malefícios, doenças ou espíritos dos mortos, pois estes não conseguem atravessá-los (Benjamin, 2006e; L 5,1). E, refletindo sobre as portas da cidade, Benjamin anota: "o limiar não teve entre os gregos – e mesmo entre outros povos – a importância que alcançou entre os romanos. O texto [de K. Meister] trata essencialmente do surgimento do *sublimis*, ou seja, daquilo que é elevado (originalmente aquilo que foi levado às alturas)" (Benjamin, 2006a, p.458; L 5,2). Se Benjamin confere maior importância aos pórticos como limiares entre os romanos[8] que entre os gregos, é por

---

8 A cidade antiga – grega ou romana – não é um espaço abstrato, pois a arquitetura e a vida que nela se desenrolam , não dualisa *asti* e *polis* - entre os gregos- *urbs* e *civitas* para os romanos. *Asti* é a cidade material, suas edificações, ruas e caminhos, a *polis* é sua forma de vida, seu "caráter" ou "alma". Diferentemente da perspectiva utilitária e funcional da modernidade, a adequação entre arquitetura e vida na Grécia responde a valores estéticos e de beleza, nos acordes da "flauta e da lira". Trata-se do *decorum* arquitetônico, a concordância entre o caráter de uma edificação e sua destinação. Neste sentido, às divindades Júpiter, Céu, Sol e Lua são adequados "templos a descoberto"; a Juno, Diana e Baco, templos jônicos pois "esta ordem se mostra mais apropriada ao caráter dessas divindades". Mario Henrique d'Agostino lembra que a unidade entre a "beleza estética" e a "beleza ética" da arte grega deve-se ao aspecto "vivo" da imagem, a vida insuflada pelo artista sob "inspiração divina"(*theia mania*). A vida da casa é espelho e *metron* dos sentimentos de seus moradores. No *metron* não se encontra a medida abstrata e o cálculo da precisão porque é medida ética e sabedoria prática, irredutíveis à mensuração. Assim também é o espaço, não mensurável porque onírico: "certamente nós percebemos o espaço como em um sonho, quando afirmamos que todo ser está forçosamente em alguma parte, em um determinado lugar, que ocupa um determinado sítio ou porção do espaço, e que o que não está na terra nem em parte alguma do céu não é absolutamente nada. [...] [Mas] o espaço é uma espécie invisível e sem forma, que recebe tudo e participa do inteligível de uma maneira obscura e difícil de compreender". É jogo de manifesto e oculto, que os antigos conjecturaram na figura de Dédalo e do labirinto, "fuste de uma arquitetura

criarem sua topografia.[9] É do "limite" da *urbs* que a *civitas* começa a existir, é da passagem – quando permitida – sob a "porta demarcatória" – que se é reconhecido como *cives*.[10]

Para Benjamin, portas demarcatórias conferem um caráter mítico à topografia de Paris, pois é permanência do desordenado e obscuro – da *urbs* na cultura: "Sobre a topografia mitológica de Paris: o caráter que lhe conferem as portas. Importante é sua dualidade: portais divisórios e arcos do triunfo. Mistério do marco divisório inserido no interior da cidade, indicando o lugar em que outrora terminava. Por outro lado, o Arco do Triunfo, que se transformou hoje em refúgio no meio do tráfego. A partir da experiência do limiar, desenvolveu-se a porta que metamorfoseia aquele que passa sob seu arco. O arco do triunfo romano transforma o general que retorna em herói triunfal" (Benjamin, 2006c, p.125). Mesmo que tenha sido edificado como "centro do poder", o arco do triunfo não é uma porta de demarcação, ele não delimita a entrada de uma cidade; mas opera simultaneamente, por sua simetria com os arcos, como portas de demarcação e portas triunfais. Referido ao sonho, os arcos do triunfo – que celebram vitórias, quer dizer, guerras e massacres – são a pátria de espectros e, no espaço urbano,

---

cósmica" que se experimenta não sem vertigem e pânico estremecedor, sem um salto sobre o Abismo. Este abismo é a incomensurabilidade no interior da própria medida, o comedido e o incomensurável da arquitetura. Deslocando a concepção grega, os romanos expressam nas palavras *urbs* o espaço físico e material, e na *civitas* a vida dos cidadãos (*cives*), o espaço político da cidade. Isto significa que a *civitas* passa a se subordinar à *urbs*, sobredeterminando o espaço e as relações políticas com o peso da materialidade e das relações abstratas. Em outras palavras, a passagem da *polis* à *civitas* é a alienação da *polis* democrática na *civitas* imperial de uma "história natural", a perda da autonomia do político e sua subordinação à economia. As regras contratuais abstratas transformam a *polis* em *civitas*, em cidade que não é mais um modo de vida que se exerce pelos laços da amizade, como entre os gregos. A *philia* grega entrecruza-se com a amizade moderna no sentido em que elas representam "o negativo da solidão". Citando Jules Romains, Benjamin anota: "a meu ver é sempre um pouco assim que nos tornamos amigos. Presenciamos juntos um momento do mundo, talvez um de seus segredos fugidios – uma aparição jamais vista e que talvez não se veja nunca mais. Mesmo se for algo pequeno. Imagine, por exemplo, dois homens que passeiam, como nós. E de repente, graças a um vão entre as nuvens, uma luz vem bater no alto de um muro, e o alto do muro se transforma por um instante em algo extraordinário. Um dos homens toca o ombro do outro, que ergue a cabeça e vê o mesmo, compreende o que aconteceu. Depois a coisa se desmancha no ar. Mas eles saberão *in aeternum* que ela existiu". A amizade é o qualitativo, o instante decisivo sempre fugaz, que "brilha no instante de um perigo".

9 Se a fundação da polis liga-se a pertencimentos simbólicos – como em Clístenes, que, ao romper com a tradição teológica da fundação de Atenas pela deusa, a substitui pela autoctonia dos atenienses – a civitas romana – fundada na lei abstrata que rege as relações sociais e a construção da cidade – constrói uma topografia em vez de referências simbólicas.

10 Na época romana, *urbs* (que deriva do verbo *Vurbs* que é "elevar, erguer") tem como derivado *urvare* ("traçar um sulco") que reenvia ao ato de fundação.

constituem o rastro e ruína, a "primeira natureza" que retorna na cultura, fazendo dela "natureza morta".[11]

Mas o limiar é, de maneira mais significativa, o que vacila entre o desaparecimento de algo e sua sobrevida como vestígio: "o ser passado, não ser mais, é o que trabalha com mais paixão nas coisas. É a isso que o historiador confia o seu assunto. Prende-se a essa força e reconhece as coisas como são no momento do não-mais-ser. Tais monumentos de um não-mais-ser são as passagens. E a força que nelas trabalha é a dialética" (Benjamin, 2006k, p.509). Porque o limiar conecta diversas modalidades de tempo, cujas estratificações se expressam em documentos, monumentos, arquivos, museus, arquitetura, cartazes publicitários, o estudo do limiar espacial é também o do século XIX e do século XX. É sonho e trauma, o sonho de Paris e o trauma em Berlim.

Na memória infantil, a história da República de Weimar se faz contemporânea das batalhas do passado. No Fragmento "A Coluna da Vitória" de *Rua de mão única*, por volta de 1900, lê-se:

> [...] quando eu era pequeno não se podia conceber um ano sem o dia de Sedan [festa comemorativa da derrota de Napoleão III na Guerra Franco-Prussiana] [...] Ninguém deixara de me explicar a origem dos adornos da Coluna da Vitória. Não entendera, porém, o significado exato dos canhões que os compunham [...] O mesmo ocorria com a obra luxuosa que me haviam dado, a *Crônica Ilustrada* [com sua capa de ouro prensado, livro e ouro que me oprimiam]; daquela guerra [...]; eu conhecia em pormenores os planos de suas batalhas [...] Contudo, reluzia ainda de um modo menos tolerável o ouro do ciclo de afrescos que revestia a parte inferior da Coluna da Vitória. Nunca pus os pés nesses espaços [...] pois temia encontrar lá descrições do tipo daquelas com que, nunca sem terror, me deparara nas gravuras de Doré para o "Inferno" de Dante. Os heróis, cujas façanhas ali dormitavam, me pareciam no íntimo tão depravadas como as hordas que, fustigadas por tufões, escarniçadas em troncos sanguinolentos e cobertas por geleiras, suspiravam na cratera escura. Desse modo, essa galeria simbolizava o inferno, verdadeira antítese do círculo de clemência que, no alto,

11 Aqui a analogia com o universo pictórico é relevante pois nas pinturas o objeto inerte ou que se o tornou – flores, frutas ou caça – escapa, de certo modo, à morte pois, imobilizado na tela, se esquiva do processo de decomposição e de aniquilamento, sendo, ao um só tempo, imóvel e vivo. Quando um esqueleto, um crânio ou um par de óculos figura na representação, eles lembram, como as "vaidades" do mundo, a iminência da morte à qual, no entanto, ele escapa enquanto justamente natureza morta. Em seu estatuto ambíguo que rege a sorte de todas as criaturas, a natureza morta encontra-se na passagem entre o ser e o não ser, como um fantasma ou um "morto-vivo".

rodeava a esplendorosa vitória [...] O eterno domingo estava a sua volta. Ou seria um eterno dia de Sedan? (Benjamin, 1994b, 77-8).

O culto ao guerreiro caído nos campos de batalha e à guerra adquiriu um patamar de destruição sem precedentes no passado – as trincheiras, os gases letais e os aviões bombardeiros. Só a Batalha de Verdun em 1916 deixara, entre franceses e alemães, 600 mil mortos. A celebração da guerra incluía, além da ideologia do sacrifício e do enaltecimento do mártir, o paisagismo dos cemitérios. Sobre a sacralização do martírio e do heroísmo, as publicações no pós Primeira Guerra Mundial exaltam com ênfase o misticismo bélico. Referindo-se aos autores da coletânea *Guerra e guerreiros* editada por Ernst Jünger, Benjamin anota: "esses pioneiros da *Wehrmacht* quase levam a crer que o uniforme é para eles um objetivo supremo [...]. 'Os mortos de guerra', dizem-nos os autores, 'ao tombarem passaram de uma realidade imperfeita a uma realidade perfeita, da Alemanha temporal à Alemanha eterna' [...] Com que facilidade os autores adquiriram o 'firme sentimento de imortalidade', obtiveram a certeza de que as 'abominações da última guerra foram transformadas em algo grandioso e terrível' [...]: essa cruel concepção do mundo, da morte universal, no idealismo alemão, alivia o horror com a ideia de que atrás das nuvens [das explosões, dos gases tóxicos, dos lança-chamas] existe um céu estrelado'" (Benjamin, 1996b, p.62-8). Para dissimular a carnificina, os soldados mortos e todos os cavalos da artilharia da Primeira Guerra foram queimados ou abandonados às aves de rapina. Os cemitérios perderam a monumentalidade cristã; secularizados, passaram a ser construídos fora do perímetro das cidades, criando-se um simbolismo panteísta, reconciliador da morte (cf. Mosse, 1999, cap.2). Os cemitérios, como o historicismo, atestam um luto impossível porque sua temporalidade é linear – o não tempo.

A isso, Benjamin opõe o tempo qualitativo das passagens e do limiar: "como limiar, a fronteira atravessa as ruas, um novo distrito inicia-se como um passo no vazio; como se tivéssemos pisado num degrau mais abaixo" (Benjamin, 2006c, p.127). Esse passo em falso libera uma percepção espacial semelhante à embriaguez do haxixe, é um fenômeno no qual toda a história poderia ter acontecido na contração de um instante, em uma percepção simultânea:

[...] as manifestações de sobreposição (*Überdeckung*), que aparecem sob o efeito do haxixe devem ser compreendidas através do conceito de semelhança. Quando dizemos que um rosto se assemelha a outro, isso quer dizer que certos traços desse segundo rosto se manifestam no primeiro, sem que este deixe de ser o

> que era. As possibilidades de que as coisas assim se manifestem, porém, não estão sujeitas a nenhum critério, sendo, portanto, ilimitadas. A categoria da semelhança que tem uma importância muito restrita para a consciência desperta, adquire uma ilimitada no mundo do haxixe. [...] Assim, cada verdade remete de maneira evidente a seu contrário, e com base nesse fenômeno explica-se a dúvida. (Benjamin, 2006i, p.463).

O mundo do haxixe é o da ambiguidade e ambivalência do que parece idêntico, pois os traços de um primeiro rosto transparecem nos de um segundo, e cada verdade evidencia o seu contrário, as coisas são desvestidas de sua identidade bem definida e una. Não se trata de atravessar o limiar da indeterminação ou superá-lo, pois interessa a Benjamin o limiar enquanto tal, estes momentos de descontinuidade e deslocamentos que não decorrem de seus antecedentes, tampouco se referem aos lhes sucederiam: "essas portas – as entradas das passagens – são limiares. Não os demarca nenhum degrau de pedra, mas sim a atitude de expectativa de algumas pessoas. Passos parcimoniosamente medidos refletem, sem que as pessoas o saibam, que se está diante de uma decisão" (Benjamin, 2006c, p.127).

Este "instante decisivo" é o do é limiar entre liberdade e destino, entre catástrofe e redenção, antes do qual nada aconteceu e depois do qual tudo estará perdido. Assim como o momento oportuno, conduz ao *kairós* e a Cipião, o Africano, que grita a senha da vitória com presença de Espírito, a ocasião perdida é catástrofe sem remissão, evocada no "corcundinha" que estraga sempre a festa, fazendo perder o "golpe de mão ágil", anti-historicista, que desviaria do fato consumado e reabriria o tempo do agora. O limiar e as passagens contêm, ao mesmo tempo, o dentro e o fora, o antes e o depois. Por isso, "articular historicamente o passado não significa conhecê-lo 'como ele de fato foi'. Significa apoderar-se de uma reminiscência, tal qual ela cintila no momento de um perigo" (Benjamin, 1996a, p.234). Este clarão pode tanto ser vislumbre da felicidade, quanto trauma irremissível, tanto a boa-sorte quanto o infortúnio do brilho das explosões bélicas.[12] Às verdades apocalípticas da História Universal e seu cortejo de vencidos, Benjamin opõe verdades passageiras, provisórias, intermitentes, frágeis e disparatadas, como a luz dos vaga-lumes (cf. Didi-Huberman, 2009). Seu brilho é fugaz e requer engenho e arte, um *daimon*, um *angelus novus*. Eros[13] é um *daimon*

12 Cf. Benjamin (1994a): "Nas noites de bombardeio da última guerra [a Primeira Guerra Mundial] novos astros brilharam no céu".

13 O daimon é o duplo invertido do corcundinha, pois se este é fatalidade e má-sorte, o daimon é boa-sorte e kairós. O kairós requer "presença de espírito", "metis" diante da fortuna, dessa temporalidade incerta que tudo dá sem motivo e retira daquele a quem

que habita espaços intermediários, limiares que são a "estreita porta por onde passará o Messias", porta que só se abre "um segundo", o instante decisivo, a instantaneidade dramática do décimo de segundos em que toda uma existência se resume e o acaso se torna História.

ofertou sem razão, Ra enchendo os homens de riquezas, ora os jogando no infortúnio. Porque o tempo presente é indeterminado, o passado necessário e o futuro contingente, a ação livre requer diferenciar o acaso na natureza (catástrofes naturais, tudo o que não depende de nós) e o acaso nas ações humanas. Se na natureza o acaso é o encontro de séries causais independentes entre si e que produzem algo imprevisto, o acaso na História recebe o nome de Fortuna: "quanto ao ser por acidente", escreve Aristóteles, "não necessário, mas indeterminado, suas causas são não ordenadas e em número infinito. Há finalidade no que devém por natureza ou provém do pensamento. Há fortuna quando um desses acontecimentos se produz por acidente [...]. A fortuna é uma causa por acidente daquele que escolhe normalmente segundo uma escolha refletida em vista de um fim. Assim, fortuna e pensamento relacionam-se com as mesmas coisas, pois a escolha não existe separada do pensamento. Mas as causas que produzem o que pode vir da fortuna são indeterminadas, donde se segue que a fortuna é impenetrável ao cálculo do homem" (*Metafísica,* livro K). Cf., ainda, Chaui (1999).

# – 10 –

# PROGRESSO E RECORDAÇÃO EM ERNST BLOCH E WALTER BENJAMIN

*Jörg Zimmer*[1]

Comemoramos este ano o 70° aniversário da morte de Walter Benjamin e o 125° aniversário de nascimento de Ernst Bloch; razão suficiente – no âmbito de um congresso que se interroga sobre uma "política do recordar", e que quer abordar esta questão, evocando Walter Benjamin e apoiando-se nele – para investigar as afinidades e diferenças entre estes dois pensadores que, desde perspectivas diversas, se encontram tão próximos entre si, e que, durante uma época (em 1926 em Paris), refletiram juntamente, empregando uma formulação de Ernst Bloch, de maneira quase "simbiótica". Bloch e Benjamin se conheceram em 1918, em Berna, durante o exílio na Suíça, depois de ambos terem escapado do serviço militar na Alemanha Guilhermina. Nos anos 1920, encontraram se várias vezes em Paris e Berlim, e depois de 1933, fugindo do nacional-socialismo, compartilharam o exílio em Paris. De acordo com uma carta de Bloch a Tiedemann, o editor de Benjamin, o intercâmbio foi oral,[2] sobretudo, de modo que a relação intelectual não está bem documentada. Uma resenha que Benjamin escreveu sobre *Espírito da utopia* (*Geist der Utopie*) de Bloch desapareceu, e no mencionado período

---

1 Facultat de Lletres/Departament de Filosofia, Universitat de Girona, Espanha. Tradução de C. E. J. Machado.

2 Cf. *Marbacher Magazin*, n.55, 1990, p.95.

existe apenas, da parte de Bloch, uma resenha breve sobre *Rua de mão única* (*Einbahnstrasse*), que foi publicada em seguida em *Herança desta época* (*Erbschaft dieser Zeit*).

Pois bem, são temas de destaque do pensamento de Benjamin – que certamente desempenham um papel importante num congresso sobre "política da memória histórica" –, não apenas sua teoria da rememoração (*Eingedenken*), mas também a crítica, intimamente ligada a ela, à ideia de progresso. Questão que mereceu de Bloch grande atenção, antes de tudo em sua teoria da não contemporaneidade (*Ungleichzeitigkeit*) do desenvolvimento histórico, desenvolvida em *Herança desta época*, obra temporalmente muito próxima das considerações de Benjamin; e posteriormente, nos anos 1950, de novo de forma explícita, no tratado para a Academia de Berlim, "Diferenciações no conceito de progresso" (*Defferenzierungen im Begriff Fortschritt*), em que Bloch se contrapõe à concepção simplificadora defendida pelo marxismo oficial na República Democrática Alemã. São também comuns a Benjamin e Bloch tanto a crítica ao conceito de tempo homogêneo e vazio, quanto a preocupação – ligada a essa crítica – em determinar a especificidade do tempo histórico, o que representa uma precisamente um pressuposto teórico e metodológico imprescindível para o conceito de memória (*Erinnerung*) histórica. Esta afinidade na crítica assim como a diferença na concepção de rememoração histórica são os temas de minha conferência, juntamente com a intenção de esclarecer a atualidade das ideias destes dois clássicos do pensamento crítico do século XX, também em relação com nosso esforço contemporâneo para salvar a memória histórica.

Comecemos com Bloch. O já mencionado tratado para a Academia de Berlim sobre o conceito de progresso (GA 13, p.118)[3] é importante, por um lado, porque representa uma teoria da história que se concentra no omitido, no esquecido pelo processo histórico – isto é: problematiza a figura do conceito linear-teleológico da história; por outro, porque contém uma discussão do conceito de tempo histórico que resulta indispensável para a reconstrução da teoria do recordar. Nenhuma reflexão sobre o recordar pode se omitir ao esclarecimento de sua concepção do tempo.

A teoria do progresso tem como pressuposto a teoria blochiana da não contemporaneidade do desenvolvimento histórico, o núcleo teórico do livro *Herança desta época*. A intenção de Bloch é herdar os conteúdos culturais da burguesia tardia que é preciso salvar, e torná-los efetivos diante da apropriação feita pelo fascismo (Dietschy, 1998, p.153 et seq). Metodologicamente,

3 Citamos a *Gesamtausgabe* das obras de Bloch (1977) como "GA", seguida pelo número do volume.

isto se dá por meio de um procedimento de montagem muito próximo ao de Benjamin, através do qual os fenômenos culturais da pré-história do fascismo, da "chamativa mescla de noite e manhã dos anos 1920" (GA 4, p.17), são compostos como na colagem e questionados tendo em vista conhecer sua possível recuperação. O teorema da não contemporaneidade – como também o tratado sobre o progresso – pretende dar conta da dialética de continuidade e ruptura no processo histórico; isto é, conceber em froma categorial o passado inconcluso que segue operante no presente. Desse modo, esta teoria está em condições de proporcionar informação sobre o que no presente mesmo dá um estímulo e uma ocasião para atualizar o passado histórico. Também neste ponto existe, pois, apesar de todas as diferenças que ainda teremos oportunidade de discutir, uma proximidade à concepção benjaminiana do tempo do agora (*Jetztzeit*) ou ao conceito de construção, já que ambos os pensadores se trata da atualidade da tradição e da pergunta por uma relação determinada entre presente e passado; relação que é ela mesma histórica.

A teoria da não contemporaneidade torna consciente que aquela ruptura com a história, que tem lugar por meio do progresso histórico, nunca é completa; de que rudimentos de modos de existência mais antigos são resgatados mediante essa ruptura na continuidade descontínua, e subitamente reaparecem, como contradição com tal continuidade, num presente que lhe é estranho a esta. Desde a perspectiva da não contemporaneidade, a recordação histórica significa rastrear esses vestígios ou estilhaços do passado que se encontram imediatamente presentes na atualidade, e introduzi-los de maneira consciente no presente por meio da apropriação de seu excedente utópico. A rememoração é sempre para Bloch o ato de tornar consciente o não realizado, tanto no passado quanto no presente.

A tradição histórica – em termos de Nietzsche – não pode ser mantida longe do presente desde uma perspectiva de "antiquário", não é possível fechar o livro da história (Nietzsche, 1977, p.209 et seq.). O acontecido que influi objetivamente no presente deve ser levado à consciência em sua mediação concreta com a situação histórica atual; "o agora em movimento" deve tornar-se "ao mesmo tempo mais amplo" (GA 4, p.22). Bloch pretende alcançar esta ampliação do conceito de presente, mediante a incorporação de seus conteúdos históricos atuais, por meio de uma dialética "multifacetada". O presente aparece ali como um campo de reação complexo de contradições sociais contemporâneas e não contemporâneas. Trata-se, pois de explicitar no presente "os elementos subversivos e utópicos, a matéria reprimida do que ainda não ocorreu" (GA 4, p.22). Precisamente, um conceito de progresso formal, linear, que se sente em condições de haver superado o passado, torna-se cego diante da repercussão do passado, e reduz o presente à suas formas de manifestações sociais e culturais contemporâneas; isto é, àquilo que surgiu genuinamente a partir da formação social atual. Bloch associa a exigência de uma rememoração da tradição perdida e devastada com a crítica ao pensamento abstrato, burguês e à demolição da tradição na modernidade capitalista: "pois, de maneira visível, no capitalismo e sua dialética não foi 'superada' a totalidade do desenvolvimento precedente" (GA 4, p.124). O "frio agora" da realidade capitalista deveria ser convertido em algo criticável mediante a elaboração daqueles fatores do passado que não puderam ser destruídos pela modernidade – isto é: mediante a recordação –, na medida em que se demanda a realização do desenvolvimento inconcluso.

Dialética multifacetada: assim Bloch designa a uma dialética de vários tempos e espaços que não apenas está interessada no movimento linear na história, mas antes de tudo na mediação de processos históricos heterogêneos naquele presente em que eles desembocam. Trata-se aqui mais de uma justaposição que de uma sucessão de conteúdos históricos; isto é, da ruptura com a representação segundo a qual o historicamente posterior é o melhor *ab ovo* e *a priori*. Bloch desenvolverá esta ideia no tratado sobre o progresso. Na medida em que, nessa dialética, o conceito cronemétrico-linear de tempo e a concepção de história – ligada a ele – como uma cadeia de acontecimentos são negados, e o tempo se manifesta em seus conteúdos históricos, tal dialética preenche o espaço do presente com conteúdos heterogêneos e tempos diversos. A tarefa da dialética é proporcionar uma mediação filosófica para os espaços de tempo (*Zeit-Räume*) coexistentes no caleidoscópico tempo-de-agora; isto é, tornar consciente o núcleo atual dos conteúdos temporais passados. Aí não se trata de levar à consciência do tempo-de-agora a coerência fechada da história, mas a "riqueza *incompleta* do passado" (GA 4, 126), ali onde torna-se manifesta a virulência concreta no próprio presente. Daí que o método desta dialética multifacetada em *Herança desta época* – semelhante ao que ocorre em Benjamin- seja a montagem filosófica como coerência aberta, ininterrupta, produzida entre o passado e o presente, a fim de liberar no presente as forças do passado. Nessa medida, a "formulação de Ernst Bloch sobre o trabalho das *Passagens*", que o próprio Benjamin reproduz nas *Passagens*, pode ser aplicada ao próprio Bloch como leitor de vestígios: "'A história mostra seu distintivo da Scotland Yard'. Foi num contexto de uma conversa", continua Benjamin, "em que explicava como esse trabalho – comparável ao método da fissão atômica – liberta forças gigantescas da história, que ficam presas no 'Era uma vez' da narrativa histórica clássica" (Benjamin, 2006, p.505; N3, 4).

Para Bloch, no trabalho sobre o rogresso não se trata de critica exaustivamente a ideia de progresso, mas sim de salvá-la por meio da reflexão sobre suas limitações. Isto ocorre na recordação das "perdas no progredir": "Mas tornou-se sempre claro, ao mesmo tempo, que um avanço com êxito não necessita ser de modo pleno e cabal. Algo pode se perder nele..." (GA 13, p.118). Bloch quer abrir um espaço para aquilo que foi historicamente esquecido no desenvolvimento, e deste modo introduzi-lo no processo do progresso. Trata-se, pois, de erodir os retrocessos no processo histórico implícitos no progresso. O conceito de progresso, no qual se introduz aqui correções orientadas para produzir diferenciações, remonta à ideia histórico-universal da Ilustração, segundo a qual, na história, se consuma um aperfeiçoamento constante da humanidade. Está ligada, na França, ao nome de Condorcet; na Alemanha remonta a Herder, e segue ativa nas filosofias clássicas da história de Kant e Hegel.[4] Quando, por exemplo, Hegel pôde escrever que a história universal é um "progresso na consciência da liberdade"– progresso que teríamos que entendê-lo em sua "necessidade" –, não se referia com isso, como se supõe frequentemente, a um automatismo do progresso: pois a consciência da liberdade está contida, inclusive na formulação escolhida, precisamente como aquela condição do progresso que deve se suceder e se desenvolver, de modo que o progresso real possa se realizar na história.

É o conceito linear do tempo o que constitui intelectualmente o automatismo do progresso. A série temporal vazia, pensada em analogia com o conceito de tempo da física clássica, é a que converte a história numa sucessão de acontecimentos na qual o historicamente acontecido, como consequência da limitação à mera sucessão, é considerado exclusivamente como algo pretérito. Neste caráter formalmente pretérito, os conteúdos da história devem ser considerados, desse modo, necessariamente, como fechado, e deles não emana nenhum impulso em direção ao presente. Precisamente neste ponto coincide o diagnóstico de Bloch com a intenção de Benjamin: Bloch também dirige sua crítica à "ideia de progresso *fetichista em termos temporais*", o nexo entre a concepção de tempo vazio e cronometrado e o conceito linear de tempo. Apenas um passado que não possua um caráter fechado temporal-formal, mas que contém ainda em seu seio – isto é: em termos de conteúdo, a partir da matéria mesma – potências não realizadas, pode desprender uma história ulterior, ou seja, ingressar mesmo de maneira não contemporânea no agora. Existe, junto ao progresso, um

4 A propósito de um conceito de progresso anterior a essas teorias clássicas e divergente delas, cf.: Zimmer (1999, p.39 et seq.).

desenvolvimento no próprio assado que produz repercussões: "Se não fosse assim, não existiria nenhuma *herança cultural* capaz de seguir influenciando [...] Esses grandes excedentes culturais do acontecido se encontram [...] eles mesmos envolvidos num progresso específico, com aspectos de seu conteúdo que vez por outra se tornam acessíveis" (GA 13, p.122). Se a tradição cultural estivera ligada às condições sociais de sua gestação, não haveria uma história da recepção das construções culturais. A cultura é totalmente não contemporânea, esconde latências ainda não extintas, e as condições de possibilidade de seu conhecimento são produzidas apenas pelo próprio processo histórico: uma ideia que se encontra também entre as intenções centrais da teoria benjaminiana da história.

Assim surge uma relação dialética entre passado e presente que tem que escapar necessariamente à concepção formal do tempo, que separa o tempo histórico de seus conteúdos; conteúdos a partir dos quais, portanto, o tempo se manifesta e torna-se acessível. A fim de poder captar a polifonia de desenvolvimentos históricos que assim se produz, Bloch dissolve o conceito linear de tempo histórico num tecido de tempos plenos de conteúdo, num *multiversum* de conteúdos históricos dentro do presente. Trata-se, para ele, diante da hierarquização das épocas, de "uma espécie de abordagem espacial na linha temporal histórica" (GA 13, p.128); isto é, trata-se da não contemporaneidade como uma justaposição e sucessão de épocas diversas no espaço do presente. Trata-se de uma "plenitude metodológica de tempo e de entrelaçamento de tempos; de uma amplitude espacial, pois, no fluxo histórico representado..." (GA 13, p.128). Para descobrir no próprio presente espaço de formas do ser já passadas, Bloch completa o tempo cronometrado por meio de um conceito elástico do tempo; para empregar termos de Benjamin, contempla o "tempo homogêneo e vazio" com uma estrutura temporal heterogênea, saturada, no sentido sócio-histórico. O ontem segue vivendo no hoje.

Essa formulação de uma estrutura temporal elástica representa uma crítica às limitações do conceito de tempo clássico da modernidade. O cálculo racional do tempo e seu tempo objetivamente mensurável subordinam os diversos ritmos de desenvolvimento histórico, e identificam a linearidade vazia do tempo com o progresso. Diante desta compreensão objetiva do tempo, como também diante à redução do tempo ao tempo da vivência subjetiva, Bloch formula uma teoria do tempo histórico que reúne, novamente, o tempo com seus conteúdos e ritmos de desenvolvimento sociais: "O tempo existe apenas na medida em que algo aconteceu, e apenas lá onde algo aconteceu" (GA 13, p.129). Em sua teoria das categorias, no livro *Experimentum Mundi*, Bloch formulou com precisão, dizendo que os conteúdos que constituem o tempo, de acordo com seu desenvolvimento contêm, em cada caso, um tempo específico próprio: "todo o vivo possui, de acordo com a medida de sua vida, seu próprio tempo; retrocede detrás do tempo uniforme dos relógios, o ultrapassa, e isto se faz não apenas enquanto ao ritmo" (GA 15, p.104). Submeter este tempo próprio a um cálculo temporal unificador significa submeter a especificidade dos diferentes desenvolvimentos a uma medida unitária. Diante disso, trata-se de permitir e assegurar , para cada um destes desenvolvimentos, sua própria medida: "Em suma, o tempo não é nunca um esquema abstrato de transformação, senão um espaço de movimento concreto e elástico, que se transforma juntamente com a forma e o conteúdo da própria transformação" (GA 15, p.106).

Apoiando-se nas diferenciações do tempo feitas por Kant na *Crítica da razão pura*, é possível mostrar, concretamente, em que lugar se colocam as diferenciações blochianas. Na medida em que, apoiando-se na física clássica, define o tempo como uma forma de intuição *a priori* – isto é, como condição de possibilidade formal dos fenômenos –, Kant se distancia da objetividade: o fenomênico não é possível sem tempo, mas o tempo pode ser pensado enquanto tal de maneira pura, sem seus conteúdos. Existe como uma fonte de conhecimento puro, *a priori*, em relação aos objetos do conhecimento. E o tempo puro é unidimensional: Kant representa "a sucessão temporal por meio de uma linha que se prolonga no infinito, na qual o múltiplo constitui uma série que tem apenas uma dimensão".[5] Por mais que possam ser questionadas, desde o ponto de vista formal, estas definições, deixa em aberto a pergunta, se o tempo em geral pode ser simplesmente experimentado se o dissocia da realidade que nele se manifesta. Fica esclarecido como os fenômenos ingressam necessariamente à consciência no tempo, mas não como um tempo determinado pode se converter o mesmo em objeto da consciência. O tempo puro é amorfo e não pode ser experimentado. É experimentado em suas objetivações; isto é, em sistemas de relações concretos nos quais sua infinitude formal aparece na finitude e nas determinações materiais. No conceito kantiano de tempo que, como já foi dito, é apenas a expressão filosófica do conceito de tempo da física clássica, o específico do tempo histórico não pode ser captado. No conceito linear de progresso mostra-se como a unilateralidade deste conceito clássico de tempo na filosofia burguesa da história simplesmente é transferida, de maneira inadmissível, para a história.

Diante disto, Hegel sustentou que o tempo está carregado de conteúdos, e que isto é constitutivo para o conceito de tempo histórico. Aqui, como

5 Kant, *Kritik der reinen Vernunft*, p.50.

se expõe na *Fenomenologia do espírito*, o tempo é "o devir *intuído*",[6] ou seja: o desenvolvimento concreto, e não apenas a condição de sua possibilidade. Hegel conserva as definições kantianas do tempo como forma pura da sensibilidade, mas, ultrapassando-as, deixa manifestas suas insuficiências:

> No tempo, diz-se, *nasce e perece* tudo; mas se faz abstração do todo, isto é, da realização do tempo, assim como a realização do espaço, fica o tempo puro como espaço vazio; ou seja, estas abstrações são expostas à exterioridade, e representadas como existissem para si. Mas nem tudo nasce e perece *no* tempo. Senão que o tempo é este *devir*...[7]

O tempo, para Hegel, só pode ser captado na própria mudança. Na medida em que funda a unidade do tempo em seus conteúdos em processo de transformação, em sua filosofia se encontra a primeira especificação de um conceito material-qualitativo do tempo histórico. Bloch pôde tomar e pontualizar precisamente este modelo. Não contemporaneidade é, de acordo com ele, a presença material da tradição histórica – cujo tempo formal já transcorreu há muito – no presente. Bloch só pode fazer isto na medida em que pontualiza a teoria de Hegel – que se atém à continuidade do tempo – por meio de um conceito descontínuo do tempo: se o tempo está ligado aos desenvolvimentos, o é na medida em que os desenvolvimentos se detêm ou inclusive interrompem, mas também podem ser retomados, de maneira descontínua. Precisamente como os diferentes desenvolvimentos parciais têm sua própria temporalidade, e por isso não podem ser submetidos a uma medida temporal unitária, a continuidade temporal é alheia ao pensamento de Bloch. Para Hegel, como pensador do *continuum* da história, o passado está sempre fechado e, pode se dizer, foi devorado por Cronos; consequentemente, o desenvolvimento encontra-se definido e pronto, de modo que apenas deve ser assumido pelo saber; esta é justamente a ideia que conduz desde Hegel ao historicismo do século XIX, tão exaustivamente criticado por Benjamin. Para Bloch, ao contrário, o progresso é a unidade dialética de continuidade e ruptura: o desenvolvimento deve ser pensado fundamentalmente como inconcluso, e pode ser recuperado e continuado por meio da recordação. O recordar histórico significa, pois, perceber e realizar um fator de possibilidade no passado.

A elasticidade do tempo na história é resultado da heterogeneidade do material histórico. Para tornar compreensível o tecido de diversas concentra-

6 Hegel, *Enzyklopädie der philosophischen Wissenschaften*, § 258.
7 Hegel, *Enzyklopädie der philosophischen Wissenschaften*, § 258.

ções de tempo, de diversas intensidades de movimento e desenvolvimento que confluem no presente e as tendências heterogêneas dentro de tal presente, Bloch demanda, em analogia com o espaço de Riemann, um tempo de Riemann: "Isto é, uma mediação do espaço que pode ser captada com variações, segundo a distribuição e, antes de tudo, segundo conteúdos finais – dispostos mesmo que de modos bem diversos – da matéria histórica" (GA 13, p.136). Bloch traduz ao modo de entender o tempo a concepção não euclidiana do espaço do matemático Bernhard Riemann, segundo a qual "o campo de mediações espaciais não foi dado de modo fixo de uma vez por todas, senão que se encontra numa relação de dependência causal com a matéria, e se transforma com esta" (GA 13, p.133). Assim como na teoria do espaço de Riemann o campo de mediações depende de um sistema de referencias material, Bloch faz que a concentração material da mediação do tempo dependa da *"heterogênea distribuição da matéria histórica"* (GA 13, p.133) que deve expressar tal mediação. Nesta analogia e sua função heurística, desenvolvimentos heterogêneos e condensações diversas no processo histórico possam ser representados na própria estrutura temporal. Isto permite a Bloch mostrar na forma categorial um progresso no passado e, consequentemente, sua repercussão ou sua história posterior na marcha do processo histórico: "o progresso mesmo não se desenvolve, pois, em nenhuma linha temporal homogênea, se desdobra, além disso, em diversos níveis temporais subjacentes ou superpostos" (GA 13, p.137).

A concepção blochiana do progresso, como uma unidade e pluralidade abertas de desenvolvimentos heterogêneos, cria, na consciência do presente, um espaço para potências não realizadas do passado. Apenas onde o passado, de acordo com a possibilidade, possui ainda um presente, pode ter lugar a recordação. O conceito linear de progresso modifica o passado, e a memória histórica expressa, então, uma relação com a história puramente antiquária ou arquivista, enquanto somatória de fatos ou, no melhor dos casos, "bens culturais". O conceito blochiano de progresso, ao contrário, implica o aproveitamento de desenvolvimentos não contemporâneos, visando centralizar e acentuar o acontecer histórico. Na medida em que o passado é aproveitado novamente no presente – isto é, não é aquilo que o progresso deixou às suas costas, mas o que pode ser objeto do progresso por meio da recordação –, Bloch coloca à disposição um procedimento que interrompe o tempo cronometrado e produz, assim, contextos ou relações de sentido. Elementos historicamente bem distantes entre si aparecem, sobre a base de correspondências de conteúdo, numa proximidade objetiva dentro do presente. "Recordar" significa aqui dar contas das perdas no progredir, introduzir o esquecido na história dentro do desenvolvimento atual. Aqui reside o caráter especificamente político da teoria blochiana do recordar, e sua atualidade para os propósitos que nos reúnem neste seminário.

Voltemos agora a Walter Benjamin. A crítica de Bloch ao conceito de tempo vazio e homogêneo não encontra talvez em nenhuma teoria do progresso uma afinidade maior que na de Benjamin. Esta afinidade na orientação da crítica deve ser ainda desenvolvida, sem perder de vista a diferença em relação às intenções fundamentais de ambos pensadores. Se Bloch, ao problematizar o conceito de progresso, tem como determinação salvá-lo, Benjamin se propõe a uma crítica exaustiva do progresso na história. Em *Herança desta época*, Bloch destaca antes de tudo sua coincidência metodológica com Benjamin, isto é: a atenção característica "para o modo de pensamento surrealista", "para conteúdos frequentemente divergentes ou desaparecidos" (GA 4, p.368); o princípio de montagem como "forma de interrupção, como forma para a improvisação e para os súbitos olhares transversais, para os detalhes e fragmentos que não almejam, de qualquer modo, nenhum sistema" (GA 4, p.369). Esta metodologia, que é característica de Benjamin, serve sistematicamente em Bloch para obter vias de acesso aos problemas filosóficos. A marcha do pensamento representa uma condensação sistemática do individual, e o problema encontrado no fragmento é transposto a contextos cada vez mais regulares. Este procedimento é alheio a Benjamin. Para ele, a *spes* (esperança, em latim) de Andrea Pisano, na porta do batistério de Florença, é a alegoria da esperança verdadeira: Pisano apresenta a Esperança alada sentada num banco, estendendo as mãos a um fruto. Benjamin escreve a respeito: "ela está sentada e, desamparada, eleva os braços a um fruto que lhe é inacessível. Nada é mais verdadeiro" (GS IV, p.82). Se se observa a *spes* com maior atenção, percebe-se que ela poderia alcançar o fruto: concretamente, se se colocasse de pé alcançaria intencionalmente o objeto da esperança. Também Bloch caracterizou a *spes* em *Princípio esperança*: "sentada, espera, mesmo tendo asas, e apesar delas se levanta, como Tântalo, os braços a um fruto inalcançável. A esperança, por isso, com menos dotes que a recordação, pode parecer, pelo lado da incerteza, um mal, e o enganoso, o infundado nela, é certo!" (GA 5, p.388; Bloch, 2005, p.327). O gesto de frustração é, para Benjamin, sua verdade, e a diferença que separa Bloch de Benjamin consiste precisamente na intencionalidade da esperança como *docta spes*.[8] *Para Benjamin, ao contrário, a verdade da Spes* consiste na não intencionalidade de seu gesto. Esta diferença entre desenvolvimento intencional e verdade não intencional deve ser retida

8 (Latim): docta esperança. (N. T.)

além de todas as semelhanças. O próprio Bloch expressou nestes termos a diferença:

> A prática filosófica surrealista é modelar enquanto polimento e montagem de fragmentos, que, no entanto, seguem sendo tais, de maneira pluralista e sem relação entre si. É constitutivo como montagem que constitui a partir de trechos de ruas reais, de tal maneira não a intenção, senão o fragmento morre na verdade, e é empregado para a realidade; também as ruas de mão única têm uma meta. (GA 4, p.371)

Benjamin, como Bloch, vincula a crítica do progresso com a crítica da concepção cronométrica do tempo na história: "A representação de um progresso do gênero humano na história é inseparável da representação da realização desta ao lado de um tempo homogêneo e vazio. A crítica à representação de tal realização deverá constituir a base da crítica a tal representação do progresso" (GS I, p.701). Para Benjamin, trata-se de fazer saltar o *continuum* da história. Sua crítica ao progresso possui dois aspectos: de um lado, é crítica a um progresso que se refere apenas à soma acumulada de progressos técnicos; este progresso reconhece "unicamente os progressos do domínio da natureza, mas não quer reconhecer os retrocessos da sociedade" (GS I, p.699). Por outro lado, no entanto, oferecendo uma contrapartida a este progresso meramente técnico, mobilizando forças contra ele, a crítica benjaminiana do progresso possui um aspecto metodológico, que se aproxima das intenções de Bloch: o fato de fazer saltar o *continuum* da história abre o campo de visão para a atualidade da tradição histórica. O passado ingressa no presente, a história se torna presente:

> O materialista histórico não pode renunciar ao conceito de um presente que não é transição, senão que chegou a se reter (*Stillstand*) no tempo. Pois tal conceito define o presente em que escreve a história por conta própria. O historicismo formula a imagem "eterna" do passado, o materialista histórico em contrapartida formula uma experiência com ele que é única. (GA 4, p.371)

Contrariamente ao tempo "homogêneo e vazio", Benjamin formula "uma espécie de tempo concêntrico, que se situa no presente de maneira perspectiva. Benjamin cunhou para isto o conceito de "tempo-agora" (*Jetztzeit*), de tendência estritamente categorial" (Holz, 1956, p.543 et seq.; cf. também Holz, 1992). Com o conceito de tempo-agora, Benjamin, como Bloch, dirige-se contra o conceito antiquário da história, que rebaixa os conteúdos históricos a bens culturais e os mantêm distantes do presente.

O tempo pleno é a relação ou constelação específica de um presente determinado – extraída do curso processual – e o conhecimento único que tal tempo pode ter do passado apenas neste momento. Todo presente possui a oportunidade única de liberar uma visão nova e única do assado, e por consequência não é mera transição na linha do tempo, senão *médium* do conhecimento histórico. Esta oportunidade pode ser desaproveitada, como sugere inequivocamente Benjamin: "'A verdade não nos escapara'. Esta frase de Gottfried Keller designa no quadro histórico do historicismo o lugar preciso em que este é derrotado pelo materialismo histórico. Seria uma imagem irrecuperável do passado a que ameaça com o desaparecer com qualquer presente porque este não se reconhece intencionado nele" (GS II, p.468).

A história se converte, no procedimento de Benjamin, em objeto de uma "construção": o contexto histórico é desarticulado para liberar no presente as forças do passado. Objeto da construção é o passado carregado do tempo--agora: nele se estabelece uma correspondência entre passado e presente que afeta o núcleo atual da tradição. A diferença de propostas como as de Bloch para pensar a história como desenvolvimento, a construção significa uma suspensão do acontecer através do "salto do tigre no passado"(GS I, p.701). Este método se dirige explicitamente contra o historicismo, pois seu proceder histórico-universal "proporciona a massa de fatos para preencher o tempo homogêneo e vazio" (GS I, p.702). Ao contrário, o método de construção consiste em resgatar os conteúdos históricos de um desenvolvimento que representa uma história da tradição dos poderosos, dos vencedores da história: "O materialista histórico se aproxima de um assunto da história unicamente, apenas quando tal assunto se lhe apresenta como mônada. Nesta estrutura reconhece o signo de uma detenção messiânica do acontecer ou, noutros termos: de uma conjuntura revolucionária na luta a favor do passado oprimido" (GS I, p.703). "Construção" significa um método de rememorização atualizadora e, sem dúvida, está bem próximo do conceito blochiano do recordo histórico atualizador. A ambos autores lhes importa o novo, ainda não visto na tradição deve ganhar efetividade política no espaço do presente, suas orças devem liberadas dentro deste. E para ambos, o progresso autêntico, para citar Benjamin, "não está em seu elemento na continuidade do curso do tempo, mas sim em suas interferências" (GS V, p.593).

Mas por mais claro que resulte também neste ponto o propósito, comum a Bloch e Benjamin, de fundar na recordação atualizadora de uma tradição contraposta com a dominante, coloca-se de manifesto de maneira incisiva, ao mesmo tempo, a necessidade de dar conta de suas diferenças teóricas. No conceito benjaminiano de mônada revela que a construção representa uma configuração singular do passado e presente, que se cristaliza numa situação histórica e que, portanto, é produzida a partir do movimento do processo. Bloch, ao contrário, concebe a recordação como recuperação do desenvolvimento reprimido; pretende, portanto, colocar novamente em movimento o objeto da recordação desaproveitada na história, fixado como fato histórico, e integrá-lo assim no desenvolvimento histórico atual. Bloch formula assim o presente como *médium* de mediação entre passado e futuro, e isto significa sempre uma intervenção intencional sobre a tradição à qual Benjamin refuta por princípio. Significa, além disso, uma diferença no próprio conceito de história: Bloch vê a história como um campo de possibilidades no qual as intenções podem intervir de maneira razoável; no qual, pois, pode ter lugar, potencialmente, a realização das finalidades humanas. Para Benjamin, ao contrário – como revela a relação ao conceito teleológico do messiânico –, trata-se de redimir a história. Nesta diferença enquanto ao próprio conceito de história reside a distinção entre a verdade desprovida de intenção que relampeja na imagem dialética e a práxis intencional. Desenvolver claramente esta distinção significa obter o conteúdo teórico dos modelos da rememoração histórica; dos dois modelos, portanto, do recordo político, cuja necessidade reconheceram Benjamin e Bloch ao desenvolver suas críticas ao conceito de progresso.

Vejamos com maior detalhe esta diferença enquanto ao conceito de história. Benjamin escreve, numa passagem importante: "Há que basear o conceito de progresso na ideia de catástrofe. Que isto 'siga acontecendo' *é* a catástrofe. Ela não é o iminente em cada caso, senão que está dado em cada caso" (GS V, p.592). Aqui se expressa uma negação radical da ideia de localizar o progresso no próprio processo histórico. Benjamin expressou numa imagem muito eloquente nas *Passagens* a negatividade da história, na qual não pode haver nenhuma realização, mas apenas uma redenção: "Marx diz que as revoluções são as locomotivas da história universal. Mas talvez é para ele algo totalmente distinto. Talvez as revoluções são o movimento pelo qual o gênero humano que viaja neste trem, puxa o freio de emergência" (GS I, p.1232). Com a imagem do freio de emergência, Benjamin se volta contra a ideia de desenvolvimento em geral. Almeja romper com o contexto histórico por meio de motivos do pensamento teológicos. Seu anjo da história

> Virou o seu rosto para o passado. Onde para nos se manifesta uma cadeia de fatos, ele vê uma cadeia de fatos, vê uma catástrofe única que amontoa incansavelmente ruína sobre ruína, acumulada a seus pés. Gostaria de deter-se, despertar os mortos e recompor o que foi destroçado. Mas desde o paraíso sopra um furacão que atinge suas asas e que é tão forte que o anjo não pode mais fechá-las. Este furação o impele irremediavelmente ao futuro, a qual lhe

> dá as costas, enquanto que o amontoado de ruínas crescem diante dele até o céu. *Este* furacão é o que nós chamamos progresso. (GS I, p.697 et seq.)

A esperança autêntica não se relaciona, portanto, como em Bloch, a uma tendência possível na história, mas que se dirige como uma força messiânica em contraposição à tendência do processo histórico. Daí que o anjo não se dirija a nenhum futuro, senão ao passado: na recordação, tornam-se reconhecíveis forças messiânicas que estavam ocultas na história: o instante da recordação é o instante do perigo; nele a imagem da recordação entra involuntariamente – isto é, de maneira não intencional – numa constelação:

> O raio que cai no agora de sua cognocibilidade é, de acordo com sua definição ulterior, uma imagem da recordação. Assemelha-se às imagens do próprio passado, que se apresentam aos homens no instante do perigo. Estas imagens aparecem, como se sabe, de forma involuntária. História em sentido estrito é, portanto, uma imagem procedente da rememoração involuntária, uma imagem que se apresenta subitamente ao sujeito da história no instante do perigo. (GS I, p.1243)

Nesta índole involuntária da imagem dialética é possível captar as diferenças com Bloch: na teoria da não contemporaneidade, as imagens do passado histórico ainda disponíveis no presente são indagadas tendo em vista descobrir suas possibilidades de desenvolvimento; isto é, são continuadas de maneira intencional. O fator do futuro no passado se encontra nas novas determinações que se acrescentam ao presente atualizador. Na recordação involuntária de Benjamin falta toda intenção, já que aqui a atualidade, o verdadeiro da tradição, se apresenta como um raio ao sujeito do conhecimento. Não se trata do interesse cognocitivo do historiador, mas de uma "presença de ânimo" no instante de sua cognocibilidade, à hora de deter-se e, desse modo, salvar um fragmento da história: "a verdadeira imagem do passado", escreve Benjamin, "transcorre rapidamente" (GS I, p.695). Para Benjamin não se trata, diferentemente de Bloch, de um processo cognitivo dentro da história, senão daquilo que escapa à marcha do processo histórico: isto é: de uma experiência singular da história, da *mémoire involuntaire* do instante histórico e sua "força de chave [...] para uma habitação do passado muito específica, até então fechada" (GS I, p.1231).

Ao conceito benjaminiano de história como permanência da catástrofe se contrapõe a filosofia blochiana da possibilidade na medida em que, nesta, a história aparece como um movimento em que estão potencialmente implícitos tanto a catástrofe como o progresso real. Mas como o processo necessariamente encerra cada vez mais possibilidades, desde a perspectiva de Bloch se trata de mobilizar as forças do passado contra desenvolvimentos catastróficos. Cabe chamar atenção que Bloch e Benjamin se remetem a uma história aberta, inconclusa, e que atualizam teoricamente as esperanças do passado. O conceito blochiano de recordação é, pois, epistemológico, e se remete à história de influência da tradição, enquanto que o conceito de recordação acentua uma experiência singular com a história. Completam-se, portanto, dois modelos de recordação histórica. Precisamente a ocasião desta recordação, a consciência moderna do tempo e progresso que instigam aos homens incessantemente a dirigir-se a um futuro cego, que torna a vida cada vez mais veloz e, por isso, necessariamente, menos consciente, lança luz sobre a função social e política da recordação, que precisamente – como se sabe – assinalaram especialmente a posição intelectual de Benjamin: deter a necessidade, refletir sobre o processo histórico interrompendo-o, e desenvolver maior atenção ao todo do que se perdeu no curso do chamado progresso.

# WALTER BENJAMIN: "MONTAGEM LITERÁRIA", CRÍTICA À IDEIA DO PROGRESSO, HISTÓRIA E TEMPO MESSIÂNICO[1]

*Carlos Eduardo Jordão Machado*[2]

Walter Benjamin desenvolveu do final dos anos 1920 até sua morte em 1940 uma obra incomensurável e que só foi publicada pela primeira vez em 1982, *A obra das passagens*, organizada por Rolf Tiedemann. É nela que Benjamin desenvolve de maneira unívoca e dialética sua crítica à ideia de progresso, num capítulo intitulado, pelo organizador, de "Teoria do conhecimento, teoria do progresso". Benjamin desenvolve uma versão própria do materialismo histórico livre do conceito de progresso e propõe, no seu lugar, o conceito de "atualização" – uma reformulação do conceito de progresso? Em seguida, pretendo discutir algumas teses de seu último texto, "Sobre o conceito de história", de 1940, confrontando-as com seus interlocutores contemporâneos mais próximos, como Theodor Adorno, Ernst Bloch e, sobretudo, Siegfried Kracauer. Todos eles vão tirar proveito para suas interpretações originais do tempo histórico da crítica de Benjamin à ideia de progresso – a ruptura em contrapartida ao *continuum.*[3] *Em seu livro póstumo,*

1 O presente artigo é uma versão ampliada de minha comunicação apresentada no *III Seminario Internacional Políticas de la Memoria. "Recordando a Walter Benjamin: Justicia, Historia y Verdad. Escrituras de la Memoria"* Buenos Aires, 28, 29 y 30 de octubre de 2010

2 Professor do Dep. de História FCL – UNESP – Assis.

3 Na vasta bibliografia sobre a obra de Walter Benjamin, não se pode deixar de mencionar o exaustivo estudo (póstumo) de J-M Palmie (2006).

*History – The Last Things Before the Last,* Kracauer explicita sua concordância com a crítica de Benjamin à ideia de progresso e com o conceito de Marx da desigualdade temporal do desenvolvimento histórico, *isto* é, o conceito de "não contemporaneidade" (*Ungleichzeitigkeit*),[4] conceito também caro a Ernst Bloch na sua interpretação da história alemã;[5] para, por outro lado, ao final, lançar para o debate, alguns argumentos críticos de Kracauer em relação ao conceito de "tempo messiânico" de Benjamin.

***

Essa obra monumental de Benjamin teve origem, enquanto modo de escrita capaz de captar o mundo descontínuo das coisas – o momento de ruptura dos processos –, na coleção de aforismos escrita entre 1923-1926 e que apareceu em livro em 1928, *Einbahnstrasse* (Rua de mão única).[6] É nessa coleção que começa a experiência da "montagem literária". Método expositivo capaz de reunir de modo reflexivo fragmentos aparentemente desconexos da realidade exterior, dando lhes um significado explosivo – nas palavras de Kracauer, na resenha ao livro –, "revolucionário" (Kracauer, 2007b, p.284); reunindo imagens dos sonhos e da memória; objetos aparentemente sem importância, dejetos (*Abfälle*); são micrologias que compõem um mosaico – formando "constelações dialéticas".

A "montagem literária" do pequeno livro permite reunir uma multiplicidade de formas de texto aparentemente disparatadas, um caleidoscópio, são citações de várias procedências: cartazes, relatos de sonhos, locais, ambientes, axiomas, fábulas, recordações, objetos, provérbios e modos de fala, utensílios domésticos, brinquedos infantis, moradias, embaixadas, roupas e apetrechos de vestuário, plantas, locais de trabalho, panoramas, provocações sobre os acadêmicos e seus "métodos críticos", o hábito alemão de beber cerveja; mendigos, ambulantes, proletários e snobes e gente simples povoam seus aforismos; coleção de selos das mais variadas procedências; ruas e gentes de várias cidades como Paris, Berlim, Marselha, Sevilha, Moscou, Riga etc.; considerações sobre a infância e as escolas, a disciplina prussiana,

---

4 Sobre o conceito de "não contemporaneidade" ou da dialética entre contemporaneidade e não contemporaneidade e como tirar proveitos políticos dos elementos não contemporâneos, ver, no meu livro, o capítulo "Sobre a *Herança desta época* de Ernst Bloch" (Machado, 1998).

5 Ver o magistral capítulo: "Ungleichzeitigkeit und Berauchung" [Não contemporaneidade e embriaguez] (Bloch, 1985).

6 Faço uma aproximação entre a "montagem literária", em *Rua de mão única* de Benjamin, o uso da "montagem mediata" na coleção de narrativas em *Vestígios* de Bloch e a "literatura sociológica" em *Os empregados* de Kracauer. Cf. Machado (2008a).

o militarismo, a luta de classes; coleções de antiguidades, mapas, achados e perdidos; o poeta vienense Karl Kraus e vários personagens literários; igrejas e sinagogas, citações da Bíblia e do Talmud, museus, parques de diversões, hospitais, asilos, restaurantes, postos de gasolina e de prontos-socorros, quinquilharias, máscaras, agência de apostas, quiromantes etc. Aqui me interessa destacar o diagnóstico que traça sobre o presente alemão mais próximo: "Viagem através da inflação alemã".

É o "Panorama imperial", uma composição dividida em quatorze partes. Começa extraindo consequências críticas dos modos de fala [*Redewendungen*] do burguês alemão nos quais evidencia uma espécie de amálgama de "estupidez e covardia" [*Dummheit und Feigheit*], de fatalismo, já que "assim não pode mais continuar". Com o fim da Primeira Guerra Mundial, a situação econômica do homem médio mudou drasticamente, colocando por terra a relativa estabilidade que o favorecia, criando uma nova situação, mas, observa, "já antes da guerra havia camadas para as quais as relações estabilizadas eram a miséria estabilizada" (GS IV-1, p.94 / OE II, p.20). Com a inflação, se configura uma nova *ratio,* aquela que passa a contar com "os fenômenos de declínio [*Erscheinungen des Verfalls*] como o puramente estável" (GS IV-1, p.95 / OE II, p.20). A contrapartida é dirigir a atenção para o extraordinário, na expectativa de um milagre, já que assim não pode continuar, senão lhe resta apenas o "aniquilamento" [*Vernichtung*]. Uma situação paradoxal que engendra um amesquinhamento: "as pessoas só têm em mente o mais estreito interesse privado quando agem, mas ao mesmo tempo são determinadas [...] pelos instintos da massa. E mais do que nunca os instintos da massa se tornaram desatinados e alheios [*fremd*] à vida" (GS IV-1, p.95 / OE II, p.21). Um estado em que o indivíduo se amesquinha, centrado no seu "próprio inferior bem-estar" e "a diversidade de alvos individuais se torna irrelevante". Algo semelhante ao que Kracauer (1977, p.50-63) caracteriza como aquele processo no qual a massa se transforma em ornamento, anulando as características individuais. Nas palavras de Benjamin: "De modo que nela a imagem da estupidez se completa: insegurança, perversão mesmo, dos instintos vitalmente importantes, e impotência, declínio mesmo, do intelecto". E completa: "É a disposição da totalidade dos burgueses alemães" (GS IV-1, p.95-6 / OE II, p.21). No centro dos interesses está o dinheiro. É a miséria estabilizada: "É impossível viver em uma grande cidade alemã, na qual a fome força os mais miseráveis a viver das notas com as quais os passantes procuram cobrir uma nudez que os fere". Uma situação que lembra a sordidez retratada em um quadro de Otto Dix, no qual um mutilado de guerra, cego, é ignorado pelos passantes, sem ser respeitado nem mesmo por um vira-lata que urina sobre sua perna aleijada.

Otto Dix, *Streichholzhändler* (Vendedor de caixas de fósforos), 1920. Óleo sobre tela, 141 cm X 166 cm; Staatsgalerie, Stuttgart.

Outro modo de fala: "pobreza não é desonra" ou "quem não trabalha não come". Benjamim inverte o princípio de Adam Smith, no qual haveria uma "mão invisível" a regular no mercado os apetites egoístas, para denunciar a falsidade do provérbio: "Mas é a desonra, sim, essa penúria, da qual milhões já nascem dentro, e em que são enredados centenas de milhares, que empobrecem. Sujeira e miséria crescem como muros, obra de mãos invisíveis, em torno deles" (GS IV-1, p.97 / OE II, p.22). Uma calamidade exposta aos olhos de todos, mas cujas causas reais permanecem obscuras, mesmo que sejam alardeadas diariamente pela imprensa. A falta de clareza sobre as potências efetivas da situação de crise gerada pela inflação é ilustrada ironicamente por um francês espirituoso que diz: "Nos casos mais raros, um alemão terá clareza sobre si. Se alguma vez tiver clareza, não o dirá. Se o disser, não se fará compreensível". (GS IV-1, p.97 / OE II, p.23). E conclui Benjamin:

> O mais europeu de todos os bens, essa ironia mais ou menos conspícua com que a vida do indivíduo pretende transcorrer em disparidade com a existência de toda e qualquer comunidade em que ele esteja encravado, está inteiramente perdido para os alemães. (GS IV-1, p.97 / OE II, p.23)

O diálogo desaparece entre as pessoas, no lugar da consideração pelo outro, impõe-se um "outro" de caráter impessoal: o *dinheiro*, que se torna o objeto do pensamento e da fala (GS IV-1, p.98). Uma visão conformista, através da qual o indivíduo nada mais faz do que justificar a sua permanência, a sua atividade e sua participação "nesse caos" (GS IV-1, p.98). É um enceguecimento [*Verblendung*] geral. Benjamin não deixa de relevar de que modo teorias da vida e visões de mundo como sanção de uma situação privada "totalmente insignificante (GS IV-1, p.98 / OE II, p.24). E completa: "Por isso mesmo o ar está também tão cheio de ilusões, miragens de um futuro cultural que apesar de tudo irrompe florescente da noite para o dia, porque cada qual se compromete com as ilusões óticas de seu ponto de vista isolado" (GS IV-1, p.98-9). Perderam o contorno da pessoa humana e o calor das coisas desapareceu: "uma pesada cortina cobre o céu da Alemanha". Dos homens a seu lado não se deve esperar nenhuma ajuda. É a descrição crítica de uma situação social de decomposição, de desaparecimento de qualquer vínculo entre os indivíduos e a proliferação generalizada de um ímpeto evasivo, fértil de "falsa consciência", conforme Kracauer (1971) analisa em *Os empregados*, na figura dos "quartéis do prazer" e do "asilo para os sem teto".

***

O livro de Benjamin obteve uma acolhida entusiástica tanto de Ernst Bloch como de Kracauer. Este último dedicou-lhe um ensaio, "Sobre os escritos de Walter Benjamin", publicado no *Frankfurter Zeitung*, em julho de 1928, no qual saúda não só seu magistral *Origens do drama barroco alemão*, como também *Einbahnstrasse*, que foram publicados no mesmo ano (1928). Para Kracauer (2007b, p.249), este último é "uma coleção de aforismos que, em uma rede de vias pouco conhecidas, se ramificam ou confluem nos fenômenos da vida contemporânea". Segundo ele, Benjamin "quer despertar o mundo de seu sonho" (Kracauer, 2007b, p.253) com seus aforismos radicais. São: "relatos curiosos de sonhos; cenas de infância e inúmeros medalhões dedicados a lugares exemplares de improvisação (como mercados, portos etc.), cujos contornos delicados lembram baixos-relevos; declarações sobre o amor, a arte, livros e política, muitas das quais registram às vezes descobertas surpreendentes da meditação" (Kracauer, 2007b, p.253). Destaca a importância central do capítulo "Panorama imperial", isto é, sua tentativa de caracterizar a inflação na Alemanha. Seu alvo é claro: mostrar a "estrutura descontínua do mundo"; os aforismos anunciam "o fim da era burguesa". Com pleno conhecimento dos propósitos intelectuais de Benjamin, traça um paralelo entre o conjunto de aforismos e o livro sobre o drama barroco, só não utiliza, como faço aqui, a definição deles como "montagem literária": "O método de dissociar de modo direto das unidades vividas – que ele aplica em seu livro do barroco – assume necessariamente – se aplicado ao mundo de hoje – um significado explosivo, se não revolucionário". E chama atenção sobre a novidade do método expositivo do livro, sobretudo em relação ao próprio desenvolvimento intelectual de Benjamin, o paralelo com o seu próprio desenvolvimento intelectual é evidente, basta pensar no ensaio de 1927 – "O ornamento da massa": "o livro se diferencia dos trabalhos anteriores pelo seu *materialismo* particular". Mais do que isso, ao dirigir a atenção ao que aparentemente é sem importância, aos dejetos [*Abfälle*]. Desse modo, a dialética das essências – o que me parece decisivo –, segundo Kracauer, "assume uma aparência *estética*". É aquele lugar privilegiado, conforme formula Benjamin em seu livro sobre o drama barroco, "entre o pesquisador e o artista". Um tipo de pensamento que caiu no esquecimento desde o advento do idealismo. Um "materialismo particular" capaz de realizar a crítica do mundo das coisas.

***

Como afirma Benjamin (1983, p.572; 2006, p.502), nas *Passagens,* seu trabalho "deve desenvolver ao máximo grau a arte de citar sem usar aspas".[7] Um método que se opõe radicalmente ao formalismo da exposição metodológica tradicional (abstrata), desconectada da construção específica do objeto analisado. Em contrapartida, afirma de modo provocativo, em outro trecho: "método desse trabalho: montagem literária. Não tenho nada a dizer. Só a mostrar" (1983, p.574; 2006, p.502). A "montagem literária" vai lhe permitir relevar a descontinuidade na continuidade dos processos históricos, seus momentos de ruptura, dando fisionomia, vozes e seus respectivos nomes próprios aos dados imediatos e datas – decifrando a expressão na cultura, no caso das *passages,* da vida material do capitalismo da época e sua fantasmagoria própria produzida pela dinâmica da produção de mercadorias;

7 A edição brasileira (Benjamin, 2006) deve ser citada pelo trabalho cuidadoso da equipe de tradutores, a organização e apresentação dos materiais feitos por Wille Bolle com a colaboração de Olgária Matos.

sendo ela mesma, a cultura e suas objetivações, transformada em mera mercadoria como outra qualquer. É o fenômeno originário do capitalismo tardio. É justamente a montagem literária que lhe possibilita pensar a história a contrapelo, em direção diametralmente oposta, à ilusória e ideológica ideia dessa como uma mera projeção linear no tempo, um *continuum*, à maneira do historicismo, que pretende reconstruir os períodos e épocas "exatamente como foram" – base mesma de sua crítica à ideia de progresso.

Num outro trecho, Benjamin (1983, p.574) deixa claro sua proposta:

> Pode-se considerar um dos objetivos metodológicos deste trabalho demonstrar um materialismo histórico que aniquilou em si a ideia de progresso. Precisamente aqui o materialismo histórico tem todos os motivos para se diferenciar rigorosamente dos hábitos de pensamento burgueses. Seu conceito fundamental não é o progresso, e sim a atualização.

A questão é metodológica no sentido de como conceber a narrativa da história, mas ao mesmo tempo imediatamente política. O seu ensaio "Sobre o conceito de história", foi escrito, como lembra Jeanne Marie Gagnebin (1996, p.7-8):

> [...] sob o impacto do acordo de agosto de 1939 entre Stalin e Hitler, critica duas maneiras aparentemente opostas de escrever a história [...] segundo Benjamin, a historiografia "burguesa" e a historiografia "progressista" se apoiam na mesma concepção de um tempo "homogênio e vazio" [...] um tempo cronológico e linear.

Conforme o próprio Benjamin (1996, p.229) afirma no final da Tese 13:

> a ideia de um progresso da humanidade na história é inseparável de sua marcha no Interior de um tempo vazio e homogêneo. A crítica da ideia de progresso tem como pressuposto a crítica da ideia dessa marcha.

Benjamin recorre a Nietzsche e se apropria criticamente de sua ideia do "eterno retorno" na fase tardia (1937-1940) de redação seu trabalho das *Passagens* que merece nossa atenção aqui; pois, relaciona o tédio, a repetição do mesmo e a ideia de progresso como elementos que compõem a "fantasmagoria" do moderno: o mito da novidade. Cita um trecho de *A vontade de poder:* "Pensemos este pensamento em sua forma mais terrível: a existência, tal como ela é, sem sentido ou objetivo, porém, repetindo-se inevitavelmente, sem um final, no nada: '*o eterno retorno*' [p.45] [...] negamos objetivos finais: se a existência tivesse um, este deveria ter sido atingido" (Benjamin, 1983, p.173). Um mundo sem objetivo é o tédio, nada a fazer, nada a esperar, é a rotina do mesmo. Para Benjamin o pensamento do eterno retorno surgiu quando a burguesia deixou de olhar adiante de si mesma, ou seja, além do sistema de produção que ela mesma engendrou (cf. Benjamin, 1983, p.175). Tomando como base o estudo de 1935 de Karl Löwith, *Nietzsches Philosophie der ewigen Wiederkunft des Gleichen*, em que Löwith considera que o autor de *A genealogia da moral* é mais um diletante do que um filósofo, Benjamin tira consequências críticas: "Existe um esboço no qual César, em vez de Zaratustra, é o portador da doutrina de Nietzsche (Löwith, p.73)" – acrescenta Benjamin: "Isto é importante. Pois indica que Nietzsche pressentia a cumplicidade de sua doutrina com o imperialismo" (Benjamin, 1983, p.175).

A crítica de Benjamin à ideia de "eterno retorno" formulada por Nietzsche aparentemente contra a ideia de um progredir teleológico da humanidade é clara, algo em geral mitigado, abertamente obliterado, pela literatura secundária em relação à sua obra. Para Benjamin: "A essência do pensamento mítico é o retorno. Nele está inscrito, como figura secreta, a inutilidade gravada na testa de alguns heróis dos infernos (Tântalo, Sísifo ou as Danaides)". Para ele quem retoma esta ideia no século XIX é Nietzsche: "Nietzsche assume o papel daquele em quem se consuma de novo a fatalidade mítica (...) A eternidade de um ciclo sideral é substituída pela eternidade dos sofrimentos)" (Benjamin, 1983, p.178). Tanto Benjamin como Kracauer passam a ter uma visão cada vez mais crítica em relação a Nietzsche, que se radicaliza ao longo da década de 1930 – de crucial importância política! Kracauer em relação aos conceitos de "vontade de poder" e de "niilismo", chaves na sua interpretação da "propaganda totalitária", e Benjamin ao conceito de "eterno retorno", aproximando-o à ideia de progresso, de importância vital para sua teoria da história. Para ele a ideia do tempo histórico como uma progressão linear e a da eterna repetição do mesmo, são ideologicamente complementares, duas faces de uma mesma moeda, conforme se lê no final desta seção em suas *Passagens*:

> A crença no progresso, em sua infinita perfectibilidade [...] e a representação do eterno retorno são complementares. São as antinomias indissolúveis a partir das quais deve ser desenvolvido o conceito dialético do tempo histórico. Diante disso, a ideia do eterno retorno aparece como "racionalismo raso", que a crença no progresso tem a má fama de representar, sendo esta crença pertencente à maneira de pensar mítica tanto quanto a representação do eterno retorno (Benjamin, 1983, p.178).

***

Cabe somar aqui os comentários de Adorno de 1962, num ensaio magistral, intitulado, "Progresso":

> [...] a polêmica de Benjamin contra a fusão de progresso e humanidade que apresentam as teses sobre o conceito de história, o mais importante, talvez, sobre a crítica da ideia de progresso que tenha sido pensado por parte de quem, no campo cruamente político, se conta entre os progressistas (Adorno, 1969, p.30-1)

Nesse importante ensaio de Adorno, que se coloca radicalmente contra a redução da ideia de progresso ao mero acumulo das habilidades técnicas, ao mero domínio sobre a natureza, começa perguntando: "progresso para onde, em que, em relação a onde" (Adorno, 1969, p.29). É um de seus ensaios mais claros e didáticos – o que não é pouca coisa ou comum em se tratando do autor de *Teoria estética*. Realiza um *detour* histórico do conceito. Uma exposição que parte da concepção do tempo circular, do destino, dos antigos, à concepção inovadora de Agostinho, que contrapõe a *civitas Dei* à *civitas terrena*, e sua secularização posterior; chegando a Kant, com a unidade entre progresso das aptidões e desenvolvimento moral – e culmina com a ideia do progresso como um processo contraditório avassalador que se realiza às costas dos indivíduos singulares, a tragédia do ético em Hegel, e em Marx – eles, os indivíduos, não sabem, mas o fazem; seu posterior esvaziamento, se transformando em mera ideologia opressora, em mito; ressaltando o negativo das críticas de Benjamin e Kafka. Ele compara o progresso, num trecho muito sugestivo, recorrendo a uma imagem de contos de fada (*Märchen*), a um gigante que depois de um sono imemorial, despertasse, se colocasse de pé, e aos poucos começasse a andar e, em seguida, a correr e a destruir tudo ao seu redor.[8]

Formula uma interessante contradição do conceito de progresso: ao afirmá-lo, somos obrigados a negá-lo, não há progresso; e ao rejeitá-lo, afirmá-lo. A reflexão de Adorno sobre a história mereceria um longo e denso estudo, basta citar seus ensaios do início dos anos 1930, "Atualidade

---

8 Adorno, num ensaio preparatório da *Dialektik der Aufklärung*, escrito em 1942, "Reflexionen zur Klassentheorie", chama a atenção que a descoberta da economia política, Marx, sobre a história como luta de classes, lança luz sobre a história inteira da humanidade, ou seja, a onde há divisão coercitiva do trabalho e hierarquia, há expropriação do trabalho alheio. É como se no silêncio das ruínas e das pirâmides ecoasse, na paisagem do inexorável, o barulho das fábricas (Adorno, 1979, p.373-4). Enfatizando o momento da permanência sobre a mudança, ontologizando-o – ecos heideggerianos na sua concepção da história? – malgrado ele mesmo. Assunto para uma longa discussão...

da filosofia" e "A ideia de história natural", nos quais já polemiza de frente com Heidegger; as aulas de 1964-65, só recentemente editadas, ministradas um pouco depois do ensaio citado anteriormente, *Zur Lehre von der Geschichte und von der Freiheit* [Sobre a teoria da história e da liberdade] até a *Dialética negativa*. A questão é de enorme complexidade. Só pretendo levantar um único problema ligado à estética. Apesar de Adorno pensar o progresso em meio a uma dinâmica das contradições, sua concepção difere da de Benjamin, que coloca em seu lugar a ideia de "atualização". Adorno se apoia ainda, não por acaso, em termos estéticos, na sua incansável defesa da autonomia da arte – diversamente de Benjamin com a ideia de perda da aura da obra de arte – na ideia do progresso do material artístico, residindo nesse ponto, justamente, o calcanhar de Aquiles de sua interpretação da nova música, segundo alguns como Peter Bürger (1983), a base mesma de sua posição antivanguardista.

***

Bloch pensa a dinâmica do processo histórico como pluridimensional, uma contemporaneidade prenha de desenvolvimentos históricos não contemporâneos num mesmo presente histórico simultâneo. Não são processos que se realizam paralelamente sem conexão entre si, mas uma dialética multidirecionada de contemporaneidade e não contemporaneidades. O progresso é um conceito diferenciado e não univocamente direcionado; para ele, há perdas no progredir.[9] Nesse ponto, Bloch está de acordo com Benjamin na sua crítica ao historicismo. Mas ele também, como Adorno, *mutatis mutandis*, pensa uma reformulação multívoca ou negativa, no caso do segundo, poderia se dizer, do conceito de progresso. No início dos anos 1960, já em Tübingen, escreve alguns ensaios que têm o momento de ruptura como centro (da mesma época do texto de Adorno); num deles, se apoia na tese 16 de "Sobre o conceito de história" de Walter Benjamin:

> O materialista histórico não pode renunciar ao conceito de um presente que não é transição, mas para no tempo que se imobiliza [...] Ele deixa a outros a tarefa de se esgotar no bordel do historicismo, com a meretriz (*Hure*) "era uma vez". Ele fica senhor das suas forças, suficientemente viril para fazer saltar pelos ares o *continuum* da história.

9 "*Verluste im Fortschreiten*". Bloch (1977, p.118). Mais sobre Bloch e seu "pensar fabulando", ver Machado (2009).

O momento de ruptura é o centro das reformulações críticas do conceito de progresso de Bloch, de Adorno (negativo) – mas afinal o que significa o conceito de atualização em Benjamin senão o aniquilamento do progresso como contínuo da história? – A "atualização" não acontece senão aniquilando a continuidade da marcha do progresso como sendo a própria história da humanidade; interrompendo-a, e, na ruptura, dar vozes ao que foi emudecido, ao que se perdeu no progredir.

***

A crítica de Kracauer à ideia do *continuum* remonta a seu texto pioneiro (1927) sobre a técnica da fotografia como paralela ao historicismo, como se "esta fotografia do tempo corresponderia a um filme gigantesco que representasse universalmente os acontecimentos relacionados" (Kracauer, 1977, p.66). "A fotografia" antecede mais de quatro anos ao ensaio de Benjamin, "A pequena história da fotografia" de 1931.[10] Ambos traçam um paralelo entre fotografia e a tradição do historicismo, paralelo que está na base da valorização do descontínuo, da ruptura, da história, em contraposição à ideia do progressivo desenvolvimento linear do tempo histórico. O conceito benjaminiano de "atualização" é impensável sem essa contraposição crítica e histórica. É ele quem leva as últimas consequências a crítica à ideia do progresso; aniquila, no momento de ruptura, o *continuum* – uma dialética peculiar entre continuidade e descontinuidade, na qual o descontínuo se rompe do contínuo; uma dialética em retenção (*Stilstand*). Certamente a questão da relação entre a técnica da fotográfica e o historicismo, quanto à crítica ao progresso como *continuum* histórico, estavam, como se diz, "no ar". Mas Benjamin é o mais consequente.

A relação entre imagem fotográfica e história, a tensão entre micro e macro-história,[11] a dialética entre tempo físico e história são temas-chave da última obra de Kracauer, *History*. Esta forma com sua *Theory of Film* de 1961 um díptico peculiar. O livro só foi publicado em 1969, graças ao empenho do historiador da arte, Paul Oskar Kristeller, reúne um total de oito capítulos alguns terminados e outros apenas esboçados. Trata-se de uma obra incompleta e que na época de sua publicação despertou pouco interesse. A sua valorização é de alguns anos para cá. A recepção francesa merece, nesse

10 Sobre Benjamin e a técnica fotográfica, ver Stiegler (2006; s.d.).

11 Sobre a tensão entre micro e macro história nos escritos de Kracauer, ver o ensaio pioneiro de Ginsburg (2007). Sobre a dialética entre micro e macro história, entre conjuntura e acontecimento, ver o livro pioneiro de Emília Viotti (1997).

sentido, destaque. Peter Schöttler (2006) reconstruiu,[12] recentemente, o interessante diálogo entre Kracauer e o autor de *Apologie de l´histoire*, Marc Bloch – é de vital importância para se entender como Kracauer concebe a relação entre história e imagem ou entre a fotografia e o trabalho do historiador. É a partir dele que Kracauer formula, em *History*, elegendo a fotografia como um modo de percepção sutil e produtiva, a teoria da "passividade ativa" do processo fotográfico, comparando com o trabalho do historiador em relação às suas fontes, evocando a técnica da "clicagem automática" (*déclencheur automatique*) como aquele máximo de objetivismo na aproximação subjetiva do real (cf. Kracauer, 1995, p.85). É de Marc Bloch também a expressão "o tátil das palavras" (*tact des mots*), aquela "característica da última fase do trabalho do historiador" (Kracauer, 1995, p.89). Aquele átimo, em que o historiador vislumbra elementos utópicos "antes das últimas coisas", ao encontrar, na antessala, conforme se lê na última frase de *History*, "a *terra incógnita* numa vala comum entre países que nos são familiares" (Kracauer, 1995, p.142).[13]

Por último, Kracauer publicou em 1962 seu único capítulo de *History*, "Time and history", que no livro corresponde, com poucas modificações, ao Capítulo 6: "Ashaver ou o enigma do tempo". Nele, Kracauer desenvolve uma complexa discussão sobre a dialética entre tempo cronológico e tempo histórico, confrontando-se com autores como Croce, Hegel, Marx, Burckhart, Marc Bloch e Henri Pirenne, Proust e Kafka, Jaus e Walter Benjamin, entre outros. Mostra de modo crítico como se sedimentou na historiografia moderna, sob a influência das ciências particulares, a concepção da história como um processo linear, contínuo e imanente ou do tempo cronológico, que flui numa direção irreversível, envolvendo num mesmo meio homogêneo todos os eventos. Sua reflexão segue uma direção oposta, mostrando a partir das reflexões de Focillon, a impossibilidade desse mesmo meio homogêneo, em se tratando da história da arte. Para demonstrar isso e não só no caso da arte, Kracauer recorre ao conceito de *Ungleichzeitigkeit* [não contemporaneidade] de Marx, a desigualdade temporal entre base material e superestruturas. Contrapondo-se, segundo Kracauer, à ideia hegeliana da dialética histórica como sendo uma identidade de tempo homogêneo e linear e tempo histórico, "aquela grandiosa construção do processo histórico que se materializa na

12 Escrevi uma resenha sobre essa excelente coletânea. Cf. Machado (2008b).

13 A nova edição alemã (Kracauer, 2009) republica a interessante e instigante discussão – que mereceria um exaustivo estudo à parte –, "Das Ästhetische als Grenzeerscheinung der Histoire" (O estético como fenômeno limite da historiografia), de Kracauer com o grupo Poetik und Hermeneutik, realizada em setembro de 1966, poucos meses antes de seu falecimento.

terra de ninguém entre temporalidade e eternidade", Marx, ao contrário, segundo ele, "tinha os pés mais no chão" (Kracauer, 1995, p.142).

Cabe aqui dar atenção apenas a dois momentos desse texto, mesmo que brevemente, nos quais Kracauer comenta as "Teses sobre o conceito de história" de Benjamin. Na primeira referência, Kracauer se mostra de acordo com a crítica de Benjamin à identidade entre tempo cronológico e tempo histórico inerente à ideia de progresso como *continuum*. "Como observa judiciosamente (*judiciosly*) Benjamin, se a ideia de progresso é insustentável, é principalmente porque ele é inseparável da ideia de tempo cronológico como matriz de um processo portador de sentido" (Kracauer, 1995, p.149-50). Por outro lado, o modo como Benjamin, valorizando o momento de ruptura no progredir e instaurando o tempo messiânico: aquele momento que engendra uma dialética em retenção (*Stilstand*), os tiros que os operários na Revolução de Julho disparam contras os relógios localizados nas torres; ou aquele segundo no qual o Messias poderia penetrar pela porta estreita. Segundo Kracauer (1995, p.155):

> Walter Benjamin [...] se autoriza a um procedimento não dialético; ele dirige sua atenção ao não ser (*nonentity*) do tempo cronológico, sem se preocupar minimamente com o outro lado da medalha. Que existem dois lados, isso foi raramente reconhecido.

Ou seja, para Kracauer pensar o tempo histórico, que não é idêntico ao tempo cronológico, dissociado do tempo físico, os "dois lados", é metafísica – uma concepção não dialética do tempo histórico. Mas, em Benjamin, não seria o tempo "messiânico" de caráter alegórico, ou seja, de sentido não literal, a-teológico, o momento da revolução?

# – 12 –

# WALTER BENJAMIN E *HISTÓRIA E CONSCIÊNCIA DE CLASSE*

*Francisco García Chicote*[1]

## PROPOSTA

Esboçar uma história da recepção de *História e consciência de classe* é uma tarefa muito difícil de ser delimitada. O fato de o livro ter servido como impulso ao denominado marxismo ocidental é uma afirmação amplamente aceita (Jay, 1984; Bernstein, 1984). Lukács assombrou a intelectualidade alemã, que o apadrinhou de maneira hesitante, devido a seu desempenho na Heidelberg de Weber e apesar de seus experimentos na Budapeste da República dos conselhos. Na Berlim de 1920, surge *A teoria do romance*, de súbito transformado, segundo Leo Löwenthal (2003, p.271), num "livro de culto", "conhecido por todos nós quase que de cor". Três anos depois, na mesma cidade, aparece *História e consciência de classe*, cuja presença nas discussões intelectuais abrange toda a década de 1920 e o início da seguinte, especialmente no que diz respeito à interpretação lukacsiana da mercadoria e ao conceito de reificação (Breines, 1972, p.95). O mesmo acontece com o ensaio sobre o romance: limitando-nos a três exemplos, sua marca é indiscutível em *Os empregados* (1929), de Siegfried Kracauer, no ensaio "Sobre

---

1 Universidade de Buenos Aires/Conicet. Tradução de Fábio R. Uchôa.

o conceito de história natural" (1932), de Theodor W. Adorno, e em "O narrador" (1936), de Walter Benjamin, que se colocam abertamente em debate com o conceito de segunda natureza de *A teoria do romance* (autores que, aliás, também dialogam com os conceitos de *História e consciência de classe*).

A ampla presença destas duas obras no pensamento alemão é incompatível, por um lado, com a brevidade do respeito nutrido pelo autor em relação a elas e, por outro, com a recepção desfrutada na jovem União Soviética. Quando da publicação de *A teoria do romance*, em 1920, Lukács havia repudiado sua produção anterior a 1919, considerando-a como um desvio burguês. *História e consciência de classe* não teve melhor destino: o livro foi abandonado em algum momento de 1926, incluindo uma retratação pública, em 1934, por parte do autor. Durante V Congresso Mundial da Internacional Comunista, as duras críticas realizadas por László Rudes e Abraham Deborin, ideólogos que apelavam à falácia para obedecer às orientações de Bela Kun, Grigori Zinoviev e Nikolaj Bucharin, contribuíram para o sepultamento de *História e consciência de classe*. Em 1925, Lukács redigiu uma defesa, daquilo que considerava como os principais argumentos do livro, e a enviou para publicação. Depois de recusado, o texto foi secretamente conservado em arquivos moscovitas. Em 1995, ao ser descoberto, verificou-se sobre ele a seguinte anotação em russo: "talvez destruir? Escrito incompreensível, de um rabugento que não expressa claramente o seu ponto de vista?" (Illés, 2000, p.41).

Em termos do desenvolvimento do marxismo no ocidente, *História e consciência de classe* apresenta-se, aberta ou silenciosamente, como ponto de inflexão no desenvolvimento teórico de diversos pensadores. Um deles é Siegfried Kracauer, cujos primeiros textos marxistas podem ser lidos como uma tentativa de posicionamento *contra* Lukács. Outro é Walter Benjamin, cuja incorporação do materialismo dialético foi mediada pela sensualidade de uma bolchevique e pelo poder argumentativo de *História e consciência de classe* (dois encontros ocorridos durante o verão de 1924, em Capri, quando Benjamin dedicava-se à redação de sua tese sobre o drama barroco alemão).

De fato, 1924 foi um ano de modificações para Benjamin. Até então, havia se dedicado a objetos legitimados pela academia (o romantismo alemão, Goethe, o drama barroco etc.), onde inclusive pretendia seguir carreira. O compromisso político e a relação estabelecida com os produtos contemporâneos eram vagos. A partir de 1924, porém, com o início de sua carreira como jornalista, afirma-se como um intelectual marxista, profundamente interessado por fenômenos culturais de qualquer espécie. Benjamin buscou estabelecer os vínculos, entre a Alemanha e as formas culturais de vanguarda, que surgiam tanto na Europa quanto na União Soviética. Para além dos motivos de sua guinada ao marxismo (incluindo tudo o que isto acarretou em termos prático-metodológicos), por volta do final de 1924 Benjamin já manifesta sua nova perspectiva. Em dezembro daquele ano, ele afirma para Gershom Scholem:

> [...] que, a partir de agora, a exegese literária da literatura alemã ganhará uma atenção secundária. Enquanto não for possível alcançar textos de outra significação e magnitude, por meio de uma abordagem que seja apropriada para mim, aquela do comentador, criarei minha própria "política". E, no que concerne a ela, minha surpresa, diante dos diversos pontos de contato que compartilho com a teoria radical bolchevique, foi certamente renovada. (Benjamin, 1994, p.257-8)

O objeto do presente trabalho é a fundamentação de uma hipótese de leitura, para os trabalhos de Benjamin a partir de 1924, que permita pensá-los a partir de uma contraposição a *História e consciência de classe*. Não se trata de dar conta da recepção do livro de Lukács por Benjamin. Além de incomensurável para um exercício com a brevidade deste artigo, a referida tarefa seria demasiado abstrata, devido à ausência efetiva de materiais. São aqui propostas uma hipótese geral, a partir de uma reflexão sobre *Rua de mão única*, e duas hipóteses específicas, secundárias, a partir de elementos da leitura benjaminiana a respeito do teatro de Bertolt Brecht e, também, de seus dois *exposés* para o projeto das passagens.

## *RUA DE MÃO ÚNICA*

Ao contrário de outros intelectuais da época (Adorno, Kracauer), que se colocaram de maneira bastante crítica ante *História e consciência de classe*, ressaltando os traços idealistas de seu conceito de totalidade, os juízos de Benjamin a respeito do livro de Lukács foram celebrantes. Em 1924, Benjamin (GS I-3, p.878-9; cf. Buck-Morss, 1981, p.67) afirma que "a partir de reflexões políticas, Lukács chega, no mínimo parcialmente e talvez de maneira menos cabal do que me pareceu num primeiro momento, a afirmações cognitivas que me são muito familiares ou fiéis".

Em 1928 dirá que o livro é:

> [...] a mais consistente [*geschlossenste*] obra filosófica da bibliografia marxista. Sua singularidade reside na segurança com que captou, na situação crítica da filosofia a situação crítica da luta de classes, e na revolução concreta e contingente a condição absoluta, bem como o cumprimento absoluto e a última palavra

do conhecimento teórico. A polêmica contra essa obra, que foi publicada pelas autoridades do partido comunista sob a direção de Deborin, confirma o seu alcance à sua maneira. (GS III, p.171)

Benjamin, que a cada tentativa de verter a sua biografia sobre o papel, lidava com o fato de que aquilo que traçava não era nada mais nada menos do que um labirinto (GS VI, p.465; 1996, p.215), dificilmente teria comungado com o caráter fechado, com a estrutura intencionalmente clara dos argumentos de *História e consciência de classe*, fundado naquilo que Lukács (2003, p.343-4) denominava de igualdade entre o desenvolvimento histórico e o processo dialético. Na série de aforismos, redigidos entre os anos 1923-26 e publicados sob o título *Rua de mão única*, Benjamin afirma justamente que "a construção da vida, no momento, está muito mais no poder de fatos que de convicções. E alias de fatos tais, como quase nunca e em parte nenhuma se tornaram fundamento de convicções". (GS IV-2, p.83 / OE II, p.11). A diferença em relação a Lukács é radical. Este último constrói toda sua argumentação, teórica e política, a partir de uma análise crítica da filosofia clássica alemã, abrangendo não apenas o caráter reificado do pensamento burguês, como também o caráter teleológico, necessário para o desenvolvimento histórico e para a emergência do comunismo. Benjamin, por sua vez, propõe um gesto materialista ao subestimar a importância dada à consciência que uma época tem de si mesma e, em substituição, elabora interpretações fundamentadas na própria materialidade dos fatos. *Rua de mão única*, que aborda os mais variados objetos da vida urbana do entreguerras, aproxima Benjamin em relação às críticas feitas por Kracauer e Adorno a *História e consciência de classe*. Não é mera coincidência o fato de Kracauer, que havia publicado alguns dos aforismos de *Rua de mão única* no *Frankfurter Zeitung*, dedicar ao livro em 1928 uma resenha positiva, na qual enfatiza a recusa consciente em adotar qualquer tipo de posição idealista, que violentasse os fatos empíricos por meio de um conceito de totalidade concebido *a priori*. Para Kracauer (2011, p.39; 2009, p.284), o caráter fragmentário da experiência benjamininana em *Rua de mão única* corresponde ao fim da era burguesa, caracterizada por formas de percepção unitárias, fundadas na aparência unitária do sujeito burguês.

O referido aspecto teórico-metodologico, relativo à fragmentação, permite estabelecer limites entre *História e consciência de classe* e a proposta benjaminiana. Neste sentido, ajuda a distinguir dois momentos de *História e consciência de classe*: primeiramente, a concepção do materialismo histórico como um método (e não como um dogma composto por princípios mecânicos, herdado da II Internacional), que servia como uma crítica geral de toda a sociedade burguesa, encontrando em cada uma de suas manifestações a estrutura da forma mercadoria. Neste quesito, a inovação de Lukács está no conhecimento de que a forma mercadoria, cuja opacidade foi descrita por Marx em *O capital*, permeia todas as esferas da vida no capitalismo; está na descoberta, "na estrutura da relação mercantil, [do] protótipo de todas as formas de objetividade e de todas as suas formas correspondentes de subjetividade [...]" (Lukács, 2003, p.193). Tal afirmação deslocou o centro do marxismo, de uma concepção dogmática, uma lista de princípios, em direção a uma atitude metodológica, dado que dela depreende-se a necessidade de revelar a estrutura mercantil do desativado sujeito burguês e de todos os seus produtos (instaurando, por meio de tal atitude, o próprio marxismo como objeto de estudo crítico). Por meio da mesma crítica, o segundo momento de *História e consciência de Classe* institui um sujeito histórico que, graças a sua constituição, pode e deve superar os limites da burguesia, alcançando o objetivo histórico último. O conceito de sujeito usado por Lukács para realizar a passagem de um momento a outro, ou seja, para sustentar a emergência necessária de um sujeito-objeto que complete o processo dialético e estabeleça "o reino da liberdade", fundamenta-se em parte numa concepção unitária de sujeito, provavelmente oriunda da formação do autor junto à filosofia clássica, em contato com Friedrich Schiller e, particularmente, com Wilhelm Dilthey.

Em termos gerais, aquilo que existe de *Ideologiekritik* na análise de Lukács é acolhido por Walter Benjamin. Isso é perceptível, por exemplo, na concepção metodológica de marxismo inaugurada por Lukács. Numa carta escrita ao amigo Max Rychner em 1931, Benjamin afirma ser materialista pelo fato de tal posição encontrar-se mais próxima da "verdade", afastando-o da possibilidade de "reconhecer-me como um advogado do materialismo histórico enquanto dogma, mas sim como um pesquisador da realidade para quem a atitude [*Haltung*] do materialismo é mais cientifica e humana, diante de todas as coisas que se nos apresentam, do que a atitude do idealista" (Benjamin, 1994, p.372).

Ainda que de maneira hesitante, em *Rua de mão única* já são percebidos os limites que definem a relação de Benjamin com *História e consciência de classe*. Por um lado, como debatido nas linhas anteriores, *contra* Lukács, há a contestação do caráter unitário do mundo, que implica numa reformulação do sujeito enquanto sujeito fragmentado. Da parte de Benjamin, isto não significa uma condenação da perspectiva messiânica marxista, mas sim, a construção de uma perspectiva de cunho próprio. O ponto de vista fragmentado desenvolvido por Benjamin, por sua vez, relaciona-se com o pensamento cabalístico (com o qual tinha muita proximidade, graças ao amigo Scholem) que considera a realidade como a soma dos fragmentos de uma unidade dilacerada: ao invés de visar o conhecimento de um modelo histórico global *a la* Lukács, o estudo de tais fragmentos busca desvendar o potencial messiânico do presente. Por outro lado, *em sintonia com* Lukács, há a incorporação de um conceito de reificação que engloba todas as atividades humanas, origina-se na forma mercadoria e fundamenta um método de crítica para todas as manifestações da sociedade burguesa. De acordo com Benjamin (GS IV-1, p.96 / OE II, p.21-2):

> [...] todas as relações humanas mais próximas são atingidas por uma claridade penetrante, quase insuportável, na qual mal conseguem resistir. Pois, uma vez que, por um lado, o dinheiro está, de modo devastador, no centro de todos os interesses vitais e, por outro, é exatamente este o limite diante do qual quase toda a relação humana fracassa, então desaparece, cada vez mais, assim no plano natural como no ético, a confiança irrefletida, o repouso e a saúde.

Em consequência do advento do caráter mercantil, a vida apresenta-se ao sujeito como um estado completamente alheio, com o apagamento dos laços que evidenciavam. Trata-se, no Lukács de *Historia e consciência de classe*, de uma segunda natureza, o produto de uma forma de trabalho alienado que leva à separação entre o produtor e o produto de seu trabalho, na medida em que o primeiro não consegue estabelecer qualquer relação racional entre a sua vida e aquilo que faz. Como resultado, o sujeito só pode aproximar-se do mundo, por ele próprio criado, a partir de um posicionamento meramente contemplativo. Em *Rua de mão única*, a caracterização da segunda natureza apresenta-se em diversas passagens, porém com maior determinação na seção dedicada à sociedade alemã. A reificação das relações humanas, segundo Benjamin, trás consigo a instauração de um estado onde os objetos cotidianos tornam-se alheios (frios) ao homem, que por sua vez deve gastar uma força descomunal para que os mesmos não o congelem. A adversidade do mundo objetivo estende-se por todos os âmbitos da experiência: diante de seus congêneres e da própria natureza, o homem individual experimenta equivalente frieza e brutalidade:

> Dos homens a seu lado, não espere ele nenhuma ajuda. Administrador, funcionário, trabalhador manual e vendedor – todos eles se sentem como representantes de uma miséria rebelde, cuja periculosidade se esforçam para trazer à luz através da própria brutalidade. E com a degeneração das coisas, com a qual elas, seguindo o declínio humano, o castigam, o próprio país está conjurado. Ele consome o homem, como as coisas [...]. (GS IV-1, p.99 / OE II, p.24)

## OS *EXPOSÉS* DE 1935 E 1939

O projeto das passagens parisienses, que ocupou Benjamin entre 1927 e sua morte, reproduz com nitidez a inovação de *História e consciência de classe*, no que diz respeito ao caráter total da forma mercadoria, bem como na necessidade de conceber o materializamo dialético como um método e não como uma simples lista de princípios dogmáticos. Nos *exposés* do projeto, escritos entre 1935 e 1939, a marca de Lukács é tácita. Em tais escritos, a mercadoria é convertida numa categoria central de análise, de todos os fenômenos culturais do projeto do século XIX burguês, até a Comuna de Paris, pensada como o ponto de inflexão onde o proletariado compreende que sua missão histórica não pode apoiar-se em convicções burguesas (algo porém pretendido, nos tempos de Benjamin, conscientemente pela social-democracia e inconscientemente pelas esquerdas). Enfatiza-se um dos aspectos da mercadoria, o caráter fetichista, que oculta o conteúdo de opressão social, por trás de uma brilhante aparência de harmonia. A fantasmagoria é a forma de manifestação assumida pelas criações do ser humano, numa sociedade como a capitalista, que em suas tarefas ignora o elemento subjetivo.

> [As riquezas] [...] devem não apenas sua existência como ainda sua transmissão a um esforço constante da sociedade, esforço através do qual essas riquezas encontram-se, além do mais, estranhamente alteradas. Nossa pesquisa procura mostrar como, em conseqideiaência dessa representação coisificada da civilização, as formas de vida nova e as novas criações de base econômica e técnica, que devemos ao século XIX, entram no universo de uma fantasmagoria. Tais criações sofrem essa "iluminação" não somente de maneira teórica, por uma transposição ideológica, mas também no imediatismo da presença sensível. (GS V-1, p.60/2009, p.53)

Assim, Benjamin propõe uma pesquisa sobre o caráter fantasmagórico, tanto dos objetos materiais, quanto das reflexões intelectuais do século XIX. No que tange a questão central deste trabalho, ou seja, a comparação com o Lukács de *História e consciência de classe*, é possível ressaltar dois momentos importantes nos *exposés* debatidos, embora deva-se uma atenção especial ao segundo, que apresenta não apenas um desenvolvimento mais profundo do conceito de fantasmagoria, mas também uma passagem do elemento onírico ao segundo plano. Por um lado, o conceito de homem burguês, abordado na seção C. "Luis Felipe ou o interior" e, por outro lado, o conceito de segunda natureza, subjacente nas linhas dedicadas a Baudelaire. Para Benjamin, o homem particular é a fantasmagoria do sujeito burguês enquanto sujeito. Ele não é consciente de seu caráter histórico (e nem pode sê-lo), não sabe em que medida real é sujeito e, enquanto estabelece com a realidade exterior (econômica, política, científica) uma relação coisificada, mecânica, volta-se ao interior na qualidade de pessoa inteira e satura o interior com marcas pessoais, com assinaturas, com irracionalidade (GS V-1, p.68; 2009, p.59). A ideia de que a "pessoa" é uma objetivação em reação à fragmentação do mundo alienado já estava presente em *A teoria do romance*, associada à análise da obra de Dante (Lukács, 2000, p.58-60). Em *História e consciência de classe*, porém, como foi antecipado e logo será examinado com alguma atenção, o conceito de pessoa inteira assume por vezes um caráter cósmico, colaborando parcialmente para a sustentação da estrutura argumentativa do livro.

Por outro lado, as linhas sobre Baudelaire apresentam um conceito de segunda natureza que, sem hesitação, foi declarado pela crítica (Buck-Morss, 1995, p.99) como devedor da segunda formulação lukacsiana do conceito, aquela presente no livro de 1923. Benjamin descreve a cidade como o" objeto de uma práxis subjetiva, que acaba [...]" (GS V-1, p.70; 2009, p.61-2).

## O TEATRO DE BRECHT

Estes mesmos eixos de aproximação – e distanciamento – em relação a Lukács, são explicitados quando Benjamin revela, de maneira bastante similar a Lukács, o caráter reificado dos posicionamentos social-democrata e terrorista. Apesar da existência de crítica à social-democracia no ensaio sobre Eduard Fuchs (1937) e nas teses sobre a filosofia da história (1939), enfatizaremos aqui uma conferência preparada por Benjamin em 1934, intitulada "O ator como produtor". Seu tema principal é a superação das posições reificadas da literatura de tendência, cujos dois tipos fundamentais são identificados por Benjamin na Nova Objetividade (*Neue Sachlichkeit*), que apagava a presença do sujeito ao pretender uma descrição fotográfica da realidade exterior, e no Ativismo (*Aktivismus*), que apagava a presença do objeto ao pretender uma intervenção autoritária da boa vontade e da clarividência do sujeito. Benjamin desarticula a falsa oposição existente entre uma e outra. A Nova Objetividade, expressão artística da social-democracia, desconhece o componente subjetivo da realidade, abordando-a como se fosse uma factualidade fechada, um fato morto com legalidades privilegiadas. O Ativismo, ao contrário, assim como as tendências terroristas, contesta qualquer concepção que atribua um estatuto natural ao social, baseando sua atuação, porém, em um conceito idealista de boa vontade, que ao mesmo tempo o separa da massa dos mortais. Dado que ambos aproximam-se da vida a partir de um posicionamento externo – o social-democrata, súdito da segunda natureza, restringe sua atuação ao apoio a essa ou aquela manifestação das "leis" sociais, para que o seu mecanismo de desenvolvimento seja acelerado em direção a uma sociedade igualitária; o terrorista, por sua vez, também desconhece o caráter subjetivo da vida que se ergue diante dele, mas a despreza e acredita que, iluminado por sabe lá quem, pode transgredir sua legalidade, suprimir sua existência e inventar *ex nihilo* um mundo que reflete a sua mente imaculada – ambos desenvolvem uma conduta coisificada, contemplativa.

Até aqui, o argumento de Benjamin é idêntico à crítica demolidora, desferida por Lukács contra o partido social-democrata alemão (através do termo "oportunistas") e contra as esquerdas ("sectários", numa evidente autocrítica a seu passado terrorista), no último ensaio de *História e consciência de classe*. Entretanto, como antecipado nas linhas acima, é no momento de superação do caráter aparente que, por trabalharem com conceitos diversos a respeito do mundo, tais autores chegam a conclusões diametralmente opostas. Para Lukács, o fracasso das falsas opções políticas decorre do fato de que as mesmas se fundam sobre comportamentos fragmentados (dando origem a estruturas burocráticas ou a terroristas de salão). A solução é a formulação de um partido comunista enquanto sujeito consciente, que se manifeste como a configuração consciente da consciência proletária, a partir da subordinação dos membros *com toda a sua personalidade*. O partido erige-se como a parte consciente da classe pois, em detrimento dos membros individuais e do resto da massa proletária, a correta avaliação de seus procedimentos não se dá de modo *post festum*, como na consciência desativada, mas no próprio transcurso dos procedimentos. Levando-se em conta o caráter teleológico da formulação de Lukács, isso significa que cada ação individual é abarcada pelo partido em sua concreta conexão com o objetivo final, ou seja, a sociedade sem classes. É exatamente aqui, onde entra o conceito de personalidade: o caráter desreificado do partido – que impossibilita, entre outras coisas, o perigo de uma eventual burocratização – é possibilitado pela autossubordinação total e consciente, *com toda a sua personalidade*, de cada individuo-membro à vontade coletiva do partido (Lukács, 2003, p.588).

Benjamin, ao contrário, identifica no teatro épico de Brecht o *tertium datur* entre Ativismo e Nova objetividade, na medida em que desreifica as relações entre palco e público, entre texto e representação, entre diretor e ator. Em sintonia com isso, trata-se de um teatro especialmente marcado pela interrupção – a interrupção de uma continuidade, fragmentação daquela unidade que cria uma ilusão ideológica e atribui aos bens culturais uma neutralidade cúmplice. De acordo com Benjamin, a interrupção brechtiana fomenta uma *Schulung*: um adestramento concreto, cuja finalidade é demolir a noção de cultura como edificação (*Bildung*) da personalidade burguesa. Em "O que é o teatro épico?" (1938), Benjamin recupera justamente a ideia de que o teatro brechtiano opta pela apresentação de situações, em detrimento da clareza da intriga. Segundo Benjamin, a apresentação não pode ser confundida com a descrição naturalista, mas sim com a descoberta de situações, por meio da interrupção abrupta dos acontecimentos, uma ruptura que obriga o público a pensar (GS II-2, p.535; 1970, p.10).

> O teatro épico avança a tropeços, assim como as imagens em celuloide de um filme. Sua forma básica é o choque, por meio do qual as diversas e bem recortadas situações encontram-se umas com as outras. As canções, os cartazes, as convenções gestuais, enfrentam uma situação com outra. Assim, surgem intervalos que contribuem para destruir a ilusão do público. Paralisam sua tendência à projeção sentimental. Tais intervalos destinam-se à tomada de posição critica (diante da conduta exposta pelos personagens e da forma de tal exposição). (GS II-2, p.537-8; 1970, p.13)

Na primeira anotação do famoso Konvolut N, do projeto das Passagens, que trata da teoria do conhecimento e da teoria do progresso, Benjamin aponta que "Nos domínios de que tratamos aqui, o conhecimento existe apenas em Lampejos" (GS V-2, p.570; 2009, p.499). Nada mais distante de Lukács, que recorre a um conceito de personalidade fechada, unitária, *geschlossene*, cujas origens devem ser buscadas numa herança humanista, por ele considerada como pertencente ao gênero, mas que Benjamin, ao contrário, tende a entender como uma manifestação burguesa.

– 13 –

# SOBRE O CONCEITO DE REVOLUÇÃO EM WALTER BENJAMIN E HERBERT MARCUSE

*Marilia Mello Pisani*[1]

O livro *Eros e civilização: uma interpretação filosófica de Freud* foi escrito por Herbert Marcuse no ano de 1955, durante o exílio norte-americano e em pleno apogeu do modelo de capitalismo industrial e de consumo. O livro parece ser uma "estranha" utopia na qual o filósofo propõe as condições de uma sociedade livre. Para muitos esta obra está limitada ao contexto dos movimentos de contracultura surgidos no decorrer das décadas de 1960 e 1970, não tendo mais nada a nos dizer na atual época de hegemonia do pensamento único, após a queda do muro de Berlim e colapso das economias socialistas. Nosso objetivo será mostrar que não apenas a obra tem grande atualidade em seu diagnóstico das condições contemporâneas, como também pelo modo como entende o pensar crítico e o papel da filosofia como instrumento de crítica. O pensamento de Marcuse é movido por uma força que, pela via da utopia, fragmenta a realidade congelada e põe em movimento as ações dos sujeitos no mundo.

A força utópica que anima o pensamento de Marcuse está presente em Walter Benjamin. Nos dois pensadores alemães podemos encontrar essa similaridade, além de uma crítica severa e radical da sociedade industrial desenvolvida. Segundo Michael Löwy, Benjamim e Marcuse compartilham um

1 Professora da UFABC.

"romantismo revolucionário": "romantismo" porque nostálgico da cultura pré-capitalista e "revolucionário" porque transforma esta lembrança em força que move a negação radical e a "luta contra a opressão pela emancipação" (Löwy, 1980, p.33). As últimas páginas de *Eros e civilização* encerram com as palavras de Benjamin sobre o papel da memória e da lembrança como instrumento de ação política, valorizando a força do pensamento utópico como Grande recusa (Marcuse, 1999a, p.201; 204).

Ainda seguindo Löwy, nós podemos dizer que o que aproxima os dois modelos de "romantismo revolucionário" é a tentativa de redefinir o conceito de revolução entendida mais como ruptura do que como "negação determinada", que assume em Marcuse o caráter de uma Grande recusa e em Benjamin um "salto de tigre" entendido como uma ruptura em relação aos "tabus progressistas das sociedades industriais", ao "tabu do progresso, da produtividade e da legalidade" (Marcuse, 1999b, p.173).

> A felicidade consiste em redimir-se do destino, mas quando o destino passa ao largo da História e transforma-se em sociedade, isto é, em opressão instituída como Direito, então a redenção tem que ser um conceito materialista-político: o conceito de revolução. (Marcuse, 1999b, p.173)

No artigo "Revolução e crítica da violência: sobre a filosofia da história de Walter Benjamim", de 1964, Marcuse apresenta alguns elementos do pensamento de Benjamin que encontramos, anos antes, no cerne da utopia de *Eros e civilização*. Segundo Marcuse, Benjamim sabe que não se trata do "melhoramento do trabalho, mas de sua abolição, não da exploração da natureza, mas de sua libertação" e que "estas tarefas exigem o 'salto de tigre', a ruptura do contínuo" (Marcuse, 1999b, p.173-4). Este "salto de tigre" não se dirige ao futuro, mas ao passado, numa ruptura redentora com as formas de exploração até então realizadas sobre a natureza e sobre os seres humanos. A revolução entendida como ruptura desloca a imagem da liberdade para além das liberdades instituídas, que legitimam as formas de exploração contra os oprimidos da terra, e esta só se faz visível num "tempo absolutamente distinto" (Marcuse, 1999b, p.175).

Assim, o pensamento utópico realiza um "choque" que tem a dupla função de acusação das condições dadas de exploração e de criação de uma imagem de liberdade possível para além das condições dadas. O pensamento utópico desperta o pensamento crítico pela via da busca dos critérios de uma liberdade e felicidade não realizadas, mas possíveis. O desconforto causado pela utopia de *Eros e civilização* pode levar a pensar que seu autor é um otimista ingênuo: porém, a força dessa utopia se revela quando confrontada com o mundo real, que aparece invertido. A utopia fragmenta os modos de vida congelados no tempo histórico, impulsiona a realização de possibilidades que se abrem à vontade dos sujeitos atuantes por meio da ação política. A utopia tem uma função crítica reguladora como práxis criativa, como expressão da inadequação histórica do sujeito em relação à realidade experimentada que se revela no mundo, mas aponta para além do dado, para outro nível de realidade; é um fazer imaginário que permite acessar o ideal frente ao confronto entre o real e o possível. A propósito do pensamento de Benjamim, Marcuse escreve:

> A verdade da teoria crítica raras vezes foi expressa de maneira mais exemplar: a luta revolucionária procura e interrupção do que acontece e do que aconteceu; esta negação é o positivo que antecede todos os demais objetivos positivos. O que os homens fizeram com os homens e com a natureza deve cessar, e cessar desde a raiz: assim poderá emergir a liberdade e a justiça. Em oposição ao espantoso conceito de produtividade progressista, para o qual a natureza "está ai, gratuita" para ser explorada, Benjamin retoma as ideias de Fourier de um trabalho social que "longe de explorar a natureza, é capaz de fazê-la dar a luz suas criaturas, que dormiam potencialmente no sonho. Aos homens libertados e redimidos da violência corresponde uma natureza libertada e redimida. (Marcuse, 1999b, p.174)

Se em Benjamin seu "romantismo revolucionário" conduz ao conceito de "revolução messiânica", em Marcuse o conceito, secularizado de seu caráter messiânico (Löwy, 1980), aparece como uma "revolução órfica" ou "revolução erótica", que compartilha com o primeiro alguns conteúdos como a abolição do trabalho como labuta e a sua transfiguração em "jogo", a libertação da natureza (tanto a externa quanto a interna) e a paralisação do tempo. Na sequência apresentaremos o conteúdo dessa nova ideia de revolução tal como desenvolvida por Marcuse em *Eros e civilização*, que desenvolve, de forma muito própria, aqueles elementos herdados do conceito de revolução benjaminiano.

## O CONCEITO DE REVOLUÇÃO EM *EROS* E *CIVILIZAÇÃO*

Na primeira parte de *Eros e civilização*, Marcuse apresenta os principais conceitos da teoria freudiana da cultura que revelam o "princípio de realidade repressivo" e a sua interiorização como forma de controle. As formas de dominação operam tanto na cultura quanto na própria estrutura instintiva, no âmbito das necessidades: assim, a distinção entre psicologia e política vê-se questionada "em virtude da condição do homem na era presente: os processos psíquicos, anteriormente autônomos e identificáveis, estão sendo absorvidos pela função do indivíduo no Estado – pela sua existência pública" (Marcuse, 1999a, p.25). Já na segunda parte ele se dedica à demonstração da possibilidade de um "princípio de realidade não repressivo". Segundo Marcuse são duas as justificativas dessa possibilidade: a primeira equivale ao surgimento da sociedade industrial avançada e sua crescente produtividade; a segunda pertence ao próprio contexto da teoria freudiana na medida em que suas categorias e seus conceitos parecem apontar para a ideia de um novo princípio de realidade.

A interpretação de Freud realizada por Marcuse parte de uma perspectiva filosófica: e isto significa, no modo como ele entende essa postura, buscar a "verdade" do mundo para além das formas dadas, distorcidas. Se para Freud o sacrifício metódico da libido e sua sujeição a atividades socialmente úteis é cultura, e esta conduz ao mal-estar na cultura, então Marcuse faz a crítica desta cultura para pensar uma cultura não repressiva. A verdade, como conceito filosófico, difere-se da verdade como conceito científico: se este congela o mundo na forma dada, revelando-o tal como é, o segundo revela a verdade a partir das possibilidades, do que deveria ser; é verdade que o mundo contém pobreza, mas dizer que a Verdade do mundo é a pobreza não tem o mesmo sentido na filosofia!

Freud supôs que a penúria era permanente e nessa situação a própria pergunta pela liberdade permanece enredada no âmbito da necessidade. Porém, frente às realizações das sociedades industriais avançadas, a imagem da utopia deve ser deslocada para se pensar uma "utopia concreta" (Bloch), que pense as possibilidades da liberdade para além do reino da necessidade. Apenas nesse contexto as "pretensões utópicas da imaginação" ganham realidade histórica, redefinindo o próprio conceito de progresso em vistas de uma "racionalidade de gratificação" (Marcuse, 1999a, p.144): "Uma nova experiência básica de ser transformaria integralmente a existência humana" (p.145).

Dessa perspectiva, a filosofia revela sua aliança com a faculdade da imaginação. Articulando Freud com o movimento surrealista, Marcuse retoma as "implicações revolucionárias do conceito de imaginação", pois "somente a imaginação me diz o que pode ser" (Breton apud Marcuse, 1999a, p.138). A imaginação é criadora e suas imagens guiam as lutas e práticas políticas: ela é "o protesto contra a repressão desnecessária, a luta pela forma suprema de liberdade – 'viver sem angústia'" (Marcuse, 1999a, p.139). Ela se opõe a aceitação imediata do que está dado.

A imagem da utopia desenvolvida em *Eros e civilização* fundamenta-se em uma crítica da racionalidade tecno-lógica (que apreende o mundo como instrumentalidade pura) que é contraposta a modos de pensamento e comportamentos não técnicos e operacionais, buscados na história do pensamento ocidental como na mitologia, na filosofia, na psicanálise e na antropologia. Em todos estes casos a imagem buscada é a de uma satisfação, gratificação, paz e beleza que estejam para além da ordem produtivista e que representem a memória de uma "razão sensível": "a razão torna-se sensual na medida em que abrange e organiza a necessidade em termos de proteção e enriquecimento dos instintos de vida" (1999a, p.194). Na "razão sensível" ele ancora as bases teóricas do que chama de "moralidade libidinal" (1999a, p.197). Guiados para o futuro, essas imagens definem o projeto utópico.

Da mitologia Marcuse resgata a figura de Prometeu, o herói da civilização, do trabalho e do sacrifício, e a contrapõe aos heróis de uma "cultura não repressiva": Orfeu e Narciso, símbolos de outro princípio de realidade, que guardam a imagem da Grande recusa (1999a, p.154): a imagem de "alegria e da plena fruição; a voz que não comanda, mas canta; o gesto que oferece e recebe; o ato que é paz e termina com as labutas de conquista; a libertação do tempo que une o homem com deus, o homem com a natureza" (1999a, p.148). Orfeu, ao cantar, apazigua o leão e o cordeiro, enquanto Narciso foi punido, transformando-se em flor, não porque se apaixonou pela própria imagem, ma porque "contemplou". Ambos trazem a imagem de um Eros não repressivo, "órfico", ou seja, de uma "atitude erótica não repressiva" para com a natureza (1999a, p.152): "A sua linguagem é a canção e a sua existência é a contemplação" (1999a, p.155).

Partindo da filosofia da arte, Marcuse apresenta a força crítica da teoria estética tal como desenvolvida por Kant e Schiller. A situação histórica e teórica vivida por esses filósofos alemães na passagem do século XVIII ao XIX tem semelhanças com os impasses colocados aos pensadores críticos no século XX. Após a Revolução Francesa, as esperanças de uma transformação real nos modos de existência se vê abalada pela emergência do terror e pela "politização absoluta da existência que marca a Revolução" (Jameson, 1985, p.72). Nesse cenário, e influenciado pela terceira crítica kantiana, o pensamento de Schiller articula teoria estética e política: "para resolver na experiência o problema político é necessário caminhar através do estético, pois é pela beleza que se vai à liberdade" (Schiller, 2002, p.22). Se a política invadiu as esferas da subjetividade, da mente e do espírito, toda alternativa de libertação deve levar em conta uma nova forma de existência. E se a oposição entre razão (moral, verdade) e a sensibilidade (prazer) parecia excludente, como foi em grande parte da filosofia da razão, Schiller permite pensá-las simultaneamente por meio de uma teoria estética que une prazer sensível *e* forma inteligível, razão e sensibilidade.

A cada vez em que um desses "impulsos" é valorizado a despeito do outro – o "impulso formal" (razão) e o "impulso material" (sensibilidade) –, a cultura rompe a unidade do conceito de humanidade. Somente uma cultura estética que permita ao ser humano desenvolver tanto sua sensibilidade quanto sua racionalidade poderá almejar ser uma cultura humana, e esta só se desenvolve ao incluir, também, o "impulso lúdico" que tem, na educação estética, o fim de desenvolver o "homem lúdico" que não é nem asceta nem passional, mas é aquele que "joga" com o mundo à sua volta, sem nenhuma intencionalidade a não ser a de despertar a autonomia das coisas, "dar vida às coisas que o cercam, em 'libertar' os objetos que habitam sua sensibilidade" (Suzuki, 2002, p.13); ele deve criar "formas vivas" ou "objetos vivos" e vivenciar uma nova forma, mais elevada, de liberdade: a liberdade estética. No encontro entre e estética e a política, o belo aparece como "*ethos* estético" (Marcuse, 1969, p.41) de uma verdadeira humanidade, como critério a partir do qual as experiências reais são avaliadas e julgadas à luz da tarefa de conseguir que haja mais vida e menos morte e do objetivo de tornar a vida mais humana.

De Schiller a Freud, o conceito de revolução política encontra-se com as pulsões de vida – Eros – e o belo transforma-se em valor biológico. Depois de apresentar a atitude estética contida nas imagens de Orfeu e Narciso, e de reconstruir com bastante cuidado o movimento de vai de Kant a Schiller na conceituação filosófica da estética, entendida como categoria existencial e como uma nova cultura/civilização estética, Marcuse retorna à psicanálise freudiana.

Marcuse imagina uma interpretação da teoria freudiana tendo em vista a possibilidade de uma sociedade na qual as pulsões de vida possam se realizar e em que o trabalho não seja oposto a satisfação. Mas para isso ele precisa demonstrar que as pulsões de morte não destruiriam esta civilização, já que Freud vê em sua atividade o maior empecilho para um princípio de realidade não repressivo. A primeira das pulsões que Marcuse analisa são as pulsões de vida.

Na teoria freudiana os obstáculos sociais impostos às pulsões sexuais se devem à necessidade do trabalho na civilização e da formação de relações duráveis entre as pessoas: o corpo dessexualizado permite sua utilização enquanto instrumento de trabalho alienado (através da canalização da energia libidinal que lhe é necessária), assim como a convivência em comunidade. Toda diminuição destes obstáculos sociais conduziria a sociedade a fases pré-civilizadas.

No entanto, Marcuse argumenta que se o tempo e a energia empregados no trabalho fossem reduzidos, sem uma manipulação do tempo livre, as bases destes obstáculos sociais à satisfação pulsional seriam também reduzidas: o corpo se ressexualizaria e não seria mais utilizado como instrumento de trabalho. Isto implicaria uma "reativação das zonas eróticas", o "renascimento da sexualidade polimórfica" e o "declínio da supremacia genital". Esta possibilidade de liberação da sexualidade parece, à primeira vista, conduzir à imagem de uma sociedade de "maníacos" ou mesmo à sua destruição – se for concebida apenas enquanto um fato isolado dentro de uma sociedade repressiva.

O fator central para a compreensão da possibilidade de realização desta utopia vislumbrada por Marcuse é que este processo não implica só a transformação da sexualidade, mas também uma transformação da libido como resultado de uma transformação social. A liberação da sexualidade *no interior* do "princípio de rendimento" é designada por Marcuse, na primeira parte da obra, de "dessublimação repressiva da sexualidade". Já a transformação da sexualidade através de sua liberação no contexto de uma realidade transformada, não repressiva, é chamada de "autossublimação da sexualidade".

A "autossublimação da sexualidade" implica a transformação da sexualidade em Eros. Nas condições específicas da realidade transformada a sexualidade tenderia a dar origem a "relações humanas altamente civilizadas": o fim do primado da genitalidade e da dessexualização do corpo não levaria à destruição das relações sociais. A sexualidade transformada em Eros implica a sua "ampliação qualitativa e quantitativa", no sentido em que a pulsão tomaria por domínio e objeto a própria vida e neste sentido ela a protegeria – ou seja, as pulsões de vida levariam adiante seu objetivo de constituir unidades cada vez maiores e de conservar e ampliar a vida. Para Marcuse a sexualidade organizada repressivamente corresponde à repressão de Eros: a "autossublimação da sexualidade" significa o restabelecimento da sua função primeira – "o impulso biológico torna-se um impulso cultural" (Marcuse, 1963, p.184).

Neste contexto a função das perversões também seria modificada: suas manifestações diferem essencialmente quando produzidas numa civilização não repressiva ou repressiva. Numa civilização não repressiva as formas assumidas pelas perversões teriam uma função muito diferente das "formas inumanas, coercitivas e destrutivas" que a perversão apresenta na civilização repressiva: estas últimas estão ligadas "à perversão geral da existência numa civilização repressiva" (Marcuse, 1963, p.177-8).

Também a sublimação adquire um novo caráter nesta sociedade transformada: ela se apresenta como "sublimação não repressiva". A sublimação, tal como definida por Freud, é chamada por Marcuse de "sublimação repressiva", pois ela implica a dessexualização da pulsão, a inibição de sua meta sexual e o redirecionamento de sua meta para um fim não sexual. Para ele a sublimação (repressiva) da sexualidade difere da sublimação de Eros na medida em que a primeira se estabelece no contexto de uma sociedade repressiva e a segunda numa sociedade transformada. A sublimação de Eros nesta nova sociedade é "sublimação não repressiva" e ela representa a possibilidade de uma sublimação *sem dessexualização*.

Esta nova modalidade de sublimação não conduz à extinção da cultura, mas a constituição de uma "cultura erótica". A possibilidade da "sublimação não repressiva" implica que esta possa agir sobre um sistema de relações libidinais crescentes e duráveis: as relações de trabalho.

Apesar de Freud não diferenciar entre trabalho alienado e não alienado, a possibilidade do trabalho proporcionar prazer não lhe é estranha. Há na teoria freudiana uma contradição no que se refere à questão da luta pela existência ser libidinal ou antilibidinal. Mas, para Marcuse, o próprio fato de Freud estabelecer uma ligação entre trabalho e sexualidade, entre a atividade humana e a organização das pulsões, já abre a perspectiva para imaginar a possibilidade do trabalho não ser simplesmente fonte de desprazer, mas de poder ser investido libidinalmente numa sociedade não repressiva.

A possibilidade de uma tendência erótica no trabalho é dada pelo atual nível de desenvolvimento das forças produtivas. De acordo com a leitura de Marcuse da teoria freudiana, a modificação repressiva das pulsões se impõe como necessária para possibilitar a luta pela existência e a manutenção da vida. Neste sentido, a impossibilidade de uma conjunção entre princípio de prazer e de realidade parte da "suposição de que a penúria é permanente". Mas se nesta nova etapa da civilização a luta pela existência pode ser apaziguada, em consequência da vitória sobre a escassez, então não há porque negar a possibilidade do trabalho investido libidinalmente. A mecanização da produção permitiria uma diminuição no tempo desperdiçado na manutenção da sobrevivência, que libertaria a energia sexual de sua limitação espacial necessária para o trabalho alienado. E uma vez que a sexualidade transformada em Eros toma como objeto de satisfação a própria vida, e sendo o trabalho parte integral na sua constituição e na sua autopreservação, então ela também tomará o trabalho como fonte de satisfação. As condições sociais alteradas criariam uma base pulsional para a transformação do trabalho em "atividade lúdica". Nestas novas condições o trabalho seria um fim em si mesmo transformando-se em atividade lúdica.

Outra condição para a constituição de uma cultura erótica ou uma civilização não repressiva é a "dessublimação da razão". Ela funda-se na possibilidade de que a razão também se torne objeto de investimento libidinal, o que daria origem a uma nova ideia de razão. Se a sublimação (repressiva) da razão implica a sua dessexualização, ou seja, sua separação dos conteúdos sensíveis, na oposição entre faculdades superiores e inferiores, razão e sensibilidade, por sua vez a dessublimação da razão leva à ressexualização dessa razão e o surgimento de uma "razão sensível". Na condição de uma civilização não repressiva, em que as relações de trabalho tenham sido transformadas, a tendência peculiar a Eros em buscar prazer se estende até a esfera espiritual: "nada na natureza de Eros justifica a noção segundo a qual o instinto é limitado ao domínio corporal" (Marcuse, 1963, p.183).

Portanto, Marcuse justifica a possibilidade da modificação não repressiva das pulsões na civilização não repressiva pelos processos de "autossublimação da sexualidade" e da "dessublimação da razão", enquanto processos resultantes da conquista sobre a escassez. A transformação da estrutura pulsional dos indivíduos, das relações de trabalho e a constituição de uma razão sensível modificaria a atitude do ser humano em relação à natureza e aos outros seres humanos, de modo que seria completamente oposta à atitude que caracteriza a civilização industrial avançada. A transformação da sexualidade em Eros e a sua extensão às relações de trabalho pressupõem para Marcuse uma reorganização racional de um aparelho industrial enorme, uma divisão de trabalho altamente especializada, a utilização construtiva da energia destrutiva e a cooperação de vastas massas (Marcuse, 1999a, p.188).

Para Freud, a civilização enfrenta ainda outro grande obstáculo: a tendência *inata* ao ser humano que o conduz à agressão. Na teoria freudiana as "pulsões de morte" constituem uma tendência do organismo a buscar o estado de ausência de tensão: segundo a hipótese, na medida em que a matéria viva se originou da matéria inorgânica ela tende a retornar a esse estado. Essas pulsões se dirigem no sentido da autodestruição e destruição do meio, como um caminho mais rápido para a morte, que é o estado de ausência total de tensão e desprazer. Segundo a hipótese de uma civilização não repressiva desenvolvida por Marcuse, numa sociedade em que a luta pela existência tenha sido praticamente apaziguada (devido às conquistas técnicas) e cuja organização tenha se tornado "racional", a busca das pulsões por um estágio de ausência de tensão deve estancar, já que a tensão e a labuta teriam sido diminuídas. A vida estaria organizada de tal forma que as pulsões perderiam seu "caráter regressivo": o "princípio de Nirvana" e o "princípio de prazer" convergiriam em um princípio de realidade não repressivo.

## UTOPIA E "GRANDE RECUSA"

Marcuse busca apoio para sua utopia não apenas na filosofia, na mitologia e na psicanálise, mas também na antropologia, na descrição da sociedade Arapesh descrita pela antropóloga Margareth Mead em *Sexo e temperamento*, que tem como traço particular a ausência de conflito com a natureza e entre seus membros (Marcuse, 1999a, p.188). O significado deste recurso está em buscar a imagem de um possível a partir da qual a situação dada pode ser problematizada e criticada: a antropologia fornece um critério diferente à luz do qual o presente aparece desmistificado em sua naturalidade. Esse recurso nos faz lembrar a antropologia crítica de Claude Lévi-Strauss, tal como aparece em *Tristes trópicos* (1996).

Lévi-Strauss reconhece a dimensão política e crítica inerente à antropologia e também à própria filosofia. Segundo ele, a antropologia compartilha com a filosofia a "dúvida". A "dúvida antropológica" (Lévi-Strauss, 1976, p.34) permite contradizer e desnaturalizar hábitos enraizados, ela nos põe em contato com formas de organização completamente diferentes e, nesta medida, conseguimos nos afastar da nossa e olhar com desconfiança para nós mesmo. Com esse distanciamento podemos realizar uma crítica de nós mesmo, uma crítica de nossa cultura. A antropologia revela que nossos costumes são *um* entre outros possíveis, relativiza aquilo que tomávamos por natural e que, frente ao contato com outro, se revela como cultural. A descoberta da alteridade rompe com a naturalização do social, mostra que nossos hábitos e comportamentos são fruto de *escolhas* culturais, uma entre tantas outras. A antropologia revela, mesmo em uma "perspectiva utópica", afirma Lévi-Strauss (1976, p.37), uma "oportunidade permanente do homem".

Apoiando-se em Jean-Jacques Rousseau, Lévi-Strauss termina *Tristes trópicos* dizendo que não existe "estado de natureza", os povos indígenas não estão mais perto da natureza do que nós. São culturas, diversas: nenhuma totalmente boa e nenhuma totalmente má. Nesse sentido, o que a antropologia permite é "usar a todas" e extrair delas "os princípios da vida social que nos será possível aplicar à reforma dos nossos próprios costumes". Elas são o modelo de que "nada é definitivo: é sempre tempo de recomeçar" (Lévi-Strauss, 1996, p.371). "Pois, sabendo que há milênios o homem só conseguiu se repetir, alcançaremos essa nobreza de pensamento que consiste, para além de todas as repetições, em tomar como ponto de partida de nossas reflexões a grandeza infindável dos começos" (Lévi-Strauss, 1996, p.371).

A imagem de uma nova forma de existência e de uma nova relação do ser humano com o meio, que não se baseie na violência e na exploração, tal como apresentada em *Eros e civilização*, se converte em força histórica que impulsiona no sentido de sua realização futura. Podemos dizer que *Eros e civilização* baseia-se numa antropologia crítica e dialética, que busca critérios para uma nova antropologia como resultado da revolução. Pois, para ele, contra toda ideologia, "insisto que não há algo como uma natureza humana imutável. Além e acima do mundo animal, os seres humanos são seres maleáveis, corpo e mente, até mesmo em sua estrutura pulsional (Marcuse, 1999c, p.154).

Em Marcuse, os conceitos filosóficos aparecem como conceitos negativos, que acusam o real face às suas melhores possibilidades. A filosofia é crítica na medida em que guarda a imagem do que "poderia ser": é no confronto com o possível que a crítica tira sua força, que nega e acusa as condições de vida alienadas. Na teoria crítica o negativo se revela à luz do positivo como uma insatisfação e a recusa de uma situação restritiva, ou, para usar os termos de Jameson, "uma percepção repentina de um presente intolerável que é ao mesmo tempo... o vislumbre de um outro estado em nome do qual o primeiro é julgado" (Jameson, 1985, p.71).

Ao final de *Eros e civilização*, citando Benjamim, Marcuse põe uma condição necessária para a possibilidade da transformação do "princípio de realidade" repressivo: a liberação do conteúdo recalcado da memória. A civilização repressiva impõe constantemente a resignação e o esquecimento como condições de sua sobrevivência para poder continuar se reproduzindo, assim como reproduzindo a injustiça e escravidão. Esta faculdade do esquecimento está ligada à submissão e à resignação. A aliança entre o tempo e a repressão garante a manutenção da realidade repressiva, pois faz com que os indivíduos esqueçam os sofrimentos passados, mas também a memória de um prazer e uma satisfação intemporais. A força crítica de Eros reside na sua oposição ao prazer temporário e limitado, na tentativa de vencer o tempo e restabelecer a satisfação integra. Porém, a liberação desse conteúdo recalcado da memória é a condição da sublimação não repressiva na medida em que ela se traduza em ação histórica. Assim, segundo Jameson, a obra de Marcuse "lança os fundamentos para a possibilidade do pensamento utópico" através da valorização de uma memória de satisfação que impulsiona a recuperação das satisfações passadas em direção a uma realização futura:

> A energia primária da atividade revolucionária deriva dessa memória de uma felicidade pré-histórica. A perda ou repressão do sentido de conceitos como felicidade e desejo toma a forma de uma espécie de amnésia ou embotamento desmemoriado, que a atividade hermenêutica, a estimulação da memória como

> negação do presente, como projeção de utopia, tem como função dissipar, restaurando nossos impulsos e desejos vitais. (Jameson, 1985, p.92)

Em face das novas configurações históricas da não liberdade, que atingem o indivíduo em seu corpo e sua alma, as possibilidades de liberdade precisam ser reconceituadas. Na medida em que a política invadiu a psicologia, que as novas formas de controle alcançaram a esfera do inconsciente e da vida pulsional, a tarefa da teoria crítica é criar uma imagem de liberdade para além das condições dadas, para além das liberdades permitidas pelas sociedades industriais avançadas. O conceito de revolução *erótica* ou revolução *órfica* em Marcuse implica que a razão se abra à sensibilidade e a sensibilidade à razão, conduzindo a um novo estágio da civilização no qual as pulsões poderiam seguir um curso não repressivo e nesse processo sustentariam a vida ao invés de destruí-la. A novidade no seu pensamento é romper com um determinado marxismo ortodoxo ao introduzir a preocupação com a base humana do desenvolvimento do capitalismo para o comunismo. Sem esta transformação subjetiva, na cultura, nos padrões de comportamento, na relação entre os indivíduos e entre estes e seu meio, a revolução é impensável. É no contraste com as condições dadas de vida que a imagem utópica de *Eros e civilização* deve ser abordada. Tomada em si mesma aparece como algo que nunca foi... uma ingênua utopia.

## FILOSOFIA E ENGAJAMENTO: ALGUMAS CONSIDERAÇÕES FINAIS

No Prefácio político de *Eros e civilização*, escrito quase dez anos depois, em 1966, Marcuse alerta o leitor para a obsolescência de seu próprio livro, uma obsolescência não tanto das ideias expostas, mas das próprias condições históricas de sua realização. Para ele, o livro baseava-se em uma perspectiva otimista de que as realizações da sociedade industrial avançada habilitariam o homem a inverter a união fatal de produtividade e destruição, de liberdade e repressão (Marcuse, 1999a, p.13). Segundo o filósofo, esse "otimismo" baseava-se no pressuposto de que o progresso alcançado colocaria em cheque a necessidade da dominação. Porém, ele reavalia o seu diagnóstico uma vez que o próprio sistema da sociedade afluente usa "formas mais eficientes de controle social", reconciliando seus indivíduos com seus modos de vida e seus governantes, por meio da "engenharia social da alma" e a "ciência das relações humanas", fornecendo a necessária "catexe libidinal" e tornando a servidão cada vez mais "compensadora e agradável ao paladar" (Marcuse, 1999a, p.13-4).

Esse modo de vida ata os indivíduos às estruturas sociais de dominação de uma forma que excede os padrões tradicionais, porque a ideologia da sociedade de consumo pauta-se numa satisfação real, embora não verdadeira, já que produz tanto o próprio desejo como os objetos de satisfação e, assim, repele toda crítica ao modo de vida estabelecido. Porém, a falsidade do sistema de vida se revela quando o progresso técnico, que satisfaz a uma pequena camada da população, se realiza sobre as bases da opressão, tanto nos guetos das sociedades afluentes, como no Harlem ou no Alabama, quanto nos lugares mais distantes, Vietnam, Congo, África do Sul: "Esses lugares infernais iluminam o todo" (Marcuse, 1999a, p.14).

> O superdesenvolvimento técnico e científico fica desmentido quando bombardeiros equipados de radar, os produtos químicos e as "forças especiais" da sociedade afluente desencadeiam-se sobre os mais pobres da Terra, seus barracos, hospitais e campos de arroz. Os "acidentes" revelam a substância: rasgam o véu tecnológico, sob o qual se ocultavam os verdadeiros poderes. A capacidade de matar e queimar em grandes proporções, e o comportamento mental que lhe é concomitante, são subprodutos do desenvolvimento das forças produtivas, dentro de um sistema de exploração e repressão; parecem essas forças tornar-se tanto mais produtivas quanto mais confortável o sistema vai ficando para os seus privilegiados sujeitos. A sociedade afluente demonstrou agora que é uma sociedade em guerra; se os seus cidadãos não o notaram, as suas vítimas já o perceberam, por certo. (Marcuse, 1999a, p.17-8)

O diagnóstico da aliança entre progresso e destruição, tal como problematizado por Marcuse, não conduz a uma recusa da tecnologia ou das possibilidades que a ciência moderna permite, mas, pelo contrário, ele erige sua utopia sobre a base mesma desse progresso e das possibilidades de suavização da luta pela existência que ele permite. Mas, enquanto conceito, o progresso não é neutro: se definido de forma meramente técnica, ele pode expressar-se no desenvolvimento de uma nova tecnologia ou de um novo objeto técnico. Entendido como conceito filosófico, o progresso se torna um conceito crítico, que traz em si as possibilidades não realizadas de uma vida boa, de uma vida melhor.

Porém, se, tal como afirma no prefácio, *Eros e civilização* permaneceu otimista frente às novas formas de controle, nem por isso o conteúdo utópico ali expresso perdeu sua força. A gravidade da nova situação exige em engajamento que assuma a *responsabilidade política* "subentendida na posição e na função do intelectual na sociedade industrial contemporânea"

(Marcuse, 1999a, p.23). Sua "recusa" pode conectá-lo com outras forças sociais catalisadoras.

Em termos históricos, a Grande recusa se encarnou nos movimentos sociais que emergiram no final dos anos 1960, como o movimento de luta pelos direitos civis da população afrodescendente americana e da latino-americana, o movimento estudantil, feminista e ecológico e as lutas de libertação dos povos do Terceiro mundo, contra a guerra e a "carnificina neocoloniais", aos quais Marcuse dedicará suas obras posteriores fortemente marcadas pelo conteúdo utópico e romântico revolucionário de *Eros e civilização*.

Os ensaios dos anos 1966 a 1977, como "O fim da utopia" (1967), "Sobre a libertação" (1969) e "Contrarrevolução e revolta" (1972) entre outros, mostram que a unidade entre teoria e prática expressa na Grande recusa de Marcuse se faz, por um lado, pela manutenção do pensamento utópico e, por outro, pela análise nas condições históricas e dos agentes sociais de transformação. Os artigos, entrevistas e palestras contidas nesses livros revelam uma postura cada vez mais engajada em relação às transformações históricas em ebulição nessas décadas: um engajamento que se faz pela posição do intelectual no espaço público: "Oponho-me a alinharem meu nome e minha fotografia aos de Che Guevara, Debray, Dutsche, E. T. Essas pessoas arriscaram de fato suas vidas" (Marcuse, 2010, p.143-4). Marcuse escreve textos refletindo sobre esses movimento e atento às revoltas nos países do Terceiro mundo, especialmente Cuba e Vietnam, que, para ele, representam uma possibilidade histórica de saltar o estágio da racionalização repressiva e procurar modelos de desenvolvimento alternativos e autônomos em relação às forças imperialistas: "a guerra de guerrilha definirá as revoluções do nosso tempo?" (Marcuse, 1999a, p.17). Já nos países superdesenvolvidos a revolução significaria e eliminação do superdesenvolvimento e de sua racionalidade repressiva (1999a, p.17).

Essa figura histórica do intelectual revela algo do modo como Marcuse compreende a "função histórica" da filosofia no mundo contemporâneo, a saber, a tentativa de recuperar o "objetivo crítico" cancelado pela realidade social das sociedades unidimensionais, a necessidade de buscar, frente à "unidade penetrante dos opostos", uma posição "externa" à totalidade que se autodesenvolve e se legitima:

> A teoria social se interessa pelas alternativas históricas que assombram a sociedade estabelecida como tendências e forças subversivas. Os valores ligados às alternativas se tornam fatos quando transformados em realidade pela prática histórica. Os conceitos teóricos terminam com a transformação social. (Marcuse, 1969b, p.15)

O pensar filosófico se move entre o conceito e a realidade representada, buscando expressar as condições do real e salvá-lo de sua configuração invertida. Porém, o problema está em passar do conceito para a práxis teórica, como um salto do pensamento à ação. Essa "distância" entre o conceito e a realidade só se supera a partir da análise das condições efetivas da ação histórica: ela marca o corpo, ligando a "carne do homem que pensa" às condições históricas de sua realidade. "Pensar não é somente enunciar uma ideia: é romper um corpo" (Rozitchner, 1989, p.182). Pensar filosoficamente significa, nesta tradição crítica, estar atento às configurações históricas da realidade que nos cerca, denunciar as formas de dominação, defender a vida e manter-se atento às fissuras que se abrem à ação histórica.

Assim, o filósofo argentino Leon Rozitchner, escrevendo sobre a ditadura na América Latina e sobre aqueles que perderam suas vidas por enunciar a palavra que denuncia as condições de terror e de morte, nos instiga a uma reflexão: "o que significa 'fazer' filosofia para aqueles que têm o privilégio de manter a vida quando tantos outros a perderam? O que significa, nestas condições, pensar?" (Rozitchner, 1989, p.181). Ou: o que significa pensar filosoficamente quando somos sobreviventes do campo de concentração latino-americano? Segundo ele, o "chamado 'filósofo' é um homem que, a partir do privilégio da palavra e de sua colocação institucional, deve utilizá-lo para ganhar à morte a vida" (Rozitchner, 1989, p.188-9).

Hoje pensar criticamente exige que se reconstrua a memória dos povos, a memória das esperanças e dos sofrimentos, das conquistas e das perdas, das ditaduras e dos massacres; hoje, pensar criticamente, no contexto da América Latina, exige que se denunciem as novas formas de colonialismo e opressão, a guerra no Oriente, o controle da informação, as invasões de terras e devastação em nome de um progresso que parece mais uma tragédia, e que nunca chega, mas que continua a derramar o sangue e dos povos de "nossas dolorosas repúblicas" (Martí, 1963, p.22); em suma, o pensar crítico deve partir de seu contexto, assumindo, em nosso caso, a "latinoamericanidade", num movimento de tomada de consciência de si que não se opõe aos demais povos, mas que, visando os elementos peculiares de nossa história, permita a construção de ideias e de um pensamento crítico que não estejam "fora do lugar" (Schwartz, 2005).

> Filosofar a partir de uma filosofia latino-americana exige, pois, também e ineludivelmente, o resgate do valor mobilizador da utopia, como dimensão que integra de modo absolutamente legítimo todo discurso do futuro. (Martí, 1963, p.22)

Refletir sobre a história, os itinerários, as aventuras da utopia como uma tensão, pulsão, figura discursiva, função reguladora da ação, projeto sociopolítico, imaginação e encanto, desordem e revoltas, faz com que vejamos de modo mais claro que a aventura se joga no presente. Pensar a utopia hoje é imprescindível para não esquecer, não apenas o passado dos homens e suas condições, mas tampouco perder a memória do que hoje aqui vivemos. O sistema e todo seu mecanismo está mobilizado para que isto aconteça minuto a minuto no tempo contingente da vida que vivemos. (Del Río, 2002, p.13)

III

# LITERATURA, MÚSICA E SURREALISMO

– 14 –

# O CONTO DE FADAS COMO ESCLARECIMENTO, CULTURA E VIOLÊNCIA[1]

*Gábor Gángó*[2]

## APRESENTAÇÃO DO TEMA

No meu artigo, serão incluídas as medidas político-culturais de Georg Lukács, no ano de 1919, nas pesquisas sobre o tema conto de fadas no âmbito do marxismo ocidental. Minha pesquisa tem como objetivo demonstrar que o conto de fadas, aos olhos de Lukács e de seu amigo e colaborador Béla Balázs, pertencia ao mundo das possibilidades radicalmente ampliadas: a um campo em que não só as fronteiras entre as classes, mas também as fronteiras entre os homens, animais e plantas, além daquelas entre os seres existentes e não existentes poderiam ser excluídas. Dessa maneira, ela pode contribuir para o melhor entendimento da dialética do conto de fadas naquela tradição intelectual do período entreguerras, ao qual pertenciam Walter Benjamin, Siegfried Kracauer, Ernst Bloch e Theodor W. Adorno. Os estudos de Kracauer, Bloch e Walter Benjamin sobre o conto de fadas podem, em vários aspectos, dialogar com a experiência política do conto de fadas de Georg Lukács e seu círculo, no ano de 1919, durante a República

1 Tradução de Marlene Holzhausen.
2 Universidade de Budapeste, Hungria.

Soviética na Hungria. Lukács e seus colegas realizaram uma experiência única ao mobilizarem o conto de fadas na prática revolucionária.

Os intelectuais alemães de esquerda do período entreguerras deram a um gênero literário marginal (ao conto de fadas) um papel especial no interior de uma ideologia marginal (o Marxismo). O seu objetivo e abordagem era desdobrar a utopia das concepções pré-científicas da sociedade com base nos contos de fadas. De acordo com a descrição de Carl-Heinz Mallet, o conto de fadas era um gênero proletário pequeno burguês, e não apenas em razão de seus narradores [*Überliefer*], mas também pela sua oralidade (Mallet, 1990, p.11). Lukács e seus seguidores aliaram-se àqueles que não viam insensatez no conto de fadas.

## O CONTO DE FADAS E A ESQUERDA DE WEIMAR

A distinção entre lenda (mito) e conto de fadas constituiu o principal problema para os intelectuais marxistas da Alemanha de Weimar – uma noção que foi originalmente formulada pelos Irmãos Grimm. Enquanto seus adversários conservadores queriam muito mais extinguir essa diferença, eles enriqueceram a distinção entre lenda e conto de fadas dos irmãos Grimm com um conteúdo ideológico. Eles não se prenderam tanto a uma abordagem inerente aos contos de fadas no que diz respeito à sua estrutura, universo de motivos, configuração histórica, filologia etc., mas na adaptação dos contos de fadas a um esquema de interpretação ideológica. O materialismo histórico fundamentou-se nas tendências irracionais do início do século XX para trazer à luz a utopia latente dos contos de fadas.[3] Nesse sentido, suas investigações culminaram na obra *Die Dialektik der Aufklärung* [A dialética do esclarecimento] de Max Horkheimer e Theodor W. Adorno. De um ponto de vista polêmico, essa interpretação voltava-se contra aquela de Wagner e Klage, que interpretaram os contos de fadas de modo reacionário, colocando-os a serviço da defesa do existente.[4]

Esta era uma questão de escolha: ambas as tendências eram imanentes ao conto de fadas. Segundo as palavras de Tobias Korta:

3 Cf. Vedda (2011, p.146).

4 "Com seus instintos fascistas, Wagner certamente via também no conto de fadas apenas, 'mito diminuído' (e o filho Siegfried seguiu na mesma direção, Humperdinck compôs Hänsel e Gretel com os meios da orquestra de Nibelungos); Klages, por sua vez, o reacionário misterio, vê no conto de fadas apenas o 'rebento infantil da vida contemplada'" (Bloch, 1985a, p.184).

> Muitos contos de fadas da modernidade – tal como os conhecemos da coleção de contos de fadas dos Grimm – são uma expressão tanto do ethos iluminista do século XVIII, como também do espírito do anti-iluminismo do romanticamente saudoso século XIX, atemorizado pelas consequências negativas da modernização. (Korta, 1997, p.61)

A abordagem "mito *versus* conto de fadas" teve um aspecto polêmico também contra o historicismo. Na medida em que se concebeu o historicismo como um processo único, homogêneo e consciente de seus propósitos em oposição à natureza, que se repetia infinitamente, a teoria do conto de fadas da esquerda pôde apontar que nem tudo que supera a compulsão repetitiva da natureza poderia necessariamente ser elucidado. Neste sentido, qualquer instituição da sociedade civil pode ser reacionária. Como Rolf-Peter Janz recordou a esse respeito, Walter Benjamin discutiu:

> [...] (tanto) gêneros literários como contos de fadas e tragédia quanto instituições como o direito [...] prioritariamente do ponto de vista de sua capacidade de reduzirem o terror do mundo miticamente dominado. (Janz, 1983, p.369)

Deve-se sobretudo a Walter Benjamin a ideia de que os contos de fadas não podem ser colocados apenas a serviço das aspirações anti-iluministas, mas também possuem um potencial emancipatório. Segundo ele, o conto de fadas foi o meio pelo qual a humanidade foi capaz de sacudir "a angústia que o mito colocara sobre seu peito" (Benjamin, 1980, p.457 et seq.) e foi "o jogo com o possível" (Renger, 2006) do conto de fadas que pretendia compreender e proteger diante da "pedagogia colonial" da modernidade, que os contos maravilhosos dos Grimm também pareciam querer adaptar às suas necessidades.

Siegfried Kracauer acreditava no poder emancipatório de uma razão, que se manifestava nos contos de fadas (cf. Vedda, 2011, p.108). Como Tobias Korta (1997, p.58) já sugerira:

> [...] os contos de fadas genuínos de Kracauer [preenchem] uma função central, muito específica no contexto ainda existencialista de sua visão dualista do mundo: contos de fadas genuínos são "códigos de uma utopia", "pré-sonho" [...] de um outro mundo, realmente diferente, enquanto o mito é processado no conflito entre "pré-história e história, entre barbárie e cultura".

Milagre é quando a utopia também é capaz de dominar a natureza. Como Novalis (fragmento n.2320 apud Lescreveu: "[Quando] o homem supera a si mesmo, ao mesmo tempo supera também a natureza e acontece um milagre". Os políticos de contos de fadas húngaros podiam concordar com Kracauer que o milagre pode estar a serviço do estabelecimento de uma verdade superior.[5] O milagre, na sua opinião, não é a causa da verdade, mas um indicador da verdade.

Como já havia sido descrito por Miguel Vedda (2011, p.104 et seq.), Ernst Bloch colocou o conto de fadas como tendência da liberdade, como um esclarecimento concreto em face do mito. Se o conceito oposto de realidade é fantasia, então a aspiração de Bloch consiste em implementar plenamente as duas esferas por meio da enfatização dos elementos fabulosos da realidade. O potencial revolucionário do conto de fadas também foi destacado por Ernst Bloch; seria "revolta do pequeno homem contra os poderes míticos". Enquanto Bloch, no entanto, atribuiu igualmente à colportagem (que ele levou em consideração com base nos romances de índios do escritor proletário Karl May) uma força revolucionária, Lukács jamais descobriu as afinidades entre os contos de fadas e a literatura de entretenimento. Em vez disso, ele considerou que o conto de fadas para adultos conserva exatamente o existente e que, por conseguinte, dificilmente poderá ser útil no trabalho de mudança do mundo. O gosto literário de Lukács, no conjunto, permaneceu burguês – no chamado grande realismo queria distinguir tendências favoráveis ao comunismo. Bloch estava ciente do fato de que sua posição em relação à colportagem era fundamentalmente diversa daquela de Lukács. Por isso, ele escreveu:

> A revolução proletária é em geral hostil à literatura "fantástica"; contudo tensões e pluralidade têm nos contos de fadas e nas colportagens seu refúgio útil, eles podem a partir daqui se tornar tropas. (Bloch, 1985a, p.186)

Aos olhos de Lukács, adveio um problema teórico do fato de que a ditadura do proletariado era capaz de fundar o comunismo sem passar pelo esclarecimento e pela revolta. É por essa razão que o sistema cultural permaneceu inabalavelmente um sistema burguês. Quando no âmbito da sociedade civil, a colportagem despertou tendências emotivas para os leitores burgueses, no contexto do comunismo recém-introduzido para o proletariado (social-democrata); ela sugeriu, como de costume, uma validade da cultura burguesa.

5 Os contos de fadas não são histórias milagrosas, mas seu sentido é a revogação das forças mitológicas em nome da realidade da verdade. O seu triunfo é unicamente o maravilhoso (Kracauer, 1990, p.392).

## A POLÍTICA DO CONTO DE FADAS DA REPÚBLICA SOVIÉTICA DA HUNGRIA

Se para Bloch e os outros o conto de fadas podia oferecer um equilíbrio contra as forças míticas presentes e contra uma interpretação reacionária do conto de fadas, os políticos culturais da República Soviética da Hungria deveriam determinar a tarefa do mesmo sem essas forças antagônicas. E isso só poderia ocorrer se orientado para o futuro – quer dizer, com ênfase dos elementos utópicos. Para Lukács o mundo do conto de fadas não podia mais atuar como "*a priori* da revolução" (Bloch, 1985a, p.183 et seq.).

Georg Lukács e Béla Balázs precisavam acreditar que a leitura infantil dos contos de fadas era necessariamente um modo de leitura revolucionário – isto era um dogma antropológico sobre o qual repousava toda a política cultural. Se nem mesmo nas crianças se poderia indicar um fim em si, em relação ao qual toda violência e terror pode ser instrumentalizado e relativizado, então, de modo geral, todo o empreendimento seria inútil. É por isso que foi tão importante criar um departamento de conto de fadas no Ministério da Educação e Cultura.

Em sua política de contos de fadas, Lukács também retomou, em 1919, parte de suas próprias afirmações sobre o conto de fadas, como em seu ensaio sobre o tema do drama não trágico. Se nesse artigo Lukács considerou o conto de fadas como não metafísico, então sua reviravolta comunista trouxe consigo um salto na metafísica também no âmbito da sua interpretação do conto de fadas. Na *Theorie des Romans* [*Teoria do romance*], no entanto, ele examinou o potencial do conto de fadas em relação à tentativa de lançar uma ponte entre realidade e transcendência.

A consideração dos contos de fadas como leitura e vivência para crianças abre um horizonte de problema completamente diferente. Para Bloch, Kracauer e Adorno era possível, além disso, examinar os contos de fadas sem qualquer referência ao seu público-alvo, às crianças. O interesse de Benjamin nas crianças, relacionado com o nascimento de seu filho (cf. Vedda, 2011, p.107 et seq.) trata-se muito mais de uma exceção. Em Benjamin, as crianças têm o seu mundo próprio e os contos de fadas, por conseguinte, tornam-se conteúdo de uma visão de mundo a elas adequada.

Para Lukács, Béla Balázs e Anna Lesznai (para Lukács uma das escritoras mais inspiradoras do seu círculo de amigos, o chamado Círculo Dominical), o interesse por sua vez permaneceu estéril, meramente utópico-ideológico. Para eles, a criança não significava senão sua potencialidade: para os comunistas, o valor da criança consistia no fato de que elas estavam livres do conteúdo do mundo burguês. A ideia principal de que o conto de fadas iria inevitavelmente suscitar a autoconfiança proletária nas crianças, não era senão mera especulação, já refutada pelos adversários de Balázs com contraexemplos empíricos. Que durante a República Soviética o conto de fadas era no máximo e, sobretudo, doutrinação, mostra o fato de que as aulas de conto de fadas eram preferidas naquelas aulas da Cátedra, que era a única forma de aula do proletariado da Escola Livre de Ciências Humanas através das palestras no Círculo Galileo até a Universidade dos Trabalhadores de Marx-Engels.

A teoria para crianças, mediada pelos contos de fadas, não foi acompanhada, em 1919, pela prática da não alienação, ou seja, pelo lúdico. Pelo contrário, a República Soviética manteve o trabalho infantil. Através da "transformação funcional", ele não foi interpretado como "exploração", mas como preparação para o trabalho comunista. Enquanto para Benjamin (e Adorno), o conto de fadas será contraposto ao mito como vitória da cultura sobre a natureza (cf. Vedda, 2011, p.116) para Lukács e seus colaboradores o conto de fadas não era nada mais que grande realismo para crianças: totalidade, que deveria representar o sentido imanente da história para o marxismo através de uma concepção da sociedade já estruturada. Eles consideravam as crianças libertas de suas determinações de classe, como "os humanos por excelência" (Kracauer apud Korta, 1997, p.76), para utilizar as palavras de Kracauer.

Uma releitura da problemática dos contos de fadas durante a ditadura do proletariado de 1919 é possível devido à inclusão do romance autobiográfico de Anna Lesznais *Am Anfang war es der Garten* [No início era o jardim], a partir do qual torna-se evidente que a política de conto de fadas se mostrou como uma culminação prática das discussões teóricas no Círculo Dominical:

> Pois há anos planejaram a transformação dos contos de fadas, a manifestação dos milagres em nossa vida atual: a criança deve se deparar com ele também na oficina urbana e na rua! [...] Ao lado da página do conto de fadas se deveria também organizar os eventos das aulas de contos de fadas. Estes serão contados na praça Elisabeth e nas avenidas ao redor da cidade; nas escolas, nos hospitais, em teatros iluminados. E mesmo que sejam de pouca qualidade, é o que se pode fazer atualmente, ainda assim é maravilhoso que tenhamos chegado a um reconhecimento tal do conto de fadas, que seus direitos tenham sido reconhecidos oficialmente no horrível prédio do Ministério do Ensino Público. (Lesznais, 1966, p.510)

Anna Lesznai subordinou ao milagre, quer dizer, a um conceito mais generalizado de mudança, o potencial do conto de fadas de mudar a sociedade. Com isso, ela enfatizou o aspecto religioso da ideologia da República Soviética. O departamento de conto de fadas, que ela dirigia, era o departamento de milagres, responsável por atos que deveriam anular as leis da natureza e promover o projeto de cura comunista. Assim como o ensaio de Lukács sobre o "bolchevismo como problema moral" preparava seu autor para a conversão ao bolchevismo, os contos de fadas preparariam seu público infantil para sua redenção comunista.

Os aspectos religiosos do conto de fadas aparecem de forma explícita no diário de Anna Lesznais. Em uma anotação de 1912, ela escreveu:

> O conto de fadas é religioso porque ele é o mundo do correto irrestrito, isto é, do correto puro [reinen Richtigen]. No conto de fadas o único fator determinante é: reconhecer o que é correto. As características individuais do herói e as situações são secundárias. Até mesmo o herói é secundário, porque ele nos comunica aquilo que é a essência do conto de fadas: o correto. Se encontra isto, ele vence; se não o encontra, ele morre. Conto de fadas não é arte de inventar [des Erfindens], mas descoberta [Findens] [em alemão no original]. A vontade, a determinação (a retidão de Deus) de encontrar em Tudo. Como todas as coisas (animais, árvores etc) são portadoras da retidão de Deus, ele retorna o valor original das coisas. (Lesznais apud Karádi; Vezér, 1980, p.102 et seq.)

A essência da política do conto de fadas foi descrita por Béla Balázs em seu artigo "Não tire o conto de fadas das crianças", publicado na revista *Fáklya* [Tocha], em 11 de maio de 1919. Nesse documento, Balázs defendia uma cultura de primeira classe para as crianças. Ele considerava as crianças como os novos seres humanos em potencial, para as quais não somente as leis, mas também os sentimentos e instintos seriam comunistas. Os adultos são os Moisés comunistas que conduzem as crianças para a fronteira da terra prometida. Em oposição aos social-democratas, que, em vez de contos, queriam dar às crianças "conhecimentos da sociedade", que refletem o mundo e a ideologia capitalistas, disse ele:

> Os contos de fadas populares são anteriores ao capitalismo, inclusive têm origem mais antiga que o feudalismo. Eles estão, desta maneira, aquém da antiga sociedade assim como o comunismo está para além dela. [...] Os contos de fadas originais são o único gênero literário em que as diferenças de classe são apenas motivos decorativos. No entanto, elas influenciam o destino dos personagens muito menos, que este ser conduzido por forças – fadas e duendes – para além da sociedade. (Baláz, 1978, p.205)

A argumentação de Balázs foi teoricamente fundamentada por Lukács, que em seu artigo de jornal "A base moral do comunismo", de 3 de abril de 1919, escreveu o que se segue: "Contra crianças não há luta de classes, pois em cada criança é necessário ver o membro iniciante de uma futura sociedade, que não conhecerá mais diferenças de classes". De acordo com Lukács, essa nova sociedade será caracterizada pelo amor mútuo e pela solidariedade (Lukács, 1978, p.120-1).

Poderia esse potencial utópico ser lido a partir do tesouro de contos de fadas húngaro? A resposta é: não. Por um lado, os estudos do folclore húngaro fazem uma distinção pouco nítida entre conto de fadas e lendas: modelos de emancipação e ascensão das camadas mais baixas da população foram contrabalanceados em coleções de contos de fadas húngaros com hierarquias fundadas em lendas heroicas. Por outro lado, esses modelos emancipatórios de contos de fadas populares atingiam especialmente as camadas agrárias: os dirigentes da República Soviética da Hungria conduziram, porém, uma política social e cultural notoriamente antiagrária. Para eles eram mais adequados aqueles contos de fadas da literatura internacional de contos maravilhosos, que representavam a sociedade burguesa no momento de seu nascimento. Por conseguinte, Lukács e seus assistentes interpretaram no Ministério da Educação e Cultura o conto de fadas como um gênero internacional.

## CONCLUSÃO

A oposição conceitual entre conto de fadas e mito produziu certamente um efeito frutífero na explicação de certas correntes de pensamento na Alemanha desde a distinção fundamental dos irmãos Grimm entre lenda e conto de fadas até a Teoria Crítica. A concretização prática do potencial revolucionário do conto de fadas, no entanto, estava livre desta contradistinção.

Nossa análise mostrou certamente que se observa uma afinidade especial entre Lukács e Bloch; por meio de sua interpretação dos contos de fadas confirma-se também o julgamento de Max e Marianne Weber sobre o parentesco de seus pensamentos (apud Lukács, 1986, p.221, n.4). A prioridade do problema da entrada em vigor do conto de fadas no mundo foi o pressuposto de uma leitura revolucionária rigorosa, que caracterizava o pensamento dentre outros de Bloch e Lukács. Mas como poderiam a fantasia e a lógica do conto de fadas provocarem efeito no mundo? Pode haver duas respostas diferentes: Bloch (1985b, p.197) enfatizou a civilidade dos contos maravilhosos do mundo burguês:

> O mundo do conto de fadas da América é certamente muito mais a *social life* sonhada com reis e santos da vida empresarial de elite; mesmo esta ligação, se também enganadora, provém ainda assim pela metade do conto de fadas. O sonho do pequeno empregado, mas também – com outros conteúdos – do homem de negócios médio, é o sonho da ascensão repentina, milagrosa da massa anônima para a felicidade visível. Sobre eles brilha fabulosamente o raio de ouro, ilumina o sol do escárnio de comando; o reino do conto de fadas chama-se *publicity* (mesmo que por apenas um dia), a princesa do conto de fadas é Greta Garbo.

Mas são duas coisas fundamentalmente diferentes inserir tarefas revolucionárias e esclarecedoras diante do conto de fadas, para mobilizá-lo no interesse político de uma revolução proletária já vitoriosa.

Embora a pesquisa elabore suas perguntas no contexto da Alemanha no período entreguerras, sobretudo em relação às declarações fragmentárias de Walter Benjamin, as discussões mais sistemáticas de Siegfried Kracauer e Ernst Bloch, no que diz respeito à prática de Lukács, são muito mais perspicazes. Sobre sua concepção do conto de fadas pode-se observar uma radicalização paulatina do conceito de conto de fadas em Benjamin, Kracauer e Bloch. Em Benjamin o conto era antimitológico, em Kracauer emancipatório e suporte da verdade [*wahrheitstragend*], em Bloch (1985c, p.344), por sua vez, revolucionário:

> João e Maria [Hänsel e Gretel], A gata borralheira [Aschenbrödel], O alfaiatezinho valente [Das tapfere Schneiderlein] e ainda os fantoches no teatro de marionetes, que derivam diretamente dos contos de fadas, todos têm em sua casa de sonhos a inscrição: nenhum homem é servo; nenhum homem nascido numa classe social servil – a ele determinada em milhares de mitos dos senhores – se tornará um servo.

Independentemente e antes dos teóricos de conto de fadas da República de Weimar, os membros do Círculo Dominical descobriram na Hungria as principais características da interpretação marxista dos contos de fadas. Esses traços de personalidade são a verdade manifesta segundo a analogia da religião cristã, as possibilidades de interpretação igualitárias, emancipatórias e utópicas do conto de fadas e sua ligação com reflexões sobre a revolução marxista.

A maior diferença está no papel que o conceito de mito desempenha nas teorias individuais. Na *Teoria do romance*, Lukács (apud Marquard, 1979, p.56) organizou também histórias e romances aos "polimitos esclarecidos" [*aufgeklärten Polimythen*] do mundo moderno. Por outro lado, em Lukács o mito escondeu-se na ciência. Ele confrontou-a com a dialética, da vontade [*die Dialektik, des Werdens*] e a totalidade. Se, para Lukács, "a sociedade burguesa não é apenas a fase final de desenvolvimento do mito, mas também o terreno de sua superação" (Weiss, 1997, p.24), então é compreensível porque a política de contos de fadas não pôde se apoiar na estratégia de uma luta contra o mito numa sociedade pós-burguesa [*postbürgerlich*]. Lutar contra os mitos parecia ser completamente inútil no comunismo. De acordo com a convicção de Lukács, só existem mitos ali onde há uma sociedade burguesa.

– 15 –

# EMANCIPAÇÃO HUMANA E "FELICIDADE NÃO DISCIPLINADA". WALTER BENJAMIN E A POÉTICA DO CONTO DE FADAS[1]

*Miguel Vedda*[2]

A abordagem do tema que propomos poderia começar com uma chamada de atenção sobre o significativo gosto de vários pensadores marxistas pelo conto de fadas. A série de pensadores poderia se remontar ao próprio Marx, quem, com notável divergência com os ulteriores impulsores do realismo socialista, não apenas era um entusiasta leitor de obras do gênero – principalmente, dos contos de fadas artísticos (*Kunstmärchen*) de narradores como Ernst Theodor Amadeus Hoffmann ou Adalbert von Chamisso –, mas também um autor diletante de *fairy tales*. Infelizmente, não há em Marx uma reflexão sobre esta forma, tal como a que encontramos, já no princípio do século XX, na obra de juventude de György Lukács. O interesse deste pelo gênero coincide com a crise da *visão trágica do mundo* que definia a primeira etapa de sua produção filosófica; uma etapa em que se produziram algumas de suas considerações fundamentais para uma teoria da tragédia, tais como as que se advertem no livro sobre a *Evolução histórica do drama moderno* ([1907-1909] publ. 1911) ou no ensaio "Metafísica da tragédia" (1911). Influenciado pela escritora Anna Lesznai, o filósofo húngaro começou a ver no conto de fadas a expressão de um empenho em ultrapassar o individualismo por meio

1 Tradução de Rafael M. Zanatto.
2 UBA – Universidade de Buenos Aires/Conicet.

da configuração de uma comunidade utópica, fundada em relações humanas genuínas e concretas. Afastados do mundo desencantado e individualista do capitalismo, os contos de fadas delineiam "um mundo redimido, em que a realidade última era mágica, mais que empírica ou metafísica"; ao mesmo tempo, lhes ensinam aos homens:

> [...] que sua realidade, empírica ou metafísica, não é mais que uma das muitas realidades imagináveis. Ao reconhecer isto, os homens já não necessitam contemplar sua realidade como uma prisão intransponível; podiam compreender que era o resultado de suas próprias *escolhas*. (Congdon, 1983, p.79)

Essa aproximação ao conto de fadas se enlaça, ao mesmo tempo, com outra baliza substancial na formulação do jovem Lukács: o encontro com a mística judaica. Neste exerceu uma função capital o descobrimento da tradição jasídica, que durante um tempo exerceu sobre o filósofo uma irresistível fascinação. Em meados de 1911, Lukács concluiu a leitura das duas célebres compilações de Martin Buber, *As histórias do rabino Nachmann* (1906) e *A lenda de Baal Shem* (1908), e ficou impressionado por elas, ao ponto de instar a Buber (a quem havia conhecido no seminário de Simmel em Berlim) a realizar uma edição mais ampla dos textos místicos.[3] Os contos recompilados por Buber ofereciam uma antecipação utópica de uma comunidade orgânica tal como a que falava Anna Lesznai na grande tradição do conto de fadas. Os efeitos que essas reflexões tiveram sobre a teoria lukácsiana do drama se advertem em suas considerações sobre o drama no trágico ou romance: um gênero que, até 1911, passou a situar-se no lugar central que anteriormente havia correspondido, no jovem Lukács, a tragédia. Ao contrário do enigmático aristocratismo e do distanciamento da vida que o caracteriza, o romance é uma forma democrática:

> Não estabelece castas entre os homens como faz a tragédia; sua solução mais pura devia ser, ao mesmo tempo, uma configuração que na essência comum dos homens – sem heróis, e inclusive sem sábios – encontra-se o caminho até a plenitude da vida, até a forma perfeita. (Lukács, 2000, p.200)

No momento de caracterizar essa variedade não trágica do drama, exemplarmente cultivada por Calderón, por Beaumont-Fletcher ou pelo Shakespeare de *A tempestade*, Lukács estabelece uma série de paralelos com o

3 Conferir a carta de Lukács a Martin Buber, de novembro de 1911.

conto de fadas, que compartilha com o romance o vínculo com um conceito não problemático de vida comunitária:

> O conto de fadas oferece uma metafísica da idade de ouro convertida em elemento decorativo: descendendo do mais sagrado, de uma esfera que se encontra muito acima da arte e da possibilidade de expressão artística; tornou-se profano, mundano, com o propósito de alcançar a beleza; trazendo na superfície a configuração vital mais profunda (supra-artística), convertendo-se – precisamente porque suas fontes são as mais profundas – em pura superfície. O conto de fadas, como forma perfeita, é antimetafísico por excelência, superficial, puramente decorativo. (Lukács, 2000, p.199)

Podia ser pensado talvez que esta aproximação ao conto de fadas deixou poucos traços na vida e obra posteriores do filósofo. Essa seria, no entanto, uma observação errada, tal como demonstra o fato de que, durante sua intervenção como comissário de cultura na República dos Conselhos na Hungria, Lukács se empenhou em implementar o curioso projeto de difundir a leitura dos contos de fadas nas escolas, parques e teatros. Para Lukács, como para seu amigo e colaborador Béla Balázs, os contos dos Grimm ou de Andersen não reproduziam a ideologia burguesa entre as crianças, mas que representavam um mundo em que as possibilidades de realização humana além do horizonte da sociedade de classes; segundo Balázs (apud Congdon, 1983, p.159): "A cosmovisão comunista dos contos de fadas é muito mais profunda, inclusive em suas formas mais ingênuas, que a da poesia conscientemente socialista".

***

Mais exaustivas e persistentes que as de Lukács, e ao mesmo tempo mais afinada que as de Walter Benjamin, são as reflexões sobre o conto de fadas que recorrem na obra de Ernst Bloch, e que insistem também sobre os efeitos emancipatórios do gênero. Bloch (1985a, p.568) sustenta que no centro do conto de fadas se encontram "tendências para a liberdade, para a uma superação dos limites naturais"; nesse sentido, o conto de fadas (*Märchen*), principalmente o conto de fadas temporal, está contraposto, como força revolucionária, ao mito, que mantém os homens confinados dentro de estreitos limites. O conto de fadas representa o elemento positivo, ativo, diante da passividade que mostram as formas mutuamente aparentadas do mito (*Mythos*) e a saga. Neles se encarna a revolta, a sublevação do homem débil e despossuído, e é por isso ilustração *avant la lettre*; um Iluminismo que não se sustenta em fórmulas abstratas, mas na astúcia dos oprimidos:

> O conto de fadas é [...] primeiro Iluminismo, ao passo que, na proximidade aos homens e por felicidade, é o modelo do Iluminismo; é sempre uma história bélica infantil da astúcia e da luz conta os poderes míticos, e termina como conto de fadas da felicidade humana, como existência refletida enquanto felicidade. (Bloch, 1985b, p.184)

Segundo Bloch, o conto de fadas tem sua raiz no povo e, por conta disso, encarna o ânimo rebelde dos que sonham com alterar, através da própria práxis, a ordem vigente. Nessa medida se distingue, do conto e de sua herança, a saga, que é para Bloch reacionária: o propósito desta é manter e legitimar o poderio dos senhores; por isso procura revalidar a eficácia de um destino que domina os homens como uma força inelutável. Na saga, "os homens são miticamente o que eram politicamente na época dos irmãos Grimm, na época da reação: objetos aos que nada lhes está permitido" (Bloch, 1985b, p.184). O herói do *Märchen* é o homem débil, anônimo, plebeu, mas ao mesmo tempo astuto e rebelde; não em vão se afirma, em *O ateísmo no cristianismo* (1968), que "há algo chaplinesco na maioria dos contos de fada; estes não são um "mito deficiente", como o pretendia a interpretação reacionária" (Bloch, 1968, p.65) senão uma tentativa para resgatar uma dimensão do mito cativa pelo despotismo feudal da saga. Durante os anos de exílio nos EUA e, ainda depois do regresso à Alemanha, o interesse em destacar a oposição com o mito e a saga é revelado pelo interesse em resgatar os gêneros literários populares de qualquer tentativa de reduzi-los ao caráter de mero devaneio evasivo; assim, segundo se diz em *O princípio esperança*,[4] o genuíno conto de fadas oferece menos uma fuga que uma incitação à ação:

> [...] não se oferece, pois, como substituto para a ação. Por certo que o inteligente Augusto do conto de fadas se exercita na arte de não deixar-se fascinar. O poder dos gigantes é apresentado como um poder com uma brecha pela qual pode deslizar-se vitoriosamente o débil. (Bloch, 1993, v.1, p.413)

Para precisar melhor essa possibilidade do *Märchen* propõe Bloch distinguir ao conto de fadas técnico (*technische Märchen*), em que o herói se encontra subitamente com uma felicidade que não é resultado do próprio esforço, e onde chega através de varinhas mágicas ou de lambadas milagrosas, do *conto de fadas artístico ou lenda milagrosa* (*Kunstmärchen, märchenhafte Legende*), cujos protagonistas concebem primeiro no interior de sua alma a imagem de uma felicidade que se empenharam logo em conseguir. Esta variedade

4 Escrito nos EUA entre 1938 e 1947; revisado entre 1953 e 1959.

do *Märchen* encerra o desígnio de abandonar a cotidianidade para buscar uma realização através da aventura, enfrentando-a com o valor próprio do astuto (*Mut des Klugen*):

> Nem todos são tão pacíficos para esperar esta bondade. Partem para encontrar sua felicidade, astutos contra os rudes. Valor e astúcia são seu escudo, sua lança é a inteligência. Pois o valor por si só ajudaria pouco ao débil contra os robustos senhores, ele não lhes poderia derrubar a torre. A astúcia da inteligência é parte humana do débil. Por fantástico que seja o conto de fadas, sempre é astuto na superação de dificuldades. (Bloch, 1993, v.1, p.411)

Forma utópica, o conto de fadas busca, pois, configurar um mundo em que pode o homem realizar suas possibilidades mais altas, atrofiadas no mundo real; se conectando com o desenvolvimento da *consciência antecipatória*, já que contribui a esboçar os traços da utopia sonhada e sugere o modo de convertê-la em realidade, eliminando todas as relações nas quais o ser humano é uma existência submetida, abandonada, depreciável (Marx).

Em uma linha similar se orientam as ideias de Siegfried Kracauer sobre o *Märchen*, ainda quando nelas a luta entre este e o mito se enlaça com uma defesa radical da Ilustração, entendida como processo de combate histórico ao contrário dos poderes míticos. Olivier Agard destacou em que medida esta confiança decidida no efeito liberador das Luzes teria que se debilitar a partir da ascensão do fascismo; em todo caso, no contexto da segunda metade dos anos 1920 e começos dos 1930, a fé na eficácia emancipatória da razão representa o fundamento do pensamento de Kracauer sobre o conto de fadas. Uma descrição deste gênero próxima a de Bloch, e talvez ainda mais a de Benjamin, se encontra em um dos ensaios mais importantes e influentes do período: "O ornamento da massa" (1927), onde o processo histórico aparece em termos de uma contenda da razão com aquelas forças naturais que, no princípio da civilização humana, dominavam céu e terra. Depois do crepúsculo dos deuses, os deuses não abdicaram de todo seu poder, e sim "a velha natureza continua a se afirmar no homem e fora dele", de modo que "as superestruturas do pensamento *mitológico* confirmam a natureza em toda a sua onipotência" (Kracauer, 2006, p.264). A libertação a respeito do despotismo do mito será possível, embasada não apenas na exploração ilimitada da natureza – o que apenas significaria que uma força natural subjulgue outra – mas é também neste processo de *desmitologização* que se desenvolvem as doutrinas organicistas que, ao erigir o organismo natural como modelo da divisão social não abriga outro propósito que manter a sociedade humana confinada dentro dos limites da vida natural. Mas não é no círculo desta onde se move a razão, para a qual se trata, em compensação, de implantar a verdade no mundo; o reino do racional foi sonhado antecipadamente (*vorgeträumt*) nos contos de fadas, que não são "histórias milagrosas, mas anunciam o advento milagroso da justiça" (Kracauer, 2006, p.264). Já em épocas remotas da história, o conto de fadas havia mostrado como a mera natureza era superada em função do triunfo da verdade; e é sugestivo que o gênero volta a assumir um lugar preponderante no começo da modernidade, quando a burguesia em ascensão se dispõe a derrotar os poderes naturais da igreja, da monarquia e o regime feudal. Não é, para Kracauer, uma casualidade o fato de que "*As mil e uma noites* encontrou o seu caminho precisamente na França do Iluminismo [*Aufklärung*] e que a razão [*Vernunft*] do século XVIII reconheceu a razão dos contos de fadas como a sua própria" (idem). É sugestivo que neste ensaio se afirme que a racionalidade (*Rationalität*) de um pensamento emancipador que procede, "embora não exclusivamente, da razão dos contos de fadas" (Kracauer, 2006, p.265), tenha que atribuir ao desencadeamento das revoluções burguesas. Não menos importante que estas considerações é a circunstância de que Kracauer associe a astúcia com a que o herói do conto de fadas derrota os poderes míticos com a função do intelectual moderno; na "Minimalforderung an die Intellektuellen" (Petição mínima aos intelectuais), publicada em 1931, propõe aos intelectuais que apliquem suas armas ao desmantelamento do mitológico, em cujo âmbito pertencem todos os conceitos e opiniões fossilizados. O intelecto é definido como uma arma de destruição de todo elemento mítico no homem e em torno dele: "Contra seu domínio, que foi anulado milagrosamente no conto de fadas, se rebelaram vez ou outra os grandes ilustrados da história", e toda revolução é, em primeiro lugar, uma revolução do intelecto, "que atacará e exporá ao ridículo os poderes que velam a imagem humana, até que os homens se encontrem por si mesmos" (Kracauer, 1990, v.2, p.353-4). A missão dos intelectuais é o desmantelamento das forças da natureza; daí que se afirme nesse ensaio que aqueles pensadores e artistas que não se aproximam da substancial tarefa de desmascarar as ideologias e colocar a prova todos os saberes recebidos, caem aprisionados por uma irracionalidade natural.

***

A preocupação de Benjamin pelo conto de fadas se relaciona, em primeira instancia, com uma atenção ao mundo infantil que se insinua a partir da ruptura com Gustav Wyneken e o movimento juvenil; como demonstra Giulio Schiavoni, o interesse do filósofo se desloca a partir de então "da juventude a infância; melhor dizendo: desde a força da juventude a da infância. Desde 1924 aproximadamente, se ocupa de novas formas do mundo da infância e da literatura infantil" (Schiavoni, 2006, p.273). A série de artigos sobre a pedagogia e sobre a literatura e o teatro infantis surgidos entre 1924 e 1932 oferece desde já um testemunho eloquente deste interesse, mas talvez ainda mais o dedicam obras gestadas durante o exílio, das quais poderíamos mencionar na primeira linha *Crônica de Berlim*,[5] *Infância em Berlim até 1900* (publ. 1950), e inclusive sobre o projeto das passagens de Paris (1927-1940), diante disso se pensa o que Benjamin via tanto em Berlim da virada do século como na Paris do Segundo Império formas originárias – infantis – de seu próprio presente, escamoteado pela expansão do fascismo. Está dito no *Livro das Passagens* que a experiência infantil de uma geração tem muito em comum com a experiência onírica: "Sua figura histórica é a figura onírica. Cada época tem esse lado voltado para os sonhos, o lado infantil. Para o século passado, esse lado aparece muito claramente nas passagens" (GS V-1, 1991f, p.490). A citação de Michelet que aparece como segunda epígrafe de "Paris, capital do século XIX" (1935) – "Cada época sonha a seguinte" – é uma incitação a interpretar o século XIX como um sonho infantil que aguarda a interpretação por parte do adulto do século XX, ao que lhe haveria correspondido a missão de redimir, interpretando, os sonhos da era precedente. Ditos sonhos aguardam a ação redentora do despertar:

> O sonho aguarda secretamente o despertar; o que sonha se entrega a morte apenas até novo aviso, espera com astúcia o segundo em que escapará de suas garras. Assim também o coletivo que sonha, para o qual seus filhos se tornam a venturosa ocasião para seu próprio despertar. (GS V-1, 1991f, p.492)

Corresponde destacar a importância do termo *astúcia*; na seção "Exposições, propaganda, metrópole", se afirma:

> A verdadeira libertação a respeito de uma época tem, com efeito, a estrutura do despertar também pelo fato de que está integralmente regida pela astúcia. Com astúcia, não sem ela, nos libertamos do âmbito do sonho. Mas há também uma falsa libertação; cujo signo é a violência. (GS V-1, 1991f, p.234)

A astúcia a que se alude aqui tem relação com a astúcia da razão (*List der Vernunft*) hegeliana. Mas ainda mais se vincula com a reflexão sobre o

5 A maior parte do manuscrito foi escrita entre abril e julho de 1932 em Ibiza. Foi publicado pela primeira vez em 1970 por Gershom Scholem.

mito que encontrou uma expressão inovadora no ensaio sobre Hölderlin, e que continuou se desenvolvendo, com significativas variações, com o passar dos anos. Gershom Scholem comenta, a propósito de uma série de conversas com Benjamin sustentadas entre 16 e 18 de junho de 1916, que resulta a inclinação de Benjamin para uma penetração filosófica do mito, o inquietou até o final de sua vida.

> Saiu então a luz pela primeira vez, e deixou sua marca em muitas de nossas conversas. Benjamin já falava então [...] da diferença entre direito e justiça, de modo que o ordenamento jurídico apenas no mundo do mito encontraria seu fundamento. (Scholem, 1987, p.45)

Essas ideias apareceriam desenvolvidas em "Para uma crítica da violência" (1920-1921). Uma nova virada na preocupação com o mito tem lugar – como indicou Günter Hartung – a partir de 1924, sob a sombra tutelar de Asja Lacis, quem contribuiu para canalizar as tendências materialistas de Benjamin na direção do marxismo. A luz destas mudanças de direção teria que interpretar a afirmação, presente no ensaio sobre Karl Kraus, segundo a qual "o homem vindouro não lograria sua forma autentica no espaço natural mas também no espaço da humanidade, no combate da liberdade; [...] não há uma liberdade idealista do mito, senão uma liberdade materialista" (Benjamin, 1986b, p.185); também a tese, presente n'*O livro das passagens*, que afirma que, enquanto exista ainda um mendigo, seguirá existindo o mito (cf. GS V-1, 1991f, p.505). Mas, além destas alterações, se mantém constante um interesse pela idade mítica que foi alimentada pela leitura de Johann Jakob Bachofen e Wilhelm Wundt. O propósito de Benjamin é contrapor a violência mítica – fundadora do direito – a uma justiça vindoura ligada ao mundo da verdade, advinda do mundo da política, do profano. No ensaio "*Destino e caráter*" (1919), valoriza o papel desempenhado pela tragédia antiga como expressão de uma relutância diante do poder antes inquestionável do destino mítico: não é através do direito, mas da tragédia que a cabeça do gênio se levantou pela primeira vez da névoa da culpa, já que na tragédia é interrompido o destino demoníaco: "na tragédia o homem pagão adverte que é melhor que seus deuses, apesar de que este conhecimento lhe tira a palavra e permanece mudo" (Benjamin, 1967, p.134). Não se pode dizer que a ordem ética do mundo foi restabelecida com ele, mas "o homem moral, ainda mudo, ainda menor – assim como é o herói – trata de se elevar na inquietude desse mundo atormentado" (1967, p.134).

***

No contexto da crescente implicação com as formas épicas – diante da maior dedicação recente das formas dramáticas – se encontram as reflexões de Benjamin sobre o conto de fadas. Para abordá-las seria conveniente, em primeiro lugar, mostrar as linhas que unem os dois complexos temáticos que consideramos anteriormente: o da infância e o do mito. Um nexo entre ambos o estabelece, como adiantamos, a *astúcia*, cuja finalidade com o *Märchen* podemos demonstrar tanto em Bloch como em Kracauer. No pensamento tardio de Benjamin, empenhado em submeter a consciência coletiva a uma análise comparável com o que havia aplicado Freud ao indivíduo, a infância tem uma função inapreciável, já que nela se encarna o desejo de conjurar a degradação das coisas a meras mercadorias consumadas com o capitalismo. Em cada época, as crianças cumprem com a função de introduzir as novas invenções em um espaço simbólico, concedendo-lhes desta maneira, um potencial utópico: "Para nós, as locomotivas tem um caráter simbólico pelo fato de que nos encontramos com elas na infância. Para nossos filhos possuem dito caráter, em contrapartida, os automóveis, dos que nós apenas percebemos o aspecto elegante, moderno, vistoso" (cf. GS V-1, 1991f, p.493). Se a cada nova manifestação da técnica correspondem novas imagens, cada geração de crianças tem que as descobrir a fim de incorporá-las ao tesouro de imagens da humanidade; tal como se diz na seção do *Livro das passagens* dedicado a epistemologia e a teoria do progresso:

> Cada infância, com seu interesse pelos fenômenos técnicos, sua curiosidade por toda espécie de inventos e maquinarias, une as conquistas técnicas com os antigos mundos simbólicos. Não há nada no campo da natureza que se encontre desde que essa união foi subtraída. (GS V-1, 1991f, p.576)

Estas figurações infantis possuem um conteúdo utópico verdadeiro que aguarda seu deciframento redentor; são, em outras palavras, imagens do sonho que aguardam o despertar. É missão do pensamento dialético interpretar esses sonhos infantis liberando-os das correntes impostas pelo capitalismo e de sua idealização mítica do progresso: é sugestivo que, semelhante ao proverbial artifício do astuto Odisseu, o "despertar vindouro se conquista com o cavalo de madeira dos gregos a Troia do sonho" (GS V-1, 1991f, p.495).

Com astúcia o historiador materialista se volta às invenções técnicas do passado, com a intenção de liberar as fantasias oníricas nelas aprisionadas; ao fazê-lo, rompe as correntes dos novos mitos que dominam a sociedade industrial de um modo parecido com o que herói épico procurava, com sua astúcia, minar o poder da natureza mítica. Há aqui um ponto em que as tentativas do materialismo dialético revelam semelhanças com a astúcia dos heróis do *épos* e do *Märchen*. Com o intuito de manifestar essa similitude passaremos, dessas considerações recém-apontadas no *Livro das passagens*, alguns aspectos da teoria narrativa benjaminiana e, em particular, das ideias sobre o conto de fadas. Segundo Scholem, o interesse de Benjamin pelos contos infantis surge diretamente relacionado ao nascimento de seu filho Stefan; ainda que, como indica Jean-Michel Palmier, a correspondência juvenil testemunha um interesse precoce pelo gênero, e depois de escrever seu estudo sobre o *Trauerspiel* se propõe a escrever um livro sobre o conto de fadas e outro sobre as sagas, em relação com seu estudo sobre *A nova Melusina*, de Goethe. Na resenha "Alte vergessene Kinderbücher" (Velhos e esquecidos livros infantis) (1924), Benjamin destaca a atração que sentem as crianças pelos produtos do desejo, e aponta que neles reconhecem o rosto que o mundo das coisas lhes devolve, e apenas a eles: "Com eles não se ocupam em imitar as obras dos adultos, como recompor restos e dejetos em uma relação subitamente nova. Desta maneira, as crianças criam para si seu próprio mundo de coisas: um pequeno, dentro do grande" (GS III, 1991e, p.16-7). Entre tais restos se incluem o conto de fadas, talvez o mais poderoso produto de dejetos que exista na vida intelectual da humanidade. Dá matéria do *Märchen* pode dispor a criança com tanta soberania como dos fragmentos de tela ou as peças de construção; com os motivos do conto de fadas "constrói seu mundo, ou ao menos une seus elementos" (GS III, 1991e, p.17). O trabalho da criança com os materiais do conto, como seus joguetes em geral, representaria, pois, uma *promesse de bonheur*: a antecipação de um futuro onde as coisas estarão libertas da utilidade; não em vão se engrandece, no *Livro das passagens*, Fourier por haver convertido o jogo em "tributo do trabalho não alienado"; um trabalho tal, animado pelo espírito do jogo, "já não está orientado na produção de valores, mas em uma natureza melhorada. Também para esta representa a utopia de Fourier uma imagem condutora tal como se encontra, de fato, nos jogos infantis" (GS V-1, 1991f, p.456). Esse modelo de aliança com a natureza, que se relaciona com as ideias desenvolvidas em *Direção única* (1928), também se vincula com a utopia, esboçada nas teses "Sobre o conceito de história" (1940), "Essas fantasias ilustram um tipo de trabalho que, longe de explorar a natureza, libera as criações que dormem, como virtualidades, em seu ventre" (Benjamin, 1987, p.185).

Uma imagem de tal apaziguamento utópico do homem e a natureza, que silencia o destino mítico, está prefigurada, segundo se diz em "O narrador" (1936), no conto de fadas; este, na figura dos animais que acodem para ajudar a criança, mostra que a natureza está submetida ao mito; no ensaio sobre Martin Walser (1929) sustenta que os personagens desta forma popular emergem "da noite e da loucura; mais precisamente: da loucura do mito" (GS II-1, 1991c, p.327). Por meio do *Märchen* leva frente a humanidade sua grande luta, no campo do profano, para despertar do mundo mítico; os personagens do gênero lutam ainda para libertar-se do padecimento; deles se diferenciam os caracteres de Walser, cujas obras "começam onde os contos de fadas terminam. 'E se não estão mortos, seguem vivos ainda.' Walser mostra como eles vivem" (GS II-1, 1991c, p.328). A matéria com que trabalha Walser já não é a forma popular do conto de fadas, mas os gêneros poéticos próprios da literatura culta: "Historias, artigos, poemas, prosa breve e outros semelhantes" (GS II-1, 1991c, p.328). Em "Franz Kafka. No décimo aniversário de sua morte" (1934) são retomadas em ampliadas estas considerações; na análise de "O silêncio das sereias" oferece uma ocasião para explicitar o parentesco de Kafka com Odisseu: este se encontra, segundo Benjamin, no umbral que separa o mito do conto de fadas: a razão e a astúcia abriram brechas no mito "cujas forças cessaram de ser invencíveis. O conto de fadas é a transmissão da vitória sobre tais forças" (GS II-2, 1991b, p.415). Na consideração benjaminiana, o conto de fadas representaria, pois, um grau mais alto de desenvolvimento que a epopeia dentro do processo de superação – poético e, ao mesmo tempo, humano – da despótica natureza aprisionada pelo mito: através de sua astúcia, o herói burla e da as costas as forças de um universo regido pela culpa e o castigo.

Em "O narrador", os pensamentos expostos nos trabalhos anteriores encontram um conto de condensação; sobretudo, se mostra a intersecção de infância e mito, sonho e astúcia que realizam as reflexões benjaminianas sobre o conto de fadas. Estabelecendo um paralelo entre a história do indivíduo e a da espécie – entre ontogêneses e filogêneses –, se sustenta que o *Märchen* pode ser hoje o primeiro conselheiro das crianças porque alguma vez o foi da humanidade; o gênero proporciona um testemunho das primeiras estratégias que encontrou a espécie humana para confrontar o pesadelo que havia imposto o mito. Na figura do astuto (*der Kluge*) evidencia, por exemplo, que é possível encontrar de um modo sensível respostas às perguntas que o mito levanta, tal como Édipo pôde encontrar rapidamente solução para o enigma de Esfinge. Assim como auxiliou o homem, em tempos remotos, para que aprendesse a observar aquelas coisas que causavam medo, ainda hoje o conto de fadas "ensina as crianças a fazer frente, com audácia e ingenuidade, as forças do mundo mítico" (Benjamin, 1986a, p.206). O feitiço libertado de que dispõe o *Märchen* "não põe em jogo a natureza em sua forma mítica" (1986a, p.206), mas revela sua cumplicidade desta com o homem libertado. Essa cumplicidade, que experimenta o adulto na felicidade, se apresentou pela primeira vez a criança no conto de fadas.

A forma culta da narração (*Erzählung*) assumiu a tarefa de entesourar e recriar esta capacidade de conjurar o mítico. A morte da narração tradicional não tem porque significar a morte deste potencial libertador gestado no *Märchen:* não apenas a causa de que crianças e adultos seguem lendo proveitosamente contos de fadas e narrações, mas também porque o capitalismo tardio desenvolveu suas próprias formas didáticas, que renovam os efeitos dos relatos tradicionais sob as vertiginosas condições da Modernidade. Podemos encontrar em Brecht um exemplo cabal disso: suas obras dramáticas e narrativas e, em si própria, seu "pensamento rude" (*plumpes Denken*) evidenciam, aos olhos de Benjamin, uma proveitosa orientação pedagógica que recorre à herança das velhas narrações; um exemplo eminente disso oferecem as narrações do senhor Keuner, as que poderíamos definir como contos de fadas para dialéticos. É significativo que Benjamin – que não em vão se pergunta se há escritura revolucionária sem caráter dialético (GS II-2, 1991d, p.800) – tenha se inspirado no modelo épico brechtiano no momento de pensar nas possibilidades de aproveitar o radio com o objetivo de divulgar uma pedagogia revolucionária; existe, com efeito, um estreito vínculo entre as emissões de rádio para crianças realizadas por Benjamin e os ensaios que este dedicou ao teatro brechtiano; como demonstra Palmier (2006, p.688), a propósito das emissões de rádio:

> Os ensaios que escreveu [Benjamin] sobre o teatro de Brecht esclarecem as intenções destas emissões, seu esforço para fazer que apareçam, por trás das imagens, das anedoctas, os processos históricos. Dos álbuns coloridos faz surgir os párias e deserdados. Ao mesmo tempo, parece experimentar, através delas, uma nova forma possível de narração. Benjamin não se contentou com "iniciar" as crianças nas obras literárias, com fazê-las descobrir "aspectos insólitos" do mundo que os rodeia. Criou, para eles, algo novo: uma forma de relato embasado no tom da confidência, da ironia, onde cada palavra, escolhida com o maior cuidado, supunha sem dúvida um trabalho importante sobre o tom de voz, sua inflexão.

Em um artigo sobre *O idiota* de Dostoiévski (1917; publ. 1921), Benjamin (GS II-1, 1991a, p.240) se referiu ao "poder ilimitadamente curador da vida infantil": a este queria apelar em suas emissões radiofônicas, mas também em seus ensaios e escritos autobiográficos, que também apelam a um patrimônio que é o do conto de fadas. Em um livro como *Infância em Berlin até 1900* vemos, por exemplo, um adulto empenhado, não apenas em reabilitar, mas talvez em redimir um desejo utópico trancado na infância, e associado às promessas de felicidade enunciadas nos contos de fadas.

Uma carta de Benjamin a Carla Seligson de 8 de julho de 1913 aludia já à necessidade de realizar esta empreitada, muitos anos antes que o ensaísta alemão a realizou, sob as ameaças da barbárie fascista: "Creio realmente que moldamos pela segunda vez raízes em nossa infância, que querem nos ensinar a esquecer nos dias de hoje" (GB I, p.139).

– 16 –

# WALTER BENJAMIN E SUA CONCEPÇÃO DO ROMANCE DE FORMAÇÃO NO CONTEXTO DA RECEPÇÃO DE *TEORIA DO ROMANCE*, DE GYÖRGY LUKÁCS[1]

*Martín Koval*[2]

## A PRIMEIRA TEORIA DO ROMANCE NA ALEMANHA

Para Goethe e Schiller, a diferença fundamental entre o poema épico e o dramático consiste em que o primeiro "expõe o feito como totalmente passado", enquanto que o segundo o apresenta como "totalmente presente" (Goethe; Schiller, 2000, p.129 et seq.). Por sua vez, na famosa conversa entre Wilhelm e Serlo em *Wilhelm Meister* (1794/1796), se sustenta que "o romance deve seguir uma ritmo lento" (Goethe, 2000, p.384), com o qual se dá a entender que, ao contrário do dramaturgo, o romancista apresenta os feitos *em seu desenvolvimento*. No romance de formação goetheano se lê do mesmo modo que a "apresentação do caráter do personagem central deve estar orientado até o fim da obra, e apenas cingido no mesmo" (Goethe, 2000, p.384); em outras palavras: a paulatina exibição da interioridade do herói tem que representar a totalidade do mundo – "todos os sucessos se adéquam ao[s] sentimento[s] [do herói]" (2000, p.384). *Desenvolvimento no tempo e no mundo interior ou interioridade* são, apoiados nestas formulações, as duas características fundamentais do gênero romance.

1 Tradução de Rafael M. Zanatto.

2 UBA – Universidade de Buenos Aires.

Estas considerações são muito próximas das do menos conhecido Blanckenburg, que em seu *Ensaio sobre o romance* [*Versuch über den Roman*] (1774) fundou as bases para o estudo teórico do gênero literário burguês por antonomásia. Este crítico pioneiro introduz justamente o conceito de *historia interior* (cf. Blanckenburg, 2008, p.201), que sintetiza apropriadamente aqueles dois traços. A coincidência entre Blanckenburg, Schiller e Goethe, por outro lado, não faz senão destacar a produtividade destes conceitos: de fato, como veremos, as colocações dos intelectuais do século XX se fundam, em grande medida, neles.

O autor do *Ensaio* introduz, contudo, outra consideração (fundamental para analisar criticamente a pejorativa visão benjaminiana do subgênero dos romances de formação). Como se sabe, mais que um tratado sobre o romance, Benjamin confeccionou uma teoria *avant la lettre* sobre o romance de formação (de fato, Blackenburg funda sua análise em o *Agathon*, de Wieland). De sua leitura resulta que o que está na base do *Bildungsroman*, o modo de fé ou crença, é a ideia de que a relação entre o indivíduo e o mundo não tem por que fracassar: separados por um abismo. A ideia – que logo adquire a forma da passividade do herói nas reflexões conjuntas de Goethe e Schiller sobre Wilhelm Meister –, de marcado cunho pietista – isto é, assim como deus atua sobre a alma de cada ser humano, formando-a, o mundo real atua formativamente sobre o caráter (Wölfel, 1969, p.55). O mundo do romance de formação está idealizado, se revela capaz de formar o indivíduo: a realidade está estruturada de um modo providencial. Há no romance (no *Bildungsroman*) um plano, não consciente, e sim, para dizer kantianamente, "da natureza" (em Blackenburg: do poeta),[3] próprio da cosmovisão ilustrada, segundo a qual o indivíduo não pode senão se aperfeiçoar progressivamente. Isto pode ser posto em relação, também com a ideia kantiana de progresso, com a qual se pode pensar que a concepção *providencialista* se faça também presente em Goethe (cf. Jauss, 1989, p.47).

Esta ideia, compartilhada por intelectuais como Wieland, Herder et. al., surge de uma interpretação equívoca do conceito de *perfectibilidade* do *Segundo discurso* (1754) e de *Emilio* (1762) de Rousseau. Se para este a perfectibilidade não é outra coisa que a corruptibilidade de um indivíduo que vive em um mundo abandonado pela providência, em sua recepção alemã adquire um tom marcadamente teleológico, reinterpretado como a capacidade – e também a intenção – humana de se aperfeiçoar para melhor (Stanitzek, 1988, p.425 et seq.). O herói do romance é, a partir do ensaio

3 Isto está ligado ao fato de que, no *Versuch*, o romancista tem uma notória função como conselheiro e educador do gênero humano.

de Blackenburg, um homem enxuto, um indivíduo liberto de si mesmo: a condição desta falta de conselho e de orientação do protagonista, se não se quer produzir um romance pessimista, é a tergiversação da noção de perfectibilidade. Deste modo Stanitzek deixa entender que o próprio do gênero, diante de um "romance" como *Emilio*, é uma teologia imanente do sujeito em progresso – quase necessário – para melhor (Stanitzek, 1988, p.425).

A possibilidade (*Wilhelm Meister*, de Goethe)[4] e a necessidade (Blanckenburg)[5] de uma harmonia entre ele, eu e o mundo é central para pensar as origens da teoria do romance na Alemanha no último terço do século XVIII. Não é menor, no contexto desta constatação, o dado que não é claro, nos autores referidos, da delimitação entre o romance em geral e um subgênero específico do mesmo, o romance de formação ou *Bildungsroman*.

## GYÖRGY LUKÁCS: O TEMPO COMO PRINCÍPIO CONSTITUTIVO DO ROMANCE

Em sua *Teoria do romance*, ([1914-1915] 1920), Lukács sugere uma distinção entre a épica e drama, o que nos remete às considerações de Goethe e Schiller. Assim, na épica, na medida em que seu objeto é o totalmente passado, "seu tempo é estático e abarcável com a vista", enquanto que, no drama, transforma "o próprio tempo em espaço" (Lukács, 1971, p.130). No romance, e apenas nele, acrescenta Lukács, o tempo torna-se constitutivo. O que entende Lukács por "tempo"? A "maior discordância" entre ideia e realidade – entre sentido e contingência - , digamos, é o "tempo [entendido] como duração" (1971, p.131). A "duração", por sua vez, não é outra coisa que o "tempo interior, [a] personalidade", percebida pelo indivíduo como um *continuum* no suscetível de ser segmentado nas unidades objetivamente mensuráveis do trabalho industrial e da vida cotidiana, segundo esclarece Werner Jung (2008, p.69) aludindo a Bergson.

Esta experiência subjetiva do tempo é apenas concebível na modernidade, isto é, na "época do romance", na qual se produz um dilaceramento entre o eu e o mundo: a possibilidade de experimentar o tempo como duração, con-

4 A otimista noção de *Bildung*, central para entender o romance de Goethe, alude à possibilidade de uma conciliação entre o indivíduo e a sociedade (Cf. Vierhaus, 1972).

5 Para Blanckenburg, o romancista deve configurar um universo regido não apenas causal, mas também teleologicamente (Wilhelm Vosskamp [1990] sustenta justamente o vínculo entre a teoria de Blanckenburg e o *Bildungsroman* a partir deste fato): o mundo concebido pelo poeta não é contingente, mas também está regido por um fim último, ou seja, um ideal de perfeição relativo e ilimitado ao indivíduo concreto do que se pergunta (Blanckenburg, 2008, p.202).

clui Jung (2008, p.69), se dá quando o sujeito se aliena da realidade exterior, que, por sua vez, se tornou contingente, perdendo seu sentido imanente. Nas palavras de Lukács, a vivência da própria personalidade como duração supõe, como condição de possibilidade, a ruptura de "toda ligação com a pátria transcendental". O tempo, acrescenta, referindo-se à ideia de duração, não apenas é princípio constitutivo no "romanticismo da desilusão", mas é também "um princípio de desintegração". Pois bem, o romance não se limita unicamente a colocá-lo em cena, "senão [que é ele mesmo] um combate contra a plenitude do tempo" (1971, p.133) travado por meio da *resignação*. A ideia é que o herói deve ignorar a "vida feliz e ingênua *in rem*", isto é, a possibilidade de achar o sentido no momento presente de sua vida, que apenas é concebível como uma sucessão anárquica de acontecimentos. Esta renúncia se expressa em duas "experiências temporais": esperança e recordação, as quais triunfam sobre o tempo na medida em que proporcionam respectivamente "uma sinopse da vida como unidade cristalizada *ante rem* e sua apreensão sinóptica *post rem*" (1971, p.134). Isto é: produzem a ilusão de abolir a cisão entre o tempo interior e o mundo; diante deles voltam a imperar, fugazmente, a totalidade – entendida como a ligação com a pátria transcendental. Trata-se, assim, de "experiências de maior proximidade à essência que podem ser dadas à vida num mundo abandonado por deus" (1971, p.135). Lukács encontra em *Educação sentimental* (1869) de Flaubert a concreção de tudo isso.

Pode-se pensar, então, que para Lukács o próprio do romance como forma é, como em Blanckenburg e Goethe, a representação do desenvolvimento, no tempo, do mundo interior; e apenas que, agora, falar da história interior de um herói é referir-se a sua cisão irremediável da sociedade (o conceito de *resignação* alude, no âmbito das considerações de Lukács sobre o "romance de desilusão", precisamente, a isto). Neste ponto, a diferença em comparação aos seus precursores é radical.[6]

## RECEPÇÃO DE LUKÁCS POR BENJAMIN

Em uma carta a Scholem, de 30 de outubro de 1928, Benjamin comenta a intenção de escrever uma nova teoria do romance (que teria seu lugar assegurado ao lado da de Lukács) (GB I, p.482; cf. Honold, 2000, p.372). Essa intenção foi concretizada por Benjamin mediante a redação do ensaio "O narrador" [Der Erzähler] (1936), no qual, em alguns pontos, supera

6 Não se deve confundir essa acepção negativa do período com a conotação do mesmo na parte dedicada pelo autor húngaro ao romance de formação.

em sentido materialista ao hegeliano jovem Lukács. Mas além disso, porém, são numerosos os aspectos nos quais Benjamin continua a linha de pensamento esboçada por Lukács em sua *Teoria do romance*, centrando-se na tese da crise do sujeito na modernidade. Esta "dívida" do pensamento benjaminiano com o filósofo húngaro já é verificável na resenha "A crise do romance. Sobre 'Berlim Alexanderplatz'" [Krisis des Romans. Zu Döblins "Berlin Alexanderplatz"] (1930), na qual Benjamin, entusiasmado pela leitura desse romance da metrópole, levanta a possibilidade de uma superação para a épica da forma romance.[7]

Em "A crise do romance", Benjamin sustenta que, se pensarmos a existência como um oceano, a atitude fundamental do épico antes de tudo é a de contemplá-lo a costa em uma posição de repouso e em um estado de distensão. Em contrapartida, o romancista se sabe incapaz de permanecer nesta atitude contemplativa e, por conseguinte, se lança ao mar e navega o oceano. O gesto do romancista que deve abandonar a costa onde habitam seu povo e sua tradição oral é, precisamente, o do isolamento em relação aos mesmos. O leitor de romances é, por sua vez, para Benjamin, também, um indivíduo isolado, solitário: "nada contribui mais para a perigosa mudez do homem interior, nada mata mais radicalmente o espírito da narrativa que o espaço cada vez maior e cada vez mais impudente que a leitura dos romances" (GS III, 1972, p.231), sustentado, mais adiante, na resenha de *Berlin Alexanderplatz*. O leitor cria, assim, um mundo interior que o isola dos outros seres humanos. Essa ideia reaparece em "O narrador", ensaio no qual Benjamin introduz, por outro lado, ao falar da narração em oposição ao romance, a noção de "comunidade dos ouvintes", antitética da de "leitor de romances" (GS II-2, 1977a, p.446.; 1986, p.196). Ao contrário deste último, aqueles que ouvem uma narração, disse Benjamin, fiam e tecem enquanto escutam: o trabalho artesanal desaparece ao ouvinte em um esquecimento de si – nada mais alheio a ideia de mundo interior – que faz que o ouvido a grave ainda mais. É assim que o ouvinte se torna um narrador em potencial: é capaz de voltar a narrar o que escutou de um modo mais íntimo. As características fundamentais da narração como forma de comunicação e como expressão de um estado histórico deixado para trás pela modernidade é, então: por um lado, uma indistinção entre produtor e receptor; por outro, o fato de que o narrado está destinado a repetir-se infinitamente, passando de boca em boca, falando, a seu tempo, de uma lógica não linear do tempo no universo da narração.

7 O romance de Alfred Döblin, ao lado de sua poética, "Der Bau des epischen Werks" [A construção da obra épica] (1928), marcaram significativamente o desenvolvimento intelectual de Benjamin.

A partir de tudo isso, se torna evidente a continuidade do pensamento de Lukács sobre o romance (e, com ele, além da diferença fundamental acima esboçada, de uma tradição que remonta de Blackenburg, Goethe et al.), nas ideias de Benjamin. Se é certo que este se distancia daquele na medida em que sua perspectiva já não é, por assim dizer, "idealista", senão a da história dos meios de comunicação, e, em particular, a da produção e recepção literárias, mundo interior (que surge com o gesto da leitura solitária) e desenvolve no tempo (o navegante que se lança ao mar se introduz em um tempo histórico linear; o romance não se repete como a narração) seguem sendo aqui conceitos centrais. Mais ainda, a imagem do isolamento do romancista/leitor de romances volta a colocar em primeiro plano o problema do tempo como duração, pois supõe uma interioridade dilacerada, cindida e que, portanto, experimenta subjetivamente o tempo e o mundo.

Outro aspecto a destacar da influencia de Lukács sobre as ideias de Benjamin concerne ao conceito de totalidade. A partir da imagem do oceano, se pode sustentar que para Benjamin, ao épico lhe é dada a possibilidade de observar e compreender a totalidade da existência – o oceano. Esta ideia aparece também em "O narrador", onde se lê que ao narrador foi dado o dom de poder "recorrer ao acervo de uma vida, que não inclui apenas sua própria experiência, mas em grande parte a experiência alheia" (GS II-2, 1977a, p.464; 1986, p.211). O romancista, ao contrário, apenas vê uma realidade fragmentada, perdendo a capacidade de abarcar e viver a totalidade. Justamente por esta razão, aquele que é sábio, pode dar conselhos a sua audiência (Idem), e este já não. Apenas na recordação e na esperança – diz mais adiante no ensaio sobre Leskov, citando Lukács de *Teoria do Romance* – perdura para o romancista a capacidade épica de ver uma totalidade na sucessão linear e contingente dos acontecimentos de uma vida. O sentido não é imanente na era moderna do romance, como o era para o épico antigo, mas que deve ser construído, e isso apenas pode alcançar o bem retrospectivamente, o bem pela via de uma visão utópica (GS II-2, 1977a, p.454.; 1986, p.203).

## PARA ALÉM DE LUKÁCS

De qualquer modo, como dissemos, Benjamin vai mais além da pura história das ideias à maneira de Hegel[8] e inclui, sobretudo em "O narrador",

8 De fato, em "O narrador" disse que "a experiência está em risco de desaparecer" (GS II-2, 1977a, p.438; 1986, p.189), no qual, longe de ser um "fenômeno da decadência", "é um fenômeno acessório de forças produtivas históricas e seculares" (GS II-2, 1977a, p.439; 1986, p.192).

considerações sócio-históricas e relativas a história dos meios de comunicação. Assim, leva a cabo uma reflexão sobre a crise do romance burguês no final do século XIX, provocada pelo afloramento de um meio de comunicação mais rentável, rápido, massivo e de acordo com a moderna sociedade de massas: a imprensa. Por outro lado, como mostra Honold, elabora "um conceito da dimensão trans-histórica da narração" (Honold, 2000, p.373). Estas duas considerações o colocam, segundo este crítico, em condições de pensar nas possibilidades épicas do presente, no reestabelecimento de elementos da comunidade "no nível técnico e econômico da sociedade" (Honold, 2000, p.378).[9] Em "O autor como produtor" [*Der Autor als Produzent*] (1934) Benjamin trabalha justamente com esta possibilidade, ao ver, por exemplo, na imprensa, o germe[10] da abolição da "distinção entre autor e leitor" (GS II-2, 1977b, p.689; 1975, p.122). A mesma consideração pode ser lida em "A obra de arte na época de sua reprodutibilidade técnica" [*Das Kunstwerk im Zeitalter seiner technischen Reproduzierbarkeit*] (1936-1939): "Com a crescente expansão da imprensa, que proporcionava aos leitores cada vez mais órgãos locais políticos, religiosos, científicos e profissionais, uma parte cada vez maior dos leitores passou, de início ocasionalmente, a escrever" (GS I-2, 1974a, p.493; 1973a, p.40). Em ambos os casos, Benjamin aponta na direção de uma abolição do isolamento individualista do leitor e do escritor, de uma "intercambiabilidade" dos papéis, na qual é uma característica típica, para ele, da forma de comunicação chamada narração.

## PARA A TEORIA DO ROMANCE DE FORMAÇÃO EM LUKÁCS E BENJAMIN

Para o jovem Lukács (1971, p.146), o subgênero romance de formação ou *Bildungsroman* ocupa um lugar de certo privilégio na tipologia romanesca. Está caracterizado como a busca de um equilíbrio entre a ação (idealismo abstrato) e a contemplação (romanticismo da desilusão). Seu tema, afirma, é "a reconciliação do homem problemático [...] com a realidade concreta e social" (1971, p.143). Isso quer dizer: a reconciliação embora não é necessária, é possível. Neste tipo de romances, a diferença do que ocorre

---

9 Neste último aspecto, as colocações de Lukács aparecem com menos solidez, e que este não funda suas ideias, como Benjamin, sobre a base de uma análise histórico-concreta (como fará em suas considerações sobre o romance de 1934, publicado em. 1935).

10 O germe, porque "na Europa ocidental o periódico não representa ainda um instrumento adequado nas mãos do escritor. Ainda pertence ao capital" (GS II-2, 1977b, p.689; 1975, p.122).

no romanticismo de desilusão, "ao menos como postulado, a solidão da alma é superada" (1971, p.144). Essa argumentação dá lugar a introdução do conceito de "comunidade íntima e humana", que é, para Lukács, um pressuposto do romance de formação e que pode ser entendido como "uma compreensão e uma capacidade de cooperação entre os homens" (1971, p.144). É neste sentido que o indivíduo solitário aparece agora como uma "realidade provisória", a ser superada por meio de um processo de "lapidar-se e habituar-se mútuos" (1971, p.145) – isso a diferencia da comunidade antiga da que se fala na primeira parte do livro de Lukács, no sentido de que é dada de antemão. Lukács fala também de uma *comunidade de destino* [*Gemeinschaft des Schicksals*], aludindo a que o fundamental neste tipo de romance – se referindo sobretudo a *Wilhelm Meister*, ainda quando também alude à segunda versão do *Grüner Heinrich* – é que o herói se reconhece a si mesmo no destino de uma determinada comunidade, entreve que uma vida em seu seio tem verdadeiro sentido. Nesse contexto pode-se falar do conceito goetheano de *renúncia* [*Entsagung*] (que não deve ser confundido com o de resignação, mencionado mais acima).

Finalmente, o filósofo húngaro enuncia duas críticas a este modelo de romance – aqui se refere especificamente a Goethe –: por um lado, o fato de que apenas aqueles que são "espiritualmente dignos", isto é, os nobres, podem chegar, nos feitos, a uma vida plena de sentido (1971, p.154-5) Por outro lado, e esta é a crítica fundamental, o fato de que Goethe deve recorrer a um "aparato fantástico" para mostrar a possibilidade de uma reconciliação. "Estes iniciados oniscientes que atuam providencialmente" resultam "inorgânicos" (1971, p.155), sustenta Lukács referindo-se aos membros da Sociedade da Torre, aproximando o romance da epopeia romântica. Em suma, pode-se dizer que, para ele, o romance de educação resulta ser um projeto artificioso e irrealizável, ou, em todo caso, apenas realizável à custa deste empréstimo do mundo do milagroso. Se o romance de formação evita este último, não faz senão se aproximar do romanticismo de desilusão, ao ter que reconhecer que a essência apenas pode ser encontrada exteriormente às estruturas sociais. De qualquer maneira, esclarece Lukács, a distinção do romance de desilusão, "o advento final do herói a uma solidão resignada não significa um colapso total ou a conspurcação de todos os ideais, mas sim a percepção da discrepância entre interioridade e o mundo" (1971, p.148). Isto, conclui, é característico do "tipo de romance educação pós-goetheano" (1971, p.148). Não deixa de ser importante, contudo, que o romance de formação supõe a possibilidade de uma sutura do abismo entre o individuo e a sociedade que é característica da época do romance: conserva certo conteúdo utópico nesse mundo privado de deus que configura o filósofo em *Teoria do romance*.

As reflexões de Benjamin sobre o *Bildungsroman* estão dispersas em diversos textos (dos que aqui mencionamos apenas alguns) e remetem em geral a considerações de teoria da produção e recepção. Em "O narrador", Benjamin contrapõe com marcadas influências do Lukács de *Teoria do romance*, a figura do narrador conselheiro com a do solitário romancista, sustentando que "a origem do romance é o indivíduo isolado, que não pode mais falar exemplarmente sobre suas preocupações mais importantes e que não recebe conselhos nem sabe dá-los" (GS II-2, 1977a, p.443; 1986, p.193). O romance de formação, acrescenta, "não se separa de nenhum modo da estrutura básica do romance", na medida em que – como esta –, ao "integrar o processo da vida social na vida de uma pessoa, justifica de modo muito frágil as leis que determinam tal processo. A legitimação dessas leis nada tem a ver com sua realidade" – é notável, contudo, que Benjamin exclui *Wilhelm Meister* deste grupo e concede certa legitimidade, ao dizer que este romance introduziu "elementos instrutivos", no qual provocou uma "uma modificação na forma mesma do romance" e uma aproximação ao modelo da narração (GS II-2, 1977a, p.443; 1986, p.193).

A substância dessa crítica ao gênero dos romances de formação parece ser a ideia de que a humanidade entrou em uma era estão dadas as condições históricas e materiais para uma nova épica – mediante os novos meios de comunicação de massas: o rádio, o periódico ou o cinema –, e que, em consequência, o (suposto) modelo por antonomásia do romance individualista – que foi propício para a era do liberalismo burguês –, se tornou anacrônico. (É possível acrescentar: tão anacrônico como a narração). Essa ideia aparece também em seu "O autor como produtor", no qual, referindo-se a *Wilhelm Meister* e ao *Grüner Heinrich*, sustenta que "o autor consciente das condições de produção intelectual contemporânea está muito longe de esperar o advento de tais obras, ou de desejá-lo" (GS II-2, 1977b, p.695; 1975, p.129).

## AS FALÊNCIAS DA PERSPECTIVA DE BENJAMIN

Ao contrário de Lukács, que leva a cabo uma crítica imanente dos romances de formação – sem por isso perder de vista sua posição no desenvolvimento histórico do romance, no qual fica ainda mais claro em seu trabalho *O romance como epopeia burguesa* –,[11] Benjamin as estuda da perspectiva de seu

11 Incluído em os *Escritos de Moscou* (1934-40). Lá, Lukács sustenta que o *Bildungsroman* é a expressão própria de uma época específica da história europeia: o "reino animal e espiritual", isto é, "o período que vai da Revolução Francesa até o aparecimento autônomo do proletariado revolucionário na arena da história universal, [onde] a ideologia burguesa se eleva pela última vez a grandes sínteses totalizadoras" (Lukács, 1981, p.40).

próprio presente histórico, as primeiras décadas do século XX, negando-lhes, assim, todo conteúdo crítico-cultural, e assimilando-as ao meramente ideológico. É possível se perguntar, com efeito, se os romances de formação são apenas expressão de um individualismo apolítico exacerbado. E, nessa linha, se a crítica de Benjamin aos mesmos não se refere mais as extremamente populares ideias de Wilhelm Dilthey (que afirma, em sua *Das Erlebnis und die Dichtung* [Vida e poesia] (1906), que os romances de formação "surgiram na Alemanha sob a influência de Rousseau, da tendência do espírito durante esta época até a cultura interior do homem" [1953, p.369]) que os romances mesmos em sua especificidade e diversidade. Benjamin não vê, como Lukács, que o romance de formação difere do romance em geral, no fato de que o primeiro considerar a possibilidade de uma superação da cisão entre o eu e o mundo. Se o pensarmos a partir da imagem do oceano de Benjamin, o *Bildungsroman* representa o retorno do indivíduo a costa desde que saiu para navegar (há, assim, três momentos muito diferenciados nos romances que pertencem ao subgênero: em primeiro lugar, o indivíduo vive sua infância em família e/ou no seio de uma comunidade; logo, ao final de sua adolescência, o herói se individualiza e leva uma existência solitária: e, finalmente, depois de levar a cabo uma *renúncia*, funda uma nova família e/ou comunidade).

É possível que o problema de Benjamin seja o de não haver centrado sua análise no plano do mundo narrado, no qual se verifica, de fato, como mostra Lukács, a possibilidade da superação da cisão moderna entre o eu e o mundo pelo caminho da renúncia. A falta de uma elaboração deste conceito – retomado entre outros, por Marcuse em 1922 – por parte de Benjamin, derivado do fato de que este não distingue o romance de formação do romance em geral, é, talvez, o problema fundamental da perspectiva benjaminiana. Existem outros contextos, contudo, ao que se remete ao conteúdo narrado pelos *Bildungsroman*. Em seu artigo enciclopédico "Goethe" (1926), Benjamin se refere ao gênero dos romances de formação para criticá-lo por "idealista" – o autor destaca que este romance apenas é explicável pela influencia de Schiller. Diz que "o ideal de *Os anos de aprendizagem* – a formação e o contexto social do herói – a sociedade dos comediantes" estão estreitamente relacionados: ambos são expoentes do universo intelectual burguês, especificamente alemão, construído ao redor do conceito de "bela aparência". O fato de que os protagonistas estejam vinculados ao mundo do teatro é, para Benjamin, sintomático do gênero, pois da conta do radical apolitismo do mesmo, assim como das especificas circunstancias da Alemanha na época da Revolução Francesa (GS II-2, 1977c, p.728). Isto, assim dizendo, é muito problemático, porque o conduz, entre outras coisas, a não realizar distinção alguma entre *Bildungs* e *Künstlerroman* (no primeiro, a inclinação egoísta pela arte representa apenas um estado no desenvolvimento do herói, mas isto não é levado em conta por Benjamin).

Em "A crise do romance", por sua vez, sustenta que *Berlim Alexanderplatz* é a "*Educação sentimental* do delinquente", "o estado mais extremo, vertiginoso, tardio e radical do velho romance de formação burguês" (GS III, 1972, p.236): na conversão do criminoso Franz Biberkopf em pequeno-burguês assalariado, em homem médio, Benjamin vislumbra o esgotamento do subgênero. Nesse contexto, refere novamente aos conceitos lukácsianos de "esperança" e "recordação" para aludir a perda de sentido da vida na biografia do herói romanesco. Essa leitura do romance de Döblin parece ser iluminadora para os interessados em investigar o subgênero *Bildungsroman* e parece remeter, pela negação, a certo otimismo filosófico nas novelas de formação anteriores a este insípido e triste ponto final dos mesmos. Benjamin apenas constata que a socialização burguesa ideal pela via da formação e da razão chegou ao seu fim, mas que também deixa entrever que o subgênero nasce precisamente desta utopia ilustrada. Podemos postular que a influencia lukácsiana é determinante nesta interpretação particular do subgênero, e que é através da leitura do autor húngaro que se conecta, de modo não intencional, com as elucubrações pioneiras de Blackenburg. Nesse ponto, Benjamin não é original.

Não pode ser desenvolvido aqui, mas talvez as considerações mais ricas de Benjamin ao estudo do subgênero não devem ser buscados em suas alusões explicitas ao mesmo. Parece ser muito mais produtivo, ao mesmo tempo estudar e compreender as considerações de Benjamin a respeito dos romances de formação, ter em conta textos como *Rua de mão única* [*Einbahnstrasse*] (1928) ou as "Teses sobre o conceito de história" [*Über den Begriff der Geschichte*] (1939). A crítica (indireta) ao *Bildungsroman* por seu vínculo com a filosofia ilustrada do progresso, um feito histórico inegável, é, de fato, a contribuição mais importante do autor de *A origem do drama barroco alemão* no contexto que aqui interessava delinear. De qualquer modo, a suposição de que o *Bildungsroman* põe em cena um desenvolvimento do herói em um tempo "homogêneo e vazio" (GS I-2, 1974b, p.700.; 1973b, p.187), de que ele mesmo é expressão de uma obstinada fé [...] no progresso" (GS I-2, 1974b, p.698; 1973b, p.184) é, pelo menos, questionável (de fato, existem alguns críticos que demonstram o caráter não linear da configuração do tempo nos romances pertencentes ao subgênero) (Cf. Minden, 1997).

– 17 –

# NOTAS SOBRE A SIGNIFICAÇÃO DA OBRA DE KAFKA NO DESENVOLVIMENTO DO PENSAMENTO ESTÉTICO DE WALTER BENJAMIN[1]

*Emiliano Orlante*
*Martín Salinas*[2]

A centralidade ocupada pela obra de Kafka na evolução do pensamento estético de Walter Benjamin é mais ampla do que as análises pontuais, por ele dedicadas ao escritor austro-húngaro. Em 1934, Benjamin havia planejado oferecer em Paris uma série de conferências, intitulada *L'avantgarde allemande*, onde seriam analisadas as obras daqueles escritores cujas produções dialogavam com a "situação atual" (cf. Adorno; Benjamin, 1998, p.57); às figuras de Karl Kraus (jornalística), Ernst Bloch (ensaística), Brecht (teatro), somava-se Kafka, autor escolhido por Benjamin para contemplar as novas técnicas narrativas. A tentativa de Benjamin, de localizar na obra de Kafka os aspectos que o colocam na vanguarda da produção literária em língua alemã, vincula-se diretamente à indagação benjaminiana quanto ao rastreamento, da transformação das categorias estéticas tradicionais,[3] e da funcionalidade e do potencial crítico assumidos pelas novas categorias no contexto da estetização da política promovida pelo fascismo.

1 Tradução de Fábio R. Uchôa.
2 Universidade de Buenos Aires.
3 Em particular, os estudos dedicados à obra de Brecht (cf. Benjamin, 1999), a conferência "O autor como produtor", de 1934, bem como os ensaios "O narrador" e "A obra de arte na era de sua reprodutibilidade técnica", ambos de 1936.

Em consonância com esse aspecto, é pertinente a tese de Susan Buck-Morss, segundo a qual o campo de ação das reflexões estéticas presentes no ensaio "A obra de arte na era de sua reprodutibilidade técnica" extrapola o âmbito estritamente artístico: "o campo original da estética não é a arte, mas sim, a realidade, a natureza corpórea, material" (Buck-Morss, 1981, p.173). De fato, a crise da arte aurática reporta-se a uma herança cultural, própria às sociedades tradicionais, que se encontra em plena decomposição e cujo sentido "é sintomático, e sua significação vai muito além da esfera da arte" (Benjamin, 1994b, p.168).

O significado da crise da aura, portanto, reporta-se a uma transformação da percepção sensorial, isto é, a transformação da experiência nas sociedades modernas. A dialética presente na compreensão benjaminiana da experiência moderna, a experiência do choque, se por um lado, como bem expressado pelo próprio Benjamin, atenta contra "numeroso conceitos tradicionais – como criatividade e gênio, validade eterna e estilo, forma e conteúdo –, cuja aplicação incontrolada, e no momento dificilmente controlável, conduz à elaboração dos dados no sentido fascista" (Benjamin, 1994b, p.166), por outro lado, também ativa aqueles mecanismos de defesa da consciência que bloqueiam "a permeabilidade do sistema sinestésico" ante aos estímulos alienantes do mundo exterior: "o problema é que, nas condições do choque moderno – os choques cotidianos do mundo moderno – , para a sobrevivência, tornou-se necessário responder aos estímulos sem pensar" (Buck-Morrs, 2005, p.187-8).

"O mundo de Kafka", que "é o teatro do mundo" (Benjamin, 1994a, p.150), estabelece um mundo organizado, no qual os indivíduos estão relegados à contemplação apática de sua própria figura. Assim, a política enquanto estética ganha em Kafka uma antecipação concreta: "o próprio K. faz teatro" sem pensar em nada, como se fosse necessário comportar-se assim "quando terminasse a grande petição que deveria inocentá-lo completamente" (Ibidem, p.147). A organização a que são submetidos os personagens de Kafka, entretanto, possui entre seus atributos estruturais uma aparente incomensurabilidade, que se atualiza na distração. Em Kafka, a burocratização impessoal da vida social associa-se à destruição da individualidade; apesar da advertência de Benjamin, de que a "recepção pela distração é um sintoma da definitiva reconfiguração do aparato perceptivo do ser humano, que, porém, só pode ser solucionado coletivamente" (Benjamin apud Buck-Morss, 2005, p.70), na obra do autor austro-húngaro, entretanto, a distração a que são submetidos os heróis de Kafka (através dos estímulos da grande cidade, bem como através da presença de assistentes, ajudantes, guardas e personagens femininos), não apresenta uma reformulação definida.

O próprio Benjamin era consciente da complexidade do ensaio sobre Kafka; numa carta a Scholem, indica que o ensaio era "representado pela imagem de um arco", no qual convergiam dois fins, "o político e o místico" (Benjamin apud Buck-Morss, 2005, p.284). Considerando-se o modo particular, por meio do qual o método interpretativo benjaminiano estrutura-se a partir das obras, não é por acaso que a imagem do arco esteja refletida na própria interpretação da obra de Kafka: ali, defende a existência de dois mal-entendidos possíveis a respeito da obra de Kafka: "recorrer a uma interpretação natural[ista] e a uma interpretação sobrenatural" (Benjamin, 1994a, p.152). Dessa maneira, seu método consiste "na construção de uma série de imagens dialéticas" a partir das quais seja possível, não apenas "interpretar o nível empírico dos textos de Kafka" a partir de "elementos sobrenaturais – místicos, míticos, teológicos –"como também recorrer a "elementos naturais – sociais e materiais – para interpretar os níveis sobrenaturais" (Buck-Morss, 1981, p.285). Através da relação dialética que atravessa os extremos, Benjamin busca anular, por um lado, a redução naturalista da obra de Kafka, que limita a obra à condição de mero reflexo de condições históricas concretas, e, por outro, a interpretação transcendental, de acordo com a qual a aparência estética oculta o tratamento literário de forças atemporais, próprias a uma "filosofia da religião" (Benjamin, 2009, p.291). Se a obra de Kafka não representa um reflexo da realidade, tampouco "o espaço nebuloso da parábola" deve ser visto como algo orientado para a postulação de uma doutrina: "Nenhum escritor seguiu tão rigorosamente o preceito 'não construir imagens'" (Benjamin, 1994a, p.155). O raio de ação, abrangido pelo arco em sua aplicação, entretanto, pode ser estendido a outros ensaios de Benjamin; também no ensaio sobre "A obra de arte...", Benjamin enfatiza a dificuldade de elaborar imagens de um mundo redimido e, entretanto, no contexto da luta antifascista, é indispensável a necessidade de elaborar uma tese "sobre as tendências evolutivas da arte nas atuais condições produtivas" (Benjamin, 1994a, p.166). Na própria obra de Kafka, Benjamin observa a existência de tendências de uma amplitude que extrapola determinações reducionistas: a sala do tribunal, cheia de pessoas que assistem ao julgamento, aquela que deve acudir a K. em *O processo*, com seu teto baixo, representa a "imagem exata do capitel adornado com figuras grotescas das colunas das igrejas medievais"; apesar disso, Benjamin adverte:

> Não afirmamos que Kafka pretendia imitar isso; mas, se tomarmos sua obra como espelho, o capitel do passado pode aparecer, de repente, como um objeto inconsciente e verdadeiro desta descrição, e a interpretação deverá então buscar seu reflexo no sentido contrário, tão distante do espelho quanto o

> está em relação ao modelo refletido. Em outras palavras: no futuro. (Benjamin, 2009, p.292)

O caráter profético da obra de Kafka, portanto, está diretamente vinculado à configuração de um presente que ainda permanece vinculado a um mundo primitivo. Tal vínculo é reforçado por uma concepção de progresso que reprime aquelas forças míticas que deveriam ser superadas.[4] Assim, Benjamin chama a atenção ao modo abrupto, por meio do qual o mítico irrompe nas narrativas de Kafka, não a partir de um ressurgimento, mas através da surpresa que promove uma presença até então ignorada, esquecida:

> Quando outros personagens têm algo que dizer a K., eles o dizem casualmente, como se ele no findo já soubesse do que se tratava, por mais importante e surpreendente que seja a comunicação. É como se não houvesse nada de novo, como se o herói fosse discretamente convidado a lembrar-se de algo que ele havia esquecido. (Benjamin, 1994a, p.156)

Do mesmo modo, os animais de Kafka reportam-se a um mundo que, somente numa primeira e falsa apreensão imediata, apresenta-se como humano: "Quando descobrimos o nome da criatura – símio, cão ou toupeira –, erguemos os olhos, assustados, e verificamos que o mundo dos homens já está longe" (1994a, p.147). Mas se a presença de animais expressa a intrincada relação, que submete a sociabilidade ao poder mítico natural (ao qual os próprios animais encontram-se submetidos), tampouco o desenvolvimento técnico encontra um eco humano:

> O cinema e o gramofone foram inventados na era da mais profunda alienação dos homens entre si e das relações mediatizadas ao infinito, as únicas que subsistiram. No cinema, o homem não reconhece seu próprio andar e no gramofone não reconhece sua própria voz. Esse fenômeno foi comprovado experimentalmente. A situação dos que se submetem a tais experiências é a situação de Kafka. (1994a, p.162)

Na "técnica narrativa de Kafka" (1994a, p.156) Benjamin observa aqueles aspectos que o colocam na vanguarda da produção literária de sua época. A centralidade atribuída por Benjamin à reconfiguração das categorias

4 Benjamin cita um aforismo de Kafka, no qual é possível verificar uma antecipação de sua própria interpretação da história, desenvolvida nas teses "Sobre o conceito de história" (1940): "Ter fé no progresso não significa julgar que o progresso já aconteceu. Isso não seria mais fé" (citado em Benjamin, 1994a, p.155).

estéticas, à interrupção da ação narrativa e ao gesto (especialmente a partir do contato com a obra de Brecht e da análise de seu teatro épico) encontra na obra de Kafka uma confirmação particular, na medida em que o autor de *O castelo* parece encontrar-se num umbral, que promove a comunicação daqueles temas míticos perduráveis em qualquer concepção unilateral de progresso, através de técnicas de representação narrativas que, devido à sua inovação, expõem a falsa harmonia do mundo burguês.

Desta maneira, em *O processo* relata-se a surpresa de K. ao despertar, não mais em seu quarto, mas sim numa improvisada antessala de interrogatório; ou então, a maneira como K., numa noite, perto de seu escritório, "atrás de uma porta, onde sempre supusera existir somente um quarto de despejo" (Kafka, 1997, p.105), encontra uma sala de punições físicas na qual um homem "metido numa espécie de roupa escura de couro" tortura os guardas; a interrupção narrativa não se limita a uma guinada imprevista da ação, mas também, leva a uma descoberta dos elementos estruturais da realidade concreta que foram esquecidos (um esquecimento que, assim como a distração, "não é nunca um esquecimento individual") (Benjamin, 1994a, p.156); e que supõem a interrupção de certo *continuum* superficial. A tematização do esquecimento, da mesma maneira que as técnicas narrativas através das quais o tema mítico é reformulado, entretanto, apresenta sua própria ambiguidade: tal esquecimento tem por objetivo a sobrevivência em um mundo onde o estado de exceção é a regra. Mas, se o mundo mítico da organização burocrática, através da distração, oferece ao indivíduo a tentadora representação do canto das sereias, Kafka (este outro Odisseus, "era tão astuto, uma raposa tão fina, que nem sequer a deusa do destino conseguiu devassar seu interior" [Benjamin, 1994a, p.143]) impõe outra lógica, ainda que não se trate de nada além daquela própria aos "contos de fadas para dialéticos".

***

Em "O narrador", Benjamin (1994d) dá continuidade às ideias desenvolvidas em "Experiência e pobreza" (1994c, p.114), mas concentrando-se na categoria literária do narrador. De acordo com o filósofo alemão, a experiência, que está chegando ao fim no contexto do capitalismo tardio, deixa de ser um elemento constitutivo da literatura atual, sobretudo, devido ao caráter imediato da experiência da vida burguesa, que encontra na imprensa a sua nova forma de comunicação. A indústria da informação não exige de um narrador que sustente o relato, mas apenas a exposição do fato em si, sem o mínimo emprego daquelas mediações, próprias ao contador de histórias, nas quais a sugestão pode fluir como um recurso típico, fazendo com que o ouvinte ou leitor fique preso ao relato._

As notícias dos jornais são acompanhadas por abundantes e primorosas explicações, que não podem deixar espaço para o mínimo mal-entendido. Em "O caráter destrutivo" (Benjamin, 1995, p.235-7), por sua vez, Benjamin indica que rumor é o mais pequeno-burguês de todos os fenômenos, cuja existência deve-se unicamente ao fato de que as pessoas não quererem ser mal compreendidas. Contra este traço levanta-se o narrador kafkiano. De fato, a ele pouco importa ser mal compreendido; não colabora com a fofoca burguesa. Neste sentido, em Kafka, o narrador oculta as explicações, transfigurando os fatos em experiências instáveis e oníricas. Nas narrativas do escritor austro-húngaro, o mundo de certezas promovido pelos jornais é estilhaçado. Neste período da evolução capitalista, a experiência deixou de ser comunicável; e a restauração do narrador total, conselheiro e sábio, neste contexto de produção, pode transformar-se em falsa consciência. Diante deste panorama, Kafka faz emergir um narrador vacilante, contaminado pela visão do protagonista: "Aqui, os senhores pararam, fosse porque aquele lugar desde o início tinha sido seu objetivo, fosse porque estavam exaustos demais para continuarem correndo" (Kafka, 1997, p.276). Nessa citação de *O processo*, o narrador não traz nenhum dado com exatidão; de fato, neste fragmento, onde é comentada a transferência de Josef K. para sua posterior execução, verificamos a maneira como o mesmo acaba mimetizando, através de seus enunciados disjuntivos, a mente evasiva do protagonista.

Em literatura, o narrador tradicional, conhecido como onisciente, é aquele que sustenta a história do relato, ao mesmo tempo em que pode nos aproximar do pensamento de cada um dos personagens separadamente. Tais convenções são ausentes nas ficções de Kafka, embora exista um narrador em terceira pessoa, marca formal do narrador onisciente. Suas narrativas conhecem um único ponto de vista: o do protagonista; e como sabemos, o herói dos relatos kafkianos possui uma mente_esquiva e uma atitude vacilante:

> – Não estamos agora perto da entrada principal?
>
> – Não – disse o sacerdote. – estamos muito distantes dela. Você já quer ir?
>
> Embora K. não tivesse pensado nisso exatamente naquele momento, disse de imediato:
>
> – *Sem dúvida, preciso ir.* Sou procurador de um banco, esperam por mim, sói vim aqui para mostrar a catedral a um estrangeiro amigo do banco.
>
> [...]
>
> O sacerdote tinha se afastado apenas alguns passos, mas K. gritou bem alto:
>
> – Por favor, *espere mais um pouco*!

> – Eu espero – disse o sacerdote.
>
> – Quer mais alguma coisa de mim? – perguntou K.
>
> – Não – disse o sacerdote.
>
> – Antes você foi tão amável comigo – disse K. – explicou-me tudo, mas agora me despede como se eu não significasse nada para você.
>
> – *Você precisa ir embora* – disse o sacerdote.
>
> – É verdade - disse K. – Você precisa compreender. (Kafka, 1997, p.271, grifos nossos)

Segundo Sokel (1966, p.12), a motivação do protagonista das narrativas de Kafka é esconder a verdade, não apenas de sua própria consciência ou do mundo, mas também do leitor. E em tal ocultação, o narrador é partícipe, já que conta a história sem poder desvincular-se da visão do protagonista. O narrador kafkiano oculta as marcas da verdade. Entretanto, no final do relato, a verdade é conhecida, o que pode ser percebido por meio da negação ou aniquilamento do protagonista, portador da mentira. O ato de negar o protagonista revela a verdade: sua existência foi uma falácia, consequência de seu acomodamento ante às condições da vida burguesa.

Quanto à revelação da verdade, o filólogo alemão contempla três modos ou caminhos na obra de Kafka, que, ao mesmo tempo, identificam-se com a evolução de sua própria arte. Inicialmente, há a denominada primeira fase (1912-1914), que se caracteriza pelo castigo ou eliminação do protagonista; depois, a segunda fase (1914-1917), caracterizada pela observação e contemplação de uma discrepância entre si mesmo e a verdade; e por fim, a terceira fase, identificada com a decepção do protagonista ante ao mundo, o que explica suas desesperadas tentativas de criar e completar sua existência.

Nesse primeiro período, das fantasias de castigo, a tensão entre a existência como fachada e o "puro eu"[5] de dentro do protagonista se dá de modo antitético: a fachada busca independência ante a verdade ("puro eu"), tentando reprimi-la. Neste contexto, o castigo funciona como uma lembrança de si; trata-se da erupção da verdade reprimida pela máscara existencial da fachada. Assim, as existências em termos de fachada de Samsa e Josef K. são evasivas, ou, em outras palavras, subsumam-se a uma "consciência

---

5 Segundo Sokel, a personalidade dos personagens de Kafka deste período constitui-se através de uma tensão entre dois modelos de existência: a fachada, que se relaciona ao êxito profissional, econômico e social exigido pelas condições materiais de produção do mundo burguês em pleno desenvolvimento; e o "puro eu", relacionado ao retraimento, à reflexão, ao solteirismo, à fragilidade e à marginalização social. O antagonismo desta dualidade apresenta-se de maneira mais evidente em *Carta para o pai*. Nesse livro, o próprio Kafka afirma-se em contraposição a seu pai; para isso, emprega as características do mencionado "puro eu", deixando os traços da "fachada" para a particularização da figura paterna.

que se depara com a verdade que não pode enfrentar" (Sokel, 1966, p.16). Em relação a isso, Vedda observa que a metamorfose de Samsa atua como a irrupção da verdade em sua falsa forma de existência: "a transformação experimentada por Samsa leva à crise uma forma de vida – aquela da existência como fachada – [...] que busca esconder, a injustiça por trás da máscara de um humanismo dissimulado, e a mecanização do homem por trás do simulacro de uma falsa consciência feliz" (Vedda, 2005, p.liv). De fato, essa automatização do homem, que acaba aniquilando o protagonista kafkiano, é justamente aquela que permite explicar a extinção do narrador tradicional e a fragilidade do narrador do escritor praguense.

Em suas considerações sobre o narrador, Benjamin é consciente do problema dos limites entre as esferas do jornalismo e da literatura, já que a própria indústria da informação começou a estimular novos gostos, normas e valores, a respeito da produção escrita. Assim, da mesma maneira que a pobreza da vida burguesa liquida a experiência e, consequentemente, o narrador, tal carência de experiência pode modificar o próprio receptor, empobrecendo-o em termos de experiências narrativas e afeiçoando-o a um discurso manufaturado.

Ante a este discurso mecânico, Benjamin distingue a figura do narrador de Leskov. Entretanto, sabe muito bem que tal narrador teve esplendor em outros períodos da humanidade e que, neste contexto de novos e avançados modos de produção, a sua defesa poderia levar à promoção de uma falsa consciência. Em relação a isso, as reflexões de Benjamin carregam a marca e a tentativa brechtianas de reconfigurar os modos de produção em prol da luta do proletariado.

Neste sentido, e por isso a ponderação de Benjamin acerca de seu procedimento narrativo, os relatos de Kafka apresentam-se como uma resistência ante ao exagerado avanço do imediatismo; e seu narrador é o elemento formal que institui essa crítica num momento de pleno desenvolvimento do imperialismo. O narrador de Kafka não impele a uma saída idealista, e portanto falsa, ante ao desenvolvimento capitalista, mas uma saída materialista, já que em seu vacilar, provocado pelo caráter fragmentário do protagonista, aloja-se o gesto crítico. Em outras palavras, os relatos de Kafka resistem à extinção do narrador promovida pela indústria da informação, promovendo um narrador vacilante, esquivo.

A respeito do narrador tradicional, Benjamin destaca o seguinte: "Assim se imprime na narrativa a marca do narrador, como a mão do oleiro na argila do vaso" (Benjamin, 1994d, p.205). Ao contrário, o narrador de Kafka não se apresenta como uma efígie do passado liquidado; isso, apesar de deixar marcas, ou melhor, as deixa e ao mesmo tempo as esquece.

Em relação a isso, o conceito benjaminiano de caráter destrutivo possui uma íntima relação com o narrador e o destino do herói kafkianos. Nas palavras do filósofo alemão:

> O caráter destrutivo é o adversário do homem-estojo. O homem-estojo busca sua comodidade, e sua caixa é a síntese desta. O interior da caixa é o rastro revestido de veludo que ele imprimiu no mundo. O caráter destrutivo elimina até mesmo os vestígios da destruição. (Benjamin, 1995, p.237)

A partir de uma atitude similar, em Kafka, o narrador apaga as marcas do interior burguês. Através deste gesto criminoso, não apenas apaga a si mesmo como também acaba por aniquilar sua extensão: o personagem principal. Esta atitude que, aparentemente, parece atentar contra a narração, esconde um gesto crítico: será possível recuperar um narrador total num mundo violento e fragmentado? Poderá a literatura nos munir de certezas no contexto do capitalismo tardio? Kafka entende que tal restauração contribuiria para uma falsa representação do mundo burguês. Um narrador convencional, com pleno domínio dos fatos e dos pensamentos dos personagens, ocultaria as fissuras da modernidade ao apresentar a narração como uma totalidade harmônica. Por isso, o caráter vacilante do narrador acaba apagando as marcas do interior do relato, já que não pode compreender ou acessar a verdade deste ou aquele acontecimento. Este narrador, cuja visão é tão imprecisa quanto aquela do protagonista, acaba envolvendo o leitor num mundo de representações difusas, instáveis e oníricas, construída através de elementos formais bastante evidentes: o grande uso de modalizadores (advérbios de dúvida, modo subjuntivo) mimetizando a atitude esquiva do protagonista.

Na narrativa da primeira fase, a própria aniquilação do personagem principal encerra o momento de verdade da obra artística de Kafka. Contudo, o narrador não o explicita, não o informa, seu caráter destrutivo não o permite fazer isso. Com este crime, apaga as marcas do estojo burguês; no âmbito do relato, até mesmo sua própria existência é praticamente destruída. Nesta destruição, aparece o momento de verdade: o aniquilamento do protagonista. Mas isso não implica um atentado contra a narração, mas sim uma crítica silenciosa contra as condições de produção numa sociedade que extingue a experiência e recompensa o imediatismo. Uma crítica contra a sociedade burguesa que busca desvencilhar-se de sua culpa (a qual, segundo Kafka, poderia fazer parte da pré-história, assim como o pecado original) reprimindo-a até o seu esquecimento. No entanto, a mesma manifesta-se através de formas elementares de existência: "os animais são receptáculos do esquecimento" (Benjamin, 1994a, p.157).

Através do procedimento fantástico da regressão, no qual o homem assume formas primitivas de existência, a literatura kafkiana faz com que a culpa mítica assalte a realidade contemporânea, usando a mesma crueldade que nos mitos antigos: afeta mortalmente "o homem que não tem consciência de qualquer transgressão" (1994a, p.140), não por acaso, mas por destino. Por meio desta operação, Kafka transforma, em termos estéticos, a culpa situada na pré-história da humanidade – mítica – num processo judicial. Em outras palavras, o êxito artístico do autor de *O processo* consiste em evidenciar que o mundo racional do direito moderno é constituído por um desconcerto próprio ao mundo mítico: Josef K. é processado e condenado sem saber os motivos, assim como Édipo desconhece as razões da maldição que recai sobre Tebas. Como se sabe, o sistema judicial fundamenta seus procedimentos no direito e na normativa jurídica; entretanto, secretamente, em seus próprios fundamentos empíricos há um substrato a partir do qual "a pré-história exerce seu domínio ainda mais ilimitadamente" (1994a, p.140). Por isso, na narrativa kafkiana, o protagonista, portador de uma falsa existência – da mentira –, deve perecer.

– 18 –

# EISLER E BENJAMIN, UMA CHAVE POLÍTICA: APONTAMENTOS CONCEITUAIS E HISTÓRICOS PARA UMA AUDIÇÃO DE HANNS EISLER COMO "MÚSICO OPERATIVO"

*Manoel Dourado Bastos*[1]

*a música é sempre já uma segunda natureza.*
Theodor Adorno, "Sobre a pré-história da composição serial"

Hanns Eisler é um incômodo "ponto surdo" na história da música moderna. Eclipsado por uma diretriz esteticista da história da música, taxado como um caso perdido de qualidades desperdiçadas por rebaixamento político da técnica musical, Eisler é figura secundária nos compêndios sobre música moderna. Por exemplo, Paul Griffiths (1998, p.113-4) se refere a ele um par de vezes em sua "história concisa" da música moderna. Na passagem dedicada a Eisler, Griffiths está se referindo à importância do *Mahagonny* de Brecht e Weill no cenário da ópera alemã dos anos 1920 e 1930, com o aproveitamento, simpático ou não, do jazz nas sátiras de costumes. Eisler aparece então como o colaborador de Brecht que apresentou "maior engajamento político". O compositor alemão está, então, entre a revolução na música e na política.

1 Professor da UEL – Universidade de Londrina – PR.

> Schoenberg, de quem foi aluno, deplorou sua filiação a um partido, mas ele produziria uma enorme quantidade de obras – canções, coros, música de cena e para cinema –, em sua maior parte declaradamente políticas na intenção e militantes na expressão. Nos anos imediatamente anteriores à ascensão de Hitler, e novamente após a guerra, na nova República Democrática da Alemanha, Eisler fez da música de *agit-prop* uma veemente demonstração do envolvimento do compositor na vida contemporânea. (Griffiths, 1998, p.113)

Sob a sombra de Schoenberg, que, além do nariz torcido à filiação partidária (diga-se logo: *comunista*), considerava-o um de seus maiores discípulos (ao lado de Berg e Webern), Eisler é reconhecido por seu trabalho com agitação e propaganda. É por isso, aliás, que ele é definido como um músico de seu tempo. De qualquer modo, a adversidade entre ser aluno de Schoenberg e dedicar sua produção musical à atividade política mantém-se, pois ainda resta vazio o teor da relação entre atividade artística e política, ou, como diz Griffiths (1998, p.113), a "forma que este envolvimento [do compositor na vida contemporânea] deveria assumir".

Remetendo ao embate ocorrido sobre o assunto na URSS da década de 1920 entre a Associação para a Música Contemporânea (ACM) e a Associação Russa dos Músicos Proletários (ARMP),[2] Griffiths sugere uma síntese impossível entre a busca por técnicas musicais inovadoras, representada pela primeira, e a produção de uma sensibilização política das massas por meio das obras musicais, defendida pela segunda. Griffiths define então em termos formais o que vem a ser o "realismo socialista" em música: "robustas obras vocais para coros numerosos", a obrigação do "otimismo" dos compositores em oposição ao "formalismo" (que deveria designar as técnicas musicais desenvolvidas no século XX) e o caráter instrutivo ou edificante das obras musicais em sentido social ou político.

O crítico musical aponta, por fim, a fina ironia de que, no mesmo período em que o "realismo socialista" vingou na URSS como política cultural, os nazistas passaram a perseguir a "música contemporânea mais audaciosa" como "bolchevismo". Como resultado da "perseguição política", uma série de músicos da URSS e da Europa migraram para os EUA. Não há apontamento por parte de Griffiths que Eisler esteja vinculado ao rebaixamento do "realismo socialista". Pelo contrário, Eisler figura no grupo que Griffiths aponta como "os líderes da música europeia contemporânea: Stranvinsky, Schoenberg, Bártok, Hindemith, Eisler, Krenek, Weill" (Griffiths, 1998, p.114).

2 Para uma apresentação detalhada dessas e de outras associações no contexto soviético, cf. Edmunds (2000).

Apesar da diretriz que comanda a história da música moderna ser apresentada como esteticista, o fundamento da surdez contra Eisler mostra-se tão somente como político. Com isso, quero dizer que a argumentação estética na crítica a Eisler possui sua fundamentação numa reprovação política duvidosa. Aparece aí um forte indício de que o esteticismo reinante no estudo da história da música moderna tem óbvio fundamento político. Vejamos dois exemplos coligados do fundamento político da crítica esteticista a Eisler, contra os quais poderemos reconhecer que os raciocínios densos de Walter Benjamin são fundamentais para desdobrar argumentos mais sólidos sobre o músico alemão.

Vejamos, por exemplo, as parcas vezes em que Flo Menezes faz referência a Eisler. Ao desenvolver arguto argumento sobre Webern e o problema do tempo, contrastando-o com a concepção de Berg sobre o mesmo assunto, Flo Menezes apresenta em uma nota de rodapé a relação do compositor com seu tempo (2006, p.146). A primeira metade da década de 1930, período em que Webern compôs o *Konzert Op. 24*, a que Flo Menezes se dedica por um instante de seu texto, foi o período em que o compositor alemão teria sido "mais contestador", na luta contra o nazismo (a que posteriormente ele iria apoiar) e, principalmente, "regendo [...] obras de teor revolucionário, como as de Hanns Eisler, com textos de Brecht – obras influenciadas, contudo, pela estética reacionária do Realismo Socialista stalinista" (2006, p.146). O que vem a ser essa influência, como ela opera musicalmente falando, não fica claro, mas podemos intuir de uma das atividades de Webern a que Flo Menezes faz menção – regente titular das organizações musicais (Coro e Orquestra de Trabalhadores) da Socialdemocracia Austríaca. Se atentarmos ainda para o fato de que, em outro texto, Flo Menezes dedica mais algumas palavras para Eisler, apoiando-se no argumento de Luciano Berio, podemos encontrar mais subsídios para a compreensão dos fundamentos da crítica ao parceiro de Brecht.

Flo Menezes, comparando a fundamentação estética de John Cage com a de Schoenberg, afirma que enquanto do modelo de "pura invenção" de Cage "vemos brotar apenas epígonos sem metade da criatividade da referência de partida", da mestria concentrada de Schoenberg "vemos surgir, ao longo de sua trajetória, obras díspares como as de Berg, Webern, Cage, ou até mesmo de um Hanns Eisler ('desertor' da vanguarda que Luciano Berio considera, com justiça, detentor de uma obra musical 'estúpida', de cunho jdanovista e stalinista)" (2006, p.16). A reprovação de Berio vai mais longe. Em uma longa e estimulante entrevista publicada em livro no ano de 1981, o compositor italiano dedica a sua atenção para, algumas vezes, achincalhar Eisler. Em um dos momentos, Berio está debatendo com a entrevistadora

Rossana Dalmonte aspectos relativos ao pluralismo de linguagens musicais a que se havia chegado – as "inúmeras tendências na música dos jovens" a que deveríamos chamar de "maneirismos". Um dos maneirismos que Berio vai discutir com especial atenção diz respeito à ideia de "reconquista da melodia" evocada pelo compositor belga Henri Pousseur.

> Meu amigo Pousseur atualmente está apregoando o dever de tirar as melodias do inimigo e, uma vez conquistadas, o dever de usá-las contra eles. Portanto, vamos produzir melodias com critérios progressistas e fazer com que sejam cantadas pelos "operários" a fim de que se libertem do poder melódico dos patrões. O resultado são as melopeias esquálidas e insensatas, que ninguém canta, e que desconhecem um fato de primordial importância, como tive ocasião de dizer ao próprio Pousseur, ou seja, que os processos que geram melodias não se fabricam de um dia para o outro e que as melodias nascem espontaneamente na coletividade e nas poéticas quando todos os "parâmetros" musicais fazem as pazes e se põem a "cantar" juntos, isto é, decidem contribuir para a melodia, seja ela de Bach, Mozart, Webern ou mesmo Gerschwin. (Berio, 1988, p.67 et seq.)

O compositor italiano questiona a ideia de "fabricação e uso de melodias populares" como um erro político, contrapondo a isto a noção da melodia popular como "o resultado, não necessariamente espontâneo, de um processo de sedimentações coletivas". Com mordaz ironia, Berio desenvolve o argumento:

> O erro é o seguinte: a classe operária, a alta e a baixa burguesia e o poder econômico absoluto devem, de vez em quando, de uma maneira ou de outra, caminhar juntos, na cidade ou no campo, e nessas circunstâncias quase sempre cantam as mesmas melodias, de *Bella Ciao* aos Beatles, a *Caro Mozart*... Conscientes da complexidade do fenômeno, do fato de que os banqueiros, ao contrário dos trabalhadores rurais, não produzem melodias e que a melodia, por natureza, é um ponto de encontro, ainda que superficial e emotivo, no bem ou no mal, entre classes sócio-culturais em conflito aberto ou latente, nada mais nos resta fazer senão estudar os processos que presidem à sua formulação (para isso, certamente uma vida só não basta), esperando que o mundo sofra uma mudança e esperando também a epifania de melodias fáceis e cantáveis, que certamente contribuirão para a libertação das classes oprimidas... (1988, p.68)

É desse questionamento estético-político que Berio vai chegar a suas duras críticas contra Eisler, apresentadas a partir de um sarcasmo violento e sem disfarces. Berio vai identificar uma duplicidade na produção musical de Eisler originada nesse erro político.

> Eisler fabricava melodias para os operários e, de vez em quando, para completar-se, para realizar-se melhor, escrevia também músicas de câmera "à Schoenberg", da mesma forma que se pode fazer um armário "à Mondrian" ou compor uma canção "à Brahms". Os dois mundos, se me permite a expressão (o das canções para os operários e o da música de câmera, "à Schoenberg"), não tinha nada a ver um com o outro e, como bom *entrepreneur* meio esquizofrênico, Eisler tentou repetidas vezes justificar o fato com a enfatuada arrogância de alguém que, estando muito ocupado com os meios de produção, com seus usuários e seus destinatários, não se preocupa mais com a qualidade do produto, que decai então a níveis inomináveis, mas apenas coma concepção política que deveria transmitir (no fundo, era uma concepção grosseiramente stalinista-zadanoviana). (1988 p.68 et seq.)

Como se vê, Berio apresenta a música de Eisler em termos próximos ao debate sobre arte de tendência ou arte de qualidade, taxando num misto de uma obra rebaixada e de cunho stalinista-jdanovista. Retomaremos o problema em chave benjaminiana adiante. Compete-nos apenas finalizar a apresentação da crítica de Berio, a fim de melhor qualificar o argumento benjaminiano sobre Eisler a seguir. O compositor italiano aponta para o tema da música como forma de conhecimento, sugerindo que Eisler desdenhava dos poderes cognitivos da música.

> Essa tendência a negar a autonomia e autoridade de pensamento à música e, implicitamente, negar que o pensamento humano, em suas formas mais altas e conscientes, possa expressar-se também musicalmente, perdura até hoje, como uma sombra, em alguns setores da musicologia e da crítica musical. (1988, p.69)

Por conta desse desdém com relação ao poder cognitivo da música é que Berio vai reconhecer a produção de Eisler como "substancialmente estúpida", desprovida até de eficácia política, que seria sua principal diretriz.

> Enfim, uma coisa é certa: as melodias de Eisler nunca serviram para nada, pensando bem nem mesmo para Brecht: a escolha de Brecht é feita essencialmente dentro do processo teatral; a escolha de Eisler, ao contrário, é feita fora do processo musical. Mudando-se as letras, as canções de Eisler poderiam ser usadas até por Hitler e certamente com muita satisfação, embora o nome de Eisler figurasse no famigerado *pamphlet* da "arte degenerada" (nesse *pamphlet*

> havia também o nome de Kurt Weil [sic], mas Hitler nunca poderia usar as suas melodias). (1988, p.69)

Berio nutria simpatia pela produção de Brecht, tendo inclusive musicado textos do escritor alemão. Mas, a natureza brechtiana do trabalho musical de Eisler não agrada de maneira alguma o compositor italiano. É essa natureza que deve ser taxada como o Realismo Socialista stalinista que Flo Menezes vê no trabalho em conjunto de Brecht e Eisler, ainda que o compositor alemão não seja enquadrado nessa categoria pela "história concisa" de Griffiths, como vimos. Porém, o mesmo Griffiths aponta Eisler como o colaborador de Brecht com "maior engajamento político" – será esse o significado de "realismo socialista stalinista"? Mas, qual é mesmo o papel da música no teatro épico de Brecht e como Eisler se colocava diante dessa questão?

A música cumpre papel central na consolidação do teatro épico de Brecht, como um dos instrumentos de destruição dos parâmetros dramáticos que fundamentavam a produção cênica até ali. A posição da música na cena era de grande importância, mas precisava estar sob o comando das diretrizes discursivas definidas no texto da peça – qualquer interesse em avançar sobre as diretrizes teatrais em favor dos desdobramentos propriamente musicais era suspeito para Brecht. A música cumpria uma função cênica esse caísse na tentação de desenvolver suas questões técnicas específicas, decairia no caráter culinário que Brecht repudiava. Mas, para que a música cumprisse exatamente essa função cênica, Brecht não podia contar tão somente com seus parcos conhecimentos e dotes musicais. Era preciso um controle extremamente hábil das técnicas para que a mudança de função [*umfunktionierung*] prevista para a música no âmbito do teatro épico chegasse a bom termo. Isso colocava Brecht diante de uma contradição:

> De um lado, a importância da música no contexto do modelo épico requeria a colaboração com compositores profissionais. De outro, Brecht pensava que eles provavelmente insistiriam na noção de que "a música tem seu próprio significado" e resistiram a seu controle sobre as composições e performances. (Kowalke, 2005, p.79, trad. nossa)

Kim H. Kowalke continua seu texto apresentando os desdobramentos do problema no trabalho conjunto entre Brecht e Weill, principalmente no que tange a correlação entre o *Gestus* e a música, demonstrando como a compreensão do compositor não se restringia ao papel secundário esperado pelo dramaturgo, sendo exatamente essa ousadia que definia o ume radical tanto do *Mahagonny* quanto da *Dreigroschenoper*. Kowalke mostra no detalhe a desaprovação de Brecht, principalmente suas modificações para que o controle da performance fosse mantido pelas diretrizes textuais, possibilitando que as duas peças não recaíssem em trabalhos baseados na sedução musical. Para o que nos importa aqui, convém ressaltar que foi exatamente Eisler que ficou marcado como o teórico brechtiano do papel da música no teatro épico – uma marca reconhecida como negativa, como vimos nas críticas de Berio. Fica mais fácil reconhecer agora o problema da "deserção da vanguarda", conforme os termos que Flo Menezes retoma de Berio. Ele diz respeito ao uso do conhecimento técnico adquirido com Schoenberg para fins de contenção do poder cognitivo da música. Isso é visto como um paradoxo, requerido pela função que a música adquiri no teatro épico – mais que uma deserção, seria uma capitulação, a que Eisler se conformaria muito mal, mantendo a "produção elevada" segundo as técnicas aprendidas com o mestre vienense.

Mas e se não estivermos diante de um paradoxo? E se a exigência brechtiana não for um rebaixamento, mas um alargamento do progresso técnico a que a arte moderna havia chegado? Não será possível destrinchar a ideia aqui em seus pormenores. Para efeitos práticos, convém ressaltar como o aparato conceitual benjaminiano pode indicar um rumo que desfaça a ideia de paradoxo na produção musical de Eisler segundo os preceitos de Brecht.

Em meio a "O autor como produtor", que é uma de suas intervenções no debate sobre estética e política no calor da resistência ao fascismo e da luta pela construção do socialismo, Walter Benjamin faz uma breve referência aos argumentos de Hanns Eisler sobre as "tarefas políticas do artista" desde um ponto de vista da música (Benjamin, 1996, p.129-30). A referência a Eisler não é mera coincidência, quanto mais porque Benjamin dá no texto especial ênfase ao conceito (e porque não dizer práxis) da "mudança de função" [*Umfunktionierung*] segundo Brecht. A síntese de Benjamin sobre a "mudança de função" é a seguinte:

> Brecht criou o conceito de "mudança de função" [*Umfunktionierung*] para caracterizar a transformação de formas e instrumentos de produção por uma inteligência progressista e, portanto, interessada na liberação dos meios de produção, a serviço da luta de classes. Brecht foi o primeiro a confrontar o intelectual com a exigência fundamental: não abastecer o aparelho de produção, sem o modificar, na medida do possível, num sentido socialista. (1996, p.127, trad. modificada)

É exatamente no cerne do debate sobre o conceito de *Umfunktionierung* que Benjamin retoma os argumentos de Eisler sobre música e política. Aí está um grande motivo para Benjamin flertar com a música, algo raro em sua produção crítica. Mesmo se pensarmos no jovem Benjamin, a aparição da música, que casaria perfeitamente com os desenvolvimentos filosóficos por ele estabelecidos sobre a linguagem, era curiosamente esporádica, para não dizer nenhuma – o momento de relação do pensador com o assunto, salvo engano o único decisivo, está numa breve passagem da *Origem do drama barroco Alemão* (cf. Rochlitz, 2003, p.145). Porém, o andamento da produção de um Eisler, que de alguma forma estava servindo aos propósitos do teatro épico de Brecht, parecia indicar uma reviravolta crítica que contém fundamentos em comum com os desdobramentos intelectuais de Benjamin. Este paralelo é da máxima importância, exatamente porque revela a dimensão complexa da linguagem musical e uma possível resposta adiantada por Eisler ao problema (reconhecendo uma rota política cujo cerne está no teatro e no cinema), na medida em que as proposições críticas de Benjamin sobre arte e linguagem de algum modo acompanhavam de maneira distanciada o desenvolvimento que vai da crise do sistema tonal ao dodecafonismo.

Retornando ao texto de Benjamin, este sugere os elementos da tarefa política diante da crise da *música de concerto* como uma força produtiva obsoleta, se comparada com as novas invenções técnicas, com referência direta aos argumentos de Eisler: "A tarefa consistia, portanto, em mudar a função da forma-concerto, mediante duas condições: primeiro, eliminar a oposição entre intérprete e ouvinte, e segundo, eliminar a oposição entre técnica e conteúdo" (Benjamin, 1996, p.130, trad. modificada). Mas, esta tarefa não se confunde com as propostas da "Nova Objetividade", um dos alvos preferenciais dos ataques de Benjamin no texto, e cujo nome no campo da música está associado a Hindemith, de quem Eisler (assim como Adorno, ainda que nem sempre de maneira convergente) era um crítico implacável. Ou seja, não se tratava apenas de uma comunhão humanista pela música no ato de produção que instigasse o ouvinte a ser participante da música, e não mero espectador – aquele chamado de Hindemith para que o ouvinte sentisse o prazer não só de ouvir música, mas de produzi-la. A este propósito de Hindemith era preciso contrapor outro, que encaminhasse esta implosão da forma-concerto a um patamar político diferenciado, a ser intuído nos desdobramentos históricos da técnica artística como um todo. Ou seja, a primeira condição da tarefa política diante da música (a abolição da separação entre intérprete e ouvinte) não vai sem a segunda, que exige o fim da oposição entre técnica e conteúdo. A crítica da forma-concerto, enfim, não deveria se transforma numa veleidade qualquer, concentrando o esfacelamento da linguagem musical estabelecida numa congregação espiritual difusa.

Esta era uma questão posta pelo trabalho de Eisler, que com isso intentava fugir de um voluntarismo qualquer, dada a aguda consciência do momento histórico que se vivia a partir da I Guerra Mundial e da Revolução de Outubro. Albrecht Betz apresenta de maneira condensada e certeira a questão musical posta por Eisler.

> A importância histórica de Eisler reside no fato de que ele pavimentou o caminho para uma arte social num campo que hoje ainda é considerado, pelo contrário, como um refúgio da política; e isso ele o fez num tempo de transição que se iniciou com a Revolução de Outubro.
>
> A prática – e a teoria – musical de Eisler é ainda uma primeira resposta a Schoenberg: ele se empenhou em abolir a música burguesa, ou mais precisamente, o burguês na música. Isso pode ser visto ultimamente como uma forma de isolamento, num tempo em que a música moderna e o público estavam intensamente crescendo separados um do outro. Apenas na perspectiva de uma sociedade não mais dividida em classes poderia tal abolição ser possível. A linguagem musical de Eisler não atingiu isso indo contra a grande tradição, mas sim completamente através e com os meios dela. Foram precisamente as inovações formais em suas composições que possibilitaram a realização de suas funções sociais. (Betz, 2006, p.1, trad. nossa)

A revelação decisiva da cisão entre técnica e conteúdo está na produção da Segunda Escola de Viena, tendo como figura de proa Arnold Schoenberg, de quem Eisler foi um discípulo concentrado e crítico. O propósito estético (portanto, político) de Eisler estava principalmente no reconhecimento do trabalho de Schoenberg como o ápice e principal revelação crítica da obsolescência da linguagem musical fundada no sistema tonal. É esta fundação da linguagem musical na tonalidade, ao garantir para si problemas tais que se referenciam apenas a seus parâmetros exclusivamente musicais e só aí ganham resolução, que transforma a obra de arte musical num ente autônomo e, com isso, um "refúgio da política". O problema aparecerá, posteriormente, nas justificativas de Adorno a sua *Filosofia da nova música*, com a grandeza instrutiva da crítica imanente como mecanismo de conhecimento histórico.[3] Schoenberg põe em dúvida o caráter cerrado da tonalidade como elemento

3 "O autor não pretende dissimular os impulsos provocativos de seu propósito. Parece realmente cínico que, depois do que ocorreu na Europa e o que ainda ameaça ocorrer, dedique tempo e energia intelectual a decifrar os problemas esotéricos da moderna técnica de composição; além disso, as obstinadas discussões do texto, puramente formais, com frequência referem-se diretamente a uma realidade que não se interessa por elas. Mas talvez esse começo excêntrico lance alguma luz sobre uma situação cujas conhecidas

unívoco de sustentação da produção musical, inquirindo o material musical desde um conhecimento histórico de seus desdobramentos em diversas obras de relevo da tradição ocidental até o postulado de sua emancipação. O efeito é devastador, pois, junto com a tonalidade harmônica, determinações formais também entram em suspeição. Após Schoenberg, enfim, um dos monumentos burgueses da arte que é a linguagem musical tonal, criticado em seu fervor de positividade, está devidamente revelado em seus pormenores históricos — na equação de Adorno, o aspecto estrutural da música sobe para primeiro plano, e seu momento de aparência, cuja exigência é de um mimetismo vulgar, passa a ser criticado em seus próprios termos (cf. Adorno, 1989). Que Schoenberg, com o dodecafonismo, sinta a necessidade de reorganizar parâmetros musicais que se neguem, de qualquer modo, a serem apresentados como imediatamente naturais, faz jus aos limites da crítica apresentada, que são efetivamente históricos. Para o nosso interesse aqui, o trabalho de Schoenberg aponta para a revelação do caráter problemático da música como um todo. Ou, retomando os termos benjaminianos, o problema da cisão entre técnica e conteúdo, pela reificação da linguagem musical em ente absoluto.

Eisler aparece aí em termos diferentes daqueles que vimos anteriormente. Nas críticas ou apresentações do compositor, costuma-se conceber uma produção fraturada entre a qualidade musical e o compromisso político. Os termos benjaminianos, porém, nos dão conta exatamente da superação dessa fratura. Como relembra Carolina Araújo (2009, p.263), o texto de Benjamin não está interessado em ignorar a questão da "qualidade artística", mas sim em não defini-la *a priori*. Ora, na crítica a Eisler, o que vemos é a acusação de um abandono ("deserção") da "qualidade musical" em favor do "maior engajamento político". Era exatamente contra uma definição *a priori* da qualidade musical que Eisler se colocava – quer fosse ela uma concepção de vanguarda ou determinada pelo "realismo socialista". Em Benjamin, Eisler é apresentando exatamente como um exemplo de "mudança de função". O termo função, aliás, é bastante caro a Eisler. Ao invés de se abster de qualquer que fosse a produção musical, ele tomava a necessidade de, atendendo

manifestações somente servem para mascará-la e cujo protesto só adquire voz quando a conivência oficial e púbica assume uma simples atitude de não participação. Trata-se apenas de música. Como poderá estar constituído um mundo em que até os problemas do contraponto são testemunhos de conflitos inconciliáveis? Até que ponto a vida estará atualmente perturbada, se cada estremecimento seu e cada rigidez sua se reflete ainda num plano a que não chega nenhuma necessidade empírica, numa esfera em que, segundo os homens acreditam, há um asilo seguro contra a pressão da norma funesta, e que cumpre sua promessa apenas negando-se ao que os homens esperam dela?" (Adorno, 1989, p.10 et seq.).

a função que a música exercia em uma situação dada, utilizar os recursos técnicos a fim de modificar seus termos. A "música utilitária", termo utilizado por Eisler para definir sua produção, não tinha a ver somente com uma redução da música a um fim imediato, mas a compreensão da necessidade de "mudança de função" como crítica das condições existentes – para usar o termo benjaminiano, um "músico operativo". A contradição na produção de Eisler, se é que ela existe, não é uma deficiência de qualidade musical ou de método, mas um confronto com as próprias condições de produção.

Benjamin aponta ainda a articulação entre música e palavra como um elemento constitutivo da produção de Eisler. Define-se aí a clave política de Eisler. "[...] a tarefa de transformar o concerto não é possível sem a cooperação da palavra. Somente ela, como diz Eisler, pode transformar um concerto num comício político" (Benjamin, 1996, p.130). É a isso que se refere Berio quando critica Eisler por não acreditar no poder cognitivo da música. Diferentemente disso, o que ocorre é que Eisler desconfia de sua função. O papel que cabe à palavra, portanto, diz respeito à necessidade de mudar a função estabelecida para a música – coloca-a, de maneira nova, no mundo da política. Cumprindo a tarefa de desnaturalizar as coisas tal qual elas se apresentam, Eisler não justapõe de maneira linear palavra e música – há um princípio de estranhamento nessa articulação que preside a crítica social, a correlação entre qualidades política e artística da obra.

Parece certo que, para compreender Eisler, as categorias benjaminianas são exatas. Resta agora conferir se e como Eisler é um músico operativo.

– 19 –

# WALTER BENJAMIN E O SURREALISMO[1]

*Daniel Alves Azevedo*[2]
*Rafael Eduardo Franco*[3]

O surrealismo se consolidou eminentemente como um movimento de cunho positivo e libertário, em contraposição ao dadaísmo, cuja (anti) poética marcadamente niilista, almejou apenas negativar radicalmente os paradigmas estéticos tradicionais. Essa alçada afirmativa e libertadora se orientou por meio de uma *visão de mundo* (Willer, 2008, p.281) que visou, entre outros ideais, a construção de uma realidade absoluta, que subverteria os princípios gerais da dialética hegeliana e marxista. Ambas propuseram uma relação desigual entre *espírito* e *matéria* na constituição da realidade: Hegel defendia a supremacia do *Espírito Absoluto* sobre a matéria, enquanto Marx inverte essa lógica, sobrepondo dialeticamente a matéria ao espírito. Para o surrealismo, por sua vez, "reconhecer como função determinante apenas a matéria ou apenas o pensamento é mutilar o real e ter dele apenas uma compreensão parcial" (Durozoi; Lecherbonnier, 1972, p.107). O surrealismo propunha, nesse sentido, uma espécie de síntese originária regida pela coexistência e a complementariedade, por mais paradoxal que pareça, entre a tese e a antítese, entre matéria e espírito, imaginário e real,

1 Agradecemos a Michael Löwy pelos generosos comentários tecidos a este trabalho.
2 Graduado em História pela FCL-Unesp Assis. Bolsista de mestrado – Fapesp.
3 Graduado em Psicologia pela FCL-Unesp Assis. Bolsista de iniciação científica – Fapesp.

sonho e realidade, com o objetivo último de construir uma *realidade-maior*, na qual o homem se emanciparia da servidão do pensamento ao *reino da lógica*, ao racionalismo absoluto e seus conceitos operatórios, dos ditames do progresso e da instrumentalização da vida, assim como o distanciaria da utilidade imediata, da religião, dos valores morais, do bom gosto e da tradição estética (Breton, 1976, p.31). Por meio dessa proposta político-estética-existencial, o homem romperia, pois, com as grades da *gaiola de ferro* (Max Weber) que ainda o aprisionavam à reificação e à alienação, garantindo-lhe, em consequência dessa rebelião, a livre imaginação e a mais plena liberdade ao espírito – *A simples palavra liberdade é tudo o que me exalta ainda* (Breton, 1976, p.26).

Os caminhos escolhidos pelos surrealistas para atingir esse *topos* foram aqueles que, em essência, resgatavam a magia, o mito e o maravilhoso apagados pela conjuntura ideológica da civilização burguesa. O surrealismo valoriza, assim, a contestação do homem diante *daquilo que é*, ao considerarem "[...] a libertação do homem como a condição *sine qua non* da libertação do espírito" (Breton apud Löwy, 2008, p.845). O projeto surrealista não se reduziu, desse modo, a uma mera escola artística, literária, preocupada apenas com as noções estéticas e reduzidas à um programa de arte (poética), tal como fora o impressionismo e as vanguardas históricas. Mais que isso, ele almejou ser uma espécie de filosofia de vida, uma forma de viver e de pensar que, recusando a realidade habitual e os paradigmas que enclausuravam o espírito humano, "se propôs de uma só vez transformar o mundo (Marx) e mudar a vida (Rimbaud), em uma revolta ao mesmo tempo política e poética" (Chénieux-Gendron, 1992, p.12). O surrealismo fora, pois, um *estado de espírito* que visou eminentemente o *re-encantamento* do mundo, isto é:

> [...] restabelecer, no coração da vida humana, os momentos "encantados" apagados pela civilização burguesa: a poesia, a paixão, o amor-louco, a imaginação, a magia, o mito, o maravilhoso, o sonho, a revolta, a utopia. Ou, se assim o quisermos, um proposto contra a racionalidade limitada, o espírito mercantilista, a lógica mesquinha, o realismo rasteiro de nossa sociedade capitalista-industrial, e a aspiração utópica e revolucionária de "mudar de vida". É uma aventura, ao mesmo tempo intelectual e passional, política e mágica, poética e onírica [...]. (Löwy, 2002, p.9)

Esse caráter radical proposto pelo surrealismo, que ultrapassou os limites de um simples movimento artístico e buscou *re-encantar* a vida, não passou despercebido pelo pensamento crítico de Walter Benjamin, desenvolvido, sobretudo, a partir de 1925. Segundo Michael Löwy, *fascinação* é o único termo que expressa a intensidade do espanto de Benjamin, quando descobre, entre 1926 e 1927, a obra *Le Paysan de Paris* (1926) de Louis Aragon, entre outros textos surrealistas. O *espanto* do crítico alemão fora tamanho que podemos perceber ressonâncias do contato com o surrealismo em sua obra *Sens Unique* (1928), considerada por Ernst Bloch um texto típico do *esprit surréaliste*. Benjamin não apenas consagrou três estudos sobre o surrealismo – *Traumkitsch: Glosse zum Sürrealismus* (1925); *Der Surrealismu: die lietze Momentaufanhame de europäischen Intelligenz* (1929); *La position sociale actuelle de l'écrivain français* (1934) –, como também encontrou na obra de Aragon semelhanças diretas com o seu maior projeto intelectual, a *Passagenwerk*, do qual se ocupou durante treze anos. Considerou também o caráter libertário e mágico do surrealismo como sendo a essência revolucionária desse movimento, pois impulsionavam dialeticamente a reconstrução da *experiência* (*Erfahurng*) ritualística do homem antigo com o cosmo, que se encontrava esfacelada com o advento da modernidade e a consolidação do capitalismo.

No interior dessa gama de escritos sobre o surrealismo, o texto *Der Surrealismus: die lietze Momentaufanhame der europäischen Intelligenz* assume posição paradigmática, na medida em que nele é possível apreender os elementos principais da leitura feita por Benjamin sobre o movimento surrealista. Publicado em 1929 na revista *Literarische Welt*, o surrealismo fora problematizado como sendo um fenômeno de transição (Ibarlucía, 1998, p.85; tradução nossa): "é a imagem passageira [Momentaufnahme] da intelectualidade europeia em uma fase crítica de seu desenvolvimento histórico". Nesse ensaio, Benjamin revelou um rico panorama da cultura na Europa após a Primeira Guerra Mundial, assim como a relevância de movimentos como o surrealismo – considerado a quintessência do pensamento intelectual europeu – para, finalmente, *despertá-la* do tedioso processo de decadência promovido pelos efeitos do contínuo desenvolvimento do capitalismo, após um conflito de grandes proporções. Suas reflexões sobre o surrealismo consistiram em "um ensaio poético, filosófico e político de primeiríssima importância" (Löwy, 2002, p.42), que não apenas transita por pontos nevrálgicos do espírito surrealista, mas que também apresenta elementos fundamentais para a compreensão de questões políticas e culturais da Europa no final dos anos 1920, as quais não passaram despercebidas pela práxis do surrealismo. Benjamin nos convida a pensar, entre outras questões, sobre o que poderia:

> [...] nos ensinar o surrealismo acerca dos passos, corretos ou incorretos, que "a assim chamada inteligência burguesa bem pensante de esquerda" deu em busca da transformação da sociedade? Em que medida o surrealismo representa,

exemplar e acabadamente, a experiência vivida pelas correntes intelectuais, desde seu papel tradicional até sua instável aliança com as forças da revolução. Qual é a trajetória que os surrealistas seguiram desde suas origens até sua politização? (Ibarlucía, 1998, p.85-6; tradução nossa)

Envolto pelo espírito de Revolução que atravessava o período entreguerras, no qual prevalecia um debate político-intelectual potencialmente capaz de instaurar os princípios revolucionários do comunismo, tal como propunham as teses do *Manifesto Comunista*, o texto de 1929 demonstra o interesse de Walter Benjamin pelo espírito revolucionário do movimento surrealista, posto que este não apenas encarnaria a quintessência do marxismo expresso no *Manifesto Comunista*, mas também estaria em harmonia direta com a alegoria do despertador descrita pelo filósofo em seu artigo de 1929. Essa representação faz referência ao empenho do surrealismo em acordar o indivíduo para um *olhar político* perante as ruínas provocadas pela modernização, de maneira que cada segundo poderia ser uma porta estreita pela qual poderia adentrar a revolução (Löwy, 2002, p.53):

> No momento, os surrealistas são os únicos que conseguiram compreender as palavras de ordem que o *Manifesto* nos transmite hoje. Cada um deles troca a mera gesticulação pelo quadrante de um despertador, que soa durante sessenta segundos, cada minuto. (Benjamin, 1994, p.35)

Com efeito, para além de um programa poético e artístico, o surrealismo alcançou o estatuto de um movimento, um *"estado de espírito"*, eminentemente político, cujo fundamento e exercício não prescindiam de afiliações partidárias e ideológicas – "O surrealismo, atitude revolucionária do espírito, ultrapassa infinitamente as receitas políticas com vistas à Revolução" (Breton, Aragon, Éluard, Péret e Unik apud Chénieux-Gendron, 1992, p.164). A proposta do surrealismo foi, nesse sentido, politica e revolucionária em si mesma, posto que almejou, entre outros aspectos, o resgate da realização total do homem, por meio de uma confiança humanista que combatia qualquer superioridade sobre a humanidade, visando, com isso, a sua reconciliação com a natureza, a sua exaltação enquanto ser e a contestação de sua submissão ao sagrado, ao capitalismo, à racionalidade instrumental e demais forças supressoras de sua liberdade. Segundo essa perspectiva, buscar o caminho da libertação do homem e da reconciliação com a natureza, não seria somente o objetivo último do surrealismo, mas seria também, e por consequência, supor *a reconstrução de uma sociedade*. O princípio revolucionário reivindicado pelos surrealistas, e reconhecido por

Benjamin, se configurou, entre outros sentidos, como resposta ao intenso desenvolvimento do capitalismo na Europa, o que o colocaria em consonância às exigências da intelectualidade de orientação marxista que combatia a conservadora sociedade europeia da época, pois, afinal, "quem não gostaria de que esses filhos adotivos da Revolução rompessem radicalmente com tudo o que se passa nesses conventículos de damas caridosas, de majores reformados, de especuladores emigrados?" (Benjamin, 1994, p.24).

Nas reflexões desenvolvidas em 1929, é evidente, entre outros aspectos, a crítica às condições materiais da Europa, ao empobrecimento de sua paisagem e à miséria dos indivíduos condicionados pelas desigualdades presentes nas relações sociais. A imagem de Paris foi emblemática para Benjamin empreender uma reflexão dialética sobre as contradições do sistema social, desvendando por meio dela os antagonismos e incoerências sociais que a capital francesa encarnava enquanto metrópole moderna, ícone do progresso e do desenvolvimento do capitalismo industrial. Paris fora observada a partir de uma ótica caleidoscópica, de maneira que primeiro plano de suas imagens perdia o protagonismo, em favor de uma profundidade composta de constelações orquestradas por elementos que persistiam ocultos no "rosto" da cidade. Os surrealistas também possuíam, por sua vez, a faculdade de revelar imagens ocultas na paisagem parisiense, os contrates e desigualdades sociais, pois a sua práxis desconcertava o mundo exterior, desalojando as imagens do lugar comum que habitualmente ocupavam (Cassou, 1962). A percepção desses elementos "submersos" na fisionomia da *capital do século XIX* foi considerada por Benjamin como sendo uma ação politica: "[...] somente a revolta desvenda inteiramente o seu rosto surrealista (ruas desertas, em que a decisão é ditada por apitos e tiros). E nenhum rosto é tão surrealista quanto o rosto verdadeiro de uma cidade" (Benjamin, 1994, p.26).

Certas obras literárias surrealistas, tal como *Le Paysan de Paris* (1926) de Aragon e *Nadja* (1928) de Breton, expressariam, nesse sentido, uma *experiência revolucionária*, na medida em que desvelariam conteúdos não revelados pelo primeiro plano da imagem da metrópole. Com efeito, em ambos os escritos, Paris é apresentada sob ângulos distintos, não a partir de uma percepção que captura os signos e significações explicitas no planejamento urbano do progresso, organizado para controlar a massa, e sim por meio do que é efêmero, daquilo que escapa ao cotidiano submetido à uma racionalidade voltada-para-os-fins. Em tais obras, o *eu surrealista* permanece – segundo Peter Bürguer (apud Antunes, 2001, p.198), amparado em Benjamin – estranho à cidade, aos espaços cotidianos submetidos aos princípios capitalistas normalizadores da vida. Ele se sente atraído, em verdade, pelos fenômenos periféricos, pelos cenários que estremecem a organização burguesa, mostrando as fendas existentes em seu edifício. Diante do "rosto" de Paris, o *eu surrealista* se comportaria como uma espécie de *flanêur* que, além de se desviar do mundo burguês e da racionalidade instrumental, também se implica com um *momento metódico*. Este não apenas seria determinado pela contemplação estética da metrópole, mas também regido pela procura do *maravilhoso cotidiano* (*merveilleux quotidien*), capaz de transformar a percepção da realidade e de revelar a atrofia da vida moderna, submetida à padronização e mecanização do trabalho.

Para o crítico alemão, os escritos de André Breton e Louis Aragon seriam, assim, fundamentais para revelar os problemas do capitalismo na sociedade europeia do período, já que uma dupla tarefa, ainda não conclusa, se colocara para o que ele chamou de *inteligência revolucionária*: a de "derrubar a hegemonia intelectual da burguesia e estabelecer um contato com as massas proletárias" (Benjamin, 1994, p.34). Para tanto, haveria a necessidade do engajamento político por parte dos intelectuais na Europa, sendo que nesse ponto residiria a relevância das obras escritas por tais autores, assim como da práxis proposta pelo surrealismo de um modo geral. Em consonância a essa perspectiva, a obra de Pierre Naville, *La révolution et les intellectuels* (1929), citada por Benjamin no ensaio de 1929, também seria exemplo de engajamento para a formação de uma *cultura revolucionária* no interior do debate político da época, na medida em que visou "conciliar as ambições surrealistas com as exigências revolucionárias do marxismo" (Löwy, 2008, p.59), debate que passou inclusive pelas posições políticas de Léon Trotski, citado pelo crítico. O movimento liderado por André Breton foi, assim, o primeiro a captar e compreender tais *energias revolucionárias:*

> [...] que transparecem no "antiquado", nas primeiras construções de ferro, nas primeiras fábricas, nas primeiras fotografias, nos objetos que começam a extinguir-se, nos pianos de cauda, nas roupas de mais de cinco anos, nos locais mundanos, quando a moda começa a abandoná-los. (Benjamin, 1994, p.25)

É evidente a consonância existente entre as críticas ao capitalismo desenvolvidas por Benjamin e pelo movimento surrealista. Há nelas a consciência e a percepção da lógica irredutível desse sistema econômico, determinada pela alienação das relações de trabalho, pelo fetiche à novidade que não reside nos objetos velhos, assim como pela obsolescência programada contida nos mecanismos de consumo. Essa configuração histórica suprime o poder de *encantamento* dos indivíduos perante o mundo, já que, além de limitarem a sua capacidade criativa, também os esvaem de *experiências comunicáveis*, instaurando sobre a humanidade uma nova forma de miséria, por meio da qual o homem deixara de ser um individuo histórico, capaz de significar e transmitir suas experiências de geração em geração, e se tornara *desorientado* (*Ratlosigkeit*), submetido apenas a *vivências momentâneas* (*Erlebinis*) e individualizas. A tomada de consciência sobre esse processo de degradação social, compreendido por Benjamin e pela sensibilidade do surrealismo, seria o gérmen para a edificação do processo revolucionário:

> Onde quer que reine a civilização ocidental, todos os vínculos humanos cessaram, com exceção dos que tinham como razão de ser o lucro, o "duro pagamento à vista". Há mais de um século que a dignidade humana vem sendo rebaixada à categoria de valor de troca [...] Nós não aceitamos as leis da Economia e do Câmbio, não aceitamos a escravidão do Trabalho. (Revista *La Révolution Surréaliste* apud Löwy, 2008, p.840)

Dessa forma, é possível identificar historicamente que a consciência tanto do crítico alemão, quanto do movimento francês, continham uma suspeita em relação aos caminhos políticos que a Europa tomou no desenrolar histórico após a Primeira Guerra Mundial. Transformando tal desconfiança em reflexão, Benjamin construiu passagens emblemáticas no ensaio de 1929, as quais, ainda que de forma enigmática, denunciaram os rumos políticos e culturais que direcionavam a sociedade europeia nesse contexto. Suas preocupações pareciam antever os "[...] monstruosos desastres que a civilização industrial/ burguesa podia gerar" (Löwy, 2008, p.51), tal como a instauração de um segundo conflito bélico de grande proporção, responsável pelo genocídio de milhares de indivíduos, pela produção do gás *Zyklon B* pela *IG Farben*, assim como pelos ataques-relâmpagos – *Blitzkrieg*, promovidos pela força aérea alemã (*Luftwaffe*). Segundo Michael Löwy (2008, p.51), "este ensaio de 1929 ocupa um lugar à parte na literatura crítica ou revolucionária do entre guerras". Assim, a posição política que Walter Benjamin assumira em tal trabalho determinou, em harmonia com o espírito do surrealismo, uma crítica paradigmática à Europa dos anos 1920, seja por meio da análise político-cultural dessa conjuntura, seja pela crítica às relações sociais que orientavam a dinâmica da cultura europeia, seus caminhos políticos e a sua dimensão econômica. No interior dessa perspectiva, Benjamim considerou a maneira como os surrealistas exploravam tal configuração social como sendo uma espécie de *iluminação profana*,[4] conceito que, em síntese, resumiria a experiência surrealista:

4 Na obra de Wolin (1982 apud Löwy, 2002) há uma clara definição para o conceito de *iluminação profana*.

> [...] a iluminação profana captura os poderes da embriaguez espiritual a fim de produzir uma "revelação", uma visão ou intuição, que transcende o estado prosaico da realidade empírica; mas ela produz esta visão... sem recurso a dogmas sobre o além. (Wolin, 1982 apud Löwy, 2002, p.17)

Com efeito, a percepção das imagens acessadas pelos surrealistas, seja nas obras literárias mencionadas, seja no campo geral de suas produções, fora resultado desse processo *profano*. Uma vez que as imagens de cunho onírico da sociedade de Paris construídas pelo surrealismo se arquitetaram como expressões de uma configuração social não revelada em primeiro plano, Walter Benjamin buscou, com isso, se apropriar de tal recurso para edificar uma proposta política de transformação. Com isso, reivindicou o controle dessas imagens, por meio do estado de embriaguez *(Rausch)*, isto é, de uma espécie de transe, frenesi, de uma exaltação psíquica consciente que desencadearia uma profusão de imagens, próximas a um delírio revelador dos elementos ocultos socialmente:

> É certamente um grande erro imaginar que das "experiências surrealistas" conhecemos apenas os êxtases religiosos ou os êxtases das drogas. [...] A superação verdadeira e criativa da iluminação religiosa não se alcança de modo algum pelas drogas. Ela se dá por meio de uma *iluminação profana*, uma inspiração materialista, antropológica, para a qual o haxixe, o ópio ou o que mais fosse serviriam de propedêutica. (Tiedemann, 2007, p.18).

Esse estado de *embriaguez (Rausch)* seria acessado de diversas formas, consistindo, todas elas, na alteração da percepção do indivíduo em relação ao mundo. Os surrealistas se utilizaram desse *estado* para comunicar as imagens ocultas na subjetividade do ser e nas entranhas do cosmo, buscando um *re-encantamento* criativo e imaginativo do mundo e do homem. Com razão, se nos debruçarmos sobre as produções feitas pelo movimento surrealista, observaremos a expressão de uma revolta totalizante – de sentido moral, ético, social e cultural – que visou *reinstaurar* na humanidade e a civilização burguesa os princípios do *maravilhoso*, da mais plena liberdade de espírito, de uma *verdade outra* que não a regida pela instrumentalização da razão e pelo saber cientifico. O Surrealismo, orientado por uma espécie de *loucura de vida*, buscou, assim, *reconstruir* um farol para a modernidade, tomando como matéria-prima os aspectos mais irracionais e marginalizados pela civilização moderna (Chenieux-Gendron, 1992). Benjamin não deixou de reconhecer a relevância politica de tal empreendimento *prometeico* e *totalizante* (Chenieux-Gendron, 1992), buscando utilizá-la, por meio do controle do êxtase, para atingir, ao seu modo, o esclarecimento acerca de elementos das construções histórico-politicas, não compreendidos ou não revelados no primeiro plano de suas imagens. Eis, portanto, a importância da atividade surrealista para o crítico alemão:

> Benjamin tem claramente em vista o efeito de embriaguez, de transe, induzido pelos "romances" surrealistas... nos quais as ruas de Paris... se transformam em um país de maravilhas fantasmagóricas... onde a monotonia das convenções é dilacerada pelos poderes do *acaso objetivo*. (Wolin, 1992 apud Löwy, 2002, p.17)

Apesar da convergência existente entre o pensamento de Walter Benjamin e a práxis exercida pelo surrealismo, é necessário ressaltar, por fim, os limites do fascínio de Benjamin por esse movimento. Pode-se considerar que a crítica positiva do filósofo ao grupo francês ocorrera necessariamente até publicação de "Der Surrealismus: die lietze Momentaufanhame der europäischen Intelligenz", em 1929 na *Literarische Welt*. Posteriormente, numerosas foram as críticas negativas às propostas de André Breton, Louis Aragon e ao surrealismo de um modo geral. Com efeito, apesar do reconhecimento e da apropriação, em certa medida, de certos elementos revolucionários presentes na proposta do movimento surrealista, *o observador alemão* buscou distinguir o seu projeto de tal empreendimento, ainda que não tenha recusado, como mencionou Löwy, a *herança filosófica* do movimento francês. No curso das ideias de Walter Benjamin, haveria uma mudança de posição acerca da reflexão sobre o surrealismo, sobretudo no que diz respeito ao domínio surrealista no campo do *sonho* e da *mitologia*, devido à insistência de Aragon em explorar tais territórios sem empregar o crivo da razão e a necessidade política evocada por Benjamin para o *despertar*:

> Benjamin reprovava em Aragon o fato de este "perseverar no domínio do sonho" e na mitologia (H°, 17); ou seja: a mitologia de Aragon permaneceria *tão somente* mitologia, sem ser reimpregnada pela razão. A imagética surrealista nivelaria as diferenças que distinguem o agora do ontem; em vez de introduzir o passado no presente, coloca novamente as coisas à distância, permanecendo próxima da "visão à distância do domínio histórico, própria do romantismo" (C°, 5). (Tiedemann, 2007, p.19)

Walter Benjamin compreendeu a relevância da experiência onírica para o entendimento da modernidade, experiência esta que possibilitaria interpretar historicamente os problemas inerentes ao desenvolvimento do capitalismo e o seu impacto na Europa. O sonho, portanto, fora a alegoria exemplar de uma época que possibilitou ao crítico refletir sobre a importância do movimento francês para sociedade europeia: "o século XIX é o sonho do qual se deve despertar: um pesadelo que pesará sobre o presente enquanto permanecer intacto o seu fascínio" (Tiedemann, 2007, p.19). A compreensão do sonho fora um dos temas, portanto, que orientou o debate entre o crítico alemão e tais "artistas", motivando aquele na construção de um de seus maiores projetos intelectuais e políticos, expresso nas *Passages Parisiens* (*Passagen-Werk*), obra inconclusa destinada à interpretação de certos problemas da modernidade.

# IV

# MELANCOLIA, BRINQUEDO, FREUD E LEITURAS

–20–

# CRÍTICA MELANCÓLICA – BENJAMIN E ADORNO[1]

*Toni Tholen*[2]

## INTRODUÇÃO

"A morte, se quisermos chamar assim essa irrealidade, é o que há de mais terrível e sustentar a obra da morte é o que exige a maior força. A beleza impotente odeia o entendimento, porque ele exige dela aquilo de que ela não é capaz. Ora, a vida do espírito não é a vida que se apavora diante da morte, e se preserva da destruição, mas a que suporta a morte e nela se conserva" (Hegel, 1986a, p.36). Estas palavras célebres de Hegel constituem o princípio e a o desafio para todas as filosofias e estéticas da posterioridade, mas sobretudo para aquelas no século XX, que acolhem em si e desenvolvem a negatividade como pensamento central e força motriz. Isto vale tanto para algumas teorias da pós-modernidade, tais como as de Maurice Blanchot e Jacques Derrida, como também para o pensamento de Walter Benjamin e Theodor W. Adorno relacionado com as artes.

Tanto Benjamin quanto Adorno filosofam desde o início sob o signo da negatividade, perda e morte. O espírito de suas obras nutre-se no movimento dialético de vida e morte, na medida em que esta pressupõe uma vida, que

1 Tradução de Marlene Holzhausen.

2 Docente da Universidade de Hildesheim, Alemanha.

não só sofre, mas também disputa a morte e, inversamente, constela a morte de tal maneira que nela não se extingue a aparência de uma vida salva. A vida específica do espírito na obra de Benjamin e Adorno, segundo a tese dessas exposições, reconhece-se em um estado de espírito predominante e em um procedimento direcionado. O estado de espírito predominante é a melancolia e o procedimento, a crítica. Que a melancolia como estado de espírito filosófico predominante e o procedimento crítico da própria interpretação estética e histórico-filosófica sejam apenas duas faces de uma medalha, em outras palavras: que a melancolia, por assim dizer, a alma e a crítica dos corpos do espírito estejam na obra destes dois companheiros de viagem intelectuais, não passou desapercebido na pesquisa. Em relação a Benjamin, Max Pensky mostra claramente o entrelaçamento íntimo entre melancolia e reflexão crítica: "A melancolia, de acordo com essa antiga suposição, é uma fonte de reflexão crítica que, na sua dialética antiga, autoriza o sujeito com um modo de visão sobre a estrutura do real, ao mesmo tempo que condena o assunto para abatimento, miséria e desespero"[3] (Pensky, 2001, p.19). Adorno interiorizou muito cedo o projeto da crítica melancólica inaugurado por Benjamin, tornando-o propriamente – quando não no centro gravitacional – num de seus próprios trabalhos estéticos e filosóficos. São prova disso o trabalho intensivo com a obra *Ursprung des deutschen Trauerspiels* [Origem do drama barroco] em seus primeiros escritos assim como as observações a respeito do significado filosófico permanente da obra de Benjamin na palestra *Zur Lehre von der Geschichte und von der Freiheit* [Para a doutrina da história e da liberdade], poucos anos antes de sua morte. Resumidamente consta ali:

> Talvez de modo geral se pudesse dizer que a transição da filosofia para a crítica significa tanto quanto uma secularização da melancolia. A melancolia que se tornou ativa, [...] abandonada criticamente perante os fenômenos: este é certamente o comportamento crítico-filosófico. (Adorno, 2006, p.188)

Com base em alguns conceitos importantes e etapas de reflexão, eu pretendo traçar a seguir o projeto espiritual e intelectual da crítica melancólica, que era igualmente caro para Benjamin e para Adorno, sem preterir com isso as diferenças das vias do pensamento de ambos teóricos, que desde 1923 se conheciam e cujas trocas imensamente produtivas, embora também ofensivas se estenderam ininterruptamente até o suicídio de Benjamin em 1940. Para

3 No original: *"Melancholy, according to this old supposition, is a source of critical reflection that, in its ancient dialectic, empowers the subject with a mode of insight into the structure of the real at the same time as it consigns the subject to mournfulness, misery, and despair".*

o ponto de partida de partida comum é central a obra sobre o drama barroco de Benjamin e sua recepção por Adorno. Do ponto de vista da eficácia do conceito de crítica melancólica como expressão de uma postura fundamental para o mundo em face do desenvolvimento da racionalidade e política do século XX progressivo, que no fascismo e em Ausschwitz conduziu a uma ruptura da sociedade moderna de dimensão imprevista, é pois esclarecedor observar como Adorno, após a morte trágica de Benjamin em fuga para a Espanha, continuou a praticar o conceito como fermento de seu pensamento.

## HISTÓRIA NATURAL

O efeito da obra sobre o drama barroco de Walter Benjamin desenvolve-se com força total em Adorno por volta de 1931-1932. Especialmente em uma conferência intitulada "Die Idee der Naturgeschichte" [A ideia da história natural], que Adorno proferiu no grupo local de Frankfurt da Sociedade Kant, mas também em um seminário sobre a obra de Banjamin, apresentado no mesmo ano, do qual se conservaram protocolos. "Na conferência, que delinea os contornos de uma nova filosofia da história derivada da ontologia de Heidegger, é formulada a tarefa de uma transformação, em sentido inverso, da história concreta em natureza dialética" (Adorno, 2003, p.355). Para tanto, Adorno alia-se antes de tudo a Georg Lukács, que na Teoria do Romance interpreta o mundo como estranho, concreto-morto. Para isso serve-se do conceito da "segunda natureza" como aquela, na qual as imagens formadas pelos homens encontram-se imóveis e estranhas diante dos olhos do observador: "Esta natureza [...] é um complexo de sentido petrificado, que se tornou estranho, inapto a despertar a interioridade; ela é um ossuário de interioridades mortas" (Lukács, 1989, p.55). Se em Lukács o conceito de história natural – como paralelamente Benjamin um pouco mais tarde o desenvolverá na obra do drama barroco – já se tornou visível, na medida em que a história enquanto petrificada se transforma em natureza, mas inversamente o vivo petrificado da natureza tornou-se histórico, então em Benjamin natureza e história coincidem no signo da "desaparição" [*Vergängnis*]. Para Adorno, o passo decisivo de Benjamin para além de Lukács se dá pelo fato de que ele não mantém a imagem do ossuário travada à natureza e história como "algo puramente enigmático", mas torna-a "símbolo", "que deve ser lido" (Adorno, 2003, p.360).[4] E aqui

4 Sobre o conceito de história natural relacionado ao pensamento de Benjamin, cf. também Wolfgang Bock (2000, especialmente p.92-100).

encontra-se o ponto de inserção para a alegoria barroca redescoberta por Benjamin. Nela reside, como consta na obra sobre o drama barroco, "a *facies hippocratica* da história como protopaisagem petrificada aos olhos do observador. A história em tudo o que nela, desde o início, é prematuro, sofrido e malogrado, se expressa em um rosto – não, numa caveira" (GS I-1, 1991, p.343). Em uma recepção claramente reconhecível da imagem do ossuário de Lukács, aqui, no entanto, acrescenta-se o observador. O cerne da observação, segundo Benjamin, reside na "exposição barroca, mundana, da história como história mundial do sofrimento; ela só é significativa nos episódios do declínio. Quanto maior a significação, tanto maior a sujeição à morte, porque é, a morte que grava mais profundamente a tortuosa linha de demarcação entre a physis e a significação" (GS I-1, 1991, p.343). Ao invés de uma lógica, Adorno reconhece nas exposições de Benjamin uma constelação: como seja, aquela das ideias de transitoriedade, natureza, história e significado. Natureza enquanto criação é transitória; deste modo ela tem em si o momento do histórico. O próprio histórico, na medida em que passa, recusa a natureza. A sujeição à morte da natureza e da história porém só adquire significado (para o observador alegórico), quando a história concreta é nela inscrita como "história mundial do sofrimento". Aquilo que se focaliza na figura de pensamento do "ossuário" ou seja da "protopaisagem petrificada", é uma espacialização do tempo e, com isso, a modelagem de uma moldura alegórica, que só se torna significativa e só então se abre para a interpretação do observador alegórico, quando a estrutura ontológica da sujeição à morte se aglutina com a história de sofrimento de cada ser único de criação, mas também na relação geral da história do mundo. Este recurso de pensar o mundo como um todo dialético – seja como for, partido – , sem sacrificar com isso, de um lado, o ser histórico individual para o recurso filosófico-histórico objetivado e, de outro lado, sem dissimular propriamente o momento subjetivo no pensamento e, deste modo, a historicidade da interpretação alegórica, apresenta-se para Adorno simultaneamente como tarefa e problema. E como tal torna-se pano de fundo permanente e presente no modo de pensar de Benjamin e de Adorno. Pensar o todo dialético a partir da morte mostra-se como moldura dos pontos comuns e das diferenças dos esforços estético- filosóficos de Benjamin e Adorno. Pensar a partir da morte significa manter em relação a um pensamento crítico, que é pretendido, a vida no padecimento, a tolerância da morte, mas também proteger o espírito diante da paralisação. Com isso, surge a questão de saber até que ponto a crítica melancólica pode assumir aquilo que é objeto de seu pensamento: o mundo como "ossuário", sem ultrapassar a "linha demarcatória viogorosa" irreversível para a mortificação do próprio espírito criatural.

A essa pergunta Benjamin e Adorno respondem de modo diverso.

## O OLHAR MELANCÓLICO

Voltemos nosso olhar, em primeiro lugar, sobre Benjamin e sua obra do drama barroco. No capítulo "Perda alegórica da alma" consta:

> Se o objeto se torna alegórico sob o olhar da melancolia, ela o priva de sua vida, a coisa jaz como se estivesse morta, mas segura por toda a eternidade, entregue incondicionalmente ao alegorista, exposta a seu bel-prazer. Vale dizer, o objeto é incapaz, a partir desse momento, de ter uma significação, de irradiar um sentido; ele só dispõe de uma significação, a que lhe é atribuída pelo alegorista. Ele a coloca dentro de si, e se apropria dela, não num sentido psicológico, mas ontológico. (GS I-1, 1991, p.359)

A fidelidade do melancólico em relação às coisas, constatada em outro trecho por Benjamin, sobre as quais ele lança o seu olhar perseverante, revela aqui o seu momento (ontológico) impessoal. A necessidade de olhar a morte nos olhos, postulada desde o início, para tornar-se consciente do mundo em sua decadência, pressupõe um processo duplo da perda da alma: a perda da alma do objeto de contemplação alegórica e a perda da alma do próprio observador. Primeiro se expressa na atividade de crítica como seja de "decomposição crítica" [*kritischer Zersetzung*]: "Crítica é mortificação das obras [...] por consequência, não – romanticamente – um despertar da consciência nas que estão vivas, mas uma instalação no saber nas que estão mortas" (GS I-1, 1991, p.357). O passo decisivo, que torna mortos os objetos sob o olhar do melancólico, é seu desejo para o saber e vinculado a isso o desejo de dispor deles na eternidade. Segundo Benjamin reside aí a infidelidade, sim diretamente o momento satânico da crítica alegórica, que de acordo com isso se expressa na frieza tradicionalmente atribuída à melancolia. O "estirar" [*Hinunterlangen*] do melancólico na profundeza insondável (ato da imersão) é simultaneamente uma descida ao "âmbito satânico", no qual coincidem espiritualidade absoluta e matéria inanimada, "o material por excelência" (GS I-1, 1991, p.404).[5]

Aqui fica claro a que Adorno se refere quando atesta que Benjamin põe diante dos olhos a história em sua sujeição à morte [*Todverfallenheit*] muito próxima ao pensamento. Poder-se-ia dizer: tão próximo dos olhos do observador melancólico, que este juntamente com as coisas mortas do mundo criatural adentra em uma indiferença da perda da alma. Esta profundeza mais profunda, o inferno do espírito absoluto em sua forma subjetivo-abstrata, diante da qual

5 Conferir a esse respeito, também, a reconstrução em Menke (2011, p.220 et seq.).

Hegel já estava atento (cf. Hegel, 1986b, p.260-86, § 139 et seq.),[6] não pode ser novamente abandonada sem a confiança, ou melhor: a esperança sobre uma virada dialética no polo da mais extrema negatividade. Benjamin abre este caminho da salvação, na medida em que atribui à melancolia não só a infidelidade nas coisas em nome do saber, mas também a força de salvá-la no estado de contemplação persistente. Segundo Benjamin porém a salvação não é uma consequência necessária de um desempenho subjetivo, quer dizer, da ação do alegórico interpretativo, mas é parte do desenvolvimento dialético da alegoria em si, na medida em que ela significa algo diferente do que é. Quando neste ponto mais profundo da subjetividade, em seu vazio mais solitário e frio, ela acorda no mundo divino", então este invólucro só é compreensível quando se parte do ponto de vista de que a alegoria barroca como representação do "ossuário" de todo ser se eleva ao mesmo tempo para uma representação "propriamente significativa" (GS I-1, 1991, p.405). O objeto interpretado aponta para além da forma, que o abarca e simultaneamente limita, no ponto mais extremo de seu comprometimento em seu oposto e, com isso, para além da forma alegórica, da obra de arte. E exatamente neste ponto mostra-se o limite do conhecimento absoluto. Ele marca a passagem para outra ordem – uma ordem da cura? As passagens finais da obra sobre o drama barroco deixam reconhecer claramente a moldura teológica do invólucro. Mas na pressuposição de um comando externo transcendental do percurso dialético da história, Benjamin é, em última instância, um pensador teológico como Kierkegaard mais próximo do que Adorno, mesmo que este último por vezes chame a atenção para os motivos teológicos de seu próprio pensamento.[7] Ainda se deveria perguntar o que o despertar significa para o alegórico aliás para o crítico. Seria a revogação da crítica melancólica?

## CRÍTICA COMO REMEMORAÇÃO E ENSAÍSMO

Adorno assumiu o ponto de vista sobre o mundo como "ruína", estatuído por Benjamin na obra sobre o drama barroco. Para o seu projeto crítico, o

6 A ironia é para Hegel uma forma subjetivo-abstrata do caráter absoluto, que do ponto de vista moral é o mal.

7 Van Reijen parte do princípio de que com a crítica a Kierkegaard, Adorno se referia a Benjamin em seu livro sobre Kierkegaard. Ele estende sua argumentação a partir da censura à "interioridade sem objeto". Esta fórmula criticamente considerada, permitiu ser transferida para a subjetividade absolutamente esvaziada do alegórico barroco, que só pode ser redimido a partir do exterior. Conferir, a esse respeito, Van Reijen (1992, p.22 et seq.). Conferir também uma lista das declarações de Adorno sobre o aspecto teológico do seu pensamento, considerado por ele como necessário, em Van Reijen (2006, p.103 et seq.).

pensamento da salvação também tem um significado decisivo. No entanto, as diferenças de ambos pensadores, que visivelmente também são discutidas na sua troca de correspondência, fundamentam-se no fato de que Benjamin concebe a crítica de um modo particularmente dessubjetivado. Para Max Pensky, aquilo que chama a atenção nos primeiros trabalhos de Benjamin, "a despersonalização da atividade de crítica"[8] (Pensky, 2001, p.58), coincide com a declaração de Adorno em suas *Erinnerungen* [Recordações], segundo a qual, desde o primeiro encontro com Benjamin imprimiu-se-lhe de modo inesquecível seu "tom particularmente objetivado"; ao mesmo tempo "o desaparecimento do sujeito falante nos objetos trazidos à fala por ele" (apud Kreuzer, 2011, p.373). Dessas primeiras impressões, do modo da articulação de pensamentos e seu registro pelo interlocutor se deixam deduzir no cerne as diferenças posteriores, nas quais até o momento só tratavam de nuances. A propósito: talvez as diferenças dos trabalhos críticos de Benjamin e Adorno não são na verdade mais do que nuances, mas certamente tais que caracterizam de modo aprimorado as peculiaridades de ambos pensadores em convergência ao mesmo tempo altamente teórica. O próprio Adorno, que enquanto o mais jovem estava por ora na posição receptiva, na troca de correspondência com Benjamin sobre seus trabalhos dos anos 1930 tornou contudo a nuance como pretexto para contestação acalorada. Sem entrar nos pontos de discordância específicos e o comportamento de Adorno, até então ofensivo, quero mostrar até que ponto em seu pensamento mais do que no de Benjamin deve ser ouvida a voz do falante, pensante, também do sujeito interpretante, em outras palavras: o sujeito portanto desaparece menos nos objetos evocados.

Para desenvolver isto, é útil, esclarecer qual a posição que assume o crítico melancólico para o mundo do ponto de vista da redenção, quer dizer, em que ponto ele se situa nessa relação. A esse respeito Willem van Reijen constata a diferença fundamental entre Benjamin e Adorno. Nesse sentido, ele aguça a diferença no fato de que para Benjamin uma redenção poderia ser pensada *a partir da* história com referência a momentos transcendentais – por exemplo, à figura de pensamento da "revelação profana"; Adorno, por sua vez, com sua reivindicação da elaboração dialética privilegia uma redenção *na* história, ao menos como perspectiva utópica (Van Reijen, 1992, p.28). Pode-se deduzir disso que Adorno, por se aferrar ao conceito dialético da negatividade, manteve ao mesmo tempo abertas as possibilidades de subjetividade para se impor diante do processo histórico – como sempre impotente.

8 No original: *"the depersonalization of the activity of criticism"*.

Para terminar, eu desejo debater em seguida em duas figuras de pensamento e de estilo o aferrar-se de Adorno em uma forma ativa de subjetividade melancólica, que, de um lado, prossegue de modo inalterado a crítica ao curso da história e do espírito humano e, de outro, mantém presa à própria experiência e ao potencial de reflexão de subjetividade no próprio ato do pensar e escrever.

A primeira figura de pensamento é aquela da rememoração [*Eingedenken*]. Em relação à configuração intelectual da crítica melancólica ela é essencial. Já Benjamin seve-se dela para seu instrumentário conceitual da teoria do conhecimento na *Passagen-Werk* [Obra das passagens], quando acentua que "a história não é só uma ciência, porém, sobretudo, uma forma da rememoração" (GS V, p.589). Enquanto ele situa a rememoração em seguida realmente abstrata como experiência entre uma concepção imediata de história, nem ateológica nem teológica, em Adorno torna-se uma categoria concreta, tangível.

Isto reside, sobretudo, no fato de que Adorno a coloca em uma relação diversa da de Benjamin. Enquanto categoria de ação subjetivo-vivencial, ela tem o seu lugar específico em uma história ocidental da subjetividade. E este lugar adorno lhe reserva no excurso "Odysseus oder Mythos und Aufklärung" [Ulisses ou mito e Esclarecimento] na *Dialektik der Aufklärung* [Dialética do Esclarecimento], concebida juntamente com Max Horkheimer. O capítulo de Ulisses reporta-se principalmente a Adorno. Nele, as odisseias do herói homérico Ulisses são interpretadas como "história primordial" da subjetividade burguesa. Central é a tese de Adorno, de que a autoafirmação do sujeito contra a natureza ameaçadora e povoada por seus deuses poderosíssimos é resgatada por meio de uma introversão da vítima. Ulisses livra-se do encanto mítico por meio do estratagema de seu intelecto ao preço de que ele violenta a si mesmo e aos outros. O enorme disciplinamento em sinal de racionalidade autoconservada implica o abandono do prazer e felicidade sensíveis. A violência imensurável e vingativa, da qual Ulisses se inebria no seu caminho para casa, mostra-se como o lado oposto de seu domínio progressivo sobre os poderes míticos, produzidos pelo estratagema racional. E com isso o princípio de autoconservação racional, aliás o domínio do sujeito sobre a natureza, mostra-se como profundamente enredado com a violência do pré-mundo, do qual o indivíduo na verdade busca fugir. Na narrativa de Adorno "Urgeschichte der Subjektivität" [Pré-história da subjetividade], no material épico concreto dá-se preferência àquilo que é aplicado à fórmula dialética no primeiro capítulo programático da *Dialektik der Aufklärung*: "a sujeição à natureza [*Naturverfallenheit*] consiste na sua dominação, sem a qual o espírito não existe" (Horkheimer; Adorno, 1988, p.46). No conceito de sujeição à natureza [*Naturverfallenheit*] reformula-se para Adorno a premissa fundamental constitutiva da sujeição à morte [*Todverfallenheit*] de todas as coisas, que ele adota como base de sua ideia de história natural. Ela nutre a melancolia, que também está averbada à *Dialektik der Aufklärung*. Na medida em que está averbada para a autoaveriguação melancólica para além da história do espírito humano, mas também da força da prospeção e do reconhecimento, ela tem a possibilidade de resignar-se por si mesma quanto ao domínio – diferentemente do alegórico barroco em Benjamin. A autorrestrição ocorre na forma de uma "rememoração da natureza no sujeito" (Horkheimer; Adorno, 1988, p.47).[9] No capítulo "Ulisses" a figura da rememoração varia como elemento de um contexto narrativo, que tem relação com o modelo épico de Homero. Ela atua como momento de suspensão ao narrar atos terríveis de violência, os quais o próprio Ulisses percebe como narrador de sua história. Adorno desloca a figura da rememoração deliberadamente em um contexto narrativo, cujo material é a épica antiga. Com isso, ela torna-se parte da narrativa e categoria da própria experiência de subjetividade. Sua função é a interrupção, a cesura e, com isso, o distanciamento da ação de violência: "A interrupção da fala é porém a cesura, a transformação dos fatos relatados em acontecimentos de um passado remoto, que faz cintilar a aparência da liberdade que, desde então, a civilização não mais extinguiu por inteiro" (Horkheimer; Adorno, 1988, p.86). A rememoração como figura de narrativa é inserida como um momento da história da subjetividade ocidental; é imanente a ela e, desse modo, não imposta de fora. Assim, ela é uma atividade genuína da (auto)crítica melancólica. Na narração da epopeia de Homero, a reflexão da sujeição à morte da história natural passa ao modus literário.[10] A pretensão de validade aliás de domínio inerente ao conceito filosófico se ajusta nisso por sua vez.

Eu desejo ainda tratar de uma segunda figura de pensamento e de estilo, que dá continuidade ao pensamento estético de Adorno no sentido de crítica melancólica propriamente despretensiosa: a forma do ensaio. Adorno não só praticou esta forma de escrita, mas também refletiu como modus de pensamento metódico e não metódico em "Der Essay als Form" [O ensaio como forma]. Uma formulação marcante neste texto dos anos 1950 esclarece especialmente que o ensaísmo é uma forma aberta da experiência

9 Cf. a respeito do significado dessa figura de pensamento para a teoria crítica, Schmid-Noerr (1990).

10 Talvez Adorno se reporte aqui à exigência de Benjamin, expressa por carta, "de que a salvação como tendência filosófica exige uma forma escritural [schriftstellerisch]". Conferir, a esse respeito, a Carta de W. Benjamin a T. W. Adorno e Gretel Adorno, de 19/6/1938 (Adorno; Benjamin, 1994, p.337).

[*Erfahrung*], para além do pensamento filosófico de método e sistema. Do ensaísta consta ali: "Na verdade, o pensador sequer pensa, mas se torna palco de experiências espirituais, sem desfiá-la toda" (Adorno, 1989, p.21). Uma experiência espiritual semelhante volta-se explicitamente contra o pensamento metódico de Descartes da "*clara et distincta perceptivo*". O ensaísta persegue uma outro rigor do pensamento do que o racionalista. Ele se abre para a experiência espiritual de sua época. O ensejo para tal experiência é a apreensão de um presente, que dissolve as certezas, na medida em que coincide as diferenciações até agora consideradas como seguras e praticáveis. O ensaísta não fixa o presente, que vivencia como obscuro, mas retorna para a profundeza do passado para procurar trechos de contato nos textos da tradição, que poderiam conduzir a um pensamento futuro, diverso. Adorno mantém-se fiel ao seu início em relação à sua visão de mundo sombria e com a formulação do "palco de experiências espirituais" remonta à obra sobre o drama barroco de Benjamin, na medida em que ali em muitos trechos trata-se do palco, sobre o qual, muitas vezes de forma figurada, a história é vista como natureza e esta como passado alegórico.[11] Ao mesmo tempo, em seu ensaio sobre "O ensaio", Adorno consegue também esclarecer que o espírito pensante e experiente ganha força para sobreviver, não no sistema filosófico, mas na experiência subjetiva, aberta da época e da história e, deste modo, ao menos faz frente pontualmente para a tendência da ruína da história da natureza. A suspensão perceptível como atividade passiva da escrita melancólica abre às vezes até mesmo a perspectiva do estado de uma "felicidade não disciplinada"[12] buscada comumente por Benjamin e Adorno.

11 Para o significado da metáfora-palco, conferir também o protocolo do seminário do drama barroco de 6/6/1932, que Adorno apresentou em Frankfurt no semestre de verão de 1932, em: Adorno (1992, p.61 et seq.).

12 Benjamin cita este conceito em reação ao ensaio de Adorno sobre George e Hofmannsthal, que dedicou-o ao seu amigo. Conferir, a esse respeito, a Carta de W. Benjamin a T. W. Adorno, de 7/5/1940 (Adorno; Benjamin, 1994, p.430).

– 21 –

# A MELANCOLIA EM WALTER BENJAMIN E EM FREUD

*Maria Rita Kehl*[1]

A palavra melancolia, no Ocidente, designa uma estrutura de sensibilidade que caracteriza o sujeito que se vê em posição excêntrica frente à norma de sua época. Da Grécia homérica até o romantismo, passando por Aristóteles (O Problema XXX) e pela crise do renascimento, o melancólico era considerado como um *ser de exceção*, sujeito à alternância entre momentos de inspiração poética e ataques de fúria ou de inapetência para a vida. Segundo Jackie Pigeaud, a reflexão sobre a melancolia tem sido, desde Aristóteles, indissociável da pergunta sobre a criação estética.

Freud rompeu com essa tradição ao utilizar o significante "melancolia" para inaugurar uma nova explicação psicanalítica para a chamada "psicose maníaco-depressiva" (Kraepelin). Mas ao trazer para o campo da psicanálise, sob o nome de melancolia, a explicação dessa forma alternada de depressão e mania, Freud apartou-se da longa tradição de pensamento que articulava o melancólico à cultura e à criação artística.

No intuito de contribuir para o debate contemporâneo sobre as depressões, fui buscar em Walter Benjamin elementos para compreender a relação entre a melancolia dos antigos e a depressão, sintoma social do nosso século XXI. Walter Benjamin, cuja leitura da poesia de Baudelaire marcou

---

1 Psicanalista e escritora, membro da Comissão da Verdade.

definitivamente a recepção contemporânea da obra deste poeta, teria sido o último dos pensadores modernos a tomar a palavra melancolia no sentido pré-freudiano,[2] ao relacionar o desencanto e a falta de vontade do melancólico diretamente ao efeito de um desajuste ou mesmo de uma recusa quanto às condições simbólicas do laço social. O romantismo tardio de Baudelaire – o último dos poetas românticos e o primeiro dos modernos – é interpretado por Benjamin como uma tentativa de superação do desencanto melancólico causado pelo fracasso das revoluções, pelo desalento do indivíduo diante de um tempo brutal cuja superação não se anunciava em nenhum horizonte.

De gênio a degenerado: o *spleen*, forma moderna da acedia, marcou o poeta-símbolo da melancolia moderna, Charles Baudelaire (cf. Benjamin, 1989a). Na grande Paris, "capital do século XIX",[3] a condição melancólica do sujeito moderno é representada pelo poeta *flâneur*, que vagueia em busca de fragmentos do passado (recalcado) na contramão da multidão urbana composta de operários, de mendigos, de velhos, de bêbados, de prostitutas, de todos os desgarrados das formas comunitárias de pertencimento e amparo recentemente dissolvidas pelo capitalismo industrial. Em Baudelaire, a forma subjetiva do indivíduo já se completou: ele se vê isolado entre seus semelhantes, seus rivais, seus irmãos, todos tão desenraizados quanto ele. O *spleen* baudelaireano é próximo do tédio, mas não se confunde com ele. Parente da doce melancolia romântica, da "indolência natural dos inspirados",[4] da dissipação produzida entre paraísos artificiais, o *spleen* conjuga gozo e desencanto, misantropia e gosto estético pelo mal, como nas melhores expressões da melancolia. Mas o isolamento do poeta tem também o sentido de resistência às formas de agenciamento que a modernidade promove para arrastar as multidões em sua rede.

> A modernidade é o transitório, o fugidio, o contingente, a metade da arte, cuja outra metade é o eterno e o imutável... Para que toda *modernidade* seja digna de se tornar antiguidade, é preciso que a beleza misteriosa que a vida humana ali coloca involuntariamente tenha sido extraída dela.[5]

"Para viver a modernidade", escreve Benjamin, "é preciso uma constituição heroica" (Benjamin, 1989a, p.73). "Viver a modernidade", neste

2 O que não implica no desconhecimento da obra de Freud, como se pode observar em várias passagens de sua obra, a começar (para nosso interesse) pela reflexão sobre *Além do princípio do prazer*, incluída nos escritos sobre Baudelaire.

3 Expressão de Walter Benjamin, título de um de seus ensaios sobre a modernidade em Baudelaire.

4 A expressão é de Baudelaire, a propósito de Auguste Barbier. Apud Benjamin (2006, p.285).

5 Baudelaire, comentário sobre a arte de Guys, apud Benjamin (2006, p.285).

caso, significa não recuar diante dos desafios que ela propõe e não deixar-se enfeitiçar pelas maravilhas com que ela nos seduz: "Essa multidão se consome pelas maravilhas, as quais, não obstante, a Terra lhe deve" (Benjamin, 1989a, p.73). O heroísmo de Baudelaire não consiste em se fazer defensor da multidão fascinada e consumida pelas mercadorias e pelo trabalho braçal que a aproxima e afasta do brilho das mercadorias. Consiste simplesmente em descrer de tal fascínio. O poeta que concorda de bom grado em perder a auréola do gênio consagrado entre as rodas das carruagens que trafegam pelos grandes *boulevares* (Baudelaire, 1968b, p.180) conserva, no entanto, a distinção secreta de *não pertencer* à multidão com a qual se mistura. Daí o sentido político de seu dandismo. Daí a metáfora do albatroz com que se faz representar no poema de mesmo nome: o poeta se compara à ave cujas asas imensas lhe permitem voar como um imperador dos céus, mas que no convés do barco é motivo de chacota entre os marinheiros por seu andar torto, desajeitado.[6]

A matéria da melancolia, em Baudelaire, é a relação com o espaço público da cidade, marcado pela perda do pertencimento a formas comunitárias de convívio que a modernidade destruiu. Em Baudelaire consuma-se a ideia do Belo como objeto perdido. Mas seu trabalho não é a de recriar o sublime através dos fragmentos de uma unidade perdida, como na proposta dos românticos setecentistas. De acordo com Walter Benjamin, Baudelaire teria assumido para si a tarefa heroica de, através de sua poesia, emprestar uma forma simbólica à modernidade, este tempo cujo devir não se anuncia no horizonte. Baudelaire percebeu, muito cedo, que a modernidade é uma época disforme que se caracteriza por ser "o que menos se parece consigo mesmo", pois o capitalismo desde sua origem revelou-se capaz de incluir as próprias forças que se opõem a ele entre as matérias primas de sua acumulação de riquezas. Dito em termos familiares ao leitor contemporâneo: a racionalidade aparentemente infinita do capitalismo consiste em fazer que as resistências do inconsciente trabalhem a seu favor, ao incluir as representações recalcadas como *valor agregado* às mercadorias. Mas disso Baudelaire não poderia saber.

O trabalho hercúleo de Baudelaire teria sido o de, a partir dos restos e fragmentos de vida obsoleta catados no lixo das ruas, "dar forma à modernidade" de modo a que ela viesse, por fim, a se tornar antiguidade. Para isso, teria sido "o primeiro a romper com o público", segundo Jules Laforgue (apud

6 O poema termina assim: "[...] *Le Poete est semlable au prince dês nuées Ou hante la tempête et se rit de l´archer; [Exilé sur le sol au milieu dês huées] Sés ailes de géant l'empêchent de marcher*" Baudelaire (1968c, p.45).

Benjamin, 2006, p.289). Teria o poeta, encarnação moderna do herói, pago com a melancolia o preço de sua escolha? Ou a solução poética encontrada por Baudelaire, a invenção de uma lírica "fundamentada em uma experiência para a qual o choque se tornou norma" (Benjamin, 1989a, p.110), poderia ser entendida como tentativa de cura para a melancolia?

## MELANCOLIA E FATALISMO

O melancólico benjaminiano pode ser entendido como um sujeito que se sente apartado da dimensão pública do Bem – seja porque, em decorrência do processo que o conduziu à definição de sua via individual, ele se desajustou, ou seja, porque a hegemonia dos mandatos éticos e morais estaria migrando para outras instâncias de poder.

Dizer do desencontro entre o sujeito e o Bem equivale a afirmar que as condições *imaginárias* que permitiam aos membros das sociedades pré-modernas, elaborar suposições *compartilhadas*[7] a respeito dos desígnios do Outro haviam perdido consistência e sustentação na cultura. O Outro, como instância puramente simbólica, é inconsciente. Os sujeitos nascidos nos primeiros séculos da era moderna, face à recém-conquistada liberdade de escolher seus destinos, foram condenados a sustentar fantasmaticamente, individualmente, sua versão a respeito do Bem – ou seja, sobre o bem do Outro, que para o neurótico se confunde sempre com a moeda com que ele deveria pagar a dívida simbólica. É nessas condições que o Bem (do Outro), representado no psiquismo pelo *supereu*,[8] dissocia-se das representações do que seria, para o sujeito do desejo inconsciente, sua via desejante, singular.

Na modernidade, esta busca até então coletiva se torna solitária; o (re) encontro com o Bem dependeria de um trabalho de criação individual. Uma invenção de destino. Este desajuste é o mesmo que estivera na origem de todas as formas anteriores de melancolia, como expressão do mal estar na cultura ocidental. Em Baudelaire, poeta da transição para a modernidade, o objeto da melancolia ainda não havia se privatizado. Seria um objeto perdido, sim, tal como Freud viria a descrever no século seguinte – porém, um

7 Parto da suposição de que existe uma relação necessária entre neurose e individualismo. Embora concorde com Adorno sobre o caráter emancipador do individualismo, o individuo está condenado à neurose. Sua relativa independência em relação ao grupo a que pertence o obriga a construir sozinho, com os recursos da fantasia, sua versão da dívida simbólica, indissociável de sua compreensão a respeito do que seria o Bem para o Outro.

8 Como herdeiro do complexo de Édipo, o *supereu* atualiza no psiquismo tanto a instância da Lei que interdita o incesto quanto a eterna esperança de (re)encontro com o gozo do Outro. Ver Lacan (1998).

objeto cuja natureza ainda dizia respeito a representações e sentimentos que relativos à vida pública (em oposição à privacidade familiar).

Benjamin afirma que Baudelaire, assim como tantos outros de sua geração, teria perdido a aposta nas transformações prometidas pela revolução francesa. Em Baudelaire, que participou ativamente dos confrontos de rua em 1830 e em 1848, a desilusão causada pelo fracasso da revolução produziu uma descrença progressiva em relação à ação política. Neste poema de *Mon coeur mis à nu,* a descrença parece ter dado lugar a uma tentativa irônica de conformar-se, de encontrar uma "explicação" que tornasse menos vergonhosa a ascensão de Napoleão III, e menos impossível ao poeta conformar-se com ela:

> Minha embriaguez em 1984. De que natureza era esta embriaguez? Gosto da vingança. Prazer natural da demolição. Embriagues Literária; lembrança de leituras. O 15 de Maio. Sempre o gosto da destruição. Gosto legítimo, se é legítimo tudo o que é natural. [...] Meu furor ante o golpe de Estado. Quantos tiros levei! Mais um Bonaparte! Que vergonha! E, tudo, no entanto, se pacificou. Não teria o Presidente um direito a invocar? O que é o Imperador Napoleão III. O que ele vale. Achar a explicação de sua natureza, e de sua providencialidade. (Baudelaire, 1968a, tradução minha)

Estamos muito longe do melancólico freudiano, cujo objeto perdido é, por natureza, inconsciente, pois diz respeito aos laços mais íntimos e precoces da vida familiar. A obra de Baudelaire estaria marcada, ao mesmo tempo, pela desistência da via política e pelo permanente combate contra a melancolia e o conformismo presentes na vida social de seu tempo – um tempo em que não se avistava nenhuma perspectiva de que o futuro pudesse construir alguma alternativa para as derrotas do presente.[9]

Em Walter Benjamin o romantismo designa uma estrutura de sensibilidade *social* que vai de Novalis a Baudelaire, de Rousseau aos surrealistas: o romantismo benjaminiano tem uma faceta revolucionária. Sua recusa da modernidade não é nostálgica, nem conservadora. Nas palavras de Michel Löwy, Benjamin interpreta o romantismo como uma "crítica à modernidade capitalista em nome de valores pré-modernos [...]. Protesto contra os aspectos degradantes do capitalismo, reificação das relações sociais, dissolução da comunidade e desencantamento do mundo" (Löwy, 2005, p.18). A

9 Benjamin (1989b, p.88). Baudelaire, que queria ser lido como "um escritor da antiguidade", representava a modernidade como "o que fica menos parecido consigo mesmo". Um tempo que envelhece todos os dias, mas, por isso mesmo, não acaba nunca.

contribuição mais valiosa de Benjamin, no que toca à hipótese que norteia o presente trabalho é que para ele o desacordo entre o sujeito e seu Bem (que ele não nomeia assim) adquire o sentido da melancolia *fatalista*. Michel Löwy buscou em alguns textos capitais de Walter Benjamin, desde *Origem do drama barroco alemão* (1925) até as teses "Sobre o conceito de história" (1940), uma relação entre a melancolia e o fatalismo que considero valiosa para dialogar com a hipótese da relação entre a depressão e a demissão subjetiva encontrada em Lacan. Em *Origem do drama barroco*, primeira obra importante de Benjamin, a acedia melancólica refere-se ao sentimento de um "mundo vazio" em que "as ações humanas são privadas de todo o valor". A moral rigorosa do luteranismo seria em parte responsável por tal desvalorização da vida na terra,[10] e o próprio Lutero teria sofrido de uma crescente depressão, nos dois últimos anos de sua vida. Para Benjamin, a exigência de submissão absoluta dos luteranos aos dogmas da fé abate o cristão:

> Que sentido tinha a vida humana se nem mesmo a fé, como no calvinismo, podia ser posta à prova? [...] A própria vida protestava contra isso. Ela sente profundamente que não está aqui para ser desvalorizada pela fé. Ela se horroriza profundamente com a ideia de que a existência inteira poderia transcorrer dessa forma. Sente um terror profundo pela ideia da morte. (Benjamin, 1984, p.162)

A desvalorização da experiência da vida em nome da salvação, em Benjamin, conduziria ao fatalismo que está na origem da acedia, "indolência do coração" do melancólico. Retomando a teoria dos quatro temperamentos ligados aos quatro humores, o filósofo observa que o humor melancólico é o "complexo menos nobre": o melancólico é "invejoso, triste, avaro, ganancioso, desleal, medroso e de cor terrosa" (Benjamin, 1984, p.169). Mas Benjamin considera também a tese atribuída a Aristóteles sobre a melancolia, no capítulo XXX de *Problemata*, onde se encontra o vínculo entre melancolia e genialidade. "O contraste entre a mais intensa atividade intelectual e seu mais profundo declínio" observado por Aristóteles a respeito da loucura de Hércules Aegyptacus, lembra ao leitor contemporâneo os contrastes extremos de humor da psicose maníaco-depressiva, hoje chamada pela psiquiatria de distúrbio bipolar.

---

10 "Ao negar o efeito especial e miraculoso dessas obras, ao abandonar a alma à graça da fé, e ao considerar a esfera secular e política como um campo de prova para uma vida apenas indiretamente religiosa, e na verdade destinada à demonstração das virtudes burguesas, o luteranismo conseguiu sem duvida instalar no povo uma estrita obediência ao dever, mas entre os grandes instilou a melancolia" (Benjamin, 1984, p.161).

Volto à relação entre melancolia e fatalismo. Na sétima tese sobre o conceito de história, Benjamin critica a tendência do historicismo, representada pelo historiador Fustel de Coulanges, a equiparar a história dos vencedores ao triunfo inevitável do Bem. Tal procedimento visa a anular toda a esperança de transformação do estado vigente da vida social. Se as formas de dominação impostas pelos vencedores da ocasião representam o triunfo do Bem, o que mais esperar do futuro? Qual o sentido, mesmo para os derrotados, de se pensar em um projeto de transformação? O mecanismo mental que sustenta tal conformismo é o da "identificação afetiva com os vencedores", cuja origem é a "indolência do coração, a acedia, que hesita em apoderar-se da imagem histórica que lampeja fugaz" (Benjamin, 1985, p.222-32). Quem se beneficia do fatalismo historicista? "A identificação afetiva com os vencedores ocorre, portanto, sempre, em beneficio dos vencedores de turno", escreve Benjamin (1985, p.225). O comentário de Löwy (2005, p.71) à Tese VII esclarece:

> A origem da empatia que se identifica com o cortejo dos dominadores encontra-se, segundo Benjamin, na *acedia*, termo latino que designa a indolência do coração, a melancolia. Por que? [...] A tese VII não explica de maneira alguma, mas é possível encontrar a chave do problema em *Origem do drama barroco alemão* (1925): a *acedia* é o sentimento melancólico da todo-poderosa fatalidade, que priva as atividades humanas de qualquer valor. Consequentemente, ela leva a uma submissão total à ordem das coisas que existem. Enquanto meditação profunda e melancólica, ela se sente atraída pela majestade solene do cortejo dos poderosos. O melancólico, por excelência, dominado pela indolência do coração – *acedia* – é o cortesão. A traição lhe é habitual porque sua submissão ao destino o faz sempre se juntar ao campo do vencedor.

Aqui sim, na identificação afetiva com os vencedores, encontramos uma relação entre a melancolia e a (auto)traição – a mesma que, segundo a intuição de Lacan, estaria na origem da culpa depressiva daquele que "cede de seu desejo". A disposição fatalista a colocar-se sempre a favor dos "vencedores de turno", identificados pelo artifício historicista como se fossem os detentores do Bem, leva o sujeito a "trair a própria via", traição que Lacan projeta na origem da culpa depressiva.

No drama barroco, o personagem traidor é identificado com o cortesão. Se a indecisão do príncipe o lança na apatia e na acedia, a infidelidade é a causa da melancolia do cortesão.

> Não se pode imaginar nada mais inconstante do que o cortesão [...] no drama barroco. A traição é seu elemento. [...] Seu comportamento inescrupuloso

> revela em parte um maquiavelismo consciente, mas em parte uma vulnerabilidade desesperada e lamentável a uma ordem de constelações calamitosas, tida como impenetrável, e que assume um caráter totalmente reificado. Coroa, púrpura e cetro são em última instância os adereços cênicos no sentido do drama de destino, e encarnam um *Fatum* a que se submete em primeiro lugar o cortesão, augure desde fado. Sua deslealdade para com os homens corresponde a uma lealdade, impregnada de devoção contemplativa, para com esses objetos. (Benjamin, 1984, p.178)

É importante notar que o conceito de fatalidade melancólica começa a ser pensado por Benjamin no início de sua produção intelectual, a propósito do teatro barroco; continua nas considerações sobre os obstáculos à poesia lírica no século XIX e vai até seus últimos escritos, em que discute com os historicistas sobre o conceito da história. Tal percurso não me parece nada casual. A melancolia, tal como ela se manifesta na arte desde o período barroco – ou seja, na contra reforma – é entendida por Benjamin como tributária de uma determinada maneira de se interpretar a história. A construção de uma interpretação da história entendida do ponto de vista "dos vencedores" exigiria, nos termos da psicanálise, um procedimento de recalque da dívida simbólica em relação às lutas (derrotadas) dos antepassados destes mesmos vencidos, fascinados pelo cortejo dos poderosos. Sua famosa frase: "nunca há um documento da cultura que não seja, ao mesmo tempo, um documento da barbárie" (Benjamin, 1985, tese VII, p.225) expressa perfeitamente o pessimismo de Benjamin em relação às ideologias do progresso (tão caras ao nosso tempo), que se sustentam à custa do esquecimento das vítimas da história. Para ele, mesmo a ideia de revolução é indissociável da recuperação do passado, pois não há emancipação que se sustente à custa do esquecimento (ou do recalque) das lutas e derrotas de nossos antepassados. Segundo Löwy (2005, p.55), ao comentar a tese III:

> A redenção, o Juízo Final [...] é então uma apocatástase no sentido de que cada vítima do passado, cada tentativa de emancipação, por mais humilde e "pequena" que seja, será salva do esquecimento e "citada na ordem do dia", ou seja, reconhecida, honrada, rememorada.

As "Teses sobre a História" contêm uma preciosa indicação a respeito do "objeto perdido" da melancolia benjaminiana. Este seria um objeto recalcado, sim; mas, à diferença da melancolia freudiana, em Benjamin este objeto inconsciente não seria a mãe (do *infans*), mas as multidões derrotadas nas lutas que precederam à geração dos sujeitos que se identificam, de maneira fatalista, com o ponto de vista dos vencedores.

A partir da "traição" representada pela identificação com os vencedores, outros componentes do fatalismo melancólico seriam: o sentimento de que as ações humanas estariam privadas de valor, a deslealdade para com os homens em troca de lealdade para com os objetos signos de poder, a indolência fatalista ante um mundo vazio, a reificação das relações humanas. Nenhuma dessas condições da melancolia benjaminiana são estranhas ao sujeito contemporâneo.

Mas estas não são as condições da melancolia para a psicanálise, de acordo com a nomeação freudiana. A ruptura com o paradigma psiquiátrico introduzida por Freud a respeito melancolia nos força a abandonar este significante e substituí-lo por *depressão*, como novo nome do sintoma social contemporâneo. Este parece ser o nome mais adequado à expressão contemporânea do mal-estar, herdeira do que teria sido a melancolia pré-freudiana. Não existe substituição que nos poupe da perda. Ao trocar a denominação do "melancólico" pela do "depressivo" para manter a linha analítica que articulava a antiga melancolia ao sintoma social, parte do brilho e do valor atribuído pela tradição ocidental a esta forma de mal estar teve que ser deixado para trás. Tampouco os queixosos, os autotorturados característicos da melancolia freudiana, fazem por merecer esta herança. É preciso admitir que a aura romântica, tanto reflexiva quanto criativa, (mal) equilibrada na tensa fronteira entre o gênio e a loucura – a aura dos antigos melancólicos – se perdeu. "Pode-se dizer que um traço característico do gênio poético é saber muito mais do que ele sabe",[11] escreveu Schlegel. Cabe-nos indagar a respeito do saber que se oculta sob os sintomas contemporâneos da depressão.

Os depressivos que buscam a clínica psicanalítica estão longe de pensar em si mesmos como gênios poéticos – ainda que, eventualmente, possam sê-lo. Mas é possível apostar que os depressivos, com sua falta de charme e apesar da contaminação psiquiátrica do diagnóstico, conservem em outros termos o mesmo tipo de saber inconsciente dos antigos melancólicos. Um saber sobre a inconsistência do Outro e a inutilidade de tentar servi-lo, pouco acessível ao neurótico quando as defesas características da estrutura estão funcionando a todo vapor. É possível que os depressivos sejam os atuais portadores de um saber – pouco acessível na neurose – a respeito das condições contemporâneas do mal-estar. Daí a atualidade das depressões, herdeiras do que representou a melancolia até o surgimento da psiquiatria moderna e até que Freud deslocasse este significante para o terreno da vida privada, situando sua origem nos estágios primordiais da constituição do sujeito.

11 Fragmento atribuído a Schlegel (1994, p.103).

# – 22 –

# O ANALISTA-OLHO: (IM)PERTINÊNCIAS DO INCONSCIENTE ÓTICO

*Gustavo Henrique Dionisio*[1]

É provável que a proposição de um *inconsciente ótico* seja o ponto de convergência mais citado sobre a intersecção Walter Benjamin – Sigmund Freud. Conquanto seja bastante conhecida nos dias de hoje, esta famigerada associação não é *re*conhecida como uma articulação válida – ao menos por alguns pensadores de significativa importância no circuito da psicanálise e da reflexão estética. A filósofa e crítica de arte americana Rosalind Krauss, por exemplo – e no interior de um livro que carrega esta expressão logo de saída, isto é, no próprio título que o nomeia, detalhe que é evidentemente digno de nota no contexto de *The optical unconscious*, escrito por ela no início dos anos 1990 –, questiona em termos "lógicos" a relevância desta definição benjaminiana. É bem provável que Krauss, autora que transita da estética à psicanálise com muita responsabilidade, diga-se de passagem, não seja a única a expressar uma opinião como essa.

Com isso, minha vontade se define, neste ensaio, menos em defesa de Benjamin que da própria psicanálise, muito embora eu tenha a consciência de que argumentos de Rosalind Krauss possam ser relevantes: meu ob-

---

1 Psicanalista, mestre e doutor em Psicologia Social da Arte pelo IP-USP (com estágios na Pitié Salpetriêre e EHESS), prof. assistente dr. do Dep. de Psicologia Clínica da Unesp--Assis.

jetivo aqui se resume, em rápidas linhas, a estabelecer certa pertinência deste inconsciente ótico benjaminiano, ainda que para tanto seja necessário destacar nele um potencial clínico *indireto* que eventualmente possua. Quanto à primeira condição, tenho a vantagem de não ser filósofo, o que me permite errar aí com maior liberdade; quanto ao segundo, vale lembrar, invariavelmente, que em psicanálise a metapsicologia só é relevante se convém à clínica, isto é, para que ela não seja uma teoria de bolso, deve sempre operar como tentativa de resposta aos enigmas da escuta, nunca o contrário. Nesse sentido, sem me preocupar demais com sua eficácia filosófica ou metapsicológica, reconheço, todavia, que será necessário forçar certas margens para que a noção ainda retenha algum efeito digno de nota. Em princípio, entendo que defender sua pertinência não consiste em uma simples aplicação de violência epistemológica; entretanto, se ainda é necessário colocar um dedo aí, quase um século depois da publicação de "Pequena história da fotografia", é justamente porque, em hipótese ao menos, haveria um alto potencial *clínico* neste inconsciente de (polêmico) sobrenome ótico.

Antes de adentrarmos no comentário de Krauss, caberia retomar a própria letra de Walter Benjamin para que meu argumento se estabeleça. Como se sabe, a ideia de um inconsciente ótico foi sugerida pela primeiríssima vez na "Pequena história da fotografia" citada logo acima, isto é, neste ensaio de monumental importância para a história da arte ocidental, publicado no comecinho dos anos 1930 (1931, para ser mais preciso), e cujas teses antecipam uma série de passagens a serem "reutilizadas, literalmente ou pouco modificadas, em textos posteriores" – conforme aponta Maurício Lissovsky (1999, p.8) –, tais como "A obra de arte na era de sua reprodutibilidade técnica" – no qual Benjamin, a propósito, utilizará a categoria pela segunda vez –, "Franz Kafka. A propósito do décimo aniversário de sua morte", "A doutrina das semelhanças" e "Sobre o conceito de história", entre outros porventura menos importantes. A peculiaridade é digna de nota, pois, nesse meio tempo, é como se a "Pequena história..." funcionasse como uma espécie de estrutura que reproduz sua matéria pensante nas futuras reflexões de Benjamin.

Sem maiores rodeios, mas só depois de se debruçar em algumas fotografias icônicas de Karl Dauthendey – "o fotógrafo, pai do poeta" –, Benjamin redige enfim este parágrafo – longo, porém – crucial para a nossa discussão:

> Apesar de toda a perícia do fotógrafo e de tudo o que existe de planejado em seu comportamento, o observador sente a necessidade irresistível de procurar nessa imagem [trata-se de uma foto de Dauthendey] a *pequena centelha do acaso,*

> do aqui e agora, com a qual a realidade chamuscou a imagem, de procurar o lugar imperceptível em que o futuro se aninha ainda hoje em minutos únicos, há muito extintos, e com tanta eloquência que podemos descobri-lo olhando para trás. A natureza que fala à câmara não é a mesma que fala ao olhar; é outra, especialmente porque substitui a um espaço trabalhado conscientemente pelo homem, um espaço que ele percorre *inconscientemente*. Percebemos, em geral, o movimento de um homem que caminha, ainda que em grandes traços, mas nada percebemos de sua atitude na exata fração de segundo em que ele dá um passo [...] *Só a fotografia revela esse inconsciente ótico, como só a psicanálise revela o inconsciente pulsional.* (Benjamin, 1994[1931], grifos nossos)

O trecho é complexo em sua polissemia própria: em primeiro lugar, a "pequena centelha do acaso", a título de exemplo, não afiguraria como uma antessala da noção de *punctum* elaborada por Roland Barthes (1984) em *A câmara clara*? Em seguida, caberia também verificar que a proposição de um inconsciente *da* imagem se afirma nessa proposição como *oposição* àquilo que seria entendido como sua "consciência", já que alguma coisa de singular se aloca justamente ali onde a "natureza" que se direciona à câmera fotográfica vem se diferenciar daquela (também natureza) que se refere ao olhar... Com isso, conclui-se que os inconscientes pulsional e ótico se articulam, mais precisamente, na incapacidade que o ser humano tem de apreender determinadas realidades *a olho nu*: "Características estruturais, tecidos celulares, com os quais operam a técnica e a medicina", acrescenta o filósofo, "tudo isso tem mais afinidades originais com a câmara que a paisagem impregnada de estados afetivos, ou o retrato que exprime a alma de seu modelo" (Benjamin, 1994[1931], p.94). Desse modo, o inconsciente ótico se reporta a um "mais-além" da humanidade do olho porque alcança o que não se pode alcançar em sua ausência.

Retornando ao que sugeri a respeito de Rosalind Krauss, e na mão contrária do que indicou Benjamin acerca da máquina fotográfica, não haveria real acordo entre ambos inconscientes, mas, com sorte, apenas uma *estranha* analogia. Se, com efeito, a câmera e sua "mais poderosa e até mesmo desapaixonada" condição serve ao psicanalista, no sentido daquilo que se lhe apresenta como não visto ou imperceptível, em paralelo ao que é não consciente, leia-se, os lapsos e atos falhos que ao analista tanto interessam, nada disto garante dizer que um tal inconsciente ótico poderia ser decretado a partir das mesmas premissas. Krauss questiona: "sobre o quê podemos falar, dentro do campo visual, que seria um análogo do 'inconsciente' em si, uma estrutura que pressupõe, em primeiro lugar, um ser senciente dentro do qual opera, e, em segundo, que ele apenas faz sentido na medida em que está em conflito com esse ser de consciência?"[2] Sob essas condições, portanto, restaria indagar: a rigor, como pode o campo ótico ter um inconsciente? (Krauss, 1993, p.178-9).

Ademais, haveria ainda uma diferença de orientação nesta explicação de um inconsciente ótico *vis-à-vis* o inconsciente pulsional: se o primeiro se inscreve em uma dimensão que chamaríamos de "passiva", pois, uma vez que se trata da incapacidade de apreender a informação que vêm de fora, ele se refere a algo não visto que chega *ao* sujeito, já o segundo, por outro lado, figura como uma espécie de "grande capitalista" *no* sujeito, já que aí ele produz, de maneira incessante, suas próprias formações, adotando com isso uma condição rigorosamente ativa.

Nas palavras de Krauss (1993, p.179):

> Em Freud, contudo, está certo que o universo no qual os dispositivos técnicos estendem seu poder não consiste em um mundo que poderia, por si mesmo, ter um inconsciente. Ele pode conter uma microestrutura que alcança para além da capacidade do olho nu, mas essa estrutura não é nem consciente nem inconsciente, e tampouco pode estar em conflito com a consciência. Esse é o porquê de uma sentença como a de Benjamin [...] ser simplesmente incompreensível para Freud.

E seria ainda mais ininteligível caso o psicanalista lesse as linhas subsequentes do ensaio de Benjamin, nas quais o filósofo retorna ao inconsciente ótico sob essa analogia com o pulsional: de "resto", escreveu o filósofo, "existem entre os dois inconscientes as relações mais estreitas. Pois os múltiplos aspectos que o aparelho pode registrar da realidade situam-se em grande parte *fora* do espectro de uma percepção sensível normal" e, até aí, o texto se revela bastante pertinente, como se pode notar; o curioso, porém, é a guinada que ele toma a partir desse momento: "Muitas *deformações* e *estereotipias*, *transformações* e *catástrofes* que o mundo visual pode sofrer no filme" – Benjamin inclui, nesta passagem, o cinema em sua reflexão sobre os inconscientes, ou seja, o cinema que seria então uma extensão da fotografia – "*afetam realmente esse mundo nas psicoses, alucinações e sonhos*" (Benjamin, 1994[1931], p.189-90, grifos nossos); por conseguinte, é como se, após o desenvolvimento da fotografia, o cinema tivesse enfim permitido ao homem acessar *artificialmente, mecanicamente* o mundo interno da vida psicótico-alucinatória, e isto na justa condição em que "os procedimentos da câmara correspondem aos procedimentos graças aos quais a percepção

2 Todas as citações de Krauss feitas neste ensaio foram traduzidas livremente.

coletiva do público se apropria dos modos de percepção individual do psicótico ou sonhador" (Benjamin, 1994[1931], p.190).

O que não é inteiramente correto, pois, se a comparação entre a vida interna do psicótico e a experiência cinematográfica possui um conteúdo de verdade, é apenas na medida em que o aparelho funciona, de modo concreto, com o mesmo movimento que vai da palavra à imagem e vice-versa; ainda assim, não é o bastante, pois as condições que vão de um lugar a outro não se sobrepõem tão diretamente. Olhando mais de perto, valeria dizer que embora em ambas este jogo de imagem com palavra possa ter grande proximidade, a condição psicótica propriamente dita revela um nível de "funcionamento primário" que não é necessariamente visado pelo cinema. Em outras palavras, basta escutar um pouco para apreendermos no funcionamento psicótico este seu alto nível de pensamento primário, ou seja, pensamento inscrito em um sistema de inteligibilidade que é pouco compartilhável devido a uma relação simbólica prejudicada na conexão entre significante e significado que aí se dá. Na conjuntura psicótica o *nonsense* pode de fato reinar; contudo, esta não é uma condição objetivada *necessariamente* no dispositivo cinematográfico: no mais das vezes, nele se trata de algo acabado, consciente e "secundário", portanto.

Ora, se então a metáfora cinematográfica mais prejudica que esclarece, melhor seria manter as coisas no contexto da fotografia, para nos mantermos em favor de Benjamin. O próprio filósofo o reconhece em "A obra de arte na era de sua reprodutibilidade técnica", quando compara o *écran* à "tela em que se encontra o quadro" (Benjamin, 1994[1940], p.192). Com efeito, a psicanálise – e o inconsciente pulsional, consequentemente – estaria mais próxima do recurso fotográfico, sobretudo no sentido em que nele se implica a relativa estática do *isso foi*,[3] o instantâneo capturado no clique que permite ao espectador entregar-se às suas próprias associações, um processo não ocorre obrigatoriamente com o filme.

Nesse sentido, a sugestão benjaminiana de um inconsciente ótico, para que seja entendida de algum modo, isto é, para que não se perca num *dead end* teórico – e isso já levando em conta que não consiste numa categoria que *visa* adentrar o universo da clínica, mas o atinge apenas indiretamente, como pretendo propor –, exige-se uma precisão decisiva, sem a qual nada se pode concluir: a meu ver, esta noção de inconsciente ótico não se refere a outra coisa senão àquilo que Freud costumava definir como *formações do inconsciente*, e não a um inconsciente pulsional em si. Ou seja, para que um

3 O "Ça a eté" que Barthes destaca não sem grande brilhantismo em A câmara clara (1984).

inconsciente ótico seja possível, é necessário entendê-lo em sua condição *dinâmica*, isto é, apenas *parcialmente* em relação à totalidade da metapsicologia.

Nesse sentido, em termos filosóficos *e* metapsicólogicos, resta concluir que não haveria "má leitura" de Rosalind Krauss ou em seus congêneres, e todos teriam suas razões mais ou menos eficazes para negar a validade (teórica) de um inconsciente ótico. Meu único argumento para sua utilidade é – repito pela última vez – clínico. Ao fim e ao cabo, ademais, existe ao menos uma pista que permite defendermos essa aplicabilidade: como sugere Tania Rivera em *Cinema, imagem e psicanálise*, não é mesmo possível dizer que haveria, para nossa boa compreensão, um verdadeiro "paralelo entre os dois campos", mas apenas uma "articulação", e não se deve tomá-la como sendo um vínculo sem consequências: como se pode observar na operacionalidade de nossa vida mental, seja ela consciente ou inconsciente, "o visual se *enlaça* ao domínio das pulsões que movem o sujeito" (Rivera, 2008, p.45, grifos nossos), e daí a constante recorrência, em Freud, de uma justaposição entre o aparelho psíquico e os dispositivos óticos particularmente evidentes na *Traumdeutung*, sua obra inaugural (1996[1900]). Ora, é bem provável que a escuta analítica seja, ainda hoje, um dos principais locais no qual conseguimos nos aproximar da *carne* das coisas, quer dizer, de seu caráter microscópico, *endoscópico* até. Como em certa ocasião me relatou uma de minhas pacientes, a fotografia pode ser, afinal de contas, *mais real que a realidade*.

Pois bem, para afirmar de uma vez por todas a pertinência do inconsciente ótico, trago em meu auxílio não apenas argumentos de psicanalistas; devo recorrer também a filósofos, tais como Jacques Rancière, que em seu *O inconsciente estético* (2009) percebera a necessidade de afirmar a existência de um inconsciente que tampouco seria pulsional, por assim dizer, mas que é teorizado para colocar em dúvida as "propriedades" de gênese de um ou de outro, ou seja, para suspender a pergunta sobre "quem teria fundado quem": com a emergência de um inconsciente estético, nascido precisamente com o "regime estético" que substitui o "regime representativo" da arte, resta perguntar se o inconsciente pulsional seria uma condição de possibilidade para o estético, ou, mais longe do que desejariam os psicanalistas, se se trata do contrário (a segunda hipótese é, por certo, à qual o autor acaba se inclinando, como veremos logo adiante).

O objetivo principal de *O inconsciente estético* é, muito resumidamente, compreender as consequências do amparo de Freud em determinadas figuras literárias específicas ou em determinadas obras de arte uma vez que ocupariam um lugar estratégico na pertinência dos conceitos freudianos, ou, mais apropriadamente, na própria concepção daquilo que pode ser considerado "interpretação psicanalítica", seja ela praticada dentro ou fora do consultório. Para tanto, Rancière parte do pressuposto de que tais figuras/obras seriam um testemunho "ótimo" da existência de certa relação do pensamento com o não pensamento, isto é, da presença do pensamento em uma materialidade sensível onde supostamente não existiria pensamento. É assim que a obra de arte, seguindo nesta linha de raciocínio, revela ser pensamento que se apresenta como não pensamento, é pensamento que se encarna num corpo, pois, do contrário, ela não seria obra, mas, sim, filosofia.

De acordo com esta ótica, as condições de possibilidade do inconsciente freudiano se deveriam em grande medida ao inconsciente estético. Vale sublinhar que esse último é inaugurado junto com a modernidade e de acordo com determinadas condições históricas, coordenadas evidentemente localizáveis; não obstante, aqui vigora a particularidade de que isto se dá num certo regime do pensamento onde haveria total abertura para a existência de paradoxos e contradições no modo de se encarar a arte; este regime estético, que suporta o inconsciente estético, surgiu em contraposição a outro regime que poderíamos classificar de "representativo" ou "clássico", e que funciona a partir de uma determinada hierarquia de temas e de modos de composição procurando excluir daí quaisquer rastros de ambiguidade.

Trata-se, enfim, de toda uma literatura que inaugura a força do detalhe, que de anódino se transforma em personagem principal; passando do fundo à figura, o detalhe assume a partir de agora o protagonismo no interior da narrativa, pois ele é o bastante para se dizer tudo o que é necessário dizer. A palavra do detalhe, por ser uma palavra muda, como sugere Rancière, *grita* paradoxalmente indicando que "tudo fala aí". Nessas circunstâncias, e de modo a destacar seu paralelo com a clínica psicanalítica, já não haveria mais uma hierarquia estática entre o que deve ou não deve ser ouvido; uma vez aberto este campo de ambivalências e ambiguidades, de polissemia e ausência de contradição, nada deve ser considerado desprezível. Em outras palavras, seria possível dizer que não há mais uma relação de dominação do *pathos* pelo *logos*, não existe hierarquia que faça dominar um pelo outro; em termos literários, equivale atestarmos que já "Não existem temas nobres e temas vulgares, muito menos episódios narrativos importantes" que subjugariam "episódios descritivos acessórios". No interior deste *Zeitgeist*, não existe, portanto, "episódio, descrição ou frase que não carregue em si a potência da obra" (Rancière, 2009, p.37).

Dada essa situação, em que condições específicas a metáfora ótica ainda se revelaria conveniente? Ora, não só pelo fato de que Freud nunca deixou de se amparar no esquema ótico para explicar os fenômenos que cercam a mecânica do aparelhamento psíquico, como mencionado há pouco com a *Interpretação dos sonhos*, mas, sobretudo, porque o aparelho ótico, de sua parte, possui aquela capacidade escópica que alcança o para além do humano, permitindo adensar um detalhe clínico que, sem o uso da máquina, não seria apreensível ao "ouvido nu". Assim, a aposta num inconsciente ótico nos serve mais para pensar a escuta psicanalítica do que uma concepção propriamente dita de inconsciente.

Nessa perspectiva, o analista se transformaria, enfim, em um *olho* cuja capacidade se torna significativamente ampliada quando passa a dominar os recursos da ferramenta visual. Que o inconsciente ótico possa reescrever as virtudes do olhar em "estado selvagem", tal como desejavam os surrealistas no início do século e o pintor Jean Dubuffet mais recentemente, isso talvez seja uma das principais consequências de se mexer nesse *corpus*, pois, ao reestabelecer esta enorme "selvageria do olhar", procurando assim reencontrar certos estados não domesticados do olho, o analista exige de si mesmo um verdadeiro *ato*, um processamento geral – que não é sem consequências – de ressignificações em seu trabalho (que não é outro senão perceptivo) de atenção equiflutuante. E com a vantagem de que, diferentemente do freudiano (leia-se: pulsional), o inconsciente ótico não precisa ser forjado porque *já está aí*, ou seja, é o hóspede que habita sorrateiramente nos interstícios daquele. É o que acredito se possa deduzir do apoio nos esquemas óticos que Freud operou, embora ele tivesse a finalidade de com isso explicar seu conceito particular de inconsciente.

A meu ver, por fim, é justamente esse amparo na metáfora ótica que permite adensarmos a experiência clínica no seu sentido o mais sensível, a saber, um trabalho de receptividade ao detalhe que pode ir mais longe que a atenção flutuante. Ora, se parcialmente todo significante é também imagem, então a prática do psicanalista *depende* das múltiplas formas imagéticas com as quais o discurso do analisante se vai construindo, de maneira paulatina, no interior do "estado de sessão" – para empregar esta precisa definição de tempo e espaço analíticos concebida pelo casal Botella (2007; Dionisio, 2012). Não se deixando aprisionar pelo *conteúdo* do dito, o analista se lança então a uma investigação da teatralidade formal que se estabelece na construção do *estilo* do paciente, um jogo complexo de forças pulsionais com o qual se pode verificar quais seriam as modalidades singulares de seu processo de subjetivação. Como se sabe, é aquele *blé* no meio da "prática do *blábláblá*" (Lacan) que mais interessa à escuta analítica; no entanto, esse *blé* não se encerra em si mesmo, e pode ser dito das mais diversas formas e com as mais variadas entonações; pode inclusive ser indício de nada ou querer dizer o contrário, embora nunca deixe de ser altamente significativo enquanto representante de um sujeito. Que o psicanalista se resuma, afinal, a um olho, isso não equivale dizer que então se tornou *surdo* ao que interessa escutar. Do contrário, basta que ele continue escutando com o "canto de olho", uma operação que apenas se confirma, em definitivo, ao se deixar deitar, no endoscópio, cada uma das inúmeras cascas que compõem o tronco de sua própria formação.[4]

4 O comentário se inspira no belíssimo ensaio (fotográfico!) que Georges Didi-Huberman (2011) realizou em sua visita ao campo de Birkenau.

– 23 –

# NOTAS SOBRE A RECEPÇÃO DA OBRA DE SIGMUND FREUD NA FILOSOFIA DA HISTÓRIA BENJAMINIANA[1]

*María Castel*[2]

As referências benjaminianas à obra de Freud apresentam-se dispersas, em diversos fragmentos de sua correspondência pessoal, bem como em seus escritos. O número de menções e a diversidade de modos em que estas aparecem, dos anos vinte ao final de sua vida, evidenciam da atenção que um dos mais lúcidos autores do século XX conferiu à revolucionária disciplina psicanalítica e a seu criador.

Gershom Scholem alude a uma das primeiras aproximações de Benjamin ante ao *corpus* freudiano no ano de 1918. A respeito disso, diz:

> Benjamin assistiu a um seminário de [Paul] Häberlin sobre Freud, a respeito de cuja teoria pulsional elaborou uma pormenorizada resenha, na qual manifestava-se contra a mesma. Por ocasião deste seminário, Benjamin também leu, entre outras coisas, as *Memórias de um doente dos nervos* de Schreber, que lhe suscitaram uma satisfação mais profunda do que o próprio estudo de Freud a respeito. (Scholem, 2008, p.104)

1 Tradução de Fábio R. Uchôa.

2 Faculdade de Ciências Sociais e Faculdade de Filosofia e Letras da Universidade de Buenos Aires.

Benjamin contempla a leitura destes dois textos, o de Schreber e o de Freud, num artigo publicado na *Literarische Welt* no ano de 1928, e que se intitula "Bücher von Geisteskranken – Aus meiner Sammlung" [Livros escritos por loucos – de minha coleção] (GS IV-2). Ali, comenta o encontro casual do livro de Schreber, ocorrido dez anos antes num sebo em Berna, e sua imediata fascinação em relação ao mesmo; todavia, apesar de mencionar que o leu durante aquela época, faz apenas alusão ao texto de Freud. A partir das breves referências ali feitas, é difícil deduzir um pronunciamento a respeito da teoria freudiana.

Como este artigo, diversas críticas e resenhas escritas entre 1926 e 1931 também fazem referências a Freud, o que permite supor uma atualização das leituras juvenis, ocorrida nesta época.

Entre outros textos, datam deste período os ensaios sobre o surrealismo, Karl Kraus e Proust; ainda que em sua redação final eles não façam referências explícitas à teoria psicanalítica, em diversos dos esboços há menções a categorias e a escritos freudianos (cf. GS II-3, 1991, p.1033, 1066, 1097).

Na lista de livros em que Benjamin consignou "somente os escritos que havia lido até o final" (Scholem apud Benjamin, GS VII-2, p.724), estão indicados *Os chistes e sua relação com o inconsciente* (n.540), *Sobre um relato autobiográfico de um caso de paranoia* e *Introdução ao narcisismo* (n.546), *Cinco lições de psicanálise* (n.609) e *Além do princípio do prazer*, que aparece duas vezes na lista (registros 1076 e 1680), sugerindo uma primeira leitura anterior ao ano de 1929, e outra posterior, em 1939 (GS VII-1, p.437-76). Lamentavelmente, a referida lista conservou-se apenas em parte, a partir do número 462, registro que, de acordo com os editores, dataria do final de 1916 ou do início de 1917, ou seja, pouco antes daquele seminário referido por Scholem que, entretanto, não permite descartar a existência de alguma leitura mais precoce. Nela, por outro lado, chamam a atenção as ausências de *Sobre a psicopatologia da vida cotidiana*, aludida por Benjamin no famoso *A obra de arte*, e de *Psicanálise e telepatia*, que é comentada em sua correspondência com Gretel Adorno e Werner Kraft. Ainda mais notória é a ausência de *A interpretação dos sonhos*, sobre a qual trabalha nas *Passagens* e cuja leitura é confirmada por Scholem (2008, p.110). Embora seja pouco provável, a não indicação destes textos pode significar que foram lidos somente de maneira fragmentária.[3]

A lista e as diversas fontes parecem indicar uma forma de recepção complexa, com origens e motivações diversas, determinada não apenas pela corrente surrealista, através da qual – tal como indicado, corretamente, em diversas ocasiões – Benjamin leu Freud.

---

3 A respeito da leitura de textos freudianos por Benjamin, consultar Buse et al. (2005, p.158 et seq.).

Como indicamos anteriormente, nos artigos e resenhas escritos por Benjamin no final dos anos 1920 e início dos anos 1930, é frequente a inclusão de temas e categorias freudianos; nos escritos do período, todavia, não há um profundo trabalho do autor sobre os conceitos psicanalíticos, mas apenas um uso esporádico da teoria da pulsão e da sexualidade infantil.

Esta forma de trabalho modifica-se até meados dos anos 1930, em consonância com o crescente interesse de Benjamin pela obra do médico vienense, que é amplamente documentado em sua correspondência, a partir do início de 1935, em diversas cartas endereçadas a Theodor e Gretel Adorno, Gershom Scholem, Werner Kraft e Max Horkheimer. De fato, a partir de uma observação feita por Adorno, a qual teremos oportunidade de nos referir adiante, em tal momento, para ele, aparentemente tornou-se evidente a afinidade entre seus próprios trabalhos (cf. GB V, p.170-4, 236-9) – especialmente aqueles em que desenvolve sua teoria da linguagem e sua historiografia – e certos aspectos da teoria psicanalítica, motivando-o a retomar uma leitura sistemática da mesma.[4]

O artigo a respeito de Fuchs, a redação em 1939 de "Sobre alguns temas em Baudelaire" e de "A obra de arte na era de sua reprodutibilidade técnica", além da segunda versão do *exposé*, do mesmo ano, e especialmente os *Konvolute* K e N das *Passagens*,[5] explicitam quão significativa e produtiva foi a referida leitura. Em todos os casos, não se trata da simples referência à teoria freudiana que aborde um determinado tema de seu repertório, mas também, em cada um de tais textos, de uma apropriação transformadora das categorias psicanalíticas por Benjamin. Assim, em "Sobre alguns temas em Baudelaire", utiliza a teoria freudiana do surgimento da consciência, esboçada em *Além do princípio do prazer*, para elaborar sua teoria da "vivência do choque", que será central na avaliação estética da arte de vanguarda; da mesma maneira, em seu artigo sobre "A obra de arte", como resultado das modificações perceptivas introduzidas pela tecnologia no âmbito artístico, postula a existência de um "inconsciente ótico", concebido como o análogo do inconsciente pulsional psicanalítico.

Buscaremos mostrar que, no plano estritamente historiográfico, a teoria freudiana complementa – ao mesmo tempo em que serve de modelo heurístico – o aproveitamento político das figuras do século XIX, consideradas pelo autor como oníricas, logo, desde o primeiro *exposé*.

4 Cf. Carta de Benjamin a Adorno, de 10/6/1935 (Adorno; Benjamin, 1998, p.107).

5 Nestes dossiês, um conjunto de fragmentos faz referência a autores que comentam e retomam a tarefa realizada por Freud, como Pierre Mabille, Theodor Reik e – certamente em termos de controvérsia – Carl Jung (fragmentos K 4, 2; K 6, 1; K 6, 2; K 6,3; K 8, 1; K 8, 2; N 8, 2; N 8a, 2; N 11,1 e N 18, 4 das *Passagens*, 2005); em outra série, que será por nós referida adiante, explicita-se o aproveitamento dos conceitos psicanalíticos em termos historiográficos.

A edição das *Passagens*, realizada por Rolf Tiedemann, revela até que ponto a recepção da teoria de Freud havia se tornado fundamental para o seu projeto de "proto-história da modernidade". São numerosas, tanto as referências diretas a Freud e à psicanálise, quanto e menção de categorias psicanalíticas particulares. Estas possuem um lugar central nos *Konvolute* K y N da referida edição, o que constitui uma clara indicação sobre a forma como Benjamin entende que a teoria psicanalítica pode tornar-se produtiva no âmbito da historiografia crítica. Acreditamos que não se trata da simples transposição de categorias teóricas do âmbito da subjetividade individual a fim de "compreender" a suposta psique de um sujeito coletivo, mas sim, tal como na psicanálise, de que as referidas categorias são solidárias a uma prática, em função da qual adquirem valor. No caso da psicanálise, trata-se da prática clínica; enquanto a historiografia crítica benjaminiana, por sua vez, deve servir à prática política.

Em maio de 1935, Benjamin envia a Adorno o manuscrito de "Paris, capital do século XIX", primeiro *exposé* de *Passagen-Werk*, o qual afirma oferecer indicações decisivas sobre os fundamentos de seu "grande trabalho filosófico" (Adorno; Benjamin, 1998, p.98 et seq.). Todavia, ao contrário do ocorrido com os esboços, sob o título "Passagens de Paris. Um conto de fadas dialético", que lhe havia mostrado em setembro ou outubro de 1929 (Tiedemann, 2005, p.893-983), este não será acolhido com o entusiasmo esperado, como também motivará uma longa série de observações críticas que culminarão na carta datada entre os dias 2 e 5 de agosto do mesmo ano, na qual Adorno apresentará sistematicamente suas reservas e objeções.

Um dos principais eixos da crítica, feita por Adorno a este primeiro resumo do "trabalho das passagens", refere-se à dificuldade de distinguir entre o conceito de consciência coletiva tematizado por Benjamin e aquele de Jung (Adorno; Benjamin, 1998, p.114). Tal indistinção, segundo Adorno, é consequência da formulação da imagem dialética como sonho:

> Ao transpor a imagem dialética para a consciência, sob a forma de "sonho", não se produz apenas o desencantamento e a banalização do conceito, mas assim, também se perde essa força fundamental objetiva que poderia legitimá-la justamente a partir de uma abordagem materialista. O caráter de fetiche da mercadoria não é um fato de consciência, porém é eminentemente dialético na medida em que produz consciência. Mas isso quer dizer que a consciência ou o inconsciente não podem reproduzi-lo simplesmente enquanto sonho, necessitando responder a ele, igualmente, com o medo e o desejo. Em consequência do realismo espetacular, *sit venia verbo*, próprio à atual versão imanente da imagem dialética, perde-se justamente esse poder dialético do caráter de fetiche. (Adorno; Benjamin, 1998, p.113)

De acordo com Adorno, as *dialektische Bilder*, quando entendidas como formações oníricas, perderiam então seu caráter dialético e poderiam assemelhar-se às imagens arcaicas junguianas, de caráter claramente reacionário. Para evitar este risco, Adorno sugere a Benjamin a leitura da obra de Freud,[6] sugestão que já lhe havia feito em dezembro de 1934:

> É justamente aqui, que se encontra a linha divisória entre as imagens arcaicas e as imagens dialéticas, ou [...] de uma teoria materialista das ideias. Quanto a este ponto, porém, me parece muito provável a possibilidade de encontrar um veículo na discussão entre Freud e Jung [...] a crítica individualista porém dialética, de Freud, poderia contribuir para romper com o arcaísmo daquela gente [Jung e Klages], mas depois, dialeticamente, contribuiria também para a superação do ponto de partida imanente de Freud [...] De qualquer maneira, me parece indubitável que os escritos onde Freud expõe o método analítico são de suma importância para esta problemática. (Adorno; Benjamin, 1998, p.74 et seq.)

Sem renunciar então à figura onírica enquanto elemento constitutivo da constelação da *dialektisches Bild*, Benjamin buscará, a partir das observações críticas realizadas por Adorno a respeito do *exposé* de 1935, delimitar a sua concepção de "coletivo onírico" ante ao "inconsciente coletivo" junguiano.

Dos estudos empreendidos por Benjamin com esta finalidade, surgirá a ideia de elaborar um trabalho crítico sobre Carl Jung e Ludwig Klages, que será proposto ao Instituto de Pesquisa Social no início de 1937 (Adorno; Benjamin, 1998, p.171, 177), e cuja redação – rejeitada por Horkheimer – nunca se efetivará. No entanto, na edição do "trabalho das passagens" perduram numerosos fragmentos referentes a esta pesquisa, bem como múltiplas alusões em sua correspondência, principalmente na troca de cartas com Adorno, Horkheimer e Scholem. Aqui, a tarefa é considerada como de grande "importância metodológica para as passagens" (Adorno; Benjamin, 1998, p.114, 125, 207). Em 2 de julho de 1937, também escreve para Scholem que é seu desejo:

> [...] sedimentar metodologicamente certos fundamentos das "Passagens parisienses" através de uma controvérsia em que me posiciono contra os ensinamentos de Jung, sobretudo os referentes aos arquétipos e ao inconsciente coletivo. Além do significado metodológico interno, isto teria também um significado público e político. (Benjamin; Scholem, 1993, p.268-9)

6 Adorno se refere às *Conferências introdutórias sobre psicanálise*, de 1916-1917. Ver a nota do editor em Adorno; Benjamin (1998, p.123).

No *Konvolut* K das *Passagens*, a polêmica com Jung é recolhida em fragmentos que desenvolvem a análise das imagens arcaicas junguianas, tomadas enquanto figuras míticas.[7]

As reflexões benjaminianas acerca do mito remontam à sua juventude: Scholem (2008, p.69) relata que, por volta de 1916, veio à tona pela primeira vez em suas conversas "a decidida inclinação de Benjamin a uma perscrutação filosófica do mito, que o inquietou desde o trabalho sobre Hölderlin [...] até o final de sua vida".

Como apontou Susan Buck-Morss (2001, p.95), para Benjamin "mito e história são incompatíveis", mas a incompatibilidade entre ambos é complexa: mito e história podem, a princípio, coexistir; de fato, mais ou menos facilmente, cada um pode ser revertido em seu oposto. Aquilo que realmente distingue a esfera mítica e a histórica é a forma temporal, que é própria e específica a cada uma delas.

A passagem do tempo própria ao mito assume a forma da predeterminação. Aquilo que deve suceder "já está de alguma forma presente, ou dizendo com maior cautela, já está em seu lugar" (Benjamin, 2001, p.131), por isso, lendo as estrelas através da interpretação dos oráculos e de tantos outros signos, é possível extrair aquilo que se oculta no seio do tempo (Benjamin, 1994b, p.232) e que, fixado por vontade dos deuses num passado remoto, impõe-se ao presente de modo fatal. No mito, o tempo "é um tempo não autônomo, que se adere parasitariamente ao tempo de uma vida superior, menos ligada à natureza. Este tempo *não tem presente* [...] e conhece o passado e o futuro somente através de inflexões características" (Benjamin, 2001, p.135, grifo nosso).

Na história, ao contrário, o tempo por excelência é o tempo presente. É a partir dali – a partir de "um presente que não é transição, mas para no tempo e se imobiliza" – que é possível experimentar o passado e escrever a história (Benjamin, 1994b, p.230).

Mito e história, portanto, também dizem respeito ao modo como o homem se relaciona com aquilo que o transcende. No mito, permanece sujeito à vontade dos deuses, por assim dizer, atado a seu destino. Enquanto a história possibilita o exercício da razão e da liberdade, no mito os seres humanos são impotentes para intervir na esfera do destino, e portanto, impossibilitando a emergência do novo. Por outro lado, o conceito de história supõe a possibilidade de influência humana sobre os acontecimentos e, consequentemente, implica na responsabilidade moral e política dos atores (Buck-Morss, 2001, p.95 et seq.).

7 Para uma seleção cronológica da crítica benjaminiana ao mito, ver Palmier (2006, p.390 et seq.).

O mito concentra as forças atávicas que acorrentam o homem; seu âmbito constitui "a mítica escravidão da pessoa" (Benjamin, 2001, p.136) ante ao destino. E através deste conceito – destino – o mito está intimamente ligado à culpa: "O destino aparece [...] quando considera-se uma vida condenada, mas na realidade, acontece que primeiramente foi condenada e somente depois tornou-se culpada" (2001, p.134).

Os conceitos de "destino", "culpa" e "sacrifício heroico", associados por Benjamin ao mito, permitem reconhecer temas próprios ao jovem Hegel,[8] provavelmente recebidos a partir da leitura de Hölderlin ou, como indicado por Adorno a Benjamin numa carta de dezembro de 1934 a respeito do ensaio sobre *Kafka*, através de Hermann Cohen (Adorno; Benjamin, 1998, p.79). Em *El espíritu del cristianismo y su destino*, Hegel afirma que a pena enquanto destino é suscitada por um "erro sem culpa" do homem; o erro reside na simples ação, pelo fato desta ter realizado, ainda que inocentemente, a separação do indivíduo em relação ao âmbito da vida, tornando-o consciente de si. Neste caso, "é infinitamente mais severa a pena. Seu rigor [...] volta-se mais terrível do que nunca contra a mais sublime das culpas, a culpa da inocência" (Hegel, 1978, p.325), e não se pode conceber para ela qualquer cancelamento da pena, pois a lei é um poder ao qual a vida está submetida, e sobre o qual não reina qualquer autoridade. Tal como sustentará Benjamin, o destino é aquilo que torna a ação culpada, pois foi penalizada.

Em 1919, Benjamin afirma que a luta contra as forças míticas, contra as leis do destino e da culpa, encontra sua primeira expressão literária na tragédia.[9] No entanto, tal luta não se encerra com a aparição do gênio do herói trágico que assume a responsabilidade ética e política de sua ação na sucessão dos acontecimentos: cada vez que algo se apresenta ao homem como fatal, como inevitável, o mito reaparece. De fato, tanto no "Trabalho das passagens" quanto nas teses "Sobre o conceito de história", o "mito do progresso" – ou seja, o progresso considerado como destino, como desfecho fatal do desenvolvimento tecnológico sobre o qual se basearia a linha hegemônica da ciência e da historiografia modernas – é aquilo que perverteu os esforços da social-democracia alemã e desencadeou a sua catástrofe.

A luta, contra as diversas maneiras por meio das quais o mito – e com ele a esfera do destino – se atualiza, reveste a forma da crítica:

8 Adorno afirma que Benjamin "apenas conhecia" os escritos do jovem Hegel (cf. Adorno, 1995, p.21).

9 "Não foi no campo do Direito, mas na tragédia, que pela primeira vez a cabeça do gênio emergiu das névoas da culpa, porque é na tragédia que se rompe o destino demoníaco" (Benjamin, 2001, p.133).

> Tornar cultiváveis regiões onde até agora viceja apenas a loucura. Avançar com o machado afiado da razão, sem olhar nem para direita nem para a esquerda, para não sucumbir ao horror que acena das profundezas da selva. Todo solo deve alguma vez ter sido revolvido pela razão, carpido do matagal do desvario e do mito. (Benjamin, 2005, p.499)

Assim, é o tipo de temporalidade suposto na base das doutrinas de Jung que as torna regressivas. Nas imagens arcaicas junguianas, o presente pode ser reconhecido como a repetição, desde tempos imemoriais, do sempre igual – atemporal e eterno, uma marca indelével sedimentada no orgânico –, permanecendo, dessa maneira, submetido ao mito. Como afirma Benjamin no artigo "Kafka", as figuras arcaicas sentenciam o sujeito a "uma morte por sufocação", o mito "não apenas rói as forças, como também os seus direitos" (Benjamin, 1991a, p.137). O "niilismo especifico dos médicos" de Jung, ao sujeitar os fenômenos históricos à natureza, anula a possibilidade de atuar com eficácia na dimensão histórico-política, solidarizando-se com os interesses do fascismo (Benjamin, 2005, p.514, 528). Nesse sentido, Benjamin escreve a Scholem no ano de 1937:

> Talvez tenha ouvido que Jung tomou partido recentemente, com uma terapia que reservou somente à alma ariana. O estudo de seus ensaios do começo desta década – alguns dos quais retrocedem à anterior – me ensinou que essa assistência ao nacional-socialismo veio sendo preparada há muito tempo.

E também: "em San Remo, comecei a me aprofundar na filosofia de Jung, uma obra verdadeiramente diabólica, que só se pode atacar com magia branca" (Benjamin; Scholem, 1993, p.268-9, 276).

Para formular sua própria versão do "coletivo onírico",[10] nas *Passagens*, Benjamin apropria-se especialmente da prática interpretativa que a psicanálise realiza sobre o texto do sonho (*Traumdeutung*).[11]

10 As reflexões benjaminianas a respeito do sonho certamente não são uma novidade na época: G. Scholem indica que, em 1918, Benjamin já se preocupava com este fenômeno (Scholem, 2008, p.110); do mesmo modo, em "Schemata zum psychophysischen Problem", escrito provavelmente etre 1921 e 1922, o sonho é considerado em relação à teoria da percepção (*Wahrnehmung*) (GS VI, p.85), e mais tarde, no fragmento conhecido como *Traumkitsch*, de 1926, afirma que "a história do sonho ainda está por ser escrita" e que "o sonho participa da história", assim estabelecendo uma inter-relação entre ambos os âmbitos. (GS II, 1977, p.620).

11 Desenvolvi mais detalhadamente alguns dos aspectos destas duas últimas seções em Castel (2010). O volume reúne uma seleção das contribuições apresentadas na Primeira Jornada de História, Psicanálise e Filosofia, organizada pelas cátedras de Filosofia da História e História da Psicologia (Cátedra I), da Universidade de Buenos Aires, que aconteceram no Centro Cultural de la Cooperación, entre 22 e 23 de outubro de 2009.

No fragmento K 1, 5, apresenta seu projeto de transposição dos conceitos do âmbito da psique individual para o âmbito historiográfico:

> É um dos pressupostos tácitos da psicanálise que a oposição categórica entre sono e vigília não tem valor algum para determinar a forma de consciência empírica do ser humano, mas cede o lugar a uma infinita variedade de estados de consciência concretos, cada um deles determinado pelo grau de vigília de todos os centros possíveis. Basta, agora, transpor o estado da consciência, tal como aparece desenhado e seccionado pelo sonho e pela vigília, do indivíduo para o coletivo. (Benjamin, 2005, p.434)

Tal operação é possível pelo fato de certas características reconhecidas por Freud no sonho assemelharem-se àquelas de suas imagens dialéticas (*dialektische Bilder*): em *A interpretação dos sonhos,* escrita por Freud no ano de 1900, o sonho aparece como uma montagem de representações multívocas, aparentemente banais, mas que expressam um antigo desejo cujo cumprimento ainda está pendente e cujo verdadeiro sentido escapa a seu sujeito. As afinidades, entre a concepção freudiana de sonho e as imagens dialéticas benjaminianas, são evidentes: estas também implicam numa "procura pela figuratividade", nelas também se une o que foi com o agora,[12] tais "imagens autênticas" também aparecem sob os aspectos banais e acessórios[13] e, como os sonhos, elas também requerem interpretação:

> [A imagem dialética] revela-se somente em cada caso aos olhos de uma época determinada: a saber, aquela na qual a humanidade, esfregando os olhos, percebe como tal justamente esta imagem onírica. É neste instante que o historiador empreende com ela a tarefa da interpretação dos sonhos. (Benjamin, 2005, p.506)

O sonho do coletivo é, para Benjamin, seu passado. Por meio dele, a experiência onírica assemelha-se à experiência infantil ou juvenil. Do mesmo modo, a função que para o indivíduo tem o orgânico-natual, para o sujeito histórico-político é cumprida pelas manifestações culturais (a

12 "[...] a imagem é aquilo em que o ocorrido encontra o agora num relampejo, formando uma constelação. Em outras palavras: a imagem é a dialética na imobilidade. Pois, enquanto a relação do presente com o passado é puramente temporal e contínua, a relação do ocorrido com o agora é dialética – não é uma progressão, e sim uma imagem, que salta. – Somente as imagens dialéticas são imagens autênticas (isto é: não arcaicas), e o lugar onde as encontramos é a linguagem" (Benjamin, 2005, p.504).

13 "Formulação minha: 'o eterno, de qualquer modo, é, antes, um drapeado de vestido do que uma ideia'" (Benjamin, 2005, p.107).

técnica, a moda, a publicidade e especialmente a arquitetura). O presente ocupa o lugar da vigília e o processo do despertar equipara-se ao exercício da rememoração (*Eingedenken*).

É justamente num modo histórico e político de exercício da rememoração, numa nova técnica do despertar, que consiste a revolução copernicana, promovida por Benjamin no campo da historiografia e no qual a preeminência metodológica corresponde ao presente:

> A revolução copernicana na visão histórica é a seguinte: considerava-se como o ponto fixo "o ocorrido" e conferia-se ao presente o esforço de se aproximar, tateante, do conhecimento desse ponto fixo. Agora esta relação deve ser invertida, e o ocorrido, tornar-se reviravolta dialética, o irromper da consciência desperta [...] o despertar é o caso exemplar da recordação. (Benjamin, 2005, p.433)

Nessa concepção de recordação, formulada em termos análogos ao despertar, identifica-se a marca proustiana na elaboração teórica de Benjamin:

> [...] o despertar seria idêntico ao "agora da cognoscibilidade" [...]. Assim, em Proust, é importante a mobilização da vida inteira em seu ponto de ruptura, dialético ao extremo: o despertar, Proust inicia com uma apresentação do espaço daquele que desperta. (Benjamin, 2005, p.505)

No entanto, Benjamin distancia-se de Proust em dois aspectos centrais: o caráter acidental atribuído por Proust a esta experiência fundamental, e seu caráter privado. Como se deduz da análise benjaminiana realizada em "Sobre alguns temas em Baudelaire", estes dois elementos são solidários. Para Benjamin (1994a, p.106), "não é de modo algum evidente este depender do acaso", e analogamente afirma em um prefácio escrito em 1938 para *Infância em Berlim*: "*a propósito*, evoquei em mim as imagens que no exílio podem despertar com mais força a nostalgia – as [imagens] da infância" (GS VII-1, p.385, grifo nosso).

A ênfase ao momento do despertar, tomado como faze positiva do processo de atualização histórica, é também característica da apropriação programática das categorias freudianas realizada pelo projeto surrealista. Como indicado pelo próprio Benjamin no fragmento N 1,9 das *Passagens*:

> Enquanto Aragon persiste no domínio do sonho, deve ser encontrada aqui a constelação do despertar. Enquanto em Aragon permanece um elemento impressionista – a "mitologia" – aqui trata-se da dissolução da mitologia no espaço da história. (Benjamin, 2005, p.500)

Assim como na interpretação freudiana dos sonhos, em contrapartida, deve ocorrer "o despertar de um saber ainda não consciente do ocorrido" (2005, p.500). Isso é possível, pois, tal como aparece em um fragmento posterior das *Passagens*, num comentário a respeito de uma carta de Horkheimer, Benjamin considera que a história:

> [...] não é apenas uma ciência, mas igualmente uma forma de rememoração. O que a ciência "estabeleceu", pode ser modificado pela rememoração. Esta pode transformar o inacabado (a felicidade) em algo acabado, e o acabado (o sofrimento) em algo inacabado. (2005, p.513)

Assim como a psicanálise, a historiografia materialista executada por Benjamin desiste de um possível acesso ao passado "como ele de fato foi"; a verdade do ocorrido não é transferível à sua representação, mas apenas pode ser "vista" – e não contemplada – "enquanto imagem que relampeja" em um instante de perigo (Benjamin, 1994b). A verdade é então uma categoria do acontecer, mas não o é da história como disciplina. A situação é determinante, porém exterior à própria história.

Embora a verdade não seja um critério adequado para o julgamento das produções historiográficas, isso não significa a inexistência de um critério para elas; a citação que abre a Tese XII é uma indicação a respeito disso: corresponde à *Segunda consideração intempestiva*. O critério de que Benjamin se apropria na obra de Nietzsche é o da "utilidade", mas mesmo tem o seu propósito deslocado, já não se trata da história ser útil ou prejudicial à vida, mas sim útil ou prejudicial aos propósitos da liberação, da humanidade emancipada, da redenção de todas aquelas gerações que foram injustamente derrotadas.

O historiador materialista deverá seguir, portanto, um método muito diferente daquele recomendado pelo historicismo. Não se trata de criar empatia com aqueles que viveram antes, mas, ao contrário, de colocar-se como um espectador distanciado e, a partir desta perspectiva, montar as imagens onde a verdade se faz fugazmente visível (Benjamin, 2005, p.113).

As imagens dialéticas enquanto "objetos históricos" são estruturas monadológicas (2005, p.512-17). Com elas, o historiador materialista deve trabalhar em dois momentos. O primeiro momento é o "destrutivo ou crítico": nele se faz explodir a continuidade histórica e o objeto é construído enquanto tal. Aquilo que deve ser explodido, com vistas a conseguir seu aproveitamento político, são os conceitos de história e de tempo próprios ao historicismo, que sob a denominação de "história universal" orientada pelo progresso deu origem a uma nova mitologia.

No segundo momento, o passado é alcançado pela atualidade, com a disposição dos fragmentos arrancados do *continuum* histórico sem que haja "qualquer continuidade entre eles" (Benjamin, 2005, p.512). Assim, é necessário descartar a elaboração de uma narração homogênea onde os acontecimentos conectam-se pelo simples fato de serem contíguos, pressupondo entre eles relações causais (2005, p.139). A montagem, enquanto procedimento "estilístico" e metodologia privilegiada (Benjamin, 1984, p.23) – ativa a função de retroatividade na medida em que as diversas épocas do passado são afetadas pelo presente do historiador (Benjamin, 2005, p.512):

> Esta perscrutação dialética e a presentificação das circunstâncias do passado são aprova da verdade da ação presente. Ou seja: ela acende o pavio do material explosivo que se situa no ocorrido [...] Abordar desta maneira o ocorrido significa estudá-lo não como se fez até agora, de maneira histórica, mas de maneira política, com categorias políticas. (2005, p.437)

Este é o efeito alcançado com o "despertar", na medida em que este não se opõe ao sonho, mas o continua; não se trata de uma irrupção acidental, exterior à lógica do próprio sonho, mas de um despertar preconcebido pelo próprio sonho (Weidmann, 2000, p.349).

As categorias psicanalíticas aplicadas no âmbito da historiografia adquirem então uma função política. O despertar anunciado, pela história que Benjamin chama a construir, teria para o coletivo efeitos de emancipação similares àqueles que a psicanálise logra para o sujeito individual, também por meio do estabelecimento retroativo da conexão entre a representação consciente e a marca mnêmica inconsciente (Freud, 1980, p.201-2, p.229-30):

> [A arquitetura, a moda, até mesmo o tempo atmosférico] enquanto mantêm sua forma onírica, inconsciente e indistinta, são processos tão naturais quanto a digestão, a respiração etc. Permanecem no ciclo da eterna repetição até que o coletivo se apodere deles na política e quando se transformam, então, em história. (Benjamin, 2005, p.434)

Os momentos e significações históricas articulam-se de modo similar aos produtos do sonho freudiano e demandam, como eles, a interpretação do historiador materialista para que o sujeito (neste caso o sujeito coletivo) desperte e converta-se em agente de seu próprio *devenir* na política. Enquanto este processo de "conscientização", de leitura crítica da história, não tenha acontecido, esta será vivida pelo sujeito coletivo como "mito" e, de tal maneira, como "destino".

Acreditamos que este é o sentido da tarefa que Benjamin se propôs a realizar em sua exposição da "proto-história da modernidade"; o século XIX interpretado como grande sonho de uma época abriga a possibilidade de um despertar coletivo do próprio tempo (Weidmann, 2000, p.345).

A tarefa do historiador materialista consiste em, através da crítica, "desmistificar" as diversas configurações em que se entrincheira o destino, despertando o próprio presente do sonho coletivo no qual possa estar imerso e provocando assim a "dissolução da mitologia no espaço da história" (Benjamin, 2005, p.500), a assunção da responsabilidade política ante a um futuro que não está de modo algum determinado e no qual, portanto, poderia ser efetivada a descumprida promessa de felicidade, com a qual cada época sonha sem saber.

– 24 –

# ILUMINAÇÃO PROFANA OU FANTASMAGORIA? SOBRE A ERÓTICA BENJAMINIANA[1]

*María E. Belforte*[2]

Há uma constância no interesse benjaminiano pela questão do amor, seja nos escritos de caráter pessoal, seja naqueles cujo objetivo é principalmente teórico. Ainda que a temática amorosa não tenha sido amplamente reunida pela vasta bibliografia[3] dedicada ao estudo dos trabalhos do filósofo berlinense, há uma linha de continuidade na insistência benjaminiana em questionar o erótico em suas relações com as distintas facetas do humano: a linguagem, a percepção, a redenção, a aprendizagem, são apenas algumas das muitas questões que se vinculam ao tema de Eros.

Primeiramente, cabe salientar que o objetivo deste trabalho é mostrar a relação da referida noção com a concepção benjaminiana de experiência. O desenvolvimento do conceito alcança sua forma acabada com a tematização do erótico enquanto "iluminação profana", que coloca a serviço da transformação a força da embriaguez descoberta pelos surrealistas. A partir desta formulação do amor como transcendência imanente, Benjamin mostra sua preocupação com o caráter humano da experiência material que dialetiza o ideal numa práxis concreta. O amor se torna então um aspecto

1 Trad. Fábio R. Uchôa.
2 Universidade de Buenos Aires/Concinet.
3 Há uma exceção a tal tendência em *Benjamins Begriffe*, cujo primeiro volume dedica um capítulo ao conceito benjaminiano de amor. Cf. Weigel (2000).

da existência humana, o resultado da busca por aquilo que no trabalho sobre Karl Kraus denomina de "humanismo real" (Benjamin, 1970). Se a noção burguesa de humanismo abstrato corresponde a determinadas formas existentes do amoroso, a concepção transformadora do humano, por sua vez, corresponde a determinadas experiências do amor que concretizam na realidade o referido amor.

Como ponto de partida, coloca-se uma série de perguntas que serão retomadas, na presente análise, ao longo da exposição da noção de amor. Por um lado, deve-se considerar uma possível continuidade entre os escritos pessoais (diários, correspondência, escritos autobiográficos etc.) e os trabalhos teóricos que têm por objetivo uma análise crítica.[4] Por outro lado, há a questão do vínculo entre a temática amorosa e a filosofia como forma de pensamento crítico.

Além do mais, a temática do amor concebe a tensão materialismo-misticismo de uma maneira particular: não apenas por envolver uma concepção da relação entre o corporal e o espiritual, mas também, no caso específico de Benjamin, pelo fato da temática ser problematizada a partir ângulos diferentes, ao longo dos distintos momentos reflexivos do escritor. Isso atribui à pergunta sobre o amor em Benjamin uma riqueza peculiar, dado que permite confrontar e retomar posturas em tensão que, por sua vez, iluminam conceitos relacionados à questão do humano.

## SOBRE *AS AFINIDADES ELETIVAS* DE GOETHE

O trabalho benjaminiano sobre *As afinidades eletivas* de Goethe é significativo para o estudo de sua concepção de amor por diversos motivos. O primeiro e mais evidente é a temática; ainda que Benjamin defenda o mítico como tema do livro, o amor vincula-se ao referido tema de maneira muito próxima. Além do mais, Benjamin afirma que o livro aborda o simbolismo da morte que, como será demonstrado adiante, é por ele diretamente associado ao amor. A segunda questão a ser levada em conta é a própria vivência do filósofo, a respeito do amor e do casamento, que tem uma forte presença experiencial na sua vida durante os anos em questão. Um terceiro elemento a ser questionado nesta análise é a relação estabelecida com a concepção de linguagem alternativa, que é aqui associada à reflexão sobre o amor e a morte.

4 Como exemplo de uma consideração sobre este problema na análise benjaminiana de *As afinidades eletivas*, cf. Brodersen (1997, p.124 et seq.).

Numa breve anotação, "Über die Ehe", redigida entre 1918 e 1919, Benjamin escreve: "O amor tem o sentido único na morte comum daqueles que amam" (GS VII, 1989b, p.68). Tal afirmação da união entre morte e amor, sem sombra de dúvidas, está fortemente vinculada à experiência do suicídio de seu amigo e poeta Fritz Heinle. Neste período, percebe-se um distanciamento em relação ao paradigma do movimento da juventude liderado por Wyneken, paralelamente a uma insistência na pergunta sobre o significado do amor e do casamento, que culminará com a publicação de *As afinidades eletivas* de Goethe.

O texto, que surge entre o verão de 1919 e o outono de 1922, é publicado na *Neue Deutsche Beiträge*, em 1924. Concebido como parte de um ataque ideológico à escola de George (Benjamin, 1996, p.114), sua proposta é "abrir a rígida couraça do conceito" (1996, p.112) escavando a superfície da filosofia nele incrustada. Benjamin preocupa-se em não recair naquilo que denomina de "barbárie da linguagem estereotipada" (1996, p.113). Ou seja, procura uma crítica ao *logos* filosófico, a partir de uma nova concepção de linguagem, que já havia sido formulada em seu estudo de 1916. Executa aqui, portanto, a tarefa de reunir verdade e linguagem em um *logos* comum, *logos* que parece ter sido destituído de seu elemento criativo, convertendo-se numa razão que utiliza a linguagem como mero meio de comunicação.

Em certo sentido, existem semelhanças em relação a *O nascimento da tragédia* de Nietzsche, que o levou algumas a interpretações equivocadas de Benjamin: numa carta, este se queixa de ter sido considerado seguidor de Heidegger (1996, p.113). Provavelmente, certas concepções a respeito da linguagem, próprias a este período, podem ter levado a confusões quanto à orientação de seu trabalho. Numa carta dirigida a Hofmannsthal em 13 de janeiro de 1924, explicita-se esta relação entre linguagem e verdade, que marca os escritos da época:

> Para mim, é de suma importância que você destaque de forma tão clara a convicção que me guia em meus ensaios literários [...] Essa convicção de que cada verdade tem a sua casa, seu palácio ancestral, na linguagem, que esta se ergue a partir dos mais antigos *logoi*, e que, ante à verdade fundada de tal maneira, os exames das ciências particulares continuam sendo subalternos, ao passo que convertidas de alguma maneira em mônadas, são ordenadas aqui e ali no âmbito da linguagem, presas a essa concepção do caráter de signo da linguagem, que imprime a arbitrariedade irresponsável em sua terminologia. (1996, p.321)

Como mostra esta carta, Benjamin tenta devolver à linguagem um espaço que havia perdido na terminologia conceitual das ciências particulares. Esta mística das palavras se evidenciará no esquema tripartite de trabalho, proposto para o estudo de Goethe, onde Benjamin atribui um lugar privilegiado à noção de esperança. Como indicado pelas anotações preliminares, Benjamin havia armado uma esquematização conceitual para seu ensaio que se definia da seguinte maneira: 1) o mítico como tese; 2) a salvação como antítese; 3) a esperança como síntese.

A esperança ocupa no texto, de acordo com Benjamin, o lugar do mistério, daquilo que é representável, mas não pode ganhar expressão em palavras.[5] Através da imagem da estrela fugaz, a esperança sintetiza os aspectos míticos e a moralidade contida na ideia de salvação, associada por Benjamin à concepção de criação. Em apontamentos sobre estética, redigidos como rascunhos para o trabalho, distingue o criado e o originado, sendo este último o próprio à obra de arte. Mas é no criado que Benjamin encontra o âmbito do moral, quando sustenta que "a essência da criação é exemplar para o condicionamento moral da percepção utópica" (Benjamin, 1996, p.124). Esse segundo nível da obra de arte lhe atribui um lugar distinto: "na medida em que uma obra ultrapassa o território da arte e se torna percepção utópica, criação, submete-se a categorias morais não apenas em relação ao homem no ato de recepção, como também em relação à sua existência no território da percepção" (1996, p.124). E esta percepção utópica sintetiza-se como um passo a mais, que Benjamin identifica no trabalho de Goethe através do nível da esperança. A esperança é uma síntese da força mítica, do medo expressado na idolatria da natureza, que busca sua salvação através da perduração sobrenatural. Por meio deste esquema, explica-se porque Benjamin argumenta que a saída natural do amor, que está dada na eleição, é a morte simultânea dos amantes, ao passo que sua transcendência, presente na decisão, é encontrada no casamento. Aqui, Benjamin entende o casamento como algo mais do que uma instituição, que não se justifica simplesmente no direito, mas também se fundamenta no amor. O amor matrimonial é a antítese do amor mítico que se consagra na morte. Entre estes dois polos, o natural e o moral, surge o momento que sintetiza a dialética do amor e da morte: a esperança. Mas o crítico é aquele que possui a capacidade de encontrar o conteúdo de verdade (*Wahrheitsgehalt*) da obra de arte. Benjamin coloca a esperança no lugar da síntese mística, inexpressável em palavras, mas representável por meio da imagem da estrela fugaz, que mostra que ελπιζ é "a ultima das Palavras Originárias" (Benjamin, 1996, p.101). Essa interpretação baseia-se principalmente em uma linha do romance: "A

5 A expressão "*das Ausdruckslose*", usada por Benjamin, foi detalhadamente analisada por W. Menninghaus (1993).

esperança passou sobre suas cabeças como uma estrela que cai do céu". Witte (2002, p.71 et seq.) atenta para a forma de procedimento da crítica neste trabalho, qualificando-a como "alegórica", uma forma de dialética invertida que "arranca os elementos de suas relações 'naturais' para graças a eles elaborar as comprovações morais ou teológicas previstas" (Witte, 2002, p.72). Benjamin supera então a oposição entre natureza e moral, e a oposição entre morte e amor, por meio de um conceito que os sintetiza para finalmente anular a tese da culpa.[6] A superação está inscrita na ordem daquilo que carece de expressão, mas que se manifesta na obra e se traduz em verdade por meio da crítica que a faz aparecer.

Ainda que o procedimento de Benjamin, na análise da obra de Goethe, apoie-se numa concepção mística e mágica da linguagem, a instância encontrada como forma de redenção do romance é aquela do relato, um relato que sustenta a esperança dos amantes para além de si mesmos e também para além das intenções do próprio narrador. A verdade, aqui também, da mesma maneira como no estudo sobre o *Trauerspiel*, é a morte da intenção[7] e, através disso, a mesma surge para além do próprio Goethe.[8]

É que a esperança constitui um conceito central na concepção benjaminiana do amor. Sustenta a tensão própria da dialética entre o distanciamento absoluto, a morte e a aproximação cotidiana presente no casamento. A imagem da estrela fugaz enquanto esperança que cai sobre os amantes explicita esta tensão entre os opostos. A instância introduzida por Benjamin na análise da obra de Goethe contém uma dimensão que destaca na esperança uma forma que sintetiza e nega a reação mitológica ante aos poderes da natureza, mas também sua antítese, a salvação, aquela do momento criador da obra enquanto momento moral. Nesta análise, a crítica é apresentada como uma metodologia que abre espaços na obra, e que age diante dela como se fosse um alquimista (Benjamin, 1996, p.14).

Ainda que nesta instância Benjamin não tenha orientado sua concepção de amor em direção a uma concepção política, prefigura-se, porém, o elemento ontológico-experiencial sob a forma utópica da espera que constitui

---

6 Na interpretação de Witte, pode-se encontrar uma antecipação da "dialética negativa" identificada com aquilo que se costuma denominar Escola de Frankfurt. A interpretação proposta por este trabalho, entretanto, distancia-se consideravelmente da ênfase à negatividade, para resgatar a matriz utópica da leitura benjaminiana.

7 A expressão "*Tot der Intention*" aparece no livro sobre o drama barroco alemão e também em apontamentos sobre a crítica do conhecimento, redigidos entre 1920 e 1921 (Benjamin, 2007, p.73, p.140).

8 Como bem demonstra McCole (1993), nesse escrito o método crítico de Benjamin é aquele delineado em seu trabalho anterior sobre os jovens românticos. Para uma análise pormenorizada da concepção de crítica imanente em Benjamin, cf. McCole (1993, p.71-114).

a esperança. O vínculo amor-morte, num sentido inextricável, também está presente no texto citado, "Über die Ehe" (GS VI, p.68-9), onde Benjamin argumenta: "O Eros, o amor, tem o sentido único na morte comum dos que amam. Desenrola-se como o fio num labirinto que tem por centro a 'câmara da morte'" (GS VI, p.68-9). Neste breve texto, Benjamin argumenta que a barca do amor deve "navegar entre a Cila da morte e a Caríbdis da miséria. Para além das possíveis interpretações bibliográficas, baseadas, por exemplo, na experiência da morte no suicídio de Heinle e sua namorada, que foi bastante marcante para Benjamin,[9] encontra-se um núcleo filosófico que se materializa neste esquema tripartite e no conceito utópico eleito como síntese. As noções de espera, esperança e paciência tingem as imagens conceituais de seus escritos, desde este primeiro período até as mais avançadas reflexões presentes no projeto sobre as passagens de Paris.[10] Parece que desde tais escritos precoces, Benjamin preocupa-se em encontrar um conteúdo utópico, uma resposta aos problemas humanos contemporâneos. Esta ideia é esclarecida em outra breve anotação, escrita em 1920, onde são considerados os temas do amor e da sexualidade em relação à mulher.[11] Ali, Benjamin pensa no tema do amor como um problema europeu, destaca a importância daquilo que considera como uma revolução da sexualidade, que mostra o erro de se considerar as leis da natureza como leis imutáveis. Destaca então, neste escrito, a dificuldade do homem em compreender a mulher como uma unidade de erotismo e sexualidade. Encarrega-se também de chamar atenção ao encurralamento da mulher produzido pelas formas históricas, nas quais o homem europeu é incapaz de lidar com essa unidade da essência feminina. Neste contexto, chega a atentar para uma atrofia da vida sobrenatural da mulher, que corresponde àquilo que ele denomina de cegueira e afasta do homem europeu aquele feminino que lhe é diferente. Segundo Benjamin (GS I, p.72-3), o homem busca na mulher aquilo que lhe é semelhante, cerceando assim aquilo que é propriamente feminino, algo sintetizado na frase "*similia a similibus* cognoscentes".[12]

Essa homogeneização do amor, de uma forma de amor dominante que por meio da semelhança elimina a essência sobrenatural da mulher, opõe-se, por sua vez, à experiência libertadora do amor que será concebida por

9 Para uma análise que enfatiza a importância desta experiência da morte em Benjamin, cf. Jay (2000).

10 Em *Agesilaus Santander*, redigido em 1933, Benjamin une a capacidade de amar à paciência e à espera (cf. Benjamin, 1996, p.243-6).

11 Ver "Über Liebe und Verwandtes. (Ein *europäisches* Problem)". Benjamin relaciona esse fragmento com "Über die Ehe" (GS VI, p.72-4).

12 Essa expressão aparece precisamente no diálogo platônico sobre o amor, *O banquete* (ver 195b).

Benjamin poucos anos mais tarde. A referida concepção do erótico como abertura fundamentará um interesse pela política, num Benjamin que se ocupa das dimensões existenciais do humano.

## A EXPERIÊNCIA AMOROSA COMO PASSAGEM POLÍTICA: O EROTISMO, UM CAMINHO DE ILUMINAÇÃO

Durante os primeiros anos da década de 1920, e inclusive antes, já existem reflexões sobre a temática que serão fortemente modificadas, devido à guinada marxista de meados da referida década. A ruptura ocorrida nestes anos associará o sentido do amoroso a uma teoria da práxis humana, cujo valor será definido pela concepção subjacente de um humanismo real, materialista e dialético. O elemento desencadeador, que leva a concepção de amor a uma guinada em tal direção, sem sombra de dúvidas, é o encontro com Asja Lacis, que o introduz ao marxismo. Uma carta dirigida a Gershom Scholem atesta a mudança ocorrida neste período:

> Em Berlim, todos declaram, de maneira unânime, que houve em mim uma metamorfose evidente. Até os sinais comunistas constituíram primeiramente o indício de uma mudança que em mim despertou a vontade, não como afirmei até aqui, de mascarar os aspectos atuais e políticos de meu pensamento devido a uma volta ao passado, mas sim a vontade de empregá-los em minhas reflexões, e fazê-lo ao extremo. Evidentemente, isso significa que a exegese das obras poéticas alemãs passará a um segundo plano, onde no melhor dos casos trata-se essencialmente conservar e restaurar aquilo que é autêntico diante das alterações expressionistas. Enquanto não for possível abordar, por meio deste estilo do comentador tão de acordo com minha natureza, textos de uma significação concretamente diferente e de outro rigor sintético, criarei minha própria "política". E, é verdade que quanto a esta questão, minha surpresa ante ao contato com uma teoria radical bolchevique renovou-se em muitos pontos. (Witte, 2002, p.103-4)

Benjamin menciona a necessidade de "forjar uma 'política'" que marcará seu pensamento intelectual dali em diante, não apenas na orientação metodológica de suas reflexões, que ao incorporar a direção materialista iniciam a produção de uma forte tensão ante a tendência mística do seu pensamento, como também as temáticas e objetos de interesse eleitos encaminham-se para a construção de uma política "por ele próprio inventada": ocupa-se de temas marginais, que a seus olhos expressam a experiência transformadora da proposta marxista, tanto quanto ou mais do que as temáticas programáticas.

O tema do amor não escapa às referidas carências do comunismo oficial, que são observadas por Benjamin com distância crítica. No contexto de sua viagem a Moscou e em meio a ambíguas reflexões sobre a conveniência de sua adesão ao Partido Comunista alemão, Benjamin destaca o erro comunista, do receio em enfrentar temas como aquele do amor. Depois de algumas semanas de permanência em Moscou, escreve em seu diário no dia 30 de dezembro de 1926:

> E também não há espaço para a comédia grotesca americana. Esta baseia-se no jogo desinibido com a técnica, e tudo o que é técnico é sagrado aqui, nada é levado mais a sério do que a técnica. Acima de tudo, porém, o filme russo nada sabe sobre erotismo. A banalização da vida amorosa e sexual faz parte, como se sabe, do credo comunista. A apresentação de complicações amorosas trágicas, no cinema e no teatro, seria considerada propaganda antirrevolucionária. (Benjamin, 1989a, p.69)

A nota marginal, apesar da contundência, é esclarecedora por sua contraposição, entre o ponto de vista positivista e mecanicista da técnica e o menosprezo pelas forças afetivas, tomadas como contrarrevolucionarias. Precisamente durante esses anos, Benjamin encontra-se em meio a uma experiência pessoal que confirma sua posição teórica: o amor é uma potência de tamanha radicalidade, que deve ser incorporado a qualquer movimento que proponha uma transformação do estado das coisas. Tendo chegado à capital soviética com o intuito de estabelecer relações com a Rússia, e em plena paixão por Asja Lacis,[13] configura-se a conveniência da "segurança" que motivaria sua entrada para o Partido: "Continuo considerando meu ingresso no partido", escreve em seu diário, e avalia: "delega-se, por assim dizer, ao Partido a tarefa de organizar a própria vida" (Benjamin, 1989a, p.89). Como se sabe, tal organização da vida pelo Partido jamais foi alcançada. Evidencia-se, porém, que Benjamin com isso questionava então sua posição existencial de intelectual independente.

A viagem não é bem sucedida na organização da vida de Benjamin a partir de rumos conduzidos pelas influencias do programa comunista, mas sim, deixa uma marca que determina seu pensamento, na medida em que o político se converterá num marco referencial onipresente. A leitura benjaminiana de Moscou, então, consolida-se como uma trama, onde a experiência

13 G. Scholem é aquele que enfatiza que as três causas que determinaram sua viagem foram precisamente o amor por Asja Lacis, o interesse em estabelecer relações com a Rússia e a consideração de entrar para o Partido Comunista Alemão (KPD). Ver Scholem (1989, p.12).

política e aquela do amor misturam-se e unem-se no espaço da cidade. Com essa experiência, alcança um conhecimento forte, enraizado na compenetração entre o exterior e o interior: "Só se conhece uma região depois de experimentá-la no maior número possível de dimensões. É necessário ter entrado num lugar a partir de cada uma das quatro direções para dominá-lo e, mais ainda, é preciso também sair dele por cada uma delas" (Benjamin, 1989a, p.33). Em Moscou, fixa-se assim uma constelação semântica que o une ao compromisso político e amoroso, compromisso este que acabará selando a experiência da escrita de *Rua de mão única*. Num nível experiencial, Benjamin reafirma sua conexão com Asja por meio do espaço da cidade e os identifica: "Moscou coloca-se na minha vida de tal maneira que só posso percebê-la através de você – isso é verdade, independentemente de qualquer história de amor, sentimentalismo etc." (1989a, p.112).

Em conjunto com essa guinada ao político, Benjamin cerca-se de uma atmosfera diferente daquela do comunismo soviético, presenciada durante sua estadia na cidade onde se encontra seu amor: está trabalhando na tradução de dois dos livros de *Em busca do tempo perdido*, de Proust. Numa interpretação atenta do diário de Benjamin, a leitura e a tradução da obra do escritor francês não podem passar desapercebidas, dada a importância da introdução de tal autor no contexto comunista que o rodeava. Benjamin lê para Lacis uma passagem que lhe é especialmente relevante e que mostra seu distanciamento em relação a essa "trivialização" comunista do amor, por ele criticada. Na passagem das lésbicas (Proust, 2000, p.171-7), Benjamin interessa-se pela forma como Proust "penetra no interior do pequeno-burguês, um cômodo bem arrumado que leva a inscrição 'sadismo', e, depois, impiedosamente reduz tudo a cacos [...]" (Benjamin, 1989a, p.113). O estudo das relações amorosas da literatura proustiana envereda pela demolição do interior burguês, de seus valores e da experiência burguesa do humano, tomada como interioridade, valor e experiência abstratos. O "niilismo feroz", presente na cena que mostra a crueldade do personagem de *mademoiselle* (Vinteuil) em relação a seu pai morto, rompe com a ordem burguesa e seus valores, para revelar sua precariedade. No relato desta cena amorosa, Benjamin encontra o desmascaramento do humano e da bondade existentes nos pontos de ruptura da maldade. A associação imediata com as reflexões sobre a *Caritas* de Giotto, descrita em seu diário, o leva à conclusão de uma íntima afinidade com Proust, afinidade que se expressa em seu conceito de alegoria como forma alternativa do símbolo.[14]

14 De fato, Proust reflete a respeito do *Caritas* como uma alegoria que "encarna essa virtude sem que nenhum pensamento de caridade pareça ter sido expressado por sua cara enérgica e vulgar" (Proust, 2000, p.91).

Isso mostra que a leitura de Proust marca as reflexões benjaminianas sobre o amor, na medida em que indica a via de demolição da moral burguesa. Benjamin introduz essa experiência proustiana no contexto soviético, gerando com isso um polo de tensão que lhe propicia o distanciamento necessário para sua própria concepção de amor. Nesta configuração de opostos, onde a temática do amor é menosprezada como antirrevolucionária, mas recuperada na literatura de Proust como forma de ruptura dos ideais abstratos burgueses, Benjamin encontra a saída propiciada pela experiência do amor, encarnada na figura de Asja Lacis e na relação anterior com Julia Cohn, com a descoberta da força embriagadora e inconsciente como força que deve ser colocada a serviço de uma produção. Encontra-se aqui um antecedente do lema que, alguns anos depois, defenderá a partir da leitura dos surrealistas: "mobilizar para a revolução as energias da embriaguez" (cf. Benjamin, 1994). Em Moscou é onde se apega à ideia de encontrar uma "armação sólida para seu trabalho", que o permitirá concentrar toda essa energia amorosa na produção intelectual. Benjamin vive a ambígua relação com Lacis como um fardo: "Noto que a grande necessidade que sinto de tranquilidade – que agora, livre de minha torturante dependência de Asja, me assalta – encontra em toda a parte fontes nas quais se satisfaz" (Benjamin, 1989a, p.33, 74). No campo pessoal, propõe para si um caminho inverso àquele que seria proposto para a política: o amor o havia levado a descobertas que, agora, deveriam ser desligadas dessa motivação inicial: "De qualquer maneira", escreve em janeiro de 1927, "a época que se aproxima parece-me distinguir-se da anterior na medida em que esmorece a influência determinante do elemento erótico" (1989a, p.88): era necessário ganhar essa força para a estabilização de seu trabalho e de sua produção como escritor. Precisamente neste mesmo ano, começam as anotações e a tomada de forma daquilo que seria o grande projeto de sua vida, o estudo sobre as passagens de Paris.

Mas o trabalho onde o vínculo entre amor e política apresenta-se com maior evidência é provavelmente *Rua de mão única* que, por sua vez, estabelece uma íntima relação metodológica com o projeto das passagens, cujo início se daria pouco tempo depois. Os fragmentos que compõem o texto não apenas retomam o tema do amor, explícita e implicitamente em sucessivas oportunidades, como também o caminho por eles traçado está em consonância com uma reflexão sobre a condição do homem moderno e a experiência do amor. O diagnóstico de Benjamin a respeito da Alemanha do entreguerras é desolador. Na seção "Panorama Imperial" a crítica ao triunfo do quantitativo sobre o qualitativo, cujo paradigma é o dinheiro, conjuga-se com a denúncia de uma separação inumana entre objetos e pessoas. "Das coisas desaparece o calor", escreve Benjamin, a ponto de castigarem ao homem, numa conspiração conjunta com a própria terra. Neste diagnóstico da República de Weimar, Benjamin descobre a miséria, a estupidez e a vida escrava como formas da decadência instaurada na Alemanha. Mas essa decadência, que impele a direita a conceber uma forma de vida que se oponha aos valores propostos pelo humanismo iluminista burguês, em contrapartida, leva Benjamin a reconsiderar tais valores a partir de uma abordagem materialista. Com clareza, Benjamin prevê que a consequência da violência cotidiana se explicitará numa insurgência da técnica contra o próprio corpo humano: "Os homens que estão encurralados no recinto deste país perderam o olhar para o contorno da pessoa humana" (Benjamin, 1987, p.24). O amor é uma experiência que desperta a capacidade adormecida de percepção da pessoa, a ponto de transformar a referida faculdade. Tal como relatado em seu diário, Benjamin lê a Lacis a seguinte passagem:

> Quem ama não se apega somente aos "defeitos" da amada, não somente aos tiques e fraquezas de uma mulher; a ele, rugas no rosto e manchas hepáticas, roupas gastas e um andar torto prendem muito mais duradoura e inexoravelmente que toda beleza. Há muito tempo se notou isso. E por quê? Se é verdadeira uma teoria que diz que a sensação não se aninha na cabeça, que não sentimos uma janela, uma nuvem, uma árvore no cérebro, mas sim naquele lugar onde as vemos, assim também, no olhar para a amada, estamos fora de nós. Aqui, porém, atormentadamente tensos e arrebatados. Ofuscada, a sensação esvoaça como um bando de pássaros no esplendor da mulher. E, assim como os pássaros buscam proteção nos folhosos esconderijos da árvore, refugiam-se as sensações nas sombrias rugas, nos gestos desgraciosos e nas modestas máculas do corpo amado, onde se acocoram em segurança, no esconderijo. E nenhum passante advinha que exatamente aqui, no imperfeito, censurável, aninha-se a emoção amorosa, rápida como uma seta, do adorador. (1987, p.18)

Nas imperfeições de seu amor, o homem encontra aquilo que o liga mais fortemente a si, pois tal espaço significa amparo, atenção e espera. Benjamin transporta ao plano erótico aquela característica de sua filosofia, compartilhada por alguns de seus contemporâneos, na qual é nos dejetos que se constrói uma dimensão alternativa. A referida dimensão alternativa constitui precisamente o fundamento de um novo mundo, ao apresentar-se como espaço materialmente infinitesimal para a aparição do sagrado. Nesse sentido, a experiência do amor evidencia essa mudança radical da percepção, que interessa a Walter Benjamin e envolve uma transformação na experiência do tempo e do espaço. No *Diário de Moscou*, é possível encontrar o desenvolvimento de certas concepções gnosiológicas que ganharão força em escritos posteriores, mas que aqui já começam a se delinear. A afirmação da heterogeneidade do espaço, a crítica ao espaço infinito e vazio presente em alguns textos posteriores, com sua clara marca bergsoniana, pode ser antecipada na seguinte passagem sobre o rosto do ser amado, numa anotação do diário onde Benjamin trata do "avanço deste espaço – ou de pontos bem determinados e diferenciados dele – sobre nós" (Benjamin, 1989a, p.53). Nessa concepção de espaço baseia-se a experiência do amor, que em seguida chamará de "embriagadora", ao analisar a experiência surrealista.

Através do lema "ganhar as forças da embriaguez para a revolução", Benjamin conseguirá encontrar na energia erótica uma forma de iluminação profana, onde o transcendente é traduzido para o âmbito do imanente e nele encontra a matéria de que se nutre. A referida experiência de despertar, porém, não tem lugar num espaço e num tempo comprometidos com a produção de objetos. No mercado capitalista, a própria pessoa humana, na figura da prostituta, converte-se em apoteose da mercadoria.

E assim, nestas reflexões sobre o erótico nos anos 1920, prefigura-se uma posição programática de Benjamin, que se consolidará no inacabado trabalho das passagens, onde um humanismo real se contrapõe ao humanismo capitalista que converte o amor numa experiência fantasmagórica. O amor como experiência que se fragmenta em outra forma, vivencial e fantasmagórica, na qual o homem perde a noção da continuidade daquilo que experimenta. A vivência (*Erlebnis*) apresenta sua face fantasmagórica na figura da prostituta[15] e o dinheiro cumpre a função de apaziguar a vergonha. Já não existe então iluminação ou profanidade, mas apenas a própria fantasmagoria do "mercado do amor" onde no limite se alcança um "culto do amor" que constitui "uma tentativa de fazer valer a produção natural ante a industrial" (Benjamin, 2005, p.1021). Esta é a vivência, por Benjamin contraposta à experiência (*Erfahrung*), que deve ser ganha como força para a revolução. Em uma anotação do fragmentário projeto sobre as passagens, a esperança benjaminiana na experiência amorosa como experiência utópica e libertadora é recuperada:

> A noite da história, na qual a coruja de Minerva (com Hegel) levanta o voo, é a mesma que aquela em que Eros (com Baudelaire) rememora, ao pé da tocha apagada ante ao leito vazio, os abraços passados. (Benjamin, 2005, p.355)

15 A figura da prostituta interessa a Benjamin desde suas reflexões mais precoces, ao passo que no trabalho sobre as passagens esta adquire um sentido próprio diferente daquele que aparece, por exemplo, num fragmento precoce, "Die Dirne" (GS VI, p.75). Para uma análise do amor que retoma a figura da prostituta, ver Weigel (2000).

# – 25 –

# RELAMPEJOS EM WALTER BENJAMIN: IDEIAS E REMINISCÊNCIAS SOBRE O BRINQUEDO

*Max Alexandre Gonçalves*[1]

*Citações em meu trabalho são como salteadores no caminho, que irrompem armados e roubam ao passeante a convicção.*
Walter Benjamin, "Quinquilharias", *Rua de mão de única*

Filósofo, crítico de arte, teórico, teólogo, ou ainda, *freelancer*. São esses alguns dos atributos destinados a Walter Benjamin no ímpeto de conseguir caracterizá-lo. Porém, definir esse pensador a partir de uma única carreira seria correr o risco de não apenas deixar de aproveitar a multiplicidade de sua formação, mas também ignorar a complexidade do seu pensamento construído ao longo de sua trajetória pessoal e intelectual. Talvez seja pertinente nos lembrarmos da história relatada por Jeanne Marie Gagnebin, em *Walter Benjamin: os cacos da história*, para que possamos pensar se é possível, e também se há necessidade, de encontrar um lugar para Benjamin.

Conta Gagnebin que, alguns meses após a morte de Walter Benjamin, a filósofa Hannah Arendt foi ao cemitério de Port Bou, cidade fronteiriça entre a Espanha e a França, onde o teórico alemão se suicidara na noite de

1 Doutorando em História pela Unesp – Assis.

26 para 27 de setembro de 1940. Apesar de ter localizado o cemitério perto do mar, do túmulo de Benjamin ela nada viu. Anos depois, Hannah Arendt voltou ao cemitério e se deparou com uma surpresa: com o número elevado de turistas procurando pela sepultura de Benjamin, o coveiro do cemitério improvisou uma para levar os visitantes e, assim, arranjar um pouco de dinheiro em troca de uma informação fictícia. Essa história recontada aqui foi também relatada por Gershom Scholem no seu livro de memórias. Embora seja um tanto fúnebre, poderíamos utilizá-la como uma alegoria para refletirmos sobre o lugar em que poderíamos situar o pensamento de Benjamin, ou mesmo, se há a existência de algum. Porém, mais do que isso, ela serve ainda para nos mostrar a luta e o debate entre os que compartilharam das ideias dele, os "herdeiros de Benjamin", a fim de defender os próprios interesses. Segundo Jeanne Marie Gagnebin:

> Alguns fazem de Benjamin um materialista otimista, que celebraria o fim da arte tradicional em proveito de uma união entre arte e técnica (a partir da interpretação do ensaio *A obra de arte na era de sua Reprodutibilidade Técnica*); outros, particularmente Adorno e seus discípulos, consideram-no um observador de gênio [sic] mas um dialético medíocre, incapaz de uma verdadeira reflexão teórica; outros, enfim vêem-no [sic] um teólogo e um místico judeu, perdido nos caminhos do marxismo pelo medo da solidão e pelos encantos de uma mulher, Asja Lacis (interpretação de Scholem). (Gagnebin, 1982, p.8)

Assim, atribuir a Benjamin uma escolha profissional (e nós sabemos que ele tentou a carreira universitária), significaria também compreendê-lo enquanto vinculado a somente uma corrente teórica, ainda que de forma velada. Contudo, não é nosso objetivo situar Walter Benjamin, ou melhor, prendê-lo a alguma teoria, mas sim investigar a amplitude e complexidade do seu pensamento. Pretendemos enveredar por alguns de seus textos e analisar como alguns conceitos se encontram e dialogam na própria escolha dos fenômenos abordados, embora haja uma distância temporal entre os escritos.

Entretanto, qual seria o caminho para deslindarmos as ideias benjaminianas? Para a realização dessa proposta, escolhemos um objeto da reflexão de Walter Benjamin surgido nos textos da segunda década do século XX, a saber, o brinquedo. Dessa forma, com os ensaios "História cultural do brinquedo" e "Brinquedo e brincadeira. Observações sobre uma obra monumental", presentes em *Obras escolhidas*, volume 1, e as anotações de diário contidas em "Rua de mão única", em *Obras escolhidas*, volume 2, analisaremos como o brinquedo aparece no pensamento de Walter Benjamin e está relacionado a outros conceitos importantes do mesmo autor, tais como o de "ruína" e "experiência", existentes em ensaios como "Sobre o conceito da História" e em "Sobre alguns temas em Baudelaire". Procederemos com o confronto entre esses textos de modo que possamos observar diálogos entre eles, ao mesmo tempo em que veremos a ocorrência de continuidades nas reflexões benjaminianas. Ademais, será importante vermos como o brinquedo está relacionado a outros fenômenos culturais estudados por Benjamin em sua época, por exemplo, a industrialização e os materiais utilizados para fabricar brinquedos, que são casos muito interessantes. Da mesma forma, observaremos como o brinquedo dialoga com as transformações históricas que causaram a impossibilidade de narrar a experiência e a substituição da mesma pela experiência do choque.

## POR QUE O BRINQUEDO SE TORNOU OBJETO DA REFLEXÃO DE WALTER BENJAMIN?

O título que abre essa parte do nosso ensaio diz respeito à escolha do brinquedo para compreender o pensamento de Walter Benjamin. Porém, trata-se antes de entender o motivo do brinquedo ser tão valioso dentre tantos elementos e produtos culturais investigados pelo teórico alemão.

De fato, Benjamin discorreu sobre vários fenômenos relacionados à cultura de sua experiência histórica, tais como a fotografia, o cinema, o teatro e a literatura. E, para entendermos o brinquedo dentro da reflexão benjaminiana, é oportuno que vejamos como foi constituído os textos essenciais para debater sobre o brinquedo. Ainda mais, notemos como indícios sobre o método de Benjamin no que tange à interpretação dos objetos aos quais ele se dedicou a examinar.

Nesse primeiro momento, iremos nos deter ao "Rua de mão única". Publicado no Brasil sob o nome de *Obras escolhidas*, volume 2, já que contém ainda os textos "Infância em Berlim por volta de 1900" e "Imagens do pensamento", esse material foi originalmente lançado em alemão, na forma de livro, em 1928. Traz relatos, aforismos e observações muito perspicazes de Benjamin sobre a sua vivência nos anos vinte do século passado, justamente no período da República de Weimar, e abrange os mais diversos âmbitos da vida pessoal e pública contemporânea. Composto por vários fragmentos, "Rua de mão única" possui um em especial intitulado "Brinquedos". No entanto, antes de vermos o que essa seção nos revela, vamos nos ater ao motivo do brinquedo ser componente dessa coletânea de reflexões e também fundamentar nosso objetivo.

Siegfried Kracauer, a propósito da publicação de duas obras de Walter Benjamin, em 1928, que foram *Origem do drama barroco alemão* e *Rua de mão única*, escreveu um ensaio denominado "Sobre os escritos de Walter Benjamin". Para ele, apesar da diferença entre temas, os livros possuíam uma semelhança na forma de exposição, que seria a da interpretação. É oportuno notarmos como esse contemporâneo de Benjamin já entendia em seu tempo a dificuldade de defini-lo teoricamente. Porém, ao valorizar seu método, o caracterizou como "a antítese do sistema filosófico que quer garantir o seu alcance no mundo por meio de conceitos universais e, sobretudo, a antítese da generalização abstrata" (Kracauer, 2012, p.280). Nessa compreensão, Benjamin afirmaria a "multiplicidade descontínua não tanto dos fenômenos, mas das *ideias*" (2012, p.280).

Assim, ao beber da teoria platônica das ideias e da escolástica, o brinquedo no pensamento benjaminiano é um fenômeno que possui uma ideia, ou ainda, uma essência, mas que não se revela de imediato para o observador, se esse último tem contato direto com os fenômenos vivos. Kracauer compreende que a forma viva desses é transitória, e, os conceitos que dela derivarem, insignificantes. Para ele, "o mundo mostra àquele que se volta diretamente para ele [fenômeno] uma figura, que precisa destruir para alcançar as essências" (2012, p.280). E o brinquedo para nós, tal como é apresentado por Benjamin, carrega uma essência que só pode ser trazida à tona se destruirmos a figura sobre a qual ele se apresenta. Por isso, Kracauer entendeu que, para o seu contemporâneo alemão, "o mundo está *obscurecido e obstruído*, como sempre esteve de uma perspectiva teológica".

Então, a partir das questões pequenas, dos elementos aparentemente mais superficiais, Walter Benjamin descobre os maiores significados, justamente por sua intuição atingir o campo do imperceptível. Ainda na visão de Kracauer, as imagens e os fenômenos vivos perturbam Benjamin como em um sonho, "mas se iluminam no estágio da desintegração. [...] Pois, privados da vida mais urgente, tornaram-se transparentes contra a ordem das essências" (2012, p.282).

Nesse sentido, *Rua de mão única* é a prova de que Benjamin desejou despertar o mundo de seu sonho. Nele, encontramos essências, tais como Kracauer observou ao discutir *Origem do drama barroco alemão*. Quer dizer, o método de dissociar-se diretamente das unidades vividas, aplicado no estudo sobre o barroco alemão, também é utilizado nas observações feitas aos elementos presentes na Europa dos anos vinte – mas também nas suas incursões sobre Moscou. Naquele momento, ele assumira um "significado explosivo, se não revolucionário" (2012, p.284), de acordo com Kracauer.

Dessa forma, ao elaborar reflexões fragmentadas a partir de ruínas, de entulhos, isto é, objetos tornados obsoletos por não possuírem mais a função inicial do seu momento de criação, mas também de elementos banais aos olhos do observador comum – justamente por isso ambos são capazes de desvelar essências –, Benjamin aplicou um pouco da sua teoria sobre a História, que seria apresentada de maneira mais complexa somente alguns anos mais tarde em "Sobre o conceito da História". Nesse instante, a tese VI vem a propósito, quando diz que: "Articular historicamente o passado não significa conhecê-lo "como ele de fato foi". Significa apropriar-se de uma reminiscência, tal como ela relampeja no momento de um perigo" (Benjamin, 1994c, p.224). O que isso quer dizer? Que, para Benjamin, o existente em sua imediaticidade é privado de conteúdo e se apresenta de maneira confusa, como salientou Kracauer. Assim, é o "amontoado de ruínas que cresce até o céu" (1994c, p.226), que o anjo não pode ficar para recolher devido à tempestade que o impele, que forma o material das análises de Walter Benjamin.

## DA *RUA DE MÃO ÚNICA* AOS ENSAIOS SOBRE O BRINQUEDO: EXPERIÊNCIAS E BRINCADEIRAS

O brinquedo parece ocupar Benjamin enquanto objeto de suas indagações pelo menos desde *Rua de mão única*. É interessante notarmos que, desde as observações feitas em seu diário particular, o brinquedo já demonstrava possuir algumas denotações instigantes que se fariam presentes em obras futuras. São os casos de "História cultural do brinquedo" e "Brinquedo e brincadeira. Observações sobre uma obra monumental". Iremos nos deter sobre um diálogo entre esses textos, a fim de que possamos encontrar afinidades e continuidades dos conceitos benjaminianos, mas também ligações com outros escritos do crítico alemão.

Comecemos por *Rua de mão única*. Encontramos nesse material uma seção dedicada ao brinquedo com o título do mesmo nome do objeto ao qual se dedica, sendo dividida em quatro partes: "Folhas de estampas de modelagem", "Alvos de tiro", "Estereoscópio" e "Fora de comércio". Em conjunto e nessa sequência, descrevem desde a chegada de um parque de diversões à cidade, próxima ao rio Dvina, pelo menos as pistas dadas por Benjamin fornecem nos levam a essa hipótese, até aos componentes desse espaço.

As notas de Benjamin apresentam um mundo fantástico recém-chegado à cidade e que também parece espantá-lo ao presenciar tantas extravagâncias:

> Leões-marinhos, anões e cães estão conservados como em uma arca. Até mesmo a estrada de ferro está instalada aqui de uma vez por todas e viaja em círculo sempre de novo através de um túnel. Por alguns dias o bairro transformou-se em cidade portuária de uma ilha dos mares do Sul e os habitantes em selvagens que, na avidez e no espanto, passam diante daquilo que a Europa lhes lança diante dos pés. (Benjamin, 1995, p.50)

Após o final dessa primeira parte, Benjamin se volta para os brinquedos de tiro ao alvo. Os cenários e elementos dessas formas de diversão são descritos com muita minúcia, assim como as consequências de se acertar cada um dos alvos:

> Seria preciso que as paisagens de tendas de tiro ao alvo, reunidas em um *corpus*, fossem descritas. Ali estava um deserto de gelo do qual em muitos pontos destacavam-se brancas cabeças de cachimbos de barro, os alvos, enfeixados em forma radial. Atrás, diante de um inarticulado trecho da floresta, estavam pintados a óleo dois guardas florestais e, bem à frente, como se fossem peças de cenário, duas sereias com bustos provocantes. Em outra parte, eriçam-se cachimbos nos cabelos de mulheres, que raramente são pintadas com saias, na maioria das vezes de maiô. Ou saem de um leque que elas desdobram na mão. Cachimbos móveis giram lentamente no fundo dos *tirs aux pigeons*. (1995, p.50)

Em seguida, o olhar é voltado para as tendas que exibem teatros. Nessas, o espectador com a sua espingarda controla a direção dos eventos que ocorrem. Ao acertar o tiro, uma representação é iniciada. Conforme o relato de Benjamin:

> Assim, havia uma vez trinta e seis caixas e sobre a moldura do palco lia-se, junto de cada, o que era de se esperar ali atrás: *Jeanne d'Arc em prison*, *L'hospitalité*, *Les rues de Paris*. De uma outra tenda: *Éxecution capitale*. Diante da porta fechada uma guilhotina, um juiz em veste talar negra e um sacerdote que segura a cruz. Se o tiro acerta, abre-se a porta, avança uma prancha de madeira, sobre a qual está o delinquente entre dois esbirros. Ele se coloca automaticamente sob a lâmina e a cabeça lhe é decepada. A mesma: *Les délices du mariage*. Abre-se um interior miserável. Vê-se o pai no meio do cômodo, ele segura uma criança sobre o joelho, com a mão livre embala o berço, no qual está deitada mais uma. (1995, p.50)

Benjamin percebe que o tiro marca a diversão e os acontecimentos que se desenrolam nas tendas, tanto que soa um pouco sarcástico o seguinte comentário:

> É forçoso pensar na história do Alfaiatezinho Valente, poder-se-ia imaginar também a Bela Adormecida redespertada com um tiro, Branca de Neve libertada da maçã por um tiro, Chapeuzinho Vermelho salva em um tiro. O tiro atinge a existência dos bonecos à maneira dos contos de fadas, com aquela violência salutar que decepa aos monstros a cabeça e os desmascara como princesas. (Benjamin, 1995, p.51)

Em "Estereoscópio", Benjamin traça os elementos do mercado cotidiano, que recebeu todos os objetos descritos nas duas partes anteriores. A preocupação dele está nesse momento em descrever a existência desse local antes da ocorrência do evento que marcará a mudança daquele espaço.

> Em muitas esquinas ficam aqui o ano inteiro, ao lado de barracas de peixe, de carne, de botas e de roupas, mulheres pequeno-burguesas com as coloridas varetas de papel que a oeste só aparecem na época de Natal. Ser repreendido pela voz mais amada – assim são essas varetas. Por poucos cêntimos, multicores ramalhetes de castigo. Na extremidade do molhe, em tapumes de madeira, apenas trinta passos afastado da água, encontra-se, com suas montanhas vermelho-brancas, o mercado de maçãs. As maçãs postas à venda estão enfiadas na palha e as vendidas, sem palha, nas cestas das donas de casa [...]. Ferragens estão pintadas até as particularidades, martelos, rodas dentadas, tenazes e parafusinhos mínimos, sobre uma tabuleta que parece um modelo extraído de envelhecidos livros de pinturas para crianças. De tais imagens a cidade está repleta: dispostas como se saíssem de gavetas. Entre elas, porém, destacam-se muitos edifícios altos, semelhantes a fortificações, mortalmente tristes, que despertam todos os terrores do czarismo. (1995, p.50-1)

Em "Fora de comércio", o foco está sobre os bonecos de uma feira anual de Lucca, comuna italiana da região da Toscana, na Itália. Eles são chamados por Benjamin de "elevações principescas", expressão que faz jus às figuras representadas e aos movimentos das mesmas:

> Cada uma delas faz um movimento qualquer: umas, com o braço direito ou esquerdo, um amplo gesto de convite, outras um volteio dos olhares vítreos; muitas rolam os olhos e mexem os braços ao mesmo tempo. Francisco José, Pio IX no trono e flanqueado por dois cardeais, a rainha Helena da Itália, a Sultanesa, Guilherme I a cavalo, Napoleão III pequeno e, menor ainda, Vitório Emanuel como príncipe herdeiro ali estão. Seguem-se figurinos bíblicos, e a eles a Paixão. Herodes comanda com movimentos muito variados da cabeça o assassinato das crianças. Abre muito a boca e acena com a cabeça, estende o

> braço e o deixa cair novamente. Dois carrascos estão diante dele: um desocupado, com a espada cortante, uma criança decapitada debaixo do braço, o outro, na iminência de ferir, está, até no rolar dos olhos, imóvel. E duas mães ao lado: uma, sem cessar, sacudindo mansamente a cabeça como uma melancólica, a outra erguendo lentamente, suplicando os braços. (Benjamin, 1995, p.52-3)

O retrato feito por Benjamin dessa paisagem não foi por acaso. As imagens que aquele mundo fornecia aos seus olhos ocupariam o seu pensamento de tal forma, que em "História cultural do brinquedo", ensaio publicado em 1928, há reflexões que encontram suas origens, ou pelo menos seus correspondentes, nas anotações de *Rua de mão única*.

Aparentemente, esse texto nos leva a crer que se trata apenas de uma resenha, pela preocupação do próprio Walter Benjamin em avaliar o livro de Karl Gröeber, autor de *Kinderspielzeug aus alter Zeit* [Brinquedos infantis dos velhos tempos. Uma história do brinquedo]. Porém, é no desenvolvimento do texto que percebemos que Benjamin parte dessa obra para refletir sobre o brinquedo e as transformações históricas pelas quais esse objeto passou a partir de meados do século XIX. E aqui já começa o diálogo com seus outros escritos, uma vez que o autor do livro sobre o brinquedo não analisa a brincadeira infantil, mas sim a materialização dela, voltando-se assim para a história do próprio brinquedo. O fascínio com que Benjamin fala desse material encontra semelhanças com a minúcia das observações sobre aquele parque de diversões que invadira a cidade de *Rua de mão única*. De acordo com Benjamin, além de ter sido anteriormente o centro geográfico da Europa, a Alemanha também fora o "centro espiritual" no que se referia ao brinquedo:

> Nuremberg é pátria dos soldadinhos de chumbo e dos garbosos animais da Arca de Noé; a casa de bonecas mais antiga de que temos conhecimento vem de Munique. Mas mesmo quem não se interessar por questões de prioridade, que de fato significam muito pouco, terá que admitir que as bonecas de madeira de Sonneberg (fig. 192), as "árvores de aparas de madeira" do Erzgebirge (fig. 190), a fortaleza de Oberammergau (fig. 165), as lojas de condimentos e as chapelarias (fig. 274, 275, prancha X), e a festa da colheita, em estanho, proveniente de Hanover (fig. 263), constituem modelos de insuperável beleza. (Benjamin, 1994b, p.244-5)

Foi no século XIX que a produção de brinquedos se tornou objeto de uma indústria específica, pois o estilo e a beleza dos antigos tipos eram produzidos sob uma circunstância muito diferente. Nesse intervalo, os brinquedos eram "subprodutos das atividades produtivas regulamentadas corporativamente, o que significava que cada oficina só podia produzir o que correspondesse ao seu ramo" (Benjamin, 1994b, p.245). Pois, até o século XVIII, por exemplo, os carpinteiros eram os fabricantes das bonecas de madeira. No entanto, eles eram proibidos de pintá-las devido às restrições corporativas, cabendo essa parte da produção a outro tipo de artesão, o que encarecia o produto, visto que quando o brinquedo era composto por vários materiais, as indústrias eram obrigadas a dividirem entre si o trabalho, mesmo que fosse o mais simples possível.

Logo, não havia a venda de brinquedos por um comerciante específico, mas sim pelos artesãos em suas oficinas. Podemos citar os casos dos soldadinhos de chumbo feitos pelo caldeireiro, ou ainda, as figuras de doces fabricadas pelos confeiteiros.

Outra transformação relevante pela qual o brinquedo passou, e que foi destacada por Benjamin, foi quanto ao formato desse objeto. Para ele, essa mudança possui um significado maior do que se poderia supor. Pois, ele percebe que os brinquedos "se tornam maiores, perdendo aos poucos seu aspecto discreto, minúsculo, sonhador" (1994b, p.246). Certamente, os tamanhos dos bonecos encontrados em uma exposição naquela feira de Lucca impressionaram e influenciaram Benjamin nesse ponto, já que alguns deles haviam sido descritos com "vinte a vinte e cinco centímetros de altura em média" (Benjamin, 1995, p.52). Porém, ele ainda nos chama a atenção para a emancipação do brinquedo a partir da segunda metade do século XIX: "quanto mais avança a industrialização, mais ele se esquiva ao controle da família, tornando-se cada vez mais estranho não só às crianças, como também aos pais" (Benjamin, 1994b, p.246). Ora, se ainda persiste alguma dúvida quanto ao impacto e à marca daquela cena observada em *Rua de mão única* nesse ensaio, vejamos o que aparece no final daquelas anotações contidas em "Brinquedos". Depois de ter relatado os bonecos e seus movimentos, escreve Benjamin: "– Sob todas as figuras um pequeno papel com a inscrição. – O todo datando do ano de 1862" (Benjamin, 1995, p.54).

Há ainda outro elemento que perturbou Benjamin ao analisar o brinquedo e sua fabricação: o fato da criança não ser mais a produtora dele, isto é, o seu criador. A industrialização desse objeto, representada pela figura do adulto, cria um brinquedo que já não condiz com a criança. Isso é tão impactante para Benjamin que ele irá destacar até os materiais utilizados na construção do brinquedo: "E ao imaginar para crianças bonecas de bétula ou de palha, berços de vidro, navios de zinco, os adultos estão interpretando à sua moda a sensibilidade infantil" (Benjamin, 1994b, p.246-7). De fato, se pensarmos a partir de Benjamin e seus escritos sobre a modernidade, não estaria esse material mais coerente com a construção das galerias parisienses, visto o valor concedido à fusão do ferro com o vidro em *Passagens*?[2] O luxo que essas construções representam, assim como a atração exercida pelas mercadorias que ocupam esse espaço, está em sintonia direta com os materiais utilizados na fabricação dos brinquedos, ao mesmo tempo em que não estão condizentes com eles, conforme Benjamin, pois "quanto mais atraentes são os brinquedos, no sentido usual, mais se afastam dos instrumentos de brincar; quanto mais eles imitam, mais longe eles estão da brincadeira viva. [...] a imitação está em seu elemento na brincadeira, e não no brinquedo" (Benjamin, 1994b, p.247). É interessante notarmos que é a criança que transforma algo em brinquedo ou em brincadeira. Na industrialização do brinquedo, o conteúdo ideacional determina a brincadeira da criança, entretanto, para Benjamin, na sua concepção de brinquedo, é o contrário que se verifica. Se a madeira é o material mais apropriado para o brinquedo, é justamente pela sua capacidade de absorver cores, mas a sua transformação em um objeto de brincar, cabe à criança, se ela assim o desejar.

Para quem se identificou tanto com Baudelaire e se dedicou ao estudo da obra (Benjamin, 1994d) desse poeta francês com tanto afinco, conferindo-lhe uma interpretação ainda hoje muito sagaz, Benjamin deve ter visto em *Le joujou du pauvre*, poema da coletânea "Pequenos Poemas em Prosa – Le *Spleen* de Paris", a diferença entre um brinquedo que foi concebido pela criança e outro que provavelmente tenha sido fruto da industrialização. Ao apresentar as suas ideias de divertimento, o narrador do poema em prosa XIX dirige o seu olhar para uma criança rica, de trajes faceiros e de aparência viçosa. Contudo, logo a sua visão se detém sobre algo que está presente naquele cenário: "A seu lado [da criança], jazia na relva um brinquedo maravilhoso, tão viçoso quanto o dono, envernizado, dourado, vestindo uma roupa púrpura e coberto de plumas e miçangas. Mas a criança não dava atenção ao seu brinquedo preferido [...]" (Baudelaire, 2011, p.99).

A razão pela qual a criança não brinca com o seu brinquedo preferido e tem a sua atenção desviada parece que será apresentada no parágrafo seguinte:

> Do outro lado da cerca, na estrada, entre os cardos e as urtigas, estava outra criança, suja, raquítica, fuliginosa, um desses moleques-párias de que um olhar imparcial descobriria a beleza, se assim como o olhar do entendido intui

2 Entre tantos textos que vem a propósito em *Passagens*, escolhemos o seguinte: "Vidro que surge antes do seu tempo, ferro prematuro. O material mais frágil e o mais forte foram quebrados, por assim dizer, deflorados nas passagens. Em meados do século passado, ainda não se sabia como se devia construir com vidro e ferro. Por isso o dia que se infiltra do alto através das vidraças por entre suportes de ferro é tão sujo e nublado" (Benjamin, 2007, p.189).

> uma pintura ideal sobre o verniz de segeiro, removesse a pátina repulsiva da miséria. (Baudelaire, 2011, p.99)

Porém, não é pela diferença tão discrepante que a criança rica abandona o seu brinquedo, mas sim devido ao objeto que a pobre tem e ostenta para aquele ser tão semelhante e simultaneamente oposto a ela. Examinado avidamente por aquela criança tão bela, o brinquedo, "como a um objeto raro e ignorado [...], que o moleque sujinho atiçava, agitava e chacoalhava numa caixa gradeada, era um rato vivo!". Os pais, por economia decerto, tinham tirado o brinquedo da própria vida" (Baudelaire, 2011, p.101). Após a revelação desse divertimento, o poema acaba com as duas crianças rindo uma para outra, "com dentes de *igual* brancura" (2011, p.101).

O poema *Le joujou du pauvre* carrega em si o caráter imaginativo do brinquedo criado pela criança. Apesar da cena um tanto chocante, o poema apresenta crianças que se divertem com um brinquedo que não passou pelas máquinas da industrialização. Apesar da caixa com o rato ter sido intermediada pelas mãos dos pais no poema, conforme o narrador – uma vez que seriam eles os que tiraram o rato da sua condição enquanto ser vivo – é possível notar que são os olhos atentos daquelas crianças que determinam se aquilo é um brinquedo ou não. Por outro lado, Benjamin diz que não compreenderíamos o brinquedo, "nem em sua realidade, nem em seu conceito, se quiséssemos explicá-lo unicamente a partir do espírito infantil" (Benjamin, 1994b, p.247). A criança não deve ser analisada separadamente do povo e da classe a qual pertence. "Por isso, o brinquedo infantil não atesta a evidência de uma vida autônoma e segregada, mas é um diálogo mudo, baseado em signos, entre a criança e o povo" (1994b, p.248), conforme Benjamin.

O último elemento que desejamos discutir em relação ao brinquedo trata da experiência tida na brincadeira. Em "Brinquedo e brincadeira. Observações sobre uma obra monumental", Walter Benjamin parte novamente do livro de Karl Gröeber para discutir a essência do brinquedo. Porém, com a diferença que a brincadeira é incluída nesse ensaio enquanto fenômeno de investigação, diferente daquele que já esmiuçado por nós, que tem o foco sobre o brinquedo enquanto objeto material.

A fim de elaborar uma teoria sobre a brincadeira, ou ainda, um estudo, Benjamin é incisivo nesse texto ao colocar que tais objetivos precisariam considerar uma lei que rege o mundo da própria brincadeira, que é a lei da repetição. Pois, para a criança, diz Benjamin, ela é "a essência da brincadeira, que nada lhe dá tanto prazer como 'brincar outra vez'" (Benjamin, 1994a, p.252). Em um diálogo claro com Freud, o filósofo alemão avalia que a compulsão da repetição age de maneira tão violenta e astuta na brincadeira quanto na criança. Por isso, Freud acreditou ter descoberto nesse impulso um "além do princípio do prazer". Nesse ponto, Benjamin utiliza um termo fundamental para o entendimento da sua obra: o da experiência. Pois, ele considera que, "com efeito, toda experiência profunda deseja, insaciavelmente, até o fim de todas as coisas, repetição e retorno, restauração de uma situação original, que foi seu ponto de partida" (Benjamin, 1994a, p.253). Reparemos nesse ponto que Benjamin transfere para a brincadeira da criança o conceito de *Erfahrung* – a experiência em seu sentido pleno, aquela que ocorre na percepção da aura e nas correspondências. Em "Sobre alguns temas em Baudelaire", Benjamin opôs essa categoria à da "vivência" – *Erlebnis* – a experiência em sentido restrito, que seria o resultado da participação do fator choque em cada uma das impressões, de forma que a presença do consciente é cada vez mais frequente, o que representa menos impressões incorporadas à "experiência". A atividade de reconhecer e produzir semelhanças depende de um sistema psíquico diverso daquele da consciência aparadora de choques. Na brincadeira, tal como Benjamin a compreende, a criança não quer fazer a mesma coisa apenas duas vezes, mas sempre de novo, cem e mil vezes" (1994a, p.253). Por isso, essa experiência não visaria apenas dominar os "eventos terríveis e primordiais pelo amortecimento gradual, pela invocação maliciosa, pela paródia; [mas] trata-se também de saborear repetidamente, do modo mais intenso, as mesmas vitórias e triunfos" (1994a, p.253).

Ao aprofundar essa oposição entre "experiência" e "vivência", Benjamin delimita que, respectivamente a primeira diz respeito ao mundo da tradição, em que o tempo era o da totalidade, enquanto a segunda forma traz em seu bojo a verdade de uma experiência de caráter pessoal e individual, característica do mundo moderno. Foi dessa maneira que ele conseguiu analisar a condição da criação poética em Baudelaire. E nesse mundo no qual Benjamin escreve, a *Erfahrung* já não pode ser transmitida, tal como os ensaios "O narrador. Considerações sobre a obra de Nikolai Leskov" e "Experiência e pobreza" demonstrarão anos mais tarde. Disso, decorre o ato de rememorar o passado por meio da brincadeira, e, também, o caráter restaurador de um estado que já não existe mais, uma vez que, ao brincar, a "criança recria essa experiência, começa sempre tudo de novo, desde o início". Estaria na essência da brincadeira a "transformação em hábito de uma experiência devastadora". No entanto, essa metamorfose torna irreconhecíveis as formas de "nossa primeira felicidade e de nosso primeiro terror" (1994a, p.253). Dessa forma, não se lembrar de como criar o brinquedo e a brincadeira seria parte do processo de eliminação do sujeito singular, o indivíduo, no mundo dos séculos XIX e XX, em que a experiência plena é substituída por sensações e lembranças uniformes – vivências – *Erlebnis*, no sentido mais coerente e preciso do termo nesse caso.

# – 26 –

# TRANSBENJAMIN: "DIE AUFGABE DES ÜBERSETZERS" POR HAROLDO DE CAMPOS

*Leandro Candido de Souza*[1]

No pensamento de Haroldo de Campos, o prefixo latino "trans-" é presença constante na designação do feitio de suas traduções e dos fundamentos de sua tradutologia: "transcriação", "transpoetização", "transblanco" etc. É esta percepção que nos autoriza a reconhecer um conjunto disperso de fragmentos textuais sobre Walter Benjamin, que se conectam ao corpo mais geral de seu trabalho, e que poderíamos chamar por *transbenjaminianas*, uma vez que ultrapassam muitas das convicções do pensador alemão, a fim de dar-lhes novos sentidos. No presente trabalho, dedicaremos atenção a sua leitura de "Die Aufgabe des Übersetzers" [A tarefa da tradução]. Vale ainda destacar que este contato de mão única entre os dois autores implicou muitas revisões por parte do poeta brasileiro, exceto aquelas ligadas a seu próprio trânsito (de uma poesia filiada à "Geração 45" ao pleno exercício da *escritura* pós-moderna), cujo rito de passagem foi instituído pela prática e doutrina da poesia concreta, especialmente a partir da terceira publicação da revista-livro *Noigandres* (1956).

1 Graduado em ciências sociais pelo Centro Universitário Fundação Santo André, mestre em comunicação pela ECA-USP e doutor em história pela PUC-SP. Bolsista de pós-doutorado – Fapesp.

Houve entre os poetas noigandres (Haroldo, seu irmão Augusto de Campos e o amigo Décio Pignatari) uma consciência nada crítica da troca de posição social do artista, na segunda metade do século XX, principalmente em decorrência do esgotamento das formas artísticas puras (estéticas), em sociedades capitalistas plenamente industrializadas. Benjamin encaixou-se nesse projeto coletivo enquanto subsídio às "operações tradutórias" que os três, aparentemente, consideravam como uma alternativa viável para uma poesia que não havia cumprido as promessas concretistas: que fosse capaz de redimir a "servidão de passagem" no itinerário que levaria do poeta ao semiólogo. A radicalização do formalismo pós-64, especialmente por meio do pensamento de Max Bense, foi prova de que o objetivo pouco mudou, apesar da breve *saison engajée*. A realidade exigia um posicionamento político ao qual os poetas concretistas não estavam assim tão dispostos, a solução, então, foi teorizar e traduzir para não ceder posições.

Na teoria, como é sabido, revisou-se a história literária a partir de um ponto de vista supostamente vanguardista, mas que na verdade já é pós-moderno, ofuscando, por tabela, a tendência da literatura nacional para o engajamento como continuidade aos trabalhos finais dos modernistas remanescentes de 1922, algo bem observado por Antonio Candido, que conceituou esse percurso como o de seu *vir a ser*, como "formação". Uma passagem do prefácio à segunda edição (1962) de sua *Formação da literatura brasileira* registra exatamente isso.[2] A nova estética proposta por Max Bense auxiliou em muito o revisionismo concretista, permitindo-lhes uma reconexão com o formalismo russo pela perspectiva do estruturalismo então em moda, sem entrar em correlação com as vanguardas históricas e os objetivos que lhes são próprios.[3]

Assim, *invenção* e *revisionismo* misturaram-se uma vez mais na tradução, que se fortaleceu a partir dos anos sessenta com, inicialmente, a versão em português de textos de Bense, que foram publicados nas páginas do *Correio Paulistano*. Depois de se encontrarem como concretistas tratava-se de converter, por um esforço hermenêutico, os demais autores existentes em proto ou paraconcretistas. E se, por um lado, Haroldo jamais produziu poesia visual sem palavras (e quando isso aconteceu com seus parceiros ele rumou à prosa), por outro, essa rarefação (ou diminuição para o controle)

2 "Quero me referir à definição da nossa literatura como eminentemente interessada. Não quero dizer que seja 'social', nem que deseje tomar partido ideologicamente. Mas apenas que é toda voltada, no intuito dos escritores ou na opinião dos críticos, para a construção de uma cultura valida no país. Quem escreve, contribui e se inscreve num processo histórico de elaboração nacional" (Candido, 1981, p.18).

3 A respeito dos movimentos históricos de vanguarda, conferir Bürger (2008).

de sua atividade poética permitiu-lhe ser protagonista da teoria e também da prática tradutória da equipe, tornando-se um pouco objetável caso exemplar, como em sua leitura de Walter Benjamin.

O primeiro trabalho sistemático de Haroldo sobre tradução de poesia ("Da tradução como criação e como crítica")[4] lançou os fundamentos de uma teoria e prática inalteradas ao longo de todo seu percurso, ainda que sempre ampliadas. O artigo se baseava na junção entre a especificidade da "informação estética" detectada por Bense e a propensão à sentença absoluta levantada por Albrecht Fabri (que, como o primeiro, também ministrou aulas na Hochschule für Gestaltung Ulm, Alemanha), em seu artigo ao primeiro número da revista *Augenblick* (1958). Em ambas as conceituações, a tradução revela-se impossível, pois "supõe a possibilidade de se separar sentido e palavra" (Fabri). Por se tratar de uma informação de tipo estético - uma *construção* que se pretende única e irrepetível - a sentença assim pensada pode, no máximo e dependente do esforço proponente, ser recriada enquanto corpo análogo pela isomorfia de seu complexo constitutivo. Abre-se, assim, caminho para a "transposição criativa" (Roman Jakobson) de elementos em uma mesma e igual estrutura, o que Roland Barthes chamou *simulacre* e Benjamin *Um-dichtung* (transpoetização). A partir dos anos 1980, Haroldo começou um processo de detalhamento de sua leitura de Benjamin que será, doravante, componente indelével de suas ideias.

A tradução se torna a tarefa de buscar uma informação estética que seja, em uma determinada língua, o equivalente de uma informação estética original e com uma vinculação de identidade semântica entre ambas. Quer dizer que a tradução deixa de existir, dando lugar à busca de uma informação estética autônoma, mas relacionada ao original pela *isomorfia*: "recriação, ou criação paralela, autônoma porém recíproca". Trata-se de uma proposição tipicamente pós-moderna que, posteriormente, Haroldo chamará por *paramorfia*, fazendo valer o rigor etimológico de "forma paralela". Uma passagem de "Tradução, ideologia e história"[5] registra a troca dos termos, já com pleno jargão da semiótica: "tenho preferido usar o termo paramorfismo para descrever a mesma operação, acentuando no vocábulo (do sufixo grego *para-*, 'ao lado de', como em paródia, 'canto paralelo') o aspecto diferencial, dialógico do processo, aspecto, aliás, presente em meu ensaio de 1962" (Campos, 2013, p.37).

4 Tese para o III Congresso Brasileiro de Crítica e História Literária (Universidade da Paraíba, 1962), posteriormente publicada na revista *Tempo Brasileiro* (n.4-5, jun.-set. 1963) e republicada em: Campos, 2006, p.31-48.

5 Publicado originalmente em *Cadernos do MAM*, Rio de Janeiro, n.1, dez. 1983, republicado na revista *Território da Tradução* (1984) e, posteriormente, em: Campos, 2013, p.37-46.

A semiótica, que generaliza apreensões linguísticas elementares à totalidade de relações sígnicas da realidade social, é o alimento mais autêntico dessa prática tradutória que tem sua equivalência poética na poesia semiótica ou sinalística. O único dos três poetas concretistas que não se enveredou com radicalidade pelo campo da visualidade e eliminação da verbalidade, Haroldo de Campos, não se isentou dessa culpa e cumpriu sua pena nas *operações textuais* que aprontou sob o rótulo de "transcriação". Pelo contrário, foi o mais ativo no campo da teoria e o inovador polemista no campo da tradução e do revisionismo teórico-literário animado pelas mesmas premissas dos outros dois (ex-)concretistas. O poema passou a obedecer – na prática poética de Augusto e Pignatari, e na tradução de Haroldo – aos desígnios da *iconicidade do signo estético* como definida por Charles Morris, que chegava via Max Bense. Uma teoria tradutória apurada que teve sua antecipação prática na tradução recriadora de Ezra Pound, o que, por si, é outro e extenso assunto.

A resolução para o problema posto por Albrecht Fabri (que falou em uma sentença absoluta que só pode ser refeita se desfeita pela exploração, justamente, de sua potencial fragilidade) é um procedimento para-concretista. Daí por diante foi um caminho sem volta, e em 1976, quando da tradução de seis cantos do *Paraíso* de Dante, Haroldo reafirmou a tradução criativa como "reconstituição da informação estética do original" pela confecção de um "texto isomórfico em relação à matriz": "original autônomo", ou simulacro, diríamos nós ao modo barthesiano. A tradução, assim, tende "ao escopo daquela descrita por Walter Benjamin: liberar, na língua da tradução, a linguagem pura que o original vela, e em relação à qual o sentido comunicativo (*Bedeutung*) é apenas uma referência tangencial" (Campos, 1998, p.80). Posteriormente, no final dos anos 1990, Haroldo recorrerá a Walter Benjamin, uma vez mais, para validar o "vanguardismo retrospectivo" (Wilson Martins) seu e de seus colegas.[6]

Antes disso, redigiu alguns artigos dedicados à tradução (coligidos por Marcelo Tápia e Thelma Médici Nóbrega, em *Transcriação*), reforçando teses como a de que a "historicidade do texto-fonte pensada como construção de uma tradição viva é um ato até certo ponto usurpatório, que se rege pelas necessidades do presente de criação". Em outras palavras, uma "desconstrução e reconstrução da história" que, à medida que se aplica, "*traduz* a

6 "Nós não nos aproximamos do problema da vanguarda à maneira iconoclasta do futurismo italiano, mas à maneira histórico-crítica de Ezra Pound: *vanguarda significa um ponto de vista sincrônico e atualizador do passado*, uma ideia que é tanto de Pound como de Walter Benjamin". Haroldo de Campos. La escritura del asombro: entrevista a Haroldo de Campos, *Espacios*, n.20, 1997 apud Aguilar, 2005.

*tradição*, reinventando-a" (Campos, 2013, p.39) a partir de um ponto de vista produtivo próprio a um "'transumanismo latino-americano', necessariamente 'antropofágico'" (2013, p.45).

Sua definição mais acabada a respeito de Benjamin apareceu em "Para Além do Princípio da Saudade: a teoria benjaminiana da tradução", em que Haroldo reiterou suas posições a partir da leitura um tanto detalhada de "A Tarefa do Tradutor", escrito pelo alemão em 1921. Haroldo notou, a partir de Rainer Rochlitz ("De la philosophie comme critique littéraire: Walter Benjamin et le jeune Lukács") a facticidade de um "diálogo subterrâneo" entre o ensaísta tradutor e o jovem Georg Lukács da *Teoria do romance*. A mesma preocupação com a cisão entre individualidade e totalidade, que atravessa toda a obra lukacsiana corresponde, no plano da literatura, à "tarefa libertadora da tradução" que Benjamin defendeu.

Aliás, o próprio Benjamin realizou essa aproximação entre propósitos filosóficos e o ato tradutório em seu estudo. Segundo ele, tanto a missão do tradutor quanto todo o engenho filosófico guia-se pelo princípio da saudade (*Sehnsucht*) "em direção àquela 'língua pura' ou 'língua da verdade'" capaz de redimir a linguagem de seu cativeiro no texto original (Campos, 2013, p.48). Aquele engenho condensado em um determinado texto original, seu "modo de intencionar" a volta do material literário para a "língua verdadeira", sofre uma opressão constante por parte de seu "conteúdo comunicativo que não lhe é essencial".

Quer dizer que sua "forma significante" é o que importa e precisa ser desocultada por detrás dos sedimentos inessenciais do significado, o que transparece na seguinte passagem textual: "Eis o traço de *apokatástasis* (de reintegração ou restauração edêmica [sic])[7] que subjaz tanto à visão lukacsiana no filósofo, como à benjaminiana do tradutor, o gesto metafísico, de 'ressurreição teológica' (para falar como Adorno), que as colore a ambas" (Campos, 2013, p.49). Uma ideia que será aprofundada na parte "Questões

7 Dado o contexto adamítico, paradisíaco ou messiânico, é muito provável que Haroldo queira dizer "edênica" (relativo a "éden") e não "edêmica" (derivada de "edema": tumefação). Um sugerível ato falho, por se tratar de Lukács, a quem Haroldo se referiu, indiretamente, em "Poesia e paraíso perdido" (5 jun. 1955; Campos, 2006, p.43-7), ao falar que as obras de Thomas Mann contêm "o avatar fáustico [que] é apenas um dos dragões-chineses, uma das carantonhas de artifício de que se servem aqueles que investem a arte de uma 'função catártica' precípua, espécie de clister do coração acrescido, às furtadelas, ao elenco portátil dos decoctórios" (2006, p.45). A metáfora é grosseira, porque "clister", no grego, nomeia a mesma modalidade de lavagem intestinal por via retal que o latino "enema", que pode ser a parafonia obliterada, a mola secreta, do ato falho que transformou "edênica" em "edêmica". Algo que o ressurgimento da palavra "avatar", presente em ambos os textos, também sugere: retorno do recalque como prova da vinculação textual das ideias.

introdutórias de crítica do conhecimento", de *Origem do drama barroco alemão* (escrito entre 1923 e 1925) e que tem seu fundamento remoto em suas teses sobre a linguagem de 1916 ("Sobre a linguagem em geral e sobre a linguagem dos homens").

A "palavra exteriormente comunicante" é o "pecado original do espírito linguístico", a tradução, sua religião no sentido etimológico, como em Borges ao afirmar que "o conceito de *texto definitivo* não corresponde senão à religião ou ao cansaço". Um messianismo linguístico em que "a palavra, ainda quando decaída, ostenta como seu aspecto simbólico não redutível à mera comunicação, esta sua vocação para a língua paradisíaca, em estado de nomeação adamítica" (Campos, 2013, p.50). A língua pura exilou-se na língua estrangeira por meio de um determinado "modo de intencionar" que o tradutor arrisca-se a refazer em sua língua. O original não passa assim do "avatar" ("o *simbolizante* de um *simbolizado*") de um significado transcendental. Como bem explica Haroldo, um simbolizado em si (*das Symbolisierte selbst*) que, para ser reproduzido em solo distinto, precisa ser liberto de suas inessencialidades, como o seu sentido, reduzido que está à fugacidade da história e das línguas que, segundo o Benjamin de "A tarefa do tradutor", permitem aos homens, exatamente por terem uma língua comum, a estarem dispensados do exercício da linguagem: a passagem do *escritor* e *escrevente* nos termos barthesianos.

> Em vez de render-se ao interdito do silêncio, o tradutor-usurpador passa, por seu turno, a ameaçar o original com a ruína da origem. Esta, como eu a chamo, a última *hýbris* do tradutor luciferino: transformar, por um átimo, o original na tradução de sua tradução. Reencenar a origem e a originalidade como plagiotropia: como "movimento infinito da diferença" (Derrida); e a *mímesis* como produção mesma dessa diferença. (Campos, 2013, p.56)

Se para a metafísica da tradução de Benjamin o tradutor desempenha um papel *angélico* de resgate do ser em queda, do ente adamítico, para Haroldo ele deve agir de modo um pouquinho mais usurpador e ser, ele próprio, a negação de um original ("plagiotropia"): o emparceiramento com o príncipe das trevas, Lúcifer. Seu resgate é um resgate em que o tradutor cria aquilo que diz traduzir e o que lhe permite fazer isso é a convenção da estrutura julgada essencial: seu "modo de formar" que, neste aspecto, tende à alegorização tanto pelo abandono da unicidade do original como pela falência do sentido único. Também avistamos como a teoria tradutória mais madura de Haroldo confirma, não só a sua concepção fundamentalmente verbal de expressão da linguagem, como a cosmogonia que habita muito de seus temas de aspiração teológica. Não por coincidência, sua teoria e prática tradutória desembocaram na hermenêutica judaica (via Borges-Benjamin) e pousaram na genealogia bíblica. A história tornou-se uma grande "pluralidade sufocada" que não salvaguarda mais qualquer "ponto fixo, nem no objeto nem no sujeito da alegorese", numa abertura e plasticidade próprias ao Barroco.

E como estamos vendo ocorrer aqui, ainda que com quase vinte anos de atraso, o mesmo que foi anunciado por Gérard Genette na década de 1960, não custa lembrar palavras suas sobre a retomada do barroco no século XX e a instauração de uma nova modalidade cultural: "Na nossa paisagem literária atual, a descoberta (ou a invenção) do barroco tem mais importância do que a herança romântica, e o nosso Shakespeare não é o de Voltaire, nem o de Hugo; ele é contemporâneo de Brecht e de Claudel, como o nosso Cervantes é contemporâneo de Kafka" (Genette, 1968, p.391). O que comprova rapidamente sua plausibilidade se lembrarmos de palavras pretéritas de Haroldo, no mesmo "A obra de arte aberta" referido anteriormente:

> Pierre Boulez, em conversa com Décio Pignatari, manifestou o seu desinteresse pela obra de arte "perfeita", "clássica", do "tipo diamante", e enunciou a sua concepção da obra aberta, como um "barroco moderno". Talvez esse neobarroco, que poderá corresponder intrinsecamente às necessidades culturmorfológicas da expressão artística contemporânea, atemorize, por sua simples evocação, os espíritos remansosos, que amam a fixidez das soluções convencionadas. (Campos et. al., 2006, p.53)

Para a releitura pós-estruturalista, não é a natureza do objeto copiado, portanto, quem define a arte, mas aquilo que o homem lhe acrescenta ao reconstituí-lo. As teorias (da atividade estruturalista, em Barthes ou Genette, e da tradutologia haroldiana) encontram-se bem próximas aqui: o fundamento da arte é a homologia dos esquemas da linguagem pelo jogo entre *decomposição* e *composição* inspirado em Ferdinand Saussure (*significante/significado*) e em Louis Hjelmslev (*denotativo/conotativo*). E sendo a produção do seu sentido (o que se realiza pelas leis semióticas da mínima diferença), o substrato de toda arte, não pode caber à tradução uma jornada muito diferente que encontrar as relações entre fragmento e conjunto, como entre os quadrados de Piet Mondrian, nas séries em Henri Pousseur, nos versículos de Michel Butor, nos mitemas de Claude Lévi-Strauss, nos fonemas da fonologia etc. (Barthes, 2002, p.466-72).

Segundo Barthes, é a noção de *paradigma* (reserva de unidades, seleção dos materiais), extraída de Jakobson, que dá sustentação à atividade estruturalista enquanto atribuição de sentido atual a um "combate contra o acaso". É, pois, atividade estruturalista toda aquela em que há um exercício das formas e das regras de combinações sobre um repertório delimitado, de modo a pôr "plenamente a claro o processo propriamente humano pelo qual os homens conferem um sentido às coisas". Em outro artigo da mesma época ("Que é a crítica?"), Barthes é inequívoco em dizer que o estruturalismo é formalismo, como o de Jakobson, que fundou uma crítica literária a partir de duas categorias retóricas: metáfora e metonímia.

Mas está sempre presente, nos juízos de Barthes, um moralismo de tipo fenomenológico que não existe no concretismo, como quando diz que "a crítica não é uma tábua de resultados ou um corpo de juízos, é essencialmente uma atividade, isto é, uma série de atos intelectuais profundamente comprometidos com a existência histórica e subjetiva (é a mesma coisa) daquele que os realiza, isto é, os assume" (Barthes, 2002, p.504). Para Barthes, portanto, como para Genette, o estruturalismo é *formalismo* no sentido lógico e não no estético, porque vê no objeto artístico um sistema de signos cujo ser não está na mensagem, mas no próprio sistema, mesmo que ele não fuja a um fim moral. Afinal, "a crítica não é uma 'homenagem' à verdade do passado ou à verdade do 'outro', ela é a construção do inteligível do nosso tempo" (2002, p.507) e o crítico não é obrigado a "reconstituir a mensagem da obra, mas apenas o seu sistema, tal como o linguista não tem que definir o sentido da frase, mas sim estabelecer a estrutura formal que permite a este sentido ser transmitido" (2002, p.506).

Essa é uma observação ignorada pela máquina digestora noigandres que nunca procurou no discurso algo além da mensagem desinteressada com requintes concretistas. Enquanto, nos franceses, a atividade estruturalista visava centrar a responsabilidade do crítico em questões que transcendam a esfera do conteúdo e avançar sobre outras responsabilidades concernentes à técnica, forma, expressão, função etc., em Haroldo – que sempre foi mais dotado de brilhantismo e talento pessoal que de preocupações sociais – o estruturalismo serve exclusivamente como arrimo provedor de formas autônomas (quase "científicas") que mascaram certas responsabilidades da individualidade criadora. "Do discurso só me interessa a linguagem", eis seu *slogan* jamais formulado, como fica claro em uma teoria que permite a tradução desafiançada de seu conteúdo. Walter Benjamin não foi mais que a corroboração, no campo da tradução, para a releitura pós-estruturalista das vanguardas históricas projetada, ainda nos anos 1950, pelos então concretistas de São Paulo.

– 27 –

# PARA BENJAMIN, SEGUNDO BENJAMIN, COMO DISSE BENJAMIN. APROPRIAÇÕES DA OBRA DO AUTOR NO CAMPO EDUCACIONAL BRASILEIRO (1980-2013)[1]

*Raquel Lazzari Leite Barbosa*[2]
*Denice Barbara Catani*[3]
*Dislane Zerbinatti Moraes*[4]

> *Si le style est le pouvoir de parcourir les longitudes et les latitudes de la pensée du langage sans tomber dans la banalité, il est le plus souvent dû à la force de coeur des grandes pensées, propulsées par le sang linguistique à travers les veines de la syntaxe jusque dans ses extrémités les plus éloignées.* (Benjamin, 2000, p.244)[5]

Desde há muito a constatação sobre a presença significativa das obras de Benjamin na produção educacional brasileira vem sendo observada. Tal como outros pensadores/cientistas/autores de territórios diversos como o da filosofia, história, sociologia ou literatura, é pelo poder estruturante do seu pensamento que ele tem sido invocado a fortalecer a compreensão de questões

1 As expressões utilizadas no título acima e no segundo e terceiro títulos intermediários de nosso texto valem-se de formulações elaboradas por P. Bourdieu (1997).
2 Departamento de Educação – FCL – Unesp, câmpus de Assis.
3 Faculdade de Educação – USP.
4 Faculdade de Educação – USP.
5 "Se o estilo é o poder de nos deslocarmos ao largo e ao longo do pensamento linguístico sem cair na banalidade, ele é alcançado principalmente através da força cordial dos grandes pensamentos, que impulsionam o sangue da linguagem pelas redes capilares da sintaxe até as extremidades mais distantes." (Tradução nossa.)

relacionadas à pedagogia. Também e por isto mesmo cabe perguntar como se configura esta presença de Benjamin em nossa produção. Isto equivale a bem mais do que simplesmente constatar a frequência das referências. Trata-se de empreender um exame das modalidades de sua presença de maneira a concorrer para a análise da construção científica dos estudos educacionais.

É recorrente a afirmação das influências que determinados pensadores exerceram ou exercem sobre nossos estudos, mas a observação detida das maneiras pelas quais a área educacional apropria-se de contribuições oriundas de diversas disciplinas é algo que, em grande medida, ainda está por ser feito e é relevante ao permitir compreender o que são os conhecimentos pedagógicos. No decorrer da última década proliferaram algumas análises cujo escopo era um entendimento como o que aqui se menciona e que buscaremos empreender com relação à presença do pensamento de Benjamin na educação. Em texto que buscou identificar as várias modalidades de apropriação da obra de Pierre Bourdieu no campo educacional brasileiro alguns pesquisadores examinaram as formas pelas quais o pensamento do sociólogo se fez presente em trabalhos veiculados por periódicos especializados em educação (Catani, A.; Catani, D.; Pereira, 2001). Mais recentemente, Aquino (2013) conduziu uma análise semelhante com relação ao pensamento de Michel Foucault na área educacional brasileira. Retomou as maneiras de classificar as apropriações que já haviam sido delineadas para o exame do caso de Bourdieu e constatou, assim, características importantes que diferenciam as várias contribuições pedagógicas que partem de Foucault para construir formas de entendimento das questões dessa área.

O sentido do termo apropriação, utilizado por aqueles autores, deriva do esquema conceitual elaborado por Roger Chartier. Justificam a opção ressaltando que o objetivo da investigação é indicar a variedade das formas de recepção e as formas peculiares de invenção na leitura que se fez desse autor. Chartier refere-se ao conceito propondo que "apropriação tal como a entendemos visa a uma história social dos usos e interpretações referidos a suas determinações fundamentais e inscritos nas práticas específicas que os produzem" (Chartier, 1998, p.74). Embora não tenhamos feito análise exaustiva das práticas específicas de produção dos usos enraizadas em suas condições sociais, como se verá adiante, procedemos a indicações bastante precisas sobre as mesmas.

A recepção dos trabalhos de Bourdieu no Brasil foi, de início, marcada por leituras muito concentradas no livro *A reprodução* e que solicitavam do autor proposições transformadoras capazes de atender às condições sócio históricas de modificação da escola. Uma tal situação deveu-se, nos anos de 1970 e 1980, ao próprio estado do campo educacional da época. Assim, certo tempo decorreu até que as ideias de Bourdieu, expressas noutros livros, pudessem ser acolhidas e produtivamente apropriadas na situação brasileira (Catani, A.; Catani, D.; Pereira, 2001, p.67). Pretendemos perguntar do mesmo modo como se deu a acolhida e a apropriação da obra de Benjamin.

Em tese que analisou os manuais pedagógicos destinados a professores, no período de 1870 a 1970, em perspectiva comparada entre Brasil e Portugal, observou- se o processo de produção e apropriação de ideias educacionais, utilizando a metáfora da "viagem" para simbolizar os caminhos, deslocamentos, e leituras realizadas pelos autores de manuais em níveis local e transnacional (Silva, 2005). Os escritores, responsáveis por fazer caminhar as ideias, acabaram por criar um conjunto do que consideravam boas leituras endereçadas aos professores, constituindo assim, um repertório teórico híbrido. Os estudos sobre apropriação permitem compreender que essa circulação de saberes se manifesta no processo de articulação de conhecimentos do campo pedagógico e de outras áreas (Nóvoa; Schriewer, 2000 apud Silva, 2005; Carvalho; Cordeiro, 2002; Schriewer, 2001). No horizonte das nossas finalidades surgem importantes questões sobre as formas lógicas de construção dos conhecimentos em educação e também figuram elementos férteis para o entendimento do trânsito e do privilégio conferido a obras e autores, em momentos específicos da vida do campo.

Nessa perspectiva, a compreensão da presença de Benjamin no campo educacional fez-se com base em pesquisa que selecionou 19 periódicos especializados dirigidos a profissionais, cujos editoriais convergem em muitos objetivos, por exemplo, ao anunciarem que as revistas, em geral, têm o propósito de abordar questões atuais e significativas do arcabouço teórico da área. O período considerado foi de 1980 a 2013 sendo que alguns das revistas fontes tiveram o início do seu ciclo de vida antes ou depois de 1980. Nesse momento, ocorreu uma grande expansão das traduções dos livros de Walter Benjamin e é por essa razão que o tomamos como marco inicial do estudo. Os editoriais anunciam, ainda, que dentre seus objetivos constam a divulgação de pesquisas acadêmicas para propiciar a troca de informações e o debate sobre questões de caráter teórico-metodológico, a promoção de relações entre a educação e os problemas e perspectivas sociais, o incentivo à produção do conhecimento científico, filosófico e artístico, assim como o intercâmbio de ideias entre pesquisadores brasileiros e estrangeiros.

## SOBRE QUANTIDADES E QUALIDADES DAS APROPRIAÇÕES

As publicações analisadas são: *Cadernos de Pesquisa* (Fundação Carlos Chagas), *Revista Brasileira de Educação* (Anped), *Revista Brasileira de Estudos*

*Pedagógicos* (Inep), *Em Aberto* (Inep), *Educação & Pesquisa* (originalmente como *Revista da Faculdade de Educação da Universidade de São Paulo* e com o título atual desde 1999), *Revista Brasileira de História da Educação* (SBHE), *História da Educação* (Asphe-RS), *Cadernos de História da Educação* (UFU), *Cadernos Cedes* (Campinas-SP), *Pro-posições* (FE-Unicamp), *Educação em Revista* (FE-UFMG), *Contexto & Educação* (Unijuí), *Educação & Sociedade* (Campinas), *Educação & Realidade* (Porto Alegre), *Educação em Debate* (Fortaleza); *Educação & Filosofia* (Uberlândia), *Nuances: Estudos Sobre Educação* (Unesp). Incluímos também uma publicação dirigida à formação inicial e continuada de professores, a Série *Ideias*, editada pela SEE-Cenp-FDE-São Paulo. Essa publicação foi amplamente distribuída entre as secretarias de educação dos estados nos anos de 1980 e 1990, constituindo-se, por isso mesmo, em leitura acessível a um elevado número de docentes e especialistas em educação (Moraes; Souza; Amparo, 2009). As revistas consultadas nos permitem apreender o processo de construção de teorias e a emergência de questões de investigação, dado o fato dos periódicos serem sensíveis à dinâmica social e favorecerem diálogos intensos entre os pesquisadores. Por esses motivos se justifica um trabalho dessa natureza, que busca vestígios dos processos de produção de ideias sobre educação, para além dos que podem ser identificados em uma abordagem bibliográfica em geral (Novoa, 1993; Catani; Sousa, 1999).

Essa escolha do período (1980-2013) deveu-se ao fortalecimento da pesquisa científica no campo educacional ocorrido nessas décadas. Tomamos como parâmetro também o processo de tradução, publicação e expansão do acesso à obra de Walter Benjamin no Brasil, intensificado em meados dos anos de 1970, com a publicação em 1975 do volume da Coleção *Os Pensadores* pela Editora Abril Cultural: *Benjamin, Adorno, Horkheimer, Habermas*. Trata-se de edição bem cuidada, com a seleção de textos e introdução aos autores realizada por especialistas nas questões relacionadas à Escola de Frankfurt. Em seguida em 1985, a Editora Brasiliense iniciou o projeto de publicação das *Obras escolhidas* de Walter Benjamin, selecionadas pela Editora Suhrkamp Verlag, responsável pelo tratamento e estabelecimento do texto na Alemanha. Na sequência são publicados *Magia e técnica, arte e política: ensaios sobre literatura e história da cultura* (1985), *Rua de mão única* (1987), *Charles Baudelaire: um lírico no auge do capitalismo* (1989).[6] No mesmo ano de 1985, edita-se a seleção de textos de Flavio Kothe, *Walter Benjamin, sociologia*, pela Editora Ática e em 1986, *Documentos de cultura e documentos de barbárie*, com seleção e apresentação de Willi Bolle, pela editoras Cultrix e Edusp.

6 Edições anteriores de textos de Walter Benjamin podem ser encontradas, dentre elas, por exemplo, nas seguintes coletâneas: Lima (1969), Grünnwald (1969) e Lima (1978).

Foram examinados 1342 números de periódicos e isto resultou na identificação de 215 artigos que citaram o autor.[7] A análise do material foi dividida segundo três categorias distintas, tomando por base a investigação sobre a apropriação de Bourdieu, já citada. São elas: *apropriação incidental*, caracterizada por referências ao autor somente na bibliografia, ou no corpo do artigo, em citações breves de trechos da obra; *a apropriação conceitual tópica*, caracterizada pela utilização de citações e, eventualmente, de conceitos para reforçar argumentos ou resultados obtidos num quadro terminológico que não necessariamente é o do autor e a *apropriação do modo de trabalho*, caracterizada por usos que revelam a presença sistemática de noções, conceitos e argumentos do autor. Nesse caso os conceitos mais frequentes são o de narrativa, o de história e a conexão passado-presente, o conceito de memória voluntária e involuntária, a questão da reprodutibilidade técnica da imagem (incluindo fotografia, cinema e obras de arte), a relação cultura e narrativa, dentre outros.

As categorias indicadas foram sendo encontradas nos estudos que se apropriaram das ideias de Benjamin da seguinte forma: na categoria *modo de trabalho* estão presentes os artigos que contemplam a discussão sobre o método em ciências humanas e em especial acerca das abordagens das questões educacionais, nas quais o maior desafio é compreender a sua emergência e contemporaneidade. Além desta, o aproveitamento da produção de conhecimento efetuado por Walter Benjamim se dá em diversos níveis e graus, fazendo com que a categoria de *apropriação conceitual tópica* contemple temáticas específicas como tecnologias da informação e educação, infância, a constituição da subjetividade e do disciplinamento nas práticas escolares. Na categoria *apropriação incidental* comparecem referências à obra indicando uma vontade dos autores de se aproximarem do sistema filosófico benjaminiano, de mostrarem o valor de sua obra como precursora ou reforçar sua tendência iluminadora para o estudo de determinados temas e questões. Em termos quantitativos obtivemos os seguintes índices nas categorias: *modo de trabalho* – 66 artigos (30,5%); *apropriação conceitual tópica* – 106 *(49,5%)* e *apropriação incidental* – 43 (20%).

Os artigos examinados foram classificados por suas filiações disciplinares e procurou-se contemplar o arcabouço teórico da área educacional. Identificamos e classificamos as produções como pertencentes às seguintes áreas: Memória e História da Educação – 51 artigos (23,72%); Educação e

7 Para viabilizar a análise pretendida foram elaborados quadros e tabelas com mapeamentos de artigos segundo os critérios de periódicos, autores, filiações institucionais, frequência anual, citações a obras de Benjamin, categorias de apropriação e filiações disciplinares.

Comunicação – 36 (16,74%); Política e Filosofia da Educação – 32 (14,88%); Formação de Professores – 29 (13,48%); Educação Infantil – 27 (12,55%); Sociologia da Educação – 17 (7,90%); Pedagogia – 13 (6,04%) Didática – 10 (4,65%).

192 autores citaram os estudos de Walter Benjamin, sendo que podemos destacar 13 que apoiaram seus textos nas ideias do filósofo com relativa assiduidade. São eles Sonia Kramer (PUC-RJ), Alexandre Fernandez Vaz (UFSC), Jaison José Bassani (UFPR), Ana Cristina Richter (UFPR), Mary Julia Martins Dietzsch (FE-USP), Inês Ferreira de Souza Bragança (Univ. Estácio de Sá), Solange Jobim e Souza (PUC-Rio/UERJ), Antonio Álvaro Soares Zuin (UFScar), Marcelo de Andrade Pereira (UFSM-RS), Martha D'Angelo (FE-UFF), Maria Isabel Ferraz Pereira Leite (Unicamp), Rita Marisa Ribes Pereira (UERJ), Andréa Borges de Medeiros (UFJF-MG). A forma pela qual os autores conduzem suas apropriações da obra é, como já dissemos, bastante diversificada, mas para, no momento, dar apenas um exemplo tomemos a questão da formação de professores como eixo importante que concentra trabalhos analisados, e atentemos para a produção de Sonia Kramer.

## BENJAMIN GOSTARIA DE SER BENJAMINIANO?

Uma forma recorrente de apropriação das ideias de Walter Benjamin pela autora consiste em integrá-la como fundamentação teórica em suas reflexões, buscando sempre ressaltar, em seus projetos de pesquisa e de capacitação de docentes as relações entre a formação e a narração de histórias pessoais de experiências de leitura e escrita e a narração acerca da escolha da profissão de professor e de modos de construção de saberes e práticas pedagógicas (Kramer, 1998; 2002). Trata-se, nesse sentido, de propor revisões da relação que professores estabelecem com o passado e com a produção do conhecimento, de sugerir uma visão da história que não aprisiona a experiência destes no passado e de valorizar a rememoração como forma de reconstrução de subjetividades. Também, nos textos da autora, a ideia de escavação do passado comparece com frequência e ajuda a apoiar sua compreensão sobre os modos de formação.

A rememoração de experiências como um modo fértil de conduzir processos de formação de professores fundamenta-se ainda em reflexões de Benjamin sobre a relevância de tornar visível aquilo que parece miúdo e sem importância, como a experiência pessoal, e a sabedoria contida na possibilidade de dizer, ouvir e olhar em comunidade. Consequentemente alguns trechos de obras do autor são os mais visitados pela autora, como por exemplo, em "O narrador":

> Esse processo de assimilação [da memória] se dá nas camadas mais profundas e exige um estado de distensão física, o tédio é o ponto mais alto da distensão psíquica. O tédio é o pássaro de sonho que choca os ovos da experiência. O menor sussurro nas folhagens o assusta. Seus ninhos – as atividades intimamente associadas ao tédio – já se extinguiram na cidade e estão em vias de extinção no campo. Com isso desaparece a comunidade de ouvintes. Contar história sempre foi a arte de contá-las de novo, e ela se perde quando as histórias não são mais conservadas. Ela se perde porque ninguém mais fia e tece enquanto ouve a história. (Benjamin, 1994, p.204-5)

Como índice de *apropriação do modo de trabalho*, é representativa a orientação dada por Sonia Kramer às pesquisas sobre formação de professores, leitura e escrita e concepções de criança/infância. Em seus textos há a valorização de pistas de rupturas epistemológicas e revisões conceituais tal como sugerido por Benjamin. Esse reconhecimento apoia a autora em sua proposição de ampliação e aprofundamento das questões, na inserção de novos tipos de fontes e formas de coletar dados significativos, como a entrevista, a etnografia escolar, o ato de fotografar, a análise de obras cinematográficas e literárias na pesquisa educacional:

> Dirigindo sua crítica tanto à ciência quanto aos sistemas filosóficos, [Benjamin] considera que ambas na ânsia de dar conta da verdade, têm-na aniquilado, encarcerando-a, homogeneizando-a, ignorando as diferenças. Sem pretender o desnudamento que aniquila o segredo, mas a revelação que lhe faz justiça, [...] sua preocupação é a de não sacrificar a totalidade nem a singularidade. Mas como? Deixando que o particular fale para que revele as leis do todo [...]. A verdade está na tensão entre o universal e o particular e a sua busca se funda na leitura monadológica do particular. Benjamin entende a mônada como fragmento, realidade miniaturizada, constituindo um ponto de vista sobre o mundo e, ao mesmo tempo, o mundo sob um ponto de vista. [...] O caminho que pretendemos trilhar foi o da leitura do particular, trabalhando os fragmentos, os estilhaços, as ruínas, [...] buscando a totalidade que neles se revela. (Kramer, 1998, p.22)

Ainda a propósito do desdobramento das ideias benjaminianas para a educação, vale sublinhar uma informação adicional. Em 1990, numa modalidade de apropriação incidental do pensamento do autor, buscamos força em seu texto sobre Proust para sustentar a proposta de ancorar processos de formação do magistério na fonte das contribuições literárias e autobiográficas. Ao refletir acerca do trabalho memorialístico de Elias Canetti utilizamos o trecho que viria a ser, diversas vezes, lembrado na área educacional: "Nem tudo nessa vida é modelar, mas tudo é exemplar...". Para Proust, para Canetti e para o próprio Benjamin as palavras se adéquam, mas aqui a sua menção se faz para dar conta do tipo de apropriação que sua própria obra favoreceu: não propostas modelares, nem elaborações a serem replicadas, porém casos exemplares de reflexões, ensaios nos diversos sentidos do termo oferecendo-se aos leitores como alusões que podem permitir novos modos de compreender problemas, experiências, criações (Catani, 1990-1991).

Alguns outros pesquisadores também enfrentaram a discussão sobre as potencialidades dos conceitos propostos por Walter Benjamin para a área pedagógica. As aproximações efetuadas dizem respeito à própria concepção de formação, entendida como um conjunto de ações e propostas de práticas que favorecem a construção de conhecimentos e operações de atribuição de sentido, assim como, os processos de subjetivação, de singularização de sujeitos, de socialização e humanização. A teorização benjaminiana sobre a experiência teria essa potencialidade de distinguir uma educação baseada na transmissão de informação e outras fundamentadas na construção de saberes e valorização da sabedoria vinda da tradição. A fruição da arte e da literatura, ambas formas narrativas, seria o campo de aparecimento do autêntico e da criação, elementos esses fundamentais quando se adota a noção de formação como espaço de transformação do sujeito, de realização, de invenção e poetização. Outro aspecto também ressaltado é o da possibilidade de romper com a racionalidade moderna e a consequente subtração de temporalidades, isto é, a visão linear e progressista da História; e com isso recuperar saberes e práticas educacionais tradicionais, história de vida e de formação e passar a considerar a dimensão narrativa nas práticas educacionais (Pereira, 2006; D'Angelo, 2008; Oliveira, 1996; Masschelein, 2008; Linhares, 1996; Mattos, 2003).

Alguns outros exemplos de usos dos textos de Benjamin ilustram a *categoria de apropriação tópica*. No caso de Solange Jobim e Souza, em textos sobre a tecnologia e o confronto de gerações nas práticas de leitura e escrita, a pesquisadora retoma as ideias do pensador ressaltando o fato de que a análise revela a atitude crítica e compreensiva do autor frente às transformações nas formas de recepção e leitura de obras de arte e de pensamento trazidas pelo cinema, fotografia e imprensa. Remete-se a passagens dos escritos do autor sobre o tema da modernidade, que lhe parecem mais potentes em sugestões de perspectivas de pesquisa e são capazes de sustentar o enfrentamento do novo "sem transformá-lo em preconceito ou rejeição aos desafios de cada época" (Souza; Gamba Jr., 2002, p.107), como no trecho seguinte:

> Jamais houve uma época que não se sentisse moderna, no sentido excêntrico do termo, e não acreditasse estar diante de um abismo iminente. A lúcida consciência desesperada de estar no meio de uma crise decisiva é algo crônico na humanidade. (Benjamin, 2006, p.587)

A discussão sobre modernidade também será tema de investigadores que partilham com Benjamin a crítica à ideia de progresso técnico e com isso demonstram a orientação disciplinar dos gestos e concepções sobre o corpo no momento presente. Em análises como essas são tecidas interlocuções com Adorno e expresso o tributo à obra benjaminiana, principalmente em relação às reflexões sobre a elaboração do conhecimento histórico e à ideia de história, bem como são realizadas menções à discussão proposta pelo filósofo sobre a experiência. Os pesquisadores constroem a sua perspectiva em diálogo com o autor, realizando uma apropriação sistemática de suas concepções:

> O tema da experiência, assim como outros presentes em várias passagens da *Minima moralia* e mesmo em outras obras, é um dos vários tributos que Adorno paga a Walter Benjamin. Também para este os processos de tecnificação dos gestos e dos sentidos produzidos pelo ritmo da produção industrial, pelo avanço da técnica e pela complexificação urbana das grandes metrópoles, com seus desafios e ritmos cada vez mais acelerados, resultarão na estruturação de uma nova sensibilidade. Benjamin (1997) destacou que nas ruas das grandes cidades, nas quais o ritmo em meio à multidão é acelerado e o choque com os transeuntes é quase inevitável, os sentidos, especialmente o olhar, já não mais *reconhecem*, mas *respondem*, da mesma forma que os movimentos do corpo devem, antes de tudo, *defender*. A essa nova sensibilidade, gestada pelos avanços da técnica, não corresponde mais a *experiência* (*Erfahrung*), mas a *vivência do choque* (*Chockerlebnis*). (Bassani; Vaz, 2008, p.108)

Os primeiros autores que citam Walter Benjamin ainda nos anos de 1980 e 1990, em nosso mapeamento, pretendem fazer multiplicar e frutificar a experiência do sensível e do qualitativo no campo da educação. Propõem alternativas para tornar visível o invisível, por meio da abertura para a consideração de imagens e do imaginário, aproximando aquilo que é comumente privilegiado na escola – as operações lógicas, às possibilidades da interpretação do mundo mediadas pela expressão artística e narrativas de vida (Freitag, 1986; Resende, 1986; Romano, 1988; Coelho, 1994; Schäffer, 1999).

*Magia e técnica, arte e política: ensaios sobre literatura e história da cultura* constitui-se como o livro mais citado, 134 referências, em um universo de 68 obras. Tal fato se explica principalmente tendo em vista as temáticas próprias dos artigos, assim, a questão da memória, da narrativa, experiência, história e formação de docentes na área educacional nutriram-se das reflexões presentes no livro. Nesse volume foram publicados ensaios, os quais revelaram seu caráter estratégico para a compreensão da obra multifacetada do autor: "A obra de arte na era de sua reprodutibilidade técnica", "O narrador", "Sobre o conceito de História", "Experiência e pobreza", "A imagem de Proust", "Pequena história da fotografia" e três textos sobre brinquedos e livros infantis.[8]

Pudemos constatar pela investigação que nos anos 1998, 2002, 2006, 2010 e 2012, as obras de Walter Benjamin foram muito mais citadas. As revistas publicaram nesses anos muitos trabalhos acerca de narrativas de professores, educação infantil, cinema e fotografia, temáticas que parecem ter se beneficiado intensamente da obra do pensador. As produções nas quais os autores mais se apropriaram das ideias de Walter Benjamin estão alocadas nas seguintes revistas: *Educação & Sociedade* (29); *Pro-posições* (27), *Cadernos Cedes* (21); *Cadernos de Pesquisa* (20); *Educação em Revista* (22), *Educação & Realidade* (20); *Revista Brasileira de Estudos Pedagógicos* (14), *Revista Brasileira de Educação* (14); *Educação & Filosofia* (12); *Educação & Pesquisa* (11). Caso a pesquisa se estendesse de modo a levar a efeito o exame de livros, teses e dissertações poder-se-ia, decerto, constatar outras modalidades de apropriação da obra. E, a propósito da atuação dos programas de pós-graduação, seria também possível perceber núcleos de propagação das apropriações irradiados a partir dos orientadores e/ou dos grupos de pesquisa.

Dentre os grupos de pesquisa nacionais pode-se citar alguns identificados como uma comunidade de leitores da obra de Walter Benjamin: *Laboratório de Estudos Audiovisuais Olho* – Faculdade de Educação da Unicamp, coordenado por Milton José de Almeida nos anos de 1990 e o *Núcleo de Estudos e Pesquisas Educação e Sociedade Contemporânea* (UFSC-UFPR/CNPq), coordenado por Alexandre Fernandez Vaz (UFSC) e que contou com a colaboração de Jaison José Bassani e Ana Cristina Richter. É significativa também a rede de pesquisadores estabelecida em meados dos anos de 1990 em torno dos trabalhos de Sonia Kramer (PUC-Rio) e Solange Jobim e Souza (Uerj, PUC-Rio). Dentre os colaboradores da primeira conta-se Maria Isabel

8 As outras obras mais citadas são: *Rua de mão única* – 27 citações; *Reflexões*: a criança, o brinquedo, a educação – 33; *Textos escolhidos*, Coleção Os Pensadores – 14; *A origem do drama barroco alemão* – 14; *Charles Baudelaire, um lírico no auge do capitalismo* – 8; Experiência e pobreza, citado mediante *Documentos de cultura, documentos de barbárie*: escritos escolhidos – 3. Além disso, diversas obras em francês, alemão, inglês incluem-se no interior dos textos e em referências bibliográficas, revelando ora o estágio/processo de tradução da obra de Walter Benjamin ora o nível de aprofundamento e especificidade da discussão propostas pelos autores.

Ferraz Pereira Leite. Da segunda, Raquel Gonçalves Salgado, Rita Marisa Ribes Pereira, Adriana Hoffmann Fernandes, Maria Luíza Bastos Magalhães Oswald, Nilton Gamba Jr. e Ana Elisabete Lopes.

Podemos perceber aqui alguns indícios do percurso e distribuição interna da obra no campo da produção em pesquisa pedagógica. Os textos de Walter Benjamin se constituem em referencial analítico e tesouro de sugestões de abordagens para artigos de revistas que privilegiam temas culturais, como *Educação & Sociedade* com 43 citações; *Cadernos Cedes* com 32 citações e *Pro-posições* com 31 citações. Dentre os temas benjaminianos mais referidos utilizados pelos autores observou-se que, em ordem decrescente, aparecem: narrativa, cultura e conceito de história, experiência, produção e percepção de imagens e sons, infância, memória, reprodutibilidade técnica, brinquedos, relações de produção, imagens, representações e linguagem. Cabe assinalar, ainda, que, de acordo com Sontag,

> Os temas recorrentes de Benjamin são, caracteristicamente, processos de espacializar o mundo: por exemplo a sua noção das ideias e das experiências como ruínas. Compreender qualquer coisa é compreender sua topografia, saber como traçar o seu mapa. E saber como se perder nela. (1992, p.14)

A leitura do pensador obtém força com a emergência de questões da indústria cultural, que passa a tomar a atenção dos pesquisadores em meados dos anos de 1980. E as formas de apropriação, desde seu início, já estavam associadas a leituras concomitantes de textos de Adorno, Horkheimer, Jean Baudrillard, Jean-François Lyotard, Michel Foucault, Roland Barthes, Jacques Derrida, Gilles Deleuze. Algumas autoras como Sonia Kramer (1998, 1999), Solange Jobim e Souza (2002), Mary Julia Dietzsch e Maria Alice Setúbal S. e Silva (1994), estabelecem diálogos entre Benjamin, Bakhtin e Vigotsky, procurando configurar pressupostos conceituais e metodológicos específicos em suas pesquisas. Mais a frente no tempo, alguns pesquisadores beneficiam-se de reflexões de Paul Ricouer para explicitar características do universo complexo do pensamento de Benjamin (Mattos, 2003; Cestari, 2011; Bragança, 2012).

## PENSAR, CITAR, CONSTRUIR CONHECIMENTOS: SERVIR AO AUTOR OU SERVIR-SE DELE?

Se podemos pensar (mais uma vez) com Bourdieu convém recorrer ao texto no qual fala de Foucault e do pensamento deste. Se podemos estender seu pensamento de modo a abrigar incursões que nele se apoiem, atentemos para o trecho: "Temos ouvido muitas frases que se iniciam com 'para Foucault' ou 'segundo Foucault', 'como disse Foucault'...". A constatação prepara o caminho para observar a importância de se conhecer por que e para quem se pronunciam tais expressões. Está posto em cena o problema da citação, mas mais do que isto, o de analisar a forma e a função da citação em articulação "com o contexto textual e o contexto social e, sobretudo, à posição social do autor da citação" (Bourdieu, 1996).

O que fazemos quando citamos um autor? Servimos a ele ou servimo-nos dele? Ao formular assim a questão Bourdieu nos ajuda a pensar nas diversas "leituras" brasileiras do autor de *Rua de mão única*, no domínio da educação. A questão se impõe também quando queremos compreender as formas de elaboração do conhecimento pedagógico ou ao nos depararmos com a velocidade da substituição dos autores utilizados num mesmo texto ou ainda com a servidão e apego constituído por uma adesão irrestrita a um pensador com o objetivo de extrair consequências para o ensino, legitimar escolhas ou exaltar potencialidades.

As transformações no cenário escolar, motivadas por diferentes políticas educacionais, por exemplo, a expansão do ensino público nos anos de 1970, significou para os estudiosos a identificação de novos objetos, temas e delimitações do que é específico em Educação, como as investigações sobre o fracasso escolar, novos sentidos para a educação das populações menos favorecidas e consequente interesse por pesquisas sobre cultura e metodologias do ensino (no caso, principalmente leitura, escrita, alfabetização). Acompanhamos também a discussão metodológica e historiográfica sobre História da Educação (com as problematizações em relação à memória, tradição, cultura e educação) que se desencadearam nos anos 1990 (Nunes e Carvalho, 1992); e a ampliação de modalidades de formação inicial e continuada, por meio da inserção de discussões sobre o envolvimento pessoal na prática profissional (Bueno et al., 1993). Esses temas se constituem em desafios no âmbito da pesquisa em educação. Como compreender as "leituras" da obra de Benjamin que buscaram elementos para o entendimento dos novos problemas?

Pensando no poder estruturante das ideias de Benjamin e sua circulação entre os pesquisadores da área educacional, percebemo-lo como uma voz no campo da filosofia que provoca dissonância e que permite – pela natureza de suas construções teóricas e pelo seu caráter ensaístico – apropriações que inspiram e sugerem invenções. Tanto é assim, que muitos trechos de suas obras são mobilizados em epígrafes, ou pontuam os textos como marcos de respiração para a análise, isto é, como pontos de partida para a introdução de novos elementos alusivos e de compreensão. Aciona-se muito do potencial literário, expressivo e comunicativo de seus textos.

Outra via para caracterizar os escritos do pensador e assim melhor entender os desdobramentos e apropriações de sua obra, entre nós, pode ser perscrutar o texto "O ensaio como forma" de Theodor Adorno (2003), onde o filósofo propõe perceber a maneira pela qual se fala sobre o gênero ensaio denunciando o preconceito com o qual era costumeiramente tratado na Alemanha. Elucida que o ensaio provoca resistência porque evoca liberdade, não admite que seu âmbito de competência lhe seja prescrito, seus conceitos não são construídos a partir de um princípio primeiro, nem convergem para um fim último e nos processos de pensamento, a dúvida quanto ao direito incondicional do método foi levantada tão somente por ele. O gênero leva em conta a consciência da não identidade, mesmo sem expressá-la; é radical no não radicalismo, ao se abster de qualquer redução a um princípio e ao acentuar em seu caráter fragmentário e parcial diante do total e ao recuar sempre diante da violência do dogma. "A objeção corrente contra ele [o ensaio] de que seria fragmentário e contingente, postula por si mesma a totalidade de algo dado, e com isso a identidade entre sujeito e objeto, agindo como se o todo estivesse a seu dispor" (Adorno, 2003, p.23). Decerto o que Adorno considera condição essencial para caracterizar o ensaio se alinha com o que Olgária Matos (1997) evoca sobre a obra *Passagens*: "é uma constelação de fragmentos: citações avulsas, descontextualizadas de qualquer sucessão, trechos de livros 'arbitrariamente' escolhidos, 'curiosidades', relatos, glosas filosóficas, 'teses' [...] teses sim, mas preparatórias, não definitivas" (Missac, 1997, p.7). Quem também, pertinentemente, aponta características do gênero ensaístico nos estudos benjaminianos é Pierre Missac (1997) quando, ao clarificar o título de seu livro sobre Walter Benjamim, elucida como a noção de passagem é polivalente e plural. "Renunciando buscar refúgio nas miragens do nome próprio, ela [passagem] dá à palavra, ora substantivo (passagem, passante) ora verbo (passar), uma função facilmente modificável [...]" (1997, p.15). O autor compara esta função que evoca o arbitrário ou as vicissitudes da alegoria com o que Benjamin apresenta. Outros elementos que podem colaborar para o entendimento relativo às características dos estudos de Benjamim são sugeridos no texto "Walter Benjamin e Paris: individualidade e trabalho intelectual" de Renato Ortiz quando analisa as metáforas do caçador e do detetive, as quais, segundo Ortiz, partilham do mesmo talento do autor, ou seja, revelar o que se esconde por detrás da realidade aparente, muitas vezes "flanando" pelo texto (Ortiz, 2000).

A leitura da produção benjaminiana, na qual aparecem combinações de escritas diferentes, leva a pensarmos na hipótese de que as apropriações seguem o mesmo princípio. Nessa medida, as apropriações acentuam o dispositivo de leituras plurais como sendo um modelo de construção de conhecimentos científicos na área educacional, em especial, na pesquisa sobre formação de professores, leitura e suportes comunicacionais na escola. Podemos ainda aproximar as discussões sobre o método na área da pedagogia com a crítica que Benjamin e os frankfurtianos efetuam em relação aos modos de compreender a teoria, a ciência e, no caso de Benjamin, o discurso de historiadores. Seu método historiográfico fundamenta-se na ideia de "fragmento", constituindo-se em uma "história polifônica" e em uma "escrita visual-espacial" (Bolle, 2009). Para ele os procedimentos de construção de "arquivos", "constelações de ideias", "rede de categorias" e "hipertextos" são essenciais. Esse é o "modo de trabalho" de Benjamin, que acaba por inspirar procedimentos semelhantes na área da pesquisa pedagógica. Modo de trabalho muito bem vindo – o de um método sem método por assim dizer – num território que, por vezes, se encanta em reproduzir modelos, seguir os passos, gerar prescrições. Contra esse risco, lembremo-nos: "O pensamento mata a inspiração, o estilo acorrenta o pensamento, a escrita remunera o estilo" (Benjamin, 1995, p.31). E então perguntemo-nos: quais pensamentos e quais estilos, quais escritas e quais ciências para fazer frutificar nossa compreensão das questões de educação?

## Fontes: Periódicos e marcos temporais/períodos analisados

1. CADERNOS CEDES (1980-2013), Campinas (SP)
2. CADERNOS DE PESQUISA (1980-2013), Fundação Carlos Chagas, São Paulo
3. CONTEXTO & EDUCAÇÃO (1986-2013), (Inijuí) Ijuí (RS)
4. EDUCAÇÃO & FILOSOFIA (1986-2013), Uberlândia (MG)
5. EDUCAÇÃO & PESQUISA (1999- 2013) (USP), São Paulo
6. EDUCAÇÃO & REALIDADE (1980-2013) Faculdade de Educação, Porto Alegre (RS)
7. REVISTA DA FACULDADE DE EDUCAÇÃO-USP (1980-1998), São Paulo
8. REVISTA EDUCAÇÃO & SOCIEDADE (1980-2013), Campinas (SP)
9. EM ABERTO (1981-2013) (Inep), Brasília (DF)
10. PRO-POSIÇÕES (1990-2013), Campinas (SP)
11. REVISTA BRASILEIRA DE ESTUDOS PEDAGÓGICOS (1980-2013) (Inep), Brasília (DF)

12. HISTÓRIA DA EDUCAÇÃO (1997-2013) (UFRGS)
13. EDUCAÇÃO EM DEBATE (1980-2013), Universidade Federal do Ceará, Fortaleza (CE)
14. EDUCAÇÃO EM REVISTA (1985-2013), Belo Horizonte (MG)
15. REVISTA EDUCAÇÃO & FILOSOFIA (1986-2013), Uberlândia (MG)
16. REVISTA BRASILEIRA DE HISTORIA DA EDUCAÇÃO (2001-2013), SBHE, Campinas (SP)
17. CADERNOS DE HISTÓRIA DA EDUCAÇÃO (2002-2013), Universidade Federal de Uberlândia (MG)
18. SÉRIE IDEIAS (1988-2004), Fundação para o Desenvolvimento da Educação, São Paulo
19. NUANCES: estudos sobre educação (1995-2013), Presidente Prudente – Unesp

# V

# CINEMA, ALEGORIAS E IMAGENS URBANAS

# A ALEGORIA LANGIANA DE BABEL E O MONUMENTAL: *METROPOLIS* E SEU DESCOMPASSO COM A VISÃO POLÍTICA DA MODERNIDADE EM WALTER BENJAMIN

*Ismail Xavier*[1]

O universo diegético de *Metropolis* assinala um tempo futuro, mas o que se move em sua narrativa tem como modelo o passado, dado que sugere uma circularidade mítica e nos coloca em face de paradigmas de repetição. Os conflitos aí se afirmam em termos de apocalipse ou salvação universal, num discurso que procura um foro totalizante face à história e se mostra, portanto, disposto a se valer da analogia como parâmetro de reflexão. Traz, de imediato, no seu programa, a marca do alegórico reconhecida desde a retórica clássica: estabelecer o campo de uma analogia que se desdobra ao longo de todo um percurso e que conecta, mantendo-os, porém, distintos, um mundo narrado (espaço-tempo diegético) e um universo de referência que pode ser histórico (com frequência, o próprio contexto da obra) ou de natureza conceitual.

No terreno da história, o cotejo proposto pelo filme se dá, em princípio, ao longo do eixo presente/futuro. O espaço diegético da cidade imaginária, bem como a história que aí se engendra, tem essa dimensão exemplar de laboratório e ilustração de um problema vivido nos anos 1920, para o qual se apresenta um diagnóstico e uma solução. Os termos da analogia, porém, se

1 Docente ECA – USP.

complicam porque tal diagnóstico se expõe, no filme, a partir de referências extraídas de vários contextos socioculturais, de modo a tornar a relação entre o presente e o futuro definida por formas narrativas e referências iconográficas do passado. A tradição bíblica (Velho e Novo Testamento), o romance medieval, a mitologia germânica ou mesmo uma linhagem de tragédias (ou melodramas) de vingança se sobrepõem na composição de *Metropolis*. A constelação de elementos propícios a gerar interpretações secundárias é considerável, marcando a já comentada proliferação iconográfica, ora de efeito notável, ora responsável por uma feição *kitsch* inscrita no corpo do filme. Os campos de analogia se multiplicam e convidam a leituras dispostas a detectar um princípio de coerência, mobilizar um campo teórico para identificar na arquitetura do filme as proposições de sentido, digamos inadvertidas, que sempre estão lá no discurso, alheias ou não ao seu programa assumido.[2]

O filme de Fritz Lang é destes casos em que a composição monumental claramente ultrapassa os seus aspectos que estão em concordância com a mensagem verbalmente enunciada em seu final. E há o célebre descompasso entre a mensagem intencionada e a experiência estética que a crítica, desde Luis Buñuel, tem tematizado.[3] Apontar esta discrepância é gesto legítimo. Entretanto, não podemos esquecer que a riqueza de elementos compositivos não deixa, em grande parte, de sancionar, embora exceda o teor da parábola. Há, no filme, tensões entre o plástico e o narrativo, ou entre palavra e imagem, mas não se pode explorá-las como se tudo aí fosse estranhamento mútuo, notadamente num discurso tão disposto a exibir tal coleção de referências notórias.

Posto isto, meu objetivo é examinar os aspectos de codificação do discurso mais nitidamente programáticos no filme, notadamente o que está implicado no seu empenho em jogar com a intertextualidade. Esta produz, para além da questão mais genérica da analogia, modalidades específicas

---

2 Em seu livro *Metropolis*, Thomas Elsaesser (2000) nos oferece um amplo comentário sobre tal proliferação e, talvez em consonância com isso, evita argumentações mais empenhadas numa leitura da alegoria aí presente. Tom Gunning (2000), que nos oferece uma das melhores análises de *Metropolis*, em seu livro *The Films of Fritz Lang: allegories of vision and modernity*, retoma essa questão do excesso de referências, mas articula de maneira mais rigorosa os termos da proliferação, apresentando uma descrição detalhada que sustenta uma interpretação que tem um quadro teórico que passa por Angus Fletcher, autor de que vou me utilizar aqui. Esta convergência com Gunning não é casual, pois nossas referências são comuns, empiricamente comuns, pois resultado de nossa participação em um grupo de estudos voltado para as questões de "cinema e história" organizado na New York University, grupo do qual também fizeram parte Miriam Hansen, Janet Steiger e Charles Musser, em 1986. O recurso à teoria da alegoria de Angus Fletcher é um sinal claro desse diálogo, mas a direção de minha leitura alegórica do filme é distinta.

3 Ver Luis Buñuel.

de alegoria que se justapõem no seu desenvolvimento. O cotejo entre a construção do espaço alegórico da cidade na abertura e o modelo de alegoria que se instala quando a narrativa deslancha já permite levantar questões de estrutura que solicitam a análise mais detida da sequência-chave: o relato de Babel. Este ocupa uma posição nuclear dentro dessa justaposição de referências, não somente porque propõe um sentido particular para as construções monumentais que interagem com o lado setencioso do filme, mas também porque mostra o quanto a questão da alegoria, não lhe sendo tangencial nem simples moldura, impregna a composição visual de *Metropolis*.

## O FUTURO E A TRADIÇÃO

Há em *Metropolis* um misto de magia e ciência moderna que se adensa em tudo o que se refere à figura de Rotwang. Seu laboratório é o terreno por excelência do fato prodigioso, seja a apresentação do robô, seja a sua transformação no duplo de Maria, num processo que ganha forma visível nos halos de energia em torno dos corpos e na agitação de substâncias líquidas em frascos misteriosos. A aparência externa da sua casa, que merece o comentário do intertítulo sobre seu arcaísmo, encontra eco na atmosfera e na cenografia desse laboratório, definindo um encontro entre o gótico e o *high tech* que atualiza uma oscilação que, de fato, é mais geral no filme. O universo das máquinas sugere uma concepção da luz como eletromagnetismo submetido a equações da ciência, sem potências misteriosas, mas a natureza de algumas passagens implica numa concepção (ou presença) da luz como energia num sentido mais "espiritual", etéreo, em que se imagina uma substância que se desloca e pode provocar os mais inusitados efeitos, como tornar visível uma aura ou produzir uma metamorfose. Desde a abertura do filme, a eletricidade é um dado onipresente, e as formas de torná-la visível se estendem para um terreno que incorpora com prazer, para benefício do imaginário, uma noção mágica do que pareceria, em princípio, derivar da ciência. O futuro encontra a Idade Média, não por acaso.

É recorrente, no filme, a combinação entre o dado original e o empréstimo de motivos consagrados, tal como acontece no próprio tema do robô, atração que não demora a se encaminhar em direção a elementos já codificados pela tradição. De início, no laboratório de Rotwang, a cortina se abre para que o metal em forma humana se movimente diante de espectadores atônitos, compondo uma figura de alteridade que perturba, pois tem um quê de advertência, sinal de um futuro que talvez nos exclua. E será com essa aura do estranho-familiar, impregnado desse espectro da morte, que a mesma imagem metálica do robô se insinua na montagem do pesadelo de Freder, quando tudo é premonição fatalista e presença de caveiras.

No entanto, o destino desta forma em metal é se transformar, como força operativa, na figura da feiticeira, após passar pela metamorfose em que assume a aparência de Maria. Ao surgir no laboratório, o robô provoca um misto de fascínio e temor, expressos no recuo de Fredersen diante do convite ao aperto de mão. Mas a sua pauta de atuação depois da metamorfose reencontra o motivo consagrado da *femme fatale*. Tal deslocamento, que aprofunda a identidade entre a máquina e a figura feminina, não é banal, e já se apontou a condensação explosiva que aí se instala. Dado central no imaginário do filme, seu sentido político já foi analisado por Roger Dadoun e Andreas Huyssen, entre outros autores que mobilizaram psicanálise e história social para apontar um princípio de coerência a ele subjacente.[4]

Huyssen observa a *vamp-machine* como cristalização da ameaça de uma sexualidade desregrada contra a disciplina do trabalho industrial, projeção de algo indesejado pela ordem. No entanto, em termos da identidade do robô como agente dramático, o que vemos é um elemento inusitado, desconhecido, assumir o velho papel de feiticeira para se inserir num campo de possibilidades já mapeado, ao qual obedecerá à risca. Maria-robô encarna todos os males: a sedução do pai, a cena primitiva (do ponto de vista de Freder), a incitação à revolta e à destruição de patrimônio, o culto da mulher fetiche na noite desregrada de Yoshiwara, símbolo dos prazeres de *Metropolis*. Ela é a constelação do excesso e da ameaça, amoldados a figuras da tradição. Se, no plano diegético, é um dispositivo que se associa à ideia do feminino e da máquina fora de controle, figuras do desastre, no plano formal, porém, ela assume uma identidade que já é um traço de domesticação, de inserção em campo simbólico controlado, pois torna-se aí um inimigo legível que se pode eliminar conforme receita antiga. A intrigante invenção do cientista, de repente, se reduz a um instrumento de vingança, uma substituta da mãe do próprio jovem herói, Hel.[5] Esta foi a mulher que Rotwang amou e

4 Ver Dadoun (1974) e Huyssen (1986). Essas leituras pressupõem, no filme, um imperativo de preservação da ordem que se traduz num diagnóstico mais específico de protonazismo (Dadoun) ou num enquadramento mais genérico como expressão das tensões de um poder patriarcal ameaçado (Huyssen).

5 A versão reduzida, para distribuição nos Estados Unidos, eliminou esta personagem e toda uma experiência passada que estabelecia a rivalidade entre Fredersen e Rotwang, ambos apaixonados pela mesma mulher, Hel. Houve motivos para esse corte, de ordem comercial (duração do filme) e de outras ordens, incluída a particularidade do nome (Hel) que, em inglês, traria um significado que se decidiu evitar. Em toda a minha análise estou me apoiando na versão restaurada pelo FilmMuseum de Munich, sob a coordenação de Enno Patalas, infelizmente não disponível, em película, no Brasil.

perdeu para Fredersen; uma figura de desejo cuja morte, no parto de Freder, potencializou o culto de Rotwang. Obcecado, este ergueu a ela um altar e se inspirou em tal fetichismo para, tantos anos depois, fazê-la renascer na figura do robô, para um ajuste de contas. O confronto central, portanto, repõe as forças do passado, o choque de paixões, o romance familiar que envolve a falecida, Rotwang, Fredersen, Freder e Maria.[6]

Essa inscrição do novo num terreno de conflitos já codificado se configura também quando observamos a diferença entre a tonalidade da abertura e o que se desenvolve depois, ao longo do filme. No início, é a eletricidade, são as imagens que sugerem um campo de energia, linhas de força se interceptam para eventualmente dar origem a formas dotadas de sentido, como no momento em que se compõe a palavra título do filme. Em seguida, luz e sombra exploram a fachada dos edifícios até que o espaço atravessado por tal potência revele seu princípio motor no movimento das peças mecânicas (o vai e vem do pistão, o giro das engrenagens). A montagem e as sobreimpressões justapõem, às vezes, formas geométricas que lembram a arte abstrata, mas o efeito maior é de serialização dos fragmentos das máquinas, como numa fotomontagem acrescida do movimento, de modo a sugerir uma totalidade onde tudo deve caminhar em perfeito sincronismo. Para confirmar esta ideia de uma ordem rigorosa do tempo, a imagem se estabiliza no primeiro objeto que se faz ver em sua integridade, centralizado no quadro, soberano: o relógio. Os ponteiros em estilo *art déco* definem os intervalos de tempo abstrato que medem a jornada de trabalho. O círculo de dez horas marca um afastamento peculiar face à medida convencional de um dia, como a sugerir de imediato a separação radical entre o turno da fábrica e os ciclos da natureza. O ponteiro chega ao marco zero e a sirene apita para definir o momento da mudança de turno. A montagem se desacelera e enquadramentos mais estáveis nos trazem as imagens da marcha disciplinada dos operários, em formação militar, a caminhar em passo lento, de cabeça baixa, iguais, anônimos, robotizados. Ausência de vida. O sistema das máquinas se prolonga no seu gesto mecânico, na disciplina dos elevadores, na configuração da cidade subterrânea que espelha, no regime de ocupação da cidade, o processo de desumanização. A abertura desenha tal cidade baixa como um mundo carcerário, em contraste com o que mais tarde o filme apresentará como lugares emblemáticos da cidade alta: o Jardim dos Prazeres, domínio de uma juventude alienada e bem nascida, e a Torre

6 Sanchez-Bioscar (1990) faz observações que apontam na direção da ideia aqui apresentada, pois ele vê a alegoria como um fator de contenção em *Metropolis*, considerado um sentido potencial de "inquietante estranheza" sugerido pelas imagens.

de Comando de *Metropolis*. A estrutura vertical se completa, espacializando de forma rigorosa a hierarquia social.

O mundo da cidade do futuro se apresenta, de saída, em sua dimensão monumental, como arquitetura e sistema produtivo, espetáculo de eletricidade, movimentos mecânicos e disciplina. Em sua hierarquia vertical, compõe-se como espaço alegórico em que tudo se modela a partir de um princípio de racionalidade abstrata, onde o tempo é feito de regularidade e repetição. Estamos longe da ideia de cidade moderna como lugar de circulação, simultaneismo, vitalidade, embora estes elementos se configurem à distância, nos planos gerais das maquetes da cidade. Sim, há um dinamismo moderno que lembra certa iconografia futurista mais afinada com uma visão positiva da cidade, mas a tônica recai sobre o aspecto sinistro do regime de trabalho e da estrutura de poder. Antes de qualquer sinal de que tudo possa sair fora de controle, a esfera da ordem é já o terreno do pesadelo, espaço que disciplina os fluxos de energia, inclusive humana, segundo uma lógica industrial rigorosa a que a montagem, por justaposição de camadas, confere um teor totalizante, espécie de síntese de uma sedimentação milenar em direção ao artifício. Nesta hegemonia do espaço, da cenografia e de tudo o que se distancia da natureza, há uma operação formal decisiva que, antes mesmo de qualquer desenvolvimento narrativo (não há até aqui *événement* no sentido forte), já configura um campo de semelhança. Este liga uma experiência industrial que se vivia, universo de referência sem dúvida mais complexo e nuançado, a um mundo ficcional que esquematiza os seus dados, de modo a reduzir a problemática da técnica, do trabalho e do poder a uma forma visível, uma *Gestalt*.

## O RELÓGIO ORGANIZA O TRABALHO, O SINO CONVOCA OS ESPÍRITOS

A abertura do filme compõe uma alegoria moderna que descreve um mundo de feição opressiva, desencantado (no sentido weberiano), onde se exibem os dispositivos que materializam a razão instrumental e o tempo do relógio a presidir o trabalho. Para que se deflagre a narrativa, é preciso um dado exterior à ordem mecânica, o que em *Metropolis* se traduz num conjunto de alusões aptas a promover um reencantamento do mundo, condição para que se faça valer aí uma alegoria mais tradicional, onde há lugar para a palavra profética e seu embate com o poder carismático das imagens. A aparição de Maria é o evento que interpela o movimento circular das engrenagens, a separação dos espaços, dando ensejo a que se inicie um movimento de sobreposição de épocas históricas que chama à cena os resíduos extrassistema da cidade, como as catacumbas e a casa de Rotwang. No desenvolvimento da história, o próprio mestre da cidade, Fredersen, deve sair de seu escritório de comando, abandonar os recursos do sistema, voltar ao seu próprio passado e procurar o rival que, embora cérebro maior, é peça excêntrica ao mundo técnico. Cria-se, deste modo, a moldura gótica que incidirá sobre a figura do robô, inscrita num roteiro de vingança que potencializa a dimensão melodramática. O princípio motor da intriga se transfere para a figura do vilão e seus dispositivos.

Rotwang é o "agente daemônico", por excelência, figura típica da narrativa alegórica que fica a meio caminho entre a personagem, no sentido psicológico, e a personificação (que encarna mais rigorosamente uma ideia abstrata). Dominado por uma obsessão, ele é unilateral em seu comportamento, como se estivesse movido por uma força escondida.[7] Freder, seu antagonista, se compõe segundo regras semelhantes. Figura do "coração", ele se confunde com a sua missão a partir do momento em que, iluminado pelo olhar de Maria, sai atrás dela com a mão no peito para não fazer outra coisa senão legitimar por suas ações a condição do mediador que preenche a profecia. A polaridade das duas Marias define o cotejo de opostos radicais: a santa e a prostituta, o espírito materno e a *femme fatale*. O mestre de *Metropolis* é a função do Pai que se opõe a Freder, tanto na chave do Édipo quanto na chave do Cristo. Para a cidade, ele é o princípio de intolerância do "cérebro" indiferente ao destino das "mãos" que tocam as máquinas, bloco unificado das vítimas, coletivo que, uma vez liberado, se faz emoção pura, propenso a inversões de rumo ao sabor da liderança, tudo enfim que é exterior ao "cérebro".

A lógica que marca a progressão da intriga incorpora motivos narrativos da teia dos mitos que incorpora. Há o encontro do herói com a personificação da morte, a descida aos infernos, a ameaça do dilúvio, a imitação de Cristo, o auto da fé. Combinando a causalidade mágica, as metamorfoses e um enredo apoiado no paradigma da batalha entre princípios (Bem e Mal, Vícios e Virtudes), o filme encena um drama vivido por "agentes daemônicos" e inscreve a sua narrativa numa forma canônica do alegórico herdada da Idade Média, conforme os termos cunhados Angus Fletcher (1970). Em consonância, cada personagem se associa a um espaço simbólico da cidade, e a composição das imagens reserva a cada agente os atributos que marcam sua pertinência a uma "ordem cósmica", hierarquia dos seres que se expressa nas aparências. Passamos, assim de um primado da ordem mecânica

7 Traduzo do inglês o termo *daemonic agent*, usado por Fletcher (1970, p.25-69).

para o da organicidade, e não surpreende que a parábola moral se enuncie na fórmula que adota a sintaxe do corpo – "o coração deve ser o mediador entre o cérebro e as mãos" – como modelo para a sociedade. Do mesmo modo, não surpreende que, na luta afinal, o badalar dos sinos da Catedral venham cumprir o seu papel de advertência que leva à salvação da boa Maria das mãos de Rotwang e à vitória do Bem. Esta, não por acaso, é celebrada na praça que condensa os resíduos da ordem espiritual da Idade Média na cidade-máquina do futuro, ponto final da fábula que traz a Catedral ao centro e redime *Metropolis* de sua vocação ao desastre.[8]

Temos, portanto, dois tipos de registro alegórico: o do "estado de coisas" exposto na abertura, no momento da configuração do espaço e da apresentação do problema; e o registro próprio ao percurso da narrativa, onde se instala nova dinâmica e se propõe uma solução. Entre eles, há um hiato que nos permite perguntar pelo que pode articular as duas ordens do tempo, de forma a que a teleologia sugerida na profecia de Maria e os sinos da Catedral possam impor a sua efetividade sobre o mundo desencantado cujo emblema é o relógio. O ponto de articulação está, a meu ver, na alegoria de Babel, pois esta oferece o princípio que governa o descaminho da cidade e, portanto, sua correção.

## A ALEGORIA DE BABEL[9]

Em *Metropolis*, a lenda Babel é muito mais do que uma alusão de passagem ou modelo de referência ao que há de verticalidade monumental na cidade. Ela se faz parábola dentro da parábola para que o filme possa explicitar em detalhe os termos da sua analogia entre o futuro e o passado mítico. Maria é a voz intradiegética que a enuncia, mas a sequência de imagens que, em princípio, expressa seu ponto de vista toma, por sua vez, a narração "em primeira pessoa" como um pretexto. Acontece aqui o que Gérard Genette denomina efeito pseudodiegético, esquema pelo qual a instância narrativa impessoal, já atuante antes da fala da personagem, se apropria do seu relato para expor uma visão própria dentro de uma estrutura mais complexa do que a de uma voz apresentando sua mensagem.[10] A composição visual faz muito mais do que traduzir o que é dito aos operários; ela afirma um

8 Sobre a oposição entre o sino e o relógio como organizadores do tempo e sinais de convocação, dentro da oposição entre a cidade medieval e a moderna, ver Le Goff (1992).

9 Para a análise da sequência de Babel, tomo como referência a versão restaurada pelo FilmMuseum de Munich, sob a coordenação de Enno Patalas.

10 Ver Genette (1972), em especial, a parte V de "Discours du récit" (p.225-68).

estilo que faz eco a outros momentos do filme, condensa procedimentos e configura matrizes de sentido que se projetam além.

Em toda a sequência de Babel o agenciamento de palavras e imagens, pela sequência ou justaposição, e até mesmo por suas lacunas, repete ou avança certos motivos que são centrais no destino da cidade do futuro, exibindo-os de forma mais depurada. É um momento em que a vontade de alegoria se faz plena, não só porque seja esta a intenção de Maria, mas porque na sua própria forma a sequência insiste numa dimensão de "escrita hieroglífica" que chega ao esquematismo do emblema: justaposição de imagem e inscrição verbal cujo fundo pedagógico não afasta as tensões próprias a tais cotejos onde a experiência visual tende a escapar da linha estrita definida pelas palavras.[11] Há um jogo de espelhos pelo qual a lenda de Babel forma uma versão reduzida do relato maior que dá conta dos fatos em *Metropolis*, para que a analogia se faça uma quase identidade, uma repetição que o filme trabalha de modo particular, solo para que a mesma frase edificante arremate a pregação, aqui e no final do filme.

*A parte do cérebro: vaidade e indiferença*

Maria fala aos operários nas catacumbas, espaço fora do circuito de operações da cidade. Velas, cruzes de madeira e a sugestão do altar subterrâneo preparam o contraste entre esta iconografia de cristãos primitivos e a primeira imagem do relato de Babel. Nesta, há também um orador no centro do quadro, mas ele se dirige a uma pequena elite reunida no que parece ser um pequeno anfiteatro, e anuncia o projeto de construção da torre que deve tocar as estrelas. O que ele diz vai contra nossa noção de espaço, contínuo, vasto e homogêneo, e a composição do quadro efetivamente exibe outra ordem do espaço. Há múltiplos focos de luz, e o contraste marcado entre o lugar da cena, onde estão espaço monumental de *Metropolis*, é marcado pela mesma ambiguidade, presente aí em Babel em sua forma os atores, e a tela-de-fundo, onde se desenham as estrelas, transmite ao mesmo tempo a ideia de amplitude (no tema do desenho) e de confinamento (na estrutura da imagem), o que em verdade não é uma novidade no filme, uma vez que o próprio é mais simples. A crítica já apontou o mundo da cidade do

11 Uma ideia equivocada quanto à natureza dos hieróglifos do Egito inspirou, nos séculos XVI e XVII, a produção de composições feitas do cotejo de imagens e palavras, os emblemas. Ver *L'emblème à la Renaissance* – Actes de la journée d'études de la Société Française des Seiziémistes (1987). Walter Benjamin discute esta questão e destaca a experiência histórica do emblema em sua reflexão sobre a alegoria como forma de expressão. Ver *A origem do drama barroco alemão* (1984, p.181-99).

futuro como uma redoma, como se estivesse fechado por uma abóbada, e já lembrei acima o aspecto difuso, onipresente, de uma luz que não diz de onde vem – efeito deliberado. Neste anfiteatro de Babel, não há sentido de distância entre os dois polos do quadro, apenas uma estrutura que assinala a oposição entre cena e pano de fundo, referência aos pontos de partida e de chegada que tornam pensável o projeto de contato direto com a esfera das estrelas. Tal esfera terá uma presença recorrente na sequência, insistindo neste confronto entre o mundo dos homens e o espaço transcendente ao qual eles querem ter acesso.

Após a cena no anfiteatro, temos o plano da Torre isolada no deserto (que vale aí pelo projeto). Tal imagem diz uma forma, não uma escala, e diz também uma solidão. De um lado, um produto da imaginação que se basta; de outro, uma estrutura que se confina, ainda separada das estrelas, quase já uma imagem em contradição com a empreitada, o que marca nova consonância com o que se observa em *Metropolis*, cidade cheia de prodígios mas lúgubre em sua ausência de horizontes, abafada até mesmo onde as vibrações de luz forçam o brilho. O protótipo da Torre que se exibe toma de empréstimo uma iconografia consolidada no século XVI, oferecendo uma imagem afinada a pinturas flamengas, como a de Bruegel, o Velho. Mas, no filme, ao contrario do que era comum acontecer nos quadros, não há a imagem do trabalho, atividade, só a ideia pura da torre, e não há nuvens no topo, estas que poderiam, por forte convenção na iconografia religiosa, sugerir uma mediação com as esferas mais altas. A torre está descentrada face às estrelas, valendo a mesma descontinuidade entre figura (a torre--cidade) e fundo (o céu). Sua forma piramidal segue a tradição pictórica mais consagrada em torno de Babel, evocando dados históricos associados aos relatos bíblicos – templos da Babilônia, túmulos de Faraós do Egito. Em verdade, presente desde a abertura do filme *Metropolis*, a pirâmide (ou o tronco de pirâmide) é a forma hegemônica ao longo do filme. Se isto leva a reflexões sobre a grandeza e a ousadia de uma arquitetura, ou sobre o papel dos monumentos face à angústia da mortalidade, o decisivo é que, ao lado desta feição mais convencional, tal forma adquire outras conotações, ligadas diretamente ao programa alegórico, como veremos ao comentar os emblemas presentes no relato de Babel.

A imagem seguinte da sequência traz a justaposição entre a imagem da Torre e a de seus idealizadores que observam sua própria ideia na postura clichê do pensador. Forma-se o concílio dos mestres, obsedados por esta objetivação; constrói-se o motivo da "ideia fixa" (bem típico à alegoria). Há um curioso ócio nestas figuras que pensam Babel, e seu projeto é gesto aparentemente "gratuito". Ou seja, não seria senão a expressão de um caráter, de um anseio que nada teria a ver com o mundo prático. Ou seja, a torre-cidade é um projeto estético consagrador de um ideal de grandeza, um monumento afirmativo de autoimagem, feito para se fazer lembrar. A sequência das imagens faz eco com as palavras do orador e a insistência no tema da "ideia fixa" deixa clara uma intenção: não procuremos em Babel algo que vá além da expressão de uma vontade, e não imaginemos que haveria em *Metropolis* algo de distinto a marcar a postura dos que estão do lado do cérebro.

*A parte das mãos: o trabalho como danação*

Numa primeira fase da sequência, o efeito é o de uma distância intransponível entre os trabalhadores convocados e os mestres cujo olhar se fixa no projeto e os afasta de tudo o mais. O mundo do trabalho se introduz no relato de Babel logo após a imagem dos pensadores que olham fixamente para o seu modelo. O intertítulo diz: "como não podiam construir sozinhos, contrataram muitos estrangeiros". E é seguido da imagem que nos apresenta, em sobreposição, as colunas de homens que responderam à convocação e se dirigem ao sítio da construção da torre-cidade. Tal imagem corresponde ao enunciado no intertítulo, mas vai além, pois introduz uma qualificação do projeto não tematizada pelo discurso verbal, repetindo o motivo da marcha dos operários já apresentado na abertura do filme. Não se reduz, portanto, a ilustrar a fala. Sugere, novamente, o espelhamento Babel-*Metropolis* ao reiterar a ideia de uma coluna de gente disciplinada, de cabeça baixa, todos iguais na aparência, conjunto anônimo que se movimenta como as engrenagens do início, dentro da ordem e da disciplina. Com a diferença de que a ideia de absorção num sistema não se apoia aqui na presença estruturante da cidade, ou no movimento das máquinas. Graças a um procedimento exclusivamente fílmico – a sobreimpressão que constrói a convergência – o espaço desértico já se faz uma geometria de massa, adquirindo uma dimensão monumental sem o apoio de uma arquitetura, uma vez que esta ainda não se constituiu. O intertítulo se refere a uma paga e a um contrato, mas a imagem deste movimento convergente, totalizante, destes corpos calvos e em tudo uniformes conota um destino, algo de inexorável. Não há, porém, uma sugestão épica, embora haja aí a noção da empreitada gigantesca: em Babel, a desmedida é prenúncio do desastre.

A presença desse motivo visual – que se associa à ideia do trabalho como danação – tensiona o polo oposto, o da indiferença do "cérebro". Esta não encontra ainda a arquitetura capaz de traduzi-la, como o fará o espaço vertical de *Metropolis*. Para expressá-la, vale insistir no tema do olhar obcecado, de costas voltadas para o mundo, que termina por colocar a imagem da Torre no centro do quadro, no topo do anfiteatro: a Torre sai de sua condição de estrutura isolada no deserto e passa a brilhar num ponto central, no alto, envolta em auréolas em tons variados que vêm substituir o fundo das estrelas. A transcendência se eclipsa; o criador observa a imagem da sua criatura e, diante dela, se ajoelha como que hipnotizado. Gesto de adoração, de idolatria que, dirigido à Torre, e só a ela, vale como referência ao próprio homem.

A montagem nos leva de volta ao universo das "mãos", e a massa dos executores retorna para que a desmesura da ideia se traduza em imagens de opressão, esforço e sofrimento. O imenso cubo de pedra, liso, regular, simétrico, esmaga os operários que o transportam. O gigantismo é tomado em sua dimensão de drama, repondo mais uma vez o motivo do sacrifício. Na abertura, foi o olhar seco da câmera a descrever a marcha mecânica de operários. Depois, na primeira descida de Freder, uma nova forma do olhar se introduziu, na tônica do mundo encantado: a explosão na usina foi o ensejo de uma alucinação do herói que transformou as máquinas em personificação alegórica, o deus Moloch, a engolir os operários. Por ocasião de sua nova descida aos infernos, tivemos o recurso a uma justaposição mais incisiva, quando a sobreposição de máquina e relógio, o passo lento das horas e a imagem dramática dos ponteiros em cruz criaram o emblema que definiu a dor de Freder como uma imitação de Cristo, quando ele se inseriu no turno do trabalho manual e viveu a tortura do tempo.

Em Babel, o imenso cubo; na cidade moderna, a regularidade mecânica que transforma a ação do homem em apêndice da máquina: a condenação ao trabalho se projeta numa escala milenar, em contrapartida ao mundo da ideia-fetiche e sua indiferença. Um letreiro vem sintetizar esta correlação entre brilho (da ideia) e fardo (do trabalho) posta pelo paralelismo: após as imagens dos homens a carregar a pedra, o intertítulo traz a palavra "Babel". No centro do quadro, esta cresce aos nossos olhos enquanto outros efeitos gráficos trazem para a textura das letras o dinamismo que condensa, no nome, os sentidos da experiência a que ele se refere. "Babel" irradia energia, fazendo eco ao que ocorre com a palavra-título "*Metropolis*" no começo do filme.[12] Projeção da glória? Polo de atração hipnótico? Senso de uma ameaça?

12 Três letreiros do filme – referidos a *Metropolis*, Moloch e Babel – guardam uma relação entre si, e se inserem na problemática da "escritura figural" tal como exposta por Dubois (1999). Babel, em especial, retém os traços dessa escritura-imagem, textual e visual, onde o grafismo ganha movimento intrínseco e dá corpo à palavra (embora esta mantenha aqui uma geometria tipo *art déco*), de modo a compor uma zona ambivalente, fluída, de exposição-exibição que excede o narrativo e pode adquirir valor como marca de subjetivação, iminência de uma perda, sempre com uma conotação de incertude,

A inscrição, em sua ambivalência, não especifica um polo de referência no mundo diegético, ao contrário do que ocorreu no caso de "Moloch" onde Freder era a mediação. O letreiro "Babel" não exclui certa marca de subjetivação, mas ele aparece como elemento extradiegético que se dirige a diretamente à plateia, ganhando sua força maior como um ícone da própria ambivalência da Torre: se há, de um lado, a ideia de esplendor, de outro, o que se desprega das letras sugere igualmente a ideia de dispêndio, cera derretida, suor. Algo se irradia, mas também algo se exaure, como faz visível o que da palavra se precipita em queda livre desde seu surgimento na tela. Encadeada à imagem do horror do trabalho, este impacto da palavra-ícone reforça o sentido de poder, ameaça, estranhamento, como se o nome pertencesse à essência do objeto, não sendo apenas uma denominação arbitrária, evocando um momento em que a relação de analogia entre as palavras e coisas conferia a esta um poder intrínseco que o mundo desencantado da modernidade retirou, deixando um resíduo de tal espessura da linguagem na *démarche* alegórica.[13]

### *A rebelião das massas*

Identificados os polos em tensão, e a ambivalência do que se expressa em Babel, chegamos à imagem que esquematiza o confronto esperado. No mesmo espaço, pela primeira vez, mestre e trabalhadores se defrontam, separados (e unidos) por uma grande escadaria que ressalta uma profundidade e um plano ascendente; de costas para a câmara, a massa lança gestos de ameaça. Um intertítulo fala do desentendimento entre os homens. Na imagem seguinte, eles sobem correndo a escada na direção do mestre, vértice da composição. Quando estão a ponto de tocar sua figura imóvel, a cena da escadaria é substituída por uma imagem que desloca o confronto para o plano gráfico: a imagem desenhada da Torre de Babel retorna, no alto, tomando, no quadro, o lugar do mestre, enquanto que a tela vai sendo invadida por mãos que, em grande número, ascendem como numa coreografia, a expressar

---

indeterminação, colapso do que tem contornos nítidos. Os emblemas, e as justaposições de imagem e inscrição verbal no filme de Lang, possuem, de maneira geral, um fundo pedagógico que não elimina as tensões próprias a tais confrontações em que a experiência visual tende a escapar da linha estrita sugerida pelo enunciado linguístico. A categoria do "figural" explora os efeitos produzidos por uma figura ou detalhe que se apresenta como um "evento de imagem" fora dos códigos. A análise desses efeitos exigiria outro tipo de *démarche* analítica não desenvolvido neste texto. Eu trabalho no plano de uma retórica dos motivos e da interpretação alegórica.

13 Quanto ao estatuto da linguagem antes da idade clássica da representação, ver Foucault (1966, cap.2). Esta junção de ícone e escritura remete ao que Walter Benjamin observa a respeito da palavra FAMA quando comenta as objeções de Schopenhauer à arte alegórica.

uma demanda. O momento de tensão e catarse termina por se deter nesta imagem tipo "cartaz" que esquematiza o conflito entre o cérebro (projeto) e as mãos (demanda). Não há mediação entre os dois polos.

A sequência sugere, novamente, a forma piramidal e confere a tal geometria uma nova conotação, pois não se refere ao que cristaliza um processo (a arquitetura), mas vem para expressar o próprio dinamismo da situação, como acontece em vários momentos do filme. *Metropolis* compõe uma figura em pirâmide cada vez que observamos a relação entre um impulso e um destino, um olhar e um objeto-fetiche, uma demanda e uma recusa. Este é o motivo atualizado nesta imagem-síntese da rebelião, representação gráfica do confronto entre as mãos e o cérebro, tal como enunciado pela parábola de Maria.

De modo geral, a forma da pirâmide (ou o triângulo, na superfície da tela) constitui o eixo a partir do qual o filme estabelece a oposição entre movimentos que se detêm diante de uma distância intransponível e movimentos que efetivamente encontram a satisfação de sua demanda. A *oposição entre manipulação e compaixão* se desenha nas repetições que fazem o cotejo entre a imagem da falsa Maria, no pedestal da praça que domina a cidade subterrânea, formando a pirâmide com os operários que, de braços levantados, a seguem e são manipulados, e a imagem da verdadeira Maria que, logo em seguida no mesmo pedestal, estende a mão às crianças para salvá-las.

O gesto reiterado da *femme fatale* é se colocar como objeto-fetiche, dando ensejo à repetição deste motivo geométrico: ela emerge como centro do espetáculo apoiada num pedestal onde, na base, estão esculpidas as figuras de escravos, antes de se deslocar para a performance de dança dirigida aos mil olhos da elite de *Metropolis*; depois, põe-se no alto de uma escada como um ídolo que assiste ao tumulto que provoca numa multidão masculina que termina por repetir o emblema das mãos estendidas que não alcançam a imagem-ídolo; e termina por ser imolada num auto da fé, ocupando o vértice de uma composição que exibe a festa da massa em torno da fogueira. Por sua vez, a virgem profeta, desde que se apresenta cercada de crianças, já se põe como personificação de um princípio materno de doação, de um movimento solidário dirigido de seu corpo (centro da composição) para o seu entorno. Ela oferece a mediação, é receptiva à demanda das mãos que a procuram.

Coroando a presença deste motivo geométrico, a marcha ordenada dos operários, que repõe ao final o equilíbrio após a rebelião, encontra o ritmo e a forma triangular capaz de colocar o oprimido em sintonia com o gesto de conciliação dos poderosos da cidade. A cena do aperto de mãos em frente à catedral consagra a figura do filho que representará junto ao pai o interesse dos oprimidos. A boa nova evangélica é o que resta para estes que, afinal, em nada alteram sua posição na hierarquia. Estão neste desfecho desautorizados após a agitação caótica em que, como horda primitiva, responderam a estímulos imediatos, incapazes de se organizar, hipnotizados por um comando espúrio e dispostos à anarquia, seja na figura do ataque irracional às máquinas, seja no entusiasmo da festa em torno da feiticeira em chamas.

Uma vez fora da disciplina do trabalho, a massa fora de controle de *Metropolis* repete a massa de Babel: seu movimento é de destruição. Se na cidade antiga tudo se esboça sem um marco específico a qualificar a revolta – para além do reconhecimento tácito de que esta deriva da injustiça – na cidade do futuro a ação coletiva deve se desmoralizar O comportamento regressivo e pulsional mostra-se uma repetição que confirmar a analogia. Passivos, os operários alimentam o sistema; ativos, só podem gerar a catástrofe de que são salvos, neste caso, por Freder e Maria. O gesto que salva vem do elemento extrassistema, das figuras do coração, pois razão (mestre) e desrazão (massa) se complementam, tanto no pesadelo da ordem quanto na anarquia destrutiva da revolta. Esta, em seu dinamismo, se faz espetáculo, mas o futuro de *Metropolis* exige uma geometria da conciliação.

A frase final de Maria não é simplesmente um apêndice infeliz mas o selo que se ajusta a um movimento da forma que encontra a sua serenidade quando o vértice do triângulo se faz porta da catedral, antes de ser ocupado pela Santa Família.

## *A alegoria barroca reduzida a uma advertência*

No final de *Metropolis*, portanto, a composição triangular dos operários funciona como um acorde final de repouso, quando o traço formal insistente, central no filme, se repete pela última vez, agora sem dissonâncias. Afirma-se aí uma teleologia da forma cujo ponto de chegada vem corrigir o destino desastroso da pirâmide na sequência de Babel. Tal destino foi prenunciado quando as mãos invadiram o quadro e afrontaram a imagem da Torre, e encontrou seu coroamento na composição que encerra a pregação de Maria nas catacumbas. Naquele momento, o filme incorporou *in extremis* a tradição do emblema: imagem e texto. De um lado, vimos a Torre de novo num deserto, com sua parte superior destruída e feita ruina; de outro, vimos justaposto um fundo de céu estrelado que trazia a inscrição associada ao projeto dos construtores: "Grande é o Mundo e seu Criador, e Grande é o Homem". Nesta composição, a sequência de Babel completou o seu círculo. A afirmação da grandeza do homem em conexão com a imagem do fracasso trouxe um irônico efeito de julgamento moral dirigido à desmesura e ao custo social de empreitadas que o filme atribuiu à vaidade e ao orgulho. O emblema feito da justaposição de imagem e inscrição encontrou, no contexto da sequência, um guia para a sua leitura, pois logo antes havia a justaposição ameaçadora (mãos-cérebro) e, em seguida, tivemos o desaparecimento da inscrição que terminou por deixar isolada a imagem da ruina contra o céu estrelado. Desencanto, fragilidade dos projetos, a obra inacabada – temos aí reiterada a alegoria barroca da vaidade humana, com a ruína a repor a evocação da história como desastre. A partir de tal imagem conclusiva, voltamos à pregação de Maria na catacumba. Ela concluiu a sua parábola com o célebre torneio edificante (o coração deve ser a mediação entre as mãos e o cérebro; o salvador está entre nós), disposta a fazer a alegoria barroca perder seu alcance universal como um enunciado sobre a condição humana, pois seu objetivo era trazer o desastre de Babel como uma advertência capaz de livrar os homens da catástrofe. Na progressão da narrativa, Maria será decisiva na consecução deste objetivo: *Metropolis* não será destruída pela rebelião das massas.

## *METROPOLIS* COMO REPETIÇÃO DE BABEL: OS TERMOS DO CONFLITO SOCIAL

Na iminência da revolta, o intertítulo diz: "Falando a mesma língua, os homens não compreendiam uns aos outros". Ou seja, antes de qualquer intervenção divina para instaurar a confusão das línguas e a dispersão dos homens, um fator imanente ao processo gera a desavença. O filme elide um aspecto central do relato bíblico – o olhar divino, sua avaliação e a decisão de intervir – e tira do centro a questão da linguagem. Ou seja, se afasta do que tem sido o motivo recorrente na referência a Babel, notadamente nas reflexões sobre a modernidade em conexão com as ideias do desentendimento, da opacidade da linguagem, da experiência abismal da tradução, da inesgotabilidade do mundo dos livros (os paradoxos de Jorge Luis Borges). Ou seja, se afasta das inúmeras formas pelas quais a literatura tem tematizado a crise da representação e potencializado o que marca a própria condição de emergência das alegorias: o terreno da controvérsia, do conflito de interpretações.

*Metropolis* não explora esta direção; elege, como cifra de leitura do desastre, a questão da separação entre as classes, a oposição entre trabalho manual e intelectual. Suprime o gesto divino, e se concentra na questão das mãos que materializam a ideia do cérebro, dos muitos condenados que viabilizam a glória de uns poucos cuja vontade perverte meios e fins, gerando o desequilíbrio fatal. Neste movimento em direção à imanência, o filme de Lang não está só enquanto comentário ao texto bíblico.[14] Seu traço peculiar é o fato de sua opção por este princípio imanente como raiz do desastre, além de destacar a esfera do trabalho, identificar a origem dos conflitos sociais num lance da vontade, digamos arbitrária, no capricho da construção da cidade-torre. Em Babel, a vontade de arquitetura faz-se narcisismo e solicita o monumento. Deste deriva o Mal, a produção de injustiça, a estetização, o pecado capital que a cidade do futuro vai reeditar. O gigantismo de *Metropolis* seria a face visível do problema, mas só captamos o essencial da alegoria se entendermos a aparência monumental como uma manifestação perversa da vontade de arte que, por tal desmesura, se faz raiz da divisão e do conflito social.

Na sequência de Babel, verificamos a insistência com que, a cada plano, se reitera esta tese, numa leitura do texto bíblico que, a par do item onde se substitui a intervenção divina pelo conflito social, tem certa afinidade com interpretações da Idade Média: de um lado, o problema é o pecado e a idolatria; de outro, há o trabalho como condenação. Claro que, em *Metropolis*, a equação é mais complexa, mas isto não impede que se aponte sinais evidentes desta semelhança. Desde a abertura, o filme destaca a cidade-fábrica, unidade produtiva que, curiosamente, embora suponha outras atividades, configura-se diante de nós como cidade-monumento, estrutura que se esgota em si mesma, como aconteceu com a ideia da Torre. Já observei o quanto há uma sintomática ausência de circulação, de um dinamismo urbano que sinalize troca, comércio, movimentos de saída e de entrada, simultaneidade de experiências, mosaico de encontros e desencontros, este movimento aleatório que muitos filmes sublimaram na figura da coreografia, ou do sistema de produção e de lazer que expressaria uma bem-vinda alegria de viver moderna, como em Dziga Vertov, por exemplo. O filme de Lang, ao contrário das sinfonias da cidade, onde a simultaneidade é um campo de possibilidades e promessas, conota abafamento, cadeia opressiva, sistema fechado. A cidade aí é trabalho e supervisão do trabalho que não produzem senão a própria cidade, num movimento de reprodução do que não teria outro uso senão o de espelhar uma suposta grandeza de seus criadores.

Tudo na composição de Babel e de *Metropolis* é escolha dos aspectos que podem consolidar esta articulação de vaidade, estetização e desmedi-

---

14 Tomo como referência maior aqui o livro de Zumthor (1997). Zumthor cita Hegel e sua visão do desentendimento, inclusive o linguístico, como um resultado de longo prazo da separação dos ofícios, da especialização, colocando também no centro a questão da divisão do trabalho; autores como Roger Cailloi *Babel* (1978), e Franz Kafka, em *A muralha da China*, retomaram a questão do fracasso de Babel explorando exatamente esta ideia da gradual criação de uma deriva no projeto por força de complicações vindas de sua própria natureza.

da, de um lado, e a correlata desumanização do trabalho, do outro, como o aspecto decisivo da analogia. O conflito e a destruição não estão presentes, por exemplo, no texto bíblico – lá se diz: "Iahvé os dispersa pela superfície de toda a terra. Eles interrompem a construção da cidade". No entanto, o pressuposto da rebelião destrutiva se ajusta ao que, na sequência de Babel, serve como advertência para que o princípio de reforma moral da elite se imponha como o único caminho da salvação. A par de um olhar solidário à sua condição de vítima, os operários não são vistos como agentes confiáveis, pois sua revolta ameaça uma engrenagem imprescindível para a sua própria sobrevivência. A cidade parece uma nave em movimento que pode sucumbir a qualquer motim e exige, portanto, disciplina militar (população é tripulação: *Metropolis* faz eco ao *Titanic*, outro emblema a compor a alegoria da arrogância da elite em sua fé cega no progresso técnico). Para a maioria, trata-se da rotina infernal do trabalho, ou a alternativa do apocalipse. Qualquer correção de rumo depende da mudança de atitude dos poderosos, sua passagem ao terreno da boa vontade (o que exige o mediador etc...). Tal premissa não apenas solicita, mas exige uma pregação como a de Maria. Sua profecia define o sentido e instaura a analogia que, embora coloque no centro a dor do trabalho, faz do pecado a raiz do problema e, em seguida, desloca a sua solução para o terreno do espírito e do sentimento, para o imperativo da conversão do Pai.

A modernidade, e a lógica própria ao mundo do relógio exposta na abertura, pouco trazem de determinante. O filme codifica seu discurso numa chave alegórica que termina por minimizar o que de material ou histórico incide sobre a natureza do problema; ou seja, a pressão do ambiente, o perfil de interesses, o mundo das trocas, o que de específico se produziu na sociedade capitalista (o burguês e o operário). Mesmo o processo mais geral de racionalização se põe como subproduto de princípios metafísicos – o Bem e o Mal – como aliás tem sido regra na quase totalidade da ficção científica, empenhada em repor esta combinação de estruturas míticas e *high tech* que encontra em *Metropolis* o seu maior clássico.

O centro da questão é o defeito moral, a *hubris* humana que gera esquemas de dominação, seja em Babel, no presente ou no futuro, um processo que tem como correlato as chamadas conquistas da civilização. Estas se fazem monumentos que, para os mestres, são a marca de uma autodeificação e, para os oprimidos, o sinal de uma distância, de uma sedução ou de uma inferioridade. Esta combinação explosiva se resolve, no filme, num aperto de mãos capaz de matar ressentimento, preconceito, orgulho, ódio e desprezo. Com sua leitura de Babel, o filme introduz de um só golpe, como coisas solidárias, o problema da desumanização do trabalho e o pecado da deificação do homem através de suas projeções em coisas e imagens. Este dispositivo, embora se expresse de forma especial em Rotwang (que repõe o lado demiúrgico dos construtores de Babel), vai além, tornando-se um motivo que contamina tudo, da feição monumental da cidade à força hipnótica da mulher-espetáculo, do voyeurismo aos caprichos de quem cultiva o artifício. Deste esquema, só está isento o carisma da boa Maria, porque abençoado, sublime, em conformidade com a natureza e a moral.

O culto da imagem, em variadas dimensões, assume um papel central na mobilização de energias e na figuração do poder (político, sexual) na cidade. Ao promover a condenação moral do fetichismo e denunciar manipulações ilusionistas, *Metropolis* retoma o tema da confusão entre os homens presente no mito, mas o desloca do terreno do verbo para o das imagens. A figura do equívoco se cristaliza, agora, no seio da relação entre o olhar e o objeto, espectador e espetáculo, e o episódio da falsa Maria condensa o motivo da falsa aparência, da dificuldade de discernir entre o real e o simulacro.

A força expressiva de um filme mudo só tem a ganhar com esta operação de transferência do motivo que gera a desavença. Tudo se projeta diretamente no campo da imagem e das técnicas que sustentam a simulação, seja na mídia, na politica ou no sexo. Realçado o aspecto visual da sedução e do engano – em conexão com o que, na natureza humana, estaria na raiz de todo o mal – vem à tona a questão do próprio cinema.

## O CINEMA COMO BABEL: ALEGORIA E MONUMENTO

Em *Metropolis*, os efeitos de grande escala e de uma ordem geométrica rigorosa não se definem apenas como expressão das características próprias dos ambientes construídos. Os traços mais espetaculares do *décor* podem vir do mundo vertical da cidade ou do espaço da usina central, ou mesmo da estranheza da cidade baixa, cada qual possuindo conotações distintas, mas a tendência ao monumental não precisa da arquitetura para se afirmar. Vem dos próprios critérios da *mise-en-scène*. É o que nos mostram as imagens dos trabalhadores de Babel, os efeitos de luz e a ação coreográfica das multidões ao longo do filme. As formas geométricas e sincronia de movimentos submetem os corpos a uma ordem que ganhou distintas interpretações, desde o ataque de Kracauer, em seu livro *De Caligari a Hitler*, quando usou sua noção de "ornamento de massa" para expressar suas reservas ao que viu como protofascismo do filme. O crítico foi, neste particular, mais duro do que no artigo em que havia cunhado essa noção, escrito ainda na República de Weimar, em 1927, a propósito da coreografia das moças americanas (as

*Tiller Girls*). Aí, Kracauer era menos judicativo e mais sociológico em sua análise de uma coreografia que, segundo ele, espelhava um mecanismo central da sociedade industrial, de massa, a mesma cuja evolução política era preocupante.[15] A diferença de tom entre um texto e outro, do mesmo autor, evidencia a natureza movediça do terreno em que se dá o debate gerado pela ambivalência inerente aos espetáculos e ao cinema quando suas formas engendram uma mimese que alguns veem como um sintoma (e parte) de um problema, de uma crise, ou mesmo de um Mal, enquanto outros preferem vê-la como um comentário (à parte), mais ou menos crítico desta mesma ordem de coisas. Isto se dá em conexão com quase tudo o que há de relevante na experiência social, criando as contradições típicas a um cinema de parábolas morais.

O filme de Lang abre seus flancos para a polêmica, marcando que está por uma composição visual que dispõe as peças de sua alegoria e, ao mesmo tempo, revela a força de uma experiência estética que se sustenta nos dispositivos que sua mensagem põe em questão. A pauta do debate e a ambição do projeto fizeram da arquitetura o princípio maior de unidade da representação, atando o impulso alegórico ao monumental. Se o gênero "grande espetáculo" favorece tal ligação, esta aqui se aprofundou de modo a produzir uma convergência entre o conteúdo da representação e modo de fabricá-la. Há a primazia da *cidade-monumento* sobre a *cidade-habitat*, e a tematização da técnica como elemento estruturante do universo urbano localizado no futuro implica na exibição da técnica do cinema como competência de simulação de tal universo. O filme constrói, na tela, uma cidade imaginária e, ao mesmo tempo, fala de si mesmo como força de composição de tal espaço com teor totalizante. Há, nesta composição, uma alegoria do próprio cinema, e sua dimensão mais interessante vem exatamente desta ambivalência da forma, pois há contradição entre o impulso questionador – seja da hipertrofia da técnica ou da relação fetichista com a arquitetura – e o fato de que é de tais excessos que o filme retira o próprio princípio de sua encenação.

Ao incorporar Babel como uma chave de codificação do seu discurso sobre o moderno, *Metropolis* faz um movimento inevitavelmente reflexivo, pois inscreve a si mesmo na questão que privilegia. A problemática do monumento sempre repercute no cinema de "grande espetáculo" como uma questão formal, qualquer que seja seu universo temático. E isto se potencializa no caso de filmes como o de Lang ou, por exemplo, de *Intolerância* (1916), de D. W. Griffith, ou também de *Cabiria* (1914), de Giovanne

15 Quanto ao texto sobre as *Tiller Girls*, ver Kracauer (1995). Para a posição do crítico após a Segunda Guerra, ver Kracauer (1988).

Pastrone, quando a busca do espetacular envolve um diálogo com espaços arquitetônicos em grande escala. *Metropolis* e *Intolerância*, em particular, exibem o traço comum de se referirem a diferentes épocas históricas para compor uma alegoria moral de inspiração bíblica que inclui Babel em seu percurso. Tornam, assim, mais nítido o paralelo que permite destacar um novo aspecto do monumental.

Embora não contemporâneos, esses filmes de Griffith e Lang são dois exemplos extraídos de um contexto histórico que, desde o início do século até a Segunda Guerra, se definiu por uma competição acirrada, esforço de hegemonia nos mercados e exacerbação dos nacionalismos que transformou as Exposições Universais, ponto de celebração do progresso, em terreno de rivalidades entre os países da Europa e os Estados Unidos. Este quadro deixou sua marca no campo da produção cinematográfica, notadamente no caso de projetos de grande investimento que se postaram como emblemas de uma competência técnica nacional disposta a ter a sua voz na definição dos caminhos do cinema. Os filmes em questão constituem dois projetos tipicamente babélicos, em termos da saga da produção, do resultado monumental e do desastre financeiro. Enquanto projetos explícitos de exibição de uma força, eles mostram muito bem o contexto de competição em que se insere esse impulso em direção ao monumento enquanto afirmação de uma identidade, construção de uma imagem desejável (ver Le Goff, 1994). O que, no texto bíblico, se expressa na fórmula genérica do "construir a torre para fazer um nome", ganha sua especificação no terreno da história, de modo a fazer tal iniciativa revelar sua feição triangular de confronto, mimetismo e emulação. A relação dual e especular entre o criador e a criatura se mostra ilusória e envolve, efetivamente, a mediação de um terceiro termo. Este não é a divindade lá na esfera das estrelas, nem o despossuído da esfera do trabalho; é a figura de outro que, movimentando-se na mesma esfera de poder, é um contendor e rival, agente elidido na evocação de Babel e na vida autárquica de *Metropolis*, dois mundos sem janela.[16] Lang e Griffith repetem Babel, mas num contexto distinto do deserto que se desenha na iconografia que traduz o relato bíblico. Vivem num mundo em que a ideia de levantar a torre mais alta não é gesto de pura vontade; está inserida num terreno de luta, é instrumento de ataque ou defesa, como quisermos, mas sempre implicado naquilo que está no cerne da modernidade: a questão imperativa da circulação, a contingência nada harmônica das trocas no mercado e os

16 A rivalidade entre Fredersen e Rotwang é, no máximo, uma expressão deslocada, interna a *Metropolis*, da questão em pauta; na edificação da cidade, seus papéis foram complementares. Hel é a fonte do conflito.

confrontos de imagem, com todas as suas implicações politicas e militares, notadamente no período de nacionalismo exacerbado que permeou as partilhas próprias à empreitada colonial no século XIX e teve como desfecho as duas Grandes Guerras Mundiais do século passado.

Há, portanto, algo mais em comum entre *Intolerância* e *Metropolis* do que a dimensão do projeto e a referencia a Babel. Há o gesto explícito de afirmação de hegemonia (ou contestação dela) dentro de um quadro de competição onde a ideia de nação é um dos vetores. Tal conjuntura incide na própria fatura destas alegorias, cada qual em seu momento. No caso de *Intolerância*, havia um pressuposto da ascensão norte-americana que se expressa tanto em sua concepção teleológica da história quanto em sua forma, como mostram análises como a de Dominique Chateau (1984) e Miriam Hansen (1991). Em Griffith, a alegoria nunca excluiu a afirmação de uma vocação nacional para liderar a reforma espiritual da humanidade neste século, teleologia e nacionalismo que compõem um par que está em franco conflito com a alegoria moderna tal como a pensa Walter Benjamin. No paralelo entre Griffith e Lang, pode-se retomar a via messiânica delineada em *Metropolis* e examinar suas afinidades com o que se formulou, na época, como resposta alemã a tal projeto americano e ao que se considerava a falta de espírito que assolava a modernização, em grande parte identificada com a hegemonia de um pragmatismo desumanizante próprio ao American Way.[17]

Vista a partir do prisma deste messianismo nacional alemão, a conjuntura reclamava, acima de tudo, a injeção de um espírito, ou de um "sentimento" capaz de humanizar o fordismo e o imperativo da eficácia industrial. O que se apresenta então no filme como "mediação do coração", figurada como gesto de refundação da "boa nova", expressa a feição nacionalista do diagnóstico e da solução da crise propostos por *Metropolis*. Pode-se remeter esta refundação à tradição pietista saída da Reforma, ou ao romantismo, ou observar a estreita afinidade da alegoria com o pensamento organicista de um Oswald Spengler, empenhado na reafirmação de um legado espiritualista que ele supõe reprimido pelo racionalismo da ilustração (visto como responsável pelos males da civilização industrial).[18]

17 Ver Anton Kaes, Martin Jay e Edward Dimendberg (1994). Quanto ao nacionalismo alemão, ver Laih Greenfeld (1992).

18 A dicotomia civilização-cultura permeia de forma mais geral o contexto alemão, mas penso aqui na sua função no esquema de Splenger ao formular sua noção de "decadência do Ocidente" apoiado na ideia de uma história organizada em ciclos nos quais, como um organismo, uma nova forma ascende (é cultura original como florescência religiosa e espiritual) e depois declina (se reduz à civilização como conquista técnica e material), para ser substituída por outra forma cujo impulso original é de natureza espiritual. Já insisti nos aspectos medievalizantes do filme, e creio que o final em torno da catedral sugere a

Em suas várias direções, a via de análise exposta acima está apta a ressaltar um impulso de afirmação nacional em *Metropolis* que responde a um quadro onde são notórios os conflitos de interesse e os ressentimentos. Se tal dimensão competitiva dos projetos monumentais não ganha pertinência no espaço alegórico do filme, isto é sintomático, pois define o ponto cego da imagem aí construída da relação entre tais projetos e esquemas de dominação, relação que, em tese, é reconhecida na pregação de Maria. Sua versão do mito de Babel traz um senso agudo da ambivalência das formas da cultura num contexto de oposições e conflitos; o que não traz é a referência àquela forma particular de conflito – as rivalidades nacionais do período entreguerras – que está na raiz de *Metropolis* como superprodução *high tech*.

Tal senso poderia ter se associado ao reconhecimento de uma diversidade anterior à construção da Torre (um letreiro menciona os "estrangeiros" contratados para executar a ideia), mas este aspecto da diferença não ganha relevância no relato, pois não interfere na decisão de construir o monumento. Tal decisão é apresentada como logicamente anterior ao engajamento da massa; além disto, o tratamento dado, em seguida, à questão da "imagem fixa" da Torre acentua uma autorreferência radical. Quando chegamos à crise e ao conflito que ameaça Babel, esta questão já está dissolvida, e temos inclusive o enunciado que descarta o tema da diversidade das línguas. Era necessário ajustar o relato de Maria à ideia de Babel como produto de uma vontade soberana, num impulso sem interferências advindas de uma alteridade de mesma estatura. Este é um pressuposto que se expressa nas imagens de solidão da Torre e repercute na redoma de *Metropolis* – o isolamento é a condição que estrutura a alegoria. Esta, digamos assim, evita explorar justamente o que se evidencia na modernidade como um processo mediado, no qual a fatura estética se liga a fatores que ultrapassam a questão da vontade de arte tomada em seu aspecto mais "puro". O relato de Babel só introduz a questão da ambivalência do monumento num segundo momento, quando chegamos ao outro aspecto de sua construção: o que se refere à situação social que resulta (e não a que vem antes) da suposta decisão soberana do "cérebro". Ao trabalhar as consequências do projeto,

---

afinidade que aponto, pois promove a convergência dos dois percursos simbólicos: o de Maria, da catacumba à Idade Média (o cristianismo emerge do subterrâneo de uma civilização decadente para triunfar na floração espiritual que coroa na época das catedrais); e o de Fredersen que, do futuro, recua ao mesmo lugar emblemático para se converter, junto a Maria e ao mediador. Examinada esta referência a Spengler, tem-se aí uma via de exploração do sentido deste recuo que ancora a promessa de redenção exatamente no espaço que simboliza o que se veria como um derradeiro momento do espírito em sua plenitude.

*Metropolis* desemboca numa imagem barroca (a história como catástrofe) que só se configura deste modo porque a sequência de Babel põe no centro a questão do trabalho e, dentro dela, situa a ambivalência da empreitada como um gesto de construção e de opressão. Entre a primeira e a última imagem do relato de Maria, o que se acentua é a conexão necessária entre teleologia (de uns) e desastre (dos outros), numa dialética que se desdobra na ruina. Neste particular, o relato explora um aspecto ausente do texto bíblico, afinando sua alegoria de Babel aos termos da célebre fórmula da ambivalência cunhada por Walter Benjamin ao se referir aos tesouros (ou monumentos) acumulados na história: todo documento de civilização é documento de barbárie.

Se o filósofo tematiza a ambivalência da forma numa escala mais ampla (da cultura), o filme toma Babel como o paradigma desta antinomia de estetização e desumanização sempre inscrita nos marcos civilizatórios, desde que produzidos no entrechoque em que a gloria de uns é a maldição de outros, como diz o letreiro. Ou seja, a alegoria de Babel destaca um terreno de conflito, a sempre reposta oposição dos pontos de vista de vencidos e de vencedores. Abre uma brecha para uma visão não messiânica da história, da qual, no entanto, o filme de Lang termina por se afastar. Primeiro porque emoldura o relato de Babel com a profecia de Maria. E depois porque a confirma, quando seu desfecho celebra o advento do mediador e reduz todo problema ao imperativo da conversão do Pai, desautorizando o questionamento da máquina do mundo e do centro do poder, porque, enfim, tal questionamento envolveria um ajuste de contas com o que o filme demonstrou ter horror: a iniciativa do oprimido.

O filme localiza num terreno ético o que se poderia entender como uma condição inelutável da organização do trabalho e das migrações num quadro histórico permeado de conflitos e dominações que, na modernidade, se expressam em cotejos entre nações. Com isto, sua fábula se faz uma condenação metafísica que projeta a ideia de pecado original (a redimir no termo final da alegoria) sobre a construção de Babel e, dados os termos da sua analogia, sobre o estado de coisas em *Metropolis*. Walter Benjamin diria que o filme não sustenta os aspectos mais agudos da percepção de antinomias e ambivalências que a composição do relato de Babel sugere (percepção que, para ele, seria a condição por excelência de constituição de uma alegoria moderna). A moldura geral do filme *Metropolis* institui o que o filósofo chama de "regressão mítica", esta que força uma falsa totalização. No caso, tal regressão se expressa na composição visual, pois a conclusão da fábula vem forçar o motivo geométrico que expressou todas as tensões a se amoldar ao movimento teleológico da forma (o destino da pirâmide) rumo à estabilização final diante da igreja. Na convocação, é o sino que vem suplantar o relógio.

Tal regressão traduz um desejo de superação *a fortiori* das ambivalências do próprio filme que, na sequência de Babel, encontra um momento de crispação da alegoria aberto a uma indagação que depois se dissolve, pois a teleologia se impõe e reduz tudo o que envolve Babel a uma prefiguração necessária, capítulo sombrio que dá maior brilho ao princípio da reconciliação geral postulado na sequência final. Reconhecido o problema, era preciso salvar, num só golpe do espírito (alemão), a arte, a técnica e a sociedade, em termos nada benjaminianos.

# CIDADE & CINEMA, DUAS HISTÓRIAS A CONTRAPELO NOS ANOS 1970

*Rubens Machado Jr.*[1]

A multiplicidade de proposições estéticas é uma das marcas distintivas da produção audiovisual na década de 1970 no Brasil, imposição, em parte, de uma segmentação fragmentária de experiências, forçada pela ditadura civil e militar que se implantou no país em 1964 e que recrudesce a partir de 1968. Ao lado da vigorosa expansão da TV e do relativo sucesso da Embrafilme, o fomento estatal ao cinema, houve também uma proliferação de experimentalismos jamais vista, localizados o mais das vezes e circunscritos, implicando microesferas comunitárias, como no caso de festivais intermitentes, certos cineclubes, mostras artísticas, e de uma miríade de pequenos eventos que escapavam da censura e outros controles instituídos, ou a eles resistiam. Uma parte desses espaços de exibição cumprirá, conforme avançamos na década, um papel crescente, ainda que extremamente limitado, de esfera pública de oposição,[2] cristalizando formas engajadas conforme adentramos a década seguinte, com gradativa substituição do filme pelo vídeo. Um motivo que tem dificultado o debate da história do cinema experimental ou de vanguarda no país, sempre incluindo-se aí os engajados e independentes, é

1 Livre-Docente em Teoria e História do Cinema no Departamento de Cinema, Rádio e Televisão da Escola de Comunicações e Artes da Universidade de São Paulo.

2 A ideia de "esfera pública de oposição" foi cogitada na esteira das manifestações de 1968. Conferir Kluge (1979).

a sua grande produção em bitola menor e suporte amadorístico, como o 8 mm, o Super-8, os primeiros formatos do vídeo, cuja baixa "reprodutibilidade técnica" tornou a memória de suas poucas, fugidias e auráticas primeiras sessões constituído muitas vezes o único acesso às obras.

Quem se interessa pela história do cinema brasileiro experimental ou de vanguarda encontra, mesmo agora com a web, dificuldades de acesso a cópias, além de uma filmografia ainda mal mapeada em vários lugares, épocas, setores e aspectos. Encontra no entanto bibliografia e debates do maior interesse sobre certos momentos, autores e movimentos – o *Limite* (1931), de Mário Peixoto, o Cinema Novo, o Marginal. A década de 1970 configura, em todo caso, uma espécie de apogeu dessa produção, pelo menos do ponto de vista quantitativo. A produção experimental realizada em Super-8 nessa década é grande e não tem sido discutida desde então, quando por seu turno foi muito pouco vista, somente em sessões alternativas, algumas galerias ou festivais de modo atomizado, depois disso não mais. Isto equivale a dizer que tais obras não têm sido mais vistas ou revistas por qualquer público, e nem mesmo por pesquisadores, desde os anos 1970, época de sua maior produção e difusão.

Por suas características intrínsecas como meio e inserção social, o experimentalismo superoitista implicou nas condições brasileiras dos anos 1970 uma forte experiência de negação.[3] O "valor de exposição" das obras nessa nova esfera sensorial implica e acarreta diferenças específicas no âmbito das práticas ritualizadas, tal como pensou Walter Benjamin em torno da noção de aura, nos sugerindo neste caso uma reconsideração crítica. Já no momento da captação, do registro das imagens, observam-se parâmetros sensíveis de modificação no acionamento da câmera e no comportamento de quem filma. Pode ser acompanhada ao longo da década sua evolução circunstanciada pelo que seria mais empiricamente *filmável* nestas condições, sobretudo em direção aos espaços abertos, a descoberta de seu teor urbano, existencial, público e político. Bastante recorrente na produção mais radical, uma determinada expressividade se constrói, em glosa, ironia ou ataque simbólico aos monumentos culturais dispostos no espaço público da cidade.[4]

---

3 O superoitista Jomard Muniz de Britto falava de uma uma "postura da negatividade", e de uma "intencionalidade" relativa ao "dizer não!". "Marginália 70, depoimento: Jomard Muniz de Britto e Alexandre Figuerôa Ferreira, por Rubens Machado Jr., em Recife", Instituto Itaú Cultural, 20/2/2000, p.10.

4 É o que se pode verificar em filmes como *Agrippina é Roma-Manhattan* (Nova York, 1972), Hélio Oiticica; *Superfícies habitáveis — Memorial 2* (São Paulo, 1974), Flávio Motta e Marcello Nitsche; *Explendor do martírio* (Rio, 1974), Sérgio Péo; *Relax místico* (Rio, 1977), Giorgio Croce e Ragnar Lagerblad; *O palhaço degolado* (Recife, 1976-1977), e *Inventário de um feudalismo cultural* (Recife, 1978), Jomard Muniz de Britto; *Vitrines* (Curitiba, 1978),

Se com o Tropicalismo certa postura experimental se dissemina pelo país e assume contornos de vanguarda em diferentes sentidos, nada garante entretanto que possamos verificar, nas obras, resultados à altura dessas aspirações. Avaliar essa problemática é entrar no campo da crítica, da análise de filmes, adentrar o terreno da estética que se realiza nos filmes; não apenas elogiar ou glosar a proposta, a convicção dos autores – como se tem facilmente feito. Há muita coisa diferente sob esse conceito guarda-chuva do *cinema experimental*, em que cabe de tudo um pouco. É preciso pôr a bola no chão, e partir dos filmes, sobretudo, para se conseguir o necessário debate. Ou seja, trata-se de uma discussão de longo prazo que, em grande medida apenas começa a engatinhar, levantando filmografias, vendo e trabalhando com análise singularizante, em perspectiva de crítica imanente, entender a provocação do filme para estabelecer parâmetros interpretativos a ele correlatos, para cotejar às expectativas postas pelo autor, público, crítica.

A produção audiovisual dos anos 1970 tem, contudo, a marca de grande fenômeno, da estruturação espetacular da televisão pelo país, Rede Globo à frente. A dinâmica industriosa e o alcance que ganha a TV no decênio fazem com que o cinema se veja sobrepujado em termos de indústria cultural no país. A Embrafilme se estrutura a partir de 1969, os filmes que ela produz teriam muito a ver com uma opção pelo mercado feita pelos cinemanovistas. Busca-se na literatura brasileira, por exemplo, ou em gêneros populares de narrativa um diálogo com a identidade brasileira e, ao mesmo tempo, tenta-se algo mais comercial, de diálogo com o público. Em paralelo à pornochanchada e um resto do cinema industrial que podia sobreviver, alcançou-se por fim com a Embrafilme uma pujança grande nos termos da tradição brasileira. A indústria cultural que evoluiu nos anos 1970 teve uma participação importante de intelectuais de esquerda, em cooptação na qual o regime militar dá certo espaço, utiliza essa força produtiva para os seus desígnios de construção nacional. Isso é importante considerar, pois o que se vai fazer, num cinema de maior ambição questionadora, que procura se interrogar de modo mais radical sobre o sentido da vida brasileira, e do próprio audiovisual brasileiro e o de se fazer um filme no Brasil, se revelará em contraposição a esse sólido panorama estruturado na época.

Politicamente suspeito, o cinema experimental ou de vanguarda no Brasil, nas poucas manifestações que provocou para além do Cinema Novo e Marginal (1960-1974), foi pensado historicamente num diapasão de pou-

---

Rui Vezzaro; *Exposed* (Salvador, 1978), Edgard Navarro; *Gato / Capoeira* (Salvador, 1979), Mário Cravo Neto; *Fabulário tropical* (Recife, 1979), e *A esperança é um animal nômade* (Paris, 1980-1981), Geneton Moraes Neto; *Amsterdã erótica* (Amsterdã, 1982), Paulo Bruscky.

co interesse, acusado por vezes de elitismo ou formalismo irrelevante, de fundo conservador. Com o advento do Cinema Novo, convém notar que é um tanto paradoxal que isto ainda continuasse acontecendo, embora com uma nova visão do problema. Veja-se por exemplo o capítulo no livro de Glauber, *Revisão crítica do cinema brasileiro* (1963), "O mito limite". Conforme se observa em meio até crítico ou de esquerda, persiste um desinteresse sobre o teor político do chamado cinema experimental, que alcança mesmo os dias de hoje. A produção dos anos 1970 em Super-8 obriga-nos, todavia, a reconsiderar completamente este lugar-comum.

A especificidade política das realizações em Super-8 fundamenta-se na fatura de seu discurso bem como nas condições técnicas de sua realização e, claro, no desdobramento correspondente de suas singulares proposições estéticas. Em boa medida precursor do vídeo e das atuais câmeras digitais, o Super-8 surge em 1965 e se difunde no início dos 1970 como técnica acessível no âmbito do consumo. O uso doméstico desta minibitola de 8 mm dava um salto significativo em relação ao uso similar que se verificava desde os anos 1920 com as pequeninas Pathé Baby, passando pelas bastante portáteis câmeras 16 mm de corda, e chegando às Regular-8, que usavam até os anos 1960 toda a tecnologia 16 mm, ainda sem as facilidades tão automáticas do Super-8. Antes disso exigia-se do cineasta amador, dos anos 1920 aos 1960, certo cultivo técnico. Esse tipo de rebaixamento no padrão técnico que o Super-8 traz se dá mesmo no melhor caso de habilidade técnica do usuário, já que as características físicas de película e equipamento eram sensivelmente inferiores se comparados aos formatos profissionais. Dentre as imperfeições, não só eventuais riscos ou sujeiras existentes na emulsão da película se ampliam, como sua granulação, proporcionando uma textura que sugere com veemência ao espectador, a cada momento, tratar-se aquilo de um filme projetado, fustigando nossas retinas com o que insinuava Jean-Luc Godard ao dizer "*C'est pas une image juste, c'est juste une image*". O uso consciente e mesmo expressivo desta miríade de "defeitos técnicos" típicos do Super-8 torna-se depressa muito rico no plano estético, graças à sua incorporação à linguagem dos filmes, sobretudo por parte de artistas plásticos que, na primeira metade dos anos 1970 adotam o meio, chegando mesmo a inscrever os seus filmes, em geral objetos estranhíssimos, nos eventos e festivais que foram se proliferando pela década.

De par com o manuseio facilitado e a sua apropriação estética mais aguda, o que distingue a atividade superoitista é o caráter marginal de significativa parcela da produção. Durante os anos mais negros da repressão política e depois no período de abertura, a férrea modernização conservadora que se instalava, galvanizando a cultura, vinha garantir ao precário amadorismo do Super-8 um contraponto dissonante e irônico, de que, aliás muito realizador se valeu com inteligência. Tal como para a "imprensa nanica", o poeta de mimeógrafo, o grupo teatral mambembe, tratava-se de subverter as relações de produção cultural e artística. Como disse o poeta e cineasta Sérgio Péo, "transformar o objeto de consumo em instrumento de produção", "usar esse instrumento produzido e distribuído visando o consumo doméstico das classes médias para criar um movimento". Clamava de sua coluna-tribuna Geleia Geral o tropicalista Torquato Neto nos tempos duros de 1971: "pegue uma câmera e saia por aí, como é preciso agora [...] documente tudo o que pintar, guarde. Mostre. Isso é possível". A marginalidade estendia-se à exibição, buscando extrapolar mesmo a vitrine formidável dos festivais de Super-8, em espaços de exibição alternativos ou provisórios, articulados por vezes aos cineclubes e movimentos sociais.

A década de 1970 vai se iniciando sob o peso da repressão em seu período mais extremado. Depois do AI-5, em 1968, uma parte importante da produção artística, passando ao largo da integração no mercado florescente e da negociação de subsídios estatais à "cultura nacional", fazia sua incorporação da herança imediata, tropicalista ou o que fosse, sob formas de produção e linguagem testando caminhos, aos poucos se esboçavam as primeiras manifestações de resistência, ambiguidade. "Ou não" - como rezava o mantra maroto que se disseminou. Na segunda metade da década, com a abertura lenta, relativa, gradual, e a proliferação de Festivais, nota-se determinada politização dos realizadores, sensíveis às mudanças no âmbito do quase circuito, já existente, ainda que efêmero. Mas o Super-8 está desde o início nesta seara próxima àquela da poesia de mimeógrafo, do happening, manifestações artísticas que traziam elementos de difícil administração, absorção mercadológica ou burocrático-autoritária.[5]

Daí a sua diferenciação aguda para com a pornochanchada ou o filme de perfil cultural, tais como nas produções Embrafilme. Isso não impede, entretanto, que mesmo no Super-8 houvesse quem, sob o manto do "cinema é cinema, não importa a bitola", sonhasse com a profissionalização. Não faltou quem tentasse implementar salas comerciais, exibição televisiva,

5 Para uma ética do mimeógrafo, escrevia T. W. Adorno, em 1944: "O progresso e a barbárie estão hoje tão intrincados na cultura de massa que só a ascese bárbara contra a barbárie e o progresso dos meios poderia reconstruir o não bárbaro. [...] Os meios mais antigos e não calculados para a produção em massa ganham nova atualidade: ao não terem sido capturados e na improvisação. Somente eles podem escapar da frente unida de trustes e técnica. Num mundo em que há muito os livros não se parecem com livros, só o são aqueles que não o são mais. Se no início da era burguesa estava a invenção da tipografia, está na hora de substituí-la pela mimeografia, o discreto único meio de difusão adequado". 30: Interesse próprio, In: *Minima moralia* (tr. G. Cohn) Rio de Janeiro: Azougue, 2008, p.46-7.

grandes festivais na trilha kitsch do fausto hollywoodiano, como foi o caso do Grife em São Paulo, que organizava cursos e o mais sólido e longevo festival de Super-8. O apagamento das especificidades ligadas à bitola, que por vezes traduzia-se no entendimento dos superoitistas como aspirantes a profissionais, era uma forma de apagar também a dimensão política, repentino ponto cego, denegado. Na visão de seus opositores, como disse o realizador João Lanari sobre o Grife, almejar "proporções industriais", "vincular o Super-8 a esse jogo, é participar de maneira total de uma ideologia reacionária". Semelhante execração pública proferiu Ivan Cardoso, no debate promovido pelo *Marginália 70*, no Itaú Cultural em São Paulo, 2001. Em terra onde os mais reconhecidos manifestos de radicalidade cinematográfica são *Por uma Estética da Fome* (1965) e *Estética do Sonho* (1971), de Glauber Rocha, torna-se difícil compreender um Festival como o do Grife que, entretanto merece estudo, menos por ter homenageado grandes estrelas de Hollywood que pelo diálogo que iniciou com os artistas plásticos desde o *Expoprojeção*, curado por Aracy Amaral, em 1973.

À subversão das relações de produção e circulação correspondia uma subversão de linguagem que se expressava na variedade das experiências superoitistas. Permeados à diversidade libertária emergem traços que mostram clara marca política nessa experimentação de linguagem. Isto não quer dizer que não tenham se proliferado nesta bitola filmes que, sem grande invenção formal, se inclinem por engajamentos e por intervenção propagandística, busca precoce da clareza mais instituída no molde industrial, regressão universalista que se emblematizaria nos anos 1980. De modo análogo se encontra em Super-8 muito filme de animação, documentário ou ficção perfeitamente convencional, e até bem conservador, como no caso das vertentes *sarristas*. Até mesmo entre os filmes catalogados e premiados nos festivais dentro da categoria Experimental encontramos filmes, do *agitprop* mais de urgência ao de linguagem francamente *publicitária*, cuja importância maior está na comunicação com o público, impacto da mensagem, transgressão no plano dos conteúdos – e não da sua diferenciação ou experimentação formal. Poderíamos lembrar aqui a contundência de trabalhos de uma porção de superoitistas, alguns deles bastante laureados, outros muito disseminados em circuitos alternativos ou de oposição.[6]

Giulio Carlo Argan observava nos anos 1960 que é a linguagem do cinema, já por suas características e o modo como articula espaço e tempo, a que mais se aproxima da vivência moderna do espaço arquitetônico e urbano;

6 Para uma apresentação panorâmica do experimentalismo superoitista, vejam-se os meus trabalhos: Machado Jr. (2013, 2009) e *Marginália 70* (2001).

e que os historiadores do futuro terão no cinema o seu objeto de estudo privilegiado, em especial os que quiserem falar das cidades do Século XX.[7] Talvez já pela dificuldade técnica de filmar em interiores, jogando superoitistas facilmente ao gosto pelo céu aberto, um princípio bastante recorrente em sua produção mais radical será a glosa ou o ataque simbólico à paisagem urbana, sua conversão em cenografia irônica do espaço público. Sempre que se comentam as históricas Jornadas de Salvador, maior evento do cinema independente do período no país, reunindo democraticamente os diversos suportes, Pola Ribeiro gosta de lembrar a fórmula que o seu grupo de superoitistas considerava lapidar: "Os filmes em 35 mm dedicam-se a construir monumentos; os 16 mm se propõem a lhes colocar questionamentos; e os Super-8 vêm para jogar merda nos monumentos". De fato, há algo dessa queda, ou pulsão antimonumental, como um traço distintivo e singular deste experimentalismo – num sentido porém mais abstrato e simbolicamente abrangente, embora não fosse tão raro que se aproximasse do escatológico. Performances desmistificadoras põem corpos a contracenar com prédios e estátuas importantes, instituídos ou não como patrimônio histórico: ícones de uma ordem pública são fustigados pelo que consolidam de impositivo e inaceitável. Para usar exemplos cariocas, em *Relax místico* (1977), de Giorgio Croce e Ragnar Lagerblad, perante descalabros da cidade captados ao ar livre pelas ruas do Rio se propõe um irônico relaxamento iogue (faixas do conhecido disco *Yoga para nervosos*, do Professor Hermógenes), alternando com *hits* dos Novos Baianos ou Led Zeppelin (cotejo "terapêutico" de efeito crítico, senão cômico), em prática pop/zen de contemplação distanciada.

Já no *Esplendor do martírio* (1974), de Sérgio Péo, um rapaz chega a agredir um monumento de heroísmo militar e é, de fato, preso na avenida ao cabo de poucos instantes. Péo e a equipe, uma ou duas pessoas, foi solta com câmera e filme sem maiores averiguações, era jogo da Copa, Brasil e Alemanha, alegaram aproveitar a cidade vazia para um trabalho da faculdade. A cena se incorpora nesse filme de *agitprop* peculiarmente obscuro (para provocar discussão com o público?), fragmentado e composto de imagens um tanto auráticas de jovens contracenando com uma cidade carregada de ambiência simbólica. Vêm superpostas a velha e a nova cidade em atmosfera de sortilégios, o Rio antigo, do Centro e da Lapa, já entrecortado pelas obras colossais da ditadura civil-militar, arquitetura estatal em torno da av. Chile (eco recente de Allende, para quem conhece o Rio?), os bancos nacionais, a Petrobrás, a nova catedral, tudo conjugado às artérias de Copacabana. Em estilhaçada "geografia criativa" (Kulechov), a fragmentação urbana do Rio

7 Ver suas intervenções em: Argan (1969, p.9-16); Zevi (1950).

mostra uma quase ritualística de martírio, sob sinais de alguma conjuração obscura, nem tanto exotérica ou hermética assim: tarô, sangue no asfalto, linhas divisórias, punhal, luvas plásticas, jovens cabeludos tombados, impossível não ver alusão ao regime repressivo. Numa destas aparições figurava com ar surrado o próprio autor, acorrentado a um poste, a posição arquetípica dos pulsos amarrados, gesto da famosa estátua de São Sebastião, da Praça da Glória, no Catete.[8]

Sob o coeso influxo do som, em execução integral da famosa *Money*, rock progressivo do Pink Floyd, álbum *The Dark Side of The Moon*, vemos desfilar corpos e espaços de uma intrincada e abrupta metrópole, uma dilacerada São Sebastião do Rio de Janeiro. Urbe retalhada – e sem suturas possíveis fora do sacrifício em curso? E sem esplendores fora do corrente martírio? Parece faltar parafuso nessa unidade precária e acidentada de *Esplendor do martírio*. Interessava menos ao filme saber da estátua agredida antes de inaugurada, qual seria o "soldado desconhecido" da vez, que episódio evocaria, seu significado historicista se ofuscava pelo da inauguração, que lhe recobria do caráter genérico de uma celebração militar. Embora provoque interesse sua singularidade, o filme sobrepõe um significado realçando uma vivência presente, seu sentido mais *físico e psíquico* (Riegl, 1984), a do gesto opressor de afirmação cívico-militar. O filme parece apostar na obscuridade do presente como possibilidade de interrogação.

Compõe entretanto um objeto curioso, mônada[9] arrevesada e reticente exprimindo em viés singular a barbárie vivida por uma *travadíssima geração*, na tentativa obstinada de configurar a cesura, ela-mesma, da sua experiência histórica, apartada do grande protagonista do sentido revolucionário de seu gesto libertador, a massa oprimida em sua condição de classe, presente porventura de braços cruzados no início da fita, assistindo na praça um ex-escravo cuspindo labaredas. O *páthos* fílmico se põe a extravagar desde

8 Em ressonância remota, empalidecidos significados: o torso crivado de flechas do ancestral ícone cristão dá aqui apenas com o peito enfaixado em curativos de um moço cabeludo. O Catete, então, desdobra-se na vibração esquecida da velha capital da República, nos faz recuar vinte anos, ao peito de um prócer da autonomia nacional, presidente incompreendido, um "pai do povo" capaz de suicidar-se. O filme nada explicita sobre o nome da cidade, nem a estátua ou a iconografia e a tradição católica de São Sebastião, exceto na similitude do gesto aqui comentada à guisa de interpretação. A alusão ao Catete é um eco ainda mais indireto. Já noutra parte, a lembrança que devo a João Luiz Vieira, a da Avenida Chile naquele contexto e época.

9 Discutindo a particularidade da mônada benjaminiana Rainer Rochlitz (2003, p.335) ressalta que o "elemento estético dessa filosofia da história [...] acentua o fato de que o historiador nunca é indiferente a seus objetos, que eles pertencem a *sua* experiência insubstituível e que ele é responsável por um passado sempre ameaçado pelos interesses do presente".

este início, acentuado pela música *Money*, e sua pletora controversamente melancólica, solicitando àquelas imagens de dolorida articulação "uma apreensão do tempo histórico em termos de *intensidade* e não de cronologia" (Gagnebin, 1994, p.19, 22). Conta-se que o filme é então projetado em sessões de sindicato, universidade, cineclube ou comunidade de base, e sem programação publicada, para não atrair a censura. Na publicidade boca a boca se sabia da presença da equipe na sessão para eventual debate. Sessões irrepetíveis decerto, de um *aqui e agora* que, ao longo de sua história registrada, tampouco logrou perpetuar-se.

Como em geral na história superoitista, dado que as cópias eram de má qualidade, projetavam-se quase sempre os originais, logo engavetados por alarmantes danos de uso, o medo de extravios, de censura, danos e acidentes de má projeção ou translado – tudo concorria para uma difusão colada, a circulação de película e realizador inseparáveis. A cultura cinematográfica no Brasil, que alcançou alta repercussão artística, instituindo-se nas últimas décadas com crescente mentalidade industrialista, sobretudo dos anos 1980 para cá, fez questão de esquecer todo esse romantismo amadorístico. Ora, esse histórico *devir aura* do Superoitismo recrudesce sobre um seu caráter aurático de origem, específico de uma lavra em seu tempo, e da temporalidade de sua fatura mesma. Quando Edgard Navarro fala que a essência do Super-8 era a adrenalina despertada pelo apertar do gatilho da câmera, entende-se uma consciência própria do que se instaurava naquele drástico momento. Há um ritual coletivo mobilizado no filmar, há mesmo um custo experiencial vivido e compartilhado, que vai do inscrever-se mais ou menos sorrateiro no espaço público da Pólis, até mesmo ao preço dispendido no filme e sua revelação, a construção afetiva de convivas, todos os riscos de diversa ordem assumidos simultaneamente, e o sentimento de autoria como uma produção em ato contínuo. A temporalidade da realização Super-8 difere por certo da que hoje temos na experiência do registro digital. Em todo caso a sua contingência de inserção no espaço público trazia uma experiência específica de tempo nada homogêneo, já pelo dado de autonomia e liberdade do gesto, seu significado latente, a espontaneidade que se intuía como insubordinação a uma ordem administrada pelo regime autoritário, aliás bem patente no tom regrado da avassaladora produção audiovisual de então.

Como sugerido no insigne bordão "esperando a morte chegar", entoado pelo baiano Raul Seixas em rouco fastio pelo consumismo imperante, no sucesso muito ouvido então nas rádios (*Ouro de tolo*, 1973), a temporalidade regular então forjada cotidianamente pela indústria cultural recalcava em padrão esvaziado o tempo de necessidades de cada um. O desejo da construção livre do tempo de nossas histórias individuais intui que algo de comparável se daria socialmente, na construção histórica do tempo, diante da opressão fabricada pelos media, e intui que "o tempo da história é diferente do tempo da mecânica" (Benjamin, 2013, p.70). Dos falantes radiofônicos, para poucos ecoaria ainda, outro sucesso anterior, esse agora sob Censura – "quem sabe faz a hora, não espera acontecer", pelo paraibano Geraldo Vandré (*Pra não dizer que não falei das flores*, 1968), fazendo refletir sobre o travamento dos novos horizontes. "A história é objeto de uma construção, cujo lugar não é formado pelo tempo homogêneo e vazio, mas por aquele saturado pelo tempo-de-agora" (Benjamin, 2005, p.129). Ao contrário da posterior onda do *rap*, na qual a voz parece emanar de uma condição social de classe verdadeiramente despojada, objetar-se-ia aqui o espectro restrito do superoitismo, limitado à classe média. Não se trata do proletariado oprimido quem se exprime, porém algo como um "flâneur coletivo" que sentia a perda do espaço público (Tiedemann, 1986, p.143), usurpação da pólis enquanto *habitat* da livre cidadania.

Com notável força mínima de evidência, *Agrippina é Roma-Manhatan* (1972), de Hélio Oiticica, incrusta na imponente arquitetura nova-iorquina de Wall Street, como numa Roma neoclássica, mulher de vermelho e personagens airosos tentando a sorte, postados ambiguamente entre o mais mundano afã e alguma transcendência mítica. Ao contrário da evocação civilizada do passado, a Agrippina que Hélio ressuscita dos versos infernais de Sousândrade reencarna mais que a maternidade de Nero: seria uma outra *femme fatale* tiranizadora de déspotas, quintessência do novo centro do Império, o jogo financeiro como tirania do nosso tempo.[10] O localismo certeiro desse filme prefigura em sua universalidade reversa uma busca disseminada por boa parte do superoitismo brasileiro. Por exemplo, no seu filme-ensaio *A esperança é um animal nômade* (1981), Geneton Moraes Neto, entre melancólico e furibundo diante de monumentos da cidade de Paris, ao som do fagote que toca *Se essa rua fosse minha*, deblatera num percurso inquieto com frases iradas: "o luxo é a doença infantil da decadência", "o futuro não precisa de estátuas", "Napoleão morreu!", "só o futuro é revolucionário". Já em seu *Fabulário tropical* (1979), fizemos um mordaz *tour* turístico pelas ruas do Recife, interessado em flagrar a barbárie histórica que os monumentos e os cartões-postais ocultam, itinerário improvisado mas exemplar da história a contrapelo da cidade. Tais mônadas arrevesadas também não seriam imunes a riscos, podendo "servir de pretexto para uma concepção da história que somente vai no sentido oposto ao da história dos vencedores. Essa inversão não muda em nada o erro subjacente" (Rochlitz,

10 Machado Jr. (2010).

2003). É preciso analisar caso a caso cada obra, pois só sua crítica imanente pode lidar com o seu sentido.

A desmonumentalização estava ligada a outra tendência bastante evidente em sua carga contestatória aos padrões da arte estabelecida: a performance, o registro pela câmera de um ato performático rompendo com o comportamento "respeitável". A performance estava seguidamente ligada à contestação da ordem imposta ao espaço público, como na "observação-ação" proposta por Péo, que quer em seus filmes "usar o espaço físico da rua reavaliando seu funcionamento e introduzindo novas atitudes". O Super-8 (e outros suportes usados em semelhante espírito) aproximava-se, nesses momentos, do happening teatral, da pixação e da momentaneidade da poesia marginal, que se propunham transitórias, imediatas, mais ativas que representativas. Coerente com essa espécie de ação fílmica direta, a política do corpo e da sexualidade adquiria centralidade naquele verdadeiro *inchaço do presente* característico da bitola Super-8, aliás, das bitolas a menos "bitolada". "Era uma coisa bem política, erótica e política", segundo o filósofo e poeta Jomard Muniz de Britto, um dos protagonistas do tropicalismo no nordeste. Bissexualismo, travestis, desconstrução da imagem burguesa da mulher, frequentavam a simpática bitola. Muitos dos filmes têm algo de festa dionisíaca, versão cinematográfica do desbunde. Com a forte presença da contracultura nos anos 1970, o diálogo do corpo que grita por libertação parece clamar pela natureza, à qual o corpo deseja retornar. A fruição da relação imediata corpo-espaço, sob o signo da natureza, como em *Céu sobre água* (1978), de José Agrippino de Paula, pérola radical sedimentada na aldeia hippie de Arembepe, mas também no curitibano *Vitrines* (1978), de Rui Vezzaro ou no soteropolitano *Pó e mandalas* (1977), de Paulo Barata, configurariam outras formas de contestação da ordem, ora se aproximando da "curtição" primitivista hippie ora impostando um olhar que desdenha ou estranha o advento sisudo da urbe.

Logo no começo da década, a presença do pop, do conceitual e do minimalismo nas artes plásticas nacionais, e correntes herdeiras imediatas da sólida tradição concretista e neoconcretista, mesclam-se aos últimos gritos do Cinema Novo e Marginal antes da integração no projeto embrafílmico do "Mercado é cultura". Hélio Oiticica, Antonio Dias, Lygia Pape, Nelson Leirner, Marcello Nitszche e tantos outros artistas trouxeram contribuições notáveis (desde então bastante esquecidas) construindo obras explosivamente concisas e definitivas, de brilho duvidoso, avara evidência. Noutra modulação desta estética do grito, existem ainda os filmes que, numa certa continuação do cinema marginal, exploravam a reclusão exasperada como forma de *expiar* da repressão, como vemos em certos filmes de Jorge Mourão, como *A pátria* (1977). Mas de modo geral, a experimentação superoitista inscreve-se no momento pós-tropicalista, em que a dimensão política da arte fragmentou-se em experimentos quase sempre aliados a uma espontaneidade radical e ligados a uma visceralidade existencial que buscava criar momentos de ruptura com a pesada ordem política e de mercado do "milagre" então orquestrado. A consolidação da TV e do cinemão teriam raros contrapontos no universo audiovisual, já que as recentes vibrações tropicalistas endossavam – mesmo com sua larga irrisão – um convívio amistoso e fértil com a indústria cultural. E o Cinema Marginal não foge totalmente a esta regra, de maneira geral. No mundo audiovisual apenas o Super-8 opõe-se diametralmente a tudo que tivesse relação ou se referisse ao universo da TV, e mesmo no pouco que a tematizou. Pelo trabalho diferente de sua própria linguagem e temática, desde o início dos anos 1970, o experimentalismo superoitista foi no audiovisual brasileiro o polo mais vivo de negação ao que se fazia na outra "telinha", sua contraposição determinada.

-30-

# DOCUMENTÁRIO E PERIFERIA DO CAPITAL: IMAGENS DIALÉTICAS

*Artur Sinaque Bez*[1]

Em "A obra de arte na época de sua reprodutibilidade técnica", Walter Benjamin afirma que o proletariado possui um interesse natural pelo cinema, o político. Sendo assim, o proletariado se vê no direito de ser filmado, reproduzido. Há "[...] um interesse original das massas pelo cinema, totalmente justificado, na medida em que é um interesse no próprio ser e, portanto, em sua consciência de classe" (Benjamin, 1987a, p.185). Contudo, o autor lembra-nos que os filmes produzidos para a massa a enganam, distraem-na, fazendo-a desviar de uma postura crítica.

Já na etapa de produção dos filmes há um controle inconsciente estabelecido pelo público, onde inclusive o intérprete, no momento da filmagem, sabe "[...] que sua relação é em ultima estância com a massa" (1987a, p.180). Não obstante, Benjamin opõe ao cinema fascista as potencialidades de um cinema revolucionário, em que o controle pré-estabelecido da massa se torna consciente:

> Não se deve, evidentemente, esquecer que a utilização política desse controle terá que esperar até que o cinema se liberte da sua exploração pelo

1 Doutorando em História e Sociedade pela Unesp – Faculdade de Ciências e Letras de Assis. Pesquisador Associado ao grupo "Experiência Intelectual Brasileira: História, Imagens e Notas Musicais" (Fapesp).

> capitalismo. Pois o capital cinematográfico dá um caráter contrarrevolucionário às oportunidades revolucionárias imanentes a esse controle. (Benjamin, 1987a, p.180)

Há diferenças marcantes entre este cinema analisado por Benjamin em seu ensaio de 1936 e os filmes elogiados por Siegfried Kracauer em *Theory of Film*[2] de 1961. Os primeiros são estritamente filmados em estúdios e bancados por grandes empresas produtoras, exigem do ator-intérprete uma encenação moldada por um naturalismo, são impregnados do *capital cinematográfico* e têm um modelo de decupagem baseado no espetáculo industrial. Por outro lado, os filmes que mais chamam a atenção de Kracauer em *Theory of film* são tratados por ele como atentos à "realidade física" do mundo e enfáticos em seu conteúdo imagético. Filmes de diretores italianos como Vitorio De Sica, Luchino Visconti e Roberto Rosselini adotam uma postura crítica em relação à decupagem clássica sistematizada pelo diretor norte-americano D. W. Griffith.[3] Os filmes de cunho reacionário que representam o *capital cinematográfico* ao qual Benjamin referiu-se em seu ensaio são mais próximos daqueles trabalhados por Kracauer em *De Caligari a Hitler* (Kracauer, 1988). Benjamin registrava que o *capital cinematográfico*, como o fascismo, impedia o proletariado de utilizar-se do cinema para seus próprios interesses:

> Vale para o capital cinematográfico o que vale para o fascismo no geral: ele explora, secretamente, no interesse de uma minoria de proprietários, a inquebrantável aspiração por novas condições sociais. Já por essa razão a expropriação do capital cinematográfico é uma exigência prioritária do proletariado. (Benjamin, 1987a, p.185)

Assim como Benjamin, em *Theory of filme* Kracauer se interessa por questões do "específico cinematográfico" e suas origens fotográficas. Recupera o

2 Trabalhamos com a edição publicada em espanhol: Kracauer (2001).

3 Para Ismail Xavier (2008), "[...] o neorrealismo converge com Kracauer na defesa da representação dos pequenos fatos e na realização de um cinema de rua, oposto ao estúdio". A decupagem clássica é compreendida por Xavier (2008, p.32-4) como um "sistema cuidadosamente elaborado, de repertório lentamente sedimentado na evolução histórica de modo a resultar num aparato de procedimentos precisamente adotados para extrair o máximo de rendimento dos efeitos da montagem e ao mesmo tempo torná-la invisível. [...] [Utiliza-se destes procedimentos] para a criação, no nível sensorial, de suportes para o efeito de continuidade desejado e para a manipulação exata das emoções". Para esta produção cinematográfica de cunho industrial o estúdio é imprescindível, propiciando um melhor controle das técnicas, da iluminação ao áudio, do cenário à *mise-en-scène*.

debate realismo/formalismo acerca da fotografia e do cinema considerando as "propriedades básicas do meio" como propensas a captar e representar a "realidade física". Retoma um debate iniciado por Benjamin quando tratou da temática do sobrenatural no cinema, citando autores como Franz Werfel em sua defesa da "dimensão do fantástico" como principal tema para os roteiros dos grandes filmes, o gênero é encarado como promessa de realização do cinema nas suas "verdadeiras possibilidades". A opção pelo realismo cinematográfico é nítida nos dois teóricos, bem como a influência do ensaio de Benjamin na obra de Kracauer.

Partindo dos debates realizados por Benjamin e Kracauer, trataremos aqui de um terceiro cinema, o qual nenhum dos dois pôde ver, feito "para" o proletariado, ainda que nem sempre "pelo" proletariado como queria Benjamin. Um cinema que valorizou certa história dos vencidos – como proposto por Benjamin em suas teses "Sobre o conceito de história" (Benjamin, 1987b) – do subcontinente latino-americano. Trata-se do *Nuevo Cine Latinoamericano*,[4] mais especificamente dos documentários argentinos *La hora de los hornos* (1968) do Grupo *Cine Liberación* e *Tire-Dié* (1960) de Fernando Birri, e do brasileiro *Cabra marcado pra morrer*, de Eduardo Coutinho (1984). Entre os gêneros cinematográficos mais popularizados, o *documentário* ganhou espaço no que diz respeito à realização de debates político-ideológicos, principalmente por seu cunho pedagógico, sendo incorporado como uma constante ao cinema produzido pelas esquerdas latino-americanas a partir do final da década de 1950. Nos filmes selecionados encontramos um ponto de vista crítico sobre a história da América Latina, representada com ênfase no seu caráter de periferia do capital.

Em *La hora*, o grupo trabalha com uma série de fragmentos fazendo um grande *collage*, utilizando material proveniente de outros filmes, que questiona a história contada pelos vencedores na América Latina. Entre

---

4 Trata-se de um projeto cinematográfico elaborado por cineastas e grupos de diversos países do subcontinente latino-americano, de caráter plural, mas que se pretende coeso. No cerne deste projeto estão os primeiros encontros geradores de propostas, entre o final da década de 1950 – como os eventos organizados no Uruguai em torno da Cinemateca Uruguaia e do Sodre (Serviço Oficial de Difusão Radio-Eletrônica). No decorrer de toda a década de 1960, principalmente com os festivais de Viña del Mar (1967-1969), no Chile, e a Mostra de Mérida (1968), na Venezuela, o NCL passa a se inclinar a uma linha de cinema "insurrecional" mas que se quer mais "coesa", por assim dizer. O principal intuito anunciado era o de aproximar as cinematografias nacionais e criar circuitos de difusão das obras, como revistas, mostras e festivais. Segundo Fabián Núñez os cineastas e as revistas que surgem em torno do NCL constroem preceitos e pressupostos que visavam unificar esse projeto. O autor afirma que havia um "pressuposto-epistemológico-político" por traz do NCL: o de que o cinema deveria conhecer e transformar a realidade latino-americana "subdesenvolvida" (Núñez, 2009, p.40).

os trechos de outras obras acrescentados está a principal cena do filme de Birri, na qual vemos um trem passar lentamente sobre uma plataforma, por um local afastado da periferia de Santa Fé. Neste local, o *Tire-Dié*, crianças correm pelos trilhos pedindo aos passageiros que atirem moedas: "Atire dez" (centavos)!

"O que eu queria era descobrir o rosto da Argentina invisível – invisível não porque não se a visse, mas porque não se queria ver" (Avellar, 1995, p.44), afirma Fernando Birri sobre suas intenções na produção de *Tire-Dié*.[5] Para ele uma cinematografia nacional deveria tomar a atitude de "documentar essa realidade", a realidade nacional que não se queria ver. Em *Tire-Dié* somos convidados a conhecer algumas daquelas crianças e suas famílias, antes e depois de estar dentro do trem como um passageiro que se depara com o outro lado do progresso, crianças mendigando.

Já o Grupo *Cine Liberación*, encabeçado por Fernando E. Solanas e Octávio Getino pretendia um cinema nacional que pudesse realizar a "[...] destruição da imagem que o neocolonialismo fez de si mesmo e de nós" (Solanas; Getino, 1973, p.55-90).Em vários momentos, temos na montagem do filme a intercalação de trechos que sugerem paradoxos, contradições sociais. Logo após a citação do fragmento de *Tire-Dié* seguem-se imagens de um leilão bovino, a voz *over*[6] nos apresenta aqueles que seriam os culpados pela miséria da população, os donos do país: a Sociedade Rural Argentina, entendida como "a oligarquia". Os argumentos reacionários dos entrevistados – grandes pecuaristas e membros de suas famílias – são tomados em entrevistas, que são reproduzidas também em *over*. Depois, temos sequências de anúncios comercias de TV contrapostas a imagens de crianças pobres, que denunciam o *subdesenvolvimento* na Argentina e na América Latina como resultado da ação das grandes corporações norte-americanas e europeias. No final da primeira

---

5 *Tiré-Dié* foi produzido no âmbito do Instituto de Cinematografia da UNL (Universidad Nacional del Litoral), mais conhecido como Escola Documental de Santa Fé. Ver Lima (2006).

6 Voz *over* – ou voz sobreposta – aplica-se a todas as situações em que ouvimos uma voz, mas esta não é emitida por nenhum personagem presente na cena (esta presença pode ser visual ou sonora), exp.: voz da narração de um locutor; voz dos pensamentos ou memórias de um personagem. Há também a voz *off* – abreviatura de *off screen* (fora da tela) ou "voz de fora" – é aquela emitida por alguém presente fisicamente na tomada, porém fora de campo. Este tipo de voz dialoga com os personagens, mas está fora dos limites do enquadramento feito pela câmera, exp.: numa casa o personagem que está dentro do campo visual da câmera fala a outro, que responde de outro cômodo. Ouvimos a voz do segundo personagem, mas não o vemos. Outro exemplo, mais comum no documentário de entrevistas, é o da voz do entrevistador que pergunta ao entrevistado, mas está fora de campo. Só vemos o entrevistado, mas ouvimos, junto com ele, a pergunta feita pelo entrevistador. Ver Nichols (2005).

das três partes de *La hora* somos convidados a tomar a atitude de Che Guevara, dedicar a vida à luta armada por uma pátria mais justa.

Em *La hora* não há homogeneidade no material fílmico. Trechos das mais variadas origens são montados em prol do argumento central: a única opção real para a libertação dos latino-americanos das amarras do neocolonialismo é morrer com uma arma na mão, seguindo a lógica do sacrifício revolucionário. Em determinado trecho, apresentam-se imagens de edifícios (supostamente comerciais), e as vemos em movimento e em ângulo contrapicado. Somos convidados a olhá-los como se sua grandeza, símbolo do neocolonialismo que nos mantém *subdesenvolvidos*, se impusesse sobre nós, pequenos elementos, agora com o filme, potencialmente subversivos, potenciais mártires.

Em "Vitória sobre a lata de lixo da história" (Bernardet, 2003, p.227-38), o belga radicado no Brasil, Jean Claude Bernardet, faz uma crítica ao historicismo recorrente em filmes brasileiros de caráter histórico, enaltecendo *Cabra marcado pra morrer*.[7] Destaca a ruptura do projeto desenvolvimentista das esquerdas brasileiras, a partir do golpe de 1964, fazendo referência a conceitos retirados de "Sobre o conceito de história", célebre texto de Walter Benjamin (1987b).

Em sua ultima obra, Benjamin nos adverte: "Nunca houve um monumento da cultura que não fosse também um monumento da barbárie" (1987b, p.225). Para o autor, a cultura é construída sobre a derrota alheia. O passado destruiu projetos que são deixados para trás, e o historiador deve revisitá-los, amontoar seus fragmentos, deve "escovar a história a contrapelo". Segundo Bernardet, em *Cabra marcado pra morrer* temos este tipo de contemplação da história brasileira: "Com a ruptura, o projeto ideológico e cultural anterior a 64 corre o risco de ficar 'parado no ar', sem sentido, jogado na 'lata de lixo da história'" (Bernardet, 2003, p.227). O filme de Coutinho teria cumprido a proposta de Benjamin, aliás, duas vezes:

> Cabra resgata os detritos de uma história rompida, de uma história derrotada. Mais do que isso: Cabra é o duplo resgate de uma dupla derrota. O

7 Filme dirigido pelo cineasta Eduardo Coutinho e lançado no Brasil em 1984. Este filme era também um projeto do CPC e teve suas filmagens iniciadas em 1964, logo interrompidas pelo golpe-civil-militar. No primeiro projeto, retratava-se a história da morte do líder camponês João Pedro Teixeira, assassinado por latifundiários no Nordeste brasileiro. Na segunda versão, produzida no final da ditadura militar, a viúva do mesmo camponês morto, que interpretava a si mesma no primeiro filme, Elizabeth Teixeira, é o foco, assim como o desmembramento de sua família e sua vida na clandestinidade, uma perseguida política.

> primeiro Cabra, o de 64 e de que sobraram apenas vestígios, já era o resgate de um fracasso: o assassinato de um líder das Ligas Camponesas, João Pedro. Dele vivo, não sobrou nem uma fotografia; o filme de então, sob a forma de espetáculo, o fazia reviver e o fixava na história. O Cabra de hoje resgata o filme interrompido – e, dessa forma, também João Pedro – e resgata a viúva do líder e sua família. (Bernadet, 2003, p.227-8)

Consideramos que os três documentários selecionados resgatam a atuação de grupos que foram derrotados politicamente, justamente os grupos e escolas aos quais os cineastas pertenciam. Estilhaços, resquícios de projetos político-ideológicos como a *Escola Documental de Santa Fé*, o *CPC da UNE* ou o Grupo *Cine Liberación* podem ser recuperados na análise desses filmes. A postura dos cineastas enquanto intelectuais é encontrada tanto em *Tire-Dié* quanto em *La hora de los hornos* e *Cabra marcado pra morrer*, e podemos compreendê-la atendo-nos à forma de cada filme e às particularidades no modo de narrar. Assim, também podemos tratar nos termos da história a contrapelo aquela prática intelectual, política e artística, afinal, ela também não tende a ir parar na "lata de lixo da história" latino-americana?

Michel Löwy comenta a resenha do livro de Marcel Brion, *Bartolomé de Las Casas: "Père des Indiens"*, escrita por Benjamin em 1929,[8] destacando o poder da história "oficial" na América Latina, a propósito das comemorações do quinto centenário da colonização ibérica. Benjamin sustenta a ideia de que as lutas de liberação do presente se inspiram no sacrifício das gerações vencidas, na memória dos mártires do passado (tese XII), citando Zapata, Zumbi, Sandino e Martí. Löwy evoca uma afetividade para com nomes como Diego Rivera (México); José Carlos Mariátegui (Peru); Eduardo Galeano e seu *Veias abertas da América Latina* (1981), homens que com sua obra colaboraram com a tarefa do historiador de escovar a história latino-americana a contrapelo.

Neste sentido, os documentários aqui comentados retratam a periferia do capital demonstrando uma empatia com os vencidos, partindo projetos políticos estilhaçados, como o da "patria inacabada" latino-americana. Em *La hora*, por exemplo, apresenta-se o projeto da América Latina inconclusa, o conjunto de nações que teria realizado somente a primeira etapa de sua libertação, a das lutas de independência que eclodiram no início do século XIX,

8 O livro de Brion foi publicado em Paris pela editora Plon, em 1928. Segundo Löwy, a resenha de Benjamin foi publicada na revista alemã *Die Literarische Welt*, em 21 de junho de 1929. Ver Löwy (2008).

a partir de 1810. Contudo, com o desenvolvimento do neocolonialismo inglês e do imperialismo norte-americano, uma série de derrotas teria sido imposta aos "povos latino-americanos". A base ideológica do Grupo Cine Liberación centrava-se em conceitos como *descolonização, neocolonialismo, imperialismo cultural*, e outros que estavam em voga no debate realizado pelas esquerdas nacionalistas na Argentina, em outros países da América Latina e do chamado "Terceiro Mundo".[9] Somam-se a estas ideias os exemplos da revolução cubana, de Fidel Castro e Che Guevara, que lutava com a guerrilha na Bolívia no momento em que se iniciam as filmagens de *La hora*. Pouco tempo antes da conclusão do filme a notícia da morte de Che na Bolívia impacta os realizadores de *Cine Liberación*, que dedicam sua obra inaugural ao ídolo das vertentes "revolucionárias" argentinas e latino-americanas. A figura de Che, que, que ao longo da década de 1960 funcionou como uma espécie de unificador de diversas facções da esquerda argentina, termina por ser explorada em *La hora* como um Cristo:[10] o grande mártir da revolução, a quem se dedica o filme.

Criam-se tentativas de conhecer a outra história latino-americana, repleta de nuances, representados de maneira particular em cada um dos documentários. Não obstante, expondo a miséria das crianças em oposição ao progresso dos trens (*Tiré-Dié*), questionando os arautos da história oficial do colonialismo e do neocolonialismo e elegendo mártires das esquerdas (*La hora*), ou expondo a violenta repressão à luta pela posse justa da terra (*Cabra*), expõe-se a barbárie latente da modernização latino-americana. Como destaca Michel Löwy, a respeito da história da América Latina:

> Escrever a história "a contrapelo" [...] significa rechaçar toda identificação afetiva com os heróis oficiais do Quinto Centenário: conquistadores e missionários, as potências europeias que pretendem ter contribuído com

9 Na Argentina, Raúl Scalabrini Ortiz, Arturo Jauretche, Juan José Hernándes Arregui, ligados à perspectiva do "revisionismo histórico" argentino, fortemente influenciados pelo peronismo e o marxismo de uma nova esquerda nacionalista que se formava no decorrer da década de 1960. Tratava-se de criticar algumas posições adotadas pelo governo peronista (1946-1955), em uma tentativa de destacar as potencialidades de propostas mais à esquerda desta doutrina. Internacionalmente, Cine Liberación dialoga com as propostas de internacionalismo combatente marxista-leninista, presente principalmente em textos como: *Mensagem aos povos através da Tricontinental*, escrito por Ernesto Guevara em 1967 e *Segunda Declaração de Havana*, texto de Fidel Castro (1962); bem como com um anticolonialismo terceiro-mundista, com base nas ideias de Frantz Fanon, Aimé Cesaire, Jean-Paul Sartre, Mao-Tse-Tung, entre outros que teriam frases e ideias citadas e diluídas no conteúdo de *La Hora de Los Hornos*, e em textos e entrevistas dos realizadores do grupo.

10 Ver Mestman (1999).

> "religião, cultura e civilização aos índios selvagens". Isto implica considerar cada monumento da cultura colonial – por exemplo, as soberbas catedrais do México ou de Lima – também como documentos de barbárie (tese VII "Sobre o conceito de História"), ou seja, como produtos da guerra, da conquista, da opressão, da intolerância. (Löwy, 2008, p.84)

Os três documentários são, como queria Benjamin, voltados para a "consciência de classe" do trabalhador e cada um elabora um discurso e termina com uma mensagem diferente para o espectador. Apresentam argumentos intelectuais e ideológicos diferentes, mas em alguns pontos podemos uni-los, e um deles certamente é a elaboração de uma nova imagem do povo e dos países, na qual a denuncia do escândalo da injustiça social adquire um tom de negação. Neles temos outro tipo de cinema também produzido para a massa, a qual os cineastas esperavam politizar, seja no sentido da reflexão ou da tomada de ação. A "conscientização" do trabalhador era a pauta deste cinema.

Os filmes são responsáveis pela formulação de uma imagem, ou de várias, em forma de fragmentos, que se contrapunham ao progresso anunciado pelos respectivos regimes políticos dentro dos quais foram produzidos. Sabemos que no decorrer da história do Brasil e da Argentina projetos como aqueles com os quais os filmes de Birri, do Grupo Cine Liberación, e de Eduardo Coutinho dialogavam se estilhaçaram, deixando seus cacos esparramados passíveis de serem notados por alguns, aqueles interessados nos escombros do processo cultural, em revirá-los. Se quisermos investigar seu paradeiro, não devemos procurá-los nas locadoras ou nos canais abertos de televisão, apesar de eventuais ocorrências. Há um consenso no Brasil baseado na ideia de que o Cinema Novo da década de 1960 teria saído de cena vitorioso no aspecto moral e principalmente estético, mas derrotado politicamente. Partindo dos estilhaços, ou seja, de cada um dos filmes e suas sequências, ou de cada cena, plano, cada fala e seus quadros, vemos imagens que não demonstram aquela *relação de empatia*, da qual Benjamin nos fala, pelo contrário, vemos uma tentativa de reversão desta *empatia* no cinema, uma tentativa de construir outro cinema, na tentativa de enaltecer outros personagens no cenário político latino-americano, para que a população tivesse outros tipos de informação. O maior problema enfrentado pelos cineastas e realizadores não foi produzir ou distribuir seus filmes, mas difundi-los. Tarefa com a qual o *capital cinematográfico* e seu sistema nunca tiveram problemas.

# ANEXOS

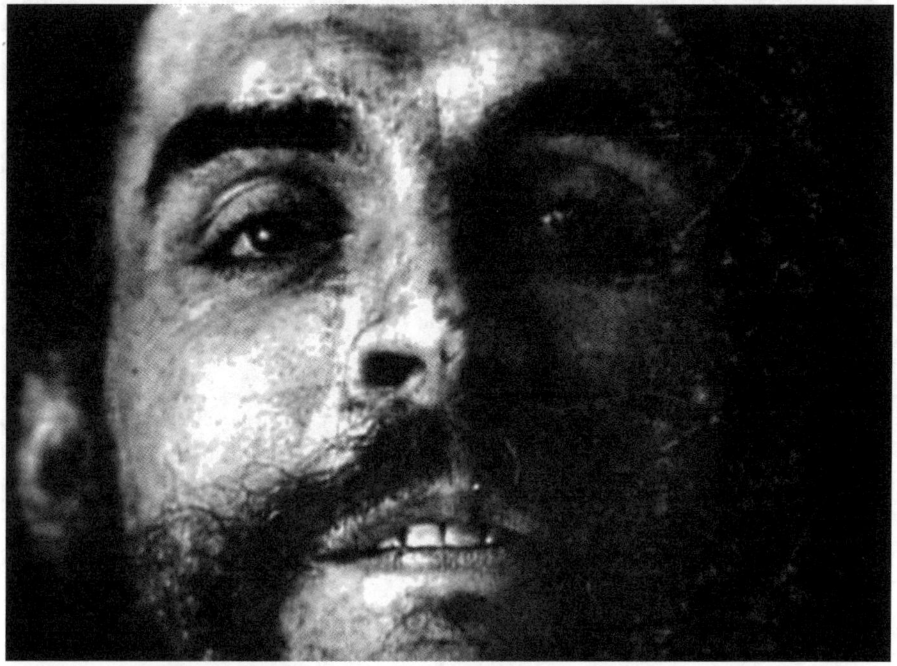

Che Guevara morto, em *La hora de los hornos*.

Garoto pede esmola ao passageiro do trem, em *Tire-Dié*.

Elisabeth Teixeira encenando a prisão de seu marido, João Pedro Teixeira, em *Cabra marcado para morrer*.

# A QUESTÃO DO ATOR NO CINEMA: DIÁLOGOS ENTRE BENJAMIN, ARNHEIM E KRACAUER

*Fábio Raddi Uchôa*[1]

O contexto político-cultural alemão do entreguerras, entre os anos 1920 e 1930, foi o ponto de partida para uma série de autores e filósofos que repensaram a arte cinematográfica no contexto da modernidade. Walter Benjamin ("A obra de arte na era de sua reprodutibilidade técnica"; 1994), Rudolf Arnheim (*O cinema como arte*; 1996) e Siegfried Kracauer (*Teoria do cinema*; 1989), elaboram debates sobre o cinema levando em conta as influências de tal contexto. A passagem do cinema silencioso para o cinema sonoro, a busca de diferenciações entre cinema e teatro, bem como o avanço dos estudos de psicologia acerca do sistema perceptivo humano, influenciam indiretamente as teorias de tais filósofos sobre o cinema. Estes referenciais os levaram a compartilhar uma ideia específica de ator cinematográfico: um ator que, diferentemente do interprete teatral, limita-se a ser ele mesmo, sem atuar ou interpretar. O principal objetivo desta fala é apresentar as teorias destes autores, enfatizando a questão do ator cinematográfico: forma de atuação, interpretação e gestualidade. Em termos de hipótese, será demonstrado que uma mesma noção de ator serve de base para ideias de cinema totalmente diferentes. Enquanto Benjamin e Arnheim exploram as faculdades libertárias

1 Doutor (ECA – USP), bolsista pós-Doc Capes-CNPQ.

do cinema, em termos de ruptura com a alienação capitalista e com a mera reprodução mecânica da realidade, Kracauer defende um cinema que capta e desvenda a realidade física.

## O ATOR QUE REALIZA UM TESTE: BENJAMIN E "A OBRA DE ARTE NA ERA DE SUA REPRODUTIBILIDADE TÉCNICA"

Benjamin não chega a desenvolver, de forma sistemática, uma teoria a respeito do ator ou do cinema. Estes temas aparecem em uma discussão mais abrangente, sobre as influências da reprodutibilidade técnica no campo das artes. Em "A obra de arte na era..." (1994), a referida reprodutibilidade da obra de arte é definida como um processo novo, desenvolvido ao longo da história e com intensidade crescente. O cinema, por sua vez, é tomado como uma arte exemplar da modernidade e de uma nova forma de exposição: a exposição para as massas urbanas. No caso de um filme, a reprodutibilidade técnica não é uma mera condição para a sua difusão em massa. De acordo com Benjamin, "a reprodutibilidade técnica do filme tem seu fundamento imediato na técnica de sua produção" (1994, p.172). A forma de produção de um filme, com altíssimos custos, torna a difusão em massa obrigatória.

O cinema é o exemplo de arte sem aura, que não possui mais uma existência única e distante, por mais próxima que esteja. Destaca-se em relação à esfera da tradição, não possui mais autenticidade, é produzido em série. Corresponde às transformações sofridas pelo homem inserido nas massas. Envolve um tipo de percepção onde a capacidade de captar o semelhante no mundo é aguda. Por outro lado, ao distanciar-se da esfera do ritual, o cinema torna-se uma arte com novas funções. Uma dela é a criação de um novo espaço de liberdade, rompendo com a alienação e criando um equilíbrio entre homem e aparelho. Possibilita a experiência do inconsciente ótico, bem como permite uma ação terapêutica sobre as massas, através a recriação de seus sonhos e psicoses.

O tipo de percepção representado pelo cinema, associado às exigências impostas pela sua forma produção, tem reflexos sobre o ator cinematográfico. Os comentários de Benjamin acerca do ator, vale à pena lembrar, dialogam com uma questão primordial para a teoria do cinema no início do século XX. Ao lado de teóricos como Kracauer, Arnheim e Balacz, Benjamin defende a autonomia do cinema em relação ao teatro. Seu ponto de partida é a constatação de uma crise vivenciada pelo teatro. No contexto de uma arte baseada na reprodução do mesmo a esmo para as massas, a arte teatral, fundamentada em uma atuação sempre nova e originária, está em crise:

> A arte contemporânea será tanto mais eficaz quanto mais se orientar em função da reprodutibilidade e, portanto, quanto menos colocar em seu centro a obra original. É óbvio, à luz dessas reflexões, por que a arte dramática é de todas a que enfrenta a crise mais manifesta. Pois nada contrasta mais radicalmente com a obra de arte sujeita ao processo de reprodução técnica, e por ele engendrada, a exemplo do cinema, que a obra teatral, caracterizada pela atuação sempre nova e originária do ator. [...] Desde muito, os observadores especializados reconheceram que os melhores efeitos são alcançados quando os atores representam o menos possível. (Benjamin, 1994, p.181)

Ao contrário de um ator de teatro, o interprete cinematográfico não representa o seu papel diante de um público qualquer. No estúdio cinematográfico, o ator representa diante de um grêmio de especialistas (diretor, produtor, operador de câmera etc.) que tem o direito de intervir a qualquer momento. Tal característica aproxima o trabalho da execução de um teste, assim como numa partida esportiva. No caso do cinema, porém, o processo é fragmentado. Ao ator, não lhe cabe o direito de ter consciência do contexto total da ação por ele representada. Cada momento/ação é filmado separadamente, a partir de intermináveis repetições que visam à perfeição. Assim, em certo sentido, o ator corresponde à engrenagem de uma grande máquina. Responde aos estímulos impostos pela câmera e pelo grêmio de especialistas presentes no estúdio. Diante da câmera, o ator cinematográfico executa um teste, comparável àquele de um esportista ou de um operário diante de uma máquina. A especificidade do cinema, entretanto, é que "ele torna 'mostrável' a execução do teste, na medida em que transforma num teste essa 'mostrabilidade'" (Benjamin, 1994, p.179).

Por outro lado, Benjamin identifica neste processo uma possibilidade de libertação. Há um lado positivo neste tipo de atuação baseado na experiência do teste. O cinema possui um potencial de ruptura que é negado pelo uso capitalista. Há poucas brechas para tal uso libertador. Uma delas ocorre quando os operários, depois da alienação diária diante das máquinas, assistem ao ator na sala de cinema. Representar diante de câmeras e refletores é uma prova rigorosa. "Ser aprovado nela significa para o ator conservar sua dignidade humana. O interesse desse empenho é imenso". À noite, em nome das massas, o ator executa uma vingança: "não somente afirma sua humanidade (ou o que aparece como tal aos olhos dos espectadores), como coloca esse aparelho a serviço do seu próprio triunfo" (Benjamin, 1994, p.179).

Abordando de forma dialética os aspectos positivos e negativos do ator cinematográfico, Benjamin cita dois autores do período: Pirandello e Rudolf Arnheim.

A partir do filólogo e escritor de teatro Pirandello, Benjamin evoca o lado negativo da experiência do teste. De acordo com o escritor italiano, o ator de cinema sente-se exilado do palco e de si mesmo.

> Com um obscuro mal-estar, ele sente o vazio inexplicável resultante do fato de que seu corpo perde a substância, volatiliza-se, é privado de sua realidade, de sua vida, de sua voz e até dos ruídos que ele produz ao deslocar-se, para transformar-se em uma imagem muda que estremece na tela e depois desaparece em silêncio. (Benjamin, 1994, p.179-80)

O ator, porém, experimenta uma grande estranheza diante da câmera. Em ultima instância, está diante da massa. Mesmo que invisível, antes de existir, esta ultima controla o trabalho do ator cinematográfico. Trata-se, segundo Benjamin, de uma autoridade que é reforçada pela invisibilidade. O referido controle do ator pela massa possui uma aplicação altamente criadora. A estranheza perante a máquina está possivelmente associada à ruptura que, por sua vez, contém um caráter revolucionário. Para o filósofo alemão, a face política deste dispositivo só será desenvolvida quando o cinema se libertar de sua exploração pelo capitalismo. Um dos reflexos da exploração de tal dispositivo pelo capitalismo é o culto do estrelato. As estrelas de cinema ganham vida, apresentadas como mercadorias; as massas ficam sujeitas a uma consciência corrupta, que pode ser manipulada pelo fascismo.

A partir de Arnheim, Benjamin defende que o bom ator cinematográfico, diante da câmera, deve representar o menos possível como se fosse apenas um dos objetos colocados em cena. Assim, o interprete deve ser "tratado como um acessório cênico, escolhido por suas características... e colocado no lugar certo" (Benjamin, 1994, p.181). Tomado enquanto um mero objeto, o ator cinematográfico não incorpora um personagem. Essa possibilidade lhe é negada: representa a si mesmo. Por meio deste ato, porém, o interprete de cinema abre a todos a possibilidade de fazer cinema. De acordo com Benjamin, a ideia de ser filmado causa grande atração sobre o homem moderno. Ao representar-se a si mesmo diante da máquina, sem a necessidade de um trabalho de interpretação, o ator reafirma tal atração.

## RUDOLF ARNHEIM: O CINEMA COMO ARTE E O ATOR-OBJETO

Para escrever o aforismo "O interprete cinematográfico", do texto "A obra de arte na era...", Benjamin possui grande influência dos escritos de Arnheim sobre cinema, publicados na Alemanha durante a década de 1930.

As aproximações entre os pensamentos de Benjamin e Arnheim sobre o cinema não se limitam à citação de um trecho de *O cinema como arte*; trecho este relacionado à questão do ator cinematográfico. Ambos defendem um tipo de cinema que não se limita à reprodução da realidade filmada. Benjamin explora os usos libertários do cinema, associados à explosão do tempo/espaço cotidiano e suas funções políticas e terapêuticas. Arnheim, por sua vez, defende um cinema que se distancia da mera reprodução mecânica da realidade vivida. Em *O cinema como arte* (Arnheim, 1996), o cinema é pensado como uma intervenção sobre a realidade. Entre o evento natural e a sua reprodução na tela do cinema, há uma diferença. O cinema não se trata de uma mera reprodução mecânica d real. As imagens do mundo físico são diferentes daquelas que aparecem na grande tela. É exatamente a referida diferença que faz do cinema uma arte. Segundo Arnheim (1996, p.14): "A obra de arte não é simplesmente uma imitação, ou duplicação seletiva da realidade, mas sim uma tradução de características observadas, para as formas de um meio determinado".

Ao tomar o cinema e a arte como uma forma de reorganização da realidade, Arnheim aproxima-se do tipo de realismo teorizado por Pudovkin e Bela Balazs. Estes três autores podem ser aproximados a partir da função dada à montagem, como uma ação que dá novos significados aos planos tomados isoladamente (Xavier, 2005). Em *O cinema como Arte*, baseado nos avanços da Gestalt, Arnheim descreve as condições de percepção da imagem cinematográfica. Segundo ele, "Os processos mais elementares da visão não produzem um registro mecânico do mundo exterior, mas sim organizam de forma criadora a matéria prima sensorial, seguindo os princípios de simplicidade, regularidade e equilíbrio que regem o mecanismo receptor" (Arnheim, 1996, p.14). A ilusão criada pelo cinema é parcial e incompleta. Assim, Arnheim explora as faculdades do cinema que o diferenciam da mera reprodução da realidade. Os pontos de vista presentes no cinema não são meras reproduções. Os mesmos resultam da escolha de uma distância e de um ângulo; pressupõem uma sensibilidade humana. A criação do efeito de profundidade, por exemplo, exige do cérebro humano "compensações" e dispositivos que, por sua vez, não estão presentes na imagem "perspectiva" criado pelo cinema. Outro exemplo é a delimitação do campo de visão: trata-se de algo que está presente no cinema, através da ação das bordas da tela, mas não existe na visão humana. Na época, a imagem cinematográfica era em preto e branco, em oposição à visão humana à cores. Estes são apenas alguns dos elementos tratados por Arnheim, que usa seus escritos para formular uma proposta de cinema como arte. O cinema deve usar as peculiaridades da técnica cinematográfica para conseguir efeitos artísticos.

A referida regra também vale para a questão do ator cinematográfico. Entre as faculdades do cinema, segundo Arnheim, está a utilização do mundo material para expressar sentimentos ou processos mentais. No cinema, existem muitos meios para dar visibilidade externa a acontecimentos internos. Os intérpretes cinematográficos, com seus corpos e faces, fazem parte de tal processo. No campo do cinema, o código de gestos e expressões faciais criado pelos atores se diferencia bastante da representação natural da vida cotidiana. Há um tipo de representação "pura", baseada na necessidade de não deixar dúvidas ao espectador quando ao sentimento expressado. Na vida cotidiana, muitas pessoas possuem expressões ambíguas, sem utilizar todos os músculos da face. "Mas, em uma boa obra de arte, tudo deve ser nítido [...] e portanto a expressão humana na tela deve ser clara e inequívoca. Por isso, um intérprete deve ser capaz de produzir uma expressão 'pura'" (Arnheim, 1996, p.101).

Arnheim critica o cinema "naturalista" ou narrativo, onde há um destaque exagerado ao gesto e às faces. Trata-se de um exagero gestual que não é visto como artificial pelos espectadores. Mas o autor questiona tal tipo de atuação como "não artística". Isso, pois tal linguagem criada "serve como truco barato para traduzir qualquer estado mental que se deseje, através de uma linguagem de clichês visuais" (Arnheim, 1996, p.102). Trata-se de uma linguagem vazia, à qual é contraposto um tipo de atuação baseada na simples presença do ator: "Os grandes interpretes trabalham com um baixo gasto de energia muscular e conseguem um efeito considerável mediante sua própria presença" (Arnheim, 1996, p.103). Atuando o menos possível, o ator não explicita os sentimentos através de seu corpo. Isso deve ser descoberto a partir da organização das coisas a seu redor.

Num cinema baseado na simples presença dos atores, são utilizados menos interpretes e mais pessoas encontradas por sorte, cujas fisionomias adéquem-se ao tipo procurado. Os atores e corpos são escolhidos tais como outros objetos de cena, de acordo com sua adequação física ao efeito desejado.

Para Arnheim, os objetos inanimados são tão eficazes para explicitar estados psíquicos quanto os atores humanos. Os movimentos de uma chama de fósforo, ou alguns gestos simples, explicitam muito mais do que expressões faciais.

## A TIPIFICAÇÃO DO ATOR E A REPRODUÇÃO DE UMA REALIDADE NÃO ENCENADA: KRACAUER E *TEORIA DO CINEMA*

Embora os escritos de Kracauer sobre o cinema remontem às décadas de 1920-1930, seu livro sobre a teoria cinematográfica é publicado somente em 1960, nos Estados Unidos. Baseado em notas realizadas a partir de 1949, *Teoria do cinema* (1989) apresenta o cinema como uma arte que mantém mais ou menos intacta a sua matéria prima. As obras de arte tradicionais consomem a matéria prima de onde surgem. Junto com a fotografia, o cinema e sua câmera registram os fenômenos visíveis pelo que valem em si mesmos. Registrar e revelar a realidade física visível, eis a grande singularidade compartilhada pela fotografia e pelo cinema. Para Kracauer, embora o cinema seja capaz de registrar e revelar a realidade física, há temas e movimentos propriamente "cinemáticos", ou que se adéquam melhor ao meio de expressão cinematográfica.

Para Kracauer, o ponto de partida para definir o ator cinematográfico é a sua diferenciação em relação ao ator teatral. Ambos satisfazem de maneiras diferentes aos seus respectivos meios de expressão. Suas características e funções são diferentes. Para Kracauer (1989, p.128), o ator é um elemento que se situa num ponto de confluência entre a vida encenada e a vida não encenada.

No caso do teatro, a existência física do ator é incomunicável. Há uma série de procedimentos (maquiagem, gestos e inflexões de voz adequadas) que devem ser executados para sugerir aos espectadores uma imagem do personagem. Seus gestos e expressões são exagerados, estilizados e antinaturais. No caso do cinema, em contraposição, busca-se uma não atuação. A possibilidade do primeiro plano e dos closes limita uma atuação exagerada.

> [...] o ator de cinema deve atuar como se não o estivesse fazendo em absoluto, mas sim como se fosse uma pessoa real que é filmada pela câmera sem aviso prévio. Mais do que atuar, [o ator] deve *ser* o seu personagem. Em certo sentido é como se fosse o modelo de um fotógrafo. (Kracauer, 1989, p.130)

Ao contrário das teorias de Benjamin e de Arnheim, os escritos de Kracauer defendem um tipo de ator cinematográfico que potencialize a captação e a reprodução da realidade física vivida. Enquanto Bejamin e Arnheim enfatizam as diferenças entre imagem cinematográfica e realidade filmada, Kracauer realiza um movimento inverso. A forma de atuação do ator cinematográfico, para Kracauer, deve respeitar o referido meio de expressão. Assim, a aproximação em relação à fotografia é importante. Cinema e fotografia devem compartilhar a espontaneidade. Em ambos estes meios de expressão, o ator deve transmitir a impressão de uma realidade não encenada. Devem guiar-se pelo fragmentário e pelo fortuito. Sua atuação não pode estar em evidência. Neste sentido, o ator cinematográfico só é fiel a seu meio de expressão na medida em que nos impressiona como um incidente da existência material não encenada de sua personagem. Só assim a vida por ele representada torna-se autenticamente cinemática.

Quanto ao processo de escolha dos atores cinematográficos, Kracauer dialoga com os pensamentos de Eisenstein e de Rosselini. Os primeiros planos dão ênfase aos rostos e minúsculos movimentos. Suas fisionomias devem aproximar-se do motivo ou tema principal do filme. Como consequência, os atores são eleitos de acordo com seus traços físicos. Assim, entre os tipos de ator descritos por Kracauer, encontramos destaque aos não profissionais. Os mesmos parecem exercer uma função importante na teoria do filósofo alemão. No caso de documentários e dos filmes do pós-guerra, especialmente o neorrealismo italiano, é destacada a ação dos atores não profissionais. Sua ação é espontânea, seus gestos possuem a capacidade de reproduzir algo próximo à realidade física. Em alguns casos, a necessidade de refletir a realidade social exige um trabalho de *tipificação*. A partir de Rotha, Kracauer descreve tal processo como a escolha de atores que integrem a realidade a ser registrada e revelada. São escolhidos assim pessoas ou habitantes que façam parte de uma determinada classe ou contexto social, podendo ser consideradas típicas de tal realidade. Assim, o relato cinematográfico é construído a partir de uma realidade que tais não atores contribuem para instaurar, na vida real. Trata-se de um processo bastante utilizado por Eisenstein e por Rossellini em seus filmes.

Outra grande diferença entre o teatro e o cinema, tal como apontada por Kracauer, diz respeito à função do ator. No teatro, o homem é a mínima unidade em torno da qual a peã é construída. Tudo está baseado na representação das relações humanas. Isso inclui o cenário, cuja função também é servir de eco para realçar os personagens e sua ação. No cinema, ao contrário, o ator é apenas um objeto entre outros. O cinema não é exclusivamente humano: "Sua matéria é o fluir infinito dos fenômenos visíveis, essas configurações da existência física em constante modificação, que pode incluir manifestações humanas, mas não necessariamente considerá-las seu objetivo principal" (Kracauer, 1989, p.133). No cinema, portanto, o homem/ator não é o foco principal da narração. É possível que a ação cinematográfica utilize a presença do ator como um mero acessório, um objeto.

# – 32 –

# O BRASIL AO CONVÉS DE *POTEMKIN*: PAULO EMÍLIO, BENJAMIN, KRACAUER E A CULTURA CINEMATOGRÁFICA SOVIÉTICA

*Rafael Morato Zanatto*[1]

## ENFIM, OS RUSSO-SOVIÉTICOS!

*O Encouraçado Potemkin* [*Bronenosets Potiomkin*] (1925) de Serguei Eisenstein é um dos filmes soviéticos que exemplifica a politização da arte levada a frente pelos comunistas, segundo Benjamin, em resposta a estetização da política empreendida pelo fascismo (Benjamin, 1985). No Brasil, a difusão da cultura cinematográfica soviética ficou no ostracismo entre 1947 e 1960, reflexo da Guerra Fria e da política de alinhamento a partir da polarização do mundo entre os estadunidenses e os soviéticos. É imperativo destacar que os filmes soviéticos não tinham vez, de qualquer modo, nas salas comerciais de exibição, dominadas pelos filmes de Hollywood, mas ao investigarmos as iniciativas de difusão cultural de âmbito institucional notamos que se passou o mesmo. Esses filmes não estão presentes no *I Festival Internacional de São Paulo* (1954), que ofereceu um vigoroso panorama do cinema mundial, exibindo filmes de 23 países representados por delegações de estudiosos e profissionais da indústria cinematográfica. A iniciativa fez parte da estratégia

---

1 Doutorando em História e Sociedade pela Unesp – Faculdade de Ciências e Letras de Assis. Pesquisador Associado ao grupo "Experiência Intelectual Brasileira: História, Imagens e Notas Musicais" (Fapesp).

de difusão cultural de Paulo Emílio e da Cinemateca Brasileira, elaborada para ativar no Brasil o gosto pelos clássicos da cultura cinematográfica universal, com o intuito de modernizar o país, fortalecendo a irradiação cultural a partir da cinemateca e cineclubes, que na França estava em formação desde o Cercle du Cinéma, embrião da Cinémathèque Française. Apesar desta vontade, os filmes soviéticos esperaram até a eleição de Jânio Quadros para integrar o hall dos filmes difundidos pela instituição brasileira, sugerindo que a resposta oferecida ao problema da modernidade brasileira na década de 1950, recolocado enfaticamente por políticos, intelectuais e a sociedade, orientaram-se nos princípios liberais-democráticos (Gomes, 1998, p.439), excluindo todos os outros e bloqueando-os.

Sob o governo de Jânio Quadros a cultura brasileira respira com a política de não alinhamento. Em clima inaugural nos espaços institucionais, a cultura cinematográfica russo-soviética é reativada no Brasil. Na *VI Bienal de artes plásticas*, do MAM-SP, 162 obras, entre esculturas e gravuras soviéticas são expostas sob a curadoria de Mário Pedrosa. A parte cinematográfica da iniciativa foi incumbida a *Cinemateca Brasileira*, dirigida por Paulo Emílio.

## REVOLUÇÃO E HETERODOXIA

Paulo Emílio fez da difusão campo de experimentação de sua atividade crítica. Nas páginas do *Suplemento Literário*, publicou oito textos dedicados ao cinema russo-soviético, partindo de uma "Introdução bastante pessoal" para entender as fitas em conjunto, com a intenção de "traçar a curva da evolução russa durante o século XX através da história artística de seu cinema". O crítico precisou a importância da iniciativa cultural ao diagnosticar no país a incapacidade geral de julgar objetivamente tudo o que seja de ordem russa, inclusive o cinema. O prisioneiro de Getúlio estava a vontade para ver, rever, julgar e discutir os programas do Festival, levando em conta a função do cinema em relação a vida – e sua história pessoal – permitiu ao crítico se esquivar do discurso liberal-democrático, pois sabia que a democracia burguesa é "uma máscara que o anticomunismo abandona quando encontra condições favoráveis para manifestar sua plena virulência esterilizadora" (Gomes, 1981c, p.358).

Adotou, pelo contrário, um posicionamento independente, que o permitia transitar entre os argumentos, com uma postura realista, recusando-se a cair na armadilha do anticomunismo ou do paternalismo aristocrático de Gilberto Freire. Para Adilson Mendes, a via independente adotada pelo crítico se consolidou a partir de sua participação na *Batalha da Borracha*. É nesse momento que, incumbido de filmar um documentário sobre a extração da borracha para os Aliados contra o fascismo, Paulo Emílio entra em contato com o povo brasileiro, o que fortalece seu inconformismo e amplia sua vontade de ação política, única possibilidade para o presente (Mendes, 2013, p.104).

Além disso, o crítico que um dia amou a cultura russa e seus literatos (Mendes, 2013, p.118), como Dostoiévski, parece, nesse momento de sua vida, enfrentar um dilema profundo, característico de um personagem de origem aristocrática e influenciado pelas ideias comunistas, ambas inadequadas para solucionar o estado de miséria do povo, que deixava de ser uma abstração ideológica para ganhar concretude: o encontro entre a teoria e prática é o que passou a embasar sua heterodoxia. Talvez as leituras de Dostoiévski tenham sido muito importantes para Paulo Emílio, já que seu conteúdo compromissado com a realidade é marcado por ideias que conflitam entre extremos: os radicais e os eslavófilos.

Para Dostoiévski, a "estada" na Sibéria foi um momento decisivo para o delineamento da natureza humana e da síntese que encontra ao entrar em contato com o povo russo.[2] Pensar entre estes extremos, com uma conduta heterodoxa, realista, foi possível para Dostoiévski apenas após esta experiência. Não é por acaso que Paulo Emílio retoma na série de ensaios sobre os russos seus quase dois anos nas prisões varguistas (Gomes, 1981b). Após a experiência do *soldado da borracha,* ler Dostoiévski deve ter influenciado decisivamente no encontro do crítico com uma postura heterodoxa, já que nas obras do escritor russo, o sofrimento é a única fonte de conhecimento; essa tendência é um resto de irracionalidade que permanece no ser humano.

> A natureza humana, dinâmica na sua essência, estará em constante transformação devido à antinomia que caracteriza sua estrutura singular; é nesse movimento que o ser revela seu próprio fundo, sua configuração última. Nietzsche e Dostoiévski sabiam que o homem é terrivelmente livre, que sua liberdade, trágica, é o fardo e sofrimento. [...] Todo o destino do homem obedece à dialética da liberdade. (Tragtenberg, 2009, p.16-7)

2 Fiódor Dostoiévski ao lado de seu irmão Mikhail comandaram nos anos 1860 duas revistas (*A Época* e *O Tempo*) que participaram ativamente do debate cultural (já que o abertamente político estava interditado), onde defenderam pela via heterodoxa uma política que pensava a sociedade a partir do exame das contradições no campo das ideias e das práticas que se chamou *Pótchvienichestvo,* incumbindo-se da grande tarefa de promover uma nova síntese cultural na Rússia, que emergiria do fusão entre o povo e as elites intelectuais. Segundo Frank, essas ideias foram decisivas para o escritor, consolidando-se em suas obras da maturidade (Frank, 2002, p.69-71).

As leituras de Dostoiévski após ambas as experiências foram decisivas para Paulo Emílio delinear uma postura independente que o imunizou "das vendas do comunismo e do vírus desintegrador do anticomunismo". É nesse espírito – o de trazer outras culturas para o delineamento de nossa fisionomia nacional – que Paulo Emílio "gostosamente e com intensa curiosidade" se preparava para a retrospectiva do cinema russo e soviético.

## CRÍTICA À CULTURA CINEMATOGRÁFICA RUSSO-SOVIÉTICA

O *Festival de Cinema Russo-Soviético* exibiu filmes como *Stenka Rasin*[3] *(1908) e Padre Sérgio* (1918) do período czarista e *A greve, Os pequenos diabos vermelhos, Duralex, Outubro, A mãe* e *O Encouraçado Potemkin*, do período revolucionário, representaram nas páginas do *Suplemento* a cultura cinematográfica soviética. A difusão amparada nesse conceito – cultura cinematográfica – é elaborada a partir da noção de que "as virtualidades e as virtudes das obras fenecem quando examinadas no compartimento estanque da especificidade. Os que se condenam ao cinema o compreendem pouco e o servem mal" (Gomes, 1981c, p.358). Para Paulo Emílio, o criador sempre deve estar "aberto e disponível ao essencial, isto é, a tudo que lhe é exterior" (1981c, p.358-9).

Em *Luzes e sombras* (Zanatto, 2013), destacamos que o conceito de cultura cinematográfica é articulado por Paulo Emilio a partir da interlocução com o debate francês, a citar o conceito de arte impura de André Bazin, ou os trabalhos da Association pour la recherche filmologique, grupo implicado em pensar o cinema em relação as outras disciplinas do conhecimento, embasando-se na compreensão de que o cinema enquanto arte moderna se vale de todos os elementos externos para renovar sua energia criadora. Pensar os filmes a partir do conceito de cultura implica flexibilizar a compreensão de que o cinema é uma linguagem que se apropria de estímulos exteriores para renovar-se enquanto expressão. Atestada a pluralidade de influências, pensar o cinema enquanto fenômeno cultural moderno demanda um procedimento heterogêneo e heterodoxo, que não apenas ofereça respostas fechadas, mas que levante questões ocultas na especificidade e que à luz das outras disciplinas, possa esclarecer problemas estéticos ou políticos, ambos executados por Eisenstein em *O Encouraçado Potemkin*.

Embora o crítico reconheça que o rótulo de história ou culturas cinematográficas estava se tornando enfadonha e cansativa, sempre organizada em

3 Rebelião camponesa ocorrida entre 1670-1671, suprimida pela aliança entre a nobreza e a oligarquia cossaca.

um esquema geral histórico, os filmes soviéticos foram escolhidos pela sua capacidade imediata de se comunicar com o público, por sua modernidade, já que Paulo Emilio não pretendia renovar um assunto "diante do qual a incompetência dos estudiosos brasileiros" (Gomes, 1981c, p.359) era evidente, deveriam exigir dos filmes sua modernidade ao lado de um campo de evocação histórica desviada da linha estritamente cinematográfica, podendo verificar que no caso russo, "o axioma em elaboração segundo o qual o bom cinema é sempre o corolário de uma situação social onde se encontram muito vivos os movimentos de ideias, a criação e o gosto pelo teatro e pela literatura" (1981c, p.359) é indispensável.

Eisenstein, discípulo de Meyerhold, foi dos cineastas que emergiram do diálogo entre as artes que se intensificou com a revolução. Os melodramas aristocráticos foram substituídos por filmes que visavam contribuir com a construção pela arte, de uma sociedade socialista, e para isso, a arte se politizou. Tratando de temas como o casamento entre classes ou pela transformação dos episódios da revolução em propaganda, foi nesse cinema que Einsenstein filmou *O Encouraçado Potemkin*, após seu bem sucedido *A greve* (1925).

## AO CONVÉS DE *POTEMKIN*

No ensaio *Dos estetas aos sentimentais*, Paulo Emílio (1981d, p.390) procura compreender os filmes soviéticos a partir da recepção do público. Como procedimento, o crítico mensurou o teor e dividiu as palmas suscitadas pelas exibições em categorias, podendo elas serem estéticas, políticas e sentimentais, e como verdades evidentes e inverificáveis estatisticamente, no máximo Paulo Emilio avançou ao concluir que as poucas palmas que recebeu *Dura Lex* foram sobretudo estéticas e as dirigidas a Lenin em *Outubro* políticas. "Sentimental e estético foi o aplauso para *Funcionário tzarista*, e ainda sentimental, porém político, o que acolheu *A mãe*. A amplidão e profundidade das ovações que recebe *Potemkin* emanam da estesia, da política e do sentimento" (1981d, p.390).

No festival, *Potemkin* foi o filme soviético que mais impressionou o público, sensibilizando-o a partir da combinação de procedimentos de montagem com a *régle d´or* – fórmula da perspectiva. O diálogo com as artes plásticas permitiu a Eisenstein penetrar, nas palavras de Benjamin, "nas vísceras da realidade composta de inúmeros fragmentos que se recompõem segundo novas leis, a partir da montagem" (Benjamin, 1985, p.167-70). Essas leis emprestadas das artes mobilizaram no público brasileiro a estesia que se somou ao interesse político que suscitava a história da *Revolução Russa* (1917). Benjamin demonstrou que as reações coletivas podem ser mesuradas a partir da soma das reações individuais suscitadas pelo estímulo, condicionando--as *a posteriori* pelo conjunto de reações ao estímulo sofrido. Para o filósofo alemão, a câmera com sua pluralidade de recursos técnicos – suas imersões e emersões, suas interrupções e seus isolamentos, suas extensões e suas acelerações, suas ampliações e suas miniaturizações – nos abre a experiência do inconsciente pulsional a partir dos múltiplos aspectos que a câmera pode registrar da realidade situada fora do espectro de uma percepção sensível normal (Benjamin, 1985).

Vivas aos marinheiros do encouraçado.

Esse dado coaduna com o esforço de Paulo Emílio em compreender as emoções do público ao assistir *Potemkin*, cuja linguagem orienta o encadeamento das imagens partindo dos maus tratos dos marinheiros ao levante, em seguida receberem a solidariedade do povo de Odessa. Os maus tratos sofridos pelos marinheiros, conduzidos a chicote pelos oficiais refletem não apenas as condições de vida do encouraçado, mas do próprio povo durante o governo czarista, ao combinar às reformas liberais que aboliram a servidão

(1863) as práticas de violência do antigo regime, inserindo-as nas relações sociais de produção que se estabeleceram com a modernização da sociedade. A insatisfação dos russos contra o governo do czar parece insinuar uma cultura política de que o governo não os representa, e sim os submete:

> Na Rússia [...], entre o governo e o povo não há nenhum contato, nenhum laço vivo que possa uni-los, sequer um minuto, para qualquer causa; não há ao menos desejo ou possibilidade de compreensão mútua; o que é branco para o governo é negro para o povo e, ao inverso, o que parece muito branco ao povo, o que é para ele a vida, a felicidade, é, para o governo, a morte. (Bakunin, 2003, p.101)

O impacto emotivo do filme se deve muito a linguagem que adota ao narrar os a história dos marinheiros. Isso se comprova ao constatarmos que a recepção alemã ao filme foi seguida pela investigação quase imediata da montagem, base da unidade orgânica de *Potemkin*. Ao constatar a facilidade de comunicação do filme, Paulo Emílio o associa à politização da arte defendida por Benjamin, pois via no filme "as virtudes de contato imediato e brilhante alcançado pela linguagem gráfica da propaganda em seus momentos mais altos" (Gomes, 1981a, p.394). Talvez isso explique o fato de que, para o filósofo, "[...] a obra de arte surge através da montagem, na qual cada fragmento é a reprodução de um acontecimento que nem constitui em si uma obra de arte, nem engendra uma obra de arte, ao ser filmado" (Benjamin, 1985, p.167-70).

Para Paulo Emílio, o que explica o poder imagético do filme é sua unidade orgânica, construída a partir de ideias simples, nítidas, apresentadas linearmente, que em conjunto envolvem o espectador pelo ritmo, como a sequência da homenagem ao marinheiro morto ou do massacre na escadaria de Odessa. "Moussinac tinha razão, ainda hoje *Potemkin* nos atinge como um grito, fazendo meditar ou imaginar, ao passo que mobiliza nosso espírito através da emoção elementar da solidariedade" (Gomes, 1981a, p.394). Para Paulo Emílio, o filme é um jato que possui a limpidez e ordem de um clássico, e como obra revolucionária calcada num momento histórico definido, tem natureza tão genérica que se torna válida universalmente, e não era preciso ser comunista, socialista ou anarquista para apreciar *Potemkin*. Também não era necessário conhecer o episódio da rebelião na marinha russa durante os acontecimentos revolucionários de 1905, pois bastava ao espectador a mediana e generalizada capacidade de se insurgir contra a injustiça. Em suma, "[...] a cultura não era condição indispensável para se gostar do filme" (Gomes, 1981a, p.394).

## REGRA DOURADA

A comunicação direta de *Potemkin* com o público deriva da unidade de sentido da montagem, noção teorizada por seu realizador em *Reflexões de um cineasta* (1939). Pensando em *Como se faz um filme*, Eisenstein estabelece que o princípio de sua *unidade orgânica* se deve ao sentimento de fraternidade revolucionária, o que não o impede de produzir uma análise da composição formal (Eisenstein, 1969, p.64). Para o cineasta, o filme se divide em cinco atos ligados por apenas por um fio condutor de sua temática, que em certos aspectos, acabam por ser absolutamente idênticos. Para tanto, Eisenstein os disseca e examina a articulação de cada ato, que em conjunto, são formados de duas partes quase idênticas, principalmente se considerarmos essa regra a partir do segundo corte:

> [...] a cena do convés e a revolta; os funerais de Vakulitchuk e o comício; o idílio da confraternização e a fuzilaria; a angústia da espera e do triunfo. Ainda mais, o eixo entre as duas partes encontra-se sempre marcado por uma espécie de corte, de censura, se assim podemos dizer. (Eisenstein, 1969, p.64)

A montagem das cenas concebida desse modo produziu a unidade formal pela inversão. Temos como exemplo o subtítulo "E repentinamente", que separa a confraternização do ataque da fuzilaria. Eisenstein (1969, p.64) destaca em seu texto que o eixo não marca apenas a passagem a outro estado da alma, a outro ritmo, a outro acontecimento, mas, de cada vez, a um movimento violentamente inverso, porque, de cada vez, ele oferece a imagem do mesmo tema sob um ângulo de visão oposto, ao passo que ele nasce nesse tema. Ampliando sua análise, Eisenstein pensa a unidade artística a partir de sua composição fotográfica, amparada nas proporções aureais.

Anteriormente dissemos que o filme, em sua unidade, era dividido por cinco cisões, que produziam a narrativa a partir de um movimento inverso não contrastante, seccionando ao meio a ação. Mas o corte não se faz bem ao meio, exatamente. A força das obras de arte fundadas sob a divisão dourada, ou sob a prova pelo número de ouro, segundo Eisenstein são únicas. A proporção das secções estabelecidas pelo artista na narrativa aproxima-se dois terços, e é nesse corte que vamos encontrar o corte principal, o zero onde a ação marca uma pausa, mas para o diretor, o mais curioso se passa quando o número de ouro não é somente observado no filme quando o movimento atinge o zero, fazendo a ação chegar ao ponto mais baixo de seu curso. Vamos encontrá-lo também no ponto de apogeu (Eisenstein, 1969, p.66).

O zero aparece no ponto baixo e no ponto alto, representando a pausa, o reengrenar ou o movimento dialético da própria sociedade. "A bandeira vermelha à medida que se aproxima do topo do mastro, alinha-se ao número de ouro. Mas desta vez a exigência de se calcular partindo do fim, segundo a relação 3/2, para atingir o plano de partição que separa as três primeiras partes das duas últimas" (Eisenstein, 1969, p.66). "Assim, não é cada parte considerada separadamente, mas o conjunto do filme em seus dois pontos culminantes, o da paralisação total do movimento e o da maior reviravolta, que segue rigorosamente a regra da proporcionalidade, a regra do número de ouro" (1969, p.67).

Para compreender *Potemkin*, é necessário entender as curvas de movimento de sua estrutura e composição. As cenas que aceleram e desaceleram anunciam uma pluralidade rítmica do filme, do mesmo modo que a pluralidade rítmica da sociedade. A reviravolta na ação provocou uma nova qualidade, um salto pela inversão, das vivas aos marinheiros ao ataque da fuzilaria. A reviravolta da ação que podemos contemplar ao assistir *Potemkin* visa por em evidencia a explosão revolucionária, a revolução em beneficio do progresso social (Eisenstein, 1969, p.70).

A escadaria de Odessa: dois terços de morte, um de covardia

## NATUREZA E FORMA

Por outras facetas podemos mergulhar na forma artística de *Potemkin*. A atração do público brasileiro pela obra monumental de Eisenstein encontra na crítica de Kracauer alguns subsídios para compreendermos o filme. Em *Teoria do cinema*, o crítico pensa o filme a partir da classificação de cinema de arte, comumente definidas quanto mais seus elementos se assemelham às obras de arte tradicionais. Para Kracauer, este frágil conceito pode ser facilmente desmantelado, porque temos que ter em conta que mesmo o mais criativo e monumental dos diretores é muito menos independente da natureza elementar que o pintor e o poeta, e que sua criatividade se manifesta deixando que a natureza penetre em sua obra, penetrando ele mesmo a sua vez (Kracauer, 1989, p.64-5). Parece que a esse respeito Eisenstein concorda sobre a unidade orgânica do filme, ao afirmar que uma obra só pode ser considerada a partir de sua unidade orgânica quando seu tema, a composição e a ideia se encontram ligadas orgânica e indissoluvelmente aos pensamentos, à vida, ao ser do autor. Apenas então seria possível uma verdadeira unidade orgânica da obra, que então passaria a integrar a cadeia dos fenômenos naturais e sociais a título de elo comparável aos outros, a título de fenômeno independente (Eisenstein, 1969, p.71). Segundo Kracauer, o que importa é a autenticidade da obra de arte, e no cinema, o material autêntico não é a vida, em sua dimensão de significados articuláveis, senão a vida que corre pelos subterrâneos da existência física (Kracauer, 1989, p.98).

O aparente então não pode ser encontrado na montagem. O que interessa é o por detrás do aparente, são as cenas que escapam aos olhos dos produtores, são os dispositivos ocultos da psicologia da sociedade. Sobre a autenticidade, Benjamin demonstra que a partir de sua reprodução, a obra de arte sofre com o processo de atrofia da aura. Esse processo é apresentado pelo autor como sintoma da modernidade, que destaca do domínio da tradição o objeto reproduzido em ampla escala. A reprodução substitui a existência única da obra de arte por uma existência serial e a medida que a técnica permite a reprodução vir ao encontro do espectador, ela atualiza o objeto reproduzido. A aura entendida enquanto figura singular, composta de elementos espaciais e temporais, é destruída do mesmo modo que a liquidação do valor tradicional do patrimônio da cultura, e sua atualização depende da atualização da percepção humana, ao eliminar sua originalidade e dissolver sua ligação com o momento histórico de sua produção (Benjamin, 1985), a isso se deve o sucesso de sua recepção no Brasil.

Quanto a essa questão, Paulo Emílio penetra na relação entre cinema e espectador, ao pensar que a natureza das relações que se estabelecem entre o espectador e o filme pertencem ao domínio da exigência e variam de sentido segundo a operação entre os termos em presença. No intercâmbio entre espectador e filme, as comunicações que se tecem para permitir a eclosão do prazer (da emoção, da alegria), o foco da exigência está ora num, ora noutro. É provável que se possam dividir os filmes em duas categorias: os que nos fazem solicitações e os que se prestam as nossas exigências, e em *Potemkin*, o foco é o espectador (Gomes, 1981a, p.395). Eis o conjunto de questões que permeiam a compreensão do sucesso de *Potemkin* no Brasil, no *Festival de Cinema Russo-Soviético*.

## DESFECHO

Em conjunto, os críticos e seu realizador investigaram a mobilização dos mais profundos sentimentos a partir da operação artística, construída formalmente para objetivar valores próprios do homem socialista, como a solidariedade e a insubmissão contra as injustiças proclamadas, sejam elas do czarismo ou da democracia burguesa. Articulamos os trabalhos em questão para buscar compreender a recepção do filme de Eisenstein e seu decorrente sucesso no Festival Russo-Soviético, suas lições artísticas e a adesão do público ao filme. Podemos concluir, em suma, que a reativação do gosto pela cultura cinematográfica soviética no Brasil, pelos temas que trata e os procedimentos técnicos que executa, foi campo de estudo dos cineastas do cinema novo, assim como os documentários sociais de Grierson, a Nouvelle Vague, o neorrealismo italiano e o cinema expressionista. Se o cinema é uma ave que rapina a vida para desenvolver suas competências, o que temos é uma relação de apropriação e recombinação dessas lições para fazer florescer nestas terras tardias um cinema capaz de exprimir nossa fisionomia nacional – como pretendeu Paulo Emílio. Vivas aos marinheiros do encouraçado! Após respirar as brisas da cultura cinematográfica soviética, o país foi tomado de assalto por uma ditadura civil-militar que resultou no dilaceramento de todas as liberdades. Tanto lá quanto cá, *Potemkin* não poderia ser mais atual.

- 33 -

# MARKER E BENJAMIN: A MONTAGEM COMO ENGENHARIA DO POSICIONAMENTO

*Nicolau Bruno de Almeida Leonel*[1]

Para Dolf Oehler: "a citação encontra-se no centro do método de Benjamin, isto é, no centro de sua filosofia da história". Em seu texto "Ciência e poesia da citação no *Trabalho das passagens*" (Oehler, 2004, p.39) a citação benjamininiana é também em alguma medida uma ciência da leitura, praticada como forma de poesia.

Ela reduz um discurso do passado a um fragmento. E reduzido a uma frase, o texto soa finalmente como uma espécie de verso que é, ao mesmo tempo, fruto de um corte – fruto da interrupção de um fluxo. Uma criação inusitada de uma poética filha por excelência da ruptura. Deste modo ao retirá-lo do contexto anterior ela provoca um rompimento e assim interrompe e suspende o contexto presente do texto inserindo-se em outro, onde o discurso do passado virá figurar de outra maneira, posicionado sob outra perspectiva. O contrapelo surge neste exaltar da relação entre os fragmentos a partir da diferença. Ela se refunda institui a partir dos restos e restitui sentidos ocultos, relações secretas, íntimas e subterrâneas, correspondências insólitas.

Para o autor, nesta *montagem de citações* que se realiza em Benjamin existe mais do que uma invocação ou menção do texto de origem, ela é um encontro marcado entre elementos. Que na maior parte das vezes são

1 Doutor – ECA-USP – Bolsista Capes-CNPQ.

aparentemente inusitados ou estranhos entre si. Mas que exatamente por este assombro que provocam nesta nova composição a possibilidade de outra visão de cada fragmento de discurso do passado e em alguma medida a irrupção da história crivada pela violência do corte. Nesse sentido, a montagem é também a partir daí uma poética filha da violência. Como diz Oehler, ela é deste modo: "o produto da desmontagem de um texto prévio e elemento da montagem de um novo texto original". Nesse sentido, ele destaca o parentesco entre a *montagem de citações* e a *imagem dialética* "ou quase uma identidade", como diz. Para ele as duas permitem uma correspondência entre momentos históricos. As duas possuem a identidade forjada com o que Benjamin chamava de "o selo do momento crítico" (Remy Gourmont apud Oehler, 2004, p.243). E é do confronto entre fragmentos, de sua nova apropriação e finalmente das interrogações que propõem a montagem que surge uma atualização crítica de elementos do discurso passado de uma tradição ou de um contexto determinado.

Mas o princípio operatório que gostaríamos de destacar é que apenas neste choque das citações que se explode a linearidade da narrativa histórica. Ou seja, apenas colidindo enfim os detritos de discursos através da montagem é que há a consolidação deste "selo do momento crítico, do momento de perigo", de que falava Benjamin em suas teses "Sobre o conceito de História". Seu lema, como nos lembra Oehler, é: "Fazer história com os próprios detritos da história". Este instante de atualidade irruptiva das ruínas do discurso do passado é também um instante de legibilidade crítica da história ou poderíamos talvez dizer quando a história se faz legível. Desse modo, o gesto de desconstrução da linearidade triunfante da narrativa positiva da história é também um *posicionamento*. O perigo que espreita o momento de legibilidade é em alguma medida o perigo do posicionamento dos séculos dos vencidos reclamando enfim a sua história sequestrada dentro desta nova configuração dos discursos.

Georges Didi-Huberman (2009) em seu livro *Quand les images prennent position* sobre as fotomontagens da guerra feitas no exílio por Bertold Brecht, também desenvolve o debate de que o eixo conceitual polivalente da *montagem*, agora para além das citações e inserida em vários planos de diversas linguagens artísticas. A *montagem* será neste contexto o meio técnico medular destacado para realizar a difícil interpelação endereçada ao intelectual progressista de: "não abastecer o aparelho de produção sem modificá-lo" (Benjamin, 1987a, p.129). Enunciação capital do texto "O autor como produtor" de Benjamin.

Para Didi-Huberman a ciência da montagem é uma ciência do posicionamento e a poética da montagem é uma poética do posicionamento. O que nos remete ao perigo que evocava Benjamin, pois o posicionamento é correr riscos. E o risco é sinônimo de liberdade, apontamento crítico para horizontes de emancipação.

Ainda em "O autor e o produtor" a transformação se efetua, lembra Benjamin, pelo conceito forjado por Brecht de *refuncionalização* da obra e enuncia "a transformação das formas e instrumentos de produção por uma inteligência progressista". Esta caracterização será exemplificada no texto por casos, como em Brecht, onde o que se destaca é a interrupção da ação cênica com as canções; ou em Tretiakov no seu trabalho como escritor operativo nos jornais murais e na direção de um jornal nos kolkhozes e em John Hartfield a fotomontagem dadaísta com os conteúdos revolucionários e o nítido trabalho de agitação política que guardavam um Hitler engolidor de moedas, um paralelo inevitável entre nazi-fascismo e capital. Em todos estes casos existem aspectos que são centrais na caracterização que Benjamin busca aprofundar da proposta brechtiana de *refuncionalização*. Por exemplo, o impulso contrainformativo, a base das fontes das formas com alguma incidência documental ou uma preocupação ativa de partir de elementos diretos da realidade e também a ruptura com o trabalho do especialista. Em todos estes casos, de maneiras diversas, a montagem resta como uma recomposição das forças dos domínios de linguagens e de produção. Em todo caso, o que se evidencia e o que gostaríamos de enfocar neste debate é esta função organizadora da montagem que coloca o autor como produtor a partir de um posicionamento. Como diz Georges Didi-Huberman, acerca da fotomontagem de Brecht em seu atlas de imagens o *ABC da guerra*: "A montagem instaura, com efeito, uma tomada de posição – de cada imagem diante as das outras, de todas as imagens diante da história [...] na perspectiva de um trabalho inédito de *imaginação política*".[2] Para ele, o fundo do autor como produtor, são as consequências que nos oferece. Em primeiro lugar da necessidade de dominar a técnica. Em segundo de que esta técnica serve para um modo de função determinado nesta ciência do posicionamento, a refuncionalização. O que joga por terra a antinomia entre forma e conteúdo e em alguma medida entre saber e prazer. Pois o esforço de leitura destas novas conexões exige um exercício da imaginação. Terceira consequência: fazer, portanto, do espectador um leitor, um sujeito capaz de decriptar, fazer do leitor um montador potencial e assim o leitor também se torna um autor.

2 Didi-Huberman (2009, p.119). "Le montage instaure en effet une prise de position – de chaque image vis-à-vis des autres, de toutes les images vis-à-vis de l'histoire [...] dans la perspective d'un travail inédit de l'imagination politique". (Tradução nossa.)

Questão que fica mais clara ao abordar o exemplo da desconstrução da barreira entre a escrita e a imagem. Nesta nova função que elas adquirem cada uma das linguagens uma diante da outra há uma ruptura com o lugar tradicional do autor. Uma ruptura frontal com a formação especializada de escritores, dramaturgos e artistas. O que rompe também o lugar tradicional do espectador, eles se confundem e se reúnem agora em nova chave. Nesse plano há constantemente uma primazia da palavra, ou um lugar para o que ela representaria. Mesmo no caso das imagens elas se destacam quando sua composição forma um texto, ainda que no jogo sequencial das mesmas. O que Benjamin chama de "literalização de todas as relações vitais".

Mas no limite, a ideia de uma refuncionalização operativa do artista na luta de classes, em Benjamin, esta desconstrução da falsa antinomia entre o avanço da tendência política e tendência formal, entre criação e posicionamento no artista produtor, está determinada no caso das imagens por esta estratégia da palavra, da literalização de que fala. No caso das imagens, o papel das legendas explicativas e do comentário é o instrumento de destruição das barreiras entre "escrita e imagem". Cito: "Mas só poderemos formular convincentemente essa exigência quando nós, escritores, começarmos a fotografar".

Chris Marker cineasta francês artista, escritor, crítico, editor ou "bricoleur" como ele prefere ser chamado, me parece ser um dos exemplos mais contundentes no cinema desta consigna levantada por Benjamin. Para André Bazin, em seu texto fundador para um debate do cinema ensaio, onde comenta Chris Marker, faz um "ensaio em forma de reportagem cinematográfica". Ele diz: "um ensaio entendido no mesmo sentido que em literatura: ensaio ao mesmo tempo histórico e político ainda que escrito por um poeta" (Bazin, 1998, p.258). Marker é também um dos contemporâneos e representantes diletos disto que Alexandre Astruc concebeu como *camera-stylo,* a câmera colocada como uma caneta, tomando notas da realidade, "escrever com a tinta do mundo" como ele dizia, cito:

> Esta imagem (da câmera caneta) tem um sentido bem preciso. Ela quer dizer que o cinema se desligará pouco a pouco desta tirania do visual, da imagem pela imagem, da anedota imediata, do concreto para se tornar um meio de escrita tão adaptável e sutil quanto a linguagem escrita ela própria.

Estas duas colocações que surgem no trabalho de Astruc e Bazin, tão importantes para se pensar o filme ensaio, são em alguma medida, uma espécie de amadurecimento tardio daquela ideia do escritor fotógrafo que apregoava Benjamin e reincidem diretamente na obra cinematográfica de

Chris Marker. Acrescente-se no caso de Bazin, espectador de Marker, o paralelo com Jean Vigo em seu manifesto para um cinema social e a ideia do documentário como "um ponto de vista documentado", para ele em Marker a "imparcialidade é uma ilusão", o que também reincide na análise que Huberman faz sobre o posicionamento como força motriz da concepção de montagem benjaminiana. Sendo a literalização ou a estratégia da palavra via comentário, citação ou legenda confrontada com a imagem, a quintessência da engenharia orientadora da montagem.

Como diz o crítico André Bazin, Marker desenvolve uma montagem horizontal. "Aqui, a imagem não se refere àquela que a antecede ou que se segue, mas se refere lateralmente, de certa forma, a aquilo que é dito" (Bazin, 1998, p.257).

O filme *Le fond de l´air est rouge* me parece ser dentro da obra de Chris Marker um dos exemplos que encarna com maior precisão estes debates levantados por Benjamin. Marc Ferro o chama de um filme-soma, para destacar este impulso de totalização histórica que ele pretende. Mas a grosso modo e também para dialogar com este Seminário, poderíamos dizer que nele se trata de fazer uma política da memória dos anos 1960 e 1970 cinematograficamente.

*Le fond de l'air est rouge* foi lançado primeiramente em 1977, mas em alguma medida poderíamos dizer que ele tem algo de uma obra aberta pois ele foi remontado em 1993 e depois em 2008. E alguns comentadores falam sobre a hipótese de outras montagens cuja circulação fora diminuta, ou limitada exclusivamente a uma apresentação. Mas não temos acesso a materiais concretos ou fontes que comprovem essa hipótese.

O filme é um mosaico fragmentado de trechos de filmes vindos de duas fontes principais de imagens. Primeiramente filmes militantes, alguns clandestinos e também imagens não utilizadas deste universo fílmico, imagens que como ele mesmo diz não deveriam existir. Mas também imagens de arquivo da indústria cultural como agências de notícias, noticiários da TV. Nos dois casos seja pela falta de visibilidade das imagens da esquerda ou pelo excesso no caso dos fragmentos que se perdem no fluxo discursivo da grande mídia, tratam-se de imagens soterradas, esquecidas.

Nesse sentido, ao apresentar imagens que nunca seriam mostradas, ele promove uma espécie de ação arqueológica. E nessa falta e excesso das origens das imagens, o filme nasce a partir de uma indagação aparentemente singela endereçada às imagens e tão ao estilo Benjaminiano: "O que elas têm em comum?" Perguntar o que elas têm em comum é também inventariar suas diferenças, colocar em evidência suas arestas.

Em *Le tombeau d´Alexandre* filme de 1992, ele diz sendo mais explícito: "Minha proposta é interrogar as imagens". E aqui poderíamos acrescentar que interrogar as imagens é interrogar as formas, ou buscar formas críticas, ou criar formas que pensam (para fazer coro com Godard). Uma forma que pensa as imagens, em última instância, tem assim a funcionalidade direta de fazer pensar. E também de fazer pensar a forma, de colocá-la assim radicalmente em questão, de interrogá-la. Algumas vezes inclusive perguntando-se se aquilo de fato existiu. Tarefa de crítica da ideologia posicionada nas entranhas do aparelho produtivo ele próprio. Que como diz o crítico Jean-Patrick Lebel seria ideológico na própria mecânica do aparato técnico fotográfico.

O filme atravessa estes anos começando a partir de 1967, o que rompe a narrativa oficial que costuma usar politicamente a estratégia da redução temporal, transformando todo o complexo processo político dos anos 1960 numa espécie de acidente de percurso limitado exclusivamente ao mês de maio de 1968, uma clara política da memória curta, ou se quisermos do esquecimento. Para Marker há de alguma forma uma espiral de mobilizações que reúne: a guerra na Argélia, o impacto político da Revolução Cubana, o debate da guerrilha, as greves operárias e ocupações de fábrica francesas em 1967 (Saint-Nazaire e Besançon), a guerra no Vietnã e a morte de Che Guevara.

Pelo tempo limitado não seria conveniente aqui desenvolver a complexa constelação de temas e fatos que Marker põe em movimento neste labiríntico filme. Mas para tentar aprofundar um pouco mais isso que chamamos de fazer política da memória cinematograficamente é importante frisar que Marker se opõe frontalmente a tendência dominante, cada vez mais acentuada, no histórico das representações de Maio de 68 (sobretudo em anos comemorativos) que busca transformar a experiência das lutas políticas destes anos, em uma "afirmação do *status quo*" em uma "rebelião a serviço do consenso" como diz a historiadora Kristin Ross (2005). Em seu livro *Mai 68 et ses vies ultérieures* ela desenvolve o argumento de que há uma confiscação da memória marcada fundamentalmente por duas estratégias de discursos da historiografia. Uma versão biográfica, cito:

> [onde] toda revolta coletiva é desfeita, e assim reduzida à angústia existencial de destinos individuais. Ela se encontra desta forma confinada a um pequeno número de "personalidades" as quais a mídia oferece inumeráveis ocasiões de revisar ou de reinventar suas motivações de origem.

E outra versão sociológica cito:

> [que] da sua parte, (ela) é sempre apresentada como o tribunal diante do qual o real, quer dizer o evento, deve comparecer a fim de ser medido, categorizado e circunscrito. No caso de Maio de 68, essa tendência é ainda mais acentuada.

De acordo com Ross sob estas duas versões, o senso comum das grandes corporações de comunicação de massa busca desaparecer com a memória das lutas políticas deste período e transformá-lo num "evento cultural" ou num arroubo de juventude que linearmente visa confirmar a vitória capitalista, vide neoliberal, sob os detritos dos extremismos de esquerda. O outro lado do evento, o lado político, o lado classista resta sempre como um trauma inominável. Como um lugar tumultuoso e incômodo da memória, que deve ser rechaçada, relegada a indiferença, a caricatura e silenciada em nome do novo consenso.

Ou seja, o lado biográfico elege as versões toleráveis e intoleráveis sob este critério, enquanto o lado sociológico faz o julgamento dos mesmos, estigmatizando tudo o que problematiza os temas espinhosos, como nostálgicos do tumulto e da violência. São eles a partir de então: as viúvas de 68, os *soixante-huitards*, sempre ultrapassados, inconvenientes e fora de moda. A história a serviço do presente instantâneo – do capitalismo será sempre uma questão de moda, cuja batuta reside entre esteticistas da política e ideólogos dos meios de comunicação de massa. Ross (2005, p.12) diz:

> A história oficial que foi registrada, depois celebrada publicamente em numerosos espetáculos comemorativos produzidos pelas mídias de massa para serem enfim veiculadas até nós, é a de um drama familiar ou geracional, totalmente ausente de violência, de aspereza ou de dimensão política declarada, de uma transformação benigna de costumes e dos estilos de vida inerente a modernização da França e sua passagem de uma ordem burguesa autoritária para uma nova burguesia moderna e economicamente liberal.

Vemos que de alguma maneira é também a montagem que está em jogo nesta apropriação histórica da memória. Mas em Marker existe a ruptura com o discurso do monólogo triunfalista, ele se propõe a fazer uma polifonia, "o diálogo possível entre todas estas vozes que só a ilusão lírica de Maio de 68 havia conseguido fazer se encontrar". Portanto um mosaico que rompa com o narcisismo geracional, buscando confrontar tempos históricos fatalmente ausentes do debate midiático contemporâneo sobre Maio de 68, mas que nos ajudam a evidenciar as contradições do período. Marker neste filme, assim como no conjunto desta obra sempre situa-se no campo dos vencidos.

Oehler em texto que já invocamos fala da fascinação de Benjamin pelos textos que destacam "caráter de citação alucinatória da modernidade e da história mundial". Marker termina *Le fond de l'air est rouge* com imagens de uma feira dos mais modernos armamentos de guerra e ele emenda com a frase: "Assim nosso autor se maravilha com os recursos da História que demonstra sempre ter muito mais imaginação que nós". Formalizar este assombro, diante do surrealismo dos fatos, do abuso da memória, deste caráter de citação alucinatória da modernidade parece ser aqui também, em alguma medida, a tarefa predisposta na reflexão posta na obra markeriana de *Le fond de l'air est rouge*. Marker faz a difícil tarefa de elevar a cólera política ao pensamento, de organizar o pessimismo com imagens.

Quando lemos Oehler dizer: "os textos nos escapam assim como nos escapa a verdade" também nós nos espantamos que neste combate das montagens de citações da história, redirecionado sobre o problema das imagens nos fazem pensar que assim, também as imagens nos escapam, assim como ali também nos escapam as verdades. E seria necessário, portanto, aprender a fazer sua leitura, ou se quisermos sua citação em cada um de seus momentos dentro da história soterrada. O que nos leva àquela imagem redentora de Benjamin (1987b, p.223): "Somente para a humanidade redimida o passado é citável, em cada um de seus momentos".

-34-

# IMAGEM, MONTAGEM E MEMÓRIA – ALGUNS NEXOS BENJAMINIANOS EM *HISTOIRE(S) DU CINÉMA* (JEAN-LUC GODARD, 1988-1998)

*Ana Amélia da Silva*[1]

A escolha do tema deste artigo se configurou pelos lembretes constantes de ementa de seminário internacional em torno de Walter Benjamin: "Como poucos, Benjamin advertiu sobre as dimensões da catástrofe [...]".[2] Ao mesmo tempo – e como tarefa da crítica –, seus organizadores convocavam para as *escrituras da memória.*[3]

A noção de *imagem dialética* atravessa a obra de Walter Benjamin e, como aponta sugestivamente Jean-Michel Palmier, é intrínseca a sua *teoria materialista da imagem,* "prolongamento por sua vez, da alegoria do drama barroco e das '*Denkbilder*' [imagens de pensamento]". Para este autor, a imagem não seria uma aporia. "A 'imagem de pensamento' [...] jamais faz do objeto uma simples representação, e, sim, um enigma de interpretação" (Palmier, 2006, p.26).

---

1 Docente PUC – SP.

2 Com modificações, este artigo é fruto de intervenção no *III Seminário Internacional Políticas de la Memoria: recordando a Walter Benjamin – Justicia, Historia y Verdad. Escrituras de la Memoria,* já amplamente referido nesta coletânea. Os ajustes ao texto emergiram do debate e observações dirigidas durante sua exposição na Mesa Temática *Imagens dialéticas: cinema e cidades,* coordenada por Carlos Eduardo Jordão Machado e Rubens Machado.

3 "Contra quem hoje reclama o esquecimento e a denegação da justiça, seguimos com Benjamin [...], e reconhecemos a dívida com um passado que ainda espera redenção" (*1ª Acta convocatória* do seminário citado).

Para Benjamin, a constelação ou configuração da imagem enquanto uma "dialética na imobilidade", ou "imagem em suspensão", constitui o cerne de nova apreensão do tempo histórico como *imagem crítica*. A imagem dialética aparece como um "lampejo fulgurante" capaz – no plano do pensamento – de "suspender o tempo", ao provocar a "explosão do *continuum* da história" (Benjamin, 2006, p.515). Em vários de seus ensaios que visavam enfrentar a ideologia do "progresso na história", como "marcha" inelutável num tempo "vazio, homogêneo e linear", as cesuras, interrupções e rupturas configuram momentos em que "o materialista histórico rompe com a 'imagem eterna do passado', própria da concepção historicista, fazendo deste passado, 'uma experiência única'" (Benjamin, tese 16, 2012, p.250).[4] Na compreensão deste "arrancar a história de seu contexto" (Benjamin, 2006, p.518), cabe ainda destacar que Benjamin vincula a imagem dialética à noção de *atualidade* ("tempo-de-agora") ao apontar para o momento crítico de "uma crescente *condensação* [...] da realidade, na qual tudo o que é passado [...] pode adquirir um grau mais alto de atualidade do que no próprio momento de sua existência.[5] O passado adquire o caráter de uma atualidade superior graças à imagem *com* a qual e *através* da qual é compreendido [...]. Abordar desta maneira o ocorrido significa estudá-lo não como se fez até agora, de maneira histórica, *mas de maneira política, com categorias políticas*" (Benjamin, 2006, p.436-7, grifos nossos).

Ora, esta primazia da política marca para Benjamin os momentos de historicidade – aquele em que a "telescopagem do passado" (2006, p.512) requer o *método dialético da montagem*, de crucial relevância para as relações entre imagem, movimento, história e construção da memória. Ao se indagar se seria possível conciliar um "incremento da visualidade" como desafio ao método histórico-materialista, assinalava: "A primeira etapa deste caminho será aplicar à história o princípio da montagem" (2006, p.503). A explosão da continuidade histórica, reificada (que requer o "salto de tigre em direção ao passado histórico" – Benjamin, tese 14, 2012, p.249), configura o momento em que a "constelação de perigos" – na dialética "destruição/construção" – coloca em relevo a descontinuidade entre "fragmentos do

4 Pelas considerações de imagem e montagem dialéticas, Benjamin procurou enfrentar, em seu tempo, os horrores do fascismo, a ideologia do progresso abraçada "tanto pela teoria, quanto pela prática" da social-democracia alemã, e amplamente compartilhada pelas visões empáticas dessa ideologia presentes no positivismo, no historicismo, e no que chamava "marxismo vulgar" ou dogmático.

5 "Pois, enquanto a relação do presente com o passado é puramente temporal, a do ocorrido com o agora é dialética – não de natureza temporal, mas imagética. [...] A imagem lida, quer dizer, a imagem no agora da cognoscibilidade, carrega no mais alto grau a marca do pensamento crítico, perigoso, subjacente a toda leitura" (Benjamin, 2006, p.505).

passado", destacando-se a importância do "instante, da ruptura e da noção de catástrofe" (Benjamin, 2006, p.518). Por outro lado, vai destacar a categoria "salvação/redenção" e "sua frágil força messiânica", entre outras, pelo "despertar" das fantasmagorias encenadas no mundo reificado das mercadorias e de suas ruínas.[6] Assim, as interrupções, cesuras, cortes e choques de imagens, intrínsecas ao que Benjamin propunha como método da montagem dialética guardava o potencial da visão epistemológica, em que as rupturas críticas "despertavam" para a atividade reflexiva. Bastante entusiasta dos cineastas russos construtivistas dos anos 1920 e 1930 (Eisenstein, Pudovkin, Vertov...), e particularmente do teatro épico ou dialético de seu amigo Brecht, tratava-se para ele da "interrupção da ação [...] na medida em que [a montagem] se propõe a tratar os elementos da realidade no sentido de um ordenamento experimental" (Benjamin, 2012, p.143). Trata-se, aqui, dos efeitos de distanciamento aplicados ao teatro e proposições brechtnianas pela "imobilização dos acontecimentos", com vistas a interditar a empatia (no caso, a dos espectadores frente à trama e ao trabalho dos atores) e, ao avesso, "provocar o assombro ou espanto" em lugar da mera identificação (cf. também Benjamin, 1987).

Com estas considerações, talvez excessivamente resumidas, tomou-se o filme-ensaio de Jean-Luc Godard – *Histoire(s) du cinéma* (1988-1998), pelos nexos e convergências com o pensamento benjaminiano, assumidos literalmente por Godard em múltiplas entrevistas, principalmente em relação ao seu método de montagem. Por um lado, se essa não é uma tarefa inaudita (assinalada, entre outros, por vários estudos indicados nas referências deste artigo),[7] por outro, não deixa de se revestir de grande complexidade. Produzido ao longo de dez anos (1988-1998), como série para a televisão em oito capítulos, ou episódios, *Histoire(s) du cinéma* totaliza praticamente quatro horas e meia de duração. De forma impressionista, sua montagem vertiginosa envolve trechos de filmes, fotos, citações, pinturas, imagens de arquivos, trechos de noticiários, colagens, extratos de discursos, aforismos, legendas, cartazes etc., sobressaindo-se a voz de Godard *off* ou *in* em toda a sua extensão.[8] Os recursos estéticos recorrem à técnica do vídeo, permi-

6 "O materialista histórico aproxima-se de um objeto histórico somente quando ele o confronta enquanto mônada. Nessa estrutura, ele reconhece o sinal de uma imobilização messiânica dos acontecimentos, ou, dito de outro modo, de uma oportunidade de luta revolucionária na luta pelo passado oprimido" (Benjamin, tese 17, 2012, p.251).

7 O acesso recente ao livro *Pensar entre imagens* forneceu amplo painel de entrevistas e pensamentos de Godard. Ver Aldeiman e De Luca (2010).

8 Em toda a trajetória de Godard como cineasta, a montagem ocupa lugar ímpar em seus filmes e reflexões. Em 1980, assinalava em entrevista: "O cinema não é uma imagem

tindo o desdobramento pelas as fusões, elipses, imagens em câmera lenta, em retrocesso, acelerações, com destaque para as sobreimpressões e/ou justaposições, recursos figurativos amplamente utilizados por Godard, em especial nesta série.[9]

A complexidade de análise é tributária de um amplo leque de tensões e rupturas provocadas pelas colisões de imagens, acompanhadas das falas de Godard, ao mesmo tempo em que procura trazer à reflexão o percurso tanto da história do século XX, quanto das crises do cinema em suas várias facetas. Assim, retomar alguns momentos deste filme implicou, igualmente, o que se considera uma perspectiva fundamental – suas intervenções como intelectual crítico no debate público que emerge principalmente das relações que assume entre estética e política. Estas se revelam quando reflete sobre a "morte do cinema", ou sobre sua própria forma de filmar, e encena, criticamente, as catástrofes da história e suas "figuras de despossessão", o que se desdobra por livros e artigos que enriquecem a fatura de suas reflexões. Ao não dissociar imagem, escrita, e *a própria reflexão sobre o modo de filmá-las*, Godard abre uma via de acesso importante para o significado do cinema enquanto capacidade de construção da memória.

Os capítulos de *Histoire(s)* sobrelevam os conflitos, guerras e genocídios que marcaram o século XX, com foco especial na Segunda Guerra Mundial. Isto se desdobra no filme em relações complexas, pois as sequências que recortam todos os capítulos do filme, especialmente as concentradas nas

depois de outra, mas uma imagem mais outra que formam uma terceira, e esta terceira é aquela que forma o espectador" (apud Brenez et al., 2006). Em longa entrevista com Youssef Ishaghpour, publicada em 2000, ao ser indagado sobre a formação de uma ideia através de "cortes transversais ou verticais", Godard respondeu: "Sim! Oito constelações, ou quatro vezes dois [...], o visível e o invisível [...]. Trata-se de reencontrar, pelos traços existentes, outras constelações [...], para retomar a frase de Benjamin que diz que as estrelas, em um momento dado, formam constelações [...]" (Godard; Ishaghpour, 2000, p.9-10). Em outro momento, adiciona: "Fazer história é despender o tempo olhando estas imagens e, depois, de repente, contrapô-las, provocar um piscar. Com isso se constroem constelações, umas estrelas que se aproximam ou se distanciam, tal como queria Walter Benjamin" (Godard apud Didi-Huberman, 2004, p.206-7).

9 *Histoire(s) du cinéma* (1988-1998), França/Suiça, 265 min. DVD: Barcelona: Intermedio, 2010. Capítulo 1a: *Todas las Histórias*, 51 mins; Capítulo 1b: *Una história sola*, 42 mins; Capítulo 2a: *Solo el cine*, 26 mins; Capítulo 2b: *Fatal Belleza*, 28 mins; Capítulo 3a: *La moneda de lo absoluto*, 27 mins; Capítulo 3b: *Una ola nueva*, 27 mins; Capítulo 4a: *El control del universo*, 27 mins; Capítulo 4b: *Los signos entre nosotros*, 38 min. Destaca-se nesta versão em espanhol o DVD intitulado *Todas las Historias*, de Natalia Ruiz – alentado estudo sobre as fontes utilizadas por Godard. Trata-se da montagem de cerca de 540 trechos de imagens de filmes, somados às pinturas, quadros e gravuras com seus artistas, à citação de trechos e títulos das grandes obras literárias e filosóficas dos séculos XIX e XX, além de composições musicais e sons variados, reproduzidos na trilha da montagem entre imagem/som/falas e ruídos.

catástrofes, guerras e horror, são remetidas ao cinema e seus dilemas de representabilidade. David Oubiña, na instigante introdução ao livro *Pensamiento del cine*, aponta para um "vínculo incomodo tão problemático como produtivo, entre as tecnologias bélicas do horror e os modos de representação", associando a forma como Godard filma por constelações críticas.

> [Revela-se] o compromisso do realizador para extrair de cada imagem aquilo que em seu momento não se viu ou não se compreendeu e que deve ser mostrado novamente de outro ângulo. [...] Se as sobreimpressões, as fusões, e as alternâncias de *Histoire(s) du Cinema* entregam imagens que são tão familiares, como assombrosas, é porque deixam em evidência uma verdade que não aparecia à simples vista e que esperava um olhar crítico para revelar-se. Como um palimpsesto, cada plano é o resultado de uma acumulação de camadas, e seu deciframento, se sabe, depende tanto da arqueologia como da imaginação. (Oubiña, 2005, p.15, 19)

Esta complexidade é também tributária do tom polêmico das intervenções críticas de Godard. Neste aspecto, cabe lembrar que, em 1995, enquanto filmava capítulos de *Histoires(s)*, Godard foi agraciado em Frankfurt com o premio Theodor W. Adorno.[10] Em seu discurso na cerimônia, acentuava: "para mim, tudo se tornou mais claro de forma lenta [...], e me dei conta, pelos meus filmes, e de outros, que não havíamos mostrado os campos de concentração [...]. Não quisemos ver [...]" (Godard, 1998, t.II, p.404). Assim, a questão que percorre o fio tenso do cinema pode ser condensada na possibilidade de representação daquilo que é considerado "indizível" ou irrepresentável. O trecho que acompanha o capítulo 3A – *A moeda do absoluto*, não apenas afirma ideia do cineasta bastante conhecida, "o cinema enquanto forma que pensa", como o coloca na trilha do apagamento da memória. Escuta-se a voz *off* de Godard: "[...] Que o cinema foi feito antes que tudo/ para pensar/ se esquecerá em seguida/ [...]. A chama se extinguirá/ definitivamente/ em Auschwitz".[11]

No capítulo 1 A – *Todas as Histórias*, Godard introduz sua voz: "Histórias do cinema/ com os s/ os SS/ trinta e nove/ quarenta/quarenta e um/..."; 

---

10 O prêmio é concedido a cada três anos aos que se destacam em filosofia, cinema, música e teatro. Godard vem na sequência de alguns já contemplados como os sociólogos Norbert Elias (1977); Jürgen Habermas (1980); o filósofo Gunther Anders (1993), entre outros. A Godard, se seguiriam Zygmunt Bauman, Jacques Derrida, alguns compositores e, mais recentemente, em 2009, outro cineasta-ensaísta, Alexander Kluge.

11 Os 4 capítulos, subdivididos em A e B, foram agrupados em nova reedição pela Gallimard, com número de páginas iniciando a cada novo capítulo (Godard, 2006).

ao mesmo tempo em que se escutam sons de metralhadoras e aparecem telas de Goya, e de Rembrandt. Novamente, entra a voz *off* de Godard: "E, se a morte/ de Puig e Négus/ a morte do capitão de Boieldieu/ a morte do pequeno coelho/ficaram inaudíveis/ é porque a vida nunca/retornou aos filmes aquilo que roubou deles/ já que se esqueceu/ que o extermínio/ faz parte do próprio extermínio".[12]

No tema crucial do apagamento da memória, cabe acrescentar: "Esquecemos aquela pequena cidade/ e seus muros brancos cercado de oliveiras/ mas recordamos Picasso/quer dizer de Guernica [...].Mas quem não se lembra/ao menos de um prisioneiro/ quer dizer de Goya" [...]. [E, termina, de forma surpreendente]: "E, se Georges Stevens/ não tivesse utilizado/o primeiro filme/ de 16mm em cores/ em Auschwitz e Ravensvrück (sic)/ jamais sem dúvida/ a felicidade/ de Elizabeth Taylor/ teria encontrado/ "um lugar ao sol".[13]

A interpelação aos espectadores em torno do contexto nazi-fascista dos anos 40 se dá por intrincada montagem de sons, música, quadros de pintores, voz de Godard, fotos..., enfim, revelando o pensamento de seu autor ao mesmo tempo em que realiza a montagem das imagens.[14] Nas últimas menções à felicidade no melodrama *Um lugar ao sol* (George Stevens, 1951), Godard introduz um detalhe de *Noli me tangere – Ressurreição*, de Giotto (1304-1306), pela qual gira a 90 graus a imagem de Maria Madalena, que parece estender a mão para Elizabeth Taylor que sai das águas, enquanto abaixo a mão de Cristo tenta encontrar-se com a de Maria Madalena.[15]

Cabe mencionar o enorme debate travado, gravitando em torno das imagens de "felicidade" de Elizabeth Taylor, considerada por muitos como a "ressurreição" do cinema na óptica de Godard e, por outros, "ressurreição do cinema *hollywoodiano*". Tal debate envolveu, entre outros, o historiador da arte Georges Didi-Huberman, exaustivamente detalhada em seu livro

---

12 No início da sequência, sobrepõem-se imagens do filme *Sierra de Teruel* (Malraux, 1951), e uma figura de cavaleiro de Paolo Uccelo, *São Jorge e o dragão* (1456). Também se intercalam cenas de *Nosferatu, o vampiro* (Friedrich Murnau, 1922), seguida da imagem antológica de *A regra do jogo* de Jean Renoir (1939), tornando "inaudível" a morte do "pequeno coelho".

13 Godard, como apontado por muitos autores, comete uma troca. Na verdade, dentre os campos de concentração nazistas, liberados pela Força Aliada, e filmados pelos cinegrafistas Sidney Bernstein e Georges Stevens, foi o de Dachau, e não o de Ravensbruck. O norte-americano George Stevens retornaria aos EUA, e em 1951, produz o melodrama *Um lugar ao sol*, com Elizabeth Taylor e Montgomery Clift como atores principais.

14 Pode-se assinalar que a tarefa não é fácil. Como exemplo, na referência à *Guernica* de Picasso, tratar-se-ia da expectativa da própria imagem do quadro, mas em seu lugar Godard introduz outro quadro de Picasso, como *O salvamento* de 1932. O detalhamento de quadros, pinturas e datas correspondentes às imagens, segue as referências de Natalia Ruiz ao DVD – *Histoire(s) du Cinéma* –, citado em nota anterior.

15 Ver Ruiz, DVD citado; e Georges Didi-Huberman (2004).

*Imágenes pese a todo* (2004). A polêmica desenrolada nas páginas da revista *Les Temps modernes* contrapunha Gérard Wacjman – e seu ataque à forma de montagem de *Histoire(s)* – ao filme documentário de Claude Lanzmann, *Shoah* (1985), com nove horas e meia de duração e apoiado em testemunhos de sobreviventes do nazi-fascismo. Assim, a crítica dirigia-se à montagem de Godard com imagens de arquivos quando, ao ver de Wacjamn, "a imagem não [era] testemunho de nada"! Na perspectiva de Didi-Huberman, certamente, Godard tinha conhecimento das cenas tomadas pelos cinegrafistas Bernstein e Stevens, na entrada dos Aliados em 45, assim como as filmadas pelos próprios nazistas e recuperadas na liberação. Assim, para o historiador da arte francês, as imagens horror em Auschwitz e Dachau, apresentadas no mesmo bloco e contrastadas com a felicidade de Elizabeth Taylor, sinalizariam para um "vetor dialético forte", na medida em que "tanto aquelas imagens dos corpos feridos do horror nazista, quanto às do melodrama *hollywoodiano*, 'pertencem à *mesma história de guerra e cinema*'" (Didi-Huberman, 2004, p.215, grifos nossos).

O debate ainda se desdobrou em torno da imagem dialética em oposição a "imagens puramente icônicas", envolveu o filósofo Jacques Rancière, e abriu-se à polêmica em torno da ideia de "salvação/ressurreição do cinema". Cabe extrato da citação de Didi-Huberman: "Rancière menciona o 'Anjo da ressurreição' [...] de modo que Madalena de Giotto se impõe a Godard, num 'uso bem determinado da pintura' que *desfaz* a dialética da imagem cinematográfica. Segundo Rancière, Elizabeth Taylor, saindo da água, figura o próprio cinema ressuscitado dentre os mortos. 'É o Anjo da Ressurreição'" (Didi-Huberman, p.217, grifo nosso).[16] Didi-Huberman, por sua vez, afirma tratar-se de um "anjo da história, decididamente muito benjaminiano", pois olha os cacos e ruínas provocadas pela tempestade do progresso.[17]

É curioso notar a recorrência do debate em torno desta sequência. Sem esgotar o assunto, Heywood (2009) contrapõe-se ao "salvamento do cinema *hollywoodiano*", ressalvando que a montagem em *Histoire(s)*, está longe de representar uma posição de conciliação.

> Ao remover Maria Madalena de seu contexto original, como é costumeiro na montagem *godardiana*, ela pode ser, e é transformada, no "Anjo da Ressur-

16 Conferir Jacques Rancière (2005).

17 E, esclarece: "A rotação de noventa graus da cena evangélica tem como efeito visual a aproximação desta *'dramaturgia do contato impossível'*, a uma alegoria pintada por Giotto, muito próxima à *Noli mi tangere*; trata-se da representação de *A esperança*. [...] Portanto, ao revés da 'ressurreição', o quadro refere-se à 'esperança'", algo que encontraria eco na dialética queda/redenção de Benjamin (Didi-Huberman, 2008, p.218).

reição": mas este "anjo" necessariamente anula seu *status* de ícone cristão. Expõe [Maria Madalena] ao contato com outros anjos seculares, tais como os encenados em *Histoire(s)*: o *Anjo esquecido* (*Forgetful Angel*, de Klee, 1939), e *O Anjo exterminador* de Buñuel (1962). (Heywood, 2009, p.276-7)

Ainda, em relação à alegoria do anjo em Benjamin, cabe a reflexão do historiador Enzo Traverso (1997), que aponta para a trajetória de deslocamentos das figurações do anjo, na obra de Benjamin, e que culminam na famosa tese 9 em "Sobre o conceito de história".[18]

Ao estabelecer as articulações entre arte e política, tais provocações parecem gravitar em torno de Adorno e sua "impossibilidade de poesia após Auschwitz". A este respeito, vale a reflexão de Jeanne-Marie Gagnebin, sobre a arte e sua importância na luta contra o esquecimento. Discutindo o famoso imperativo de Adorno, remete àquilo que "foge tanto das justificações da razão, quanto das figurações da arte, *mas que deve, porém, por elas ser lembrado e transmitido*: a morte sem sentido algum, morte anônima e inumerável que homens impuseram a outros homens – e ainda impõem" (Gagnebin, 2006, p.81, grifos nossos).

Certamente, em *Histoire(s)*, Godard traça um amplo painel da "grandeza e miséria" do cinema – crises de representação, tempos mortos, falhas etc. até chegar à "morte do cinema". É possível, no entanto, apontar para a aposta numa (talvez) "frágil força" redentora de um cinema capaz de suscitar a capacidade crítico-reflexiva, o que aparece em vários capítulos do filme. Entender a importância das "figurações da arte", não apenas insere o cinema nos termos de um debate filosófico, estético e político, ainda urgente, mas requer o retorno a outro pensamento de Walter Benjamin: "Ser dialético significa ter o vento da história nas velas. As velas são os conceitos. Porém, não basta dispor das velas. O decisivo é a arte de posicioná-las".[19] Afinal, como mostra Godard nos capítulos 2b e 3a, por meio de diferentes montagens: "O cinema é o que autoriza Orfeu a olhar para trás, sem provocar a morte de Eurídice".

18 "Reaparece a imagem do anjo, não mais mensageiro da ressurreição, mas testemunho da catástrofe" (Traverso, 1997, p.29). Ainda sobre a montagem em *Histoire(s)*, Mônica Dall'Asta refere-se à alegoria de Benjamin: "Mas apesar de seu desejo de redenção, o anjo nunca será capaz de reverter as atrocidades da história em uma imagem de felicidade. Nenhuma figura teológica poderia cumprir esta tarefa decisiva. A redenção do passado é exclusivamente incumbida ao materialista histórico" (2004, p.353). Ver também Löwy (2005); e, sobre os deslocamentos da figura do anjo, em Benjamin, ver o excelente artigo de Jeanne-Marie Gagnebin (1997).

19 Ver Didi-Huberman (2008), sobre o diário de trabalho de Brecht.

# – REFERÊNCIAS BIBLIOGRÁFICAS –

## 1. WALTER BENJAMIN – "ESQUECER O PASSADO"


AGAMBEN, G. *Homo sacer*: il potere sovrano e la nuda vita. Einaudi, 1995. [Ed. bras.: ______. *Homo sacer*: o poder soberano e a vida nua. Belo Horizonte: Editora UFMG, 2004.]

BENJAMIN, W. Denkbilder. In: BENJAMIN, W. *Gesammelte Schriften IV-1* [GS IV-1]. Theodor Adorno e Gershom Scholem (Cols.); Rolf Tiedemann e Hermann Schweppenhäuser (Orgs.). Frankfurt a. M.: Suhrkamp, 1972a.

______. Berliner Kindheit um neunzehnhundert. In: BENJAMIN, W. *Gesammelte Schriften IV-1* [GS IV-1]. Theodor Adorno e Gershom Scholem (Cols.); Rolf Tiedemann e Hermann Schweppenhäuser (Orgs.). Frankfurt a. M.: Suhrkamp, 1972b.

______. Sur le concept d'histoire. In: BENJAMIN, W. *Gesammelte Schriften I-3* [GS I-3]. Theodor Adorno e Gershom Scholem (Cols.); Rolf Tiedemann e Hermann Schweppenhäuser (Orgs.). Frankfurt a. M.: Suhrkamp, 1974.

______. Zum Bilde Prousts. In: BENJAMIN, W. *Gesammelte Schriften II-1* [GS II-1]. Theodor Adorno e Gershom Scholem (Cols.); Rolf Tiedemann e Hermann Schweppenhäuser (Orgs.). Frankfurt a. M.: Suhrkamp, 1977.

______. Das Passagen-Werk. In: BENJAMIN, W. *Gesammelte Schriften V-1* [GS V-1]. Theodor Adorno e Gershom Scholem (Cols.); Rolf Tiedemann e Hermann Schweppenhäuser (Orgs.). Frankfurt a. M.: Suhrkamp, 1982.

______. *Passagens*. Willi Bolle (Org.); Olgária Matos (Col.); Trad. Irene Aron e Cleonice P. B. Mourão. Belo Horizonte/São Paulo: Editora UFMG/Imprensa Oficial do Estado de São Paulo, 2007.

BUFF, L. *Horizontes do perdão*. São Paulo: Educ/Fapesp, 2010.

CERTEAU, M. *L'écriture de l'histoire*. Paris: Gallimard, 1975.

______. *A escrita da história*. Rio de Janeiro: Forense-Universitária, 1982.

KEHL, M. R. Tortura e sintoma social. In: TELES, E.; SAFATLE, V. *O que resta da ditadura*. São Paulo: Boitempo, 2010.

LINDNER, B. *Benjamin-Handbuch*. Stuttgart: Metzler Verlag, 2009.

MEZZAROBA, G. O processo de acerto de contas e a lógica do arbítrio. In: TELES, E.; SAFATLE, V. *O que resta da ditadura*. São Paulo: Boitempo, 2010. p.109-19.

PIOVESAN, F. Direito Internacional dos direitos humanos e lei de anistia: o caso brasileiro. In: TELES, E.; SAFATLE, V. *O que resta da ditadura*. São Paulo: Boitempo, 2010.

RICOEUR, P. *La mémoire, l'histoire, l'oubli*. Paris: Seuil, 2000.
SAFATLE, V. Do uso da violência contra o Estado ilegal. In: TELES, E.; SAFATLE, V. *O que resta da ditadura*. São Paulo: Boitempo, 2010.
SARLO, B. *Tempo passado*: cultura da memória e guinada subjetiva. Belo Horizonte/São Paulo: Editora UFMG/Companhia das Letras, 2005.
TELES, E.; SAFATLE, V. (Orgs.). *O que resta da ditadura*. São Paulo: Boitempo, 2010a.
______. Apresentação. In: TELES, E.; SAFATLE, V. (Orgs.). *O que resta da ditadura*. São Paulo: Boitempo, 2010b.
TELES, J. A. Os familiares de mortos e desaparecidos políticos e a luta por "verdade e justiça" no Brasil. In: TELES, E.; SAFATLE, V. (Orgs.). *O que resta da ditadura*. São Paulo: Boitempo, 2010.

## 2. CONSTRUÍDO COM ASTÚCIA. UM MODELO PARA O MODO DE ESCREVER DE WALTER BENJAMIN

BENJAMIN, W. *Gesammelte Schriften* [GS]. Theodor Adorno e Gershom Scholem (Cols.); Rolf Tiedemann e Hermann Schweppenhäuser (Orgs.). 7 v. Frankfurt a. M.: Suhrkamp, 1972-1989.
______. *Gesammelte Schriften III* [GS III]. Theodor Adorno e Gershom Scholem (Cols.); Rolf Tiedemann e Hermann Schweppenhäuser (Orgs.). Frankfurt a. M.: Suhrkamp, 1972a.
______. *Gesammelte Schriften IV* [GS IV]. Theodor Adorno e Gershom Scholem (Cols.); Rolf Tiedemann e Hermann Schweppenhäuser (Orgs.). Frankfurt a. M.: Suhrkamp, 1972b.
______. *Gesammelte Schriften V* [GS V]. Theodor Adorno e Gershom Scholem (Cols.); Rolf Tiedemann e Hermann Schweppenhäuser (Orgs.). Frankfurt a. M.: Suhrkamp, 1982.
______. *Gesammelte Schriften VI* [GS VI]. Theodor Adorno e Gershom Scholem (Cols.); Rolf Tiedemann e Hermann Schweppenhäuser (Orgs.). Frankfurt a. M.: Suhrkamp, 1985.
______. *Gesammelte Briefe (1919-1940)* [GB]. Theodor W. Adorno Archiv, Christoph Gödde, Henri Lonitz (Orgs.). 6 v. Frankfurt a. M.: Suhrkamp, 1994-2000.
______. *Passagens*. Willi Bolle (Org.); Olgária Matos (Col.); Trad. Irene Aron e Cleonice P. B. Mourão. Belo Horizonte/São Paulo: Editora UFMG/Imprensa Oficial do Estado de São Paulo, 2007.
______. *O capitalismo como religião*. Michael Löwy (Org.). São Paulo: Boitempo, 2013.
HARTUNG, G. Das Ethos philosophischer Forschung. In: OPITZ, M.; WIZISLA, E. (Orgs.). *Aber ein Sturm weht vom Paradiese her*. Leipzig: Reclam, 1992. p.14-51.
HORKHEIMER, M. *Gesammelte Schriften*. Alfred Schmidt e Gunzelin Schmid Noerr (Org.). v.16: *Briefwechsel 1937-1940*. Gunzelin Schmid Noerr (Org.). Frankfurt a. M.: Fischer, 1995.
LINDNER, B. Von Menschen, Mondwesen und Wahrnehmungen. In: SCHULTER, C. (Org.). *Walter Benjamins Medientheorie*. Konstanz: uvk, 2005. p.9-38.
______. Zu Traditionskrise. Technik, Medien. In: LINDNER, B. (Org.). *Benjamin-Handbuch*. Leben-Werk-Wirkung. Stuttgart, Weimar: Metzler, 2006.

LINDNER, B. Die Heiterkeit des Kommunismus. *Text+Kritik*, 31/32, 3. ed., 2009.
MÜLLER, R.; WIZISLA, E. Kritik der freien Intelligenz: Walter-Benjamin-Funde im Moskauer Sonderarchiv. *Mittelweg 36*, v.14, n.5, p.61-76, out.-nov. 2005.
SCHOLEM, G. *Walter Benjamin* – Geschichte einer Freundschaft. Frankfurt a. M.: Suhrkamp, 1975.
SCHÖTTKER, D. *Konstruktiver Fragmentarismus*. Form und Rezeption der Schrifter Walter Benjamins. Frankfurt a. M.: Suhrkamp, 1999.
_____.; WIZISLA, E. (Orgs.). *Arendt und Benjamin*. Texte, Briefe, Dokumente. Frankfurt a. M.: Suhrkamp, 2006.
WALTER BENJAMIN ARCHIV (Org.). *Walter Benjamins Archive, Bilder, Texte und Zeichen*. Frankfurt a. M.: Suhrkamp, 2006.

## 3. WALTER BENJAMIN E A FOTOGRAFIA

ADAM, H. C. (Org.). *Paris* – Eugène Atget 1857-1927. Köln, 2000.
ADORNO, T. W. *Ästhetische Theorie*. Frankfurt a.M.: Suhrkamp, 1973.
BENJAMIN, W. *Gesammelte Schriften III* [GS III]. Theodor Adorno e Gershom Scholem (Cols.); Rolf Tiedemann e Hermann Schweppenhäuser (Orgs.). Frankfurt a. M.: Suhrkamp, 1972a.
_____. *Gesammelte Schriften IV* [GS IV]. Theodor Adorno e Gershom Scholem (Cols.); Rolf Tiedemann e Hermann Schweppenhäuser (Orgs.). Frankfurt a. M.: Suhrkamp, 1972b.
_____. Die Geschichte der Photographie zu erforschen. In: BENJAMIN, W. *Gesammelte Schriften III* [GS III]. Theodor Adorno e Gershom Scholem (Cols.); Rolf Tiedemann e Hermann Schweppenhäuser (Orgs.). Frankfurt a. M.: Suhrkamp, 1972c.
_____. La photographie en France au dix-neuvième siècle. In: BENJAMIN, W. *Gesammelte Schriften-III* [GS III]. Theodor Adorno e Gershom Scholem (Cols.); Rolf Tiedemann e Hermann Schweppenhäuser (Orgs.). Frankfurt a. M.: Suhrkamp, 1972d.
_____. Neues von Blumen. In: BENJAMIN, W. *Gesammelte Schriften III* [GS III]. Theodor Adorno e Gershom Scholem (Cols.); Rolf Tiedemann e Hermann Schweppenhäuser (Orgs.). Frankfurt a. M.: Suhrkamp, 1972e. p.151-3.
_____. Pariser Brief [2]. In: BENJAMIN, W. *Gesammelte Schriften III* [GS III]. Theodor Adorno e Gershom Scholem (Cols.); Rolf Tiedemann e Hermann Schweppenhäuser (Orgs.). Frankfurt a. M.: Suhrkamp, 1972f. p.495-507.
_____. Berliner Kindheit um neunzehnhundert. In: BENJAMIN, W. *Gesammelte Schriften IV* [GS IV]. Theodor Adorno e Gershom Scholem (Cols.); Rolf Tiedemann e Hermann Schweppenhäuser (Orgs.). Frankfurt a. M.: Suhrkamp, 1972g.
_____. *Gesammelte Schriften I* [GS I]. Theodor Adorno e Gershom Scholem (Cols.); Rolf Tiedemann e Hermann Schweppenhäuser (Orgs.). Frankfurt a. M.: Suhrkamp, 1974a.
_____. *Baudelaire*. Frankfurt a. M.: Suhrkamp, 1974b.
_____. Charles Baudelaire. Ein Lyriker im Zeitalter des Hochkapitalismus. In: _____. *Gesammelte Schriften I* [GS I]. Theodor Adorno e Gershom Scholem

(Cols.); Rolf Tiedemann e Hermann Schweppenhäuser (Orgs.). Frankfurt a. M.: Suhrkamp, 1974c.

BENJAMIN, W. Das Kunstwerk im Zeitalter seiner technischen Reproduzierbarkeit [2ª versão]. In: ______. *Gesammelte Schriften I* [GS I]. Theodor Adorno e Gershom Scholem (Cols.); Rolf Tiedemann e Hermann Schweppenhäuser (Orgs.). Frankfurt a. M.: Suhrkamp, 1974d. p.471-508.

______. Das Kunstwerk im Zeitalter seiner technischen Reproduzierbarkeit. In: ______. *Gesammelte Schriften I* [GS I]. Theodor Adorno e Gershom Scholem (Cols.); Rolf Tiedemann e Hermann Schweppenhäuser (Orgs.). Frankfurt a. M.: Suhrkamp, 1974e.

______. Trad. de: Tristan Tzara, *Die Photographie von der Kehrseite*. In: ______. *Gesammelte Schriften I* [GS I]. Theodor Adorno e Gershom Scholem (Cols.); Rolf Tiedemann e Hermann Schweppenhäuser (Orgs.). Frankfurt a. M.: Suhrkamp, 1974f. p.8-11.

______. *Gesammelte Schriften II* [GS II]. Theodor Adorno e Gershom Scholem (Cols.); Rolf Tiedemann e Hermann Schweppenhäuser (Orgs.). Frankfurt a. M.: Suhrkamp, 1977a.

______. Kleine Geschichte der Photographie. In: BENJAMIN, W. *Gesammelte Schriften II* [GS II]. Theodor Adorno e Gershom Scholem (Cols.); Rolf Tiedemann e Hermann Schweppenhäuser (Orgs.). Frankfurt a. M.: Suhrkamp, 1977b.

______. Erfahrung und Armut. In: BENJAMIN, W. *Gesammelte Schriften II* [GS II]. Theodor Adorno e Gershom Scholem (Cols.); Rolf Tiedemann e Hermann Schweppenhäuser (Orgs.). Frankfurt a. M.: Suhrkamp, 1977c.

______. Franz Kafka. Zur zehnten Wiederkehr seines Todestages. In: BENJAMIN, W. *Gesammelte Schriften II* [GS II]. Theodor Adorno e Gershom Scholem (Cols.); Rolf Tiedemann e Hermann Schweppenhäuser (Orgs.). Frankfurt a. M.: Suhrkamp, 1977d. p.409-38.

______. Der Autor als Produzent. In: BENJAMIN, W. *Gesammelte Schriften II* [GS II]. Theodor Adorno e Gershom Scholem (Cols.); Rolf Tiedemann e Hermann Schweppenhäuser (Orgs.). Frankfurt a. M.: Suhrkamp, 1977e. p.683-701.

______. *Benjamin über Kafka*. Texte, Briefzeugnisse, Aufzeichnungen. Hermann Schweppenhäuser (Org.). Frankfurt a. M., 1981.

______. Das Passagen-Werk. In: BENJAMIN, W. *Gesammelte Schriften V* [GS V]. Theodor Adorno e Gershom Scholem (Cols.); Rolf Tiedemann e Hermann Schweppenhäuser (Orgs.). Frankfurt a. M.: Suhrkamp, 1982.

______. *Gesammelte Schriften VI* [GS VI]. Theodor Adorno e Gershom Scholem (Cols.); Rolf Tiedemann e Hermann Schweppenhäuser (Orgs.). Frankfurt a. M.: Suhrkamp, 1985a.

______. Berliner Chronik. In: BENJAMIN, W. *Gesammelte Schriften VI* [GS VI]. Theodor Adorno e Gershom Scholem (Cols.); Rolf Tiedemann e Hermann Schweppenhäuser (Orgs.). Frankfurt a. M.: Suhrkamp, 1985b. p.465-519.

______. *Obras escolhidas*, v.1: Magia e técnica, arte e política. Trad. S. P. Rouanet. São Paulo: Brasiliense, 1987a.

______. Pequena história da fotografia. In: *Obras escolhidas*, v.1: Magia e técnica, arte e política. Trad. S. P. Rouanet. São Paulo: Brasiliense, 1987b.

______. Franz Kafka. A propósito do décimo aniversário de sua morte. In: *Obras escolhidas*, v.1: Magia e técnica, arte e política. Trad. S. P. Rouanet. São Paulo: Brasiliense, 1987c.

BENJAMIN, W. O autor como produtor. In: *Obras escolhidas*, v.1: Magia e técnica, arte e política. Trad. S. P. Rouanet. São Paulo: Brasiliense, 1987d.

_____. *Gesammelte Schriften VII* [GS VII]. Theodor Adorno e Gershom Scholem (Cols.); Rolf Tiedemann e Hermann Schweppenhäuser (Orgs.). Frankfurt a. M.: Suhrkamp, 1989a.

_____. Berliner Kindheit um neunzehnhundert [Fassung letzter Hand]. In: BENJAMIN, W. *Gesammelte Schriften VII* [GS VII]. Theodor Adorno e Gershom Scholem (Cols.); Rolf Tiedemann e Hermann Schweppenhäuser (Orgs.). Frankfurt a. M.: Suhrkamp, 1989b. p.385-433.

_____. Malerei und Photographie. In: BENJAMIN, W. *Gesammelte Schriften VII* [GS VII]. Theodor Adorno e Gershom Scholem (Cols.); Rolf Tiedemann e Hermann Schweppenhäuser (Orgs.). Frankfurt a. M.: Suhrkamp, 1989c. p.815-23.

_____. *Berliner Kindheit um neunzehnhundert*. Gießener Fassung. Rolf Tiedemann (Org. e posfácio). Frankfurt a. M.: Suhrkamp, 2000.

BLOSSFELDT, K. *Karl Blossfeldt*. Das fotografische Werk in einem Band. Gert Mattenklott (Org.). München/Paris/London, 1994.

BUSCH, B. *Belichtete Welt*. 1989.

CRARY, J. *Techniken des Betrachters*. 1996.

FÜRNKÄS, J. Aura. In: OPITZ, M; WIZISLA, E. (Orgs.). *Benjamins Begriffe*. Frankfurt a. M., 2000. p.95-146.

KÖHN, E. (Org.). *Sasha Stone*. Fotografien 1925-39. Berlim: Nishen, 1990.

KRAUSS, R. H. *Walter Benjamin und der neue Blick auf die Photographie*. Ostfildern, 1998.

LETHEN, H. *Verhaltenslehre der Kälte*. Lebensversuche zwischen den Kriegen. Frankfurt a. M., 1994.

MENNIGHAUS, W. *Schwellenkunde*. Walter Benjamins Passage des Mythos. Frankfurt a. M., 1986.

MOHOLY-NAGY, L. *Malerei, Fotografie, Film*. Munique, 1927.

MOLDERINGS, H. Man Rays *Die Fotografie ist nicht Kunst*. *Fotogeschichte*, ano 6, caderno 19, p.29-40, 1986.

OPITZ, M; WIZISLA, E. (Orgs.). *Benjamins Begriffe*. Frankfurt a. M., 2000.

PASSUTH, K. Moholy-Nagy et Walter Benjamin. Une rencontre. *Cahiers du Musée National d'art moderne*, Paris, n.5, p.398-409, 1980.

RAY, M. *La photographie n'est pas l'art*. Paris, 1937.

RODTSCHENKO, A. *Aufsätze, Autobiographische Notizen, Briefe, Erinnerungen*. Verlag der Kunst, 1993.

ROH, F. Mechanismus und Ausdruck. Wesen und Wert der Fotografie. In: ROH, F.; TSCHICHOLD, J. *foto-auge – œil et photo – photo-eye*. Tübingen, 1929.

SCHIVELBUSCH, W. *Geschichte der Eisenbahnreise*. Zur Industrialisierung von Raum und Zeit. München, 1977.

STARL, T. Chronologie und Zitat. Eine Kritik der Fotohistoriografie in Deutschland und Österreich. *Fotogeschichte*, v.17, p.3-10, 1997.

STIEGLER, B. Profane Erleuchtung als photographische Belichtung. Bildordnungen in der Berliner Kindheit um neunzehnhundert. In: VAN DEN BRINK, B. u.a. (Org.). *Geschichte – Politik – Philosophie*. München, 2003. p.83-95.

STOCKHAMMER, R. *Zaubertexte*. Die Wiederkehr der Magie und die Literatur 1880-1945. Berlim, 2000.

STONE, S. Photo-Kunstgewerbereien. *Das Kunstblatt*, 1928, Caderno 3, p.85-87.
TEIGE, K. *Die Aufgaben der modernen Fotografie*. 1931.
THOLEN, G. C. *Die Zäsur der Medien*. Kulturphilosophische Konturen. Frankfurt a. M., 2002.
WEIGEL, S. *Techne und Aisthesis photo- und kinematographischer Bilder* – Die Geburt von Walter Benjamins Theorie optischer Medien aus dem Detail. Disponível em: http://walterbenjamin.info/. [s.d.]

## 4. ARTE COMO MERCADORIA: CRÍTICA MATERIALISTA DESDE BENJAMIN

ADORNO, T. W. *Minima Moralia*. São Paulo: Ática, 1989.
______.; HORKHEIMER, M. A indústria cultural: o Esclarecimento como mistificação das massas. In: ADORNO, T. W.; HORKHEIMER, M. *Dialética do Esclarecimento*. Rio de Janeiro: Jorge Zahar, 1985.
BENJAMIN, W. *Obras Escolhidas*. v.1-3. São Paulo: Brasiliense, 1989.
DEBORD, G. *A sociedade do espetáculo*. Rio de Janeiro: Contraponto, 1997.
HOBSBAWM, E. O mundo burguês. In: HOBSBAWM, E. *A era do capital*. Rio de Janeiro: Paz e Terra, 1982.
JAMESON, F. *Pós-modernismo*: a lógica cultural do capitalismo tardio. São Paulo: Ática, 2002.
KRACAUER, S. *O ornamento da massa*. São Paulo: Cosac Naif, 2009.
WILLIAMS, R. *Palavras-chave* – um vocabulário de cultura e sociedade. São Paulo: Boitempo, 2007.

## 5. FETICHE E ALEGORIA

BENJAMIN, W. *Das Passagen-Werk*. Frankfurt a. M.: Suhrkamp, 1983.
______. *Ursprung des deutschen Trauerspiels*. Frankfurt a. M.: Suhrkamp, 1993.
MEW. Marx-Engels Werke.

## 6. AS EXPOSIÇÕES UNIVERSAIS E SUAS FANTASMAGORIAS

BENJAMIN, W. *Gesammelte Schriften V* [GS V]. Theodor Adorno e Gershom Scholem (Cols.); Rolf Tiedemann e Hermann Schweppenhäuser (Orgs.). Frankfurt a. M.: Suhrkamp, 1982.
______. Paris, capital do século XIX. In: BENJAMIN, W. *Passagens*. Willi Bolle (Org.); Olgária Matos (Col.); Trad. Irene Aron e Cleonice P. B. Mourão. Belo Horizonte/São Paulo: Editora UFMG/Imprensa Oficial do Estado de São Paulo, 2007a.
______. *Passagens*. Willi Bolle (Org.); Olgária Matos (Col.); Trad. Irene Aron e Cleonice P. B. Mourão. Belo Horizonte/São Paulo: Editora UFMG/Imprensa Oficial do Estado de São Paulo, 2007b.

HARDMAN, F. F. *Trem fantasma*: a modernidade na selva. São Paulo: Companhia das Letras, 1988.

MARX, K. *O capital*: crítica da economia política. Trad. Reginaldo Sant'Anna. 22. ed. Rio de Janeiro: Civilização Brasileira, 2004. 1 v.

MATOS, O. C. F. *Aufklärung na metrópole*: Paris e a Via Láctea. In: BENJAMIN, W. *Passagens*. Willi Bolle (Org.); Olgária Matos (Col.); Trad. Irene Aron e Cleonice P. B. Mourão. Belo Horizonte/São Paulo: Editora UFMG/Imprensa Oficial do Estado de São Paulo, 2007.

_____. *Benjaminianas*: cultura capitalista e fetichismo contemporâneo. São Paulo: Editora Unesp, 2010.

PESAVENTO, S. J. *Exposições Universais*: espetáculos da modernidade do século XIX. São Paulo: Hucitec, 1997. (Col. Arte e Vida Urbana.)

TIEDEMANN, R. Introdução à edição alemã. In: BENJAMIN, W. *Passagens*. Willi Bolle (Org.); Olgária Matos (Col.); Trad. Irene Aron e Cleonice P. B. Mourão. Belo Horizonte/São Paulo: Editora UFMG/Imprensa Oficial do Estado de São Paulo, 2007.

## 7. A CIDADE, LUGAR ESTRATÉGICO DO ENFRENTAMENTO DAS CLASSES. INSURREIÇÕES, BARRICADAS E HAUSSMANNIZAÇÃO DE PARIS NAS *PASSAGENS*, DE WALTER BENJAMIN

BENJAMIN, W. *Das Passagen-Werk*. In: BENJAMIN, W. *Gesammelte Schriften V* [GS V]. Theodor Adorno e Gershom Scholem (Cols.); Rolf Tiedemann e Hermann Schweppenhäuser (Orgs.). Frankfurt a. M.: Suhrkamp, 1982. 2v.

_____. Haussmann ou as barricadas. In: BENJAMIN, W. *Iluminaciones II: poesía y capitalismo*. Trad. Jesús Aguirre. Buenos Aires: Taurus, 1998. p.187-8.

ABENSOUR, M. Walter Benjamin entre melancolie et revolution. Passages Blanqui. In: WISMANN, H. *Walter Benjamin et Paris*. Paris: Ed. du Cerf, 1986.

## 8. A METRÓPOLE COMO HIPERTEXTO: A ENSAÍSTICA CONSTELACIONAL NO PROJETO DAS *PASSAGENS*, DE WALTER BENJAMIN

BENJAMIN, W. Diese Flächen sind zu vermieten [*Einbahnstraße*]. In: _____. *Gesammelte Schriften IV-1* [GS IV-1]. Theodor Adorno e Gershom Scholem (Cols.); Rolf Tiedemann e Hermann Schweppenhäuser (Orgs.). Frankfurt a. M.: Suhrkamp, 1972a. [Ed. bras.: Alugam-se estas áreas. In: _____. *Obras escolhidas,* v.2 [OE II]: Rua de mão única. Trad. Rubens R. Torres Filho e José Carlos M. Barbosa. 4. ed. São Paulo: Brasiliense, 1994a.]

_____. Papier und Schreibwaren: Briefbeschwerer [*Einbahnstraße*]. In: _____. *Gesammelte Schriften IV-1* [GS IV-1]. Theodor Adorno e Gershom Scholem (Cols.); Rolf Tiedemann e Hermann Schweppenhäuser (Orgs.). Frankfurt a. M.: Suhrkamp, 1972b. [Ed. bras.: Papelaria: pesos de papéis. In: _____. *Obras esco-*

*lhidas*, v.2 [OE II]: Rua de mão única. Trad. Rubens R. Torres Filho e José Carlos M. Barbosa. 4. ed. São Paulo: Brasiliense, 1994b.]

BENJAMIN, W. Vereidigter Bücherrevisor [*Einbahnstraße*]. In: _____. *Gesammelte Schriften IV-1* [GS IV-1]. Theodor Adorno e Gershom Scholem (Cols.); Rolf Tiedemann e Hermann Schweppenhäuser (Orgs.). Frankfurt a. M.: Suhrkamp, 1972c. [Ed. bras.: Revisor de livros juramentado. In: _____. *Obras escolhidas*, v.2 [OE II]: Rua de mão única. Trad. Rubens R. Torres Filho e José Carlos M. Barbosa. 4. ed. São Paulo: Brasiliense, 1994c. p.27-9.]

_____. *Gesammelte Schriften I* [GS I]. Theodor Adorno e Gershom Scholem (Cols.); Rolf Tiedemann e Hermann Schweppenhäuser (Orgs.). Frankfurt a. M.: Suhrkamp, 1974.

_____. Eduard Fuchs, der Sammler und der Historiker. In: _____. *Gesammelte Schriften II, 2* [GS II, 2]. Theodor Adorno e Gershom Scholem (Cols.); Rolf Tiedemann e Hermann Schweppenhäuser (Orgs.). Frankfurt a. M.: Suhrkamp, 1977. p.465-505.

_____. *Briefe 2*. G. Scholem e Theodor W. Adorno (Orgs.). Frankfurt a. M.: Suhrkamp, 1978.

_____. *Gesammelte Schriften V* [GS V]. Theodor Adorno e Gershom Scholem (Cols.); Rolf Tiedemann e Hermann Schweppenhäuser (Orgs.). Frankfurt a. M.: Suhrkamp, 1982a. 2v.

_____. Aufzeichnungen und Materialien. In: _____. *Gesammelte Schriften V* [GS V]. Theodor Adorno e Gershom Scholem (Cols.); Rolf Tiedemann e Hermann Schweppenhäuser (Orgs.). Frankfurt a. M.: Suhrkamp, 1982b. p.79-989. 2v.

_____. *Parigi, capitale del XIX secolo*. Giorgio Agamben (Org.). Turin: Einaudi, 1986.

_____. *Gesammelte Schriften VII* [GS VII]. Theodor Adorno e Gershom Scholem (Cols.); Rolf Tiedemann e Hermann Schweppenhäuser (Orgs.). Frankfurt a. M.: Suhrkamp, 1989. 2v.

_____. *Obras escolhidas*, v.2 [OE II]: Rua de mão única. Trad. Rubens R. Torres Filho e José Carlos M. Barbosa. 4. ed. São Paulo: Brasiliense, 1994.

_____. *Gesammelte Briefe III* [GB III]. Theodor W. Adorno Archiv, Christoph Gödde, Henri Lonitz (Orgs.). Frankfurt a. M.: Suhrkamp, 1997.

_____. *Passagens*. Willi Bolle (Org.); Olgária Matos (Col.); Trad. Irene Aron e Cleonice P. B. Mourão. Belo Horizonte/São Paulo: Editora UFMG/Imprensa Oficial do Estado de São Paulo, 2006a.

_____. Notas e materiais. In: _____. *Passagens*. Willi Bolle (Org.); Olgária Matos (Col.); Trad. Irene Aron e Cleonice P. B. Mourão. Belo Horizonte/São Paulo: Editora UFMG/Imprensa Oficial do Estado de São Paulo, 2006b. p.69-863.

_____. Materiais para o livro-modelo das *Passagens* (o *Baudelaire*). In: _____. *Passagens*. Willi Bolle (Org.); Olgária Matos (Col.); Trad. Irene Aron e Cleonice P. B. Mourão. Belo Horizonte/São Paulo: Editora UFMG/Imprensa Oficial do Estado de São Paulo, 2006c. p.1009-23.

BÖHME, H. Netzwerke: Zur Theorie und Geschichte einer Konstruktion. *Zeitschrift für Germanistik* N.F. Berlin, v.13, caderno 3, p.590-604, 2003.

BOLLE, W. *Fisiognomia da metrópole moderna*: representação da história em Walter Benjamin. São Paulo: Edusp, 1994.

_____. As siglas em cores no Trabalho das Passagens, de W. Benjamin. *Estudos Avançados*, São Paulo, v.27, p.41-77, 1996.

BOLLE, W. Geschichtsschreibung als ästhetische Passion. In: GOEBEL, E.; KLEIN, W. (Orgs.). *Literaturforschung heute*. Berlim: Akademie Verlag, 1999. p.98-111.

______. Geschichte. In: OPITZ, M; WIZISLA, E. (Orgs.). *Benjamins Begriffe*. Frankfurt a. M.: Suhrkamp, 2000. p.399-442.

______. "Um painel com milhares de lâmpadas": Metrópole & Megacidade [Posfácio]. In: BENJAMIN, W. *Passagens*. Willi Bolle (Org.); Olgária Matos (Col.); Trad. Irene Aron e Cleonice P. B. Mourão. Belo Horizonte/São Paulo: Editora UFMG/Imprensa Oficial do Estado de São Paulo, 2006. p.1141-67.

BRECHT, B. Mahagonny, die Netzestadt [*Mahagonny*]. In: BRECHT, B. *Stücke* 2, BFA, v.2. Berlim/Frankfurt a. M.: Aufbau-Verlag/Suhrkamp, 1993a.

______. Über die Bauart langdauernder Werke. In: BRECHT, B. *Gedichte* 4, BFA, v.14. Berlim/Frankfurt a. M.: Aufbau-Verlag/Suhrkamp, 1993b.

BUCK-MORSS, S. *The Dialectics of Seeing*: Walter Benjamin and the Arcades Project. Cambridge/London: The MIT Press, 1989.

KLEE, P. *Das bildnerische Denken*. Basileia-Stuttgart: Schwabe & Co, 1970.

NELSON, T. H. *Literary Machines*. [s.l.], 1987.

*PIET MONDRIAN*, Catálogo de exposição, Gemeentemuseum, Den Haag. Yve-Alain Bois et al. (Orgs.). Berna: Benteli, 1995.

SIMMEL, G. Die Großstädte und das Geistesleben. *Die Großstadt: Jahrbuch der Gehe-Stiftung*. Dresden, n.9, p.188-206, 1903.

WEIGEL, S. Zum "topographical turn": Kartographie und Raumkonzepte in den Kulturwissenschaften. *KulturPoetik*, Göttingen, v.2.2, p.151-65, 2002.

______. On the "Topographical Turn". Concepts of Space in Cultural Studies and *Kulturwissenschaften*. *European Review*, v.17, n.1, p.187-201, 2009.

## 9. PÓRTICOS E PASSAGENS. WALTER BENJAMIN – CONTRATEMPO E HISTÓRIA

BENJAMIN, W. Sobre alguns temas em Baudelaire. In: BENJAMIN, W. et al. *Textos escolhidos*. Trad. Otília B. Fiori Arantes. São Paulo: Abril Cultural, 1975. (Col. Os Pensadores.)

______. Parque Central. In: BENJAMIN, W. *Obras escolhidas* v.3 [OE III]: Charles Baudelaire: um lírico no auge do capitalismo. Trad. João Carlos Martins Barbosa e Hemerson Alves Baptista. 2. ed. São Paulo: Brasiliense, 1991.

______. A caminho do planetário. In: BENJAMIN, W. *Obras escolhidas*, v.2 [OE II]: Rua de mão única. Trad. Rubens R. Torres Filho e José Carlos M. Barbosa. 4. ed. São Paulo: Brasiliense, 1994a.

______. A Coluna da Vitória. In: BENJAMIN, W. *Obras escolhidas*, v.2 [OE II]: Rua de mão única. Trad. Rubens R. Torres Filho e José Carlos M. Barbosa. 4. ed. São Paulo: Brasiliense, 1994b.

______. Sobre o conceito de história. In: BENJAMIN, W. *Obras escolhidas*, v.1: Magia e técnica, arte e política. Trad. Sérgio Paulo Rouanet. São Paulo: Brasiliense, 1996a.

______. Teorias do fascismo alemão. In: BENJAMIN, W. *Obras escolhidas*, v.1: Magia e técnica, arte e política. Trad. Sérgio Paulo Rouanet. São Paulo: Brasiliense, 1996b.

BENJAMIN, W. Luvas. In: BENJAMIN, W. *Obras escolhidas*, v.2 [OE 2]: Rua de mão única. Trad. Rubens R. Torres Filho e José Carlos M. Barbosa. 4. ed. São Paulo: Brasiliense, 1994c.

______. *Passagens*. Willi Bolle (Org.); Olgária Matos (Col.); Trad. Irene Aron e Cleonice P. B. Mourão. Belo Horizonte/São Paulo: Editora UFMG/Imprensa Oficial do Estado de São Paulo, 2006a.

______. Paris, a capital do século XIX. In: BENJAMIN, W. *Passagens*. Willi Bolle (Org.); Olgária Matos (Col.); Trad. Irene Aron e Cleonice P. B. Mourão. Belo Horizonte/São Paulo: Editora UFMG/Imprensa Oficial do Estado de São Paulo, 2006b.

______. Paris antiga, catacumbas, demolições, declínio de Paris. In: BENJAMIN, W. *Passagens*. Willi Bolle (Org.); Olgária Matos (Col.); Trad. Irene Aron e Cleonice P. B. Mourão. Belo Horizonte/São Paulo: Editora UFMG/Imprensa Oficial do Estado de São Paulo, 2006c.

______. Passagens. In: ______. *Passagens*. Willi Bolle (Org.); Olgária Matos (Col.); Trad. Irene Aron e Cleonice P. B. Mourão. Belo Horizonte/São Paulo: Editora UFMG/Imprensa Oficial do Estado de São Paulo, 2006d.

______. Casa de sonho. In: ______. *Passagens*. Willi Bolle (Org.); Olgária Matos (Col.); Trad. Irene Aron e Cleonice P. B. Mourão. Belo Horizonte/São Paulo: Editora UFMG/Imprensa Oficial do Estado de São Paulo, 2006e.

______. Cidade de Sonho e morada de sonho, sonhos do futuro, niilismo antropológico, Jung. In: ______. *Passagens*. Willi Bolle (Org.); Olgária Matos (Col.); Trad. Irene Aron e Cleonice P. B. Mourão. Belo Horizonte/São Paulo: Editora UFMG/Imprensa Oficial do Estado de São Paulo, 2006f.

______. Morada de sonho, museu, pavilhão termal. In: ______. *Passagens*. Willi Bolle (Org.); Olgária Matos (Col.); Trad. Irene Aron e Cleonice P. B. Mourão. Belo Horizonte/São Paulo: Editora UFMG/Imprensa Oficial do Estado de São Paulo, 2006g.

______. O anel de Saturno ou sobre a construção em ferro. In: ______. *Passagens*. Willi Bolle (Org.); Olgária Matos (Col.); Trad. Irene Aron e Cleonice P. B. Mourão. Belo Horizonte/São Paulo: Editora UFMG/Imprensa Oficial do Estado de São Paulo, 2006h.

______. O flâneur. In: ______. *Passagens*. Willi Bolle (Org.); Olgária Matos (Col.); Trad. Irene Aron e Cleonice P. B. Mourão. Belo Horizonte/São Paulo: Editora UFMG/Imprensa Oficial do Estado de São Paulo, 2006i.

______. Pintura, Jugendstil, novidade. In: ______. *Passagens*. Willi Bolle (Org.); Olgária Matos (Col.); Trad. Irene Aron e Cleonice P. B. Mourão. Belo Horizonte/São Paulo: Editora UFMG/Imprensa Oficial do Estado de São Paulo, 2006j.

______. Primeiro esboço. In: ______. *Passagens*. Willi Bolle (Org.); Olgária Matos (Col.); Trad. Irene Aron e Cleonice P. B. Mourão. Belo Horizonte/São Paulo: Editora UFMG/Imprensa Oficial do Estado de São Paulo, 2006k.

______. Tipos de iluminação. In: ______. *Passagens*. Willi Bolle (Org.); Olgária Matos (Col.); Trad. Irene Aron e Cleonice P. B. Mourão. Belo Horizonte/São Paulo: Editora UFMG/Imprensa Oficial do Estado de São Paulo, 2006l.

CHAUI, M. O mau encontro. In: NOVAES, A. (Org.). *A outra margem do Ocidente*. São Paulo: Cia. das Letras, 1999.

DIDI-HUBERMAN, G. *Survivance des lucioles*. Paris: Minuit, 2009.
MENNIGHAUS, W. *Schwellenkunde*. Walter Benjamins Passage des Mythos. Frankfurt a. M.: Suhrkamp, 1986.
MOSSE, D. L. *De la grande guerre au totalitarisme*. La brutalisation des sociétés européennes. Paris: Hachette, 1999.
OPITZ, M; WIZISLA, E. (Orgs.). *Benjamins Begriffe*. Frankfurt a. M.: Suhrkamp, 2000.
PEZZELLLA, M. Image mythique et image dialectique. Remarques sur le *Passgen-Werk*. In: *Walter Benjamin et Paris*. Paris: Ed. du Cerf, 1986.
SCHEEBART, P. *Glasarchitektur*. [s.l.]: Phantasia, 1994.
WARBURG, A. *Mnemosyne. Grundbegriffe II*. Londres: Warburg Institute Archive, [s.d.]. Arquivo III, 102-104, p.3.

## 10. PROGRESSO E RECORDAÇÃO EM ERNST BLOCH E WALTER BENJAMIN

BENJAMIN, W. *Gesammelte Schriften IV* [GS IV]. Theodor Adorno e Gershom Scholem (Cols.); Rolf Tiedemann e Hermann Schweppenhäuser (Orgs.). Frankfurt a. M.: Suhrkamp, 1972.
_____. *Gesammelte Schriften I* [GS I]. Theodor Adorno e Gershom Scholem (Cols.); Rolf Tiedemann e Hermann Schweppenhäuser (Orgs.). Frankfurt a. M.: Suhrkamp, 1974.
_____. *Gesammelte Schriften II* [GS II]. Theodor Adorno e Gershom Scholem (Cols.); Rolf Tiedemann e Hermann Schweppenhäuser (Orgs.). Frankfurt a. M.: Suhrkamp, 1977.
_____. *Gesammelte Schriften V* [GS V]. Theodor Adorno e Gershom Scholem (Cols.); Rolf Tiedemann e Hermann Schweppenhäuser (Orgs.). Frankfurt a. M.: Suhrkamp, 1982.
_____. *Passagens*. Willi Bolle (Org.); Olgária Matos (Col.); Trad. Irene Aron e Cleonice P. B. Mourão. Belo Horizonte/São Paulo: Editora UFMG/Imprensa Oficial do Estado de São Paulo, 2006.
BLOCH, E. *Gesamtausgabe*. Frankfurt a. M.: Suhrkamp, 1977.
_____. *O princípio esperança*. v.1. Trad. Nélio Schneider. Rio de Janeiro: Editora Uerj/Contraponto, 2005.
DIETSCHY, B. *Gebrochene Gegenwart*: Ernst Bloch, Ungleichzeitigkeit undas Geschichtsbild der Moderne. Frankfurt/M: Vervuert, 1998.
HOLZ, H. H. *Philosophie der zersplitterten Welt. Reflexionen über Walter Benjamin*. Bonn, 1992.
_____. Prismatisches Denken. *Sinn und Form*, n.4, 1956.
NIETZSCHE, F. Vom Nutzen und Nachteil der Historie für das Leben. In: _____. *Werke*. v.1. Ed. de Schlechta. München: Carl Hanser, 1977. 3v.
ZIMMER, J. Fortschritt als Ordnung der Kompossibiltät. Gedanken über Leibniz und geschichtsphilosophische Probleme unserer Zeit. *Topos. Internationale Beiträge zur dialektischen Theorie*, n.13/14, 1999.

## 11. WALTER BENJAMIN: "MONTAGEM LITERÁRIA", CRÍTICA À IDEIA DO PROGRESSO, HISTÓRIA E TEMPO MESSIÂNICO

ADORNO, T. Fortschritt. In: *Stichworte*. Frankfurt a. M.: Suhrkamp, 1969.

______. Reflexionen zur Klassentheorie. In: ______. *Soziologische Schriften I*. Frankfurt a.M.: Suhrkamp, 1979.

BENJAMIN, W. *Gesammelte Schriften IV-1* [GS IV-1]. Theodor Adorno e Gershom Scholem (Cols.); Rolf Tiedemann e Hermann Schweppenhäuser (Orgs.). Frankfurt a. M.: Suhrkamp, 1980.

______. *Das Passagen-Werk*. Frankfurt a. M.: Suhrkamp, 1983.

______. *Obras escolhidas*, v.2 [OE II]: Rua de mão única. Trad. Rubens R. Torres Filho e José Carlos M. Barbosa. 4. ed. São Paulo: Brasiliense, 1995.

______. Sobre o conceito de história. In: BENJAMIN, W. *Obras escolhidas*, v.1 [OE I]: Magia e técnica, arte e política. Trad. Sérgio Paulo Rouanet. São Paulo: Brasiliense, 1996.

______. *Passagens*. Willi Bolle (Org.); Olgária Matos (Col.); Trad. Irene Aron e Cleonice P. B. Mourão. Belo Horizonte/São Paulo: Editora UFMG/Imprensa Oficial do Estado de São Paulo, 2006.

BLOCH, E. Differezierungen im Begriff Fortschritt. In: BLOCH, E. *Tübinger Einleitung in die Philosophie*. Frankfurt a. M.: Suhrkamp, 1977.

______. Ungleichzeitigkeit und Berauchung. In: ______. *Erbschaft dieser Zeit*. Frankfurt a. M.: Suhrkamp, 1985. p.45-204.

BÜRGER, P. Sobre o antivanguardismo de Adorno. In: ______. *Zur Kritik der idealistischen Ästhetik*. Frankfurt a. M.: Suhrkamp, 1983.

GAGNEBIN, J. M. Walter Benjamin ou a história aberta. In: BENJAMIN, W. *Obras escolhidas*, v.1 [OE I]: Magia e técnica, arte e política. Trad. Sérgio Paulo Rouanet. São Paulo: Brasiliense, 1996.

GINSBURG, C. Detalhes, primeiros planos, microanálise – À margem de um livro de Siegfried Kracauer. In GINSBURG, C. *O fio e os rastros. Verdadeiro, falso, fictício*. Trad. Rosa Freire d´Aguiar e Eduardo Brandão. São Paulo: Cia. das Letras, 2007. p.231-48.

KRACAUER, S. *Die Angestellten*. Frankfurt a. M.: Suhrkamp, 1971.

______. *Das Ornament der Masse*. Frankfurt a. M.: Suhrkamp, 1977.

______. *History*. The Last Things before the Last. New York: Oxford University Press, 1995.

______. *O ornamento da massa*. Trad. Carlos Eduardo J. Machado e Marlene Holzhausen. São Paulo: Cosac Naify, 2007a.

______. Sobre os escritos de Walter Benjamin. In: ______. *O ornamento da massa*. Trad. Carlos Eduardo J. Machado e Marlene Holzhausen. São Paulo: Cosac Naify, 2007b.

______. Das Ästhetische als Grenzeerscheinung der Histoire. *Werke*. Band 4. Geschichte-Vor den letzten Dingen. Frankfurt a. M.: Suhrkamp, 2009.

MACHADO, C. E. J. Sobre a *Herança desta época* de Ernst Bloch. In: ______. *O debate sobre o expressionismo*. Um capítulo da história da modernidade estética. São Paulo: Editora Unesp, 1998.

MACHADO, C. E. J. La crítica (materialista) del mundo (discontinuo) de las cosas. In: VEDDA, M. (Org.) *Constelaciones dialécticas*. Tentativas sobre Walter Benjamin. Buenos Aires: Herramienta, 2008a. p.67-79.

______. Resenha. *Herramienta*, n.39, Buenos Aires, p.145-8, out. 2008b.

______. O sonho de uma coisa. Sobre o pensar fabulando de Ernst Bloch. In: ALMEIDA, J. (Org.). *Pensamento alemão do século XX*. São Paulo: Cosac Naify, 2009.

______.; VEDDA, M. (Orgs.). *Siegfried Kracauer*. Um pensador más Allá de lãs fronteras. Buenos Aires: Gorla, 2010.

PALMIER, J.-H. *Walter Benjamin*. Le chiffonnier, l´Ange et le Petit Bossu. Paris: Klincksieck, 2006.

SCHÖTTLER, P. L´historien entre objectivisme et subjectivsme. Siegfried Kracauer face à Marc Bloch. In: DESPOIX, P.; SCHÖTTLER, P. (Orgs.). *Siegfried Kracauer*. Penseur de l´histoire. Paris: Sciences de l´homme, 2006. p.77-92.

STIEGLER, B. Walter Benjamins Photoalbum oder das Lesen von Photographien als Kulturtechnik. [s.d.] (manuscrito.)

______. *Bilder der Photographie*. Ein Álbum photographiescher Metaphern. Frankfurt a. M.: Suhrkamp, 2006.

VIOTTI DA COSTA, E. *Crowns of Glory, Tears of Blood*: The Demerara Slave Rebellion of 1823. New York: Oxford University Press, 1997.

## 12. WALTER BENJAMIN E *HISTÓRIA E CONSCIÊNCIA DE CLASSE*

BENJAMIN, W. ¿Qué es el teatro épico? In. *Brecht. Ensayos y conversaciones*. Trad. Mercedes Rein. Montevidéu: Arca, 1970.

______. *Obras escolhidas*, v.2 [OE II]: Rua de mão única. Trad. Rubens Rodrigues Torres Filho e José Carlos Martins Barbosa. São Paulo: Brasiliense, 1987.

______. *Gesammelte Schriften*. Theodor Adorno e Gershom Scholem (Cols.); Rolf Tiedemann e Hermann Schweppenhäuser (Orgs.). Frankfurt am Main: Suhrkamp, 1991. 7v.

______. *The Correspondence of Walter Benjamin 1910-1940*. Chicago, Londres: The University of Chicago Press, 1994.

______. *Escritos autobiográficos*. Madrid: Alianza, 1996.

______. *Passagens*. Ed. de Rolf Tiedemann. Belo Horizonte: Ed. UFMG; São Paulo: Imprensa Oficial do Estado de São Paulo, 2009.

BERNSTEIN, J. M. *The Philosophy of the Novel. Lukács, Marxism and the Dialectics of Form*. Minneapolis: University of Minnesota Press, 1984.

BREINES, P. Praxis and its Theorists: The Impact of Lukács and Korsch in The 1920's", *Telos*, 11, primavera de 1972.

BUCK-MORSS, S. *Origen de la dialéctica negativa*. Trad. Nora Rabotnikof Maskivker. Buenos Aires: Siglo XXI, 1981.

______. *Dialéctica de la mirada*. Walter Benjamin y el proyecto de los pasajes. Trad. Nora Rabotnikov. Madrid: Visor, 1995.

ILLÉS, L. Introduction to the Hungarian edition (1996). In: LUKÁCS, G. *A Defence of History and Class Consciousness*. Tailism and the Dialectic. Trad. Esther Leslie. Londres: New York, 2000.

JAY, M. *Marxism and Totality*. Califórnia: UCP, 1984.
KRACAUER, S. *O ornamento da massa*. Trad. Carlos Eduardo Jordão Machado, Marlene Holzhausen. São Paulo: Cosac Naify, 2009.
KRACAUER, S. *Werke*. v.5.3. Frankfurt am Main: Suhrkamp, 2011, p.39.
LÖWENTHAL, L. Wenn ich an Friedel denke. In: ______.; KRACAUER, S. *In steter Freundschaft. Leo Löwenthal* – Siegfried Kracauer Briefwechsel. Hamburgo: Zu Klamplen Verlag, 2003.
LUKÁCS, G. *A teoria do romance*. São Paulo: Duas Cidades/ Ed. 34, 2000.
______. *História e consciência de classe*. Trad. Karina Jannini. São Paulo: Martins Fontes, 2003.

## 13. SOBRE O CONCEITO DE REVOLUÇÃO EM WALTER BENJAMIN E HERBERT MARCUSE

DEL RÍO, Y. L., ¿Por qué utopia?, *El Catoblepas*: revista crítica Del presente, n.7, Havana, set. 2002, p.5-20. Disponível em: http://www.nodulo.org/ec/2002/n007p05.htm.
JAMESON, F. Marcuse e Schiller. In. ______. *Marxismo e forma*. São Paulo: Hucitec, 1985.
LÉVI-STRAUSS, C. *Antropologia estrutural dois*. Rio de Janeiro: Tempo brasileiro, 1976.
______. *Tristes trópicos*. São Paulo: Companhia das Letras, 1996.
LÖWY, M. Marcuse and Benjamin: The Romantic Dimension. *Telos*, n.44, summer 1980, p.25-33.
MARCUSE, H. Eros et Civilization. Paris: Les Éditions Minuit, 1963.
______. La nouvelle sensibilité. In: ______. *Vers la libération*. Traduit de l'anglais par Jean Batiste Grasset. Paris: Les Éditions Minuit, 1969.
______. *A ideologia da sociedade industrial*. Rio de Janeiro, Zahar, 1969b.
______. *Eros e civilização*: uma interpretação filosófica do pensamento de Freud. Traduzido do inglês por Álvaro Cabral. Rio de Janeiro: Zahar, 1999a.
______. Revolución y crítica de la violencia: sobre la filosofía de la historia de Walter Benjamin. In: *Pensamiento de los confines*, n.6. Buenos Aires: Paidós, set. 1999b, p.173-5.
______. Ecologia e crítica da sociedade moderna. In: ______, Loureiro, I. (orgs.). *Herbert Marcuse*: a grande recusa hoje. Petrópolis: Vozes, 1999c, p.143-54.
______. Todo poder aos estudantes. Trad. Narceo de Almeida. In: *Escola de Frankfurt*: inquietudes da razão e da emoção. Rio de Janeiro: UERJ, 2010, p.143-62.
MARTÍ, J. *Nuesta América*. La Habana: Editorial Nacional de Cuba, 1963 (*Obras Completas*, tomo 6).
ROZITCHNER, L. Filosofia e terror. In: *Freud e o problema do poder*. Buenos Aires, Folios Ediciones, 1989.
SCHILLER, F. *A educação estética do homem numa série de cartas*. Tradução: Roberto Schwartz e Márcio Suzuki. São Paulo: Iluminuras, 2002.
SCHWARTZ, R. *Cultura e política*. São Paulo: Paz e Terra, 2005.
SUZUKI, M. O belo como imperativo. In: Schiller, F. *A educação estética do homem numa série de cartas*. São Paulo: Iluminuras, 2002.

## 14. O CONTO DE FADAS COMO ESCLARECIMENTO, CULTURA E VIOLÊNCIA

BALÁZS, B. Ne vegyétek el a gyermekektől a mesét. In: József, F. (ed.): *A büszke tettek ideje*. Válogatás a Tancsköztársaság irodalmából. [Zeit für stolze Taten. Auswahl aus der Literatur der Räterepublik] 1-2 Bde. Akadémiai. Budapest. v.2, 1978, p.204-6.

BENJAMIN, W. (1980): Der Erzähler. Betrachtungen zum Werk Nikolai Lesskows [O narrador]. Considerações sobre a obra de Nikolai Lesskow. In: BENJAMIN, W. *Gesammelte Schriften V* [GS V]. Theodor Adorno e Gershom Scholem (Cols.); Rolf Tiedemann e Hermann Schweppenhäuser (Orgs.). Frankfurt a. M.: Suhrkamp, 1982, p.438-65.

BLOCH, E. Über Märchen, Kolportage und Sage [Sobre conto de fadas, colportagem e lenda]. In: *Erbschaft dieser Zeit* [Herança desta época] (*Werkausgabe* Bd. 4) [Obras reunidas v.4]. Frankfurt am Main: Suhrkamp, 1985a, p.168-86.

______. Das Märchen geht selber in der Zeit [O conto de fadas segue propriamente no tempo]. In: *Literarische Aufsätze* [Ensaios literários] (*Werkausgabe* Bd. 9) [Obras completas v.9]. Frankfurt am Main, Suhrkamp, 1985b, p.196-9.

______. Zerstörung, Rettung des Mythos durch Licht [Destruição, salvação do mito pela luz]. In: *Literarische Aufsätze* [Ensaios literários] (*Werkausgabe* Bd. 9 [Obras reunidas v.9]). Frankfurt am Main, Suhrkamp, 1985c, p.338-47.

JANZ, R.-P. Mythos und Moderne bei Walter Benjamin [Mito e modernidade em Walter Benjamin]. In: Bohrer, K. H. (org.), *Mythos und Moderne*. Begriff und Bild einer Rekonstruktion [Mitos e modernidade. Conceito e imagem de uma reconstrução]. Frankfurt am Main, Suhrkamp, 1983, p.363-81.

KARÁDI, É.; VEZÉR, E. *A Vasárnapi Kör* [O círculo dominical]. Budapeste: Gondolat, 1980.

KORTA, T. Echte Märchen. Versuch zur Anthropologie beim frühen Siegfried Kracauer [Contos de fadas autênticos. Ensaio à antropologia da fase inicial de Siegfried Kracauer]. In: HOFMANN, M.; HORTA, T. *Siegfried Kracauer* – Fragmente einer Archäologie der Moderne [Siegfried Kracauer – Fragmentos de uma arqueologia da modernidade]. Sinzheim: Pro Universitate Verlag, 1997, p.53-93.

KRACAUER, S. Das Schloß. Zu Franz Kafkas Nachlaßroman [O castelo]. Para o romance póstumo de Franz Kafka]. in: *Schriften* [Escritos]. Org. por Inka Mülder-Bach. Frankfurt am Main, Suhrkamp, v.5.1, 1990, p.390-3.

LESZNAI, A. *Kezdetben volt a kert*. Budapeste: Szépirodalmi, 1966, v.II.

LUKÁCS, G. A kommunizmus erkölcsi alapja. In: JÓZSEF, F. (ed.): *A büszke tettek ideje*. Válogatás a Tancsköztársaság irodalmából. [Zeit für stolze Taten. Auswahl aus der Literatur der Räterepublik] 1-2. V.2. Budapest: Bde. Akadémiai, 1978.

______. *Selected Correspondence 1902-1920*. Dialogues with Weber, Simmel, Buber, Mannheim, and Others. Selected, edited, translated, and annotated by J. Marcus and Z. Tar, with an introd. by Z. Tar. New York: Columbia University Press, 1986.

LÜTHI, M. Das Märchen [O conto de fadas]. In: *Volksmärchen und Volkssage*: zwei Grundformen erzählender Dichtung [Contos de fadas e lendas populares]. 2.ed. Bern: Francke, 1966.

MALLET, C.-H. *Kopf ab!* Über die Faszination der Gewalt im Märchen [Corte a cabeça! Sobre a fascinação da violência no conto de fadas]. München: Dtv, 1990.

MARQUARD, O. Lob des Polytheismus. Über Monomythie und Polymythie [Elogio do politeísmo. Sobre monomitos e polimitos]. In: Poser, H. (org.): *Philoso-*

*phie und Mythos*: ein Kolloquium [Filosofia e mito: um colóquio]. Berlin – New York: de Gruyter, 1979, p.40-58.

RENGER, A.-B. *Zwischen Märchen und Mythos*. Die Abenteuer des Odysseus und andere Geschichten von Homer bis Walter Benjamin. Eine gattungstheoretische Studie [Entre contos de fadas e mitos. A aventura de Odisseu e outras histórias de Homero a Walter Benjamin]. Stuttgart – Weimar: Metzler, 2006.

VEDDA, M. *La irrealidad de la desesperación*. Estudios sobre Siegfried Kracauer y Walter Benjamin. Buenos Aires: Gorla, 2011.

WEISS, J. Lukács és Horkheimer [Lukács e Horkheimer]. In: *A Frankfurti Iskola. Tanulmányok* [A Escola de Frankfurt. Estudos.]. Budapeste: Áron, 1997, p.20-31

## 15. EMANCIPAÇÃO HUMANA E "FELICIDADE NÃO DISCIPLINADA". WALTER BENJAMIN E A POÉTICA DO CONTO DE FADAS.

BENJAMIN, W. Destino y carácter. In: ______ *Escritos escogidos*. Trad. de H. A. Murena. Buenos Aires: Sur, 1967, p.131-7.

______. El narrador. In: ______ *Sobre el programa de la filosofía futura*, 1986a, p.189-211.

______. Karl Kraus, hombre universal. In: ______, *Sobre el programa de la filosofía futura*, trad. de Roberto J. Vernengo. Barcelona: Planeta-Agostini, 1986b, p.159-88.

______. Tesis de filosofía de la historia. In: ______, *Discursos interrumpidos I*, prólogo, trad. y notas de J. Aguirre. Madrid: Taurus, 1987.

______. Der Idiot, von Dostojewskij. In: ______, *Gesammelte Schriften II* [GS II/1]. Theodor Adorno e Gershom Scholem (Cols.); Rolf Tiedemann e Hermann Schweppenhäuser (Orgs.). Frankfurt a. M.: Suhrkamp, 1991a.

______. Franz Kafka. Zur zehnten Wiederkehr seines Todestages. In: ______, *Gesammelte Schriften II* [GS II/2]. Theodor Adorno e Gershom Scholem (Cols.); Rolf Tiedemann e Hermann Schweppenhäuser (Orgs.). Frankfurt a. M.: Suhrkamp, 1991b, p.409-38.

______. Robert Walser. In: ______. *Gesammelte Schriften II* [GS II/1]. Theodor Adorno e Gershom Scholem (Cols.); Rolf Tiedemann e Hermann Schweppenhäuser (Orgs.). Frankfurt a. M.: Suhrkamp, 1991c, p.324-8.

______. Zum gesellschaftlichen Standort des französischen Schriftstellers. In: ______, *Gesammelte Schriften II* [GS II/2]. Theodor Adorno e Gershom Scholem (Cols.); Rolf Tiedemann e Hermann Schweppenhäuser (Orgs.). Frankfurt a. M.: Suhrkamp, 1991d.

______. Alte vergessene Kinderbücher. In: ______, *Gesammelte Schriften III* [GS III]. Theodor Adorno e Gershom Scholem (Cols.); Rolf Tiedemann e Hermann Schweppenhäuser (Orgs.). Frankfurt a. M.: Suhrkamp, 1991e, p.14-22.

______. Das Passagen-Werk. In: ______, *Gesammelte Schriften I* [GS I]. Theodor Adorno e Gershom Scholem (Cols.); Rolf Tiedemann e Hermann Schweppenhäuser (Orgs.). Frankfurt a. M.: Suhrkamp, 1991f.

______. *Gesammelte Briefe (1919-1940)* [GB]. Theodor W. Adorno Archiv, Christoph Gödde, Henri Lonitz (Orgs.). 6 v. Frankfurt a. M.: Suhrkamp, 1994-2000. v.I.

BLOCH, E. *Atheismus im Christentum*. Zur Religion des Exodus und des Reichs. Frankfurt/M: Suhrkamp, 1968.

______. Exkurs: Über Zeittechnik (1928). In:______, *Philosophische Aufsätze zur objektiven Phantasie*. Frankfurt/M: Suhrkamp, 1985a, p. 567-72.

BLOCH, E. *Erbschaft dieser Zeit*. Ed. aumentada. Frankfurt/M: Suhrkamp, 1985b.

_____. *Das Prinzip Hoffnung*. 3 vols. Frankfurt/M: Suhrkamp, 1993, vol. I.

CONGDON, L. *The Young Lukács*. Chapel Hill y Londres: The University of North Carolina Press, 1983.

KRACAUER, S. Minimalforderung an die Intellektuellen [*Die Neue Rundschau* 2/7, año 42 (julio de 1931), p.71-75. In: _____, *Schriften 5.1-3*. Ed. de Inka Mülder-Bach. 3 vols. Frankfurt/M: Suhrkamp, 1990, v.2, p.352-6.

_____. El ornamento de la masa. In: _____, *Estética sin territorio*, ed. y trad.: Vicente Jarque. Murcia: Colegio oficial de aparejadores y arquitectos técnicos de la región de Murcia, 2006, p.257-74.

LUKÁCS, G. El problema del drama no trágico. Trad. de Miguel Vedda. In: *Pensamiento de los confines*, 8 (ago. 2000), p.198-200.

PALMIER, J.-M., *Walter Benjamin*. Le chiffonnier, l´Ange et le Petit Bossu. Paris: Klincksieck, 2006.

SCHIAVONI, G. Zum Kinde. In: LINDNER, B. (ed.), *Benjamin Handbuch*. Leben – Werk – Wirkung. Stuttgart – Weimar: Metzler, 2006, p.373-85.

SCHOLEM, G. *Walter Benjamin:* historia de una amistad. Trad. y present. de J. F. Yvars y Vicente Jarque. Madrid: Península, 1987.

## 16. WALTER BENJAMIN E SUA CONCEPÇÃO DE ROMANCE DE FORMAÇÃO NO CONTEXTO DA RECEPÇÃO DE *TEORIA DO ROMANCE*, DE GYÖRGY LUKÁCS

### *Walter Benjamin em alemão*

BENJAMIN, W. Das Kunstwerk im Zeitalter seiner technischen Reproduzierbarkeit. (Dritte Fassung). In: BENJAMIN, W. *Gesammelte Schriften I* [GS I]. Theodor Adorno e Gershom Scholem (Cols.); Rolf Tiedemann e Hermann Schweppenhäuser (Orgs.). Frankfurt a. M.: Suhrkamp, 1974a, p.471-508.

_____. Über den Begriff der Geschichte. In: _____. *Gesammelte Schriften I* [GS I/2]. Theodor Adorno e Gershom Scholem (Cols.); Rolf Tiedemann e Hermann Schweppenhäuser (Orgs.). Frankfurt a. M.: Suhrkamp, 1974b. p.693-704.

_____. Der Erzähler. In: _____. *Gesammelte Schriften II* [GS II/2]. Theodor Adorno e Gershom Scholem (Cols.); Rolf Tiedemann e Hermann Schweppenhäuser (Orgs.). Frankfurt a. M.: Suhrkamp, 1977a, p.438-65.

_____. Der Autor als Produzent. In: _____. *Gesammelte Schriften II* [GS II/2]. Theodor Adorno e Gershom Scholem (Cols.); Rolf Tiedemann e Hermann Schweppenhäuser (Orgs.). Frankfurt a. M.: Suhrkamp, 1977b, p.683-701.

_____. Goethe. In: _____. *Gesammelte Schriften II* [GS II/2]. Theodor Adorno e Gershom Scholem (Cols.); Rolf Tiedemann e Hermann Schweppenhäuser (Orgs.). Frankfurt a. M.: Suhrkamp, 1977c.

_____. Krisis des Romans. In: _____. *Gesammelte Schriften III* [GS III]. Theodor Adorno e Gershom Scholem (Cols.); Rolf Tiedemann e Hermann Schweppenhäuser (Orgs.). Frankfurt a. M.: Suhrkamp, 1972, p.230-6.

_____. *Gesammelte Briefe (1919-1940)* [GB]. Theodor W. Adorno Archiv, Christoph Gödde, Henri Lonitz (Orgs.). 6v. Frankfurt a. M.: Suhrkamp, 1994-2000.

*Walter Benjamin em castelhano*

BENJAMIN, W. La obra de arte en la era de su reproductibilidad técnica. In: *Discursos Interrumpidos* I, prólogo, trad. y notas de Jesús Aguirre. Madrid: Taurus, 1973a, p.16-57.

______. Tesis de la filosofía de la historia. In: *Discursos Interrumpidos* I, prólogo, trad. y notas de Jesús Aguirre. Madrid: Taurus, 1973b, p.177-91.

______. El autor como productor. In: *Tentativas sobre Brecht*, prólogo y trad. Jesus Aguirre, Taurus, Madrid, 1975, p.117-34.

______. El narrador. In: *Sobre el programa de la filosofía futura y otros ensayos*, trad. Roberto G. Vernengo. Barcelona: Planeta-Agostini, 1986, p.189-211.

*Outros autores*

BLANCKENBURG, F. *Versuch über den Roman*. Berlin: Zenodot, 2008.

DILTHEY, W. *Vida y poesia*. Versión de Wenceslao Roces, prólogo y notas de Eugenio Ímaz. México: FCE, 1953.

DÖBLIN, A. Der Bau des epischen Werks. In: *Schriften zu Ästhetik, Poetik und Literatur*. Ed. Erich Kleinschmidt, Friburgo: Olten, 1989, p.215-45.

GOETHE, J. W., *Wilhelm Meisters Lehrjahre*. In: ______, *Werke*, v.7, ed. Ernst Merian Genast, Birkäuser, Basilea, 1944.

______. *Los años de aprendizaje de Wilhelm Meister*, ed. y trad. Miguel Salmerón. Madrid: Cátedra, 2000.

______.; Schiller, F. Sobre poesía épica y dramática. In: ______, *Ensayos sobre arte y literatura*, ed. Regula Rohland de Langbehn, trad. Regula Rohland de Langbehn, con la colaboración de Miguel Vedda, Juan C. Probst y otros. In: *Revista Analecta Malacitana* n.29. Buenos Aires: Universidad de Málaga, 2000, p.129-32.

HONOLD, A. Erzählen. In: OPITZ, M.; WIZISLA, E. *Benjamins Begriffe*, v.1, Fránkfort d. M: Suhrkamp, 2000, p.363-98.

JAUSS, H. R. The Literary Process of Modernism. From Rousseau to Adorno. In: *Cultural Critique* 11 (1989): 23-61.

JUNG, W. *Zeitschichten und Zeitgeschichten*. Essays über Literatur und Zeit. Bielefeld: Aisthesis, 2008.

LUKÁCS, G. *Teoría de la novela*. Trad. Manuel Sacristán. Barcelona: Edhasa, 1971.

______.Der Roman. In: ______, *Moskauer Schriften*. Zur Literaturtheorie und Literaturpolitik 1934-1940, ed. Frank Benseler. Fránkfort d.M.: Sendler, 1981, p.17-56.

MARCUSE, H. *Schriften*. V.1. Der deutsche Künstlerroman. Fránkfort d. M: Frühe Aufsätze, Suhrkamp, 1978.

MINDEN, M. The german Bildungsroman. Incest and Inheritance. In: NISBET, H. B.; SWALES, M. (eds.), *Cambridge Studies in German*. Cambridge: Cambridge University Press, 1997.

STANITZEK, G. Bildung und Roman als Momente bürgerlicher Kultur. Zur Frügeschichte des deutschen Bildungsromans. In: BRINKMANN, R.; KUHN, H.; SENGLE, F. (eds.), *DVjs* n.62/3, Stuttgart: Metzler, 1988, p.416-50.

VIERHAUS, R. Bildung. In: BRUNNER, O.; CONZE, W.; KOSELLECK, R. (eds.), *Geschichtliche Grundbegriffe*. Historisches Lexicon zur politisch-sozialen Sprache in Deutschland. v.1. Stuttgart: Klett, 1972, p.508-51.

VOSSKAMP, W. Utopian Thinking and the concept of *Bildung*. In: *Utopian Vision*. Technological Innovation and Poetic Imagination, ed Klaus L. Berghahn y Reinhold Grimm. Heidelberg: Carl Winter, 1990, p.63-74.

WÖLFEL, K. Friedrich von Blanckenburgs *Versuch über den Roman*. In: GRIMM, R. (ed.), *Deutsche Romantheorien*. Beiträge zu einer historischen Poetik des Romans in Deutschland. Fránkfort d. M.: Athenäum, 1968, p.29-60.

## 17. NOTAS SOBRE A SIGNIFICAÇÃO DA OBRA DE KAFKA NO DESENVOLVIMENTO DO PENSAMENTO ESTÉTICO DE WALTER BENJAMIN

ADORNO, T.; BENJAMIN, W. *Correspondencia (1928-1940)*. Madrid: Editorial Trotta, 1998. [Ed. brasileira: Editora Unesp, 2013].

BENJAMIN, W. Franz Kafka. A propósito do décimo aniversário de sua morte. In: *Obras escolhidas I:* Magia, técnica, arte e política. Trad. Sérgio Paulo Rouanet. São Paulo: Brasiliense, 1994a.

______. A obra de arte na era de sua reprodutibilidade técnica. In: *Obras escolhidas I:* Magia, técnica, arte e política. Trad. Sérgio Paulo Rouanet. São Paulo: Brasiliense, 1994b.

______. Experiência e pobreza. In: *Obras escolhidas I*. Magia, técnica, arte e política. Trad. Sérgio Paulo Rouanet. São Paulo: Brasiliense, 1994c.

______. O narrador. In: *Obras escolhidas I*. Magia, técnica, arte e política. Trad. Sérgio Paulo Rouanet. São Paulo: Brasiliense, 1994d.

______. O caráter destrutivo. In: *Obras Escolhidas II*: Rua de mão única. Trad. Rubens Rodrigues Torres Filho; José Carlos Martins Barbosa. São Paulo: Brasiliense, 1995.

______. *Tentativas sobre Brecht*. Trad. Roberto Blatt. Barcelona: Taurus, 1999.

______. Franz Kafka: "Construyendo la muralla china". In: ______. *Obras*. Livro II/v.2. Trad.: Jorge Navarro Pérez. Madrid: Abada, 2009.

BUCK-MORSS, S. *Origen de la dialéctica negativa*. Theodor W. Adorno, Walter Benjamin y el Instituto de Frankfurt. Trad. Nora Rabotnikof Maskivker. México: Siglo XXI, 1981.

______. *Walter Benjamin, escritor revolucionario*. Trad. Mariano López Seoane. Buenos Aires: Interzona, 2005.

KAFKA, F. *O processo*. Trad. Modesto Carone. São Paulo: Companhia das Letras, 1997.

SOKEL, W. *Franz Kafka*. New York / London: Columbia University Press, 1966.

VEDDA, M. Introducción. In: KAFKA, F. *El proceso*. Tradução e notas de Miguel Vedda. Buenos Aires: Colihue, 2005.

## 18. EISLER E BENJAMIN, UMA CHAVE POLÍTICA: APONTAMENTOS CONCEITUAIS E HISTÓRICOS PARA UMA AUDIÇÃO DE HANNS EISLER COMO "MÚSICO OPERATIVO"

ADORNO, T. *Filosofia da nova música*. São Paulo: Ed. Perspectiva, 1989.

ARAÚJO, C. O autor como produtor: reflexões da técnica platônica em Walter Benjamin. In: OLIVEIRA, L. S.; D'ANGELO, M. *Walter Benjamin*: arte e experiência. Rio de Janeiro: Nau; Niterói/RJ: EdUFF, 2009.

BENJAMIN, W. O autor como produtor. In: ______, *Magia e técnica, arte e política*: ensaios sobre literatura e história da cultura. Tradução de Sérgio Paulo Rouanet. 7.ed. São Paulo: Brasiliense, 1996.

BERIO, L. Entrevista sobre a música contemporânea. Realizada por Rossana Dalmonte. Rio de Janeiro: Civilização Brasileira, 1988.

BETZ, A. *Hanns Eisler political musician*. Cambridge: Cambridge University Press, 2006.

EISLER, H. *Gesammelte Schriften*, 1921-1935. Wiesbaden: Breitkopf & Härtel, 2007.

GRIFFITHS, P. *A música moderna*: uma história concisa e ilustrada de Debussy a Boulez. Rio de Janeiro: Jorge Zahar, 1998.

KOWALKE, K. H. Singing Brecht versus Brecht singing: performance in theory and practice. In: GILLIAM, B. (ed.). *Music and performance during the Weimar Republic*. Cambridge: Cambridge University Press, 2005.

MENEZES, F. *Música maximalista*: ensaios sobre a música radical e especulativa. São Paulo: Editora Unesp, 2006.

ROCHLITZ, R. *O desencantamento da arte*: a filosofia de Walter Benjamin. Bauru/SP: Edusc, 2003.

## 19. WALTER BENJAMIN E O SURREALISMO

ANTUNES, J. P. *Tradução comentada de* O surrealismo francês, *de Peter Bürger*. Campinas, 2001. p.198-92. Tese de doutorado – Programa de Teoria Literária do Instituto de Estudos da Linguagem, UNICAMP.

BENJAMIN, W. O Surrealismo. O último instantâneo da inteligência europeia. In: *Magia e Técnica, Arte e Política*: ensaios sobre literatura e história da cultura. São Paulo: Editora Brasiliense, 1994.

BRETON, A. Manifesto do Surrealismo (1924). In: *Manifestos do Surrealismo*. Lisboa: Moraes Editores, 1976.

CASSOU, J. *Panorama das artes plásticas contemporâneas*. Lisboa: Editora Estúdios Cor, 1962.

CHÉNIEUX-GENDRON, J. *O surrealismo*. São Paulo: Martins Fontes, 1992.

DUROZOI, G.; LECHERBONNIER, B. *O surrealismo*. Coimbra: Livraria Almedina, 1972.

IBARLUCÍA, R. *Onirokitsch*: Walter Benjamin y el surrealismo. Argentina: Manantial, 1998.

LÖWY, M. *A estrela da manhã*: Surrealismo e marxismo. Rio de Janeiro: Civilização Brazileira, 2002.

______. Carga explosiva: O surrealismo como Movimento Romântico Revolucionário. In: GUINZBURG, J.; LEIRNER, S. *O surrealismo*. São Paulo: Perspectiva, 2008.

TIEDEMANN, R. Introdução à edição alemã. In: BENJAMIN, W. *Passagens*. Org. Willi Bolle; Olgária Matos. Trad; Irene Aron; Cleonice Mourão. Belo Horizonte: Editora UFMG; São Paulo: Imprensa Oficial do Estado de São Paulo, 2007.

WILLER, C. Surrealismo: poesia e poética. In: GUINSBURG, J.; LEIRNER, S. *O surrealismo*. São Paulo: Editora Perspectiva, 2008.

WOLIN, R. *Walter Benjamin*. An Aesthetic of Redemption. Nova York: Columbia University Press, 1982.

## 20. CRÍTICA MELANCÓLICA – BENJAMIN E ADORNO

ADORNO, T. W.: Der Essay als Form [O ensaio como forma]. In: *Noten zur Literatur* [Notas de Literatura]. Frankfurt a.M.: Suhrkamp, 1989.

_____. Adornos Seminar vom Sommersemester 1932 über Benjamins Ursprung des deutschen Trauerspiels. Protokolle [Seminário de Adorno do semestre de verão 1932 sobre a Origem do drama barroco alemão, de Benjamin]. In: *Frankfurter Adorno Blätter IV* [Jornais de Adorno de Frankfurt IV]. Org. pelo Arquivo Theodor W. Adorno. München: edição text + kritik 1992, p.52-77.

_____. Die Idee der Naturgeschichte (1932) [A ideia da história natural]. In: *Philosophische Frühschriften* [Primeiros escritos filosóficos]. *Gesammelte Schriften* [Obras completas]. v.1. Org. por Rolf Tiedemann com a colaboração de Gretel Adorno, Susan Buck-Morss e Klaus Schultz. Frankfurt a.M.: Suhrkamp 2003, p.245-365.

_____. Zur Lehre von der Geschichte und von der Freiheit [Para a doutrina da história e da liberdade] (1964/65). Org. por Rolf Tiedemann. Frankfurt a.M.: Suhrkamp 2006.

_____.; Benjamin, W.: *Briefwechsel 1928-194 0*[Theodor W. Adorno/Walter Benjamin: Correspondência 1928-1940]. Org. por Henri Lonitz. Frankfurt a.M.: Suhrkamp, 1994.

BENJAMIN, W. Das Passagen-Werk [Obra das Passagens]. In: _____. *Gesammelte Schriften V* [GS V]. Theodor Adorno e Gershom Scholem (Cols.); Rolf Tiedemann e Hermann Schweppenhäuser (Orgs.). Frankfurt a. M.: Suhrkamp, 1982.

_____. Ursprung des deutschen Trauerspiels (1928) [Origem do drama barroco alemão]. In: _____. *Gesammelte Schriften I* [GS I/1]. Theodor Adorno e Gershom Scholem (Cols.); Rolf Tiedemann e Hermann Schweppenhäuser (Orgs.). Frankfurt a. M.: Suhrkamp, 1991, p.203-430.

BOCK, W. *Walter Benjamin* – Die Rettung der Nacht. Sterne, Melancholie und Messianismus. Bielefeld: Aisthesis 2000.

HEGEL, G. W. F. *Phänomenologie des Geistes* [Fenomenologia do Espírito]. *Werke* 3. Frankfurt a.M.: Suhrkamp 1986a.

_____. Grundlinien der Philosophie des Rechts oder Naturrecht und Staatswissenschaft im Grundrisse [Linhas fundamentais da Filosofia do Direito ou direito natural e ciência do estado em compêndio]. *Werke 7*[Obras 7]. Frankfurt a.M.: Suhrkamp 1986b, §§ 139s., p.260-86.

HORKHEIMER, M.; Adorno, T. *Dialektik der Aufklärung*. Philosophische Fragmente [Dialética do Esclarecimento. Fragmentos filosóficos] (1944). Frankfurt a.M.: Fischer 1988.

KREUZER, J. Das Gespräch mit Benjamin [A conversa com Benjamin]. In: KLEIN, R.; _____.; MÜLLER-DOOHM, S. (Orgs.): *Adorno-Handbuch*. Leben – *Werk* – Wirkung [Manual-Adorno. Vida – Obra – Recepção]. Stuttgart/Leipzig: J. B. Metzler, 2011, p.373-88.

LUKÁCS, G. Die Theorie des Romans. Ein geschichtsphilosophischer Versuch über die Formen der großen Epik [A teoria do romance. Uma tentativa histórico-filosófica sobre as formas da grande épica] (1920). Frankfurt a.M.: Luchterhand, 1989.

MENKE, B. Ursprung des deutschen Trauerspiels [Origem do drama barroco alemão]. In: BURKHARDT, L. (Org.): *Benjamin-Handbuch*. Leben – Werk – Wirkung. [Manual de Benjamin. Vida – Obra - Recepção]. Stuttgart/Weimar: J.B. Metzler 2011, p.210-29.

PENSKY, M. *Melancholy Dialectics*. Walter Benjamin and the Play of Mourning. Amherst: University of Massachusetts Press, 2001.

SCHMID-NOERR, G. Das Eingedenken der Natur im Subjekt. Zur Dialektik von Vernunft und Natur in der Kritischen Theorie Horkheimers, Adornos und Marcuses [A rememoração da natureza no sujeito. Para a dialética da razão e natureza na teoria crítica de Horkheimer, Adorno e Marcuse]. Darmstadt: Wissenschaftliche Buchgesellschaft, 1990.

VAN REIJEN, W. Innerlichkeit oder Begriffsarbeit? Die Barockrezeption W. Benjamins und Th. W. Adornos [Interioridade ou trabalho conceitual? A recepção barroca de W. Benjamin e Th. W. Adorn]. In: ______. (Org.): *Allegorie und Melancholie* [Alegoria e melancolia]. Frankfurt a.M.: Suhrkamp 1992, p.17-31.

______. Die Adorno-Benjamin-Kontroverse [As controvérsias Adorno-Benjamin]. In: *Zeitschrift für philosophische Forschung 60* (2006) [Revista para pesquisa filosófica], Caderno 1., p.99-121.

## 21. A MELANCOLIA EM WALTER BENJAMIN E EM FREUD

BAUDELAIRE, C. *Mon coeur mis a nu* (1864-1867). In: *Oeuvres Completes*. Paris: Seuil, 1968a.

______. Perte d'auréole. In: Petits Poemes em Prose. In: ______. *Oeuvres Completes*. Paris: Seuil, 1968b.

______. L'Albatros. *Fleurs du Mal*. In: ______, *Oeuvres Completes*. Paris: Seuil, 1968c.

BENJAMIN, W. (1925), *Origem do drama barroco alemão*. Tradução de Sergio Paulo Rouanet. São Paulo: Brasiliense, 1984.

______. (1940), Sobre o conceito da História. In: ______, *Obras escolhidas*, Volume 1: *Magia e técnica, arte e política*. 1985.

______. *Charles Baudelaire, um lírico no auge do capitalismo*. In: *Obras escolhidas*, III. São Paulo: Brasiliense, 1989a.

______. Sobre alguns temas em Baudelaire. In: ______. Charles Baudelaire, um lírico no auge do capitalismo. *Obras Escolhidas*, III. São Paulo, Brasiliense, 1989b.

______. Baudelaire. In: *Passagens*. Belo Horizonte: UFMG, 2006.

LACAN, J. Kant com Sade. In: *Escritos*. Rio de Janeiro: Jorge Zarhar, 1998.

LÖWY, M. *Walter Benjamin*: Aviso de incêndio. Uma leitura das "Teses sobre o conceito de história. São Paulo: Boitempo, 2005.

SCHLEGEL, K. W. F. *Conversa sobre a poesia e outros fragmentos*. Ed. bilíngue. Trad. Victor-Pierre Stirnimann. São Paulo: Iluminuras, 1994.

## 22. O ANALISTA-OLHO: (IM)PERTINÊNCIAS DO INCONSCIENTE ÓTICO

BARTHES, R. *A câmara clara*: nota sobre a fotografia. Rio de Janeiro: Nova Fronteira, 1984.

BENJAMIN, W. *Obras escolhidas*, v.I: magia e técnica, arte e política. São Paulo: Brasiliense, 1994.

BOTELLA, C.; BOTELLA, S. *La figurabilité psychique*. Paris: In Press, 2007.

FREUD, S. *La interpretacíon de los sueños* [1900], v. I e II. In: *Obras Completas*. Buenos Aires: Amorrortu, 1996.
DIDI-HUBERMAN, G. *Écorces*. Paris: Les Éditions de Minuit, 2011.
DIONISIO, G. H. *Pede-se abrir os olhos*: psicanálise e reflexão estética hoje. São Paulo: Annablume/Fapesp, 2012.
KRAUSS, R. *The Optical Unconscious*. Cambridge: MIT Press, 1993.
LACAN, J. *Écrits*, v. 1 e 2. Paris: Seuil, 1999.
LISSOVSKY, M. *A fotografia e a pequena história de Walter Benjamin*. Dissertação de mestrado. Rio de Janeiro: UFRJ, 1995.
RANCIÈRE, J. *O inconsciente estético*. São Paulo: Ed. 34, 2009.
RIVERA, T. *Cinema, imagem e psicanálise*. Rio de Janeiro: Jorge Zahar Ed., 2008.
ROUANET, S. P. *Teoria crítica e psicanálise*. Rio de Janeiro: Tempo Brasileiro, 1989.

## 23. NOTAS SOBRE A RECEPÇÃO DA OBRA DE SIGMUND FREUD NA FILOSOFIA DA HISTÓRIA BENJAMINIANA

ADORNO, T. Caracterización de Walter Benjamin. In:______. *Sobre Walter Benjamin*. Trad. Carlos Fortes. Madrid: Cátedra, 1995.
______; BENJAMIN, W. *Correspondencia (1928 -1940)*. Trad. Jacobo Muñoz Veiga e Vicente Gómez Ibáñez. Madrid: Trotta, 1998.
BENJAMIN, W. *Gesammelte Briefe V* [GB V] (*1935-1937*). Frankfurt am Main: Suhrkamp, 1999.
______. *Gesammelte Schriften II* [GS II]. Frankfurt am Main: Suhrkamp, 1977.
______. *Gesammelte Schriften VI* [GS VI]. Frankfurt am Main: Suhrkamp, 1985.
______. *Gesammelte Schriften II-3* [GS II-3]. Frankfurt am Main: Suhrkamp, 1991.
______. *Gesammelte Schriften IV-2* [GS IV-2]. Frankfurt am Main: Suhrkamp, 1991b.
______. *Gesammelte Schriften VII* [GS VII]. Frankfurt am Main: Suhrkamp, 1991c. 2v.
______. *Origem do drama barroco alemão*. Trad. Sergio Paulo Rouanet. São Paulo: Brasiliense, 1984.
______. Franz Kafka. In: ______. *Para una crítica de la violencia y otros ensayos*. Iluminaciones 4. Trad. Roberto Blatt. Madrid: Taurus, 1991a.
______. Sobre alguns temas em Baudelaire. In: *Obras escolhidas III*: Charles Baudelaire, um lírico no auge do capitalismo. Trad. José Carlos Martins Barbosa e Anderson Alves Baptista. São Paulo: Brasiliense, 1994a.
______. Sobre o conceito da história. In: *Obras escolhidas I*: Magia e técnica, arte e política. Trad. Sergio Paulo Rouanet. São Paulo: Brasiliense, 1994b.
______. Destino y carácter. In: ______. *Ensayos escogidos*. Trad. H. A. Murena. México: Ediciones Coyoacán, 2001.
______. *Libro de los pasajes*. Trad. Luis Fernández Castañeda, Isidro Herrera e Fernando Guerrero. Madrid: Akal, 2005.
______. *Passagens*. Belo Horizonte: UFMG, 2006.
______; SCHOLEM, G. *Correspondência 1933-1940*. Trad. Neusa Soliz. São Paulo: Perspectiva, 1993.
BUCK-MORSS, S. *Dialéctica de la mirada*. Trad. Nora Robatnikof. Madrid: Visor, 2001.
BUSE, P. et al. *Benjamin's Arcades*. An unguided tour. Manchester: Manchester University Press, 2005.

CASTEL, M. Temporalidad inconsciente y tiempo histórico. Acerca de la recepción benjaminiana de la obra de Sigmund Freud. In: ACHA, O.; VALLEJO, M. *Inconsciente e historia después de Freud.* Cruces entre filosofía, psicoanálisis e historiografía. Buenos Aires: Prometeo, 2010.

FREUD, S. *O inconsciente.* In: *Obras psicológicas completas de Sigmund Freud.* Volume XIV. Rio de Janeiro: Imago, 1980.

HEGEL, G. W. F. El espíritu del cristianismo y su destino. In: ______. *Escritos de juventud.* Trad. José M. Ripalda. México: Fondo de Cultura Económica, 1978.

PALMIER, J-M. *Walter Benjamin.* Le chiffonier, l'Ange et le Petit Bossu. Paris: Klincksieck, 2006.

SCHOLEM, G. *Walter Benjamin.* Historia de una amistad. Trad. J. F. Yvars e Vicente Jarque. Buenos Aires: Debolsillo, 2008.

TIEDEMANN, R. Testimonios sobre la génesis de la obra. In: BENJAMIN, W. *Libro de los pasajes.* Trad. Luis Fernández Castañeda, Isidro Herrera e Fernando Guerrero. Madrid: Akal, 2005.

WEIDMANN, H. Erwachen/Traum. In: OPTIZ, M.; WIZISLA, E. (ed.). *Benjamins Begriffe.* Band I. Frankfurt am Main: Suhrkamp, 2000.

## 24. ILUMINAÇÃO PROFANA OU FANTASMAGORIA? SOBRE A ERÓTICA BENJAMINIANA

BENJAMIN, W. Karl Kraus. Hombre universal. In: *Sobre el programa de la filosofía futura y otros ensayos.* Caracas: Monte Ávila, 1970. p.159-88.

______. *Gesammelte Schriften I* [GS I]. Theodor Adorno e Gershom Scholem (Cols.); Rolf Tiedemann e Hermann Schweppenhäuser (Orgs.). Frankfurt a. M.: Suhrkamp, 1974.

______. *Gesammelte Schriften VI* [GS VI]. Theodor Adorno e Gershom Scholem (Cols.); Rolf Tiedemann e Hermann Schweppenhäuser (Orgs.). Frankfurt a. M.: Suhrkamp, 1985.

______. *Obras escolhidas II*: Rua de mão única. Trad. Rubens Rodrigues Torres Filho e José Carlos Martins Barbosa. São Paulo: Brasiliense, 1987.

______. *Diário de Moscou.* Trad. Hildegard Herbold. São Paulo: Companhia das Letras, 1989a.

______. *Gesammelte Schriften VII* [GS VII]. Theodor Adorno e Gershom Scholem (Cols.); Rolf Tiedemann e Hermann Schweppenhäuser (Orgs.). Frankfurt a. M.: Suhrkamp, 1989b.

______. O surrealismo. O último instantâneo da inteligência europeia. *Obras escolhidas I:* Magia, técnica, arte e política. Trad. Sérgio Paulo Rouanet. São Paulo: Brasiliense, 1994, p.21-35.

______. *Escritos autobiográficos.* Madrid: Alianza, 1996.

______. *El libro de los pasajes.* Madrid: Akal, 2005.

______. *Kairos.* Frankfurt a/M: Suhrkamp, 2007.

BRODERSEN, M. *Walter Benjamin.* A Biography. Londres/Nova York: Verso, 1997.

JAY, M. Against consolation: Walter Benjamin and the Refusal to Mourn. In: *War and Remembrance in the Twentieth Century.* Edição de J. Winter e E. Sivan. Cambridge: Cambridge University Press, 2000, p.221-39.

McCOLE, J. *Walter Benjamin an the Antinomies of Tradition.* Ithaca: Cornell University Press, 1993.

MENNINGHAUS, W. Lo inexpresivo: las variaciones de la ausencia de imagen en Walter Benjamin. In. *Sobre Walter Benjamin*. Vanguardias, historia, estética y literatura. Una visión latinoamericana. Editado por G. Massuh e S. Fehrmann. Buenos Aires: Alianza-Goethe Institut Buenos Aires, 1993. p.37-56.

PROUST, M. *En busca del tiempo perdido*. Del lado de Swann. Buenos Aires: Losada, 2000.

SCHOLEM, G. Prefácio. In: BENJAMIN, W. *Diário de Moscou*. Trad. Hildegard Herbold. São Paulo: Companhia das Letras, 1989.

WEIGEL, S. Eros. In: *Benjamins Begriffe I*. Organização M. Opitz e E. Wizisla. Frankfurt a/M: Shurkamp, 2000, p.299-340.

WITTE, B. *Walter Benjamin*. Una biografía. Barcelona: Gedisa, 2002.

## 25. RELAMPEJOS EM WALTER BENJAMIN: IDEIAS E REMINISCÊNCIAS SOBRE O BRINQUEDO

BAUDELAIRE, C. *Pequenos poemas em prosa*. Trad. Dorothée de Bruchard. São Paulo: Hedra, 2011.

BENJAMIN, W. Brinquedo e brincadeira. Observações sobre uma obra monumental. In: Magia e técnica, arte e política: ensaios sobre literatura e história da cultura. *Obras escolhidas*, v.1. Trad. Sérgio Paulo Rouanet. 7.ed. São Paulo: Brasiliense, 1994a, p.249-53.

______. História cultural do brinquedo. In: Magia e técnica, arte e política: ensaios sobre literatura e história da cultura. *Obras escolhidas*, v.1. Trad. Sérgio Paulo Rouanet. 7.ed. São Paulo: Brasiliense, 1994b, p.244-8.

______. Sobre o conceito da História. In: Magia e técnica, arte e política: ensaios sobre literatura e história da cultura. *Obras escolhidas*, v.1. Trad. Sérgio Paulo Rouanet. 7.ed. São Paulo: Brasiliense, 1994c, p.222-33.

______. Charles Baudelaire: um lírico no auge do capitalismo. *Obras escolhidas*, v.3. Trad. José Martins Barbosa. 3.ed. Brasiliense: São Paulo, 1994d.

______. Rua de mão única. In: Rua de mão única. *Obras Escolhidas*, v.2. Trad. Rubens Rodrigues Torres Filho. 5.ed. São Paulo: Brasiliense, 1995, p.9-69.

______. Passagens. Trad. Irene Aron. Belo Horizonte: Editora UFMG; São Paulo: Imprensa Oficial do Estado de São Paulo, 2007.

GAGNEBIN, J. M. *Walter Benjamin*: os cacos da História. Trad. Sônia Salzstein. São Paulo: Brasiliense, 1982.

KRACAUER, S. Sobre os escritos de Walter Benjamin. In: *O Ornamento da massa*. Trads. Carlos Eduardo Jordão Machado e Marlene Holzhausen. São Paulo: Cosac Naify, 2012, p.279-85.

## 26.TRANSBENJAMIN: "DIE AUFGABE DES ÜBERSETZERS" POR HAROLDO DE CAMPOS

AGUILAR, G. *Poesia Concreta Brasileira*: as vanguardas na encruzilhada modernista. São Paulo: Edusp, 2005.

BARTHES, R. *Œuvres Complètes*, v.II (1962-1967). Paris: Seuil, 2002.

BÜRGER, P. *Teoria da Vanguarda*. Trad. José Pedro Antunes. São Paulo: Cosac Naify, 2008.

CAMPOS, A.; CAMPOS, H.; PIGNATARI, D. *Teoria da Poesia Concreta*: textos críticos e manifestos: 1950-1960. 4.ed. Cotia: Ateliê Editorial, 2006.

CAMPOS, H. *Pedra e luz na poesia de Dante*. Rio de Janeiro: Imago Ed., 1998.

______. *Metalinguagem & outras metas*: ensaios de teoria e crítica literária. São Paulo: Perspectiva, 2006.

______. *Transcriação*. (org. M. Tápia e T. M. Nóbrega). São Paulo: Perspectiva, 2013.

CANDIDO, A. Prefácio da 2ª Edição (1962). In: *Formação da Literatura Brasileira*: momentos decisivos, 6.ed., Belo Horizonte: Ed. Itatiaia, 1981.

GENETTE, G. Estruturalismo e crítica literária. In: COELHO, E. P. (org.). *Estruturalismo*: antologia de textos teóricos. Trad. Maria Eduarda Reis Colares, Antônio Ramos Rosa e Eduardo Prado Coelho. Lisboa: Portugália Editora, 1968.

## 27. PARA BENJAMIN, SEGUNDO BENJAMIN, COMO DISSE BENJAMIN. APROPRIAÇÕES DA OBRA DO AUTOR NO CAMPO EDUCACIONAL BRASILEIRO (1980-2013)

*Fontes: Periódicos e marcos temporais/períodos analisados*

1. CADERNOS CEDES (1980-2013), Campinas (SP)
2. CADERNOS DE PESQUISA (1980-2013), Fundação Carlos Chagas, São Paulo
3. CONTEXTO & EDUCAÇÃO (1986-2013), (UNIJUÍ) Ijuí (RS)
4. EDUCAÇÃO & FILOSOFIA (1986-2013) Uberlândia (MG)
5. EDUCAÇÃO & PESQUISA (1999- 2013) (USP). São Paulo
6. EDUCAÇÃO & REALIDADE (l980-2013) Faculdade de Educação, Porto Alegre (RS)
7. REVISTA DA FACULDADE DE EDUCAÇÃO-USP (1980-1998) São Paulo
8. REVISTA EDUCAÇÃO & SOCIEDADE (1980-2013), Campinas (SP)
9. EM ABERTO (1981-2013) (INEP), Brasília (DF)
10. PRO-POSIÇÕES (1990-2013), Campinas (SP)
11. REVISTA BRASILEIRA DE ESTUDOS PEDAGÓGICOS (1980-2013) (INEP), Brasília (DF)
12. HISTÓRIA DA EDUCAÇÃO (1997-2013) (UFRGS)
13. EDUCAÇÃO EM DEBATE (1980-2013), Universidade Federal do Ceará, Fortaleza (CE)
14. EDUCAÇÃO EM REVISTA (1985-2013), Belo Horizonte (MG)
15. REVISTA EDUCAÇÃO & FILOSOFIA (1986-2013), Uberlândia (MG)
16. REVISTA BRASILEIRA DE HISTORIA DA EDUCAÇÃO (2001-2013), SBHE, Campinas (SP)
17. CADERNOS DE HISTÓRIA DA EDUCAÇÃO (2002-2013), Universidade Federal de Uberlândia (MG)
18. SÉRIE IDEIAS (1988-2004), Fundação para o Desenvolvimento da Educação, São Paulo.
19. NUANCES: estudos sobre educação (1995-2013) Presidente Prudente – UNESP

### Walter Benjamin: obras mais citadas

BENJAMIN, W. *Magia e técnica, arte e política*: ensaios sobre literatura e história da cultura/Walter Benjamin. Tradução Sérgio Paulo Rouanet; prefácio de Jeanne Marie Gagnebin. São Paulo: Brasiliense, 1994. (*Obras escolhidas*, v.1)

______. *Rua de mão única*. Tradução Rubens Rodrigues Torres Filho e José Carlos Martins Barbosa. São Paulo: Brasiliense, 1995. (*Obras escolhidas*, v.2)

______. *Reflexões*: a criança, o brinquedo, a educação. São Paulo: Sumus, 1984.

______. *Textos escolhidos*. Coleção Os Pensadores. São Paulo: Abril Cultural, 1993.

______. *A origem do drama barroco alemão*. Tradução, apresentação e notas de Sérgio Paulo Rouanet. São Paulo: Brasiliense, 1984.

______. *Charles Baudelaire, um lírico no auge do capitalismo*. Tradução José Martins Barbosa e Hemerson Alves Batista. São Paulo: Brasiliense, 1989. (*Obras escolhidas*, v.3)

______. *Reflexões sobre a criança, o brinquedo e a educação*. São Paulo: Duas Cidades: 34, 2002.

______. Experiência e pobreza. In: ______. *Documentos de cultura, documentos de barbárie*: escritos escolhidos. São Paulo: Cultrix, 1986.

### Walter Benjamin: outras obras

BENJAMIN, W. *Escritos autobiográficos*. Madrid: Alianza Editorial, 1996.

______. *O marxismo da melancolia*. Rio de Janeiro: Campus, 1988.

______. *Sens unique*. Paris: Marice Neadeau, 1998.

______. Denkbilder. In: ______. *Gesammelte Schriften IV* [GS IV]. Theodor Adorno e Gershom Scholem (Cols.); Rolf Tiedemann e Hermann Schweppenhäuser (Orgs.). Frankfurt a. M.: Suhrkamp, 1972.

______. *Para una crítica de la violencia y otros ensayos, iluminaciones IV*. Madrid: Edit. Taurus, 1991.

______. *Moscov Diary*. Cambridge: MIT Press, 1986.

______. L'Œuvre d'art à l'époque de sa reproductibilité technique (1939). *Oeuvres III* Paris: Gallimard (folio essais), 2000.

______. *Walter Benjamin*. (textos), organização e introdução de F. Kothe. São Paulo: Ática, 1985, Série Sociologia.

______. *A obra de arte na era da reprodutibilidade técnica*. São Paulo: Zouk, 2012.

______. *El Berlin demoníaco*: relatos radiofônicos. Barcelona: Icaria, 1987.

______. *Illuminations*. New York: Schocken, 1969.

______. *Discursos interrumpidos*. Madrid: Taurus, 1987.

______. *La dialéctica em suspenso*. Fragmentos sobre la historia. Santiago de Chile: ARCIS-LOM, 1996.

______. A obra de arte na era da reprodutibilidade técnica. Tradução de Carlos Nelson Coutinho. In: LIMA, L. C. (Org.). *Teoria da cultura de massa*. 4.ed. São Paulo: Paz e Terra, 1990.

______. One-Way Street. In: ______. *One-Way Street and Other Writings*. Tradução E. Jephcott; K. Shorter. London: NLB, 1979.

______. Der Regenbogen. Gespräch über die Phantasie. *Gesammelte Schriften* VII, I (Nachtrage). Frankffurt a.M.: Suhkamp Verlag, 1991.

BENJAMIN, W. *Sens unique*, précedé de Enfance Berlinoise. Tradução Franc. Lacoste, Jean. Paris: Ed. Les Letres Nouvelles, 1978.

_____. Das KunstWerk im Zeitalter seiner technischen Reproduzierbarkeit (Erste Fassung). In: *Gesammelte Schriften* (1-2). Org. por Tiedemann, R. e Schweppenhauser, H.) Frankfurt am Main: Surhkamp, 1980.

_____. Über den Begriff der Geschicht. In: *Ders – Gesammelte Schriften*, v.X-2, Frankfurt a. M., p.691-704.

_____. Der Surrealismus. In: *Ders – Gesammelte Schriften*, v.X-2, Frankfurt a. M., p.691-704.

_____. Karl Kraus, "Hombre universal". In: *Sobre el programa de la filosofia futura*. Caracas: Monte Avila, 1970.

_____. *Infância em Berlim por volta de 1900* [1932-1933]. São Paulo: Brasiliense, 1987.

_____. *Passagens*. Belo Horizonte: UFMG; São Paulo: Imprensa Oficial do Estado de São Paulo, 2006.

_____. *Rua de sentido único e infância em Berlim por volta de 1900*. Lisboa: Relógio de Água, 1992.

_____. *Charles Baudelaire*: ein Lyriker in Zeitalter des Hochkapitalismus. Frankfurt am Main: Suhrkamp, 1997.

_____. *Sobre arte, técnica, linguagem e política*. Lisboa: Relógio D'Água, 1992.

_____. *Gesammelte Schriften*, v.V: Das Passagen-Werk. Org. por R.Hiedemann e H. Schweppenhauser, Frankfurt: Suhrkamp, 1982.

_____. *Gesammlte Schriften* I/2. Frankfurt: Suhrkamp, 1989.

_____. *Iluminationen*: Ausgwählte Schriften I. Frankfurt: Suhrkamp, 1977.

_____. Die Farbe vom Kinde aus betrachtet. *Gesammelte Schriften* VI (Fragmente Autobiographische). Frankffurt: Suhkamp Verlag, 1991.

_____. *Oeuvres chosies*. Paris: Juliard, 1959.

_____. Sur le programme de la philosophie qui vient. In: _____. *Mythe et Violence*. Traduit par Maurice de Gandillac. Paris: Editions Denoël, 1971.

_____. *Para una crítica de la violencia y otros ensayos*. Iluminaciones IV. Madrid: Edit. Taurus, 1991.

## *Outras referências*

ADORNO, T. O ensaio como forma. In: _____. *Notas de Literatura* I. Tradução Jorge de Almeida. São Paulo: Editora 34, Coleção Espírito Crítico, 2. p.15-45, 2003.

AQUINO, J. G. A difusão do pensamento de Michel Foucault na educação brasileira: um itinerário bibliográfico. *Revista Brasileira de Educação*, Rio de Janeiro: v.18, n.53, p.301-24, abr-jun., 2013.

BASSANI, J. J.; VAZ, A. F. Técnica, corpo e coisificação. *Educação & Sociedade*, Campinas/SP, v.29, n.102, p.99-118, 2008.

BENJAMIN, W. (org. Willi Bolle) *Passagens*. Belo Horizonte: Ed. UFMG; São Paulo: Imprensa Oficial do Estado de São Paulo, 2009.

_____. *Magia e técnica, arte e política*: ensaios sobre literatura e história da cultura/Walter Benjamin. Tradução Sérgio Paulo Rouanet; prefácio de Jeanne Marie Gagnebin. São Paulo: Brasiliense, 1993. (*Obras escolhidas*, v.1)

BENJAMIN, W. *Rua de mão única*. Tradução Rubens Rodrigues Torres Filho e José Carlos Martins Barbosa. São Paulo: Brasiliense, 1995. (*Obras escolhidas*, v.2)

______. *Oevres II*. Paris: Éditions Gallimard, 2000.

BOLLE, W. Um painel com milhares de lâmpadas. Metrópole & Megacidades. In. BENJAMIN, W. (org. Willi Bolle) *Passagens*. Belo Horizonte: Ed. UFMG; São Paulo: Imprensa Oficial do Estado de São Paulo, 2009.

BOURDIEU, P. ¿Qué es hacer hablar a un autor? A propósito de Michel Foucault. *Capital cultural, escuela y espacio social* (org. e tradução de Isabel Jiménez). México/Madrid, 1997, p.11-20.

BRAGANÇA, I. F. S. A formação como tessitura da intriga: diálogos entre Brasil e Portugal. *Revista Brasileira de Estudos Pedagógicos*, v.93, n.235, p.579-93, 2012.

BUENO, B. O.; SOUSA, C. P.; CATANI, D. B.; SOUZA, M. C. C. C. Docência, Memória e Gênero: estudos alternativos sobre formação de professores. *Psicologia USP*, S. Paulo, 4(1/2), p.299-318, 1993.

CARVALHO, L. M.; CORDEIRO, J. *Brasil* – Portugal nos Circuitos do Discurso Pedagógico Especializado (1920-1935). Lisboa: Educa, 2002.

CATANI, A. M.; CATANI, D. B.; PEREIRA, G. R. M. As apropriações da obra de Pierre Bourdieu no campo educacional brasileiro, através de periódicos da área. *Revista Brasileira de Educação*, Rio de Janeiro, n.17, p.63-85, maio/ago. 2001.

CATANI, D. B. Pedagogia e Museificação. *Revista USP*, São Paulo, n.8, p.23-6, dez./jan./ fev., 1990-1991.

CATANI, D. B.; SOUSA, C. P. (orgs.) *Imprensa Periódica Educacional Paulista* (1890--1996). São Paulo: Plêiade, 1999.

CESTARI, L. A. S. Autobiografias e formação: aproximações problemáticas no Movimento Pesquisa/Formação. *Revista Brasileira de Estudos Pedagógicos*. v.92, n.230, p.83-106, 2011.

CHARTIER, R. *Au bord de la falaise*: l'histoire entre certitudes et inquiétude. Paris: Albin Michel, 1998.

COELHO, T. O imaginário e a pedagogia do telhado. *Em aberto*. Brasília, ano 14, n.61, p.107-11, jan./mar. 1994.

D'ANGELO, M. Filosofia e Educação em Walter Benjamin. *Revista Brasileira de Estudos Pedagógicos*. v.87, n.215, p.68-75, jan./abr. 2006.

DIETZSCH, M. J. M.; SILVA, M. A. S. S. Itinerantes e itinerários na busca da palavra. *Cadernos de Pesquisa*. São Paulo, n.88, p.55-63, fev. 1994.

FÁVERO, M. L. A. GT Política de Educação Superior da ANPEd: origem, desenvolvimento e produção. *Revista Brasileira de Educação*, Rio de Janeiro, n.21, p.115-26, 2002.

FREITAG, B. "Educação para todos" e a atuação da indústria cultural (mesa redonda). *Revista Brasileira de Estudos Pedagógicos*, 67(155), p.171-88, jan./abr. 1986.

GRÜNNWALD, J. L. (org). *A ideia de cinema*. Rio de Janeiro: Editora Civilização Brasileira, 1969.

KRAMER, S. Leitura e escrita de professores. Da prática de pesquisa à prática de formação. *Revista Brasileira de Educação*, Rio de Janeiro, n.7, p.19-41, 1998.

______. Leitura e escrita de professores em suas histórias de vida e formação. *Cadernos de Pesquisa*, São Paulo, n.106, p.129-157, março/1999.

______. Autoria e autorização: questões éticas na pesquisa com crianças. *Cadernos de Pesquisa*, São Paulo, n.116, p.41-59, julho/2002.

LIMA, L. C. (introdução, comentários e seleção). *Teoria da cultura de massa*. Rio de Janeiro: Saga, 1969.

______. (introdução, comentários e seleção). *Teoria da Cultura de Massa*. Rio de Janeiro: Paz e Terra, 1978.

LINHARES, C. F. Sujeitos Históricos: seus lugares na escola e na formação de professores. *Revista Brasileira de Estudos Pedagógicos*. v.77, n.185, p.136-68, jan/abr. 1996.

MASSCHELEIN, J. E-ducando o olhar: a necessidade de uma pedagogia pobre. *Educação & Realidade*. 33(1), p.35-48, jan/jun 2008.

MATOS, O. Passagens: cidades-viagem In: MISSAC, P. *Passagem de Walter Benjamin*. (Apresentação) Tradução Lilian Escorel. São Paulo: Iluminuras, p.7-12, 1997.

MATTOS, P. A. P. Entre a história, a vida e a ficção. *Educação & Realidade*. 28 (2), p.55-67, jul/dez. 2003.

MISSAC, P. *Passagem de Walter Benjamin*. Tradução Lilian Escorel. São Paulo: Iluminuras, 1998.

MORAES, D. Z.; SOUZA, E. C.; AMPARO, P. A. Política educacional e representações de justiça, êxito e fracasso na escola: o exame do periódico Ideias (1988-2004). *Educação Unisinos*, v.13, p.152-61, 2009.

NÓVOA, A. (dir.) *A imprensa de Educação e Ensino*: repertório analítico (séc. XIX – XX). Lisboa: Instituto de Inovação Educacional, 1993.

NUNES, C.; CARVALHO, M. M. C. *Historiografia da educação e fontes*. Caxambu/MG: ANPEd, 15ª Reunião Anual, 1992.

OLIVEIRA, R. J. Ciências humanas e educação: Impasses para superação de paradigmas positivistas e relativistas. *Revista Brasileira de Estudos Pedagógicos*, v.77, n.185, p.220-38, jan/abr. 1996.

ORTIZ, R. Walter Benjamin e Paris: individualidade e trabalho intelectual. *Tempo Social*: Revista Sociologia. USP, São Paulo, v.12, n.1, p.11-28, maio 2000.

PEREIRA, M. A. Saber do tempo: tradição e narração em Walter Benjamin. *Educação & Realidade*. 31(2), p.61-78, jun./dez. 2006.

RESENDE, M. M. S. O saber do aluno e o ensino de Geografia. *Revista Brasileira de Estudos Pedagógicos*, Brasília, 67 (156), p.380-401, maio/ago. 1986.

ROMANO, R. Apresentação. literatura, educação e temas sociais. *Cadernos Cedes*, São Paulo, n.19, p.3-4, 1988.

SALGADO, R. G.; PEREIRA, R. M.; SOUZA, S. J. Pela tela, pela janela: questões teóricas e práticas sobre a infância e televisão. *Cadernos Cedes*, v.25, n.65, p.9-24, jan./abr. 2005.

SCHÄFFER, M. Subjetividade e enunciação. *Educação & Realidade*. 24 1, p.19-38, jan./jun. 1999.

SCHRIEWER, J. *Formas de externalização no conhecimento educacional*. Lisboa: Educa, 2001. (Cadernos Prestige 5)

SILVA, V. B. Saberes em viagem nos manuais pedagógicos: construção da escola em Portugal e no Brasil (1870-1970). (Tese de doutoramento) São Paulo: Faculdade de Educação da Universidade de São Paulo, 2005.

SONTAG, S. Sob o signo de Saturno. In: BENJAMIN, W. *Rua de mão única e infância em Berlim por volta de 1900*. Traduções Isabel de Almeida e Sousa e Cláudia de Miranda Rodrigues. Lisboa: Relógio D'Água, 1998, p.7-31.

SOUZA, S. J.; GAMBA Jr., N. Novos suportes, antigos temores: tecnologia e confronto de gerações nas práticas de leitura e escrita. *Revista Brasileira de Educação*, Rio de Janeiro, n.21, p.104-14, set./dez. 2002.

## 28. A ALEGORIA LANGIANA DE BABEL E O MONUMENTAL: *METROPOLIS* E SEU DESCOMPASSO COM A POLÍTICA DA MODERNIDADE EM WALTER BENJAMIN

BENJAMIN, W. *A origem do drama barroco alemão*. São Paulo: Brasiliense, 1984.

CAILLOIS, R. *Babel*. Paris: Gallimard, 1978.

CHATEAU, D. Intolérance: une encyclopédie du cinéma. In: em MOTTET, J. (org.) *D.W.Griffith*. Paris: Éditions L'Harmattan - Publications de la Sorbonne, 1984, p.258-72.

DADOUN, R. Metropolis: ville-mère, *Mittler*, Hitler, *Revue Française de Psychanalyse* 1, 1974.

DUBOIS, P. L'écriture figurale dans le cinéma muet des anées 20. In: AUBRAL, F.; CHATEAU, D. (orgs.) *Figure, figural*. Paris: L'Harmattan, 1999.

ELSAESSER, T. *Metropolis*. Londres: BFI Publishing, 2000.

FLETCHER, A. *Allegory* – The Theory of a Symbolic Mode. Ithaca: Cornell University Press, 1970.

FOUCAULT, M. *Les mots et les choses*. Paris: Gallimard, 1966.

GENETTE, G. *Figures III*. Paris: Seuil, 1972.

GREENFELD, L. *Nationalism;* Five Roads to Modernity. Cambridge: Harvard Univ. Press, 1992.

GUNNING, T. *The Films of Fritz Lang*: allegories of vision and modernity. Londres: BFI Publishing, 2000.

HANSEN, M. *Babel & Babylone*: Spectatorship in American Silent Film. Cambridge: Harvard University Press, 1991.

HUYSSEN, A. The Vamp and the Machine: Fritz Lang's *Metropolis*. In: *After the Great Divide*: Modernism, Mass Culture, Postmodernism. Bloomington: Indiana University Press, 1986.

KAES, A.; JAY, M.; DIMENDBERG, E. Imagining America: Fordism and Technology, In: ______ (Eds.) *The Weimar Republic Source Book*. Berkeley: University of California Press, 1994.

KRACAUER, S. The Mass Ornament. In: *The Mass Ornament*: Weimar Essays. Cambridge: Harvard University Press, 1995.

______. *De Caligari a Hitler:* uma história psicológica do cinema alemão. Rio de Janeiro: Jorge Zahar Editor, 1988.

LE GOFF, J. Documento/Monumento. In: *História e memória.* Campinas: Ed. Unicamp, 1994.

______. A função cultural – a imagem e vivido. In: ______, *O apogeu da cidade medieval*. São Paulo: Martins Fontes, 1992.

*L'EMBLEME à la Renaissance* – Actes de la journée d'études de la Société Française des Seiziémistes, Mai 1980, publié par Yves Giraud. Paris: Société d'Édition d'Enseignement Supérieur, 1987.

SANCHEZ-BIOSCA, V. *Sombras de Weimar* – contribuición a la historia del cine alemán 1918-1933. Madrid: Verdoux, 1990.

ZUMTHOR, P. *Babel ou l'inachèvement*. Paris: Seuil, 1997.

## 29. CIDADE & CINEMA, DUAS HISTÓRIAS A CONTRAPELO NOS ANOS 1970

ARGAN, G. C. *Lo spazio visivo della città*: urbanistica e cinematografo. (XVI Convegno Internazionale de Verucchio). Bolonha, 1969.

GAGNEBIN, J. M. *Histoire et narration chez Walter Benjamin*. Paris: L'Harmattan, 1994, p.19, 22.

KLUGE, A.; NEGT, O. *Sfera pubblica ed esperienza* [1972]. Milão: Mazzotta, 1979.

MACHADO JR., R. A experimentação cinematográfica superoitista no Brasil: espontaneidade e ironia como resistência à modernização conservadora em tempos de ditadura. In: AMORIM, L.; FALCONE, F. T. (Orgs.). *Cinema e memória*: o super-8 na Paraíba nos anos 1970 e 1980. João Pessoa: Editora UFPB, 2013, p.34-55.

______. *Agrippina é Roma-Manhattan*, um quase filme de Hélio Oiticica. In: ALVES, C. *Oiticica*: a pureza é um mito. Catálogo. São Paulo: Itaú Cultural, abr. 2010, p.18-23. Disponível em: http://issuu.com/itaucultural/docs/oiticica.

MACHADO JR., R. *O pátio* e o cinema experimental no Brasil: apontamentos para uma história. In: CASTELO BRANCO, E. (Org.). *História, cinema e outras imagens juvenis*. Teresina: Edufpi, 2009, p.11-24.

*MARGINÁLIA 70*: o esperimentalismo no super-8 brasileiro. Catálogo. São Paulo: Itaú Cultural, 2001.

RIEGL, A. *Le culte moderne des monuments*: Son essence et sa genèse. Trad. D. Wieczorek. Paris: Seuil, 1984.

ROCHLITZ, R. *O desencantamento da arte*: a filosofia de Walter Benjamin. Bauru: Edusc, 2003.

TIEDEMANN, R. La mémoire est toujours de la guerre: Benjamin et Péguy. In: WISMANN, H. (Org.). *Walter Benjamin et Paris*. Paris: Cerf, 1986.

ZEVI, B. Architettura per il cinema e cinema per l'architettura. *Bianco e Nero*, ano 11, n.8/9, 1950.

## 30. DOCUMENTÁRIO E PERIFERIA DO CAPITAL: IMAGENS DIALÉTICAS

AVELLAR, J. C. *A ponte clandestina*: Birri, Glauber, Solanas, Getino, García Espinosa, Sanjinés, Alea – Tórias cinematográficas na América Latina / José Carlos Avellar. – Rio de Janeiro/São Paulo: Ed. 34 / Edusp, 1995.

BEIRED, J. L. B. *Breve história da Argentina*. São Paulo: Ática, 1996.

BENJAMIN, W. A obra de arte na época de sua reprodutibilidade técnica. In: *Magia e técnica, arte e política*. Trad. Sergio Paulo Rouanet. São Paulo: Brasiliense, 1987a, p.165-96.

______. Sobre o conceito de história. In: *Magia e técnica, arte e política*. Trad. Sergio Paulo Rouanet. São Paulo: Brasiliense, 1987b, p.222-35.

BERNARDET, J.-C. *Cineastas e imagens do povo*. São Paulo: Companhia das Letras, 2003.

KRACAUER, S. *Teoría del cine*: la redención de la realidad física. Trad. Jorge Hornero. Barcelona: Paidós, 2001.

______. *De Caligari a Hitler*: uma história psicológica do cinema alemão. Rio de Janeiro: Zahar, 1988.

LÖWY, M. El punto de vista de los vencidos em la historia de América Latina. Reflexiones metodológicas a partir de Walter Benjamin. In: VEDDA, M. (Org.). *Constelaciones dialécticas*. 1.ed. Buenos Aires: Herramienta, 2008, p.81-90.

LIMA, M. C. A. Cinema e transformação social: o instituto de cinematografia de Santa Fé (1956-1962). *História*, São Paulo, v.25, n.2, 2006, p.162-78. Disponível em: http://www.scielo.br/pdf/his/v25n2/07.pdf.

MESTMAN, M. La hora de los hornos, el peronismo y la imagen del Che. Secuencias. *Revista de Historia del Cine*, Madri, n.10, jul. 1999; p.52-65. Disponível em: http://www.filmraymundo.com.ar/sitefinal/home.htm.

NICHOLS, B. A voz do documentário. In: RAMOS, F. P. (org.). *Teoria contemporânea do cinema, Volume II*: Documentário e narratividade ficcional. São Paulo: Editora Senac, 2005, p.48-65.

NÚÑEZ, F. R. M. *O que é Nuevo Cine Latinoamericano?* O Cinema Moderno na América Latina segundo as revistas cinematográficas especializadas latino-americanas. Tese de Doutorado. Niterói: UFF, 2009.

RAMOS, F. P. (org.). *Teoria Contemporânea do Cinema, Volume II*: Documentário e narratividade ficcional. São Paulo: Editora Senac SP, 2005, p.48-65.

SOLANAS, F. E.; GETINO, O. *Cine, cultura y descolonización*. Buenos Aires: Siglo Veintiuno Editores, 1973.

XAVIER, I. *O discurso cinematográfico*: a opacidade e a transparência. 4.ed. São Paulo: Paz e Terra, 2008.

## 31. A QUESTÃO DO ATOR NO CINEMA: DIÁLOGOS ENTRE BENJAMIN, ARNHEIM E KRACAUER

ARNHEIM, R. *El cine como arte*. Barcelona, Buenos Aires, Mexico: Paidós, 1996.

BENJAMIN, W. A obra de arte na era de sua reprodutibilidade técnica. In: *Magia, técnica, arte e política:* ensaios sobre literatura e história da cultura. São Paulo: Brasiliense, 1994, p.165-96.

KRACAUER, S. *Teoría del cine*. Barcelona, Buenos Aires, Mexico: Paidós, 1989.

XAVIER, I. Do naturalismo ao realismo crítico. In: *O discurso cinematográfico*: a opacidade e a transparência. São Paulo: Paz e Terra, 2005, p.41-65.

## 32. O BRASIL AO CONVÉS DE *POTEMKIN*: PAULO EMÍLIO, BENJAMIN, KRACAUER E A CULTURA CINEMATOGRÁFICA SOVIÉTICA

BAKUNIN, M. *Estatismo e anarquia*. Trad: Plínio Augusto Coelho. São Paulo: Nu-Sol, Imaginário, 2003.

BENJAMIN, W. A obra de arte na época de sua reprodutibilidade técnica. In: *Magia e técnica, arte e política*: ensaios sobre literatura e história da cultura, v.1. São Paulo: Brasiliense, 1985.

EISENSTEIN, S. M. *Reflexões de um cineasta*. Rio de Janeiro: Jorge Zahar, 1969.
FRANK, J. *Dostoiévski*: Os efeitos da libertação 1860-1865. Trad. Geraldo Gerson de Souza. São Paulo: Edusp, 2002.
GOMES, A. C. A política brasileira em busca da modernidade: Na fronteira entre o público e o privado. In: NOVAIS, F. A. (Org. Col.) e SCHWARCZ, L. M. (Org. Vol.). *História da vida privada no Brasil:* contrastes da intimidade contemporânea. V.4. São Paulo: Companhia das Letras, 1998.
GOMES, P. E. S. *Crítica de cinema no suplemento literário* – Volume II. Rio de Janeiro: Paz e Terra – Embrafilme, 1981a.
______. Anarquismo e cinema. In: ______. *Crítica de cinema no suplemento literário* – Volume II. Rio de Janeiro: Paz e Terra – Embrafilme, 1981b.
______. Introdução bastante pessoal. In: ______. *Crítica de cinema no suplemento literário* – Volume II. Rio de Janeiro: Paz e Terra – Embrafilme, 1981c.
______. Dos estetas aos sentimentais. In: ______. *Crítica de cinema no suplemento literário* – Volume II. Rio de Janeiro: Paz e Terra – Embrafilme, 1981d.
KRACAUER, S. *Teoria del cine*: la redención de la realidad física. Barcelona: Ediciones Paidós Ibérica, 1989.
MENDES, A. *Trajetória de Paulo Emílio.* Cotia, SP: Ateliê Editorial, 2013.
TRAGTENBERG, M. *O capitalismo no século XX*. São Paulo: Ed. Unesp, 2009.
ZANATTO, R. M. *Luzes e sombras*: Paulo Emílio Salles Gomes e a Cultura Cinematográfica (1954-1959). Assis: Unesp, 2013 [Dissertação de Mestrado].

## 33. MARKER E BENJAMIN: A MONTAGEM COMO ENGENHARIA DO POSICIONAMENTO

BAZIN, A.; Chris Marker. In: BAZIN, A. *Le cinéma française de la Libération à la Nouvelle Vague (1945-1958)*. Paris: Cahiers du Cinéma, 1998.
BENJAMIN, W. O autor como produtor. In: *Obras escolhidas*, v.1 [OE I]: Magia e técnica, arte e política. Trad. Sérgio Paulo Rouanet. São Paulo: Brasiliense, 1987a.
______. Sobre o conceito de história. In: ______. *Obras escolhidas*, v.1: Magia e técnica, arte e política. Trad. Sérgio Paulo Rouanet. São Paulo: Brasiliense, 1987b.
DIDI-HUBERMAN, G. *Quand les images prennent position.* L'oeil de l'histoire, I. Paris: Minuit, 2009.
OEHLER, D. Ciência e poesia da citação no *Trabalho das passagens*. In: ______. *Terrenos vulcânicos*. São Paulo: Cosac Naify, 2004.
ROSS, K. *Mai 68 est ses vies ultérieures*. Paris: Complexe, 2005.

## 34. IMAGEM, MONTAGEM E MEMÓRIA – ALGUNS NEXOS BENJAMINIANOS EM *HISTOIRE(S) DU CINÉMA* (JEAN-LUC GODARD, 1988-1998)

AIDELMAN, N.; DE LUCA, G. (orgs.). *Jean-Luc Godard.* Pensar entre imágenes – conversaciones, entrevistas, presentaciones y otros fragmentos. Traducción de Natalia Ruiz Martinez y Javier Bassas Vilas. Barcelona: Intermedio, 2010.

BENJAMIN, W. *Tentativas sobre Brecht* – Iluminaciones 3. Madrid: Taurus/Alfaguara, 1987.

______. *Passagens*. Belo Horizonte: Ed. da UFMG/ São Paulo: Imprensa Oficial do Estado de São Paulo, 2006.

______. *Obras Escolhidas, vol. I* – magia e técnica, arte e política. São Paulo: Brasiliense, 2012 (8ª edição revista).

BRENEZ, N. *et al.* (dir.) *Jean-Luc Godard* – documents. Paris: Centre Georges Pompidou, 2006.

DALL'ASTA, M. The (im)possible history. In: TEMPLE, M.; WILLIAMS, J.; WITT, M. (orgs). *For Ever Godard*. London: Black Dog Publishing, 2004.

DIDI-HUBERMAN, G. *Imagenes pese a todo*. Barcelona: Paidós, 2004.

______. *Cuando las imagenes toman posición*. Madrid: A. Machado Libros, 2008.

GAGNEBIN, J. M. O hino, a brisa e a tempestade: dos anjos em Walter Benjamin. In: *Linguagem, memória e história*. São Paulo: Imago, 1997, p.123-36.

______. *Lembrar escrever esquecer*. São Paulo: Editora 34, 2006.

GODARD, J-L. *Jean-Luc Godard par Jean-Luc Godard. Tome I* – 1950-1984; *Tome II* – 1984-1998. Paris: Cahiers du Cinéma, (Édition établie par Alain Bergala), 1998 (2.ed.).

______. *Histoire(s) du cinéma*. Paris: Gallimard, 2006.

______; ISHAGHPOUR, Y. *Archéologie du cinema et mémoire du siécle* – dialogue. Tours: Farrago, 2000.

HEYWOOD, M. Holocaust and Image: Debates Surrounding Jean-Luc Godard's *Histoire(s) du cinéma* (1988-98). *Studies in French Cinema,* v.9: n.3. London: Intellect Ltd, 2009, p.273-83.

LÖWY, M. *Walter Benjamin*: aviso de incêndio – uma leitura das teses "Sobre o conceito de história". São Paulo: Boitempo, 2005.

OUBIÑA, D. (Org.). *Jean-Luc Godard*: El pensamiento del cine – quatro miradas sobre *Histoire(s) du Cinéma*. Ensaios de Beatriz Sarlo/ Jorge La Ferla/ Rafael Filipelli/ Eduardo Grüner. Buenos Aires: Paidós, 2005.

PALMIER, J-M. *Walter Benjamin* – Le chiffonier, l'Ange et le petit boussu. Paris: Klincksieck, 2006.

RANCIÈRE, J. *La fabula cinematográfica*. Barcelona: Paidós, 2005.

TRAVERSO, E. *L'Histoire déchirée* – essai sur Auschwitz et les intellectuels. Paris: Les Éditions du CERF, 1997.

SOBRE O LIVRO

*Formato*: 16 x 23 cm
*Tipologia*: Iowan Old Style 10/13,1
*Papel*: Offset 75 g/m² (miolo)
Cartão Supremo 250 g/m² (capa)
*1ª edição*: 2015

EQUIPE DE REALIZAÇÃO

*Edição de texto*
Arlete Sousa (Copidesque)
Frederico Ventura (Revisão)

*Capa*
Megaarte Design

*Imagem de capa*
Ilustração elaborada a partir da obra *Angelus Novus*, de Paul Klee

*Editoração Eletrônica*
Eduardo Seiji Seki (Diagramação)

*Assistência Editorial*
Jennifer Rangel de França

Rettec artes gráficas e editora

Rua Xavier Curado, 388 • Ipiranga - SP • 04210 100
Tel.: (11) 2063 7000 • Fax: (11) 2061 8709
rettec@rettec.com.br • www.rettec.com.br